U0875860

竹行镇志

竹行镇志编纂委员会　编

方志出版社

图书在版编目（CIP）数据

竹行镇志 / 竹行镇志编纂委员会编.
— 北京 : 方志出版社，2017.1
ISBN 978-7-5144-2337-2

Ⅰ. ①竹… Ⅱ. ①竹… Ⅲ. ①乡镇－地方志－南通
Ⅳ. ①K295.35

中国版本图书馆CIP数据核字（2017）第018589号

竹行镇志

编　　者：竹行镇志编纂委员会
责任编辑：梅中英

出 版 人：冀祥德
出 版 者：方志出版社
地址　北京市朝阳区潘家园东里9号（国家方志馆4层）
邮编　100021
网址　http://www.fzph.org
发　　行：方志出版社图书经销中心
电话（010）67110500
经　　销：各地新华书店
印　　刷：南京凯德印刷有限公司

开　　本：889×1194　　1/16
印　　张：40.5
字　　数：889千字
版　　次：2017年1月第1版　　2017年1月第1次印刷
印　　数：0001~2000册

ISBN 978-7-5144-2337-2　　定价：300.00元

·版权所有　翻印必究·

《竹行镇志》编纂委员会

主　任：陈一鸣

副主任：张天玲　盛晓奕　张　红　孙夕明　薛水明

成　员：瞿淑平　杨宝林　项耀生　沈　波　张友进　蒋育红　李仁祥

　　　　刘　瑛　樊人冬　施迎春

《竹行镇志》编纂委员会顾问

倪文荣　钱士成　陆士祥　袁进发

《竹行镇志》编纂办公室

主　任：张　红

副主任：薛水明

成　员：瞿淑平　孙夕明　高广德　薛安生

《竹行镇志》编写成员

主　　编：陈一鸣　张天玲　盛晓奕

执行主编：张　红

统　　筹：薛水明

执行编辑：薛水明　高广德　薛安生

编辑成员：施新桥　蒋汉明

特邀编审：达少华

校　　对：薛亚娟

编　　务：杨　平　刘　梅　黄曹维　冯　刚　孙峥嵘　姚　亮

单　慧

图片提供：竹行镇党委、政府办公室、档案室

竹行镇文化服务站

范本刚　徐钟亮

古迹插图：高广德

《竹行镇志》审稿人员

主　　审：张　红

类目主审：瞿淑平　杨宝林　项耀生　孙夕明　刘　瑛　樊人冬　杨　平

丁　巍　井　红　徐育冲　沈　荣　张　勇　蔡新伟　顾瑞康

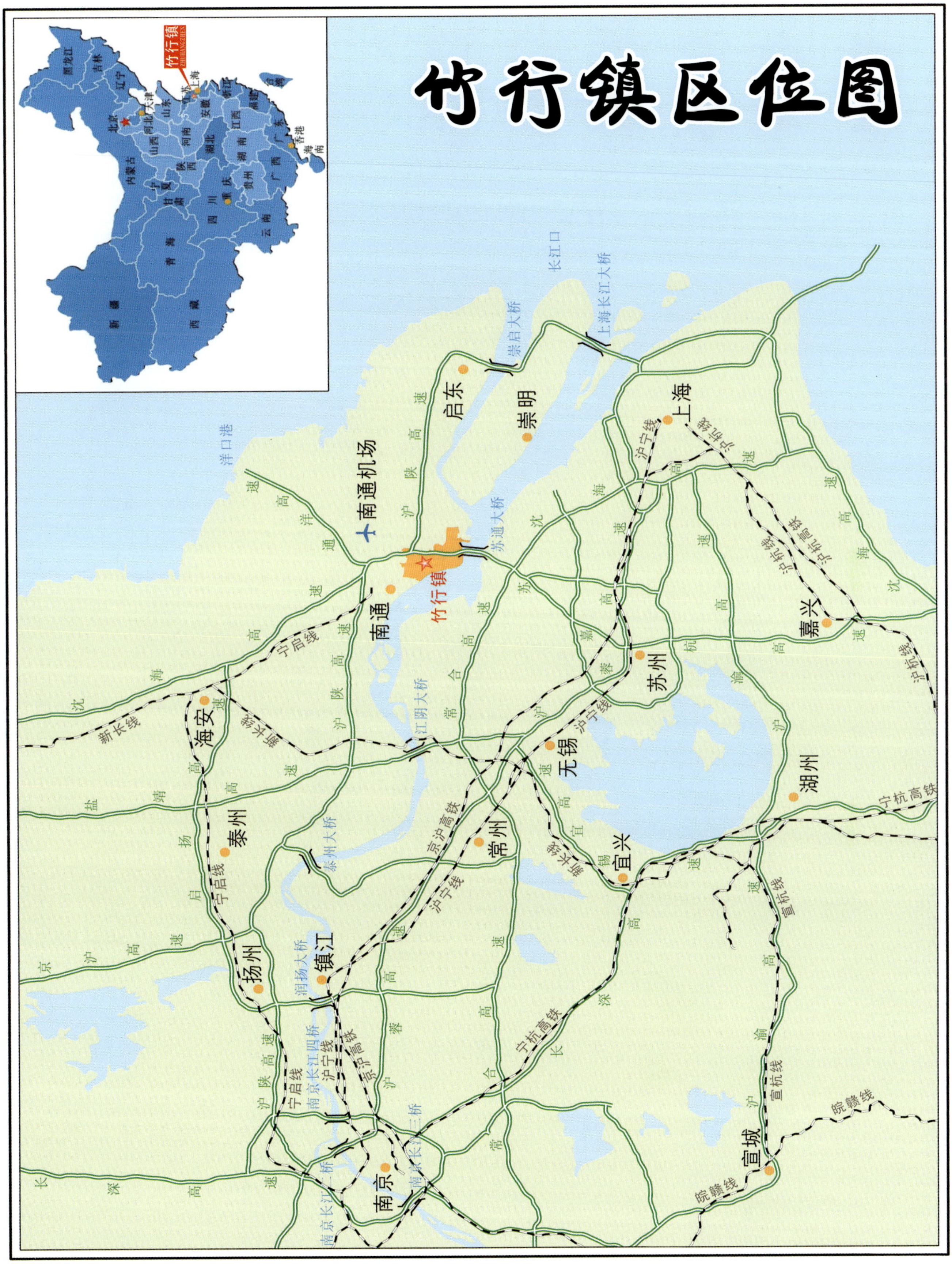

南通市现代测绘工程院编制

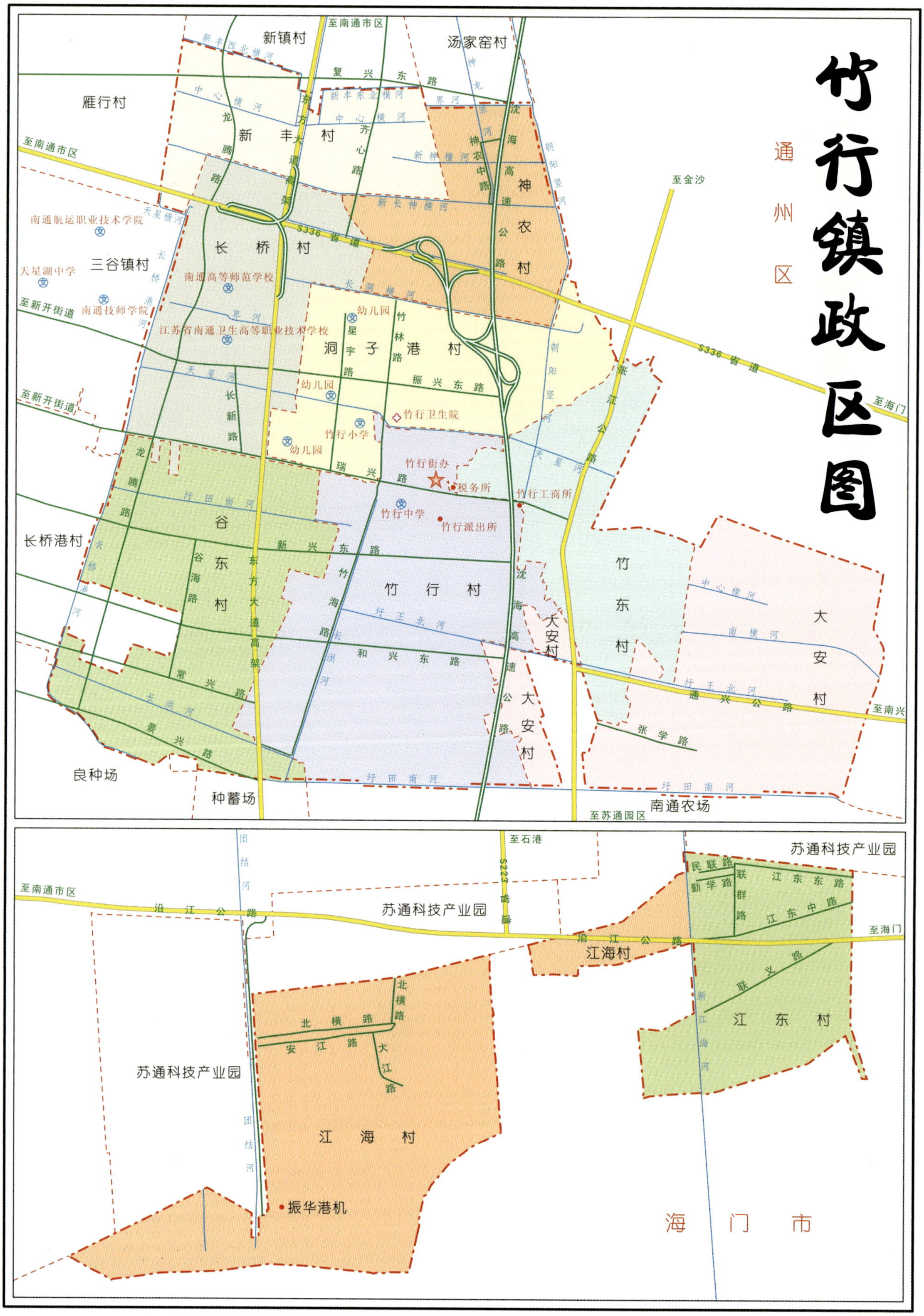

南通市现代测绘工程院编制

南通市现代测绘工程院编制

党　政

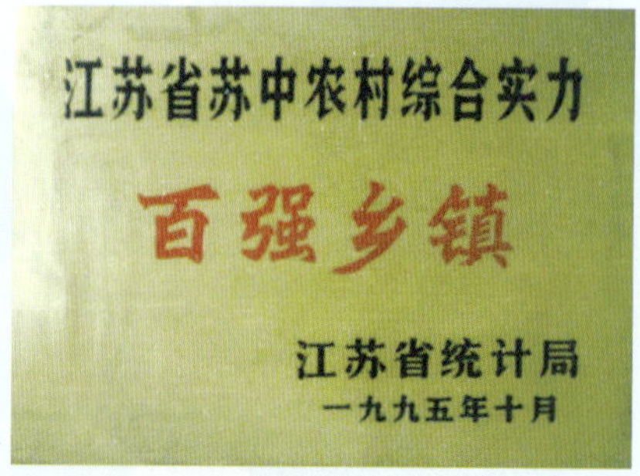

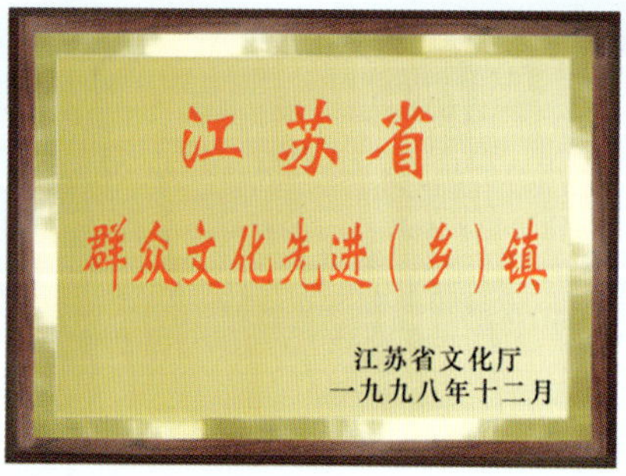

2009年1月竹行财政收入超亿元庆典会场

竹行镇政府召开党风政风议事员会议

竹行镇第十四届人民代表大会现场

2001 年 2 月竹行撤乡建镇仪式

党政召开机关、村居工作廉政教育大会

镇党委书记陈一鸣（图中）与村书记共商发展

竹行镇三星级农村信息化示范镇揭牌

竹行机关办公楼

领导视察

2011年5月，全国政协委员张绪武（图中左二）到竹行看望其祖父张謇的好友张莘田后人，副书记张红（左一）陪同座谈

南通市委书记丁大卫（图中）带领市“四套班子”成员在区党工委书记屈宝贤陪同下视察竹行安居工程

南通市市长张国华（图中）视察星怡社区“一站式”服务平台

区党工委书记屈宝贤（左二）与星怡社区工作人员亲切交谈

2007年国家工程院院士、北京大学教授胡正寰（左一）来苏通特钢公司研发新产品

市政协副主席陈德新（左三）视察星辰社区便民服务功能

区管委会副主任李晓斌（中）和街道党工委书记盛晓奕（右）陪同徐州市考察团考察社区管理工作

街道主任孙夕明（左一）陪同南通市委常委、政法委书记姜永华（右一）、开发区党工委副书记、政法委书记丁秉华（右二）检查政法综治工作

区、镇领导现场共商竹行拆迁安置建设工程

1997年，江苏省爱卫办主任郭兴华（图中）到竹行水厂召开江苏省改水工作会议

镇区风貌

星辰花园

星怡花园

竹韵花园

龙田花苑

瑞兴花园

星竹花园

世家花园

瑞兴路星竹花园一条街

竹行主干道竹林路

镇区中心的竹行公园

廉政文化长廊

人口文化园

环球雕塑

四圣雕塑

八仙群雕

美乐商场

巴厘岛会所

天和君逸酒店

东方迪尼斯宾馆、浴室

振兴东路星怡花园商业街

竹行农贸市场

星怡农贸市场摊位

星怡农贸市场

交　通

东方大道与星湖大道立交

沈海高速苏通大桥北接线竹行收费站

沿江一级公路竹行段

苏通长江大桥

竹行镇区主干道竹林路

公交车站台

竹行高架桥

东方大道高架

农副业

蔬菜大棚

油　菜

蔬果大棚

万顷良田

青毛豆

甜玉米

番 茄

丝 瓜

茄 子

桃 子

银 杏

杏 子

长桥港汊

长江四鲜

河鲀	鲚鱼（刀鱼）
鲥鱼	鮰鱼（长吻鮠）

百头猪栏

珍禽养殖

波尔山羊

千羽鸡场

千羽鸭塘

工 业

江苏长江钢绳有限公司

南通光明钢丝制品有限公司

江苏泰力钢绳有限公司

南通市华星钢绳有限公司

南通神威钢绳有限公司

南通宇翔特种钢绳有限公司

南通市力立钢丝制品有限公司

南通市升阳金属制品有限公司

南通市通江钢绳有限公司

江苏中德钢绳有限公司

江苏永高钢丝制品
有限公司

江苏通冠金属制品有限公司

南通市中科金属
制品有限公司

江苏芸裕金属制品有限公司

南通环球转向器制造有限公司

钢丝绳捻股车间

大规格钢绳成绳机

钢丝热处理车间

万用数控铣床

出口钢丝

方向转向器

污水处理车间

南通美捷鞋业有限公司

美捷鞋业被评为中国乡镇企业名牌产品获圣彼得堡国际博览会金奖

织造车间

制衣车间

织带车间

电脑绣花车间

晾晒蓝印花布

幼儿园内场

竹行中心幼儿园（星辰花园）

幼儿演出场景

幼儿在操场上活动

幼儿演出场景

竹行中心幼儿园大门（星怡花园）

模拟全运会开幕式入场

竹行小学在开发区首届中小学校园艺术节演出

师生同台演出

竹行小学代表队参加开发区厨艺比赛

竹行小学鼓乐队

南通市竹行小学

竹行中学学生在做广播操

2001 年 8 月 31 日竹行中学学生艺术团与通州文工团同台演出

竹行中学室外体育场

竹行中学室内体育场

南通市竹行中学大门

农业实用技术培训班

培训学员在考试

竹行成人教育中心教学楼外景

竹行成人教育中心电脑室

2006 年 10 月 22 日沈彬一家在央视神州大舞台演出

2012 年 5 月 18 日夕阳红艺术团乐队演出

2013 年 6 月 30 日广场舞比赛

1993 年 5 月 4 日青年歌手大赛

2000 年 5 月 4 日首届青年才艺秀

星辰社区包粽比赛

①男女二重唱
②歌舞表演
③舞　蹈
④腰鼓表演

① ②
④ ③

南通开发区星湖之夜竹行专场文艺演出

竹行镇文化中心

棋牌室

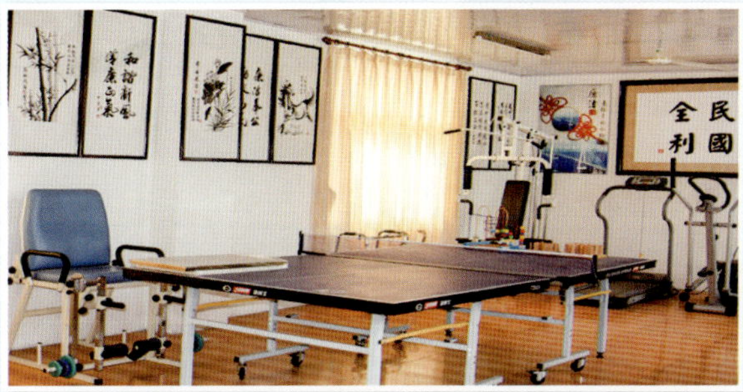

乒乓球室

书报阅览室

2006-2007年度

百佳农家书屋

江苏农家书香工程指导委员会
江苏省新闻出版局
二〇〇七年十二月

2007年12月神农村获（2006—2007年度）“江苏省百佳农家书屋”称号

神农村书屋

呼啦圈比赛

篮球比赛

滚轮胎比赛

舞龙灯表演

星怡社区卫生服务站药房

化验室

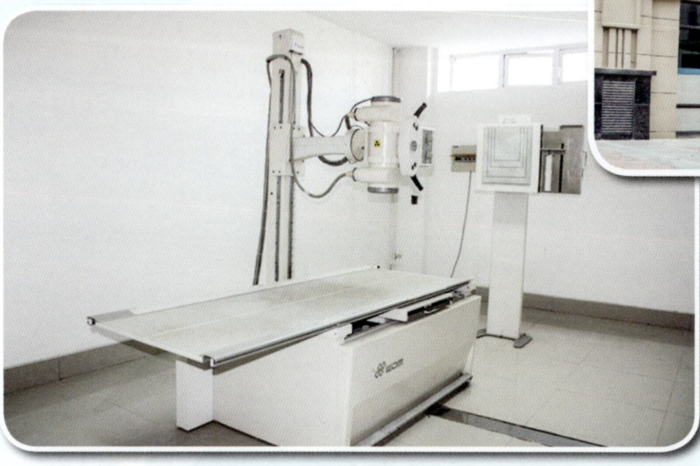

放射科

B 超室

竹行社区卫生服务中心

村委会　境内单位

村委会

社区服务中心

工商行政管理

交警中队

竹行派出所

南通师范高等专科学校

振华港机

汽车城

江苏省南通卫生高等职业学校

中国农业银行

交通银行

中国工商银行

南通农商银行

中国邮政储蓄银行

中国银行

镇区旧貌

竹行镇老街

大安镇老街

1978 年竹行老农贸市场

1993 年竹行卫生院

1983 年竹行影剧院

1978 年鸟瞰竹行老街全景

1979 年竹行中学

1990 年竹行小学

2001 年竹行中学

1999 年长江小学

1991 年竹行中心幼儿园

2000 年大安小学

住房变迁

20 世纪 40—60 年代竹行的草屋、冷摊瓦屋

平瓦（洋瓦）房

有屋脊的瓦房

别墅群

集体化居民点

道路变迁

土路

沙石路

沙石路

水泥路

水泥路

柏油路

粮　票

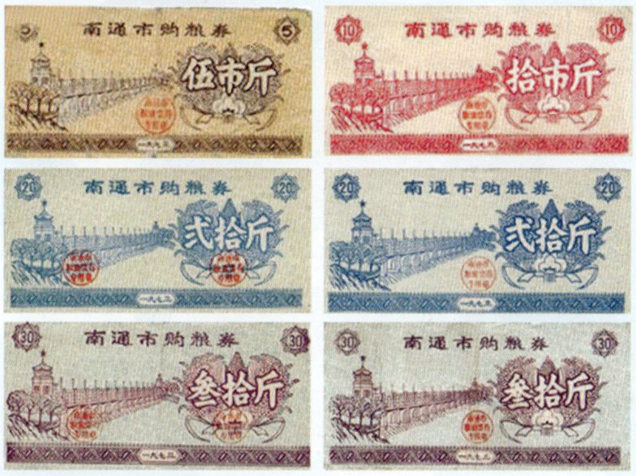

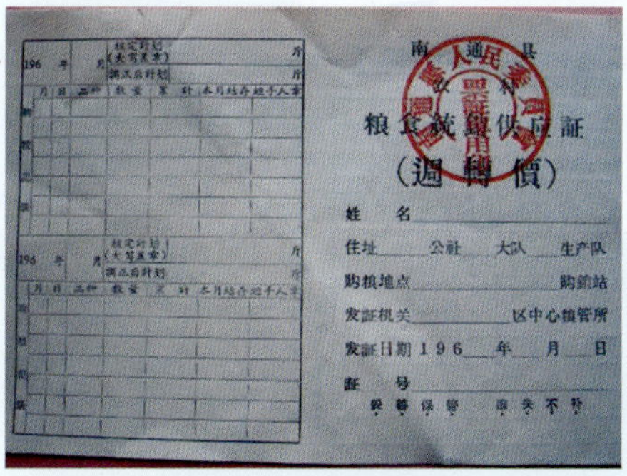

粮油供应证

邮　票

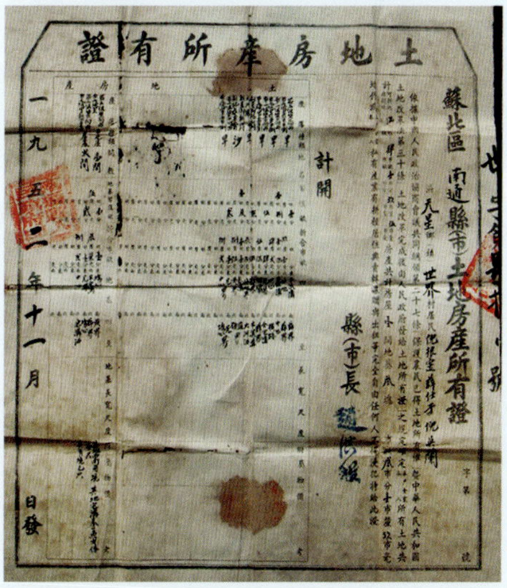

土地房产所有证

鱼 鹰

水 车

粪桶粪勺

槛（脱粒工具）

钉耙铁拉等农具

小车（运输工具）

犁

扁筛 淘箩 畚箕

纺纱手车

织布机

水井

农家灶

科举考试用的考篮(内装文房四宝)

旅　游

全国工业旅游示范点
——安惠公司

世界上第一座灵芝博物馆

灵芝

提取车间

垂钓

自产皮蛋

荷花池

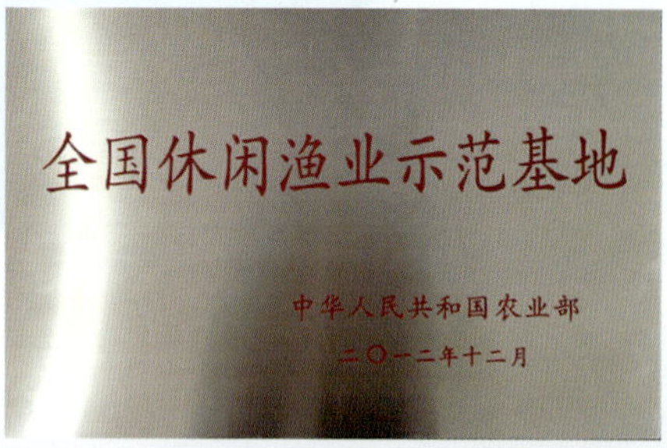

全国休闲渔业示范基地
——世外桃园

世外桃园生态园

王成喜　作

高冠华　作

田世光　作

齐良迟　作

悬挂在毛主席纪念堂中梅、兰、竹、菊四幅国画

竹行籍中央美院教授、国画大师高冠华作品选

高广德作品

高蓓作品

高飞作品

高蓓作品

张雪梅作品

高维兴作品

徐钟亮作品

徐钟亮作品

此匾为当年张謇赠送给新丰村民间画家张苹田的匾额

此碑为当年围垦沙滩纪念碑
（碑文中有张啬公三字）

杨正新作品

费学昭作品

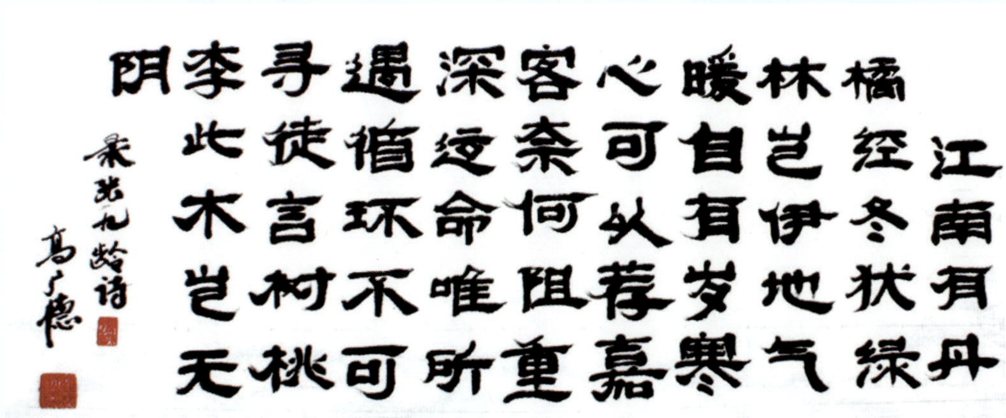

高广德作品

范成松作品

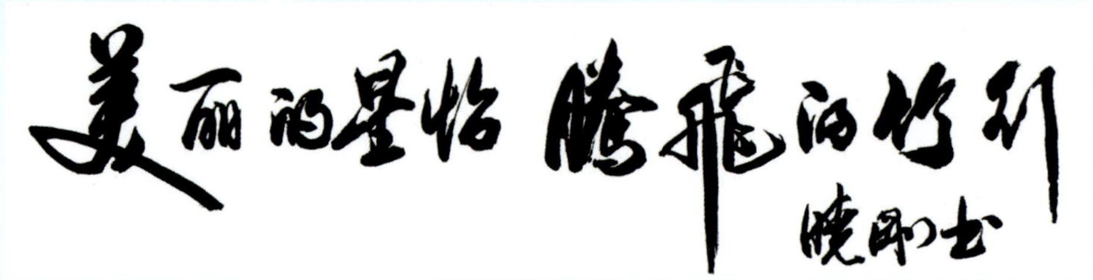

范本刚作品

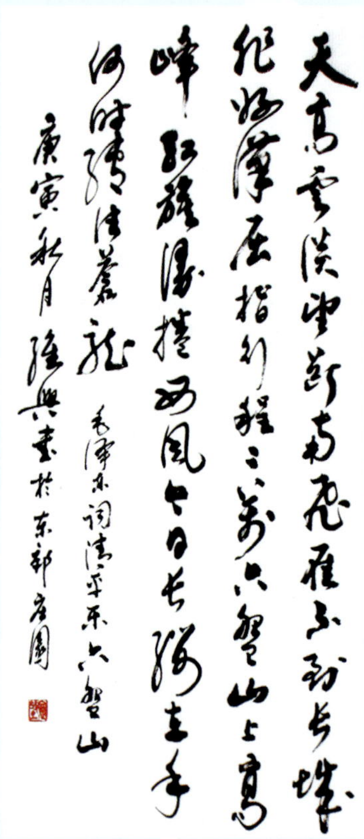

高维兴作品

陆士新作品

徐钟亮作品

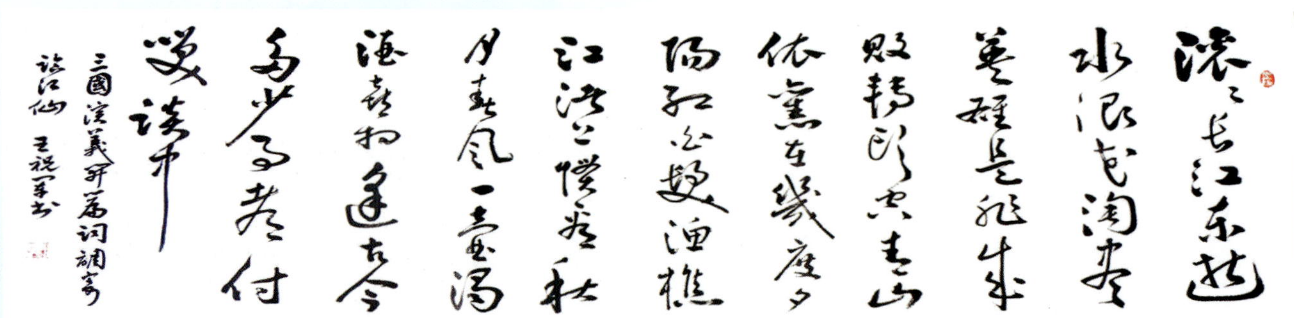

王祝军作品

序

竹行镇地处苏通长江大桥北接线，是南通经济技术开发区东大门，是苏通科技产业园的后花园。苏通长江大桥北接线纵贯镇区，将竹行融入上海一小时都市圈。这里环境优美，人杰地灵，交通便捷。全镇两个居民小区、十个行政村，人口32710人，总面积30.1平方公里。

这里既有现代城市的区位优势，又有改革开放的优惠政策；这里政通人和，民风淳朴，素有"披沙拣金"之地的美誉，正处于一个崭新的发展时期。

竹行成沙于清康熙三十年（1691年），至今300余年，原本是江边的几个小沙洲，乾隆中期围垦成陆。经过数代人的艰苦创业，已成为美丽富饶的风水宝地。竹行人民继往开来，历经千辛万苦，在过去革命斗争年代，先烈们视死如归而无怨无悔；在社会主义建设时期，竹行人民艰苦创业，取得了令人瞩目的业绩；特别是改革开放以后，竹行人民意气风发，敢为人先，工农业生产突飞猛进，人民安居乐业，社会安定和谐，村镇面貌日新月异。

编写《竹行镇志》，是继承和发扬中华民族编史修志的优秀传统。旨在为人们了解竹行、研究其社会进步中的得失因果、经验教训提供重要的资料，起到存史、资政与教化作用，必能对全镇干部群众有所启迪，有所借鉴。

本志从自然环境到社会民情，设镇域概况、经济发展、社会事业、党政群团、人物、风土人情六篇，前有总述，后加附录，并有各种图表。可谓内容全面、范围广泛。编写工作既缺资料又无经验，其难度甚大。镇志编写组成员翻尽案牍，广征博采，在镇各有关科室、部门和单位大力支持下，尽量收集，反复考证，辑成总汇。全体编写组成员兢兢业业、不辞劳苦，耗时四年，多番修改易稿，于2014年年底定稿。又经两年多的修改补充，终于成书，向竹行人民献上了一份厚礼。

《竹行镇志》门类齐全，分类合理，资料翔实，记述有序，脉络贯通，文约事丰，数据明确，行文规范。但遗漏缺憾在所难免，期盼上级领导、专家、有识之士教正。最后，对关心、支持、指导纂写本志的上级领导、专家以及提供资料的有关人员表示深深的敬意。

《竹行镇志》编纂委员会

凡　例

一、本志以辩证唯物主义和历史唯物主义作指导，实事求是，存真求实，坚持思想性、科学性和资料性的统一。

二、本志由总述、大事记以及镇域概况、经济发展、社会事业、党政群团、人物、风土人情六篇组成，篇以下设章、节、目。

三、本志记述内容注意详今略古，上限以江滩成陆起，下限至2010年12月31日。有些事项记述的下限适当前移或下延。

四、全志体裁以志为主，述、记、传、图、表、录并用。各篇以类记事。大事记采用编年体，兼用记事本末体。

五、各篇行文采用规范化现代语体文，行文朴实、简洁、流畅。本志在记述中摘录其他资料时一般不注明出处。

六、人物篇立传人物以竹行籍为主。对获得县以上的劳模作适当的事迹介绍，排列以生年为序。

七、历史朝代、地名、机构名称均用当时通称。对所用旧地点括注今地名。

八、历史纪年，古代到1949年竹行解放前，采用中国历史纪年与公元纪年对照方式。1949年竹行解放后，一律用公元纪年。

九、本志中解放前指1949年2月2日南通解放前，解放后指1949年2月2日南通解放以后。大事记下限为2010年年底，区域规划图、图片下限为2016年年底。

十、数字性表格中，缺失的数字用空格表示，无此数字者用“——”表示，全书统一。

十一、各单位、个人获奖在册要求：颁奖单位县（区）级政府以上。

十二、本志所用资料，主要由镇属各单位、各部门提供，一部分取自《南通县志》、镇政府档案、报刊资料和镇志办工作人员调查、采访的口碑资料。

目　录

第一篇　镇域概况

第二篇 经济发展

第三篇 社会事业

第四篇 党政群团

第五篇　人　物

第六篇 风土人情

总述

竹行镇位于南通经济技术开发区的东部，南接国营南通农场，东与张芝山镇毗邻，北与小海镇接壤，西与新开镇隔河相望。境内气候温和，雨水充沛，日照充足，全镇河道密布，水资源丰富。苏通长江公路大桥北接线纵贯竹行，公路网络化，交通十分便捷。

全镇有10个行政村、2个社区。即新丰村、长桥村、谷东村、神农村、洞子港村、竹行村、竹东村、大安村、江东村、江海村、星辰社区（含星辰花园和星竹花园）、星怡社区（在建设中）。全镇总面积30.1平方公里，总人口32710人。

竹行镇地处长江下游北岸。清朝初期（1624—1691年）从长江中上游冲下来的泥沙在这里逐渐淤积，逐步形成江边滩地。清乾隆中期（1756—1775年），与北邻的胡逗州（其出水于南朝梁时，公元502—557年）接壤为平原陆地。

这些迁来的移民就是开垦这块处女地的先驱者。他们进行合理布局，设置水利系统，以大安港、老洪港、长桥港等天然流槽为港口，从这些流潮港口向内开挖20~25米宽，能使帆船自由进出的通江大河。朝阳河就是老洪港的通江大河。从港口向竹行镇以北内陆延伸，经张芝山直至金沙镇。

清乾隆晚期（1776—1795年），在距老洪港约2千米地方，人们陆续建房开店，形成一条约200米长的小集镇。朝阳河穿过镇区，小集镇即取名为朝阳镇。

朝阳镇地理条件较优越，从老洪港口顺流而来的毛竹排运到朝阳镇后，无法再向弯道较多的内陆运输。当时一位姓崔的人见有商机，在镇南开了爿崔记竹行。在交通不便、物资奇缺的那个时代，这些远方来的毛竹便成了崔老板独家经营的热销商品。“崔记竹行”后来兼编竹器出售，生意越趋红火，远近闻名，人们逐渐以竹行代替朝阳，这就是竹行镇名的由来。

居民历来以农业为主，过着基本自给自足的小农经济生活。农业经济发展不快，境内种植水稻的农户不过十之一二。夏熟种植元麦、小麦、蚕豆。秋熟种植玉米、小杂粮的居多。土地较多的农户还种植棉花，家织土布发展较快，成为农民家庭的一项重要的经济收入。

民国30—34年（1941—1945年），地方名流集资围垦江滩沙田5000余亩，主要种植黄豆。由于生产力低下，开挖的河道小而窄，所筑的江堤狭而矮小，大雨时雨水很难排出。每年台风大潮季节，破堤水淹之事常有发生，灾害年头颗粒无收，百姓生活十分贫苦。

民国初，农业、小手工业发展较快，文化事业也随之发展，少数读书人办起了蒙馆（私塾），招收农民子弟入学，读些三字经、百家姓。民国26年（1927年）后，相继建办竹行小学、天星小学、神农（竹雁）小学、杨家学堂（新垦）小学。

民国27年（1938年）3月日军占领南通后，在张芝山设立据点。为封锁长江，在老洪港建立检问所，白天派3~4名日军至检问所，盘查行人，切断新四军与江南等地的联系和物资交流，并于民国32年（1943年）4月在沿江一带筑了竹篱笆。同年7月1日，地方民兵配合新四军火烧老洪港检问所和沿江竹篱笆。日军投降后国民政府推进清乡，共产党领导的民兵地下组织白天生产，夜晚配合新四军游击队锄奸，镇压罪大恶极的顽乡长、保长，新四军游击队石超、黄达经常活动于竹行，民国38年（1949年）1月29日竹行解放。

1950年，政府领导群众进行土地改革，全乡近250户贫困农民分到土地、房屋和其他财产。彻底改变了土地所有制，消灭了剥削制度，极大地调动了广大农民的生产积极性。开展镇压反革命、抗美援朝运动。1953年起，全镇主要经济作物纳入国家计划，粮食、食油、棉花实行统购统销。为避免小农经济自发发展而导致两极分化，乡党委、政府认真执行农业合作化方针，从互助组到初级社、高级社，引导农民逐步走上合作化道路。至1956年3月，全镇百分之九十五以上的农户加入了高级农业生产合作社。与此同时对资本主义工商业、个体手工业和运输业进行社会主义改造，实行公私合营。1957年，在中共南通县委、县政府的领导下，沿江乡镇干部、群众防汛抗灾，开通河道，整修江堤。

1958年，贯彻执行"鼓足干劲、力争上游、多快好省地建设社会主义"的总路线，开展"大跃进"运动，实行人民公社化。竹行镇以西部分（含竹行镇）划入新开，组建长江人民公社；以东部分及通海、南兴的部分组建友谊人民公社。1959年，友谊人民公社并入东方红人民公社，长江人民公社改为新开人民公社。1960—1962年的三年自然灾害，口粮紧张，人口出现负增长。1962年7月，把新开的部分大队和通海的部分大队重新组合，建立竹行人民公社。公社以生产队为核算单位，调动了广大群众的生产积极性，纠正"一平二调"为特征的"共产风"、瞎指挥和浮夸风等"左"倾错误。农田水利建设掀起高潮，先后疏浚、开通天星横河、朝阳竖河、南北三级河及老洪港竖河、长洪河等6条骨干河道。同时整治各大队的小型河道，填废沟、平土地，增加耕地面积，并对耕作制度进行了多项改革，农业经济逐步好转。20世纪60年代中期，形成以多种作物，多种熟制，多种轮作方式并存的耕作制度，兼顾特种经济作物的种植。竹行成为南通县粮、棉、麻、薄荷油的重点产区之一。

1962年以后，社队工业有所发展，创办了以铁木业联社为基础的农具厂、粮油加工厂、建筑站、窑业社等社办企业。

20世纪60年代后期，受"文化大革命"的影响，社队企业受到冲击，片面强调以粮为纲，把社队工业用工说成是与农业生产争劳力，搞忙时务农，闲时务工。把农民在家搞些副业或把自留地里多余蔬菜上集市出售说成是资本主义尾巴，必须割掉。严重挫伤了农民群众和商业、手工业者的生产积极性，给人民群众的生活带来诸多不便，违反了工业生产发展规律，延缓了经济的发展。由于左倾思潮的干扰，社队工业在逆境中曲折前进。"文化大革命"结束后，社队工业发展较快。

1980年起，镇内工业企业由单纯的生产型逐步转变为生产经营型。1983年，农村生产队实行家庭联产承包责任制。3月，成立竹行公社革命委员会和经济联合委员会，生产大队改为村经济合作社与村民委员会，一个机构两块牌子，生产队改为村民小组，乡办工业实行厂长承包经营责任制。1988年开始，逐步实行两田制（即将承包田分为口粮田和劳力田，前者按人划给，后者按劳承包）。1989年，各工业企业实行厂长负责制和承包经营责任制，进入90年代实行全员劳动合同制管理。全镇企业实行计时工资和计件工资等多种分配形式。

在农业和工业体制改革的同时，对商业、金融、税收等体制以及工资、劳动用工、社会保障等一系列的配套改革，扩大指导性计划和市场调节的范围，积极发展个体经济，多渠道安置就业人员和新工人，实行劳动合同制；逐步建立技术劳务、人才、金融等生产要素市场，实行职工基本养老保险制度，扩大银行信贷范围等等。

20世纪80年代，对外开放逐步扩大，全镇生产出口产品的南通县针织内衣厂、南通县美捷皮鞋厂、南通长江钢丝绳厂3家，出口皮鞋、钢丝绳、钢丝产品及内衣，销往日本、新加坡等国家和中国香港地区。

改革开放给竹行的经济带来了前所未有的活力。全镇出现了一批从事种植业、养殖业、工业制造业、手工业、商饮服务的专业户。工业企业数量迅速增加，全镇形成以钢丝绳及钢丝产品为龙头产品，竹行被誉为钢丝绳之乡。值得竹行人引以为自豪是：竹行一个小镇其钢丝绳却占全国总产量的三分之一，安惠公司一个企业的灵芝产量占了全国的二分之一。

乡镇工业迅猛发展，乡财政收入逐年增加。2008年，镇政府财税收入超亿元，达1.16亿元。2010年实现社会总产值134.3亿元，人均GDP 11.48万元，大小企业899家，定报企业114家，其中，产值超亿元的企业18家，5000万元企业达16家，千万元以上企业65家，工业产值116亿元，实现利税12.8亿元。经济的发展带动了三产的发展。竹行涌现大批超市、餐饮等服务性行业及个体工商户。2010年，实现第三产业增加值5亿元，个体工商户达2880户。

在大力开展经济建设的同时，全镇进一步加强社会主义精神文明建设和社会主义法制建设，先后广泛开展"五讲四美三热爱"（讲文明、讲礼貌、讲道德、讲卫生、讲秩序；心灵美、语言美、行为美、环境美；热爱祖国、热爱社会主义、热爱共产党）创建文明单位、"五好家庭"（爱国家、爱集体、遵纪守法好；努力学习文化知识，本职工作完成好；实行计划生育，教育子女好；破除旧俗，清洁卫生好；尊老爱幼，家庭民主和睦、邻里团结好的家庭），"创三优"（优美的环境、优良的秩序、优质的服务）、"三提倡三反对"（提倡健康有益的文体活动，反对赌博行为；提倡科学文明，反对封建迷信；提倡勤俭节约，反对奢侈浪费）等群众活动，在机关干部中加强廉政勤政建设，纠正各种不正之风。

随着经济的快速发展，全镇面貌发生巨大变化，镇区主街道从薛家店到光明钢丝绳厂2.5千米，拓宽改造，铺成24米宽的水泥路。两边店铺林立，农贸市场建成，竹行中学易地重建，竹行小学新校舍启用，西街口的影剧院维修一新。镇西1.5平方千米谷东工业园区和镇东1平方千米的大安工业园区，安置私营企业50多家。镇域内公路10条，形成五纵五横，总里程27千米，公交车直达市区；村级主要道路都是3~5米宽的水泥路，方便群众出行。各村通电、通水率达百分之百，百分之九十三农户安装了电话。全镇教育事业迅速发展，1983年普及小学义务教育，1992年普及九年制义务教育。竹行镇中心幼儿园、竹行成人教育中心校通过省级教育现代化验收。2010年有镇卫生服务中心1所，村级卫生服务站10个，社区卫生服务站1个，个体诊所15个，农村医保覆盖率为百分之百。全镇人口平均寿命达78.3岁。电影电视等各种文化事业都有较大发展。2010年竹行镇有影剧院1所，其他可供放映电影用会堂5个。群众文化工作成绩显著，在市、区群众会演中屡屡获奖。群众性体育运动蓬勃开展，先后获南通市体育先进乡镇和江苏省体育先进乡镇荣誉。人民群众的生活水平不断提高。2010年，农民人均纯收入11050元，是2000年4294元的2.57倍，人均平均住房面积59平方米，每百户拥有彩色电视机105台，电冰箱52台，电风扇154台，洗衣机35台，电炊具135台，空调机25台，热水淋浴器24台，人均储蓄31250元。

竹行人民是勤劳的人民，是敢于创新的人民，在中国共产党和当地党委政府领导下，以搞好地方建设为己任，为竹行的繁荣发达作出卓越的贡献。在革命战争年代，革命志士舍生忘死转战沙场，长桥乡民兵大队长袁宝成在敌人面前英勇不屈，慷慨就义；萧逸（徐德纯）明知前线危险，毅然前往前沿阵地劝降敌人，不幸中弹牺牲。在抗日战争和解放战争时期英勇牺牲的烈士共有21位。在社会主义革命和建设时期，全镇涌现出大批的积极分子，劳动模范和民兵英雄，先进工作者。不少竹行籍专家、学者在事业上有所建树，海外赤子造福乡梓，为社会主义建设作出了巨大贡献。

竹行人民经过200多年的辛勤劳作，开拓进取，竹行这块江边滩地，已建设成为经济发展、事业兴旺、交通发达、百姓富裕、社会和谐的苏通大桥北桥头堡。

竹行镇先后获得全国千强乡镇、苏中综合实力百强乡镇、江苏省经济百强乡镇、江苏省农村集体财务规划示范乡镇、江苏省三星级农村信息化示范乡镇、江苏省农家书屋、典型治安模范镇、江苏省百强示范乡镇工会、江苏省体育先进乡镇、江苏省文化先进乡镇、南通市“工业经济增幅十强乡镇”、南通市安全生产先进乡镇、南通市治安模范乡镇、南通市农村党风廉政建设“三创建”先进乡镇、南通市文明乡镇等殊荣。

大事记

竹行位于胡逗州东南端，成沙于清康熙30年（1691），至今300余年。

清乾隆25年（1760）

人们围垦成陆。

清乾隆33年（1768）

竹行境内江堤外的江中沙洲与北边胡逗州陆地接壤。

清乾隆21—40年（1756—1775）中期以后

崇明坍江，大量崇明、海门一带的移民开始移居这里，筑堤造田围垦。

清光绪27年（1901年）

竹行属竞化区，竹行区域有汤家沙、福兴沙、南安沙，各设沙董一名，属通州管辖。

清光绪28年（1902年）

竹行镇西行收购棉花的花行内（竹行小学旧址）开始办班上课，为私塾，没有校名。

清宣统2年（1910年）

竹行属通州竞化区管辖。

民国元年（1912年）

废州设县，通州改为南通县。

民国2年（1913年）

竹行属南通县竞化区。

民国21—22年（1932–1933年）

江岸坍塌，竹行境内大坍江从大安镇向西北直到长桥港一线，约5000亩农田塌入江中，难民向北搬迁。

民国23年（1934年）

竹行镇属国民政府南通县第八区。区下设镇、乡、保、甲。竹行区域有雁行乡（部分）长桥乡、老洪乡、竹行乡、新垦乡、天星乡（部分）。实行保甲制，每100户为一甲。

民国27年(1938年)

日军占领竹行,在竹行镇老洪港长江入口处设立检问所,对所有路人盘问查抄。

民国32年(1943年)

4月,日军在沿江检问所桥东西一带筑竹篱笆,竹行境内长7.5千米,妄图阻隔江北新四军与江南的联系和物资交流。

民国33年(1944年)

原塌江部分开始涨沙,是年围垦定心圩。

秋,新四军和地方民兵火烧竹篱笆及检问所桥。

民国35年(1946年)

1月30日,长桥乡民兵大队长袁宝成被土顽孙龙根枪杀于新开境内的双邦石桥,同时被枪杀的有新四军地下交通员,外号八指头。

民国37年(1948年)

4月,一条7米多长的鲸随潮水冲入老洪港内的滩上,被长洪乡杨庆依宰割。鱼肉分割给在场群众,剩下的鱼肉运至张芝山警察局。

民国38年(1949年)

1月29日(农历已丑年年初一)竹行解放。废除保甲制。第八区改为紫琅区,下设乡、村机构。

4月,船工倪爱清、倪川狗、倪才狗、杨锦才、杨老三、杨小法、杨发狗、刘清狗、郭明祥等驾帆船运送人民解放军渡江作战。女船工叶启兰先后来回6次,共载解放军官兵500余名强渡长江,为解放军运送军用物资到常熟。

10月1日,全乡召开庆祝大会,会后举行大游行,庆祝中华人民共和国成立。

是月,成立竹行派出所。

1950年

3月,实行土地改革,11月25日土改结束。

1951年

2月,为抗美援朝踊跃报名参军。

3月,成立竹行人民武装部,各乡相继组建民兵大队。

10月,为抗美援朝,各界人士包括在校学生捐款捐物,购买飞机大炮。

1952年

3月，根据中央指示开展“三反”（反对贪污、反对浪费、反对官僚主义）“五反”（反行贿、反偷税漏税、反盗骗国家财产、反偷工减料、反盗窃国家经济情报）运动。

4月，成立竹行信用合作社。

9月，开展查田定产工作，贯彻依率计征、合理负担农业税收的政策。

1953年

4月，竹行供销社（基层供销社）成立，动员农民入股，每股股金贰元。

6月，县政府颁布《南通县实行粮油计划供应的决定》，供销社设粮油供应点。

1954年

4月28日（古历3月26日），徐永彬、邱裕等7人租蔡其宝私人的小船一条，去浒浦贩卖黄花鱼，因航道不熟悉，中午12点过后，船航到江南深泓时突遇风浪，小船沉没6人淹死，一人生还。

10月，粮油实行统购统销。

是年秋，农村组织互助组，实行以互助小组进行耕作。

1955年

3月，竹行粮站建立。

是月，农村粮食实行定产、定购、定销三定政策。

9月，成立初级农业生产合作社。

12月，开展肃清反革命分子运动。

1956年

1月，对私营工商业进行社会主义改造。

2月，设立竹行邮电支局。

3月，成立高级农业生产合作社。

7月3日，强台风从长江口登陆，陆上最大风力12级以上，暴雨如泻，江堤决口25米，谷东村的定心圩被淹。

下半年，小乡并大乡。竹行、长桥、海南3个小乡和雁行乡、骆化乡部分合并为竹行乡，隶属紫琅区管辖。

1957年

3月，建立竹行文化站。

5月，建立共青团竹行乡总支委员会。

10月，建立中共竹行乡工作委员会，竹行乡人民委员会，紫琅区、川港区合并为通海区，竹行隶属通海区管辖。

第一次全国人口普查。

1958年

1月，开展群众性整风反右运动。

3月，建立竹行敬老院，入住12个老人。

4月，对个体手工业进行社会主义改造，竹行建立铁木业社和竹行缝纫社。

10月，竹行乡撤销，西部几个村并入长江人民公社；东部几个村并入友谊人民公社。

11月，推行百姓吃食堂制，搞“四集体”，即集体用餐、集体劳动、集体学习、集体住宿。

是月，建立长江文工团。

1959年

5–7月，连续阴雨。7月，暴雨成灾。8月以后连续干旱100多天，造成农作物减产减收，加上浮夸风，粮食十分紧张。

1960年

3月，在竹行建办粮油加工厂。

是月，在竹行铁木业社基础上建办竹行农具厂。

4月23日，新丰村民兵倪建祥检举揭发抢劫粮站的劫匪有功，被国防部授予民兵英雄称号，参加全国群英会，受到毛主席的接见，奖半自动步枪一支。

7–8月，连续下雨，平地积水30多厘米，农田被淹，造成涝灾。农业减产，粮食进一步紧张，农民口粮每月只有7.5千克，生产队按人划给借种田，供农民种植红萝卜，缓解粮食紧缺。

1961年

4月，竹行贯彻执行中央颁布的农业发展纲要六十条。

5月，竹行建办粮油加工综合厂。

1962年

3月，为解决农民吃菜问题重划自留地。

5月，共青团竹行乡团总支改建共青团竹行乡委员会，各村建团支部。

7月，竹行人民公社建立，辖以自然数为序的17个大队。原来生产大队核算单位改为以生产队为核算单位。

10月，竹行联合诊所升格为竹行公社卫生院。

是月，公社设立业余教育辅导员，领导全公社扫盲运动。

1963年

6月，开放粮油市场。

10月，农村开展社会主义教育运动。

是月，开挖长洪河。

1964年

春，由南通县水利局出资，竹行出民工建长桥港涵洞、老洪港水闸。

4月，建竹行窑业联社，全镇小土窑集中管理。

7月，第二次人口普查，全公社共有5496户，总人口20219人。

9月，派出所并入公社治保科。

10月，各大队办耕读小学。

1965年

年初，开展“四清”（清政治、清经济、清思想、清组织）运动，即社会主义教育运动。

春，修筑张江公路，纵贯竹行境内，结束了竹行无公路的历史。

春，县水利局出资在竹行境内的天星横河上修建水泥拱桥6座。

5月，建立竹行兽医站。

是月，建立竹行公社广播放大站，拥有舌簧喇叭8900只，通响率百分之九十八。

秋，开展农业学大寨运动，各生产队实行大寨式评工记分。

11月，整治疏浚天星横河。

是年，实现家家通有线广播。

12月，兽医站被江苏省农林厅评为“江苏省农业先进单位”。

1966年

6月初一天的15时，竹行下了历史上罕见的大冰雹，田间作物几乎全部打光，受灾严重。

7月，各大队民兵营大搞民兵训练，同时建立五大队、九大队、中心大队三个武装民兵连。

8月，文化大革命全面开始，红卫兵“破四旧”（旧思想、旧文化、旧习俗、旧习惯）、立四新（新思想、新文化、新风俗、新习惯）。

是月，各大队相继成立毛泽东思想文艺宣传队，自编自演文艺节目。

1967年

3月，竹行公社人民武装部抓总建立革命生产领导小组。

8月，竹行建筑站正式建立，选派技术工人援建西藏拉萨饭店。

9月，贫下中农管理学校，“泥腿子”走上讲台。

1968年

春，每家庭做宝书台，开展学习《毛泽东选集》，出工前做“五领先”（唱“东方红”、祝毛主席万寿无疆、祝林副主席身体健康、学习最高指示、唱“大海航行靠舵手”）。

4月，建立竹行公社革命委员会。

下半年开展清理阶级队伍，全公社有200多人被批斗，造成大量冤假错案。

年末，农村办合作医疗，各大队选派初中文化以上的知识青年2人培训赤脚医生。

1969年

3月，竹行群众集合，强烈抗议苏联入侵中国领土珍宝岛。

9月，全公社所有公办小学下放到大队办。

是月，17大队接受南京师范学院部分大学生插队锻炼。

11月，建立中共竹行公社党委的核心小组。

1970年

2月，开展“一打三反”运动（打击反革命破坏活动、反贪污盗窃、反投机倒把、反铺张浪费）。

3月，竹行公社十六大队渔业队建立。

7月，成立革命现代舞剧《白毛女》演出团。

8月，重建中共竹行人民公社委员会。竹行人民公社管理委员会。

1971年

1月，粮油（定产、定销、定购）由三年不变改为五年不变。

3月，由农具厂建办的钢丝绳车间升格为县办企业，5月易地重建，定名为南通县钢丝绳厂，同时组建附属企业竹行钢丝网络厂。

9月，竹行公社购16.5毫米放映机一台，组建电影放映队。

是月“九一三”（林彪叛党叛国）事件发生。

1972年

3月，建立竹行农业机械管理站。

9月，竹行公社各大队村小陆续办起戴帽初中班。

1973年

7月，修筑新竹路（现瑞兴路）7米宽沙石路面，东起薛家店，西到新开镇。往东至南兴方向的兴南路，这两条路成为横贯竹行全境交通干线。

9月，竹行钢丝网络工场和南通县钢丝绳厂分离，单独核算，定名为竹行钢丝网络厂。

10月，三大队家家户户用上电灯。

1974年

2月，开展“批林批孔”运动，开展“党的基本路线教育”。

4月，江海村江堤坍塌，全村1600亩土地被淹，两天后积水排除。

7月，长江大潮，竹行段江堤被冲破决口，江水肆虐而来，五大队长洪河以南被淹，平地水深1.1米，500村民紧急转移。

冬，按三级河标准开挖老洪港竖河。

1975年

7、8、9三个月预报地震，村民全部住在户外防震棚内。

9月，建办竹行中心幼儿园。

1976年

1月8日，周恩来总理逝世，各大队组织悼念活动。

3月，竹行公社接收十六大队渔业队，定名为南通县竹行渔业队。

7月6日，朱德委员长逝世，各大队组织悼念活动。

是月，预报地震，村民全部住防震棚。28日唐山大地震后，市地震台发布本地无震预报，村民陆续住回室内。

9月9日，毛泽东主席逝世，公社和各大队设灵堂悼念。

10月，竹行召开群众大会庆祝中共中央一举粉碎、江青、张春桥、王洪文、姚文元“四人帮”反革命集团。

11月26日，共青团南通县委员会在竹行七大队召开“认真看书学习，狠批‘四人帮’”现场会。

1977年

1月，公社成立用电管理站。

7月，恢复高考，竹行31名知青参加考试。

10月，民办教师经过考试，考试合格的民办教师转为公办教师。

1978年

6月，落实“平反冤假错案”政策。

7月，新开至薛家店的新竹路（现瑞兴路）建筑竣工。

10月，竹行矽钢片厂制造小轮船（拖轮）一艘，出售给如东县物资局。

11月，老洪港新竖河开通，与长洪河相通，解决南部沙田排灌问题。

12月，农村展开联产承包责任制为主要内容的经济体制改革。

1979年

1月，给地、富、反、坏“四类分子”摘帽。

2月，贯彻十一届三中全会精神，对农村经济体制进行改革。

3月，竹行贯彻执行中央对一对夫妇只生一个小孩的政策。

9月，竹行中学独立建校，定名为南通县竹行初级中学。

1980年

3月，成立竹行公社革命委员会和经济联合委员会，生产大队改为村经济合作社和村民委员会。

12月，平反冤假错案，靠边站的干部、教师恢复工作。

1981年

12月15日，竹行公社第七届人民代表大会第一次会议。（是竹行历史上召开的第一次人民代表大会）

1982年

7月1日，全国第三次人口普查，全乡总人口25496人（不含江东江海两村）总户数8000户，人口密度972.39人每平方千米。

8月，竹行工业公司建立，同时设立竹行对外贸易总公司，一套班子，两块牌子。

10月，竹行公社建立财政所。

1983年

4月，新丰村陈廷章被江苏省人民政府评为“江苏省劳动模范”。

5月，棉布、化纤品大量供应，布票取消，日用品购货卡逐渐取消。

8月，中共南通县委书记黄冰与养殖大户王佩恒“结对帮扶”，第一次提供无息贷款36万元，饲料12500吨，扶助个体养殖户，顾秀莲省长到养殖场视察，省、中央媒体来场采访。

是月，上海越剧表演艺术家王文娟等名人与王佩恒一起做皮蛋，合影留念。

9月18日，组建竹行菁艺越剧团。

10月，撤社建乡，成立中共南通县竹行乡委员会。原17个自然序数为名的大队改为地名村，生产队改为村民小组。

是月，农村实行家庭联产承包责任制。

1984年

3月，竹行个体协会成立。

4月，建办竹行成人教育中心校，成为南通县首批成立的成教中心之一。

5月，谷东村王佩恒被江苏省人民政府评为“江苏省劳动模范”。

8月5日，建立竹行镇关心下一代工作委员会。

是月，召开竹行乡第八届人民代表大会第一次会议。

12月，成立竹行合作基金会（时称农经服务公司）。

1985年

1月16日，竹东村20组陆张标在对越自卫反击战中牺牲，被授予烈士称号。

2月11日，新丰村14组徐建彬在对越自卫反击战中牺牲，被授予烈士称号。

春，建立竹行汽车站，南通汽运集团班车南通农场专线开通，途经竹行境内。

7月1日，重组派出所。

是月，大队民兵武装连（排）撤销，枪支弹药上交县人武部。

8月，长江钢丝绳厂成为南通市第一批钢丝绳出口企业。

9月，小学、初中下放乡办、实行分级办学、分级管理。

年底，竹行影剧院建成，对外开放。

年底，薛家店到通力钢丝绳厂（现名腾达）路灯开通。

1986年

3月，乡政府投入26.8万元重建竹行卫生院门诊、住院大楼。

4月，成立竹行治安联防队。

6月，赤脚医生经过考核，升格为乡村医生。合作医疗停办。

7月，成立竹行土地管理所。

1987年

3月11日，召开竹行乡第九届人民代表大会第一次会议。

5月8日上午11时零6分，南通市轮船运输公司江苏0130号木质客轮与武汉长江22033号拖轮于八圩长江航道相撞，客轮翻沉，105人遇难，9人失踪，7人获救。南通特大沉船事故中，竹行镇竹行村一家6人罹难，同时罹难的还有菁艺越剧团琴师1人。事故发生后，南通市委、市政府负责人赶赴现场组织救援工作，交通部副部长林祖乙、省委副书记、副省长陈焕友带领有关部门负责人赶来指导救援和善后工作。

11月，成立竹行镇法律事务所。

12月，长江钢丝绳厂生产的光面钢丝绳获上钢二厂横向联合银星集团产品质量第一名。

是月，根据通农发15号文件批准建立竹行农村合作基金会。

1988年

1月，卫生院大楼落成并投入使用。

4月，长江钢丝厂陈一鸣被江苏省人民政府评为“江苏省劳动模范”。

5月4日凌晨，强台风袭击竹行，倒塌房屋67间、屋面受损706间、倒塌烟囱655个、厂房52间、电线杆28根、元麦受损20%—30%等。

6月30日，实现乡镇自动拨号电话。

7月，竹行邮电所开始设立邮政储蓄。

8月19日，经江苏省人民政府批准，竹行等15个乡镇被定位南通县第一批对外开放的重点工业卫星镇，享受国家规定的经济技术开发区的各项优惠待遇。

1989年

8月，筹建竹行自来水厂。

9月，竹行中学教师杨炽刚被国家教委、人事部，全国总工会授予全国优秀教师称号。

11月，皮鞋厂生产的“美捷”牌皮鞋获得中国消费者博览大奖。

1990年

2月23日，召开竹行乡第十届人民代表大会第一次会议。

7月1日零时，第四次全国人口普查，竹行全镇总人口26629人（不含江东、江海两村）总户数9540户，人口密度1015人每平方千米。

8月1日，竹行籍港胞黄贞秀捐资10万元人民币建竹行小学苏秀教学楼。

是月，竹行机电厂生产的汞钠镇流器被北京亚运指定为使用产品。

12月21日，中共竹行乡第七届代表大会在竹行乡政府三楼会议室召开。

1991年

7月，连续下雨40多天，积涝成灾，竹行全民动员排洪抗灾。南通市市长徐燕、南通县县委书记潘宝才与张永凯、刘鑫等市县领导来竹行，到竹行和农场交界处视察灾情，对抗洪排涝作出指示。

年底，完成12公里输电线路“二改三”工程，实现昼夜供电。

1992年

4月，成立竹行劳动服务公司。

8月，普及六年制义务教育。

9月，推行农村养老保险。

10月，长江钢丝绳厂成为获全国第一批生产许可证单位。

12月，竹行乡工业总产值、销售收入双双突破亿元大关。

1993年

1月6日，国务委员陈俊生代表国务院签署同意撤销南通县、设立通州市的决定。南通县竹行乡人民政府改为通州市竹行乡人民政府。

3月25日，召开竹行乡第十一届人民代表大会第一次会议。

7月，竹行乡在通州市率先开通调频广播。

12月2日，中共竹行乡第八届代表大会在竹行乡政府三楼会议室召开。

年底，全乡GDP超亿元。

1994年

1月，粮油敞开供应，取消粮票、油票。

3月，竹行中学张健获全国数学竞赛（初中组）三等奖。

8月，普及九年制义务教育。

9月，建立农业银行竹行分理处。

1995年

3月，新丰村食用菌种植基地陆汉萍被江苏省妇联评为江苏省三八红旗手。

5月，竹行初中初二学生杨文佳、勤丰中学学生倪娟获国家语言文学工作委员会、文管司、共青团中央学技部，中央教学科学研究所，中国语文报刊协会举办的全国中小学生作文竞赛三等奖。

6月，竹行乡被评为江苏省科学技术先进乡。

8月，竹行乡竹行、竹东两村为电话村。

10月，竹行乡进入苏中农村综合实力百强乡镇行列。

12月，竹行信用社存款超亿元。

1996年

1月25日，召开竹行乡第十二届人民代表大会第一次会议。

2–10月，乡镇企业改制，全镇有30家乡办企业全面进行体制改革。

3月27日，中国农业银行总行发出农银函【1996】136号文件，作出《关于表彰全国农村信用社储蓄"双十佳"和集体存款"双十佳"的决定》，竹行信用社储蓄专柜被评为全国最佳储蓄所，并予全社职工每人晋升一级工资的奖励。

9月，民办教师全部转为公办教师。

10月，竹行开通有线电视光缆，成为通州市第一个开通有线电视的乡镇。

是月，竹行皮鞋厂的美捷皮鞋被评为中国乡镇企业名牌产品，获圣彼得堡国际博览金奖。

12月21日，中共竹行乡第九届代表大会在竹行乡政府三楼会议室召开。

是月，竹行综合经济实力进入通州市十强乡镇之列。

1997年

3月，国务院农金改办发文，竹行信用社评为全国特级信用社，并予全社职工每人晋升一级工资的奖励。

是月，建立竹行乡劳动管理服务所。

是月，王守成在父亲建立的养殖场基础上，投资1.2亿元占地58万平方米建造世外桃园休闲农庄。

5月，省农村改水工作会议在竹行自来水厂召开，省爱国卫生运动委员会主任郭兴华及市领导来竹行水厂考察、指导工作。

7月，竹行再次被评为省科技工作先进乡。

11月，竹行成为无盲乡镇，脱盲率达百分之九十九点八。

12月，竹行皮鞋厂年产皮鞋40万双，获南通市五星级企业称号。

1998年

2月，竹行乡被评为南通市乡镇传真工作先进单位。

5月，乡政府筹资700万元，修筑薛家店至光明钢丝绳厂2千米长水泥马路，路面24米，双向四车道。

8月，竹行乡实现有线广播、有线电视共缆传送。

9月，勤丰中学并入竹行中学。

11月28日，召开中共竹行乡第十届代表大会。

12月，竹行乡被江苏省文化厅命名为群众文化先进乡镇。

是月，农业银行竹行分理处存款超亿元。

1999年

1月1日，成立竹行镇城管所。

是月5日，召开竹行乡第十三届人民代表大会第一次会议。

7月，竹行乡被评为江苏省体育先进乡镇。

8月，竹行中学高广德的作品由中国书画家协会、国际书画社、当代画家协会、庆祝建国五十周年暨迎澳门回归全国书画大赛组委会、评委会评为“庆祝建国五十周年暨迎澳门回归全国书画大赛”三等奖。

9月，竹行合作基金会撤销。

12月，竹行被江苏省技术监督局授予执行标准优秀乡。

2000年

3月，在竹东村11组新建35千伏变电所。

6月17日，天星小学四年级学生周赛抢救新江海河落水儿童牺牲。

8月，乡政府投入800万元，在薛家店南侧重建竹行中学。

10月，长桥小学、竹雁小学两校合并，迁入336省道南侧新校舍上课，更名为通州市长江小学。

是月，通惠食用菌贸易中心研制开发灵芝系列产品10余个，产品畅销日本、韩国及欧美等国家。新西兰皇家科学院确定通惠食用菌贸易中心为中国灵芝产品生产基地。

11月1日，第五次全国人口普查，全镇总户数为9940户，总人口为26319人（不含江东、江海两村）。

12月4日，中共竹行乡第十一届代表大会在竹行镇政府三楼会议室召开。

是月，竹行信用社存款超2亿元。

是月，竹行合作基金会回收借贷款431万元。

是月，农业银行存款超亿元。

是月，洞子港村被评为江苏省文明村。

是月，为各村定编干部、乡机关集体人员和收支归乡财政的事业单位人员办理养老金保险。

2001年

1月，投入950万元建造的设施完善的农贸市场竣工启用。

2月28日，竹行撤乡设镇，建立中共竹行镇委员会，竹行乡人民政府改称为竹行镇人民政府。

3月5日，17个行政村合并为8个行政村。

是月19日，竹行镇划入南通市，属南通经济技术开发区管辖。

是月，竹行镇被评为2000年南通市“双学双比”活动先进单位。

是月，开始实行村帐镇记，构建公开透明、规范有序、管理民主的农村财务管理新格局。

8月，省道336线竹行境内路段建成通车。

9月，通州市长江小学更名为南通市长江小学。

是月，竹行初中迁入新校舍上课，更名为南通市竹行中学。

10月，原通州市张芝山镇万南村35户102亩耕地划入竹行村。

11月1日，通州市积南村、新沙村、先垦村、江边村及立新坝村、邻江村、江海村合并为江东村、江海村两个村，划归南通开发区竹行镇管辖。竹行镇由原来8个行政村变为10个行政村。

是月20日，召开中共竹行乡第十一届代表大会。

12月，长桥村被评为江苏省文明村。

是月，农业银行竹行分理处邵建新获全国农行先进工作者称号。

是月，农业银行竹行支行获中共农业银行总行"先进档案"奖励。

是月25日，竹行发生里氏3.9级地震，地震中心在竹行镇竹行村，震感明显，竹行小学墙壁出现裂缝，无人员伤亡。

2002年

1月8日，召开竹行镇第十四届人民代表大会第一次会议。

3月，竹行镇成为南通市治安模范镇。

是月，竹行镇被评为2001年度南通市农村税收改革先进集体。

是月，天星小学与新垦小学合并，迁入新校，更名为南通市大安小学。

10月，安惠生物科技有限公司成立，占地面积8.8万平方米。

12月，竹行信用社被评为江苏省农村信用先进单位。

2003年

2月，成立招商引资办公室，开设竹行网站。

3月，抗"非典"行动，竹行各界捐款26万元，全额上交开发区。竹行镇政府投入37万元，防治非典，其中拨给卫生院专用款10万元。

4月，竹行镇工会被江苏总工会评为五星级乡镇工会。

是月，首批26250名农民办理了农村大病医疗保险，参保率百分之九十五。

5月，竹行镇被南通市禁毒委员会评为无毒社区先进单位。

6月，建立竹行镇劳动和社会保障服务所。

8月，成立竹行镇社会矛盾纠纷调解中心。

10月，竹行镇土地管理所被南通市土地资源局评为人民满意的土管所。

是月，26路（新开镇开往竹行镇薛家店）公交车开通。

12月，洞子港村被评为江苏省文明村。

是月，竹行镇被评2001–2002年度南通市文明乡镇。

2004年

2月，竹行镇被评为2002–2003年度南通市思想宣传工作先进集体。

3月，竹行镇建立安全生产委员会。

是月，全面开展第一次全国经济普查。

是月，由开发区管委会开往农场的29路公交车开通，竹行境内设10个站点。

5月，竹南11万伏变电所投入运行。

8月，竹行镇成立社会治安、大防控、社会大调解办公室。

9月，镇区相关主干道路路灯全部安装到位。

10月，农业银行竹行分理处被评为江苏省农行文明单位。

是月，纵贯竹行的东方大道开工修筑。

是月，星辰花园一期工程破土动工。

12月，竹行镇被评为南通市关心下一代工作先进集体。

2005年

3月，安惠生物科技有限公司陆汉萍被评为全国“双学双比”先进个人。

3月2日，组建竹行镇招商局。

4月，建立世界上第一座中华灵芝文化馆。

5月4日，竹行镇团委被评为“南通市红旗团委”。

是月18日，中国工商银行竹行支行成立。

8月，南通市人大常委会科教文卫委员会主任王建明一行30余人，来竹行成人教育中心调研，肯定成人教育中心校的办学成果。

11月，竹行派出所被江苏省公安厅评为“江苏省二级派出所”。

12月，竹行镇评为“江苏省创建百强示范乡镇先进单位”。

是月，洞子港村沙志高获江苏省农林厅颁发的“粮食生产大户”荣誉证书。

是月，农业银行竹行分理处存款超3亿元。

是月，星辰花园一期工程24幢6层住宅楼共900套竣工交付使用。主要安排东方大道、336省道绿化带、瑞兴路拓宽改造、沿江高等级公路、景兴路、和兴路、振兴东路东延段等工程的拆迁户，当年入住617户。

是月，安惠生物科技有限公司陆汉萍被评为中国经济女性年度突出成就人物。

2006年

3月，世外桃源休闲农庄被国家旅游局列为AAA级景区；农业部产品绿色标志；被江苏省海洋渔业局评为江苏省休闲渔业示范点；被江苏省海洋渔业局评为江苏省无公害养殖基地；被国家旅游局评为全国农业旅游示范点。

4月，农民免交农业税。

是月18日，中共竹行镇第十二届代表大会在竹行镇政府三楼会议室召开。

是月，新丰村陈惠被江苏省人民政府评为“江苏省劳动模范”。

是月，江苏省巨力钢绳有限公司董事长施聪被江苏省人民政府评为江苏省优秀青年企业家。

5月4日，竹行镇团委被评为“江苏省五四红旗团委”。

是月，竹行人民政府张红被评为江苏省新长征突击手。

是月，长桥村（中国银行开发区支行）蔡淑娟获全国五一劳动奖章。

9月6日，成立竹行污水处理中心。

10月，竹行村沈斌家庭赴中央电视台《神州大舞台》文艺演出，获三等奖。

11月，竹行派出所被江苏省公安厅评为江苏省平安创建先进单位。

12月，神农村农家书屋被江苏省文化厅评为“江苏省百佳农家书屋”。

是月，竹行信用社存款超3亿元。

是月，竹行镇被江苏省农林厅命名为“农村集体财务规范化管理示范乡镇”。

是月，神农村被江苏省精神文明指导委员会评为“江苏省文明村”。

是月，竹行镇被江苏省总工会评为“江苏省创建百强示范乡镇工会”先进单位。

2007年

1月，竹行镇被评为2006年度南通民营经济增幅十强乡镇。

2月，竹行镇被评为2006年南通市创建安全乡镇工作先进集体。

3月，竹行镇被评为2006年南通市民营经济发展先进集体。

是月，安惠生物科技有限公司被国家旅游局批准为南通市首家“全国工业旅游示范点”。

5月，光明钢丝制造有限公司生产的接触网用钢丝绳，获国家专利产品证书，填补了国内空白。

5月，星辰花园二期工程开工，共建38幢低价位商品房，供拆迁户居住。

是月，中华灵芝文化馆被南通市人民政府确定为南通市爱国主义教育基地。

8月，江苏省农民书屋现场会在竹行神农村召开。

9月，竹行镇被江苏省人民政府授予“中国电讯社会主义新农村信息化示范镇”。

10月，神农村被江苏省以法治省领导小组授予“江苏省民主法治示范村”。

12月15日，召开竹行镇第十五届人民代表大会第一次会议。

是月，农业银行竹行分理处存款超4亿元。

2008年

1月，长桥村被江苏省农村厅评为“财务规范化管理示范村”。

是月28、29日连续下雪30多小时，平地积雪20多厘米，压垮棚舍厂房4万余平方米，镇政府组织机关企事业单位职工铲除境内积雪，保证车辆通行。

2月，中国银行竹行支行成立。

是月，东方大道以东的振兴东路延伸段开始修筑。

4月开始历时1个月时间，竹行镇将63家钢丝绳厂139只高烟囱改为水过滤地面烟囱。

是月，成立竹行邮政储蓄银行。

6月30日，纵贯竹行的苏通长江公路大桥北接线建成通车，沿线经竹行村、竹东村、洞子港村和神农村4个村，大桥出口处位于神农村。

7月，建立竹行便民服务中心。

8月20日，成立南通市公安局交巡警支队五大队竹行中队。

9月，星辰花园幼儿园启用，定名为竹行镇中心幼儿园。

12月，竹行镇财政收入突破亿元大关，达1.16亿元。

是月，竹行镇全面进行有线电视有线数字电视整改。

是月，竹行镇广电站被评为江苏省技术维护先进站。

是月，世外桃源休闲农庄被全国休闲农业与乡村旅游星级企业（园区）评审委员会评为“四星级旅游景区”。

2009年

2月，东方大道向北延伸，竹行境内的300户农户拆迁。

3月8日，竹行镇妇联被评为“江苏省妇联基层组织建设示范单位”。

是月，竹行镇投资1200万元易地重建竹行社区卫生服务中心。同年，农村群众参加医保率百分之百。

是月，神农村农家书屋继续被评为江苏省百佳农家书屋。

是月，星竹花园开工建造。

4月，星怡花园开工，同月经三路（现竹林路）开始修筑。

5月，竹行镇被江苏省总工会评为“江苏省工会工作模范乡镇”。

是月，星辰花园与星竹花园之间东侧路（现星宇路）开始修筑。

是月，竹行中心幼儿园被评为江苏省优质幼儿园。

6月5日下午2点50分，天空突然一片漆黑，狂风大雨猛袭，如同黑夜，持续一小时，实属历史罕见。

10月，竹行中学被评为“江苏省初中英语课程教材改革实验工作先进单位”。

是月，竹行派出所所长黄建华获“江苏省优秀派出所所长”称号。

11月，竹行工商所被江苏省工商局评为“依法行政、优质服务先进集体”。

是月，中国银行获江苏省五一劳动奖（集体）。

12月，区域教育现代化经江苏省教委验收，竹行成人教育中心校、竹行中学、竹行小学、竹行幼儿园全部通过。

是月，范金兵被评为江苏省优秀文化站长。

2010年

3月1日，成立开发区竹行城市管理执法队。

4月，长桥村拆迁完毕。10月，12个村民组的拆迁户1680人入住新开街道的星润花园。

5月，竹行镇公共便民服务中心迁至政府大院。

6月，竹行境内主干道竹林路建成通车。

10月18日，撤镇建街道办事处，原中国共产党竹行镇委员会改名为中国共产党南通市竹行街道工作委员会，竹行镇人民政府改为竹行街道办事处。

11月1日，第六次全国人口普查，全镇14468户，总人口为33804人。

是月，竹行工会主席张红被中华全国总工会评为全国优秀工作者。

12月，竹行派出所被中华人民共和国公安部评为“国家公安一级派出所”。

年底，农业银行存款超6亿元。

是月，世外桃园休闲农庄被江苏省旅游局评为江苏省乡村旅游区（点）“二十强”、江苏省文明乡村旅游点；被长三角乡村旅游联盟评为长三角“十佳”乡村旅游景区；被国家旅游局评为全国休闲渔业示范基地、全国休闲农业与乡村旅游四星级企业。

第一篇 镇域概况

竹行镇位于江苏省南通市经济技术开发区东南，是苏通长江公路大桥北接线第一重镇，以生产钢丝绳出名，钢丝绳年产量占全国的三分之一，被誉为钢丝绳之乡。

清乾隆年间，崇明移民到竹行，在竹行老洪港中段北岸设立交易市场，后逐渐成为集镇。

民国23年（1934年）开始，竹行一直受通州管辖，时属南通县第八区。民国27年（1938年）推行保甲制度，抗日战争时期属南通县紫琅、川港两区。1949年2月，竹行地区为南通县紫琅区雁行乡、长桥乡、天星乡、竹行乡等小乡。1957年小乡合并，组建成竹行乡。1958年10月实行人民公社化，将竹行乡老洪港以西的几个农业社划归新开，组建长江人民公社。1960年长江人民公社改名为新开人民公社，老洪港以东川港区的天星、大安、新垦乡几个农业社划归友谊人民公社。1962年7月，将原划入新开人民公社和友谊人民公社的大队以及通海、小海人民公社的部分大队划归竹行，单独组建竹行人民公社，公社机构设在西行内，辖以自然数为序的17个大队。1983年撤社建乡，竹行人民公社改为竹行乡，大队改为地名村，一大队改名为新丰村；二大队改名为长桥村；三大队改名为长桥南村；四大队改名为谷东村；五大队改名为海洪圩村；六大队改名为群力村；七大队改名为龙田村；八大队改名为洞子港村；九大队改名为竹东村；中心大队改名为竹行村；十一大队改名为竹南村；十二大队改名为安北村；十三大队改名为大安村；十四大队改名为老洪港村；十五大队改名为新安村；十六大队改名为后丰村；十七大队改名为神农村。

2001年2月撤竹行乡，设竹行镇。

2001年3月划入南通经济技术开发区，同时进行行政村合并，新丰村原来村域较大，单独设村。长桥和长桥南合并成长桥村；谷东和海洪圩合并成谷东村；竹行、竹南和老洪港合并成竹行村；龙田和洞子港合并成洞子港村；群力和神农合并成神农村；竹东和后丰合并成竹东村；安北、大安和新安三村合并成大安村。4月南通经济技术开发区决定，把远离竹行15千米的新江海河两边的8个村合并为江东村和江海村划归竹行镇管辖，10月原通州市张芝山镇万南村拆迁组，35户划入竹行村。至此，竹行镇辖10个行政村。

2001年10月开始，开发区搞大交通建设，一纵四横交通格局经过长桥村和谷东村。在路基内的长桥村17（部分）、18和19组，洞子港村的22、23和24三个村民组拆迁，村民于2005年12月入住星辰花园。2006年1月，组成星辰社区居委会筹备小组。2008年8月，经南通经济技术开发区管委会和竹行镇人民政府批准，星辰社区居委会正式成立。2008年，星竹花园开始建造，2010年11月，成立星竹社区筹备委员会。至2010年年底，竹行镇辖10个行政村共275个村民组和2个社区，总人口32710人，总面积30.1平方千米。

竹行镇自然资源丰富、土地肥沃、气候适宜、经济繁荣；交通便捷、河道畅通、农田水利设施到位，环境优美，是极宜人居的好地方。

第一章　行政村　社区

1949年1月，竹行解放。1958年，实行人民公社化，竹行西部划入新开人民公社，东部划给通海公社。1962年，原划入新开、通海公社的工区及竹行东南部的工区组建成竹行人民公社，辖17个大队。1983年，改地名村。2001年，区划调整，竹行镇划入南通市经济技术开发区，将17个行政地名村合并为8个地名村。同年，又将由原川港、姜灶、先锋、南兴乡镇搬迁至长江边的离竹行15千米处的江海村、江东村，系竹行镇管辖。在城镇化建设形势的推动下，2004年星辰花园破土动工。2006年1月，建立了第一个星辰社区。2009年3月，星竹花园开工建设。至此，竹行镇共辖10个行政村、1个社区居委会。按发展规划，竹行镇将成为由星辰（含星竹）、星怡、竹韵、世家、龙田、瑞兴花园6个社区组成的竹行街道。

第一节　镇　域

竹行镇位于北纬31° 50′ ~31° 51′，东经121° 33′ ~121° 35′。北临小海镇的新镇村、汤家窑村，南靠国营南通农场，东与南通市通州区张芝山镇银洋河村、万南村、八字桥村相接，西以长桥港河为界河与新开镇相连。最西边的三谷镇（长桥港竖河）和东边的大安镇（大安港河）直线距离为5.85千米，最北端新丰村与小海为界的无名小河和南部与南通农场相隔的南三级河直线距离为5.32千米，面积为25.2平方千米。2001年3月，区划调整，将远离竹行15千米，总面积为4.9平方千米的江东、江海两村划归竹行。2010年竹行镇总面积30.1平方千米。

第二节 行政村

新丰村位于竹行镇的最西北，东边与神农村和小海镇的汤家窑村相邻，南边与长桥村仅一河之隔，西边与新开镇的曹家埭村相望，北边与小海镇的新镇村毗邻，全村东西长2.004千米，南北宽0.785千米，全村总面积1.57平方千米。总耕地面积1889亩，属人多田少地区之一。

新丰村在清乾隆中期（1756—1775年）还是长江胡逗洲东南沿的一块沙洲，开发这块沙洲时定名为福兴沙，福兴沙下属六个小圩：即崔小圩（现二组、三组、十二组、十三组、十四组、十五组、十六组、十七组、十八组）；独脚小圩（现一组）；陶小圩（现四组）；张小圩（现八组和二十组）黄家圩（即现在的九组、十组和十一组），祝家圩（五组、六组、七组）民国10年（1921年）称沿海乡。

日伪时期推行保甲制度，为南通县紫琅区雁行乡一保和三保，国民政府统治时期，沿用一保和三保。境内解放后，废除保甲制，一保改一村、三保改三村，隶属于南通县紫琅区雁行乡。

1955年上半年成立农业合作社，一村为一社，三村为三社。1956年成立高级农业合作社，一社和三社合并为竹行乡勤丰四社。1958年人民公社时，划入新开，成立长江人民公社，改名为长江人民公社十二工区。1959年2月，长江人民公社改名为新开人民公社，十二工区改为十六工区。1962年7月，竹行单独组建人民公社，改名为竹行人民公社一大队。

1983年改地名村，一大队取名为新丰村。2001年，区划调整，行政村合并，新丰村原村域规模较大，为单独建制，仍名新丰村。新丰村辖20个村民小组，922户农户，2009年年底总人口2146人，其中男性1158人、女性988人。

2005年6月，因南通航运学院建设需要，拆迁新丰村八组336省道南侧半个村民组。2006年10月，拆迁新丰村八组336省道北侧半个村民组。新丰村八组拆迁户均安置在星辰花园。

2009年2月，东方大道北延工程，拆迁了新丰村四、五、十一组共3个村民小组。2009年10月，安置191户518人入住星竹花园。2010年4月，建设能达商务区，拆迁新丰村三、六、七、九、十、十二、十七、十九、二十和十一组剩余住户，共10个村民小组。2010年10月国际汽车城项目涉及新丰村一、二、十六组3个村民小组。新丰村2010年两批次的拆迁均安置在星怡花园二期。尚有十三、十四、十五、十八四个村民组155户402人未拆迁。

新丰村的经济以传统种植业为主。粮食作物历史上以元麦、小麦、玉米为主；经济作物以黄麻、薄荷为主。20世纪80年代开始，向多种经营发展，不少农户种植面积不等的贝母、附子、元胡等中药材。2008年高峰时，全村有142户村民种植药材，同时还涌现了不少养猪、养鸡、养鱼专业户。2009年、2010年大批拆迁，村办企业、养殖专业户停办或外迁，至2010年尚有万羽养鸡场3个，百头养猪场1个，大棚种植户4个。2010年，农民人均纯收入10120元。

新丰村社队工业起步较早。1969年办起皮碗化工厂，从业人员30余人，年产值达50万元。其后又办起了内衣厂、铁链厂、窑厂等。1975年，陈廷章在大队建办南通地区食用菌基地，造厂房1500平方米，从业人员达110人，年产值100万元，纯利润10万余元，这是全乡第一个利润超10万元的企业，乡政府在新丰村召开现场会。菌种厂主要种植银耳，附带种植蘑菇、平菇、香菇等食用菌，并向全镇推广，陈廷章被人称谓“银耳大王”。陈廷章去世后，他的小儿子陈惠继承父业，种植灵芝，聘请专家研发灵芝产品。1993年7月，通惠公司灵芝系列产品被评为南通市优秀产品和江苏省乡镇企业名牌产品，陈惠被人们誉为“灵芝大王”。2002年10月在开发区创建江苏安惠生物有限公司，拥有30余款产品，畅销国内30多个省、市，出口日本、美国、新加坡等10多个国家，并在日本、泰国、北美等地设立海外公司。

新丰村十分重视文化教育。1958年办起村办小学，是竹行历史上最早一批村小之一，起始年只有两个复式班，借用民房作教室。20世纪60年代末，学校发展为完小。1975年，新建教室6个，办公室1个。1972年，办起戴帽初中，80年代因生源少而停办。

新丰村人才辈出。清代同治年间有六品顶戴高天成、光绪年间进士黄国柱、清末民间著名画家张莘田、解放初受毛主席接见的全国民兵英雄倪建祥、近代著名国画大师高冠华；现代画家高广聪、国家旅游局副局长祝善忠、山东省副省长黄员家等都出自新丰村。2010年新丰村有大学教授7人，博士生导师数名，高级职称10余人，仅高氏家族从小学到大学有各级教师30余人。

新丰村党支部“一班人”在社会主义建设中做出了成绩。2004年获得南通经济技术开发区颁发的安全村居社区称号；2005、2006年两年被南通开发区管委会评为社会治安安全村；2007年被南通开发区管委会评为安全村居；2008年南通开发区管委会授予农家书屋鼓励奖；同年被南通市农村党风建设领导小组评为村干部勤廉工程示范点；2009年被南通开发区管委会评为人口和计划生育先进集体；2009、2010年两年均被南通开发区评为社会治安安全村。

1962—2001年新丰村干部任职表

表1-1

任职时间	党支部书记	村主任（大队长、主任）	会计
1962—1963.5	樊天元	田友康	龚祖亨
1963.5—1964.4	郭安明	郭安明（兼）	张伯春
1964.4—1983	田友康	张伯春	朱士成
1983—1986	田友康	张伯春	朱士芳
1987—1992	龚祖彬	吴惠新	朱士芳
1993—1996	吴惠新	陈　惠	朱士芳
1997—1998	朱士芳（副）	陈　惠	朱士芳（兼）
1999—2001	陈　惠	陈　惠（兼）	朱士芳

2001—2010年新丰村干部任职表

表1-2

任职时间	党支部书记	村主任	党部副书记	副主任	部门干部
2001.9-2004.11	陈　惠	樊人冬	樊人冬	高广新 张宝春	薛　兰
2004.12-2007.11	陈　惠	樊人冬	樊人冬	高广新 张宝春	薛　兰 黄　袁
2007.12-2010.10	樊人冬 陈　惠（顾问）	樊人冬（兼）		黄　袁（助理） 黄　鹏（助理）	薛　兰
2010.11-2010.12	樊人冬	樊人冬（兼）	薛　兰 陈　静（助理）	高广新	

长桥村位于竹行镇西边，东与洞子港村和神农村毗邻，南至瑞兴路路南的绿化带南侧，西靠长桥港与新开镇的三谷镇隔河相望，北与新丰村一河之隔，南北最长距离2.2千米，东西最宽为2.05千米，全村总面积3.4平方千米，耕地总面积3877亩。总人口3586人，其中男性1726人、女性1860人。

长桥村原是胡逗州东南沿的一块沙滩，初垦时为汤家沙和福兴沙。民国23年（1934年），国民政府推行保甲制度，为南通县长桥乡第二保、第三保、第四保、第五保、第六保。1949年解放，废除保甲制设置行政村，为第二村、第三村、第六村。1957年小乡合并为大乡，长桥乡并入竹行乡，第三村单独设村，第六村并入第二村。

农业合作化时，第二村更名为竹行乡勤丰一社，第三村更名为竹行乡勤丰二社。

1958年10月，勤丰一社和勤丰二社连同新丰村、谷东村、竹行村（部分）、洞子港（部分）划入新开，组建长江人民公社，长桥村为长江人民公社十一工区（部分）和十二工区。1959年，长江人民公社改名为新开人民公社，仍旧是十一工区（部分）和十二工区。1962年7月，公社范围缩小，原划入新开的部分和通海、小海公社划出部分大队成立竹行人民公社，长桥村原十一工区部分为三大队，十二工区部分为二大队。1983年改地名村时，三大队改名为长桥南村，二大队改名为长桥村。2001年行政村合并，长桥南村和长桥村合并定名为长桥村，辖23个村民组。

长桥村农业生产以传统种植业为主，计划经济时代主要种植粮棉麻油（薄荷油）。

社队工业起步较早，先后创办石棉厂、针织内衣商标厂，矽钢片加工厂和五金电机厂，年产值500万元，厂里所获利润为农业服务，兴办机电灌溉、安装民用照明电线路。原长桥南村在全镇率先为村民安装电灯。

长桥村民营企业发展较快。2009年有民营企业39家，工业总产值6.3亿元，是2005年1.2986亿元的3.2倍。2010年因整村全部拆迁，企业迁至外村。

2001年始南通经济技术开发区建设大交通，修筑东方大道，振兴路东延，瑞兴路拓宽和

336省道绿化带拓宽。2009年年底共拆迁767户，人口1745人，其中男性862人、女性883人。2010年4月，全部拆迁完毕。10月，12个村民组708户1680人全部入住新开街道星润花园，长桥村建制撤销。

长桥村于2001—2002年被江苏省精神文明建设指导委员会评为江苏省文明村，同年被南通市委、市政府评为南通市文明村；2002年被南通市公安局交警五大队评为交通安全村；2001—2003年被南通经济技术开发区评为文明单位，同年被评为南通经济技术开发区先进基层党组织；2003年被南通经济技术开发区党工委、管委会评为治保民调先进集体；2005年被南通经济技术开发区评为社会治安安全村、村民自治模范点；2006年被南通经济技术开发区党工委、管委会评为先进基层党组织、双谋实践活动三等奖、村民自治模范村、十强明星村；同年被南通市委市政府评为民营经济发展明星村、村干部廉政工程示范点；2007年被南通经济技术开发区管委会评为十强文明村、先进党支部、明星村、治安安全村；2008年被江苏省农林厅评为财务规范化管理示范村；同年被南通市委市政府评为先进治安村、廉政建设先进村；同年被南通经济技术开发区党工委评为先进基层党组织；同年被开发区评为特色文化村；2009年被南通市政府评为南通市文明村，被南通市党风廉政建设办公室评为先进村监委。

1962—2001年长桥村干部任职表

表1-3

村别	任职时间	党支部书记	村主任(大队长、主任)	会计
长桥南村（三大队）	1962—1969	徐德才	包汉清	顾发地
	1969—1983	包汉清	张志良	顾发地
	1983	项耀生	包汉清	顾发地
	1984	倪成新	包汉清	顾发地
	1985—1991	包汉清	张志良	顾发地
	1992—1994		蒋品芳（主持村工作） 陈卫才	吴志康
	1995—2001	陈卫才	蒋品芳	吴志康
长桥村（二大队）	1962—1967	顾伯冲	黄忠夏	施洪德
	1966—1967	顾伯冲	周锦标	龚士诚
	1968—1969	周龙相	张志荣	龚士诚
	1970—1971	顾伯冲	施永亨	龚士诚
	1972—1978	顾伯冲	施永亨	黄兰芳
	1978—1979	顾伯冲	季汉才	黄兰芳
	1980—1981	龚祖发	季汉才	瞿永新

续表1-3

村　别	任职时间	党支部书记	村主任（大队长、主任）	会　计
长桥村（二大队）	1982—1984	瞿永新	季汉才	刘学康
	1985—1992	瞿永新	黄来康	刘学康
	1993—2001	瞿永新	沈伯明	刘学康

2001—2010年长桥村干部任职表

表1-4

任职时间	党支部书记	村主任	党支部副书记	副主任	部门干部
2001.3—2004.10	瞿永新	陈卫才	陈卫才	费卫平	倪锦初 高亚新
2004.11—2007.11	瞿永新	瞿永新（兼）	倪锦初	费卫平	高亚新
2007.12—2009.8	瞿永新	费卫平	倪锦初 杨春艳（助理）		高亚新

竹行镇工业园区——谷东村

谷东村在竹行镇西南，因地处三谷镇东南而得名。东与竹行村毗邻，南与南通县种畜场一路之隔，西紧靠长桥港河，北至瑞兴路南侧绿化带，南北长2.4千米，东西宽1.9千米，总面积3.3平方千米，总耕地面积5300亩，大交通建设占用耕地面积360亩（不含水面积和其他非耕地面积），2007年实有耕地面积4940亩。

全村27个村民组，1210户农户，3112人。其中男性1560人、女性1552人。2002—2005年，因景兴路、东方大道、和兴路建设需要，拆迁了第10、22、26、27小组部分村民户。2006年华星土木工程建设，拆迁了1、2、3、4、5、6、7七个小组的住房，共计拆迁405户，960人全部入住星辰花园。到2010年年底，尚有20个村民小组1086户，2359人的住房未拆迁。

谷东村开埠时称汤家沙周二圩、樊家埭圩。清宣统2年（1910年）开始称南通县汤家沙周二圩和樊家埭圩，民国5年（1916年）称二港乡。民国23年（1934年）国民政府编保甲，为南通县长桥乡第一保和第二保。民国30年（1941年）—民国32年（1943年）谷东村南边沙滩先后围垦定心圩、德本圩、海洪圩（即以后的海洪圩村）。

竹行解放后，废除保甲，改名为南通县长桥乡第一村和第二村。1955年成立农业生产合作社为长桥乡勤丰四社。1958年成立人民公社为长江人民公社十一工区的一部分。1962年7月竹行单独组建人民公社，为竹行人民公社四大队，1983年改地名村为谷东村。

谷东村南边的德本圩、定心圩、海洪圩三个圩从初围垦到1954年无人居住，也没有行政建制，1955年后陆续有人迁移到这里。1956年8月2日，12级台风从长江口登陆，定心圩破圩平地水深1.5米，险情发生后南通县政府连夜组织竹行出动民工1000多人，筑岸抢险，筑成一条月牙形的堤岸，叫筲箕攀。1958年人民公社化后，新开、竹行部分村民移民到这里定居，海洪圩、德本圩、定心圩划入长江人民公社十一工区。1962年7月竹行单独建公社，这三只圩合并组建为五大队，五大队田多人少、广种薄收。1966年“文化大革命”开始，由原三大队和七大队的部分社员搬迁落户，组成两个生产队。五大队辖11个生产队，1983年改地名村叫海洪圩村。2001年3月与谷东村合并，称谷东村。

谷东村在较长的历史时期以传统种植为主，粮食作物以元麦、小麦、玉米为主；经济作物以黄麻、薄荷、棉花为主。20世纪80年代，向多种经营种植、养殖业发展，不少农户开始种植贝母、元胡等中药材。同时，还发展了不少养猪、养鸡、养鸭等专业户。著名的省劳动模范、皮蛋大王王佩恒和休闲农庄创办者王守成就住在谷东村十一组。至2010年年底，尚有百头养猪场2个、万羽养鸡场3个。1969年，大队创办劳动防护用品厂和沙轮机厂。1971年，劳动防护用品厂收归公社办。1972年又陆续办起矽钢片加工厂，原来的沙轮机厂转产钢丝绳。全年工业产值在80万元至90万元，工厂利润为村民拉电、办机电灌溉。海洪圩南靠解放军老洪港部队，由部队支援率先成为竹行镇普及使用民用照明电的大队之一。

划入开发区后，境内修筑景兴路、和兴路、东方大道。竹行工业园区坐落境内，占地1050余亩。大小企业达125家，百分之九十五为钢丝绳行业，产品远销国内外。特色农业为青毛豆种植。谷东村南部八个村民组每年种植450亩，产值46万多元，远销上海、苏州等地。

谷东村十分重视文化教育。20世纪60年代初办起村办小学，起初借用民房作教室。1970年学校发展为完小，原海洪圩和谷东村新建教室9个，办公室2个。1972年办起了带帽初中，增添了2个班级。20世纪90年代初因为生源少而停办。

1993年谷东村获通州市妇女联合会颁发的“四好”妇代会称号；2005年被南通经济技术开发区管委会评为计划生育先进村、拆迁工作先进村；2006年被评为安全生产先进村；2007年谷东村被南通市人民政府评为农村经济建设十强明星村；2008年被南通经济技术开发区管委会评为安全村居；同年被南通经济技术开发区评为优秀“农村书屋”三等奖。

1962—2001年谷东村干部任职表

表1-5

村　别	任职时间	党支部书记	村主任（大队长、主任）	会　计
谷东村（四大队）	1962—1963	陆士宾	费宝祥	徐永明
	1963—1968	陈建元	顾洪亮	徐永琪
	1969—1976	徐德才	陆锦明	徐永琪
	1977—1978	顾洪亮	陆锦明	徐永琪
	1979—1980	包殿安	陆锦明	徐永琪
	1981—1983	包殿安	陆锦明	朱卫达
	1984—1986	陆锦明	高宝其	朱卫达
	1987—1992	陆锦明	陈小苏	朱卫达
	1993—1995	陆锦明	黄玉祥	朱卫达
	1995—1996	朱卫达	黄玉祥	刘建标
	1996—1998	黄玉祥	黄玉祥（兼）	刘建标
	1999—2001	黄玉祥	高金香	刘建标

续表 1-5

村 别	任职时间	党支部书记	村主任（大队长、主任）	会 计
海洪圩村 （五大队）	1962—1963	包殿安	陈宝祥	徐永琪
	1963—1965	包殿安	陈宝祥	高广安
	1965—1978	包殿安	高广安	祝祖祥
	1978—1983	邵志龙	高广安	祝祖祥
	1984—1989	邵志龙	吴亚新	费宝生
	1990—1994	邵志龙	樊志康	费宝生
	1995—2001	樊志康	倪锦丰	费宝生

2001—2010年谷东村干部任职表

表 1-6

任职时间	党支部书记	村主任	党支部副书记	副主任	部门干部
2001.3—2004.11	黄玉祥	樊志康	樊志康	倪锦丰	高金香 盛水萍 樊发红
2004.12—2007.11	黄玉祥	樊志康	樊发红 高金香	樊发红 高金香	盛水萍
2007.12—2010.10	樊发红	樊志康	高金香	高金香 陆 跃（助理）	盛水萍
2010.11—2010.12	顾达夫	高金香 樊志康（顾问）	高金香	陆 跃 樊发红	盛水萍

江苏省民主法治示范村

——神农村

神农村由村里一座神农庙而得名，位于竹行镇北部。东靠朝阳河，南接洞子港村，西与长桥村和新丰村为邻，北临小海镇的汤家窑村。苏通长江公路大桥北接线与336省道纵横相交成十字形，把整个神农村切成四块。苏通大桥北接线竹行进出口和竹行收费站就在神农村境内。全村东西长1千米，南北宽2.3千米，总面积2.3平方千米。耕地面积1800亩，非耕地面积1020亩，水面面积314亩，已开发被征土地316亩，占耕地总面积的百分之十七。全村18个村民小组，1100户，总人口2394人，其中男性1162人、女性1232人。2010年，拆迁房共涉及6个村民组，776人。

神农村南北共四只埭，民国23年（1934年），国民政府编保甲，北边两只埭为神农乡第六保，南边两只埭为第五保。1949年1月竹行解放，撤销神农乡并入竹行乡，第六保改名为竹行乡第五村，第五保改名为竹行乡第四村。1955年农业合作化运动，原来初级农业合作社升格高级农业生产合作社，第四、第五村的初级社合并、组建为竹行乡勤丰五社。1958年成立人民公社，勤丰五社划入新开，改名为南通县长江人民公社第十四工区。1959年长江人民公社改名为新开人民公社，工区未变。1962年竹行单独成立人民公社，汤家窑村部分划归小海公社，原十四工区北边两只埭改名为竹行人民公社六大队。1983年，公社改乡，大队改地名村，十七大队改名为竹行乡神农村，六大队改名为群力村，2001年小村合并，神农村和群力村合并成大村，定名为神农村，同年区划调整，竹行划入南通经济技术开发区管辖，地名全称为南通经济技术开发区竹行镇神农村。

神农村合并时有14个企业，年销售额1.45亿元，利润750万元。有12个养殖专业户，分别养羊、养狗、养猪、养鱼等。2006—2009年利润分别达30~40万元。

神农村于2003—2009年连续七年获江苏省文明村称号；2003—2009年七年中均获南通市文明村称号；2006年被南通市政府评为南通市民主法治示范村；同年神农村农家书屋被评为江苏省百佳农家书屋；神农村被江苏省精神文明建设指导委员会评为江苏省文明村、南通市文明村；同年被南通经济技术开发区管委会评为村民自治模范村、民主法治示范村；2007年被江苏省依法治省领导小组授予江苏省民主法治示范村；2008年被南通经济技术开发区党工委评为先进基层党支部；在区举办的优秀“农村书屋”评选中被评为一等奖。

1962—2001年神农村干部任职表

表1-7

村别	任职时间	党支部书记	村主任（大队长、主任）	会计
神农村（十七大队）	1962—1963	钱忠义（代）	韩宝和	高惠康
	1964.5—1975.5	樊天元	蔡正生	韩宝成
	1975.6—1979.10	樊天元	钱忠义	韩宝成
	1979.11—1982.4	费宝康	龚祖发	韩宝成
	1982.5—1986	樊天元	尹志祥	韩宝成
	1987—1989	何惠祥	尹志祥	蔡正元
	1990—1991	黄利明	尹志祥	蔡正元
	1992—1996	韩宝成	尹志祥	蔡正元
	1997—1998	陈小苏	蔡正元	蔡正元
	1999—2000	杨正康	蔡正元	蔡正元
群力村（六大队）	1962—1965.4	侯亚成	周品章	瞿锡祥
	1965.5—1967.8	樊　祥	顾宝家	施洪德
	1967.9—1973.8	樊　祥	顾宝家	黄步标
	1973.9—1976.10	樊天裕	顾宝家	张学康
	1976.11—1979.10	张学祥	顾宝家	张学康
	1979.11—1982.12	顾洪亮	顾宝家	盛金生
	1983—1985	张学祥	顾宝家	盛金生
	1986—1990	陆凤新	顾宝家	盛金生
	1990—1992	陆凤新	盛金生	陆蔡康
	1993—1998	黄步才	盛金生	陆蔡康
	1999—2000	盛金生	陆耀平	陆蔡康

2001—2010年神农村干部任职表

表1-8

任职时间	党支部书记	村主任	党支部副书记	副主任	部门干部
2001.3—2004.10	盛金生	蔡正元	陈小苏		王绪珍 杨正康 陆耀平
2004.11—2007.11	盛金生	盛金生（兼）	蔡正元 杨正康	侯　新（助理）	王绪珍 张圆月 陆耀平
2007.12—2010.10	陶建忠 盛金生（顾问）	蔡正元	陆耀平 王　静（助理）	侯　新（助理）	张圆月
2010.11—2010.12	陶建忠	陶建忠（兼）	陆耀平 王　静	侯　新	张圆月

江苏省文明村
——洞子港村

洞子港村位于竹行镇北，东至张江公路，南靠竹行镇，西和长桥村一河之隔，北依336省道，东西最宽为2.47千米，南北最长距离1.57千米，总面积2.47平方千米。

全村总耕地面积3504亩，全村26个村民组1299户，总人口2471人，其中男性1145人、女性1326人。2002年，因瑞兴路拓宽、建造星竹花园拆迁207户，776人。2009年，振兴东路东延、星怡花园和星怡农贸市场兴建再次拆迁475户，1366人。

洞子港村在清乾隆中期围垦时称汤家沙，由康字圩、福字圩、寿字圩和合观圩组成。属南通县管辖。民国23年（1934年）以前没有行政编制。1934年国民政府实行保甲制，原龙田村部分为竹行乡第五保，洞子港村部分为第六保。解放后，废保甲，建村组，第五保为竹行乡第二村，第六保为第三村。1955年成立农业生产合作社，第二村改名为竹行乡勤丰七社，三村改名为勤丰六社。1958年成立人民公社，七社划归新开，组建长江人民公社，称长江人民公社十三工区；六社划归通海，称东方红人民公社二十一工区。1959年长江人民公社改名为新开人民公社，十三工区同时改名为新开人民公社十八工区。东方红人民公社改名为通海人民公社，工区编制不变。

1962年7月，公社编制缩小，原划归新开的竹行镇西部的几个工区归还竹行，通海人民公社把原竹行划出部分仍旧划给竹行，单独组建竹行人民公社。原新开公社十八工区为竹行公社七大队，通海公社的二十一工区为竹行公社八大队。1983年把原来的自然数为序数的大队改地名村，七大队以古地名龙田为名，取名为龙田村，八大队改名为洞子港村。2001年3月竹行撤乡设镇划归南通经济技术开发区，同年村组合并，把龙田村和洞子港村合并，定名为洞子港村。

洞子港村农业以传统种植为主，主要是粮棉麻油（薄荷）。

队办工业起步较早，利用原下放工人的技术，创办玻璃厂，产品销省内外。从业人员172人，年产值250万元。2010年年底，全村有民营企业16家。年销售额1.8亿元，利润750万元。3个养鸭专业户，每年养鸭20000~24000羽，年产值80万元—100万元。2个养鱼专业户，年养鱼2万~2.5万尾，产值20万元—25万元。

洞子港村2000—2003年被江苏省精神文明建设指导组评为文明单位；2003—2004年被南通市政府评为文明单位；同年被南通市公安局交警五大队评为交通安全文明村；2004年被南通经济技术开发区评为党建示范支部；2006年被南通经济技术开发区评为自治模范村和民主自治示范区；2008年在南通经济技术开发区举办的优秀“农村书屋”评选中被评为二等奖。

1962—2001年洞子港村干部任职表

表1-9

村 别	任职时间	党支部书记	主任（大队长）	会 计
洞子港村（八大队）	1962—1971	施建才	张学礼	陈裕昌
	1972—1973	施建才	张学礼	黄彐岐
	1974—1980	徐宝康	张学礼	黄步标 施广明
	1981—1986	施广明	施正香	蔡冠祥
	1987—1995	施广明	陆罗平	蔡冠祥
	1996—2001	陆罗平	黄善良	蔡冠祥
龙田村（七大队）	1962—1964	陆飞章	朱启高	黄学丰
	1965—1969	朱启高	沈茂丰	黄学丰
	1970—1974	朱启高	刘绪章	黄学丰
	1975—1982	朱启高	刘绪章	黄学丰 陆志才
	1983—1995	刘绪章	黄成香	施法华
	1996—2001	黄成香	施洪祥	施法华

2001—2010年洞子港村干部任职表

表1-10

任职时间	党支部书记	村主任	党部副书记	部门干部
2001.3—2004.10	黄成香	陆罗平	黄善良	施美兰 沈人平
2004.11—2007.11	黄成香	黄善良	陆罗平	施美兰 仇善冲 顾 娟
2007.12—2010.10	黄善良 黄成香（顾问）	陆罗平	仇善冲 王 敏（助理）	吴兵跃 顾 娟
2010.11—2010.12	黄善良	陆罗平	仇善冲 王 敏（助理）	吴兵跃 顾 娟

南通市民营经济发展明星村
——竹行村

竹行村位于竹行镇中心，东与竹东村相接，南与南通农场一河之隔，西靠谷东村，北与洞子港村毗邻，东西最长2千米，南北最宽3千米，总面积4.97平方千米。总耕地面积3729亩，修筑东方大道，占用耕地面积57.94亩。苏通长江公路大桥北接线占地215.54亩，2010年实有耕地面积3455.52亩。

2010年，竹行村有37个村民小组，总户数1759户，修筑东方大道和苏通大桥北接线拆迁90户。2010年年底止，全村总人口为4101人，其中男性1974人、女性2127人。拆迁户166户，671人，已入住星辰花园、星竹花园。

清光绪19年（1893年）竹行村为老洪乡，民国13年（1924年）改名三港乡。

日伪时期竹行村为竹行乡第八保；竹南村为竹行乡第十保。老洪港村为围垦的沙田，叫三圩，因无人定居没有编保甲。

竹行解放以后，废除保甲编制，竹行村为南通县紫琅区竹行乡一村，竹南村为新垦乡新沙村，原三圩已有人定居种沙田，被编为新垦乡新建村。1955年年底，农业合作化，成立高级社，竹行村为竹行乡勤丰八社；竹南村为天星乡六社，老洪港村为通海农场。

1958年10月，竹行村划入新开为长江人民公社十三工区，竹南村为东方红人民公社二十二工区，老洪港村仍为通海农场。1959年长江人民公社更名为新开人民公社，竹行村改名为新开人民公社十三工区；竹南村改名为友谊人民公社十六工区，同时撤销通海农场，归属友谊人民公社，并归十六工区。

1962年，竹行单独组建公社，把新开人民公社十三工区和友谊人民公社部分工区划归竹行公社管辖，原新开公社十三工区成为竹行公社中心大队，把原友谊公社十六工区一分为二，北部组建为竹行公社十一大队，南部为竹行十四大队。

1983年，公社改乡，大队改村，中心大队改名为竹行村，十一大队改名为竹南村，十四大队改名为老洪港村。2001年2月竹行撤乡设镇，3月行政区划调整，竹行镇划归南通经济技术开发区管辖，同月行政村合并，竹行村、竹南村、老洪港村三村合并为竹行村。10月，原通州市张芝山镇万南村拆迁组35户划入竹行村。

竹行村的农业以传统种植为主，计划经济时期，主要作物为粮棉麻油（薄荷油），产量不高，村民维持温饱生活。

竹行村的工业起步较早。1961年开始办钢丝绳工场（手制绳）、镜片厂、农具厂、矽钢片厂等。1967年，原14大队（后并入竹行村）办的磷肥厂，年产磷肥1500吨，产值30万元。1996年企业改制后，民营企业发展很快，2009年竹行村有民营企业178家，年产值在500万元以上有30家，百万纳税大户有5家，全村企业年产值达21.1亿元，销售收入19.2亿元。2010年，百万纳税大户有18家，产值亿元以上的企业有7家。2010年竹行村人均收入1.1万元。

竹行村于2001年被南通经济技术开发区党工委、管委会评为农村经济发展先进集体，2002年被南通经济技术开发区综治委员会评为安全文明单位；2004年被南通经济技术开发区党工委、管委会评为民营经济发展明星村、社会治安安全村；2005年被南通经济技术开发区评为民营经济发展明星村、先进基层党组织；同年被南通市委、市政府评为民营经济明星村；2006年被南通经济技术开发区评为安全生产先进集体、十强明星村；同年被南通市政府评为社会治安安全村；2008年，在开发区举办的优秀“农村书屋”评选中被评为三等奖。

1962—2001年竹行村干部任职表

表1-11

村别		任职时间	党支部书记	村主任（大队长、主任）	会计
竹行村	竹行村（中心大队）	1962—1963	瞿锡祥	程伯新	朱士成
		1963—1969	倪志明	黄志祥	沈培初
		1969—1976	陈建元	沈茂丰	黄志祥
		1976—1983	黄志祥	王思玉	陆汉周
		1983—1989	黄志祥	王思玉	陈永秀
		1989—1992	李庙章	王思玉	陈永秀
		1992—1997	葛水昌	王思玉	陈永秀
		1997—2001	王思玉	高建军	陈永秀
	竹南村（十一大队）	1962—1969	陈建元	季友山	肖建良
		1969—1975	倪志明	季友山	肖建良
		1976—1983	李学其	季友山	肖建良
		1983—1989	李学其	李学全	刘永新
		1989—1991	李学全	邱　勇	刘永新
		1992—1994	沈培新	刘永新	陈　谦
		1995—2001	刘永新	张水香	陈　谦

续表1-11

村　别		任职时间	党支部书记	村主任（大队长、主任）	会　计
竹行村	老洪港村（十四大队）	1962—1966	陈云飞	施建成	薛志连
		1966—1971	陆进扬	施建成	朱圣祥
		1971—1973	张其栋	施建成	朱圣祥
		1973—1983	陆进扬	施建成	朱圣祥
		1983—1986	陆进扬	李庙章	陆连彬
		1986—1989	李庙香	杜学新	陆连彬
		1989—1992	李庙香	陆连彬	陈进冲
		1992—1995	施广军	陆连彬	黄施元 严尚明
		1995—1998	陆连彬	朱建良	黄施元 严尚明
		1998—2001	朱建良	朱建良	徐春健 严尚明

2001—2010年竹行村干部任职表

表1-12

任职时间	党支部书记	村主任	党支部副书记	副主任	部门干部
2001.3—2004.11	刘永新	朱建良	朱建良 高建军	张水香	薛　义 施文武 夏　健
2004.12—2007.11	刘永新	刘永新（兼）	朱建良 夏　健	张水香	薛　义 施文武
2007.12—2010.10	刘永新	夏　健	武振宇（助理）	张水香	薛　义 施文武
2010.11—2010.12	夏　健 刘永新（顾问）	袁　辉		张水香 薛　义（助理）	施文武

南通市工业经济规模明星村
——竹东村

竹东村位于竹行镇东侧，东部与张芝山镇万南村及尖沙渔港为界，南与南通农场七队相毗邻，西与竹行村接壤，北和洞子港村一河之隔，东西最长距离2.1千米，南北最宽为2千米，总面积2.9平方千米，耕地面积4450亩。全村总人口2884人，其中男性1386人、女性1498人，提前拆迁总户数97户，人数为197人，其中男性95人、女性102人，不享受拆迁公民待遇。

全村总户数1190户，25个村民组。

竹东村由后丰村和竹东村合并而成。民国23年（1934年）后丰村南部沙田是长江中的一块小沙洲，民国32年（1943年）与北边陆地相接称后丰圩，北边部分为海门县第二区，竹东村为第十保，1951年为南通县川港区新垦乡复兴村。1956年高级社时为南通县天星乡六社，1958年为东方红人民公社二十二工区，1959年至1962年6月为通海公社十六大队。1962年7月，竹行单独组建人民公社时，为南通县通海区竹行人民公社十六大队，1983年改地名村时，十六大队改名为后丰村。

竹东村部分1949年前名为南通县第八区天星乡第一保，1949年解放以后改名为南通县川港区天星乡世界村。农业合作化时定名为天星乡六社。1958年人民公社时名为东方红人民公社二十二工区。竹行单独建公社后定名为竹行公社九大队。1983年大队改村定名为竹行乡竹东村。2001年2月撤乡设镇 定名为通州市竹行镇竹东村，3月区划调整竹东村与后丰村合并为竹东村，定名为南通经济技术开发区竹行镇竹东村。

竹东村农业以传统种植业为主，社队工业起步早，是钢丝绳及制品的发祥地。产品远销上海、浙江等地。1996年企业改制以后，民营企业发展较快。2006年竹东村有民营企业67家，拥有厂房面积86207平方米，从业人员1000多人，工业销售额2.5亿元，上缴利税1200万元。在外省市开设钢丝绳门市部共40家，其他门市部15家。2007—2010年经济收入达4680万元。“十一五”期间，打破传统种植观念，全村有蔬菜种植户42户。2009年种植蔬菜435.3亩，享受国家补贴87062元。2010年农民人均收入12230元。

竹东村2001—2002年被南通市人民政府授予文明村称号；2001—2003年连续三年均

被南通经济技术开发区评为文明村、治安模范村；2004年被南通经济技术开发区管委会评为社会治安安全村，2005年和2006年均被南通经济技术开发区评为社会治安安全村；2008年在南通经济技术开发区举办的优秀“农村书屋”中被评为三等奖。

表1-13

1962—2001年竹东村干部任职表

村 别	任职时间	党支部书记	村主任（大队长、主任）	会 计
竹东村（九大队）	1958.8—1961.9	沈 屏		仇廷标
	1961.9—1963.2	陆士英	虞志明	
	1963.3—1964.2	陆士英	虞志明	朱圣章
	1964.3—1965.12	陆士英	朱圣章	沈雪凡
	1965.12—1970.2	虞志明	朱圣章	沈雪凡
	1970.3—1971.4	虞志明	顾维才	沈雪凡
	1971.5—1974.5	徐宝康	顾维才	沈雪凡
	1974.6—1981.5	沈雪凡	顾维才	虞志新
	1981.6—1982.6	倪成新	顾维才	虞志新
	1982.6—1983.6	虞志新	张建祥	虞志新
	1983.7—1984.9	虞志新	张建祥	姚裕彬
	1984.10—1988.12	杨伯新	张建祥	姚裕彬
	1989.1—1992	施水平	姚裕彬	杨宝康
	1992—1995.7	施水平	曹和周	杨宝康
	1995.8—2001.3	施水平	杨宝康	黄周达
后丰村（十六大队）	1958—1967.5	樊祥礼	薛和宝	朱士成
	1967.6—1970.12	樊祥礼	薛和宝	陆洪才
	1970.12—1976	樊祥礼	薛和宝	黄圣明
	1976.7—1982.4	高宝发	薛和宝	黄圣明
	1982.5—1984.10	高宝发	薛和宝	陆香元
	1984.11—1988.12	高宝发	徐启文	陆香元
	1989.1—2001.3	杨伯新	徐启文	陆香元

表1-14

2001—2010年竹东村干部任职表

任职时间	党支部书记	村主任	党支部副书记	副主任	部门干部
2001.3—2004.10	杨伯新	杨宝康	陆 平		陆香元 沈 荣
2004.11—2007.11	杨宝康	杨宝康（兼）	陆 平		陆香元 沈 荣 朱洪标 沈杰伟
2007.12—2010.10	陆 平	朱洪标	沈 荣	陆香元（助理）	沈杰伟
2010.11—2010.12	陆 平	朱洪标	沈 荣	吴 丹（助理）	沈杰伟

大安村位于竹行镇东部，东隔大安港与张芝山镇的八字桥村相邻，南靠南通农场，西邻尖沙渔港，北依天星横河，区域特点是北窄南宽，北部宽1.53千米，南部东西宽2.5千米，南北长为2.37千米，总面积为3.69平方千米；耕地面积3403亩，人均耕地面积0.7亩。全村45个村民组1852户。2010年人口4861人，其中男性2415人、女性2446人。245户605人提前拆迁。

大安村是由安北村、大安村和新安村三村合并而成，最北边的安北村，清光绪26年（1900年）为海门县大安乡，国民政府时期为海门县明安乡第三保。1949年竹行解放，改名为南通县天星乡建设村，1956年至1958年农业合作化时期，建设村为天星乡第五农业合作社。1958年为友谊人民 公社第五工区，1959年友谊人民公社改名为东方红人民公社，安北村改名为东方红公社二十三工区。1962年7月，竹行单独成立人民公社，安北村部分改名竹行公社十二大队。

地处中间的大安村，国民政府时期为海门县民安乡第二保。1949年解放，与新安村合并为南通县新垦乡新民村。1956年至1958年农业合作化时期，新民村为南通县天星乡第七农业生产合作社，1958年10月为友谊人民公社第五工区，1959年友谊公社改名为东方红公社，第五工区改名为第二十三工区。1962年，竹行人民公社建立，定名为十三大队。

通兴公路以南的新安村，民国32年（1943年）以前还是一片江水。民国34年（1945年）围垦成几个江边小圩，由后丰圩（也叫阜本圩属竹东村）合丰圩、安丰圩、小圩、五圩、六圩等5个小圩组成，初时无人定居，都是走种田。后逐渐有人搬迁定居，人数不到300人。1949年以前被编为海门县西安区民安乡第三保。解放后与中部的大安村合并为新垦乡新民村。1956年至1958年为天星乡第七高级农业生产合作社。1958年为友谊公社第五工区，1959年为东方红公社二十三工区。1962年7月竹行单独组建公社，把二十三工区一分为三，北边部分为十二大队，中间部分为十三大队，通兴公路南边为十五大队。

1983年大队改地名村，十二大队在大安镇北边，取名为安北村，中间的十三大队改名为大安村，通兴公路南边的十五大队改名为新安村，2001年3月三村合并，定名为大安村。

大安村社队工业起步较早，“文化大革命” 初期创办造纸厂、粮饲加工厂、皮鞋厂、钢丝绳厂、麻纺厂等。

这些社队小企业盈利主要用于还清初办时资金，其余部分用作更新设备、发展再生产和社会事业，如建机电灌溉车口，为百姓拉线送电，救济困难户等。

由于污染环境，质量不过关，销路停滞，管理不善等原因，到1996年这些小企业先后停办。企业改制后，民营企业发展较快。到2010年，全村有39家民营企业，从业人员1504人，产值1.83亿元，税收549万元。

大安村是竹行有名的蔬菜种植村，种植蔬菜品种很多。2006年后，从少量种植到大片种植，露天种植发展为大棚种植，由按季节种植发展为反季种植。2010年种植面积1478.6亩。收获季节，大量蔬菜除销售本地市场外，还远销上海、苏州等大中城市。全村蔬菜销售额达1500余万元。

大安村2004年被南通经济技术开发区管委会评为安全村居社区；2005年被南通经济技术开发区管委会评为社会治安安全村；2006年被南通经济技术开发区管委会评为社会治安安全村；2007年和2008年被南通市农村党风廉政建设领导小组评为村干部勤廉工程示范点。同年由南通经济技术开发区管委会评为安全村居；获农家书屋鼓励奖。2009年获南通经济技术开发区人口和计划生育先进村居和社会治安安全村；2010年被南通经济技术开发区评为社会治安安全村。

1962—2000年大安村干部任职表

表1-15

村　别	任职时间	党支部书记	村主任（大队长、主任）	会　计
安北村（十二大队）	1962—1965	施礼伦	张志仁	顾成德
	1966—1975	张志仁	施冠洲	施振家
	1976—1983	施冠洲	张志仁	王思冲
	1984—1987	王思冲	袁士兵	施振家
	1987—1988	薛　宏	袁士兵	徐宝龙
	1989—2000	袁士兵	杨惠冲	徐宝龙
大安村（十三大队）	1962—1965	张志仁	沈洪鸣	张广夏
	1966—1968	沈洪鸣	朱振仁	朱振仁
	1969—1973	张其栋	朱振仁	朱振仁
	1974—1988	潘廷新	范建康	刘克定
	1989—1995	薛　宏	杨冠雄	范召兴
	1995—1997	杨冠雄（代）	杨冠雄	范召兴
	1997—1998	黄成标	杨冠雄	范召兴
	1998—2000	顾德逵	杨学辉	范召兴

续表1-15

村别	任职时间	党支部书记	村主任（大队长、主任）	会计
新安村（十五大队）	1962—1965	沈洪鸣	范本立	范存锡
	1965—1968	张其栋	张学良	范存锡
	1969—1974	沈洪鸣	张学良	范存锡
	1974—1976	张其栋	张学良	张学良
	1976—1983	袁守成	徐善民	张学良
	1983—1986	徐永平	徐善民	袁守成
	1986—1988	徐善民	杜　平	黄永林
	1988—1989	薛　宏	范本祥	袁守成
	1990—1997	范本祥	范本祥（兼）	徐永娣
	1997—1998	高宝发	黄永林	陈慕文
	1998—1999	黄成标	黄永林	陈慕文
	1999—2000	黄永林	黄永林（兼）	陈慕文

2001—2010年大安村干部任职表

表1-16

任职时间	党支部书记	村主任	党支部副书记	副主任	部门干部
2001.3—2004.10	袁士兵	杨学辉	顾德逵		沈惠兰 盛永玉 杨学辉 朱振标
2004.11—2007.11	袁士兵	杨学辉	顾德逵	顾德逵 朱振标	沈惠兰 盛永玉
2007.12—2010.10	袁士兵	杨学辉	顾德逵 朱振标 陈　静（助理）	朱振标	沈惠兰 盛永玉
2010.11—2010.12	杨学辉 袁士兵（顾问）	杨学辉（兼）	朱东华	朱振标 黄　鹏（助理）	沈惠兰 盛永玉 顾德逵

江东村位于竹行镇东南，与竹行镇直线距离17千米，东与海门市相邻，南与海门市江心沙农场接壤，西与江海村隔新江海河相望，北靠南通农场。东西最长1.5千米，南北最宽2千米，总面积2.7平方千米，耕地总面积3500亩，沿江高速公路占地145亩。27个村民组761户，总人口1878人，其中男性949人、女性929人，修筑沿江高速公路拆迁47户，拆迁户总人口144人，其中男性75人、女性69人，享受拆迁待遇的109人。

江东村在20世纪50年代中期还是长江岸外的一片滩涂。这里港汊纵横、芦苇满滩。潮涨潮落，江水中带来的泥沙逐渐沉淀。年复一年，成了高出水面的绿洲。20世纪60年代末，由南通县委和县革委会牵头通海区各公社（新开和竹行除外），筑堤围垦，开挖窕头泯沟，填平废港漕，分配给先锋公社、姜灶公社、川港公社和南兴公社管理种植。各公社又分配给各大队、各生产队按人均耕地面积均衡分配。初时都是走种田，对种植的作物管理不周，产量很低。1972年至1974年间，姜灶公社共搬迁150户，450人，组建姜灶公社22大队，辖3个生产队和一个副业队。南兴公社分到土地最多，搬迁户共300来户，1200多人，组成11个生产队，后把6队和7队各一分为二，共13个生产队，组建成南兴公社十六大队。1983年改地名村分别为姜灶镇江边村、南兴乡积南村。1974—1976年间，川港公社搬迁200来户，300人，组成川港公社20大队，下辖4个生产队，1983年改地名村时定名为川港镇新沙村。1976年冬，先锋公社动员群众举家或部分搬迁到这里组成一个大队，共200户，人口500人，组成先锋公社22大队，下辖5个生产队。1983年改地名村时定名为先锋镇先垦村。

2001年小村并大村，先锋镇的先垦村、姜灶镇的江边村、川港镇的新沙村和南兴乡的积南村合并为江东村。为便于管理，把新江海河东边，江边村的4个村民组和川港镇立心坝村第9村民组一起划归江东村。

2001年区划调整，江东村划归竹行镇管辖。

江东村农业以传统种植为主，粮食作物夏熟以元麦为主，秋熟作物主要种植玉米，少量水稻，经济作物一年两刀薄荷。地处江边，风雨潮等自然灾害每年有发生，造成减产，有些田失收。改革开放以后农业转型，90年代初期14—18组、23组大部分村民改为蔬菜种植，收到了较好的经济效益，并利用池塘养殖，虾、蟹、鱼、鳝等水产。2007年全村有74户种植蔬菜429亩，2008年发展到206户，种植蔬菜913亩。2009年218户种植1428亩，政府先后补贴种植农户129.83万元。2006—2010年全村养猪2030头，养鸡7.4万羽，人均收入由2005年的5864元提高到2010年的9973元，提高了百分之六十九点一。

江东村社队工业起步较晚，有手套厂，皮鞋厂和小土窑。因工艺落后，销路不畅，管理不善，先后关闭。2010年，江东村有江东砖瓦厂、新沙砖瓦厂和废油净化厂。砖瓦厂利用长江淤泥，废岸泥烧制砖头，所得部分利润用于村社会福利事业。

江东村于2005年、2006年连续两年获南通经济技术开发区管委会社会治安安全村称号；2006—2007年被南通市农村工作办公室评为农村集体财务规范管理示范村，2007年被南通经济技术开发区管委会授予社会治安安全村称号；2008年获南通经济技术开发区农家书屋鼓励奖；2009年被南通经济技术开发区评为千户示范工程先进村。

1972—2000年江东村干部任职表

表1-17

村　别	任职时间	党支部书记	村主任（大队长、主任）	会　计
江边村（姜灶镇22大队）	1972—1983	张丕祥		郭少康
	1984—1996	陆友昌	吴加乐	范本兴
	1997—2000	陆友昌	张亚良	范本兴
新沙村（川港镇20大队）	1972—1982	黄秀山	黄秀山	杨佩高
	1983—1987	施胜达	施胜达（兼）	杨佩高
	1988—1990	陈发林	施胜达（兼）	杨佩高
	1991—1993	夏培新	杨佩高	虞文新
	1994—2000	夏培新	虞文新	虞文新（兼）
积南村（南兴乡16大队）	1974—1980	陈志远	王能杰	胡建英
	1981—1983	范存岳	王能杰	胡建英
	1984—1986	朱炳明	罗彬	沈义群
	1987—1990	朱炳明	王能杰	季雪明
	1991—1996	季雪明	季雪明（兼）	朱正凡
	1996—1997	季雪明	刘菊美	朱正凡
	1997—1998	王伯香	刘菊美	施建进
先垦村（先锋乡22大队）	1999—2001	刘菊美	刘菊美（兼）	施建进
	1976—1990	陈加清	陈加清（兼）	施祖康
	1991—1995	陈加清	周鸣圣	施祖康

续表1-17

村　别	任职时间	党支部书记	村主任（大队长、主任）	会　计
先垦村 （先锋乡22大队）	1996—1999	周鸣圣	曹金发	施祖康
	1999—2001	曹金发	曹金发（兼）	施祖康

2001—2010年江东村干部任职表

表1-18

任职时间	党支部书记	村主任	党支部副书记	部门干部
2001.11—2004.10	刘菊妹	曹金发	夏培新	施建进 倪　亚 邱加进
2004.11—2005.1	刘菊妹	曹金发	夏培新	邱加进 施建进 倪　亚
2005.2—2007.11	曹金发	曹金发	夏培新	邱加进 施建进 倪　亚 刘菊妹
2007.12—2010.12	曹金发	夏培新	倪　亚	邱加进 施建进 刘菊妹

江海村位于竹行镇东南，距竹行镇直线距离15千米，东靠新江海河，南靠长江，西与南通农场团结河为界，北与南通农场二十九大队和三十六大队相邻、东西长3.58千米，南北宽1千米，总面积3.58平方千米，总耕地面积3170亩，修筑沿江高速公路占用350亩。全村27个村民组总户数1047户，总人口2352人，其中男性1102人、女性1250人，拆迁73户，人口235人，拆迁户中男性109人、女性126人。

江海村原系长江岸外的沙滩，长满芦苇。1960年以后，江中几个小沙洲逐渐连接，属南通县财政局荡草办事处管辖，每年收割大量芦草。1970年，南通县革委会牵头由通海区部分公社筑堤围垦，种植庄稼，各生产队组织社员耕种收获，称走脚田，管理方面不到位，产量较低。

1974年4月，南兴公社动员五大队、八大队、九大队、十二大队、十三大队、十四大队社员移民到那里定居耕作，组成南兴公社第十八大队，1983年改地名村为邻江村。同年，南兴公社动员一、二、三、四、七、十一、十五等8个大队的部分社员迁移到这里，组成南兴公社十七大队，1983年改地名村时名为南兴乡立新坝村。

1976年年初，川港公社组织民工围垦长江岸外一块滩地，面积0.8平方千米。围垦后，川港公社动员一、三、五、七、八、九、十一、十三、十四等9个大队的部分社员到这里安家落户，种植作物。共移民435人，组建4个生产队，建立川港公社江海大队，1983年定名为川港镇江海村。

1977年4月姜灶公社围垦一个小圩，全公社21个大队中580个农民移居到这里组成8个生产队，成立江边大队，1983年改名为江边村。

2001年区划调整，小村合并，将南兴乡的立新坝村、邻江村、姜灶镇的江边村和川港镇的江海村合并成为江海村。为便于管理，把新江海河东边的原属江边村的4个生产队划归江东村。同年江海村归竹行镇管辖。

改革开发前，江海村以传统种植为主，粮棉麻油（薄荷油）产量不高，改革开放后，农业生产转型，以种植蔬菜为主，远销苏州、上海等地，并利用池塘搞水产养殖。2008年，全村种植卷心菜186亩，产值80万元~90万元，是远近闻名的卷心菜村。江海村又是养猪大户村，"十一五"期间养猪6380头，产值512万元。2006—2010年养鸡2、89万羽，产值86.7万元。养殖虾、蟹和青鱼、黄鲢、白鲢、鳊鱼等，产值185万元。

社队工业起步较晚，1976年创办南兴金属拉链厂。1980年办过南兴五金电机厂、江海扬声器厂、沙石场、小土窑等小企业，均先后关闭。唯有个人承包的沙石场，建筑用途广，经营到现在。

2001—2005年，江海村被南通经济技术开发区管委会评为计划生育先进村、社会治安安全村，农民增收、千户示范工程先进村。获农家书屋考核鼓励奖等。

1974—2001年江海村干部任职表

表1-19

村　别	任职时间	党支部书记	村主任（大队长、主任）	会　计
邻江村（属南兴乡）	1974—1980	袁友生	施进超	陆永发
	1980—1988	陆永发	周永超	徐仲飞
	1989—1992	陆永发	孙忠林	樊仁生
	1992—1994	孙忠林 徐仲飞	周永超	樊仁生
	1995—2001	徐仲飞	周永超	秦化琦
立新坝村（属南兴乡）	1974—1983	王信范	俞学良	陆允清
	1983—1984	王信范	俞学良	胡　冲
	1985—1986	俞学良	季仲香	胡　冲
	1986—1989	王信范	俞学良	胡　冲
	1989—1994.7	徐仲飞	高建平	胡　冲
	1995	王信范	高建平	胡　冲
	1996	高建平	胡　冲	倪伯平
	1997—1999	高建平	刘建忠	倪伯平
	2000—2001	王伯香	刘建忠	倪伯平
江海村（属川港镇）	1977—1980	陈发林		陆友成
	1980—1984	陈发林	虞　健	黄祖谦
	1985—2001	陈发林	虞　健	徐伯新

续表 1-19

村　别	任职时间	党支部书记	村主任（大队长、主任）	会　计
江边村（属姜灶镇）	1977	陆成龙	吴加乐	范本兴
	1978—1995	陆友昌		范本兴
	1996—2001	陆友昌		范本兴

2001—2010年江海村干部任职表

表 1-20

任职时间	党支部书记	村主任	党支部副书记	部门干部
2001.3-2004.10	徐仲飞	王伯香	陆友昌 虞　健	秦仕琦 胡彩霞 高建平
2004.11-2007.11	徐仲飞	虞　健	王伯香 陆友昌 高建平	秦仕琦 胡彩霞
2007.12-2010.10	徐仲飞	徐仲飞（兼）	虞　健 高建平	秦仕琦 周绥娟
2010.11-2010.12	张学平 徐仲飞（顾问）	顾宏杰	徐　蓓	秦仕琦 周绥娟 高建平

1962—2010年，二十余年全镇各村干群在竹行镇党委、政府的领导下，紧紧围绕建设这个中心，把握发展机遇，努力拼搏，各行政村经济步入快速、稳定、健康的发展轨道。广大农民的收入不断提高，生活越来越富裕。

现将各行政村1962—2010年间部分年份的GDP和农民纯收入统计如下：

1962—2010年部分年份竹行镇各行政村GDP情况统计表

表1-21 单位：万元

村 别	1962年	1976年	1983年	1996年	2001年	2005年	2006年	2007年	2008年	2009年	2010年
新丰村	41.5	162.8	452.6	1180	2380	4080	8960	11280	18560	18400	18092
长桥村	700	1300	2220	7200	1400	26000	26000	33000	35000	38000	41000
谷东村	75	395	580	2865	7350	17355	25800	29450	38430	46300	55400
竹行村	50	200	300	800	4160	7000	7955	9039	10046	11250	12500
洞子港村	33	76.2	392.7	802	1721	1794.4	1849.7	2128.8	2303.7	2508	2736
神农村	27.14	128.76	2028	3987	5360	7800	8300	9000	9800	11000	12000
竹东村	80	400	500	4000	9000	18000	37000	54000	71000	75000	93514
大安村	75	380	510	4200	11000	21000	43500	60150	80050	90500	92000
江东村	—	500	1100	2060	4130	6215	7250	8360	9030	10800	11300
江海村	100	510	860	1820	3580	5460	7300	8200	9100	10600	18600

1962—2010年部分年份竹行镇各行政村农民纯收入情况统计表

表1-22 单位：元

村别	1962年	1976年	1983年	1996年	2001年	2002年	2003年	2004年	2005年	2006年	2007年	2008年	2009年	2010年
新丰村	205	615	846	2120	4250	4499	4813	5307.5	5856.4	6686.1	8021.9	8821.6	9376	10861
长桥村	243	624	852	2050	4493	4800	5118	5998.9	7201	8055.1	9031.1	9797	10719	11799
谷东村	102	258	439	943	5050	4930	5275	6072.2	6699.9	7251.6	8515.2	9021	10080	11175
竹行村	50	200	250	560	4000	5049	5081	5610.5	7242.8	8072.4	9039.6	10046.8	11092	12364
洞子港村	134.1	301.4	1555	3175.2	6815	4735	5368	5550.1	6660.2	7323.1	8040.4	9012.6	9496	10466
神农村	200	600	3000	5000	6000	4760	5459	5937.6	6229.1	7056	8354.2	9173.2	9917	11052
竹东村	50	180	600	1200	4800	5053	5399	6050.4	6677.3	7652.4	8772.5	9806.3	10586	11939
大安村	60	270	1500	2400	5018	4660	4926	5425	5999.1	6764.1	8018.9	8992.3	9919	10920
江东村	—	230	525	1850	3458	4319	4649	5249.5	5673.1	6374.4	7052.2	8630.2	9193	9787
江海村	140	400	780	2020	3650	4304	4592	5094.7	5598	6115.2	7110	8010.6	8562	9498

第三节 社 区

星辰花园东与星竹花园一路之隔，南靠瑞兴路，西临东方大道，北至天星横河，南北长0.5千米，东西宽0.8千米，共建62幢6层住宅楼，总面积40.2万平方米，2006年1月拆迁户入住，2010年年末全社区2200户，5612人。

星辰花园拆迁户安置房住宅楼工程分三期。2004年10月第一期工程共24幢6层住宅楼，经一年零两个月的施工，于2005年12月30日交付使用。

星辰花园二期工程于2006年5月26日开工，建筑面积9万平方米，共19幢6层住宅楼，2007年10月交付使用。

第三期工程于2007年8月28日动工，共建19幢6层住宅楼。

社区有公共服务大楼一幢，设有社区居委会、成人教育中心校、文化站、老干部活动室、居家养老服务站、警务室、社区卫生服务站、慈善超市等。室外有宣传画廊、大型电子屏幕等设施。竹行中心幼儿园就在社区内。室外社区文化广场，设有健身器材、儿童活动器材供社区群众、少儿健身活动。星辰花园按城市住宅楼标准设计，园区内水、电、天然液化气、有线电视、通讯网络全部安装到位。

园区内绿化总面积9.8万平方米，主干道两侧香樟树成行，楼前草坪绿地夹种冬青或散种的桂花，较大的空间带种几棵银杏，春季绿叶红花，夏季绿树成荫，金秋桂花飘香，冬季松柏常绿，绿化覆盖率达百分之三十以上。

星辰花园一、二、三期工程共安装路灯143盏。

星辰花园重点配套设施为民防工程，平时为地下车库，供居民停放车辆。一期工程民防建筑面积为6700平方米，二期和三期民防建筑面积均为8400平方米，共设540个车位，战时为防空工程，距地面6米，上边覆盖2米厚土层，种植花草树木。

星辰花园一期工程设有商业店铺房38套，面向瑞兴路，于2006年5月全部售完。计有美容美发店4家，建筑装潢店2家，建材店5家，家具店2家，五金电器店4家，酒家饭店5家，移动、电信各1家，烟酒批发兼零售店2家，超市2家。

二期工程建有店面房117套，面向瑞兴路的店面房，大门里边的门面房已租完，其中有南通文峰千家惠星辰花园连锁店和亚兵商行等。

星辰花园社区居民委员会前身是竹行镇居民委员会，组建于1982年，那时居民户人数较少，主要分布于机关、学校、供销商业。居委会的主要工作是分发计划物资票证，其他工作都由各单位自行处理。

2005年12月，全镇拆迁户入住星辰花园，组成星辰社区居委会筹备小组。2008年8月，经南通经济技术开发区管委会和竹行镇人民政府批准，星辰社区居民委员会正式成立，同年11月星辰社区召开第一届居民代表大会，选举产生居民委员会。

星辰花园2010年有共产党员63人，其中女党员4人，新中国成立前入党的老党员1人。

星辰花园社区自2007年至2010年连续4年被南通经济技术开发区评为社会治安安全社区。2008年被中共南通市委组织部评为南通市五星级党员服务中心；2009年11月被共青团南通市委评为南通市五四红旗团支部；同年12月被南通经济技术开发区消费创建活动指挥部评为开发区放心消费创建活动示范区域；2010年被南通市依法治市领导小组评为南通民主法治社区，同年被江苏省民政厅评为江苏省和谐示范社区。

2006—2010年星辰花园干部任职表

表1-23

任职时间	党支部书记	主　任	党支部副书记	副主任	部门干部
2006.1—2007.4	陈卫才	陈卫才（兼）	施水平	倪锦丰 胡彩霞 张忠芳	郭　健 胡彩霞
2007.5—2008.7	朱建良	朱建良（兼）	施水平	倪锦丰 张忠芳	郭　健 胡彩霞
2008.8—2010.10	朱建良	朱建良（兼）	费晓德	倪锦丰	郭　健 胡彩霞
2010.11—2010.12	朱建良	朱建良（兼）	费晓德	胡彩霞	郭　健 徐晔华 刘菊红

星竹花园位于竹行镇西市梢，瑞兴路北，东靠竹林路，西边紧邻星辰花园，北边与竹行小学仅一路之隔。2009年3月开工建设，2010年8月竣工，总面积10.03万平方米，建筑面积70480平方米，29幢住宅楼，其中1—21幢为6层建筑，22—29幢为9层小高层。每种套型均有朝南景观阳台，落地飘窗，前后通风透光，温馨雅致。至2010年年底入住1134户，3378人。居民主要来自新丰、长桥、洞子港、竹行、江海以及周围的拆迁户。

星竹花园大门高大气魄，车辆出入设置一车一杆装置，保安24小时值班,闲杂车辆、大型车辆不得入内。全园各要道装有41个探头，小高层23架电梯设置监控系统，24小时全程监控。地下车库装有声光延时器、声光报警系统，每户人家均装有对讲报警器，设施齐全，园区主干道及园林小路装有美观仿古型路灯。

星竹花园配有物业管理人员6人，保安7人日夜值班，夜间每隔2小时巡逻一次，每天夜晚，派出所警车在园区巡逻，巡防人员用喇叭提醒居民防火防盗防偷。物业管理到位，保安尽心尽职，小区秩序井然。

星竹花园为园林式小区，环境优雅清静，主干道两旁移植有高大的香樟、银杏、榆树，绿树成荫，红枫点夹于黄杨球，分外妖娆。园林小道曲折，两旁设置石凳二十余张，供居民休闲小坐。园区内几处小景点缀在绿荫丛中，成为园区亮点。全园以桂花树为主，配有樱花、茶花、杜鹃花、紫荆花、腊梅花、石榴花等各种花卉，园中四季开花。桂花分布在全园各个角落，每年八月金桂飘香，成为星竹花园的一大景观，令人心旷神怡，星竹花园是极宜人居住的好地方。2010年11月成立星竹社区筹备小组：组长瞿永新；副组长袁峰、费卫平；成员陆罗平、杨春燕、陈卫才；会计黄袁。

三、建设中的星怡花园

星怡花园总占地面积18.84万平方米，建筑面积33.54万平方米。建楼房58幢（2773套），其中住房45幢、公共用房11幢、幼儿园2幢，可安排住户2280户。

四、竹行行政建置更新后的设想

在已建成的星辰和星竹两个花园的基础上，2010年10月18日撤镇建街道后，以10个行政村建置成6个社区，即已建成的星辰（星竹花园可能因范围小，居民人口偏少而并入星辰花园）和在建的星怡社区，还有待建设的竹韵、世家、龙田、瑞兴社区。

附：居委会

1984年以前，竹行的城镇居民的户籍具体由公社（乡、镇）文书室管理。居民群体由解放初从事经商的本地居民、政府部门的行政机构、学校、供销商业等单位人员组成。户口变动时居民的粮油及生活用品计划凭证随之变动。

1983年，国家政策由计划经济转变市场经济，废除了布票及日用品计划，弃农经商的居民进城打工买房，孩子上学等多种原因，本镇的城镇居民数日益增多。1985年，户籍管理由原来政府文书室管理转为当地派出所专管。1990年，成立了居民委员会，支部书记黄志祥（由当时的个体协会带管）。1993年市场全面放开，废除居民户的粮油供给计划。2001年3月，本镇划入南通经济技术开发区管辖，至2005年12月，城镇居民数达1645人。施水平任居委会党支部书记。2006年1月，竹行镇建立了第一个星辰社区。竹行居民委员会结束了历史使命，居民由社区统一管理。

第二章　自然地理

竹行地区系长江下游冲积平原，土层为300多米，北部为黏土，中部黏沙相间，南部从原来的新安村至竹行镇的洪昌路和老洪港村与原谷东村的南北交界以南，以沙土为主。地形呈南低北高、东低西高的势态。解放后，先后围垦了新民圩、一六滩、七号、八号、九号滩，共垦面积达1550亩。

镇域内从成陆时形成的五条天然港系外，沟河密布。1964年至1978年，先后开挖了东西向的天星横河、长洪横河、南三级河与北三级河，疏浚了朝阳河。

竹行地区的自然灾害主要有暴雨和台风。

竹行地处北亚热带温润季风区，受海洋性及长江对流气温的调节作用，冬夏两季以西北风、东南风为主导风向，四季分明，气温宜人，适于人居，是个土壤肥沃，种瓜得瓜、种豆得豆的好地方。由于水资源丰富，很适宜水生及陆生植物的生存。有野生哺乳动物、鸟类、鱼类、两栖动物。野生木本、草本植物生长旺盛，整个地区的自然情况以风调雨顺居多。

第一节　自然环境

一、地貌、地质与土壤

（一）地　貌

竹行镇是长江北岸的冲积平原，地形特点呈北高南低、西高东低走势。

竹行镇中北部地区的新丰村、长桥村、谷东村北部；竹行村西北部、洞子港村、神农村、竹东村部分、大安村北部为成陆较早的冲积平原，地面高程约3米。

南部的谷东村二圩以南部分，竹行村的竹南和老洪港部分，竹东村的后丰部分及大安村的221省道以南部分，为成陆较晚的滩涂平原，地面高程1.5米。

镇域内河网纵横，都为人工开挖，地面泾流呈南北走向。

（二）地质与土壤

竹行地区系长江冲积平原，成陆较年轻，土层300多米，北部为黏土，地表一米多厚，这种土壤保水性能较好，但下雨后道路泥泞难走，久旱后土地硬结，地表龟裂，作物枯死。中部地区为沙土和黏土相间，俗称夹沙黄，这种土壤也易保水适宜种植作物，南部沙田以沙土为主，这种土地保水性能较差，下雨后水土流失较为严重，久旱后大风刮起会扬沙，但由于水位高，水分渗透力强，适宜庄稼生长。

第一层

1.素质填土　呈黄褐色，以粉土、粉质黏土为主，含少量植物根茎，层厚一般0.70~2.50米。

2.淤泥　灰黑色、流塑、饱和状、具腐臭，主要分布于河沟底部，一般层厚0.5~1米。

第二层

粉土夹粉质黏土，黄褐色至青灰色，稍密，较湿，含少量铁锰斑痕，具明显层理，层厚一般为1.5米。地基承载力特征值FAK=115KPA。

第三层

为粉土夹粉砂，青灰色、中密很湿，含云母片，层厚一般为7.5~10米，地基承载力特征值FAK=155KPA。

第四层

15米以下为砂石分化层，青灰色，中密饱和含云母片，地层较厚，地基承载力特征值FAK=165KPA。

二、水　系

竹行有大安港、尖沙渔港、老洪港、培明港、长桥港五条天然港系，是长江下游的港汉。

竹行镇域内，河、沟密布，东西每13~15丈（旧时）开挖一条泯沟，每隔150丈（500米），东西向开一条横河，每窕内还开挖一条“回”字形的宅沟，宅沟前后还有一条横沟，形成宅沟、横沟通泯沟，沟沟相通，分别流入五条天然港系，排入长江。先人围垦时，生产能力较低，开挖的沟河较窄，遇到大雨又逢海潮，排水困难造成淹涝，农业减产甚至失收。解放后，大搞水利，对横河和港汊疏浚改造，但还未彻底根治水患。1964年冬季开挖东至竖石河西至营船港的天星横河，横穿竹行全境，解决了全镇北部区域的给排水问题，疏浚了朝阳河，纵贯洞子港村和神农村，并连通通启运河，雨涝天气把这两个村的水引向通启运河。南部沙田地势低，从大安镇往西开挖一条东西向河道直通老洪港，叫北三级河，同时把十四大队与农场界河开阔开深也通老洪港，此河叫南三级河。沙田给排水经老洪港闸直通长江。

老洪港西边海洪圩村境内开挖一条东西向的长洪河经长桥港涵闸通向长江。

老洪港旧港弯曲淤塞，给排水不畅。1978年，公社决定改造旧港，去弯就直，加宽河面，挖深河床，连通长洪河。1978年以后，老洪港和长桥港涵洞通向长江的港汊淤塞，给排水不畅，南通县政府决定，在长桥港西边的新垦农场境内开挖一条东西向的友谊河，在离江岸200米处造一座闸（新开闸）封闭老洪港闸和长桥港涵洞，竹行南部沙田的给排水经长洪河直通长江。

多年的兴修水利，疏浚乡村级河道，竹行南部沙田尽管地势低洼，每年夏天即使连续大雨也能雨止田干，旱涝保丰收。

三、江　滩

竹行南部紧靠长江，江岸横贯竹行全境，从成陆到20世纪30年代，比较稳定，以后的十多年中，定心圩逐渐涨起，长江泓道改变，靠近江岸的水流湍急，江滩被江水冲刷，逐渐坍塌。民国24年（1935年）以前，江岸在现谷东村二圩南岸向东南至老大安镇一带，岸外滩地不多，仅20来米。1935年以后，泓道北移，开始坍江，以后的八九年中，一直向北坍到竹行镇河南街，大安镇迁至现址，竹行镇也准备搬迁至新丰村顾老龙石桥，谷东村二圩全部坍入江中，江岸北移至现在谷东樊家埭一线，折向东北至竹行镇河南街再折向东南至现竹行中学向东至新大安镇一线。民国32年（1943年）开始，原坍入江中的二圩又开始涨沙。民国33年—34年（1944—1945年），由陈长继建办的长兴垦植公司将定心圩和二圩之间的海洪打坝截流（竹行人称打海坝）逼使长江泓道改道，从定心圩南侧经过，这样海洪圩和以西的德本圩及以北的二圩都成为高出水面的滩地使江岸南移，直到20世纪60年代初，江岸一直稳定在西从长桥港经德本圩、定心圩和老洪港以东的三圩南部向东到大安镇南800米处，岸外江滩为50~200米不等。1958—1960年，长江泓道再次南移，江岸外大肆涨沙，1961年冬经围垦为国营南通农场，而原来的江岸线一直成为竹行最南的界线。

四、江滩围垦

（一）围垦五圩

20世纪40年代初，老洪港至长桥港之间涨沙，并与北岸连结，成为一片滩地，芦苇丛生。民国29年（1940年），竹行镇陈咏雪、徐一白、陈常继、黄伯杨等人私人集资兴办长兴垦植公司，先行围垦老洪港西侧仍在江中的小岛定心圩，造田800亩。民国32年（1943年）围垦定心圩西边的德本圩，同年打海坝围垦海洪圩和二圩，以及老洪港以东的三圩，共造田约4000亩（包括定心圩）。

（二）围垦新民圩

1954年，南通县人民政府投资13.5万元，围垦新民圩（竹行部分为大安港至尖沙渔港之间），造田约400亩。

（三）围垦江边滩地

六、七号滩地位于新开港外口，1971年由竹行公社围垦，面积为300亩和500亩。六号滩也称一六滩，竹行围垦后由一大队和六大队耕种，后养鸭专业户王佩恒进驻办休闲农庄。七号滩围垦后因长江深泓内削，1972年坍江破堤放弃，不到一年大部坍入江中。

八号滩，位于竹行小圩南侧，1971年由小海公社围垦面积800亩，耕地面积750亩，其中竹行部分生产队种植约50亩。

九号滩，位于长洪河南侧，县良种场江防村和友谊村之间。1971年由竹行围垦，面积300亩，由良种场管辖种植。

20世纪60年代中期，长江堤外的江东江海滩涂，由南兴、川港、姜灶、先锋、通海公社组织围垦后由各大队拆迁户入住种植。

五、自然灾害

（一）风　灾

竹行历史上最严重的灾害是风潮，民国24年（1935年）以后的几年中，南部3000多亩田塌入江中。旱涝灾害时有发生，每年夏季沿江一带常受台风侵袭，伴随江潮暴雨，大片农田淹没。解放后，人民政府重视水利建设，疏通河道，畅通排水系统，增强抵御自然灾害的能力。

竹行地处江边，常受台风侵袭，据《南通县志》记载：民国37年（1948年），农历七月初四至初六狂风暴雨，沿江一带农田受淹。1949年7月上旬和下旬两次台风，江水倒灌，农田受淹。吹倒房屋52间，吹坏100余间。1956年农历六月廿六日，台风从长江口登陆，12级台风伴随暴雨，江潮徒涨，冲毁江堤，老洪港东的三圩和港西的定心圩2500亩农田被淹，秋熟作物绝收。时勤丰三社的一只捉蛸蜞船乘风漂至常阴沙泗兴港附近的一只圩塘内，所幸没有人员伤亡。这次台风吹坏房屋1100余间，沙田小草房几乎全部吹倒。1977年9月10—12日，台风从长江口登陆，陆上风力10级以上，政府组织企事业单位和学校全体教师到各生产队组织群众防台抗灾，及时加固危险房屋，未造成房屋倒塌。

1978年到2009年，21年中8级以上的台风年年有，由于竹行百姓居住条件改善，房屋抗风能力加强，少数房屋吹坏，没有大的损失。

大的龙卷风这里很少发生，2005年初夏的一天傍晚，突然天昏地暗，一阵8级西北风，顿时飞沙走石，不到5分钟便停息，未造成损失。

（二）旱涝灾害

旱灾往往出现在旱梅，短梅或暴风雨很少的年份。多为盛夏伏旱出现的年代，民国21年（1932年）7月11日至8月11日，30多天无雨，庄稼枯死。民国32年（1943年）大旱。解放以后，1966、1967、1973年为旱年，1971、1978为大旱年。2004年7月初，开始连续两个月未雨，沟河干涸。

暴雨发生期都在5—10月，特大暴雨每年2次左右，1970年暴雨次数最多，平地行舟，庄稼受淹。1991年6月30日至7月4日五天连降两场暴雨，地面积水和河水连成一片，平地积水25厘米，南部几个低洼大队，百姓家中进水，庄稼受淹，灾情严重。1991年6—9月持续梅雨40多天，造成1960年以来第二个涝灾。2003年6—7月两次暴雨平地积水20厘米。2004年6月23日连续两天暴雨，田地淹没。

沿江地区，常遇破圩，1956年农历六月二十六日江水冲破老洪港港岸，直泻农田，淹没现竹行村东片1500亩农田，一只放水的木洞子浮起，被冲到南边1000米外的农田里。当时紫琅区公所闻讯，在代区长陆祖权带领下，区政府干部立即赶赴险地，组织乡干部和民工抢险，经过两天战斗才堵住决口。庄稼减产百分之五十以上。1974年7月，长桥港部队农场外边江堤决口，长桥港农场和五大队的德本圩被淹，平地水深1.1米，幸人员及时撤离未有伤亡。南通县革委会和竹行公社及时组织民工堵塞决口，涵洞排水及时，一天时间，田间积水全部排除，庄稼未有损失。

（三）冰　雹

竹行受冰雹侵袭次数不多，大的冰雹主要有1966年6月7日15时，持续时间5分钟，最大的有鸡蛋大，部分棉苗被砸，群众住房瓦片被击碎。1974年6月4日下午，竹行西部的部分大队遭冰雹袭击，持续时间10分钟，田间棉苗、麻苗头被砸掉，河边的芦苇叶子被打成丝状，屋上瓦片被砸碎，据不完全统计砸坏房屋1000余间（主要是瓦房）。

（四）低温冻害

每年10月下旬至第二年4月是冷高气压强盛时期。1953年农历11月18日，天气急剧变化，西北风7~8级，气温骤降摄氏15度，田间麦苗蚕豆基本上全部冻死。1961年清明节前一场大雪把即将抽穗的麦苗压断，农业减产。1963、1972、1977年出现倒春寒。1968年11月8—10日，西北大风8级，气温骤降16摄氏度以下，田间油菜、蚕豆、小麦等越冬作物被冻死冻伤。

（五）地　震

竹行是少震和弱震地区之一。1975年9月2日20时10分南黄海发生5.3级地震，竹行有震感。1979年7月9日18时57分苏南溧阳发生6级地震，竹行有震感。1984年5月21日23时37分南黄海勿南沙发生6.2级地震，竹行震感强烈，未有房屋倒塌。1990年2月10日1时57分，常熟和太仓交界处发生5.1级地震，竹行有强烈震感。2001年12月25日7时43分竹行发生3.9级地震，震中就在竹行镇，震感明显。竹行小学楼梯墙壁有裂缝；竹行中学二楼通道墙壁有裂缝，未有房屋倒塌和人员伤亡。竹行村有少量棚舍倒塌，人畜未有伤亡。

（六）雪　灾

竹行历史上无大的雪灾，1968年十二月初九，大雪连续20多小时，平地积雪25厘米，作物冻伤，当年农业收成减两成。2008年1月28日至29日连续下雪30多小时，平地积雪20厘米，境内所有道路被封，1月30日镇政府组织机关企事业单位干部职工扫雪，一个下午清除境内主要公路336省道、张江公路、瑞兴路和东方大道的道路积雪，保证境内公路畅通无阻。这次雪灾压垮棚舍300余间，厂房车间1000余间，受灾面积4万余平方米，特别是工厂的车棚被压垮较多，损失较大，没有人员伤亡。雪灾发生后，政府组织生产自救，对受灾严重的农户进行慰问，发放慰问金。这次雪灾越冬作物受冻严重，直到元宵节后，雪才融化，村民抓紧田间作物施肥管理，这年夏熟作物影响不太大。1998年3月20日，一场春雪把竹子压断十之六七，将要抽穗的麦苗压断。

（七）防　汛

20世纪60年代以前，竹行属沿江区域，江岸全长5000米以上。江岸都是沙土垒成，比较疏松。岸基窄，高度只能抵御一般江潮，岸的坡度尽管贴上草皮，但蛸蜞、野生猪獾、狗獾、黄鼠狼打洞，遇上大潮，岸身渗水现象严重。每年6—10月是长江汛期，潮水大而急，遇上台风、暴雨，惊涛拍岸，险象环生。人民政府为了防止江岸被冲破，江水倒灌，危及沿江人民的生命财产安全，每年农历六月至九月的初一、十五大潮期间，选派身强力壮的基干民兵到江堤巡查，发现渗漏立即堵塞，发现大段江堤有崩塌险情，连夜汇报防汛指挥部，组织人员抢险。

1961年江滩被围垦成国营南通农场。1973年一六滩、七号滩被围垦，竹行的防汛地段为新开港闸到四号坝，全长约为1500米。

2001年3月，竹行划入南通经济技术开发区，沿江的江东、江海两村划归竹行，防汛岸线总长2261米。2004年原通州市财政局渔场归并南通经济技术开发区划入竹行管辖后，防汛地段增加由团结闸东至海门市江心沙农场交界，江岸长1650米。2010年竹行防汛地段全长3911米。

20世纪90年代末，水利部门把江堤加宽加高，靠江一面用石块护坡，修筑坚固的水泥墙抵挡江潮，破堤事件没有发生过。

第二节　气候　物候

一、气　候

（一）历法、节气

清朝时期，采用朝代纪年和农历（也称阴历、夏历）并用的方法纪年。朝代纪年是以皇帝的年号编年，如光绪几年、宣统几年。辛亥革命建立民国，以民国纪年。1949年新中国成立后，使用公元纪年，与农历并存。农历年则是天干地支搭配成的六十花甲子，如1951年2月5日，则是农历庚寅年辛卯丙子日。农历将一年分成24个节气，农村的农事根据二十四个节气安排。如立春以后春天来了，田间路边的春草开始生长，农民们开始锄草施肥。立夏以后，天气一天比一天暖和，元麦生长开始成熟，半个月后农历小满节气，俗话说“小满三朝麦上场”。元麦开始收割，小麦稍后十天左右。小满以后即是芒种，芒种到夏至之间半个月，是秋熟作物适宜播种的时机，所以有“芒种芒种样样要种”的农谚。根据公元纪年，二十四农历节气，每月分布2个节气。

（二）气候特征

竹行地处北亚热带湿润季风区，受海洋性气候影响，海洋和江面对气温和降水的调节作用，使得竹行和同纬度的内陆地区相比，雨水更为丰富，另一方面受季风环流影响，本地区冬季盛行高纬度大陆吹来的西北风，夏季盛行太平洋吹来的东南风，春秋两季为冬夏的过渡季节，冷热气团异常活跃。

1.春　季

始于3月上旬，止于5月底，历时两个多月。这个季节，北方时有冷空气侵袭，与南方暖湿空气对峙，时寒时暖、时雨时晴，变化无常，气温回升较慢。当旬平均气温稳定在10℃ ~22℃时，气候湿润，万物苏生、树木吐芽、青草生长。

2.夏　季

始于6月上旬，平均气温在22℃ ~27℃，直到9月中旬，历时3个多月，前期为6月中旬进入雨季——梅雨季节，降水频率高，雨量大，往往造成涝灾。7月上、中旬出梅后，进入伏期，天气炎热、干燥，形成伏旱高温。2010年持续40天高温，38℃以上高温持续7天左右。也有少数年份，副热带高压脊比较薄弱，夏季温度低俗称凉夏。

3.秋　季

9月中旬至11月下旬，历时2个多月，较春季短，是冬季风取代夏季风的过渡季节，气温稳定在22℃ ~10℃，降水量偏少。入秋以后受大陆上单一冷气团控制，给人以天高气爽感觉，有时往往受副热带高气压带影响，刮西南风，持续高温，形成"秋老虎"，伏旱连秋旱。2005年出梅后连续60多天不下雨。少数年份冷暖气流在长江中下游角逐，秋风秋雨连绵不断。夏秋之交为热带气旋活动季节，常受台风侵袭、龙卷风、冰雹偶有出现，作物受灾。

4.冬　季

11月下旬至次年的3月上旬为冬季，长达3个半月以上，是四季中最长的季节，平均气温持续稳定下降至10℃以下，每年12月至次年1月为最冷，多西北风。冬季，北方冷空气频频南下，称为寒潮，有时伴有雨雪。极端最低气温为零下7℃ ~8℃，冬季是全年日照时间最少，光线强度最弱的季节。2006年为暖冬，整个冬季气温0℃以下只有2天。 2010年冬季较冷，冰点以下的天数达40余天。

四季划分与自然现象基本吻合，但四季长短不一，春季80天左右，夏季90天左右，秋季65天，冬季130天左右，为统计上的方便，习惯上把3—5月作为春季，6—8月作为夏季，9—11月作为秋季，12月至次年2月作为冬季。

竹行镇正常年份全年各月份风向、风力情况表

表1-24

	一月	二月	三月	四月	五月	六月	七月	八月	九月	十月	十一月	十二月
风向	北风 西北风	北风 东北风	东风 北风	东风 东南风	东南风	南风 东南风	南风 东南风 西南风	东南风	东北风	东北风	北风 东风	西北风
风力	3~5	3	3~4	4	3~5	3~4	2	2~3	2~3	3~4	3~5	3~5

风向：4—8月以东南风居多，9月和10月以东北风为主，2月和11月风向为偏北风，12月

和1月以西北风为主。

风速：年平均风速3.4米每秒，各月中，1月份西北风风速最大时为4.7米每秒，7月和8月的西南风风速最小时为2.4米每秒。风速的变化受下垫面热效应影响，也受冬夏季风环流更替变化的影响，风速具有显著的日变化规律。最大风速一般出现在14时前后，最小风速出现在夜间，俗话有西风夜静的说法。风速差值2米每秒。

二、物　候

竹行地处长江边，四季分明，动植物对气候变化敏感。春江水暖鸭先知。立春以后，天气寒冷，但青草开始发芽，花木绽露蓓蕾。惊蛰以后，冬眠动物开始苏醒，出外活动。杏花在暖冬年份一般在农历二月中旬末，下旬初开始现蕾开花。气温在5℃ ~10℃之间，则推迟10天左右开花。桃花初开在农历三月中旬，到下旬全部开放。立夏以后，天气逐渐炎热，这时大杜鹃鸟（四声杜鹃）开始鸣叫"花好稻好""布谷布谷"，青蚕豆开始成熟，小满三朝麦上场，小杜鹃鸟（二声杜鹃）"谷哥""谷哥"不时鸣叫，提示人们收割播种。三熟制水稻栽插，季节性特别强，一定要赶在立秋之前栽好，否则，将会造成严重减产，甚至失收。这里无霜期平均224天，有些年份霜降那天就现霜，到第二年的谷雨节才断霜，其间140天左右，也有的年份初霜要推迟到小雪甚至更晚一些，这些年份无霜期会长一些。越冬作物如元麦，因生长期较长，如果在茬口布局无法安排按季节播种，可推迟一些时间播种，只要下足基肥，也不会影响第二年的产量，俗话说，"麦种在雪地（小雪节气至大雪节气）只要出地"。农历九月后，多刮西北风，天气渐冷，"九月廿七催懒妇"，提示妇女们要把过冬衣服准备好，冬天就要来了。

物候异常现象，1949年农历九月中旬，杏花盛开。2005年8月梨花开满枝头。

《南通市志》中关于物候现象载：20世纪80年初，野外物候观测中银杏、楝树、桃树和野外植物的物候数据，东起启东经竹行至狼山在一条纬度线上，相隔近百公里，物候相差无几，兹录如此。

20世纪80年代初野外物候观测情况表

表1-25　　单位：月、日

植物名称		芽发初期	展叶期		开花期			果熟期	秋叶变色		落叶期	
			始	盛	始	盛	末		始	全	始	末
银杏	平均	3.29	4.7	4.17					9.6	10.5	9.24	10.24
	最早	3.19	3.3	4.5					8.25	9.23	9.16	10.2
	最迟	4.5	4.13	4.25					9.30	10.27	10.7	11.16
楝树	平均	4.11	4.25	5.3	5.15	5.19	5.25	11.6	9.25	10.22	10.5	11.14
	最早	3.20	4.8	4.20	4.27	5.3	5.15	10.3	8.25	10.5	9.3	10.17
	最迟	4.28	5.6	5.17	5.23	5.25	6.2	11.16	10.8	11.6	10.27	11.29

续表1-25

植物名称		芽发初期	展叶期		开花期			果熟期	秋叶变色		落叶期	
			始	盛	始	盛	末		始	全	始	末
桃树	平均	3.19	3.28	4.3	3.29	4.5	4.11	6.26	10.6	10.23	10.16	11.13
	最早	3.10	3.16	3.30	3.14	3.28	4.6	6.22	9.30	10.14	10.10	10.24
	最迟	3.25	4.9	4.15	4.10	4.13	4.18	6.29	10.11	11.3	10.25	11.23

20世纪80年代初芦苇、莲野外物候观测情况表

表1-26　单位：月、日

植物名称		前动期	展叶期		开花期			种子成熟期		种子散布期	黄枯期		
			始期	盛期	始期	盛期	末期	始熟	全熟		始期	普遍	全枯
芦苇	平均	3.7	3.21	4.4	9.21	10.2	10.12	10.17	10.25	11.7	10.18	10.26	11.4
	最早	3.2	3.15	3.30	9.5	9.30	10.4	10.9	10.15	10.24	10.5	10.16	11.2
	最迟	3.15	3.26	4.10	9.29	10.9	10.9	10.25	11.2	11.16	10.25	11.1	11.25
莲藕	平均	4.3	5.16	6.7	7.7	7.20	8.16	9.1	9.23	10.3	9.8	9.23	10.11
	最早	4.22	5.8	5.23	6.25	7.8	7.20	8.21	9.10	10.1	9.2	9.14	10.5
	最迟	5.7	5.27	6.25	7.26	8.5	8.30	9.15	10.2	10.5	9.18	9.28	10.17

20世纪80年代初部分动物物候情况表

表1-27　单位：月、日

动物名称	青　蛙	四声杜鹃（花好稻好）	大杜鹃（谷歌）	蟾　蜍	蚱　蜢
始见（鸣）	3.28	5.4	5.2	2.22	5.21
最早	3.13	4.29		2.8	3.25
最迟	4.10	5.6		3.24	6.25
绝见（鸣）	10.5	7.9	7.7	11.24	8.30
最早	9.15	7.3		10.27	8.25
最迟	10.27	7.14		12.20	9.5

第三节　土地　生物资源

一、土地资源

（一）竹行是长江冲积平原，全镇共30.1平方公里，总田亩45150亩，其中道路沟河水面面积约为9000亩，实际耕地面积约为36150亩。近年来大交通建设用地1832.2亩，历年整治河道用地733亩，至2010年10月全镇实有耕地面积2.02万亩，1950年土地改革时每人平均1.2亩，2010年减少至0.7亩。谷东工业园区、张江公路两边、东方大道两边建办了许多工厂，占用农田，有的村民组人均耕地不足5分田。

（二）植　被

1.自然植被

竹行镇自然植被为落叶阔叶林与常绿阔叶林的混交林，主要分布各公路两旁的绿化带，种子植物以菊科、禾本科、蔷薇科和豆科最多。树木以松柏科面积最大，以落叶阔叶乔木和灌木种类为多，杂有樟、广玉兰、柞榛等常绿阔叶树，次生林中温带成分有榆、刺槐、枣树等。

2.非自然植被

（1）混生和水生植被

主要分布在各级的河道、池塘、洼地的水面和河滩、沟沿上，冬季枯黄，春季开始发芽生长。有芦苇、蒲草、茭白、茨菇、水芹、昌蒲、水浮莲、水葫芦、水花生等种类。

（2）陆生盐土植被

植被的群落与盐土的脱盐过程相适应，盐土刚进入脱盐过程，含盐量在百分之三以上，主要为南部沙田地区，出现盐蒿碱蒿等群落，当土地盐份在百分之二至三时，出现白茅草、乌秋、啤酒草等植被群落，积水洼地、浅水沟以芦苇群落为主。垦植后产生人工植被。

人工植被主要有两种，一种风景植被，家前屋后栽种花草树木，街道公路两旁的行道树和绿化带。另一种为农田植被，冬季为三麦二豆油菜，夏季为玉米、水稻，蔬菜四季种植，水生植被如洼地种植茭白、菱角、水芹等，河道放养作饲料的水葫芦、水花生。

新建小区植被绿化，既有成材树，也有供观赏的花木草坪，植被的覆盖面达百分之三十四。

二、生物资源

（一）野生动物

竹行镇南临长江，水源丰富，且拥有江边湿地，适宜水生及陆生动物生存，也具有迁徙鸟类歇息觅食的良好环境，野生动物比较丰富。随着土地的不断开发利用，人群聚居增多，野生动物逐渐减少。竹行地区的野生哺乳动物主要有：白鳍豚、江豚、黄鼬（黄鼠狼）、猪獾、水獭、狐狸、刺猬（刺鱼）、华南兎（野兎）、伏翼（蝙蝠）等。

鸟类有小鸊鷉（水葫芦）、苍鹭、池鹭、牛背鹭、白鹭、夜鹭 、白鹳、鸿雁、豆雁、白天鹅、黑天鹅、赤麻鸭、绿头鸭、秋沙鸭、苍鹰、雀鹰、环颈雉（野鸡）、苦恶鸟（白胸秧鸡）、白腰杓鹬、丘鹬、三趾鹬、扇尾沙锥、海鸥、银鸥、红嘴鸥、珠颈斑鸠（河鸽子）、杜鹃（布谷、补锅）、草鸮（猴面鹰）、斑头鸺鹠（九头鸟）、长耳鸮（猫头鹰）、短耳鸮（短耳猫头鹰）、夜鹰（蚊母鸟）、翠鸟（青丝鸟儿）、戴胜（臭姑姑）、绿啄木鸟、云雀（告天子）、家燕、金腰燕、白鹡鸰（雪姑）、黄腹灰鹡鸰、白头鹎（白头翁）、太平鸟（十二黄）、小太平鸟（十二红）、棕背伯劳、牛头伯劳、黑枕黄鹂

(黄莺、鸽鹏)、灰椋鸟、八哥(鸲鹆)、喜鹊、灰喜鹊(洋丫鹊)、白颈鸦(乌鸦)、虎斑地鸫、乌鸫(百舌、百寿)、斑鸫、大苇莺、短翅树莺(告春鸟、报麦鸟、花里蜜舌、锅里麦屑粥)、寿带鸟(绶带鸟)、画眉、麻雀(草雀)、大山雀(白脸山雀、吱吱白)、柳莺、绣眼、白腰文鸟(十姐妹、偷仓)、金翅雀、蜡嘴雀(黑尾蜡嘴、山练子)、锡嘴雀、棕头鸦雀、黄胸鹀(禾花雀)、黄眉鹀、灰头鹀、田鹀、三道眉草鹀等。

鱼类有中华鲟、长江鲟(达氏鲟)、白鲟、胭脂鱼、鲥鱼、刀鲚(刀鱼)、凤鲚(凤尾鱼)、长吻鮠(鮰鱼)、鲻鱼、鲈鱼、鳜鱼(音:桂鱼)、塘鳢(狮子鱼)、河豚鱼(条斑东方鲀、虫纹东方鲀和暗纹东方鲀)、白条、翘嘴红鲌、餐鲦鱼、银鱼、鳡鱼、鳗鲡、黄鳝(长鱼)、鲫鱼、鲤鱼(花鱼)、青鱼(乌青)、草鱼(鲩、草青)、鲢鱼(白鲢)、鳙鱼(黄鲢、花鲢、黑鲢、胖头鱼)、鳊鱼、中华鳑鲏、麦穗鱼(罗汉鱼、麦格郎)、泥鳅、鲶鱼(泥滑子)、黄颡鱼(丫斯鱼)、乌鳢(乌鱼、黑鱼)等。

两栖动物有黑斑蛙(老花田鸡)、金线蛙(田鸡)、泽蛙(旱蝈老儿)、雨蛙、中华大蟾蜍(蟾蜍、癞宝、癞哈蟆)等。

爬行动物有金钱龟、绿毛龟(黄喉拟水龟)、鳖(中华鳖、甲鱼)、壁虎(壁虎子)、蝮蛇(七寸子、地皮蛇)、火赤链蛇、水赤链蛇(水臭斑蛇)、虎斑游蛇(红脖游蛇)、黑眉锦蛇(黄颌蛇、家蛇、菜蛇)、红点锦蛇(水蛇)、乌风蛇、草蜥(北草蜥、石龙子、四脚蛇)、铜楔蜥(铜石龙子、四脚蛇)等。

无脊椎动物有背角无齿蚌(河蚌)、中华圆田螺(田螺)、铜锈环棱螺(螺蛳)、日本沼虾(河虾、青虾)、中华新米虾(草虾)、克氏螯虾(蝲蛄、小龙虾)、中华绒螯蟹(河蟹)、蜈蚣(百脚)、大腹园蛛(蜘蛛)、蝎子、斑蝥、蝉、知了、大胡蜂(金环胡蜂)、地鳖虫(土元)、环毛蚯蚓(河宪、曲蟮)、日本医蛭(水蛭、蚂蟥)、苍蝇、蚊虫、蟑螂等。

野生动物中有不少种类是国家保护的物种,其中属国家一级重点保护的有白鳍豚、中华鲟、长江鲟、白鲟。属二级重点保护的种类有胭脂鱼、白天鹅、黑天鹅、猛禽类、江豚、白鹳等。其他种类大多属于2000年8月1日国家林业局发布实施的《国家保护的有益的或者有重要经济、科学研究价值的陆生野生动物名录》中的物种,即“三有”保护物种。对人、畜等有害的有蝮蛇(剧毒)、微毒蛇两种(火赤链和虎斑游蛇)、水蛭、蜈蚣、蝎子、胡蜂、苍蝇、蚊子、蟑螂等。

以上众多的野生动物,不少已得到利用,癞蛤蟆身上的蟾酥为贵重的中药材。鸽、鹌鹑被人工饲养。画眉、黄莺、八哥等是重要的笼养观赏鸟种。

(二)野生植物

竹行地区的木本野生植物有雪松(喜马拉雅松)、罗汉松、水杉、桧(圆柏)、侧柏(扁柏)、刺柏、樟树、海桐、火棘、石楠、女贞、冬青、黄杨、柞木(柞榛)、木犀(木樨、桂花树)、山茶、南天竹、十大功劳、荷花玉兰(广玉兰、洋玉兰)、榔榆、榉树、槐树、合欢、栾树、梧桐、枫杨、银杏、枫树、鸡爪槭、迎春、木兰(紫玉兰)、绣球花、木芙蓉、无花果、构树(榖树)、杨树、柳条、花椒、苦楝、桑树、朴树、枸杞、柿树、桃树、杏树、梨树、葡萄、枣树、紫荆、紫薇等。

竹类有燕竹、篌竹、三路头、五月季、笔竹等。

野生草本植物有石蒜、牵牛、千日红、虞美人、莲、诸葛菜、虎耳草、蛇莓、黄蜀葵、三色堇、星宿菜、打碗花、万寿菊、一枝黄花、大花马齿苋、紫花曼陀罗、大花美人蕉、芦苇、蕉草、关丝草、芦苇、乌秋、茅柴、益母草、马兰头（有两种，一种红茎，一种白茎直立生长，竹行人把红茎的叫红蟛蜞头，可食用，白茎的叫白蟛蜞头）。长在路边田头的有：姜麦秧、冷草、蒲公英、野红花草、苜蓿。冬草有：蓟草（俗名小尖头）、鹅绒藤、老棉絮、马鞭草、野葡萄藤、狗尾巴草、马齿苋、蛇床、含羞草、野茄树、葎草（拉人草）、爬山虎等，近年来传入的加拿大一枝黄花，繁殖力极强，与庄稼争地争肥争空间，成为草害。野生植物中有大量的中草药，如车前、蓟草、枸杞、桑葚、桑皮、山药、贝母、附子、元胡等。

水中生长的有茭白、荷藕、菱角、水芹菜等。河沟中生长着水花生，这种水生植物是20世纪60年代由通州的五总引入，作为养猪的青饲料，这种水生植物生命力极强，水中土中都能生长，成为草害。

其中属国家保护的有银杏和水杉等。

野生植物中的有害种类有加拿大一枝黄花、空心莲子草（水花生）、凤眼蓝（水葫芦、凤眼莲）、大薸（水浮莲）等，多为外来物种。这些植物的共同特点是生命力强、耐受力强、生长快、繁殖快。

加拿大一枝黄花为陆生植物，其他三种均为水生植物。

第三章　建置　人口

竹行自清乾隆初期（1736年—1745年）涨沙，中期围垦移民入住以来，历经清代、民国。实行乡、保、甲制。解放后建立人民政权，又经乡公所、人民公社、乡、镇、街道等建置改革，人口亦随之变化增加。

自崇明、海门一带移民到竹行围垦江滩以后，人口逐渐增多。清乾隆中期，人口不足300人。1949年解放初，竹行的人口约1.7万人。1964年人口普查为20249人。1982年为25496人，1990年为26629人，2000年为26319人。2001年划入南通经济技术开发区后，人口变动较大。江东村、江海村划入竹行后，人口增加至30772人。2010年，人口总数为32710人。

第一节　建　置

竹行地处长江北岸，清乾隆初期（1736—1745年）涨沙，逐渐露出水面，与北边的胡逗洲相接。清乾隆中期，崇明西边坍江，难民北移到这里围垦造田，定居下来。宣统2年（1901年）竹行属竟化区，竹行区域有福兴沙、汤家沙、南安沙、各沙设沙董一名。民国元年（1912年），废沙设县，通州改南通县，竹行属南通县管辖。

民国2年（1913年）属南通县竞化镇区，民国23年（1934年）为南通县第八区，民国36年（1947年）第八区调整为4个镇11个乡，其中长桥、竹行两个乡合并设老洪乡，所辖区域为长桥港以东至老洪港以西部分。老洪港以东的部分归海门县天星乡管辖。新丰村属雁行乡。1949年解放后撤销老洪乡，重设长桥乡和竹行乡（新丰村仍属雁行乡），属紫琅区。竹行以东地区的天星乡、民安乡，归南通县川港区管辖。1956年下半年，竹行、长桥、海南3个小乡和雁行乡，骆化乡的部分合并为竹行乡。1957年，小乡并大乡，撤销雁行乡、长桥乡、神农乡、天星乡、大安乡、新垦乡、竹行乡、新沙乡，所辖区域进行调整，大部分以自然界河为界线建立竹行乡。1958年10月，老洪港以西部分并入新开，组建长江人民公社。老洪港以东部分为友谊人民公社，1959年友谊人民公社改称通海人民公社，长江人民公社政级为新开人民公社。1962年7月，长桥港以东部分的工区、通海公社的大安港以西部分（现天星横河以南）的部分工区划出组建竹行人民公社，辖以自然数为序的17个大队。1983年，竹行公社改称竹行乡，大队改村，依次为一大队改名为新丰村，二大队改名为长桥村，三大队改名为长桥南村，四大队改名为谷东村，五大队为海洪圩村，六大队为群力村，七大队为龙田村，八大队为洞子港村，九大队为竹东村，中心大队为竹行村，十一大队为竹南村，十二大队为安北村，十三大队为大安村，十四大队为老洪港村，十五大队为新安村，十六大队为后丰村，十七大队为神农村。

2001年3月，竹行镇划归南通经济技术开发区，同年行政村合并，新丰村地域较大，单独设村，仍称新丰村。长桥村和长桥南村合并称长桥村，谷东村和海洪圩村合并称谷东村，群力村和神农村合并称神农村，龙田村和洞子港村合并称洞子港村，竹行、竹南、老洪港三个村合并名为竹行村，竹东村和后丰村合并称为竹东村，安北、大安、新安三村合并为大安村。开发区管委会考虑到远离竹行15千米以外的原先锋、姜灶、通海、南兴、川港等5个镇管辖的几个小村合并为江东村、江海村，划归竹行管辖。筑公路拆迁户动迁，新建两个居民小区，即星辰花园和星竹花园。2010年10月，撤镇建街道，竹行管辖10个村和2个社区居民委员会。

1949年10月竹行镇各小乡所属行政村情况表

表1-28

小乡名称	所属村名	乡公所所在地
雁行乡	现新丰村全部	西高家宅
长桥乡	现长桥村全部、谷东村全部、新开镇部分村	费朝良宅
神农乡	现神农村全部、小海部分村	虞文其宅
天星乡	现竹行村东北部分、竹东村部分、大安村的安北部分	茅家宅
大安乡	竹东村的后丰圩、大安村的大安和新安，1951年改为新垦乡，后并入天星乡	茅家宅
新垦乡	竹行村的竹南和老洪港村部分	茅家宅
竹行乡	洞子港村、竹行村的西部	黄家西行内
新沙乡	谷东村的二圩以南至当时的江边（即现在种畜场与海洪圩界）	新开崔龙祥宅

第二节　村　居

竹行围垦以后，开挖民沟和回字形的宅沟，前面设吊桥，晚上吊桥升起，人们就住在宅上，大多一宅一个姓，也有一宅两姓的，所以有张家宅、李家宅之称。后因宅上人员进出不方便，干脆把吊桥固定，或打土坝，土坝叫仓门坝。随着人口的增加，向仓门坝外边发展。形成埭，一只埭就是一个自然村落。解放后建立的村也是以自然村为基础的，这个传统一直延续到现在。

解放以后，人民居住观念改变，宅上闭塞，人丁增加就向宅外发展。20世纪60年代以后，以生产队为核算单位，社员出工，分粮草大部分在生产队中心地点。人们翻建房屋或子女结婚新造房子都向中心地点靠拢，逐步打破了一宅一姓的格局。

第三节　人　口

一、常住人口

清乾隆中期，竹行全镇不足300人。竹行地处偏僻江边，没有受战争的影响和特大灾荒，人口发展较快，民国初1.2万多人。抗日战争和解放战争时期，一部分有钱人家在海安、如东、射阳等地买了塘田，合家迁移。也有少数人全家迁居江南常阴沙十一圩定居。青年为躲避国民政府军队抓壮丁，避居上海、苏州等大城市学生意，人口略有减少。

1949年解放初，竹行人口约1.7万人，至1950年年底，全镇总户数3000余户，人口不足2万人。1960—1962年三年自然灾害时期出生率低于死亡率，人口出现负增长。1962年以后，农业形势好转，人口增长较快。1964年7月第二次全国人口普查，全镇总人口20249人。1970年以后，实行计划生育，人口过快增长的速度得到遏制。2003年，江东村、江海村划归竹行镇，两村共1808户，4223人。2010年全镇人口总数达32710人。

二、人力资源

改革开放以前的一段较长的时间里，工业生产薄弱，广大农民过着日出而作，日落而息的农耕生活，农业产量不高，大量剩余劳动力找不到出路。

20世纪60年代后期开始，农村中部分能工巧匠外出打工，被称为资本主义回潮，挣得的工资要上交生产队而后记工分，挫伤打工者的积极性。社队工业兴起，各生产队抽调部分劳动力，特别是妇女劳力到社队办厂做工，农忙务农、农闲做工。改革开放以后，乡镇工业发展得更快，近乎半数的农民进厂做工，解决工厂用工难的问题。1996年企业改制，民营企业如雨后春笋般发展，且竹行钢丝绳企业多，是个高危行业，又加上竹行进入老龄化阶段，用工量大，本地劳动力不足，大量外省市农民工涌向竹行务工，弥补竹行劳动力不足的状况。2010年外省市进入竹行务工的人数达1.06万人（含家庭成员）。

1984—2010年竹行镇人口情况统计表

表1-29

年　份	人口总数	出生人数	出生率‰	死亡人数	死亡率‰	自然增长人数	自然增长率‰
1984	25800	257	9.96	200	4.38	57	5.58
1985	25799	254	9.85	151	5.85	103	4
1986	25729	294	11.37	171	6.84	117	4.53
1987	26157	420	16.13	185	7.1	235	9.03
1988	26409	462	17.57	147	5.59	315	11.98
1989	26901	485	18.05	165	6.14	320	11.91
1990	26963	465	17.27	170	6.31	295	10.96
1991	27119	361	13.35	166	6.14	195	7.21
1992	27271	304	11.16	165	6.06	139	5.1
1993	27417	296	10.83	150	5.48	146	5.35
1994	27492	295	10.74	145	5.28	150	5.46
1995	27630	274	9.94	147	5.33	127	4.61
1996	27006	196	7.17	161	5.89	35	1.28
1997	26900	162	6.01	192	7.12	−30	−1.11
1998	26859	138	5.13	209	7.77	−71	−2.64
1999	26744	142	5.29	272	10.15	−130	−4.86
2000	26570	114	4.27	186	6.98	−72	−2.71
2001	30772	136	4.74	240	8.37	−104	−3.63
2002	30491	184	6.01	240	7.84	−56	−1.83
2003	30592	183	5.99	213	6.97	−30	−0.98
2004	30754	202	6.59	212	6.91	−10	−0.32
2005	31049	200	6.47	212	6.86	−12	−0.39
2006	31427	215	6.88	206	6.59	9	0.29
2007	31685	188	5.96	233	7.38	−45	−1.42
2008	32000	184	5.78	227	7.13	−43	−1.35
2009	32369	283	8.73	240	7.40	43	1.32
2010	32710	295	9.01	280	8.56	15	0.45

说明：1996—2010年十六年间人口负增长千分之十七点九

2010年竹行镇人口性别结构统计表

表1-30

单　位	总人口	男　性	女　性	总户数
新丰	2146	1158	988	922

续表1-30

单 位	总人口	男 性	女 性	总户数
长桥	3586	1726	1860	1526
谷东	3112	1560	1552	1210
竹行	4101	1974	2127	1759
洞子港	2471	1145	1326	1299
竹东	2884	1386	1498	1190
大安	4861	2415	2446	1852
神农	2394	1162	1232	990
江东	1871	946	925	761
江海	2352	1102	1250	1047
全镇各单位	5764	2895	2869	
合计	29775	14571	15204	12556

说明：2010年全镇村级报来人口总数为29775人，镇统计人口为32710人，差额人口1543人为各单位独立的居民户口，列入星辰花园

三、人口普查

（一）第一次全国人口普查

竹行乡还没有设立，1957年由几个小乡合并组建成竹行乡，档案缺失，无资料。

（二）1964年第二次全国人口普查

竹行公社17个生产大队总户数为5496户，总人口20249人，其中男性9807人，占总人口的百分之五十一点五五，性别比例为93.92，人口密度为809.96人每平方千米。

（三）1982年7月1日第三次全国人口普查

1.总　数

竹行公社17个生产大队总户数8000户，其中家庭户7992户，集体户8户。总人口25496人，家庭户人口25349人，集体户人口为147人。每户平均人口为3.17人，男性12444人，女性13052人，男性占总人数百分之四十八点八一，女性为百分之五十一点一九，男女性别比例为95.63∶100，人口密度为1019.84人每平方公里。

2.人口比重

12岁及以上人口合计21316人，男性为10329人，女性为10987人，0~12岁幼儿、儿童为4180人。12岁及以上人口合计6284人，其中男性为2995人、女性为3289人。文盲半文盲占总人口百分之二十四点六四。全乡不在业人口总数1933人，其中男性901人，女性1032人，此类人员中在校学生387人（男性246人，女性141人），参加家务劳动的948人（男性289人，女性659人）。待升学的男女各5人，共10人。市镇待业人员男1人，女4人，共5人。退休人

员293人（男261人、女32人），其他人员290人（男119人、女171人）。

3.婚姻状况

15岁及以上人口总数19678人（男性9492人，女性10186人），未婚人数5811人，其中男3191人、女2620人。

15岁~64岁妇女人数为8996人，这些妇女在生育以后，没有子女的3096人，活产一个子女的妇女1609人，活产2个子女的1334人，活产3个子女的妇女858人，活产4个子女的妇女692人，活产5个子女的妇女人数为526人，活产6个子女的妇女人数377人，活产7个子女及以上的妇女为504人。

1981年，全镇育龄妇女总数7347人，（15~49岁）未生育者为6998人，生育一胎的274人，生育二胎的57人，生育三胎的18人。生育四胎及以上者没有。人口总数25496人，汉族25496人，无少数民族。劳动者就业年龄合计15656人，16~59岁的就业人数男性7943人，16~54岁的就业人员女性7713人。

4.文化层次

6岁及以上的人口总数为23415人，大学毕业生16人，大学肄业或在校生6人，高中生1433人，初中生5467人，小学生9801人，文盲、半文盲人口总数6692人，其中6~11岁的儿童408人。按性别区分的文化层次高中生1433人中男性853人、女性580人；初中生5467人中男性3096人、女性2371人；小学生9801人中，男性5565人，女性4236人。

5.职业划分

在业人员中，总人口17745人中男性8591人、女性9154人。从事农林牧渔业的10207人，这中间男性4475人，女性5732人。矿业及木材采运业的都是男性，全镇只有3人。从事电力、煤、气、自来水的生产和供应的共5人，其中男性3人、女性2人；从事制造业的总人数5841人，其中男性2780人、女性3061人；从事地质勘查和普查业的1人，系男性公民；从事建筑业的873人，其中男性839人、女性34人；从事交通运输、邮电通信业的49人，其中男性48人、女性1人；从事商业餐饮业和物资供销及仓储业的256人，其中男性171人、女性85人；从事住宅管理、公用事业管理和居民服务的41人，其中男性38人、女性3人；从事文化体育和社会福利事业的43人，其中男性25人、女性18人；从事教育、文化艺术事业的350人，其中男性147人、女性203人；从事科学研究和综合技术服务业的1人，系男性；在国家机关、政党和群众团体的46人，其中男性41人、女性5人；其他行业的17人，其中男性10人、女性7人。

在业人口17745人，各类专业技术人员723人，其中男性544人、女性179人；国家机关、党群组织企事业单位负责人219人，其中男性207人、女性12人；办事员和有关人员63人，其中男性55人、女性8人；商业工作人员337人，其中男性264人、女性73人；服务性工作人员408人，其中男性305人、女性103人；农林牧副渔劳动者9744人，其中男性4087人、女性5657人；生产2人；运输工人和有关人员6265人，其中男性3146人、女性3119人；不便分类和其他劳动者16人，其中男性13人、女性3人。

（四）1990年7月1日第四次全国人口普查

1.概　况

1990年第四次全国人口普查，竹行全乡总人口26629人，男性13089人，占总人口百分之四十九点一五；女性13540人，占总人口百分之五十点八五。性别比例为96.67。和1982年的第三次人口普查相比，男女性公民比率男性提高百分之一点三三，总人口增加1133人，增长百分之四点四四，平均每年增长百分之零点五五，人口密度1065.16人每平方千米。常住本县市户口在本县市的26516人，其中男性13334人、女性13182人，常住本镇一年以上而户口在外县市的92人，其中男性42人、女性50人。占总人数百分之零点三五，1982年为百分之零点四。人住在本县市户口待定的16人，其中男性9人、女性7人。占总人数百分之零点零六，而1982年为百分之零点一四。常住户口中外出一年以上的人总数504人，其中男性294人、女性210人。常住人口占总人口的百分之九十九点五七，1982年为百分之九十九点四五。入住竹行镇不满一年，离开户口所在地一年以上的1990年人数占总人口百分之零点零二，而1982年是百分之零点零一。

2.文化层次

小学以上有文化的总人数19638人，其中大学本科4人、大专50人、中专95人、高中1508人、初中生7183人、小学文化的10498人。每千人中拥有小学以上文化程度的人口中1990年大专以上人数为2.03人，1982年为0.71人；高中（含中专）1990年为60.20人，1982年为56.09人；1990年初中为269.74人，1982年214.27人；小学文化的1990年394.23人，1982年为385.35人。两者对比，8年中居民的文化层次有了较大提高。不识字或识字很少的全镇15周岁以上的共4593人，占总人数的百分之十七点二五。

（五）2000年11月1日第五次全国人口普查

1.总　数

2000年11月1日，全国第五次人口普查，竹行镇总户数9440户，其中家庭户9357户，平均每户人数2.78人。总人口26319人，其中男性12925人、女性13394人，性别比例为96.5，人口密度为1052.76人每平方千米。

2.人口年龄层次

0~14岁4507人，占总数百分之十六点八，15~64岁18557人，占总数百分之七十点五。65岁及以上人口为3255人，占总人口百分之十二点三七，百岁以上老人1人。

3.民族结构

汉族26235人，占总人口百分之九十九点六八，少数民族84人，占总人口百分之零点三二。

4.文化层次

6岁及以上人口总数25194人，未上过学的1041人，参加扫盲班学习的465人，上过小学的12461人，上过初中的9008人，上过高中（含中专）的2066人，大专及以上的153人。人口中15岁及以上的为21812人，文盲、半文盲人口总数966人，占该年龄段的百分之四点四三，占总人口的百分之零点零四，（0~6岁学前儿童不在内），每十万人中拥有大专及以上者581人，高中（含中专）7850人，初中34226人，小学47346人。

5.住房情况

全镇家庭户总数9357户，总人数26005人，平均每户住房间数2.76间，人均住房面达39.86平方米每人。

（六）2010年第六次全国人口普查

1.概　况

2010年11月1日全国第六次人口普查，全镇14468户，基本家庭户14419户，集体户49户，户均人数为2.33人，总人口33804人，其中男性16816人、女性16988人，性别比例为98.99，人口密度为1123.06每千平方米，人均住房面积41.17平方米，人均间数0.81，户均1.88间。

2.人口年龄层次

全镇0~4周岁3960人，其中男2040人、女1920人，占总人数百分之十一点七一；15~19周岁1472人，其中男781人、女691人，占总人数百分之四点三五；20~44周岁13352人，其中男6642人、女6710人，占总人数百分之三十九点五；45~59周岁8472人，其中男4258人、女4214人，占中人数百分之二十五点零六；60~79周岁5447人，其中男2676人、女2771人，占总人数百分之十六点一一；80~89周岁987人，其中男389人、女598人，占总人数百分之二点九二；90~99周岁112人，其中男30人、女82人，占总人数百分之零点三三；100周岁以上2人，均为女性，占总人数百分之零点零零六。

3.文化层次

在33804人中，0~5周岁人数1601人，6周岁以上人口32203人，未上学人数514人，其中男116人、女398人；读过小学的11869人，其中男5332人、女6537人；读过初中的14454人，其中男7711人、女6743人；读过高中的4013人，其中男2171人、女1842人，读过初高人数占总人数百分之二十五点四；读过专科有1083人，其中男518人、女565人；大学本科264人，其中男132人、女132人；研究生6人，其中男2人、女4人，专科以上人数占总人数百分之四。

4.民族分布情况

全镇33804人中，汉族32852人，其中男16302人、女16550人，占总人口数百分之九十七点一八；少数民族952人，其中男514人、女438人，占总人口数百分之二点八二。星辰花园人数7630人，其中男3755人、女3875人，汉族7624人、回族2人、苗族3人、傣族1人。新丰村837人，其中男424人、女413人，汉族831人、苗族4人、侗族2人。长桥村人数193人，其中男97人、女96人，汉族193人。谷东村2474人，其中男1256人、女1218人，汉族

2474人。神农村2485人，其中男1212人、女1273人，汉族2379人、回族2人、侗族3人、土家族101人。洞子港村1701人，其中男828人、女873人，汉族1665人、苗族3人、土家族33人。竹东村4583人，其中男2317人、女2266人，汉族4338人、回族4人、藏族1人、苗族52人、彝族2人、壮族3人、侗族9人、瑶族3人、土家族168人、土族3人。竹行村6580人，其中男3376人、女3204人，汉族6097人、藏族2人、苗族220人、布依族3人、朝鲜族1人、侗族31人、土家族225人、哈尼族1人。大安村4281人，其中男2057人、女2224人，汉族4215人、苗族16人、布依族10人、侗族3人、土家族36人、乌孜别克族1人。江海村1763人，其中男882人、女881人，汉族1759人、彝族3人、土家族1人。江东村1277人，其中男612人、女665人，汉族1277人。（摘自《南通经济技术开发区2010年人口普查资料》）

2010年竹行镇人口文化结构统计表

表1-31　　单位：人

单　位	总人口	文　盲	幼儿园	小　学	初　中	高中（含中专）	大　专	本科及以上
星辰社区	7630	9	44	2033	2782	1869	544	128
新丰	837	24	11	303	361	86	27	3
长桥	193			48	101	25	6	3
谷东	2476	26	26	1093	961	200	41	14
竹行	6580	31	88	2260	3171	538	140	38
洞子港	1701	3	12	650	751	157	38	14
竹东	4583	108	80	1549	2093	367	120	39
大安	4281	43	63	1634	1922	372	70	16
神农	2485	6	23	1098	944	240	68	14
江东	1277	72	36	525	530	54	14	1
江海	1763	52	21	676	838	105	15	2
合计	33804	374	404	11869	14454	4013	1083	270

说明：第六次全国人口普查，文化结构统计表（2010年11月），全镇人口总数为33804人，与镇2010年年底人口报表32710人相差1094人（外来人口），按普查规定，属本镇普查对象。

1984—2010年竹行镇人口出生率、死亡率、自然增长率统计表

表1-32　　单位：人

年　份	人口总数	出生数	出生率‰	死亡人数	死亡率‰	自然增长数	自然增长率‰
1984	25800	257	9.96	200	4.38	57	2.21
1985	25799	254	9.85	151	5.85	103	4
1986	26729	294	11.37	171	6.84	117	4.53
1987	26175	420	16.13	185	7.1	235	9.03

续表1-32

年　份	人口总数	出生数	出生率‰	死亡人数	死亡率‰	自然增长数	自然增长率‰
1988	26409	462	17.57	147	5.59	315	11.98
1989	26901	485	18.05	165	6.14	320	11.91
1990	26963	465	17.27	170	6.31	295	10.96
1991	27119	361	13.35	166	6.14	195	7.21
1992	27271	304	11.16	165	6.06	139	5.1
1993	27417	296	10.83	150	5.48	146	5.35
1994	27492	295	10.74	145	5.28	150	5.46
1995	27630	274	9.94	147	5.33	127	4.61
1996	27006	196	7.17	161	5.89	35	1.28
1997	27900	162	6.01	192	7.12	−30	−1.11
1998	26859	138	5.13	209	7.77	−71	−2.64
1999	26744	142	5.29	272	10.15	−130	−4.86
2000	26570	114	4.27	186	6.98	−72	−2.71
2001	30772	136	4.74	240	8.37	−104	−3.63
2002	30491	184	6.03	240	7.84	−56	−1.83
2003	30592	183	5.99	213	6.97	−30	−0.98
2004	30754	202	6.59	212	6.91	−10	−0.32
2005	31049	200	6.47	212	6.86	−12	−0.39
2006	31427	215	6.88	206	6.95	9	0.29
2007	31685	188	5.96	233	7.38	−45	−1.42
2008	32000	184	5.78	227	7.13	−43	−1.35
2009	32385	202	5.93	230	7.14	−28	−1.21
2010	32710	217	6.67	265	8.14	−48	−1.47

四、计划生育

解放后恢复生产，安居乐业，人口繁衍较快，至1958年全镇人口1.75万人。1962年，竹行人民公社2.12万人。1963年至60年代末，农村经济好转，粮食紧缺得到缓解，生育率上升，一对育龄夫妇生3~4个孩子较为普遍，成为生育高峰年代，人口增长较快，年自然增长率在千分之三十以上。

20世纪70年代初，政府号召少生、优生，宣传计划生育，提倡一对夫妇只生一个孩子。1971年，政府号召已生两个孩子以上的党员、干部带头结扎，有生育能力的妇女放节育环，宣传力度较大，广大育龄夫妇积极响应，人们生育观念改变，人口出生率逐年下降。

1975年竹行镇计划生育办公室设立。

1979年开始提倡、实施“一对夫妇生育一个孩子”的国策。1980—1997年，全镇每年都开展计划生育宣传月、突击月活动，宣传计划生育的政策。利用宣传车、人口文化园、宣传“一条街”、板报、人口学校等开展优生优育宣传活动，受教育8万人次。竹行卫生院、通海地区医院、南通虹桥医院设竹行镇固定的节育服务点。2004年开始发放独生子女父母奖励金每人20元；2005年开始实行“农村部分计划生育奖励扶助政策”，标准是年满60周岁的独生子女父母奖励扶助每人每年720元；实行“独生子女伤残死亡家庭特别扶助制度”，独生子女死后，未生育或符合收养标准而未收养子女的夫妻，标准是每人每月不低于100元发放扶助金，直至死亡为止；独生子女伤、病、残后未再生育或收养子女的夫妻，按每人每月不低于80元的标准发放扶助金直至亡故或子女康复为止。竹行镇的育龄夫妇节育率，二十年来都保持在百分之九十五以上。2008年度，计生窗口对进入育龄期妇女孕检120余人次，发放独生子女父母光荣证70份。2009年晚婚率百分之四十三点六。2010年晚婚率为百分之四十八点五。2005年至2010年领取独生子女父母奖励扶助的全镇共350人，发放资金为270.2万元。

1984—2010年竹行镇计划生育情况统计表

表1-33

年　份	育龄妇女人数（人）	采取节育人数（人）	节育率（%）	领取独生子女证人数（人）	领证率（%）	计生经费总数（万元）	人均计生费（元）
1984	6500	4067	90.78	2115	47.21		
1985	6564	4125	91.36	2289	49.14		
1986	6501	4971	88.84	2366	50.08	0.48	0.18
1987	6712	4499	89.2	2703	51.5	0.49	0.19
1988	6915	4515	85.62	2918	55.4	0.78	0.29
1989	6868	4430	87.2	3109	59.3	0.8	0.28
1990	6500	4127	85.3	3307	62.5	1.92	0.71
1991	6384	4895	90.7	3699	68.54	2.27	0.84
1992	6749	5187	92.08	3967	70.42	4.37	1.6
1993	6899	5230	90.1	3530	60.5	3.68	1.3
1994	6952	5335	88.2	3405	57.6	3.95	1.5
1995	7105	5407	89.4	3267	60.15	4.56	1.6
1996	6976	5503	90.5	3024	55.9	6.15	2.3
1997	7301	5776	92.95	3146	50.63	4.39	1.6
1998	7394	5850	79.12	2931	47.21	7.74	3
1999	7457	5885	76.85	2750	43.85	5.08	2

续表1-33

年　份	育龄妇女人数(人)	采取节育人数(人)	节育率(%)	领取独生子女证人数(人)	领证率(%)	计生经费总数(万元)	人均计生费(元)
2000	7473	5836	78.09	2561	41.2	23.48	9
2001	8299	6545	78.86	2727	39.47	8.94	3
2002	8009	6613	82.57	2755	41.74	13.28	4.4
2003	8009	6613	82.57	2805	41.25	9.3	3
2004	8007	6613	82.59	2815	41.38	15.12	5
2005	8009	6613	82.57	3815	56.09	20.65	6.6
2006	8019	6611	82.44	3865	56.82	37.26	12
2007	8368	6598	97.0	3865	56.9	44.62	14
2008	8388	6659	97.35	3896	62.31	57.51	18
2009	7784	5547	98.0	4322	60.01	60.69	18
2010	8250	5706	98.1	4296	66.16	96.08	29.4

第四节　民族结构

竹行镇辖区内的居民，大都是崇明海门的移民，到这里开荒种地，聚居而成，都是汉族。1984年以后，外地大量的农民工到这里打工，许多少数民族男女青年与本镇青年通婚组成家庭。2005年年底止，户口迁入竹行镇的10个少数民族青年共38人。2010年年底，户口迁入竹行境内的少数民族共14个，952人。

2005年竹行镇少数民族及人数统计表

表1-34

民族	回族	苗族	彝族	壮族	满族	侗族	瑶族	土族	黎族	傈僳	合计
人数	3	11	1	1	1	15	2	2	1	1	38

2010年竹行镇少数民族数及人数统计表

表1-35

民族	回族	苗族	彝族	壮族	土家族	侗族	瑶族	土族	藏族	布依族	朝鲜族	哈尼族	傣族	乌孜别克族	合计
人数	8	298	5	3	564	48	3	3	3	13	1	1	1	1	952

第五节 姓氏构成

竹行镇的居民构成主要是清乾隆中期以后，由崇明、海门一带因坍江而迁来的移民，南部沙田里的居民由南通县部分地区移民和本地购买沙田的部分居民组合而成，至2010年12月31日止（包括外来人口）全镇姓氏有172个，按姓氏笔画排序：

二画：丁、卜

三画：万、刁、于、卫、丈、马

四画：卞、介、戈、方、文、仇、毛、王、尹、邓、井

五画：石、田、兰、史、叶、古、东、冯、甘、付、包、印、弗、乐

六画：向、伍、朱、刘、汤、孙、成、华、吕、江、纪、安、祁、邢、夷、贞、宇

七画：陈、吴、陆、李、沙、沈、宋、何、束、夏、苌、邱、杜、苏、严、肖、佘、洼、时、许、冷、邵、张、汪、邹

八画：范、施、罗、周、林、单、茅、金、季、居、易、庞、屈、郑、郁、杭、杨、注

九画：项、柏、俞、胡、费、赵、姜、姚、钟、昝、贺、欧、宣、骆、侯、查、柯、郝、陶、荣、贲、钦

十画：顾、高、钱、袁、奚、唐、徐、秦、崔、桑、祝、浦、凌、涂、郭、谈、殷、耿、倪

十一画：黄、曹、梅、强、康、龚、盛、梁

十二画：惠、智、景、谢、董、鲁、彭、韩、蒋、喻、葛、程、掰

十三画：翟、雷、阙、虞、鲍

十四画：谭、管、裴、蔡

十五画：潘、樊

十六画：穆、薛

十七画：瞿、戴、濮

十八画：魏

第六节 宗 教

新中国成立以后，中国共产党和人民政府提倡宗教信仰自由，反对借宗教自由搞封建迷信活动。在解放前以至解放后的一段时间，少数教徒利用农村缺医少药、闭塞落后、搞封建迷信活动，生了病请巫婆神汉捉鬼治病，枉送了生命。1966年“文化大革命”把正常的信教活动

和封建迷信都当作“四旧”（旧思想、旧文化、旧风俗、旧习惯）进行破除。原来的那些职业教徒（阴阳先生为农村死者拜忏做道场的）只能老老实实地在生产队安心劳动。“文化大革命”结束以后，这些阴阳先生又开始活动了。农村中死了人请他们去做道场。这些人不是佛教徒，而是以营利为目的。还有一部分信奉基督教，他们动员身体有病者信仰耶稣，早晚祷告：信了耶稣，百病消除，出门顺利，做生意一本万利等等。他们有组织有领导定期到教堂集中祷告。竹行镇从事佛教活动的共21人，以做法事活动的场所分：剑山6人，在家里活动的3人，在姜灶活动的4人，张芝山杨边涛家活动的2人，张芝山倪秀忠家活动的6人。

竹行镇信奉基督教的共95人，在张芝山教堂从事祷告的66人，在小海教堂从事祷告活动的4人，在新开教堂从事祷告活动的11人，在自己家中搞祷告活动的11人，浙江海宁教堂搞祷告活动的2人，在狼山教堂搞祷告活动的1人。竹行镇信仰天主教的共21人，活动场所分别狼山教堂11人，张芝山教堂的5人，在自己家里的3人，海门1人，天星镇1人。

2010年竹行镇信教人员分布情况表

表1-36　　单位：人

住　址	佛教徒	天主教徒	基督教徒
新丰村	1		3
长桥村		11	31
谷东村	6		8
竹行村		6	19
洞子港			10
神农村			9
竹东村	14	1	7
大安村		3	6
江海村			13
合　计	21	21	106

说明：星辰花园和星竹花园的信教人员统计在行政村中。

第四章 村镇建设

竹行的村镇建设解放以后至20世纪60年代中期主要是农田水利建设，开挖三级河，疏通村级河道，修筑村级土路等。2001年划入开发区后，加大道路建设力度，竹行境内形成五纵五横公路网，村级主要道路实现硬质路面。疏通河道、改造桥梁、埋设涵洞，架设电线、通上自来水，政府投入大量资金改善群众居住环境，人民生活和谐幸福。

第一节 道 路

一、镇区道路

（一）发展概况

竹行自有人居以后，道路狭窄、泥泞，解放以后逐步改观。竹行通往新开的大路，2米宽，但高低不平，下雨天泥泞难走。1965年修筑张江公路，纵贯竹行，连通县城金沙。金沙到农场的班车停靠离镇1千米的薛家店。1978年7月新开到薛家店的新竹路修筑竣工，县城金沙到新开通了班车，竹行镇有了汽车停靠站。1985年初竹行建了车站，开通了到南通长途车站的班车，每天四班（上下午各两班）。1995年竹行汽车站停办（境内设了多处沿途招呼车站，通往县城、南通及苏南等地）。

2001年划入开发区后，开始了大交通建设，竹行境内五纵五横高等级公路格局形成。2003年10月，开通新开镇开往竹行镇薛家店26路公交车，2004年3月开通了城市公交29路车。同时对农村的村级道路进行改造，实现硬质化。汽车通到农户家门口。

（二）五　纵

1. 张江公路

位于竹行镇东部，是张芝山到南通农场的唯一通道。修筑于1965年，竹行境内北起336省道，南至南三级河，全长3500米。初筑时路宽9米，沙石路面，是竹行境内唯一的晴雨公路。1995年拓宽至14米，沥青路面，两边绿化带各2米宽，折合绿化面积2.8万平方米。沿路桥梁1座，宽14米，涵洞1座，直径1米。

2.苏通大桥北接线

苏通长江公路大桥北接线，位于竹行镇和张江公路中间，纵贯竹行镇区全境。2002年奠基，2003年动工，2008年6月30日正式通车，建设周期5年，竹行境内长5600米，桥北第二个收费站和江北第二个匝道就在竹行镇的神农村境内。从336省道通往上海及江南各地的车辆都由此上下大桥。竹行境内有跨线通道四处，成为纵横立体交通。

3.东方大道

修筑于2004年10月，一期工程从336省道向南至沿江公路，途径长桥、竹行、谷东村，向西为通常汽渡，向东为苏通大桥，竹行境内全长6300米（含二期工程），路宽32米，双向六车道，中间隔离带8米，二期工程由336省道向北至通启运河大桥，2009年修筑，路宽度和一期工程相同，通过长桥村部分和新丰村全境。

4.竹林路

修筑时称经三路。从竹行镇电影院门口向北至振兴东路，全长700米，路宽24米，规划设计向北至336省道。2009年开始修筑，2010年6月正式通车，更名为竹林路。路中间为机动车道，双向六车道，机动车道两边各有3米宽的非机动车道，非机动车道两边还有人行道，水泥路面。

5.星宇路

星宇路初筑时名为东侧路，位于星辰花园与星竹花园之间，南起瑞兴路北至振兴东路，全长700米，路宽16米，水泥路面。2009年动工，2010年建成，此路为星辰花园和星竹花园之间商业街，西侧为星辰花园店铺，东侧为星竹花园商铺，比较繁华。

（三）五　横

1.景兴路

景兴路位于谷东村海洪圩的南端，西自长桥港，东至东方大道，全长2100米，道路净宽32米，双向八车道，中间隔离带10米，2003年动工修筑，2004年通车，是南通方向到通常汽渡的主要通道之一。

2.和兴路

和兴路位于谷东村海洪圩北端，西自谷东村16组，东至东方大道，全长1500米，路宽16米，水泥路面。

3.瑞兴路

瑞兴路原名新竹路，东自竹行镇薛家店西至新开镇，其中竹行境内至三谷镇，全长3400

米，路宽7米，修筑于1978年，沙石路面，是一条防汛公路。7月开通营船港至金沙公交班车。1987年8月，由南通县交通局和竹行乡政府共同出资（竹行乡政府35万元），改沙石路面为沥青路面。路面宽度仍为7米。1998年，政府投入562万元对镇区路段（从薛家店到光明钢丝绳厂）进行拓宽改造，全长1900米，从原来的7米拓宽至24米，工程历时10个月，竣工后的镇区路段水泥路面，平整光滑，告别坑坑洼洼的历史。

2004年，东方大道修筑后，原来的新竹路（后改为瑞兴路）路面破损，路狭拥堵，当年10月改造，从光明钢丝绳厂到三谷镇，全长1500米，拓宽为24米，水泥路面，两边有绿化带。

4.振兴东路

振兴东路东延段，竹行境内为西自六匡河桥东至竹行卫生院北侧，全长2100米，共分两期修筑。第一期工程从六匡河桥至东方大道，全长1200米，双向六车道，两边人行道各4.5米，人行道与机动道之间南北各有4.5米宽的隔离带，公路两边各有12米绿化带。东方大道向东到竹行卫生院新址北，全长950米，2008年开始修筑，2009年竣工，道路规格与原有相同。

5.336省道

336省道竹行境内称星湖大道，是南通市区南部通向海门启东方向的一条快速通道，修筑于1999年，2001年竣工通车，竹行境内全长3400米，路宽34米（不含中间2米宽的绿化带），当时苏通大桥还未建造，车流量基本适应。2008年，苏通大桥建成通车，车流量激增，2010年7月开始拓宽，拓宽后的规模为双向8车道，中间设隔离架，道路两边为20~30米左右的景观绿化带。

另有：1.通兴路（221省道）

通兴路竹行境内西自张江公路口，东至大安港全长2450米。此路原是江堤，20世纪60年代初，长江涨沙，后围垦南通农场，原来的江堤失去历史作用，被沿堤的十三大队、十五大队、十二大队和十六大队的部分生产队削平岸顶，成为一条宽阔的机耕路。1966年，由张江公路口向东到南兴修筑兴南路，竹行境内把原来的机耕路加以整理拓宽改造，铺上沙石，路宽9米，1990年铺上沥青，同年改称221省道。

2.沿江一级公路

沿江一级公路横贯竹行镇的江东村和江海村，全长3500米，宽32米，中间绿化带6米，2004年开始修筑，2005年通车。

二、村级道路

竹行镇的村级道路以往都是弯曲的泥泞小路，“文化大革命”时期实施直线化，把村级道路拓宽至2米。20世纪80年代中期，经济条件较好的村铺上沙石，成为晴雨路，到90年代中期以后铺沥青路面。2007—2010年所有村级主要道路拓宽至2.5~3米，水泥路质。

2007年竹行镇村级道路建设情况表

表1-37

村别	路名	路面	长度（米）	宽度（米）	投入资金（元）			
					市财政	区财政	镇配套	小计
新丰村	新海路	沥青	600	3	39497.89	54371.39	18215.69	112084.97
	新锐路	水泥	2100	2.5	115202.17	158583.23	53129.11	326914.51
	新意路	水泥	1680	2.5	92161.74	126866.58	42503.29	261531.61
长桥村	长桥横一路	水泥	1100	2.5	60343.99	83067.41	27829.53	171240.93
	长桥横二路	水泥	1000	2.5	54858.18	75515.82	25299.57	155673.57
	长桥横三路	水泥	1000	2.5	54858.18	75515.82	25299.57	155673.57
	长神路	水泥	1700	3	111910.68	154052.28	51611.13	317574.09
神农村	神农一路	水泥	1780	2.5	97647.55	134418.17	45033.24	277098.96
	神农二路	水泥	1100	2.5	60343.99	83067.41	27829.53	171240.93
	朝阳竖河路	水泥	1100	3	72412.79	99680.89	33395.44	205489.12
	神新斜路	沥青	1600	2.5	87773.08	120825.32	40479.32	249077.72
洞子港村	中腰河路	沥青	1450	3	95453.23	131397.53	44021.26	270872.02
	安玻路	水泥	900	3	59246.83	81557.09	27323.54	168127.46
	天星北路	水泥	1550	2.5	85030.17	117049.53	39214.34	241294.04
	朝阳斜路	沥青	1150	3	75704.28	104211.84	34913.41	214829.53
	洞子港中心路	水泥	860	3	56613.64	77932.33	26109.16	160655.13
竹行村	新昌路	水泥	500	3	32914.91	45309.49	15179.74	93404.14
	长风圩路	水泥	1450	2.5	79544.36	109497.94	36684.38	225726.68
	通江路	水泥	500	3	32914.91	45309.49	15179.74	93404.14
	希望路	水泥	1000	3	65829.81	90618.99	30359.49	186808.29
	顺通路	水泥	900	3	59246.83	81557.09	27323.54	168127.46
	三兴路	水泥	500	3	32914.91	45309.49	15179.74	93404.14
	康庄路	水泥	1500	3	98744.72	135928.48	45539.23	280212.43
	洪昌路	水泥	950	3	62538.32	86088.04	28841.52	177467.88
	昊昌路	水泥	950	3	62538.32	86088.04	28841.52	177467.88
竹东村	天星河路	水泥	600	3	39497.89	54371.39	18215.69	112084.97
	兴丰路	水泥	800	3	52663.85	72495.19	24287.59	149446.63
大安村	富安路	水泥	3200	3	210655.40	289980.76	97150.37	597786.53
江东村	民联路	水泥	1500	2.5	82287.27	113273.73	37949.36	233510.36
	联义路	水泥	1000	2	43886.54	60412.66	20239.66	124538.86
	联群路	水泥	1700	3	111910.68	154052.28	51611.13	317574.09
江海村	海坝路	水泥	1200	2.5	65829.81	90618.99	30359.49	186808.29
	北横路	水泥	1600	2.5	87773.08	120825.32	40479.32	249077.72
合　计			40520		2440750.00	33659850.00	1125628.68	6926228.68

2008年竹行镇村级道路建设情况表

表1-38

村别	路名	路面	长度（米）	宽度（米）	投入资金（元）			
					市财政	区财政	镇配套	小计
新丰村	新蕾路	水泥	1143	3	79843.61	93150.87	33492.17	206486.65
	新苏路	水泥	2363	2.5	137555.00	160480.83	57700.50	355736.34
	新宇路	水泥	780	3	54486.45	63567.52	22855.55	140909.53
神农村	神农中路	水泥	1229	3	85851.09	100159.60	36012.15	222022.83
	朝阳河路	水泥	3012	2.5	175334.60	204557.03	73548.00	453439.63
	长神路	水泥	781	3	54556.30	63649.02	22884.85	141090.18
	神农路	水泥	740	3	51692.27	60307.65	21683.47	133683.40
江东村	江东路	水泥	950	3	66361.70	77421.99	27836.89	171620.58
	江东中路	水泥	1000	3	69854.42	81496.83	29301.99	180653.24
	江东南路	水泥	450	3	31434.49	36673.57	13185.90	81293.96
	勤学路	水泥	375	3	26195.41	30561.31	10988.25	67744.96
	江东北路	水泥	450	3	31434.49	36673.57	13185.90	81293.96
竹行村	长乐路	水泥	1200	3	83825.31	97796.19	35162.39	216783.89
	瑞安路	水泥	2400	3	167650.61	195592.38	70324.78	433567.78
	瑞祥路	水泥	3000	3	209563.27	244490.48	87905.97	541959.72
	康富路	水泥	2400	3	167650.61	195592.38	70324.78	433567.78
	康庄路	水泥	900	3	62868.98	73347.14	26371.79	162587.92
	镇北路	水泥	1000	3	69854.42	81496.83	29301.99	180653.24
大安村	新安路	水泥	3200	3	223534.15	260789.85	93766.37	578090.37
	长洪路	水泥	2200	3	153679.73	179293.02	64464.38	397437.13
	小学西路	水泥	450	3	31434.49	36673.57	13185.90	81293.96
江海村	海坝北路	水泥	1400	3	97796.19	114095.56	41022.79	252914.54
	海坝中路	水泥	450	3	31434.49	36673.57	13185.90	81293.96
	海坝南路	水泥	450	3	31434.49	36673.57	13185.90	81293.96
	安江路	水泥	2400	2.5	139708.85	162993.65	58603.98	361306.48
	静江路	水泥	1700	3	118752.52	138544.61	49813.38	307110.51
	大江路	水泥	2400	2.5	139708.85	162993.65	58603.98	361306.48
竹东村	阜丰路	水泥	2700	2.5	157172.45	183367.86	65929.48	406467.79
	民富路	水泥	500	3	34927.21	40748.41	14651.00	90326.62
	民泰路	水泥	534	3	37302.26	43519.31	15647.26	96468.83

续表1-38

村别	路名	路面	长度（米）	宽度（米）	投入资金（元）			
					市财政	区财政	镇配套	小计
竹东村	通海路	水泥	643	3.5	52402.46	61136.20	21981.38	135520.04
	民安路	水泥	528	3	36883.14	43030.32	15471.45	95384.91
	市场东路	水泥	1000	3	69854.42	81496.83	29301.99	180653.24
洞子港村	朝港路	水泥	850	3	59376.26	69272.30	24906.69	153555.25
合　计			45578		3041415.00	3548317.50	1275789.12	7865521.62

第二节　桥　梁

竹行地区河网密布，桥梁较多。解放前，乡间河沟上的桥梁都是石桥和小木桥，交通工具都是独轮小车，过桥时不小心往往连人带车坠入河中。东宅与西宅之间有泯沟阻隔，为种田和民间交往，架独木桥。农业合作化以后，便于生产运输农作物，在沟河中（埋设涵洞）打坝，废除了独木桥。

20世纪60年代以后，大力兴修水利，加宽河道，铲除土坝。由县水利局出资，在河道的主要交通地段建造水泥桥。1965年，在天星河上架起水泥拱桥7座，分别为九大队桥（现张江公路桥），竹行粮站桥，胜利桥，包家桥，三大队桥，六匡河头桥，七匡河头桥。为便于行船，拱顶较高，两边都有坡度，独轮车或自行车驮了重物过桥很是费力。1983年以后，机动车辆逐渐增多，内河船运基本淘汰。原来的桥梁负荷量增加，都成危桥。张江公路修筑后，九大队桥拆除建造成公路桥，桥宽7米，负荷量10吨。1994年张江公路拓宽，将原公路桥拆除重建，宽为14米，与公路路面持平。粮站桥、胜利桥、包家桥均拆除重建为平桥，六匡河头桥、七匡河头桥不是交通要道，仍维持原状。

长洪河开挖后，由公社出资2000元建造一条宽1.5米的横板木桥，20世纪80年代初改建成3米宽的水泥桥。

朝阳竖河疏竣后在高桥头（地名）建造一座横板水泥桥，洞子港村口建水泥拱桥一座，后改造成平桥。

336省道、振兴东路、瑞兴路、和兴路、景兴路，这些横向公路跨越长桥港的桥梁以及竹林路、星宇路和东方大道跨越天星横河的桥梁都是单独式平面桥，汽车通过桥面没有上下坡之感，如履平地。

2003年修筑的东方大道，跨越天星横河和长洪河的两座大桥，钢筋混泥土结构，双向六车道，两边人行道各两米，花岗石护栏。

2003—2010年竹行镇桥梁改造情况表

表1-39

桥　名	坐落地点	原建造情况		危桥改造情况		投资金额（万元）
		时间（年）	规格	时间（年）	规格	
竹行村34组桥	竹行村34组	1980	13×3	2003	13×5	12
包家桥	大安村7组	1982	14×1.5	2003	14×4	10
江东村南横河桥	江东村	1985	17×2.5	2003	17×4	19
洪港桥	竹行村	1975	22×3.6	2004	22×6	22
胜利桥	洞子港村	1965	21×3.6	2004	21×5	18
幸福桥	竹行村	1989	21×3.6	2004	21×4	14
洞子港村8组桥	洞子港村8组	1975	16×2.3	2005	16×4	12
长桥村2组	长桥村2组	—	—	2005	22×5	20
新丰村2组	新丰村2组	1985	14×1.2	—	—	—
六匡桥		1965	21×2.2	—	—	—

第三节　涵　闸

竹行境域南靠长江，境内河道直通长江，给排水随长江的潮汐而定。长江涨潮，境内小河灌满，长江落潮，小河排空。形成天旱囤不了水，雨季成涝时排不出水。20世纪50年代初，人民政府在通往港河的河口建造木洞子，初步解决境内干旱和水涝的问题。

1959年以后，长江涨沙，茫茫江水冲出一片江滩，江岸南移10千米。通向长江的长桥港、老洪港等航道全部堵塞，船只无法通航，给排水受阻。1964年春，南通县人民政府决定在长桥港驻军单位的西南角，原长桥港通往长江的港漕建一个大型涵闸，解决竹行、新开东部和小海南部地区的给排水问题。

长桥港涵闸于1964年春开工建造，钢筋水泥结构，长20米，高1.5米，宽2米。建造时防止底部沙土下沉，用明矾拌泥夯实，当年8月建好，是南通县大型水利涵闸之一。南通县副县长蔡其生为长桥港涵闸题名。

老洪港闸建于1964年，为单门水闸，主要解决老洪港部队和竹行南部大队的给排水。

20世纪60年代以后，各村建造的木洞子有的失去功能，有的以水泥洞子替代。各大队兴办集体福利事业时，把这些木洞子挖出来，洞樯木做桁条，洞板为椽子建造学校、大队部办公用房。竹行大礼堂（农具厂钢丝网络工场）就是用洞子板建造的。据不完全统计，竹行范围内较大的木洞子有8只，其中长桥村1只，谷东村3只，竹行村4只。竹行村磷肥厂南匡河西边通老洪港的木洞子1只，解放初由水利局建造，专门派人看守，发现险情立即报告，及时抢险，耕种大约半亩岸脚田，为看守者报酬。直至1966年弃用、挖除。

尖沙鱼港南部的圩田北三级河东西向，为方便河北人们出行和企业运输、车辆进出，打坝埋设大型水泥涵洞，直径1米，长8米。较小规格的水泥涵洞各村各生产队（村民组）都有，全镇约1500处，视给排水需要，直径30~80厘米，这些小涵洞的资金来源一部分由大队办企业的利润中支付，一部分从生产队公积金中支出。

第四节　河　道

竹行镇域成陆后，每隔50~60米开挖南北走向的泯沟。泯沟与泯沟之间的距离称“窕”。一窕一窕的中央开挖一条回字形宅沟，作为人们居住的宅子，南北每500米左右开挖一条横河，这样宅沟通泯沟，泯沟通横河，横河通港漕，港漕通长江，构成沟、河、江相连的排水系统。开挖的河沟较小较浅，每到夏天暴雨过后，水溢成灾的情况延续了一百多年。

解放以后，人民政府重视水利建设，1950年春，各村组织群众整治河沟，开通坝头坝桩。1959年竹行出民工1315人参加开挖竖石河。1960年竹行镇出民工420人参加开挖通启运河。1962年开挖横贯竹行中部的天星横河，将原有小河拓宽加深，完成土方20万立方米。1986年整治河道，由通海区统筹。

镇内其他河道，由公社统筹。1962年10月，在五大队平地插锹开挖长洪河，东西长2000米，挖土12万立方米，解决南部3000多亩田的排灌问题。1973年，整治圩田南三级河和北三级河，民工由公社统筹，完成土方15万立方米。为解决北部几个大队的给排水问题，1963年疏浚朝阳河（竹行境内为天星横河至神农村），同时整治狭窄的乡间泯沟，进行加宽加深，连通通启运河，经10天奋战，完成土方10万立方米。

老洪港原是天然港漕，比较弯曲，有些地段河床淤塞。为解决中心大队、十一大队、十四大队的给排水问题，1974年，按三级河标准重新开挖老洪港竖河，北自瑞兴路南侧（原竹行建筑站），南至长洪河，全长1.85千米，完成土方12万立方米，挖出来的泥把老港填没。

竹行镇有二级河2条，分别是天星横河、长洪河；三级河5条，分别是尖沙渔港河、南三级河、北三级河、长桥港竖河和朝阳竖河；村级横向河42条；泯沟980条。

第五节　农田水利

从成陆到解放前一段漫长时间，夏季遇台风加上暴雨，小沟小河雨水横溢，田间积水排不出，农田被淹是常事。直20世纪60年代上期，竹行虽临近长江，河网密，小河小沟呈初开垦时的状况，深浅不一、狭窄，很多成为断头河，排水不畅，遇到大雨形成涝灾，农业欠收。竹行公社建立后，党委重视农田基本建设，兴修水利，先后开挖和疏通河道。

1965年冬，整治天星横河，全通海区统筹。公社内的小型河道的开挖，如长洪河、老洪港竖河、朝阳竖河、圩田南北三级河由公社统筹。大队内的主要河道由大队统筹，生产队里的小沟小河疏竣由生产队结合掘泥积肥自行处理。经过几个冬春的努力，布局比较合理的河网形成，解决了涝能排、旱能灌的问题。

农村以生产队为核算单位后，1965年政府推广旱改水，各生产队开展平整土地，平田塞沟，坟塚集中，各生产队的土地都能种植水稻。

解放初至2010年竹行镇疏通开挖河道用地情况表

表1-40

河　名	境内长度（米）	占用土地（平方米）
长洪河（含老洪港竖河）	4290	111540
朝阳竖河	1400	25200
天星横河	6950	139000
圩田北三级河	2700	45900
圩田南三级河	4450	75650
尖沙渔港竖河	1470	17640
长桥港竖河	3570	53550
邻江横河	1350	20250
合计	26180	488730

竹行镇历年来兴修水利占用土地488730平方米。

第六节　环境保护

一、绿　化

（一）概　况

1958年“大跃进”年代，农村中树木被砍伐，造成水土流失。1962年队有制以后，公社在14大队自办苗圃，培育各种树木幼苗，每年春季供各大队栽种，以楝树、刺槐为主。群众在房前屋后、沿河路旁种植这类树木，生长快材质好，不到十年就可以做家具，缓解木材的紧缺。

20世纪80年代起，绿化形成制度。每年春季政府发动群众义务绿化。竹行划入开发区后，绿化有规划、上档次，社区绿化面积不低于百分之三十。公路两旁的绿化成景观带。

（二）居民植树

1958年由于人为砍伐，农村中成材树木很少。1960—1980年，农民自己买楝树、桑树、刺槐、水杉和银杏等苗木栽种在家前屋后及自留地的河边隙地。1980年以后，农民栽种的以果树为主，主要品种有枇杷、桔树、杏树、柿树、桃树、花红、梨树等。

（三）村镇集体植树造林

1.村镇集体植树由镇农业部门统一规划，主要栽种在集体的河边，大路边。2001—2003年在二三级河两岸植树1万棵。2003年，在二三级河沿补种和增种1.5万棵。2005年，在四级河及村民小组的沟沿、河边种树1.87万棵。

2.学校部门植树造林。竹行中学2001年迁入新校后，发动教师利用星期天义务种树2800棵，树种为垂杨、银杏、冬青和白杨，用于美化校园。竹行小学到336省道植树1000棵，长江小学校园植树300棵，大安小学校园植树80棵，共计4180棵。

3.星辰花园园区绿化，是由开发区统一规划的。全园绿化面积9.8万平方米，覆盖面百分之三十三。星竹花园更是园林式小区，一年四季均有季节性花卉开放，全园绿化面积覆盖率达百分之四十五以上。

（四）辖区内主干道绿化

1.336省道，东起朝阳竖河，西至小海河，全长3400米，两边绿化带各20米，绿化带成了公园式的景观带。中间隔离带2米，折合面积为16.56万平方米。

2.东方大道北自336省道，南至景兴路，全长6300米，两边绿化带和中间隔离带绿化36米，折合面积22.7万平方米。

3.瑞兴路，东起张江公路西至三谷镇桥，全长3400米，其中张江公路至光明钢丝绳厂段全长1700米，属原镇区，两旁栽种行道树，树种为香樟。光明钢丝绳厂到三谷镇桥段绿化带宽，南北共15米，折合面积为5.1万平方米。

4.张江公路北自336省道，南至南三级河，全长3500米，两边绿化带各2米，折合面积为1.4万平方米。

5.景兴路东起东方大道，西至长桥港，全长2100米，两边绿化带各12米，中间隔离带8米，折合面积为6.72万平方米。

6.通兴公路，东起大安镇，西至张江公路，全长2450米，两边都是居民住宅和自留地，南北两行的数目较稀，木不成荫。

7.振兴东路，西至长桥港六匡河头，向东至竹行镇北全长3300米，绿化1100米，两边绿化带各12米，两边机动车行道与人行道之间的绿化带各4.5米、3.3米，折合面积3.63万平方米（其中东方大道至竹行医院部份不在其内）。

8.和兴路竹行境内1500米，两边绿化带各6米，折合绿化面积1.8万平方米。

9.苏通长江大桥北接竹行段，南北长5600米，两边绿化带各30米，折合面积33.6万平方米。

10.竹林路从竹行镇影剧院至振兴东路，全长650米，两边自行车行道与机动车道之间有绿化带隔离，人行道上种植行道树，折合绿化面积5000平方米。

11.沿江一级公路，横贯于江东、江海两村的沿江公路，全长3500米（约），中间绿化隔离带6米，两边各12米，折合绿化面积10.5万平方米。

二、亮　化

1983年12月，竹行乡政府决定，从薛家店到通力钢丝绳厂2公里的新竹公路（现瑞兴路）竹行镇区内装上路灯，方便镇区居民和上下班职工。1998年镇区道路拓宽改造由原来的沥青路改为水泥路，从薛家店到光明钢丝绳厂重新安装70盏路灯。镇内其他道路也安装路灯。

2010年竹行镇境内主要道路亮化工程情况统计表

表1-41

道路方向	路　名	路灯档数	盏　数	备　注
纵　向	张江公路	35米/盏单向	74	
	竹林路			暂未安装
	星宇路			暂未安装
	市场路和鸿昌路	30米/盏单向	20	
横　向	东方大道	35米/盏双向	314	
	336省道	50米/盏双向	188	
	振兴东路	30米/盏双向四灯	118	
	瑞兴路	40米/盏双向	204	
	和兴路			暂未安装
	景兴路	30米/盏双向	160	
	通兴路			暂未安装

2006年元旦，拆迁户入住的星辰花园，全小区共安装路灯143盏。2010年11月交付使用的星竹花园共安装路灯43盏。路灯开关时间由开发区路灯管理部门统一掌握，根据季节变化而定，春夏季节晚上7点开灯，早晨4点关灯，秋冬季节晚5点开灯早晨5点半关灯。

三、净　化

1991年，成立竹行镇环境卫生管理所，管理人员3人，职工14人。负责竹行镇区范围内的主要街道即瑞兴路（旧称新竹路）薛家店至光明钢丝绳厂路段和进农贸市场路段及农贸市场内的垃圾清理工作。当时街上不设垃圾箱，而是把生活垃圾袋装放在自己家门口，由清洁管理员每天上午清理后运往谷东村倒入一条废沟内。这样做，只能清洁一时。保洁员前脚走，后脚又有人把垃圾放在门口，中午以后几乎成了垃圾街。脏乱差现象严重损害了镇容镇貌。2008年由镇政府出资购买垃圾桶800只，街道上每隔20~30米距离设置一只，沿街居民将生活垃圾倒在桶内，每天由保洁员把垃圾运走。这样大大地改善了镇区的卫生条件，街道面貌焕然一新。

星辰花园和星竹花园相继建成，居民入住，瑞兴路拓宽改造，镇区范围扩大，外来人员增多，特别是农贸市场日产垃圾增多，原有的7个员工忙不过来，脏乱差现象有所回潮。环卫所会同镇政府共同商讨决定增加14人，负责薛家店至光明钢丝绳向西延伸至东方大道红绿灯，总路段全长为2.55千米路段、瑞兴路至农贸市场路段及农贸市场内的垃圾清理工作。全长255米的瑞兴路两边店铺林立，门前购物群众的车辆乱停乱放，公共秩序混乱，影响镇容。环卫所派出7名清洁人员兼职管理秩序，纠正车辆乱停乱放，起到了镇容整洁净化的效果。

环卫工作是公共社会事业，镇政府每年投入40~50万元用于工人工资、设备添置等。

镇区设有公厕5座，有专人负责打扫清理。垃圾池7个，雇用2辆垃圾清理车，负责把垃圾运至垃圾中转站打件外运，日清理垃圾8~10吨，高峰时期每天清运20~25吨，垃圾池每天清理不过夜。2010年，全镇设有标准垃圾桶（含村）250只，不锈钢三轮垃圾车38辆（含村），雇用清运垃圾的农用车2辆。

竹行镇垃圾中转站，建于2005年，投入98万元，选址在东方大道天星河桥东南侧，占地2500平方米，房屋建筑面积250平方米，道路停车场1046平方米，场内绿化面积830平方米，全镇生活垃圾运到这里打件，运到如皋垃圾场集中处理，内有100吨压机一台，从业人员4人，日处理能力20~25吨。2010年，开发区投入40万元，新增压机一台，日处理能力达80吨。

1991年成立环卫所，负责人陈文康。1995—2006年由邱勇接任。2007—2010年徐兵任所长。2008年、2010年，徐兵先后获南通市城管局颁发的先进个人荣誉称号。

四、美　化

20世纪60年代种材树，80年代种果树，进入21世纪开始人们种花树。家居条件改善，人们开始美化生活。农村中两层小楼庭院里种植花草树木美化环境。

星辰花园建成后，园内绿化更是适宜家居环境，香樟树为园内通道的道旁树。灌木丛中散落几棵黄杨球，冬青带边上种上一排花树，草坪上几棵银杏，并点缀几棵桂花树。有的地方种上几棵枫树，春季绿叶红花，夏季绿树成荫，秋季金桂飘香，枫叶如火，冬季冬青常绿。居民家里盆景、盆花布置得情趣盎然。

星竹花园是园林式小区，小区环境优雅清静，四季飘香。桂花分布小区，是星竹花园的园花。走进园区，一片翠绿，给人以心旷神怡的感觉。

五、污水处理

（一）概　况

竹行镇地区的水资源比较丰富，20世纪60年代以前，长江水与竹行镇域的小河小沟息息相通。长江潮来，小河小沟里的水灌满，潮落后，水即退去。尽管水资源丰富，但遇到干旱天气因河中蓄不住水，仍出现季节性缺水现象。50年代末长江涨沙，主航道以北大片江水涨成陆地，内河通往长江的港漕淤塞，久涝后水排不出成了涝灾。1958年兴修水利，开挖大型河道，如通启运河。整治竹行境内的县级河——天星横河，内地水系改变，由原来直接排放长江改从天星横河通过通启运河排放长江，确保旱能蓄水，涝能排水。

1959年以后，大队工业崛起，水源污染。老百姓每家每户打井。井水系浅水井，离地面3.6米至4米。浅水井的水发黄不能饮用。

竹行镇是全国闻名的钢丝绳生产基地，全镇有钢丝绳企业253家，热处理炉86只，镀锌炉30只，锅炉50只，室外烟囱110只。空气中的二氧化硫和二氧化碳超标，白色的衣物不能外晒，严重地影响了老百姓的生活和身体健康。磷化车间的污水排放不规范，时有偷排暗排现象。境内的天星横河、长洪河、南三级河及其他主要排水河道河水发黄，呈铁锈红色，鱼虾濒临绝迹。地表水和地下水有害金属物质超标，生态平衡受到破坏。

2005年6月，南通市两报一台（南通日报、江海晚报、南通电视台）对三镇（观音山镇、小海镇、竹行镇）两行业（漂染、钢丝绳）工业废水、废气严重污染环境曝光以后，更引起各级领导的高度重视。竹行镇政府把污水治理和水资源保护作为日常工作的重中之重，并向南通经济技术开发区管委会提交《关于加快推进钢丝绳制品行业专项整治工作的相关请示》，着手科学化、专业化、系统化、市场化、社会化整治竹行镇的工业污水和废气。

2006年，贯彻南通市政府关于"三镇两行业"污染整治重大决策以后，政府花大力气监督企业污水处理，疏通河道，打捞河道漂浮物，大大改善竹行的水质。

根据南通经济技术开发区通开发党（2006）42号文件精神，贯彻南通市政府关于"三镇两行业"污染整治的重大决策，为彻底解决竹行镇钢丝绳企业带来的环境污染问题，2006年9月6日成立南通市竹行镇污水处理服务中心，设在原工业公司二楼，各企业排污由污水处理中心统一处理，杜绝污水的偷排、漏排现象，并通过明察暗访解决少数企业的暗排现象，实现达标排放。

政府对无污水处理设施的企业坚决取缔；对偷排、漏排、暗排、屡教不改的企业，一旦查实，会同镇政府和区环保部门对该企业勒令停产整顿。根据《中华人民共和国环境保护法》，由环保部门进行从严从重处罚，以处罚标准的上限原则进行处罚，黑牌、红牌的环保等级，由银行系统对该企业停止、控制贷款发放。

竹行镇污水处理中心

管理人员5人。经理袁峰，副经理瞿敏，会计顾轶月，技术人员2人，设备编修员1人，从业人员36人。

污水处理工作规范化操作，企业偷排暗排现象和超标排放基本杜绝。区域内主要河道（长洪河、天星横河、南三级河等）水质有了明显改变，从污染时期的黄色变成了绿色。钢丝绳企业统一购买酸洗磷化、镀锌用水的沉淀物、污泥干化的压泥机，从根本上杜绝随处堆放、异地转移的弊端，有效地控制易地二次污染的现象。根据上级环保部门下达的《关于水污染若干规定》的要求，进一步整改，实现雨、污水分流，设施配套，清水入池，污管明建，排放定时，过程监控。

（二）专题数据

全镇钢丝绳企业中有酸洗磷化、镀锌的企业53家，污水处理中心每月处理污水3000吨左右，年约为3.6万吨。每月填埋污泥900吨，全年1.08万吨。

2006年竹行镇钢丝绳企业污水处理情况表

表1-42

企业名称	投入资金（万元）	设备（套）	专职人员	日处理能力（吨）	备　注
长江钢丝绳厂	100	1	2	200	
宇翔特种绳厂	20	1	1	20	筹建100吨级
通冠金属制品厂	20	1	1	20	
神威钢丝绳厂	30	1	1	50	
通江钢绳厂	50	1	1	100	
通翔钢绳厂	20	1	1	20	筹建80吨级
通灵钢绳厂	50	1	1	100	
海勇钢丝绳厂	15	1	1	15	筹建50吨级
神力金属制品	30	1	1	50	
永高钢绳厂	30	1	1	30	
华东特种绳厂	20	1	1	20	
光明钢绳厂	20	1	1	20	筹建100吨级
华星钢绳厂	20	1	1	20	筹建300吨级
红星钢绳厂	20	1	1	20	
申力钢绳厂	20	1	1	20	
升阳钢丝绳厂	20	1	1	20	
恒通钢丝绳厂	20	1	1	20	
华海钢丝绳厂	15	1	1	15	
明珠钢丝绳厂	20	1	1	20	
新世纪钢绳厂	20	1	1	20	
华伟金属制品厂	20	1	1	20	筹建50吨级
苏通钢绳厂	20	1	1	20	
神龙金属制品厂	20	1	1	20	
三联钢丝绳厂	15	1	1	15	
三菱钢丝厂	20	1	1	20	
振华钢丝绳厂	20	1	1	20	
力立钢丝厂	25	1	1	10	增加20吨级
力立金属公司	20	1	1	20	
博一钢绳厂	25	1	1	15	增加20吨级
乾坤钢绳厂	20	1	1	20	

续表1-42

企业名称	投入资金（万元）	设备（套）	专职人员	日处理能力（吨）	备　注
中杰钢丝绳厂	20	1	1	20	
正申钢绳厂	20	1	1	20	
杨子钢绳厂	20	1	1	20	
腾达钢绳厂	20	1	1	20	
通宇钢绳厂	15	1	1	15	筹建30吨级
华瑞钢丝公司	20	1	1	20	
圣达钢丝绳厂	30	1	1	30	
龙马钢丝绳厂	20	1	1	20	
星火钢丝绳厂	20	1	1	20	
兴隆钢丝绳厂	20	1	1	20	
敏飞钢丝绳厂	20	1	1	20	
海峰钢丝绳厂	20	1	1	20	
振通钢丝绳厂	20	1	1	20	
景丰钢丝绳厂	20	1	1	20	
腾龙钢丝绳厂	20	1	1	20	
渊博钢丝绳厂	20	1	1	20	
中科钢丝绳厂	20	1	1	20	
鹏宏钢丝绳厂	15	1	1	15	
南通中德钢绳厂	50	1	1	100	
江苏中得钢丝绳厂	20	1	1	20	
万通钢丝绳厂	15	1	1	15	筹建50吨级
华帅钢丝绳厂	10	1	1	10	筹建20吨级
大生钢丝绳厂	20	1	1	20	
恒大钢丝绳	20	1	1	20	
豪杰钢绳有限公司	20	1	1	20	
合　计	1300	56	57	1585	

竹行镇污水处理中心建立后接管36家企业，其余有污水排放的企业由开发区污水处理中心直接处理。

2009年竹行镇污水处理情况表

表1-43

企业名称	设备（套）		日处理（吨）	年处理（吨）
	压滤设备（平方米）	污水处理（吨）		
通灵钢丝绳厂	50	100	50	15000

续表1-43

企业名称	设备(套)		日处理(吨)	年处理(吨)
	压滤设备(平方米)	污水处理(吨)		
红新钢丝绳厂	40	20	30	9000
龙马钢丝绳厂	20	15	22.5	6750
明珠钢丝绳厂	40	55	55	16500
博一钢丝绳厂	40	30	22.5	6750
腾龙钢丝绳厂	50	20	40	12000
景丰钢丝绳厂	40	20	26.5	7950
振华钢丝绳厂	60	20	30	9000
振通钢丝绳厂	60	15	15	4500
江东钢绳厂	50	20	20	6000
力立金属制品公司	40	45	45	13500
乾坤钢绳厂	40	20	40	12000
中杰钢绳厂	40	20	40	12000
兴隆钢绳厂	50	20	20	6000
星火钢丝绳厂	40	45	45	13500
渊博钢绳厂	50	40	40	12000
中科钢丝绳厂	60	25	28.6	8580
豪杰钢丝绳厂	40	20	40	12000
永高钢丝绳厂	60	35	35	10500
华东钢丝绳厂	30	20	20	6000
申力钢丝绳厂	30	20	20	6000
升阳钢绳厂	60	40	50	15000
恒通钢丝绳厂	30	50	50	15000
海峰钢绳厂	30	20	40	12000
恒大钢丝绳厂	30	20	40	12000
通江钢丝绳厂	60	80	80	24000
敏飞钢丝厂	30	20	20	6000
力立钢丝绳厂	40/50	50	50	15000
三菱钢丝绳厂	30	20	26.5	7950
圣达钢丝厂	50	18	18	5400
华帅钢丝绳厂	60	25	50	15000
三联钢绳厂	30	15	22.5	6750
神龙钢丝绳厂	60	50	40	12000
跃燕钢绳厂	40	50	50	15000
中德钢丝绳厂	40	60	20	6000
合　计				375630

六、废气处理

竹行镇钢丝绳企业最主要的一道工序就是煏火(炉子车间),昼夜烧煤,大量的烟气排向天空,造成空气污染。2008年,镇政府会同市、区环保部门,聘请环保设计部门对污染源企业进行改革和认证:一是铅锅由燃煤改为电加热,水沫进行储存,减少二氧化硫排放量;二是把110只烟囱全部倾倒,切割为离地面四米左右高,迴曲成弯管由水过滤,烟尘经过水过滤使其沉淀,定期清除,废气基本得到遏制。

2009年以来,竹行镇污水处理中心组织专门人员成立检查小组,监督污水处理工作情况。以定期和不定期抽查方式,建立台账,要求企业"三达标"、"三整洁"。对不达标的企业,进行相应的处罚,对不属于镇污水处理中心管理的在竹行的企业,也由排放监督组督促企业达标排放。2010年,竹行镇的污水处理达标率达百分之百。

七、改 厕

农村厕所都是砖砌的敞口粪坑,遇到连续下雨,地下水升高,地势较低地方的粪坑就会粪水横溢,随雨水流到沟河,造成水污染。粪坑是夏天蚊蝇的孽生地,给人们的身体健康造成严重威胁。2005年7月,镇政府投入157.12万元,对农村敞口粪坑进行改造。政府动员有条件的农户改成水冲式,废除敞口粪坑。暂时无条件的农户由政府出钱,按四统一(统一规格、统一放样、统一施工队伍、统一组织验收)的要求,分别采用三格式、二格式和其他格式进行改厕,其中三格式4369户,二格式564户,其他格式1760户,三格式每只280元,二格式每只180元,其他格式每只140元。敞口粪坑加水泥盖,使其封闭,各村委会具体负责落实。经过一个夏天的努力,全镇共改厕6693只。

八、灭蝇灭蚊、打捞漂浮物

20世纪60年代,为发展养猪事业,解决饲料缺乏的问题,从南通县石港等地引进水花生、水浮莲、水葫芦。不几年,这些水生植物覆盖所有水面,特别是水花生繁殖力强,不但在水里能生长,在泥地繁殖更快。冬季藤蔓冻死,一到春天,扎根在泥土中的根又会生长。被水花生等覆盖的河沟,水发臭,鱼虾不能生存,造成水源污染。一次性塑料袋用后随处乱丢,河沟里花花绿绿到处都是漂浮物。2005年开始,每年夏天由村委会出钱请民工整治,一是打捞漂浮物,二是清除水花生,集中装运到垃圾场,三是铲除陆地上的杂草,让人民群众有一个良好的生活环境。这种活动每年进行1~2次。

每年初夏开始,各村居组织人员喷洒农药,消灭苍蝇蚊子,全年喷洒3~5次。2006年以来,夏天蚊子少了,晚上睡觉甚至可以不用蚊帐。

第二篇 经济发展

第一章 农 业

第二章 工 业

第三章 建筑业

第四章 交通运输

第五章 商业 服务业

清雍正四年（1726至1795年），长江下游主流逐渐南移，上游过来的泥沙沉积形成沙滩，与北岸胡逗州陆地链接成片。20世纪三四十年代，长江北岸的土豪、地霸、官吏、军阀看准商机，倚仗权势各占一方，筑堤围垦，形成一个个面积大小不等的小圩屯，然后以低廉地价出售，捞取钱财。崇明、常阴沙（常熟、江阴、沙洲一带的统称）及海门等地的贫民为了生计，倾其所有，拖儿带女来到这片荒无人烟的不毛之地，用扁担、大锹、锄头等简陋农具开荒种田。农闲时到江滩、小河小沟处捞鱼摸蟹艰苦度日。

1949年春节，竹行解放。1950年土地改革，实现“耕者有其田”，农民第一次当了土地的主人，生产热情高涨，农业增产，农村经济有了发展。1950年，毛主席发出了“组织起来，互帮互助，渡过困难”的号召，当地政府为了帮助农民克服劳力和资金的困难，实行合作化。1952年6月，长桥乡5村6组（现为长桥村6组），合并几个伴工组，率先成立互助组。到年底，长桥乡百分之九十的农户加入互助组。竹行地域内的其他小乡也相继组建成立了互助组。1955年9月，长桥乡5村合并几个互助组成立全乡第一个初级社，取名勤丰农业生产合作社。年底，竹行周边各小乡、各村都建立初级社，入社农户达到百分之九十五之多。

互助组和初级社时期，农民劳动积极性普遍高涨，农村经济进一步发展。1956年春末，兴办高级社的热潮掀起。长桥乡在勤丰初级社的基础上，合并邻近几个初级社，并吸收原未入社的单干户，成立全乡第一个高级社。这股浪潮席卷竹行全境，到秋种前夕，入社农户占总数的百分之九十八以上，各种资产变为公有成分，因为是新鲜事物，管理缺乏经验，农民的投入和收益产生了矛盾，土地分红取消，损害了农民的利益，社员情绪波动，出现多起闹退社现象。

1958年人民公社化运动掀起，在“一大二公”消灭私有制的“极左”思潮影响下，收去社员家前屋后的菜地，以生产队为单位办起公共食堂，社员凭票吃饭。不准饲养家禽、家畜，不准外出搞副业，不准买卖农副产品。生产上乱指挥，用绞关犁搞几尺深的翻耕，砍光树木、竹头。组织大群社员远走几里路生产劳动，搞大兵团作战，社员挑灯夜战，通宵达旦是常事。组织军事化、行动战斗化、生活集体化，连小学生也要实行“四集体”，即集体学习、集体劳动、集体生活、集体食宿。盛刮“浮夸”风、“共产”风、“一平二调”风、“瞎指挥”风和“强迫命令”风等五风，使社员失去生产信心和生活信心。土地荒芜，粮食欠收。如此折腾，竹行人民一代一代用血汗积聚起来的经济基础几乎被摧垮，人民缺衣少食，生活极其艰难。

1960—1962年，竹行人民和全国人民一样，经历了三年自然灾害。为改变自然灾害带来的困难，中央实行一系列为农措施：1961年，中央连发两个恢复农村经济的文件，即中共中央《关于农村人民公社当前政策问题的紧急指示信》12条和《农村人民公社工作案例（草案）》（即农业六十条）。粮食实行“三定”（定产、定购、定销），允许社员借种十边、隙地，划少量自留田，可以饲养少量家禽家畜，恢复集市贸易，实行队有制。之后，竹行和全国各地一样，农村经济逐步恢复起来。老百姓的生活基本稳定下来，农业生产走上了正确的轨道。

1966年5月，“文化大革命”爆发，“大鸣、大放”、大字报、大批判，工厂停工、学生停课、社员停耕，进行所谓革命的“大串联”等，社会秩序一片混乱。1964年开始连续12年的农业学大寨，死搬硬套学大寨平沟造田的方法，打乱了农业生产秩序和生产规律，严重挫伤了社员的生产积极性，竹行的经济又遭受一次打击。1976年10月粉碎“江青反革命集团”，十年浩劫结束，竹行的经济又逐渐得到了恢复。

1978年12月召开中共十一届三中全会，确定改革、开放路线。党中央提出“四化”、奔小康的口号。1979年实行农业体制改革，1983年全面推行农业生产承包责任制，农民称是第二次土改，生产积极性空前高涨，从而使竹行农村经济活了起来。大批从土地上解放出来的农村劳动力转移到工厂，成为离土不离乡的新型工人。社队工业（乡村工业）大批涌现。泥、木、漆等手艺人除在本地挣钱外还到外地挣钱，各类专业户开始出现，全年纯收入达万元的万元户应运而生。1986年，谷东村的皮蛋大王王佩恒，新丰村的银耳大王陈廷章，两位历经磨难的先行者，成了县、乡万元户的典型，带动了很多人去闯荡、创业。

1996年工业体制改革，民营企业、个体工商户成批涌现。尤其是钢丝绳行业，得到了前所未有的规模性发展。到2010年，工业企业发展到899家，其中16家企业产值超亿元，32家企业成百万纳税大户。钢丝绳销售点，除西藏、台湾外，全国30多个省、市都有竹行人在经营，竹行钢丝绳产量全国三分天下有其一。

以服务业为龙头的第三产业也蓬勃兴起，它与第一、第二产业并肩前进。2010年各项产值占比为一产：百分之零点六七；二产：百分之九十五；三产：百分之四点三三。

进入21世纪后，“十五”“十一五”期间的竹行经济呈跨越式发展。

2000—2010年竹行经济总值、财政收入、人均收入表

表2-1

年份	经济总值（万元）	财政收入（万元）	人均收入（元）
2000	100000	1370.20	4289
2001	109800	1760	4350
2002	129424	2180	4741
2003	155779	2511	5100
2004	203000	3528	5676
2005	337917	5006	6358
2006	455000	6000	7134
2007	610000	7800	8030
2008	880000	11000	8939
2009	1108948	10120	10052
2010	1218200	12800	11052

说明：1.经济总值2010年是2000年的12.1倍，是2005年的3.61倍。

2.财政收入2010年是2000年的9.34倍，是2005年的2.57倍。

3.人均收入2010年是2000年的2.58倍，是2005年的1.74倍。

经济发展惠及竹行人民。“十一五”初，人均住房面积48平方米，全镇各种车辆拥有7078辆（不包括电瓶车），其中轿车598辆，年末存款71291万元。2010年，人均住房59平方米，各种机动车辆拥有7979辆（不包括电瓶车），其中轿车1651辆、面包车225辆、卡车251辆、农用车（包括拖拉机）450辆、挖掘机80辆、收割机34辆、叉车357辆。年末居民存款额达10亿元。

2009年，南通实现全面小康，竹行镇远超平均水平。

第一章　农　业

竹行之土由长江泥沙冲击而成，土质沙夹黄（沙土与黄土）。竹行境内都是优质土，它疏松、透气透水、肥沃，宜于各种庄稼生长。积温高，年无霜期平均有224多天，雨量充沛，自然灾害少，普遍性是两年5熟，农业生产发展潜力大。

250多年（清乾隆年间）前，竹行先民来到这片生地，割芦铺生改土，与野鸡、野兔为伴，咸菜粗饭为食，潮水解渴，播下了第一批种子。为主的粮食作物是元麦和玉米。油料作物是油菜和黄豆，经济作物只有棉花。由于耕作技术落后，品种老化、单一，个体力量小，资金、肥料投入不足，直到合作化前夕，单产一直很低，全年粮食亩产徘徊在250千克左右，遇到自然灾害，农业就欠收。靠天种田吃饭，农业收益低，生活很不稳定。封建土地制度又严重地束缚了农业生产的发展。20世纪40年代，引种了薄荷、留兰香和黄麻等，竹行的农业经济有所发展。

1949年解放，政府重视发展农业生产。1950年土地改革，消灭了封建土地剥削制度，农民的生产积极性普遍高涨。粮食和其他作物亩增百分之二十至三十，尤其是合作化前夕引种的美国岱字棉15号，亩产几乎是传统小花的两倍，皮棉达到30~35千克，实现了历史性的大跨越。20世纪50年代中期，南部几个地形低的沙田村率先种起了水稻，改变了当地主食粮单一性的历史局面。

合作化时期，竹行的农业生产有了新发展。1958年的“大跃进”，浮夸、深翻和一系列的政治干预，造成土地荒芜。1960—1962年三年自然灾害，口粮奇缺，一大批农村群众患上了浮肿病和由此衍生的肝炎、肺结核和妇女病，丧失了不少劳动力，出现了规模化的农业生产大倒退。1962年，组建竹行人民公社，落实了一系列中央关于恢复和发展农业生产的政策，情况有所好转。但由于体制关系，尽管动员了各方支农，农村经济还是发展缓慢。

1965年掀起的农业学大寨运动挫伤了农民的劳动积极性。1966年“文化大革命”，很多青壮年农民撂下锄头去参加无休止的内斗，竹行的农业生产又经历了一次大挫折。60年代末，动员、指导各大队推行旱改水，热情高涨，灌溉均人力戽水，后逐渐改为机灌、电灌，亩产稻谷250千克左右。由于调整种植结构，提高了粮食单产，农民口粮标准提高，改变了膳食结构，对提高土地效益等有很大作用。

1978年12月，中共十一届三中全会召开，1979年农业体制改革，1983年分田到户，从此竹行农业解开了长达25年的枷锁。农民继土改后获得了第二次解放。其种田积极性达到历史新高。由于实行科学种田，多类农作物单产成倍增长。小麦、玉米、水稻亩产分别达400千克~500千克。同时油菜、薄荷油、麻类等经济作物亩产量也成倍增长。家家户户都仓满、囤满。根据人们生活、市场的需要，农户用余粮大力发展养殖业。加上其他多种经营，人们的钱包也鼓了起来。根据市场的需求，棉花于1979年停种。1995年前后，黄麻、红麻、薄荷、留兰香也先后停种。大批农村富余劳力转移到第二、第三产业。1996年土地第一承包期15年已满，1997年第二次承包期定30年不变，农民再一次吃了定心丸。

市场的需求分离出几个蔬菜种植村和一大批种菜大户。"一亩菜园，十亩田"，种菜收益多。

农业的内核在扩大，农业的内涵在延伸。

国家反哺农业，给农民实惠，惠农政策陆续出台，促进了农村经济发展。从2006年起取消农业税，并给农民按种粮油面积补贴。2008年开始增加种菜补贴。

农村劳力大为减少，可亩产量还在攀升。竹行的粮田夏秋两熟达1吨以上。养殖业逐渐转向大户经营，到21世纪初，年养猪500头以上，养鸡和鸭万羽以上的有22户。

离土离乡的青壮劳力多了，留守的是老人多、妇女多、孩子多，嬉称"九九""三八""六一"。农业收入占家庭总收入的比例越来越少。轻农重工思想也就越来越浓，从而影响到农业的继续发展。政府出台土地流转政策，重新启动了农业发展机制，种田能手规模化经营，能冲破这一瓶颈，也是势所必然，顺理成章的事。过去多年只是农户间转包，从2008年开始，全镇土地加速流转。到2010年，全镇土地流转加速，仅谷东村就流转了900多亩，有山东、浙江、安徽、河南等省人承租土地种植大棚蔬菜和大棚西瓜。农业已成一潭活水，长期困扰着的"三农"问题趋于解决。

国家建设和市镇建设占去大量土地，2010年年底，苏通大桥北接线以西几个村，有的整个村，有的几个组已先后开发。2004年，全镇耕地尚有25900亩，人口31318人，人均耕地0.82亩。2010年，全镇耕地减为20200亩，而人口增为32710人，人均耕地0.61亩，人均净减0.21亩。

政府对失地农民生活都作了妥善安排。农民转居民，乡村变城镇，农田成工厂和居民社区，翻天覆地的大变革，这是历史性的大跨越、大进步。

附注：农业部分出现的月份均为农历月份。

第一节　种植业

一、耕作制度

（一）两熟制

一年分上熟和下熟，或叫夏熟和秋熟。上熟产值低些，也叫小熟；下熟产值高些，也叫大熟。上熟是跨年度播种的，夏季收获。下熟作物春季播种，秋季（8、9月间）采收，俗话说“8月黄金满地铺”，是人们一年中生活的主要来源。

传统种植一般这样安排：元麦（或大麦）——棉花；油菜——棉花。另有小麦——黄豆；小麦——山芋。小麦生长期比元麦、大麦长一个星期左右，小麦茬种棉花不适宜。有的农户是这样种植，上熟是绿肥（草头，就是苜蓿），下熟是棉花或黄麻。草头在小满前10天左右收割，比元麦收割早半个月，又留下一块富含氮素的肥田，能保证棉花丰产。当时的说法叫“一熟麦不及一朝白”。棉花的经济价值高，农户抓住了重点。特殊的经济作物是薄荷，它分夏秋两熟收割，称头刀、二刀，即在7月中下旬收割头刀后，从根部再生成长的为二刀薄荷。少量的留兰香也一样同季节种植、收割吊油。合作化以后到人民公社中期，种植面积占总耕地面积的三分之一。1983年起，由于市场经济的变化，需求量减少，种植面积逐渐减少，20世纪90年代基本停种。

二熟制有一个轮作的要素，禾本科作物的粮食类和豆科作物的油料类，由于选择性需肥和病虫害的关系，需要轮作，其中豆科作物尤其敏感。如大豆，油菜，从碳水化合物转化为脂肪是依靠磷元素的，磷大量缺乏会影响收成和出油率。同时它的传统病害也多。芝麻和西瓜对连作的敏感性最强，农谚说“瓜茬瓜，不结瓜”，“十年芝麻九年瓜，芝麻最怕种重茬”。其实凡是农作物，要达到丰收都必须一年一轮换。

（二）两年五熟制

这种耕作制度和二熟制同时存在。往往以间作、套作、夹作来实现，利用前后两茬生长期的时间差和科学种植相结合，即高矮结合（豆科与禾本科），直秆和蔓生结合。两年五熟制的主要形式是玉米—黄豆—蚕豆—棉花—元麦。春玉米一般套种在蚕豆田里，禾本科作物的玉米与豆科作物的蚕豆相配。蚕豆收获后玉米行的空间由黄豆来填补。在播种玉米的同时或稍后一段时间，在玉米的棵间等距离间种蔓生的赤豆。黄豆比玉米迟播60天左右，玉米收获后黄豆生长空间扩大，基本能封住玉米行这个空隙。赤豆蔓生在纠起的玉米秸秆上，与黄豆互不影响。竹行人民为增加粮食产量可为千方百计，这种耕作制度是科学合理的，因此延续了相当长时期。有的二年五熟的主要形式换成薄荷（上刀）—薄荷（下刀）—油菜—棉花—蚕豆（或元麦）。薄荷田里还可种洋葱或大蒜。这些作物同时播种在薄荷行间。别的形式还有很多。

曾有特殊一点的玉米夹种进棉花田里，玉米夹种进麻行间。为了增产，竹行人作了大胆尝试。

两年五熟制通过间作、套作、夹作等方式实施，总产比净种的二熟制高一点，可种植、培管、收获等用工多。20世纪90年代的工业改制，工业的发展，农村劳力渐趋紧缺，农田种植又回到了净种单一品种上。这种有效的耕作制度逐渐被工业、大农业冲淡。

（三）三熟制

三熟制就是一年三熟，20世纪60年代后期，为了提高粮食全年总产推行这种耕作制度。一般是"早元麦——早籼稻——晚稻"。早元麦是"三月黄麦"，早籼稻在五月上旬栽插，晚稻又必须在8月1日、2日前栽插（立秋之前）。另一种方法就是蚕豆田里套种春玉米，收获玉米后栽晚稻。为不误晚稻栽插，有的玉米收获提前，以嫩玉米到市场销售增加收入。还有一种三熟制是：两熟产粮，一熟经济作物。本地处北纬32度的地理位置和无霜期较长的关系，为了不误农时，组织农民"三抢"（抢收、抢种、抢培）由于气候、季节变化较大，三熟制往往欠佳，因此农民的经验得出"三三见九不如二五得十"，有识之士之言点中了要害。70年代中期，这种维持了几年的耕作制度停止后，恢复到原来的耕作制度。

1983年分田到户后，曾有一段时期又叫起了"三熟制"。那就是油菜夹种薄荷，头刀薄荷收割后栽晚稻，统称三熟制稻。为不影响薄荷油总产量，种植薄荷采用夏扩秋改。头刀薄荷在7月中期开始收割，晚稻在8月初立秋之前栽完。比过去三熟制稻生长收获时间要充裕得多。薄荷残叶和根是肥田的好基肥，收成较好。薄荷停种后，这种三熟制度就停种了。

（四）特殊形式的三熟制

21世纪初，竹行农民摸索出自己的三熟制，即"青黏玉米——青黏玉米——蔬菜"。三月初播种黏玉米，用地膜覆盖，三月中旬出苗，七月上旬采收。后立即播下第二熟黏玉米，十月采收上市，第三熟无论种黄芽菜、大白菜或青菜、芹菜等蔬菜，年底前都能收获。这种一年收几熟的耕作制度，经济效益得到成倍提高。也有第一熟青黏玉米收获后种青毛豆或花生。在霜降时节采收上市。反季的青毛豆少而贵。青毛豆、花生收获后种蔬菜，它虽然没有形成固定的耕作制度，然竹行菜农中灵活耕播，大大提高经济效益，收入成倍增长。

二、作物栽培

（一）粮食类

1.三　麦

（1）种植沿革

三麦是元麦、大麦、小麦的统称。本地区三麦播种面积，在旱改水前，一直占种粮面积的三分之二，旱改水后占四成。主要原因是人民主食改变，水稻种植面积增加，元麦种植迅速减少，1983年分田后就不种植。到21世纪初，农田里又见小块元麦、大麦。吃大麦、元麦，磨粉或脱壳后压成麦片，作为保健食品食用。由于玉米产量高，数年来种植面积不断扩大，种植结构调整，三麦基本停种。

（2）品　种

元麦分四柱头和六柱头两类。六柱头有黑六柱和白六柱。农民乐于种植白六柱。还有一个早熟品种叫“三月黄”，产量较低，但它比普通元麦早熟十天左右，能帮助解决青黄不接问题，又提早腾出茬口，便于秋熟作物播种，部分农民乐于小块种植。“文化大革命”时期种了产量高一些的元麦立新1号、立新2号，分有芒和无芒两种，还有一种叫洋大麦。小麦有火烧头、鸭嘴黄，还有一种无品名，人们冠以洋小麦之称。传统品种的三种小麦，单产都在120千克上下。20世纪70年代末，新品种小麦开始种植，单产提高到200~250千克。80年代初改种扬麦5号，亩产达300千克以上。90年代开始推广种植扬麦15号和宁麦6号，亩产400~450千克。2006年种植白小麦，单产达500千克。

（3）播种时间

一般在霜降前后几天播种。农谚“霜降前10天不早，后10天不迟”。在小雪季节播种问题也不大。“麦种雪里，只要出理”，只要加强管理，特别是腊前施肥促分蘖，同样达到丰产丰收。从20世纪90年代中期开始连续10几个暖冬，冬初麦苗疯长，肥料耗尽，一经冷冻，麦苗就冻坏。现在种植小麦一般比传统时间延迟至立冬。

（4）种子用量

用种量每亩在12千克左右，根据地力和肥料因素，总株数过多，会影响通风透光，株秆软，容易倒伏，影响产量。有些农户把小麦亩用种量减少到8~9千克，照样增产。播种前下足基肥，有效分蘖多，麦穗大，千粒重高。经验是“因地肥施种，稀麻密麦全无用”。

（5）翻　耕

合作化前用牛耕和钉耙手工翻地，也有不耕而直接用铁鎝开畦。20世纪70年代中期开始，翻耕主要使用拖拉机。80年代中期起采用免耕法，每2.5~3米宽开一条深排水沟，泥块投进撒好种子和肥料的畦间，敲细、拉平就种好。简单易行也省工，近年使用边翻边种的播种，一次性完成机器翻耕播种。

（6）播种方式

分条播和散播两种。合作化前无论是净种还是套种都是条播。条播容易管理，便于锄草、松土和盖泥。1983年分田后以散播为主。20世纪90年代中期用播种机耕播条播，行距8厘米，其实是条、散结合播种。

（7）基　肥

解放前后，种麦基肥主要是灰、粪、饼肥。不少农户没肥料就不下基肥，农民叫“白耕白种”。合作化开始到20世纪70年代初，灰、粪不够，就浇河泥浆。以后制作草塘泥，在下种前挑进田里，均匀拉开敲细，它不是直接撒进麦畦内的。80年代初，种麦基肥多数用碳酸氢铵。这种化肥不能和种子直接接触，在翻耕前均匀撒下。几年后使用尿素和复合肥。

（8）培　管

①开套沟　麦一种完，首先开好圩套沟，纵横相连，直通沟、河。公社化之前，一般只是深

刨邻沟，以后改为开挖排水沟，可以排水，可以灌水。

②追施腊肥　追施腊肥既不让麦苗断肥，又可预防冻害。农民习惯施腊肥后做麦草，即以铁鎝刨薄土盖麦苗，后用铁拉拉细拉平。俗话说“冬天麦上盖层泥，等是床上添条被”。有的施一次粪肥或化肥。农谚“春肥浇浇，不及腊肥飘飘”。春天三麦拔节时期看苗长势追施点化肥或粪肥。

③防治病虫害　苗期有蚜虫危害，拔节前后有条纹病、条锈病，抽穗前后有黑穗病、赤霉病。虫害有蚜虫、黏虫。三麦生产的各个时期，乡镇、农技站植保员及时指导用药，进行防治。

④开挖疏通排水沟　清明到立夏之间，正当抽穗、扬花、灌浆，这三个生长、发育阶段，是夺取三麦丰产的关键时段。它既喜水又怕水，有农谚说“寸麦不怕尺水，尺麦就怕寸水”。在这种气象条件下，竹行农民披蓑戴笠下田疏通排水沟，消除田间积水，降低地下水位，以防赤霉病。农谚有“三月沟底白，青草变成麦”之说。

麦粒进入乳熟期时生理特点是喜寒喜阴，断断续续下点细雨是有利的。这叫养麦天。人们熟悉的一条农谚说：“四月天，难做天，秧要日头麻要雨，蚕要温和麦要寒。”元麦成熟过小满的收成就好。如提早就欠收。竹行历史上，10年中大约有2~3年欠收。

（9）收　获

5月上旬，元麦乳熟，中旬成熟收割。

大麦比元麦早熟2~3天，小麦则在5月底6月初才成熟。小麦到芒种才开镰，普遍丰收。收割时掌握“九成熟十成收”的规律。

小满初到芒种末整整两个节气，农村忙于收获、播种，俗称大忙季节。

2.玉　米

（1）种植沿革

玉米生长期120多天，比元麦的200多天要短得多。而且单产高。含热量在粮食中首屈一指。很多原因促使农民爱种，竹行老田历来多种，南部沙田种植较少。20世纪60年代中期，全公社玉米播种面积超过元麦。60年代末兴起三熟制，晚稻的上茬多数是玉米。这个时段里，玉米播种面积超过三麦面积。1983年以后，农民经营责任田，种田更有自主权，玉米与水稻、小麦平分秋色。21世纪开始，被蔬菜等高附加值的庄稼挤占，玉米种植逐渐减少。

（2）播　种

①品　种　20世纪70年代前，传统老品种有金皇后、老人牙。金皇后分两类，果型大的叫“大金皇”，果型小的叫“小金皇”，后者单产略低，可品质好，做成的饭更香些。老人牙株高果大粒长，单产高于金皇后。这些老品种亩产250千克左右。20世纪70年代引种新品种新双一号，亩产300~350千克，一直到80年代末期。90年代，种植掖单13号，还有苏玉20，亩产能达500千克。

②播种时间　本地区多数种的是春玉米，最适宜的时间在清明之初。兴起三熟制这几年，春分中期就下种，由于地温低，遇上连绵春雨会烂种。

③播种方法　整地翻土，敲细拉平，都是条播。畦深4公分，下基肥后点播，每穴3粒，穴距12~15厘米。也有铁鎝开畦的。双行平行，交叉点播，穴距适当放宽。行距视情况而定，净种间距1米多一点；套种黄豆放宽至1.8米上下；玉米双畦两畦间距35厘米，行距还得宽些。接着盖泥，拉平拍实，泥面呈马背式，春雨多时能卸水。

春玉米出苗有半月之久，夏玉米3~4天。20世纪80年代使用地膜，提前到3月上旬播种。10天后出苗，7月上旬嫩玉米可上市，农田提早腾出茬口，供下熟播种。

（3）培　管

①定　苗　玉米苗长到3~4叶时间苗，隔几天正式定苗。

②除草、松土　气温升高杂草与玉米苗同时生长，用锄头既除草又松土。

③施　肥　基肥占玉米一生用肥量的一半，追肥在套种的小熟作物收获后进行。土种玉米根系不太发达，要壅土，壅土既防肥料流失又能减轻倒伏程度。合作化前，竹行农民还给玉米垩青，在立夏节之初，通常用草头绞成草团摆在玉米根边，上盖泥土，拍实。最后一次施肥在抽穗、排果时候，根据苗情决定追肥数量。如迟效肥料要适当提前，速效肥料则适当延后。

④防治病虫害　玉米一生都有病虫危害。种子刚下土时就有。鼠害要用药拌种。幼苗刚出就有地老虎和蜗牛危害。除用药外，还有人工捕捉。抽穗前用药灌心，防治玉米螟。玉米绽熟期有金龟子吃玉米子粒。除用农药治虫害外，人工捕捉也能奏效。

（4）收　获

春玉米在8月10日后采收，夏玉米则迟收20多天，掰下晒后脱粒，防雨淋，防潮湿，防霉晒干收藏。

（5）玉米播种，栽植新尝试

①排列法：20世纪80年代中期，采用排列法，在竖畦内下种，种子摆放一律横向。萌发出土后的子叶朝行间同向伸展，减少互相遮蔽，增强光合作用的效率。

②移栽法：20世纪80年代中期，很多社员采用移栽法。先在基地育秧，等春菜取田就移栽，定好株距一次性完成，亩产可达550千克。

（6）黏玉米

黏玉米，株形和果形与黄玉米相似，表皮和肉质都白，还有一个品种是紫白相间的。黏玉米的特点就是黏。解放前后农户种植土种黏玉米，青的黏玉米棒黏、鲜、香；老的黏玉米磨成细粉后制糕点。80年代中期始，种植苏玉糯102号、晶甜糯、彩皮糯等黏玉米新品种，比黄玉米产值高。黏玉米可以和黄玉米同时种下，也可以迟种，最迟的可在第一熟黏玉米收获后，即7月中旬甚至下旬，立冬节前后上市，价格较高，黏玉米的栽培方法与黄玉米相近。

3.稻

（1）旱　稻

200多年前，竹行境域开始种植旱稻，和散播的小花（棉花）同时下种共生。旱稻喜水而棉花喜旱，旱年棉花丰产，水年旱稻丰产。旱稻都是糯稻。香，是它最大的特点。米香，煮成的饭更香。一般都在过年过节时吃，磨粉做元宵更是上品。解放初期，部分小花田改种条播的岱字棉。旱稻种植减少。1956年高级社时，小花完全被高产的岱字棉替代，旱稻种得更少。1958年，因旱稻单产不高，基本不再种植。1959年全面停种。

培管旱稻主要是松土和除草。由于间种在棉田，空间大，病虫害少，只有在抽穗阶段，如遇螟虫大发造成白穗就会减收。九月下旬，正当棉花盛开期间，稻子也绽熟收获。一般采用手拉穗头方法，让稻子脱下，很少用镰刀割。

（2）水　稻

①栽　植

解放初，南部沙田开始试种水稻，那儿地广人稀，地势低洼易涝，适合种水稻。合作化前后有条件的农民开始种水稻。1968年，上级号召旱改水，全公社水稻面积占了总粮面积的四分之一左右。1983年分田后，劳力，肥料，种子等一一跟上，水稻面积有所增加，农民的食粮结构基本以大米为主。90年代以后，种植结构调整，种田门路广，加上外地大米涌入，种水稻成本高，稻田面积逐渐减少。新世纪之初，只有江东村、江海村尚有连片稻田。2009年，谷东村8组已长苇草几年的低洼田，由竹行村的人转包种稻40亩。纵观竹行水稻种植史经历了一个花甲年。

②品　种

解放初期都是无品名的农家种。20世纪60年代末，有水稻专家陈永康培植的良种老来青。70年代种桂花黄农垦58。80年代改种农垦57、南粳33。80年代后，品种不断更新，单产一个高似一个，如武育粳3号、109等。21世纪初，推广通育粳1号，大华香粳等新品种，单产不断提高。

另外，糯稻新品种有紫金糯。20世纪80年代种的糯稻单产与粳稻不相上下，于是糯稻面积占比上升。90年代中期起，农户小面积种植血糯（米色紫红）、黑糯、大华香糯等。

③育　秧

中稻谷雨浸种催芽，一个星期后落谷。预先做好小秧田，施足基肥，稻谷均匀撒下。秧田水勤灌浅灌。这季节水温较低。灌水就在下午，一星期后小苗露出水面。小苗期有稻蓟马和蜗牛等虫害，及时用药。35天左右秧龄就可以拔秧移栽。

④移　栽

移栽前对大田翻土筑堤和下肥，接着灌水踏田。基肥是灰、粪、草塘泥，还有绿肥（如草头、蚕豆秸，豌豆秸等），踏进土中和泥浆充分混合。接着用牛拖着满盖平田，刮平泥面（满盖是一块长4米多宽约20厘米的木板，两端用绳系在牛身上，驭手双脚踏住横板，揪着牛尾吆喝前行把土满平）或人工平田。栽秧按规定行距、株距栽插。

⑤栽培新技术

散　播

稻田灌水平整后，直接把稻种撒进带有浅水的稻田中，用种量一亩3~3.5千克，小苗长到5

厘米左右时拔密补稀。1962年前后，为省工省力种植较多，但容易倒伏，产量比移栽的要低。

旱直播

即为旱地直播，这种播种方式节省了育秧、拔秧、插秧三个环节，没有缓苗期。秧苗长到4厘米时就放水灌溉。省工省时、秧苗发育快，这种栽植法很快得到推广。到20世纪90年中期，多数稻田改用小型播种机，采用这种播种方法。

⑥培管、灌水

水稻一生需水量极大。农谚“一粒米四两水”。20世纪50年代中期，用水车戽水，小块稻田还用粪勺舀水灌溉，落后的原始灌水方法制约了水稻大面积种植。1958年起改用牛车、风车。60年代末期，老田实现了机灌。1970年公社建电灌站，一半左右大队的稻田由电灌站供水。1983年后各村建电灌站和车口，供水才正常化。

进入伏天，水稻生长发育正处拔节期，很快便孕穗，视苗情和土质选定时间停水搁稻，促进根系发育，防止日后倒伏，农谚说“伏里不搁稻，秋里要懊恼”，还说“麦倒一半收，稻倒一把糠”。搁稻要2~3次，都是视情况而定的。直灌到寒露节，进入黄熟期还要灌灌停停，这叫养米水。在开镰前一个星期才停灌。

⑦追　肥

水稻一生需肥量很大。没有化肥的年代，追施灰、粪，豆饼肥等，有的农户用蛸蜞作粪肥，一只只放进稻棵间，也十分方便。水稻一生要施好几次肥，返青肥、分蘖肥、拔节肥、孕穗肥、抽穗肥（农民叫破口肥）。

⑧除　草

水稻一生要拔好几遍草，最讨厌的是稗草。它和稻的模样几乎一致而辨认困难，稻叶有毛，稗草叶无毛，有的在抽穗时发现，还得拔，“一棵稗草一顿粥，百棵稗草一担谷”，竹行稻农都把这条农谚挂在口上，记在心上。后来有了除草剂，可有些杂草还得手拔。旱直播后喷了各种除草剂后，解决了这一困难。

⑨防治病虫害

公社化后才有农药喷洒，除了稻螟虫，危害水稻的病虫害还有很多。苗期有稻瘟病、胡麻斑病、蓟马危害，封行后有纹枯病，稻纵卷叶虫危害。孕穗到绽熟期，都有稻飞虱发生的可能。早期喷药都用背式小喷雾器。20世纪90年代起，有些连片种植的队组，雇用专业人用大喷雾器喷药，防治各种病虫害。

⑩收　割

中稻在寒露后期至霜降到来这个时期收割，这时子粒完全黄熟，而茎叶尚未完全枯黄，这叫稭青子熟。

4.小杂粮

小杂粮称“小”，一是单产量低，二是种得少，三不是主粮，只是作为一种调节膳食的辅粮。它种类多，品种多。因收获、脱壳、磨粉都麻烦，价格虽高，但产量不高，种植面积较少。

(1)二　豆

蚕豆,豌豆合称二豆。蚕豆也叫寒豆,豌豆也称小寒。二者都带有“寒”字,可能是二豆播种时间是寒露节气。二豆兼作菜类食用,立夏之初,早蚕豆,早豌豆煮熟后搬上餐桌成为时新菜肴。它品味独特,皮色碧绿,犹如珍珠,翡翠。

①蚕　豆

蚕豆解放前是一色的青皮蚕豆。20世纪50年代中期出现白皮的,青中呈现淡白,子粒粗一些,成熟期、单产都差不多。这两个品种并存,农户不刻意单独分种,而是混合着种植。“文化大革命”时期,从蚕豆之乡的启东引种启豆1号、启豆2号。 90年代从外部传进一种叫香蕉蚕豆的新品种,豆秸高,豆荚长,像小香蕉,子粒多且粗,皮色如白皮蚕豆,单产高二成左右,很受农户和食客欢迎,食用期要比其他蚕豆迟3天左右。

种植面积

蚕豆净种亩产比三麦低,亩产值和三麦差不多。一般只占三麦播种面积的百分之二十。2007年开始,政府鼓励种菜,按面积有资金补贴,本镇农户种蚕豆就多了。

播　种

播种时间在寒露后期到霜降。净种少、套种多。根据下熟作物品种定好行距。条播,畦深4~5厘米,点穴下种,每穴2~3粒,穴距18~20厘米。重基肥,下肥是一次性的,以厩肥中的羊棚灰为主,20世纪60年代后期以磷肥或复合肥为主。蚕豆耐寒性不如三麦,南北走向的畦盖泥时,在其西边留一道几厘米高的小泥堤,叫挡风泥,铁拉拉细拉平后踏实,使种子与泥土紧密结合。蚕豆皮厚子叶肥大,萌发需水量多,所以出苗很慢。也有用大锹栽土穴播,一次性完成,但单产不如开行点播高。

培　管

蚕豆的虫害较少,生长早期有蚜虫为害,喷一次农药后便进入越冬期。春分后期,会发生茎枯病、赤斑病,喷一次抗菌类药物。春天疏通排水沟,降低地下水位,以降低茎枯病发生几率,防止豆秸死亡。立夏节初始青豆类绽起,就能采摘食用。小满前夕,豆荚很快变黑,5月底拔秸收获。

②豌　豆。

传统豌豆有早熟和迟熟两个品种。早熟的荚短产量略低,应市早,迟熟的荚长产量也高。20世纪90年代起,一种豌豆在白露期间播种的,生长期两个月,到11月底就能采收,是返季菜,不能做种,其茎短不蔓生而不搭棚架。

播种时间

豌豆播种时间跨度很大,最早可在寒露之初,最迟可在立春之初。

选地播种

合作化前,豌豆多数种在沟沿边,攀在芦苇上。人民公社时期,豌豆种在棉田里。春天豆蔓攀附在棉秸上。分田到户后,农户选择种自留地上,方便采摘。

播种方式

铁鎝开畦，畦深3厘米。直行中散播，一平方丈中撒种20~30粒，基肥一次性下。盖泥后拍实。

培　管

播种一星期后见苗。种得早的有蜗牛危害，用农药杀灭。第一轮在大冻到来前适当盖一点细泥以防冻。春分期间搭棚架，材料是树枝、竹子和芦苇。清明时节雨水多，注意降低地下水位，以免同时注意潜叶蝇暴发，即时用农药防治。早豌豆在立夏前后饱绽采摘。小满之初，荚黄藤枯拔秸。

（2）赤　豆。

赤豆也叫红豆，皮色鲜红光亮，与大米一起煮饭，颜色美，饭香特别。制成豆沙，做茶食糕点的馅儿。价格是玉米的2~3倍。除了食用，也是农民的一种经济来源。

①品　种

合作化以前，农村家家种植，集体化时期也未减少。分田到户后，增加种植。原来的品种只有一个，合作化时期推广种植新品种大红袍，其子粒比传统品种粗，颜色也鲜红得多。20世纪90年代初，一个株型直立的新品种引进，它的子粒和光洁度胜于大红袍。且不需攀附，更受农户欢迎。还有一种野生赤豆叫瞎眼赤，荚子细长，子粒细密，生命力很强，结荚一簇一簇的，品味与一般赤豆无异。

②播　种

赤豆播种在芒种至夏至之初，最迟可延至7月初，农谚说“头时棉花二时豆，三时补赤豆”。播种方式穴播，穴距50厘米或多一点，每穴5~6粒。往往间作在玉米棵边，其藤蔓细长，缠绕在玉米秸上，玉米收获后正好长赤豆。

③培　管

一般不施肥。玉米棵间除草也顺便给赤豆除了草。中后期有蜗牛和红蜘蛛危害。赤豆收成有大小年之分，如遇红蜘蛛危害外，还有病毒感染，收成只及常年的百分之四十左右，称作赤豆小年。

④收　获

8月，赤豆藤缠在收获的玉米秸上，8月下旬始现初花，霜降前后成熟拔秸。

（3）绿　豆。

豆色绿，比赤豆细，绿豆芽和绿豆粥是好食品，能驱热、利尿、解毒，有保健功能。合作化前，很多农户都少量种植，人民公社时期因单产不高而几乎绝迹。1983年分田后，有少数农户种植。2010年，每千克绿豆价达20元。

①品　种

绿豆有两个品种，荚短的叫羊角绿，荚长的叫牛角绿，单产差不多，牛角绿子粒粗一些，农户喜欢种。

②播　种

绿豆对播种的时令要求不高，从谷雨到大暑90天中任何时候种都可以。生长期短，80多天。竹行人有个经验叫“吃绿种绿”，就是第一熟收获的种子再行播种，第二熟能得到收获。绿豆株细，秸高约60厘米，可以密植。绿豆对土壤和肥料要求不高。少有病虫害。

③收　获

豆荚由青转黄发黑即成熟，随即采摘，分批熟分批采摘。

（4）高　粱

合作化与公社时期普遍种植。高粱用来制作糕点、酿酒，高粱烧酒是普通粮酒中的上品，副产品高粱苗是扎扫帚的好材料。

①品　种

高粱有高秆、矮秆两种。高秆株高约2.5米，矮秆株高近2米。20世纪80年代末，有些农户种黑穗杂交高粱。

分田到户后，由于人民膳食结构的改变，高粱淡出餐桌，农田里极少看到像红灯笼一样的高粱穗头。

②播　种

时间在清明节左右，一般铁锆开畦，畦内散播，畦深3厘米，行距约60厘米。开畦后下基肥，以粪肥为主，然后撒种盖泥。

③培　管

播种一星期见苗，苗高8~10厘米时匀苗。过几天后定苗，苗期有蛀心虫危害。株高1.5米左右时，结合追肥进行壅土。6月下旬抽穗前用药灌心，同时追施穗肥。

④收　获

8月中旬，与玉米同时成熟，远望穗头一片绯红，近望子粒四周深红，中间淡红。为高粱脱粒方便，用菜刀在穗下茎杆处50厘米左右削下，进行脱粒。

（5）黄穄、粟穄

黄穄株高些，约1.2米，穗短而扁，有几个大小不一的分穗。粟穄株矮些，约90厘米，穗长，圆筒形。子粒都细，黏性都重，远胜糯米。品味独特，制糕点或酿酒，因产量低、面积少，不成气候。

①播　种

粟穄零星种在花生行间条散播。播种时间最早在清明节中后期，最迟可延至7月中旬，因气温高，生长发育快，从播种到收获70天。因种子细，对整地的要求很高。刨平拉细，施基肥，撒匀种子，铁锆拍实。气温在22摄氏度以上时，3~4天见苗。

②培管、匀苗

小苗长到3厘米高时得间苗，过几天便定苗。松土、除草，用小锄穿行。拔节后追肥一次。一般情况下无病虫害。

③收　获

穗头成熟后用剪刀剪下。

（6）荞　麦

解放前后农户普遍种植，荞麦生长期80来天。8月下旬，黄麻或春玉米收获后即行播种。11月上中旬收割，亩产合200千克。

荞麦风味独特，人们爱吃，一年四季市场均有供应，是糖尿病患者的理想主食。

（7）山　芋

学名甘薯，俗称番芋、地瓜。是热带，亚热带作物。喜温热怕寒冷。明朝科学家徐光启在所著《农政全书》中有记载，明朝中期传入中国，先民喜爱种植，一直到如今从未中断过。山芋亩产达1500千克多。其藤蔓是家畜的好饲料，亩产1000千克多。过去是主要辅粮，吃鲜为主，也可切片晒干，可以常年吃。鲜的、干的能制成多种食品。口味好，被科学家证明是一种抗癌保健食品。

①品　种

白山芋和红山芋两种。20世纪60年代初，引种栗子山芋，红皮红心，个体大，最大的长到2.5千克。70年代引进北京二号山芋，产量高，白皮红心，无筋，生吃脆嫩，水分多，可当水果吃。2004—2005年，从山东引进新品种，苗茎深红，果皮深红，肉暗红，种植面积扩大。

②育　苗

入冬前，选择个体完好的种薯藏进地窖，开春取出码在暖棚中。过去采用稻草遮盖防冻，铺设助暖的羊棚灰作基肥。以后采用透光又保暖的薄膜遮盖防冻。4月下旬，芽眼中一簇簇小苗逐渐现出，到5月上中旬小苗长到10厘米左右，根据芽苗长势分批次剪下即可移栽。

③栽　植

移栽前，大田需预先翻土碎泥，施足基肥。基肥以灰、粪肥为主，也可用复合肥。接着把泥土筑高成垅，拍平拍实即可，然后在垅顶用菜刀裁开泥口，深5~6厘米，苗茎3~4节入土，穴距20厘米左右。栽法分船底栽、直栽和斜栽三种。其中以船底型栽为多。顺着刀口，几个手指头顶着藤茎入土，两头翘出露出泥面如船形。还可细分两种，即刀刀断和连穴。栽完后浇足活棵水，一星期生根成活返青。

④培　管

山芋喜温好湿。如遇天旱，会严重影响山芋根茎生长，得及时灌溉抗旱。

秋天山芋藤蔓伸展快，茎节上生出不定根形成小薯，为防止徒耗肥分就得及时提蔓，使肥分集中到块根上，以利丰收。山芋田草多，要分多次拔除。

⑤收　获

霜降末到立冬初采挖。山芋不耐寒，必须在寒流到来之前收获，否则影响产量和质量。

5.种粮大户

沙志高，原住洞子港村23组，2005年移居星辰花园社区。1983年到竹行镇南邻的通州市种畜场承包80亩地种粮，夏熟小麦，秋熟水稻和黄豆。以后承包面积不断增多，1994年达到340亩。1998—2004年保持240多亩。承包初小麦亩产400多千克，水稻亩产500多千克。从1994年起小麦亩产增至450多千克，水稻亩产量增至600多千克。沙志高成了远近闻名的种粮亩产超顿大户。1989—2010年22年中生产粮食440万千克，全部卖给国家。2005年2月，获江苏省农林厅颁发的粮食生产大户荣誉证书，南通市获此殊荣共6人，沙志高是为首者，同时南通经济技术开发区管委会授予奖金1000元。

2006年种畜场开发，沙志高转移到南通农场8队继续包田，种粮100多亩。2009年，受灵芝大王陈惠委托，为其管理250亩林地，在林地四周开垦荒地40余亩，除部分种植西瓜外，主要种小麦和黄豆，从2005年到2010年，产粮食数十万千克。

谷东村顾秀标、陆志春，先后于1994年到2005年在种畜场包田种，每年分别在120亩到150亩之间，都以种粮为主，兼种西瓜。

1962—2009年竹行镇主要粮食生产情况表

表2-2

年份	全年粮食	元麦			小麦			玉米			水稻		
	总产（吨）	面积（亩）	亩产（千克）	总产（吨）	面积（亩）	亩产（千克）	总产（吨）	面积（亩）	亩产（千克）	总产（吨）	面积（亩）	亩产（千克）	总产（吨）
1962	3930	8200	125	1025	3900	180	702	7200	240	1728	1900	250	475
1976	6447	7100	160	1136	4100	250	1055	1300	320	416	12000	320	3840
1983	9588	800	180	144	5200	320	1644	9000	400	3600	12000	350	4200
2000	11006	—	—	—	5900	400	2360	8800	420	3696	11000	450	4950
2001	10149	—	—	—	5700	420	2394	8500	430	3655	8200	500	4100
2002	9848	—	—	—	5500	430	2365	8300	410	3403	8000	510	4080
2003	9436	—	—	—	5600	410	2296	8100	400	3240	7500	520	3890
2004	9302	—	—	—	5200	410	2132	9000	400	3600	7000	510	3570
2005	8954	—	—	—	5000	440	2200	7500	420	3150	6800	530	3604
2006	8536	—	—	—	5300	450	2385	7100	410	2911	6000	540	3240
2007	7600	—	—	—	5100	460	2346	7000	430	3010	4400	510	2244
2008	6518	—	—	—	5050	430	2171	7700	420	3234	2100	530	1113
2009	5906	—	—	—	5200	450	2340	7500	420	3150	800	520	416

（二）油料类

1.油　菜

菜油是本地主要的食用油。菜籽出油率在百分之三十七左右，榨油后的饼粕是优质有机肥，改革开放后，多用作禽畜及鱼虾的饵料。

（1）品　种

20世纪60年代前，竹行镇域种植黄油菜，株高约0.8米。枝杈少，枝杆短而粗。成熟期稍早于元麦，亩产油菜籽60~70千克。出油率百分之三十左右。60年代中期起，引种胜利油菜，人们冠以洋油菜之称。株高1.5米左右，枝杈多，荚子密而长。成熟期迟于元麦而早于小麦，亩产在120千克上下。80年代中期，种植杂交品种秦油二号，以后是秦油6号和秦油7号，亩产都在200千克上下。90年代起，推广史力丰和华油系列等。史力丰抗病力强，产量高而稳，菜籽亩产达250千克。2003年，谷东村22组一个农户，亩产菜籽303千克。

传统品种黄油菜，霜降时直接撒种，以后间苗，新品种都采用育苗移栽。

（2）基地育苗

①育苗时间

最宜时间应在9月23—25日几天内。32~35天的秧龄移栽最适宜。20世纪70年代初，根据苏州的经验实行3“7”移秧，即菜秧7寸长，7个叶片，0.7厘米根径。拔秧前几天薄施速效肥，并喷药治虫。同时对移栽田块拾柴禾，整地，喷洒除草剂。

②移　栽

定行距70厘米，株距12厘米，栽后踏实根部浮土，浇水活棵。20世纪80年代末期起，推广免耕移栽后，栽油菜不浇水。

③培　管

移栽后如遇秋旱要浇水；重施腊肥，用大比例的水稀释，既满足菜苗对肥水的需求，又能防冻。氮、磷、钾三要素比例配置要合理。提倡科学施肥方式。防治病虫病、霜霉病和菌核病是油菜的大敌，这两种病害发生概率高，在油菜花期雨水多，地下水位高时易发生。除疏通排水沟外还得用灭菌类农药，分两次进行，一次在初花期，二次在盛花期。

④收　割

进入5月下旬，油菜荚黄熟，收割的时间略早于小麦，九成熟十成收。

2.大　豆

大豆俗称黄豆。出油率在百分之十三左右，榨油后的副产品饼粕，含氮量高，是上好的农家肥，又是极好的禽畜饲料。大豆亩产量125~150千克。黄豆根瘤菌固氮，以田养田。先祖铺生改土，就重视种黄豆，其密密的枝叶能阻遏青芦、茅柴等生长。

（1）种植沿革

套种多、净种少，十边隙地也种植。

分田到户后，种植结构调整，市场需求变化。20世纪90年代，由于青毛豆荚市场需求量大，价格看好，竹行整片整片地块种植青毛豆。

（2）品　种

解放前到解放后人民公社时期，大豆品种有白油果、大白豆、细白花枝、酱颜红等。细白花枝稭高，荚密，粒细，产量高。表皮酱色的酱颜红，出油率高些。20世纪90年代末，引进一个新品种，其株型和细白花枝相似，子粒粗，黄而圆，亩产量达200千克。

（3）播　种

黄豆对土壤性质和肥力要求不高，播种的同时下一点磷、钾基肥即可。种黄豆一般在芒种至夏至之间，时间不宜过早，有10年早豆一年好之说。采用条播法，行距50厘米，穴距15~20厘米，每穴豆种4~5粒，畦深视土壤湿度而定，3~4厘米之间，盖泥时必须拍细拍实。

（4）培　管

①如播种时干旱，浇点水，预防豆种干白烂。

②防治虫害

幼苗期地老虎、蜗牛危害。炎夏高温易发红蜘蛛，初秋有小金龟子，必须用农药防治。

③除草、松土

播种后喷洒一次除草剂，能有效防治草害。

（5）喷　磷

在小豆荚成蟹脚时对黄豆叶面喷磷能使籽粒增粗，提高产量，收益大。

（6）收　获

寒露期间，豆叶卸尽，豆荚干黄，及时收获。迟了，豆荚开裂，豆子掉地。一般利用早晨有露水时拔稭，在田里晒两天后进行脱粒。

3.棉　籽

棉籽油是农村重要食用油料，棉籽是棉花的副产品。在人民公社生产队集体所有制时，出售棉花后社员分到返还的棉籽油。直到20世纪70年代末，棉油一直是竹行人民的主要食用油。

4.花　生

花生学名落花生，土名叫长生果，有保健功能。花生子粒含油量和蛋白质都高。花生油含不饱和脂肪酸而不含胆固醇，有助于心脑血管的健康。

（1）品　种

花生的老品种有两种：一种叫大光果，荚大子粗，结荚少些。一种叫龙爪果，荚细长，子粒细结果也多。两个品种花生果肉单产不相上下。口感有所不同。这两种花生的藤都是蔓生的，收获时比较费工。解放初期，引种一个直株型的新品种，叫拨花生。在盛花期用长锄壅土。果荚全部着生在主根根部，收获时拔起采摘。1983年分田到户后，花生种植面积大增，品种也增加。20世纪80年代中期，谷东村9组村民率先种植小荚花生，它果小而密，壳薄粒实，空壳率低。出米高，500克果能产375克花生米。比别的花生高出近50克。且果肉含油量高，吃起来香。90年代后期，大龙爪在谷东村几户种植，产量较高，逐渐扩展开来。2000年后，老品种被淘汰，大龙爪替代了小龙爪，小荚花生也很少种植。2005年，外来务工的山东人从家乡带来大荚种，开始种植。这种花生果形大，果肉粗，结荚密，口感好。2008年，又有一种花生果肉表皮颜色是黑的。这个品种藤和果实、外壳、产量与一般品种无异。黑色食品有保健功能，正在周边农户中扩展种植。此外，还有从播种到成熟收获期分别为60日和90日的两个品种。

（2）播　种

花生播种时间通常在5月底到6月初。20世纪80年代开始，用地膜育苗，早熟品种最早可以在惊蛰前种植，花生苗露出地膜时已无雪无霜了。早熟品种产量虽低，可应市早价钱高。最迟播的在7月中下旬鲜果上市，价格高，效益大。播种时采用条播法，畦深4~5厘米，比黄豆的略深些，行距45~50厘米，穴距15厘米左右，每穴2~3粒。播种前先下基肥。

（3）培　管

花生初花期松土除草，盛花期施肥及壅土。主要虫害是土蚕，用农药防治。如果苗太旺要喷矮壮素。8月15日前后，用磷肥1∶100比例进行一次叶面喷磷，增产作用更大。

（4）收　获

夏花生生长4个月后，皮壳麻，子粒饱绽，10月中旬收获。

本地小油坊榨地产花生油，出油率百分之四十。

5.芝　麻

芝麻出油率百分之四十左右。油芳香特殊，用作凉拌菜的调料，小磨麻油更醇香。芝麻还可用作元宵的馅，茶食糕饼外嵌芝麻，既香又美。亩产一般80千克左右。

（1）品　种

芝麻根据颜色分黑、白两种。两种芝麻种植面积比例相当。黑芝麻是黑色食品，喜食的人逐渐增多。2000年以后，种植面积超过白芝麻。

（2）选　地

芝麻不耐湿，须选地势高一点的田块种植。也不能重茬，3~4年轮作一次。

（3）播　种

5月中旬到6月上旬播种，芝麻种子细，属双子叶植物，对土壤要求较高，刨土后拉平拍细，净种的都用条播法，畦深1~1.5厘米，行距35~40厘米，施少量基肥后均匀稀播，轻盖薄土，拉平拍细拍实，4~5天萌芽出土。

（4）培　管

出苗后达到真叶二叶期就间苗，小苗期间易受立枯病为害，不宜过早定苗。梅雨期预防根部渍水，须疏通排水沟。旺长的要壅根，以避风雨防倒伏。喷施矮壮素和摘心是夺丰收的一项措施。时间掌握芝麻开花到中后期时进行，以利控肥壮果。

（5）收　获

9月上旬，芝麻秸秆腰部以下黄叶脱落，顶端收花，就可收割。

（三）蔬菜类

蔬菜供给人们各种维生素和矿物质，有些还有保健功能和药用价值。在工业发展加速城镇化建设的过程中，社会需求量增多，种植蔬菜效益显著。20世纪80年代中期到2010年，竹行涌现一批蔬菜专业村和种植大户，种植应时蔬菜和大棚反季蔬菜。21世纪开始，农户包田，规模种菜。

1.叶菜类

（1）种　类

叶菜类多，颜色多，有白菜、青菜和黑菜；品种有黄芽菜、青菜、卷心菜、菠菜、韭菜、元荽、茼蒿、香菜、芹菜、苜蓿等。还有野菜如荠菜，马兰头，苋菜等。近几年，从国内外引进很多叶菜新品种，如山东87114大白菜，上海矮脚青、苏州青、意大利生菜等。

（2）竹行镇菜农栽培黄芽菜的方法

①育　苗

时间在处暑之初。苗圃育苗：选好土质疏松的田块，翻耕碎土，施上基肥，菜种稀稀播下浅土，拍紧或踏实。盖上松软的柴草防晒。3天见苗，间苗要几次，加施追肥，拔草和治虫。

②移　栽

3~4个星期后移栽。先浇水防根上泥土散落。用小板锹轻轻连根带泥一起挖出，栽到已开挖的泥穴内。轻轻壅土拍平，黄芽菜的行距约为50厘米，棵距约为40厘米。也可原田播种，播种时定好行株距，间苗多次后每穴定苗一棵。

③培　管

黄芽菜怕旱，移栽后就得浇水，遇秋旱经常浇水，入冬后防干冻，也要浇水。黄芽菜需肥量大，施活棵返青肥、抛心肥、裹心肥等，在稻草围扎后再施冬肥并壅土。黄芽菜生长期虫害多。蚜虫、土蚕、青虫轮番危害，及时用农药防治。

立冬后，菜心呈黄白色裹起，用稻草围起四周表皮，以保护并促进裹心，又能防冻，称为扎棵。

④收　获

小雪、大雪期间，菜心长实，外叶枯黄即可收获。一般是随吃随挖，或连根带泥搬进地窖。

2.茎叶类

（1）品　种

分圆叶和尖叶的，绿色和紫红色两种，茎去掉表皮后均为淡绿色。芹菜、莴笋是典型的茎叶类蔬菜。其茎和叶都可食用，主要部分是茎。莴笋可以密植，产量高。市场上晚秋连春末都有出现，食用时间半年多。

（2）莴笋栽培方法

①育　苗

育苗时间在10月上旬，对土壤的墒情要求比较高，泥干天旱先用粪水浇，浅下土后拉平拍实，再盖软草以保墒，一星期见苗。

②移　栽

菜苗一个多月后移栽，早育早栽。密植高产，行距30多厘米，棵距20厘米上下，栽后浇水。

③培　管

成活后施一点薄肥，追施腊肥有利春天长茎和叶。莴笋虫害少，主要是蜗牛。春暖雨水多时，如通风透光条件差，会有根腐病和霜霉病危害，及时摘除老叶，让其通风透光，并用杀菌类农药防治。

④收　获

4月上旬到5月上旬，莴笋大量上市。莴笋是二年生蔬菜作物。必须经过春化阶段。20世纪90年代末，市场上秋莴笋成为时鲜蔬菜，种植方法是给予种子进行春化处理。种子处理方法：放在冰箱中保鲜，放置48~72小时，种子用凉水浸泡48小时吸足水分，包进纱布中，让种子有一个春化过程。待种子白色胚芽露出，傍晚前浅播在苗圃里，用软草遮蔽防晒，很快出苗。4~5叶期就可移栽。11月初上市。20世纪末，这项新技术传进竹行，大安村菜农试种，获得成功。

薄膜大棚，避寒保暖，整个冬天均能生长应市。

3.块根类

（1）种　类

块根类蔬菜较多。芋艿、马铃薯、山药、白萝卜、胡萝卜、香芋等，食用部分都是块根。芋艿、马铃薯靠块根繁殖后代，萝卜以种子繁殖。

（2）马铃薯的栽培技术

①品种演化

马铃薯从欧洲传入中国，土名洋番芋，洋山芋，也叫洋芋艿。20世纪60年代前，竹行境域的传统品种表皮黄中透红，其后普遍种植形如鸡蛋和猪肾样的黄皮品种，个体较大，产量较高。80年代中期起，引进黑龙江克新1号新品种，个大产量高。至2010年，本地仍以克新1号为当家品种。

②种性特点

一年两熟：

上熟在雨水节期间下种，小满后采收，下熟在处暑节期间下种，霜降采收。

切块作种：

上熟种一般用上年秋熟挖出的，看准芽眼切开。下熟种都用当年夏熟挖出的，芽眼中萌发幼芽。秋熟马铃薯在土中由热到凉其种性较优，以秋熟马铃薯做种为宜。

③播　种

选择排水性能良好，土壤疏松的田块，深翻、敲细平整后开畦，深度5~6厘米，宽度30~35厘米。施足底肥后下种，棵间距离15~20厘米。盖上泥后拉平拍实，呈马背式，以利排水。下熟播种的要盖草防晒，避开雨天下种，以免烂种。

④培　管

上熟或下熟播种的出苗都在半月以后。马铃薯要壅土，第一次在苗高10~15厘米时，第二次在现花蕾时，壅土结合追肥。

⑤收　获

5月底至6月中旬收获，选择晴天起挖，亩产900千克左右。

⑥马铃薯栽培新技术

20世纪80年代开始采用地膜覆盖法，栽种时间提前，一般在春节后，有些菜农则在春节前。畦要深一点，一次性下肥，不壅土，地膜直保留到采挖。立夏节前后销售，货源少，价格高。

块茎类蔬菜还有大头菜和榨菜。大头菜加工后制成咸菜，人们习惯叫盐鸡（谐音），密封缸里当作家常菜。榨菜在20世纪60年代引种，露出泥面的根部块状物，用盐和辣椒粉腌制成榨菜，口感和色泽不亚于著名的四川榨菜。80年代开始，农户普遍种植。自食兼作商品。近年来种大头菜制成咸菜的农户减少，价格升高，2009、2010年500克达5~6元。

这两种蔬菜的栽培方法和一般蔬菜相似。

4.根芽类——蘘荷

长禾，喜荫不耐热，一般在房后和树荫下种植。谷雨节气后期，幼苗从地下延伸根上伸出地面，即可连根挖起小苗移栽。一年后收获，连年不断。培管非常简单，拔草，施点肥就行。无病虫害。繁殖力强，适应性广，对土壤要求不严。树荫下、沟边河沿均可种植。

8月中旬起，禾苗根部两侧各有一个像小竹笋般的根芽露出泥面，3~4厘米长时，可抠出食用。整个收获期40天左右，先后几批，9月上旬收获完毕。每平方米产量约1~2千克。最近几年，收获初期市价每千克60元。味甘、爽口、有中药味。是饭店餐桌上的佳肴，深得食客喜爱。

5.茎叶兼块根的大蒜

大蒜有特殊的芳香，人民爱吃爱种。苗期吃叶，以后吃蒜茎（即蒜苗），成熟后吃蒜头。蒜头再留作种植。

（1）品　种

大蒜分早熟和晚熟两种。当地土种为晚熟品种。20世纪70年代引进早熟品种“二月白”。还有两种特殊的品种。一种是茎叶粗壮，蒜头大，可不抽苔没蒜苗。另一种俗称洋大蒜，叶子特别宽厚，但口感差一点，比普通青蒜上市早一个多月，该两品种均为杂交种，由于上市早，市场行情好，种植较多。

（2）播　种

立秋末到处暑初，翻耕碎土后铁鎝开畦，深3厘米。施足基肥，逐一摆种，一个铁鎝口中三行，芽头向上，棵距3个指头宽，每分田用种量8~10千克。种完拉平拉碎拍实泥土。盖上麦秸或别的松软烂草。

（3）培　管

大蒜培管很简单，病虫害少。田块要求高爽不积水，平时抓好施肥、除草。苗期施好苗肥，以速效氮肥为宜。蒜苗抽苔前施好一次抽苔肥，做好除草工作。

（4）收　获

①蒜　叶　吃大蒜茎叶的时间很长，11月初到次年4月初。

②蒜　苔 蒜苔也称为蒜苗。早熟品种在4月上旬收获。迟熟的则在5月上旬，用刀片轻轻剖开取出。

③蒜　头 端午节前蒜叶枯黄，挖出蒜头晾干做种或食用。

6.花　菜

(1)菜性特征

花菜是花椰菜的土名，属甘蓝科。主食部分是从菜心里长出的花冠球，是蔬菜中的高档品。有白色和绿色(称西兰花)两种。

(2)品　种

有60日种、90日种、120日种三类。一般是早熟品种种得早产量低，晚熟品种种得迟，产量高，个体重0.5~1.5千克以上。

(3)栽种和培管

类似黄芽菜，苗期防治蜗牛，中后期防治菜青虫。

(4)采　收

花冠乳黄，花粒绽出时采收。

7.瓜菜类

解放前，竹行境域内瓜菜类作物有黄瓜、生瓜、菜瓜(香瓜)、冬瓜、丝瓜和南瓜。解放后种植笋瓜。20世纪70年代引种金瓜，近几年增种苦瓜。

瓜菜类作物共同的特点都是蔓生，藤长，其中丝瓜藤能长到10–15米。瓜菜的产量有大小年之分，"六月大，瓜茄绿蔬呒篮摆"。这是竹行人对瓜类丰收的形容。

黄瓜家家种，主要用于腌制咸瓜。黄瓜种子在20世纪90年代前都是自繁的，其后由种子站供应，其个体大，产量高，抗病力强。播种时间在清明期间，使用薄膜后可提前一个节气。双行种植，行距1米左右。有的搞催芽播种，多数搞直播。畦深2厘米，棵距30厘米样子，每穴定苗两棵，搭棚架。苗高30厘米时，瓜头上叶掖间的攀悬丝生出，即攀缠棚架，一上棚就现初花放瓜蕾。

黄瓜怕潮湿，梅雨前要疏通排水沟，防止青枯，同时及时防治霜霉病是夺取丰收的关键。

黄瓜生长期短，到7月末停止结瓜。2008年后采用新技术使它二次结瓜。棚架也可反复应用。

8.果菜类

(1)种　类

主要有茄子，青椒，辣椒、番茄等。

番茄栽培在竹行有40年左右，一亩能产2000千克，番茄是菜也是水果，食用价值高。

(2)番茄的栽培技术

①育　苗 番茄的种子很细，育苗时须精耕细作。农户春节后用薄膜小棚育苗。播前精细整地、施基肥、撒种，用薄泥盖种，然后喷水。

②移栽前的准备 移栽前几天在中午前后敞棚。下午3点后罩棚，称为练苗。有利秧苗插后适宜大田气候，提早成活。

③移 栽 清明前后移栽。行距80厘米，株距50厘米。秧苗根部带泥入穴。

④搭棚架 因番茄植株较高能长1.5米左右。株软无丝，搭棚架固牢。

⑤施肥壅土 番茄一生需肥量很多，要追肥几次，并结合培土。

⑥整 芽 抹赘芽，是番茄生长过程中重要工作，是防止营养分散、有利增产的好措施。

⑦采 收 分多批次，择熟而摘，一亩番茄产2000千克上下。

大棚番茄应市早，价格高，亩产值在1.2万元左右。

9.豆角类

（1）种 类

豆角类蔬菜，有扁豆、豇豆、刀豆、毛豆，均为攀缘植物，其中地爬豇豆直立形不需搭棚。毛豆也不要搭棚。毛豆需肥量少，能养田。攀缘类的豆角作物，往往利用三棚房顶攀悬（猪棚、羊棚、毛坑棚），或利用排水沟、河沿沟边沿种植，不占耕地。

（2）长豇豆

豇豆分长豇豆、小沟豇、盘香豇、白米豇（也叫赤豆豇）和地爬豇豆。其中长豇豆，需要搭棚栽植。

豇豆播种时间在清明节期间，两行平行，宽1.2米左右，畦深3厘米。穴播，穴距30厘米，每穴定苗两棵。苗茎长度30厘米时追施薄肥并搭棚架。藤蔓爬到半棚就放初花结荚。生长期短，7月下旬停止结荚。

（3）棚架二次使用办法

豇豆生长期短，棚架材料为芦苇、竹片或小竹头，中间有立柱。竹行农民常连续使用旧棚架，办法：

传统办法。套种本扁豆。6月中旬，当豇豆爬满棚架时，在豇豆行里间种本扁豆。8月上旬起豇豆藤蔓萎缩，为扁豆藤的生长发展腾出了空间。扁豆结荚一直延至霜降初，时间余地很大，棚架得到充分利用。

种二熟。第二次播种时间在头熟生长中期，种子播进头熟豇豆的棵间。使用地膜后，头熟豇豆提前播种也提前终止生长，时间和空间余地较充裕。二熟豇豆的特点是采收时间集中，后续时间较短。二熟豇豆前后相接，棚架得到充分利用。

（4）青毛豆

青毛豆作为蔬菜，其身价高，食用时间长。传统的有早熟的瓜熟豆（也叫时豆），比较早熟的有6月白，中熟的有7月白，8月白，荚荚三等。比较晚熟的有牛踏扁，精水白豆，迟熟的是西风青，霜降节气里还能吃到青毛豆。20世纪80年代中期起，从外地引进几个早熟品种，早期有大庆豆，其后是合丰26和合丰32，这几个品种株矮，荚少，子粒粗实，产量不高，主要应市早，价格高。同时有一个品种叫呒早迟毛豆，播种时间跨度很大，早种、早熟、早收，晚种、晚熟、晚收，其中最受农户青睐的绿皮豆，产量高，口感好，市场行情好。

绿皮豆播种时间在6月上中旬，上茬是小麦或油菜。迟至7月下旬也可以。经过多年的选育，品种有小荚和大荚两种，早熟的和迟熟的，采摘期相差一个星期左右。

青毛豆的播种方式和培管办法与大豆接近。

2000年前后，竹行镇各村大面积种植，其中有名的是海洪圩村。

10.蔬菜规模种植村和专业大户

（1）新丰村

1990年起，在18组村民种菜大户高广章的影响下，很多农户种起了商品蔬菜，比较成规模的有12户。

首先种大棚蔬菜的是高广章，市场上的反季蔬菜赚钱多，同一面积大棚蔬菜的产值是冷地的几倍。高广章于2004年开始小规模地种植大棚蔬菜。先不用钢材而用竹子搭建大棚，减少成本。2005年起，用钢材搭棚，面积增至两亩。同组村民高如平、高如超开始种植大棚蔬菜。

2001—2008年竹行镇新丰村大宗蔬菜大户种植情况统计表

表2-3

年份	姓名	组别	品名	面积（亩）	亩产（千克）	亩产值（元）
2001	高广章	18	大白菜、番茄	3.5	2500	12000
2002	高广章	18	茄子、番茄	4	2750	13000
2003	高广章	18	茄子、番茄、青椒	4.5	2750	14000
	高如平	18	青菜、番茄	2.5	2500	11000
2004	高广章	18	大白菜、番茄、茄子	5	2500	10200
	高如平	18	茄子、番茄	3	2600	12000
2005	高广章	18	莴笋、番茄、茄子	4.5	2750	13000
	高如平	18	莴笋、番茄、茄子	3	2600	12500
2006	高广章	18	番茄、茄子、菜	4.5	2750	14000
	高如平	18	番茄、茄子、菜	3.5	260	13000
	高如超	18	番茄、茄子、菜	2.5	2500	12000
2007	高广章	18	番茄茄子菜大蒜	4.8	2600	12000
	高如平	18	番茄茄子菜大蒜	5.8	2550	11000
	黄殿和	13	番茄茄子菜大蒜	4.8	2500	9500
	朱士林	14	番茄茄子菜大蒜	5.2	2500	9800
2008	高广章	18	番茄菜大蒜	4.8	3000	11000
	高如平	18	番茄菜大蒜	5.8	2750	12500
	黄殿和	13	番茄菜大蒜	4.8	2600	10500
	朱士林	14	番茄菜大蒜	6.1	2600	11200

2005—2008年竹行镇新丰村大棚蔬菜规模种植情况表

表2-4

年份	姓名	组别	品名	面积(亩)	亩产(千克)	总产值(元)
2005	高广章	18	芹菜茄子莴笋	2	2600	24000
2006	高广章	18	番茄莴笋土豆	4	2750	48000
	高如平	18	番茄莴笋土豆	3.5	2600	38000
	高如超	18	番茄莴笋土豆	4	2600	40800
2007	高广章	18	芹菜土豆番茄莴笋	4	2600	33500
	高如平	18	芹菜土豆番茄莴笋	3.5	2850	36800
	高如超	18	芹菜土豆番茄莴笋	4	2400	39600
2008	高广章	18	芹菜番茄莴笋	4	3000	48000
	高如平	18	芹菜番茄莴笋	3.8	2750	47000

(2)江海村

江海村离集镇较远,2004年前,种植蔬菜以自给为主。行政区划调整后,村民王信范、高建平、施文祥、汤忠扬等开始种植卷心菜、花菜、番茄、豇豆等大宗蔬菜。2007年开始,南通经济技术开发区对农户种植蔬菜进行补贴,全村大幅度增加蔬菜种植面积。全村285户种植795亩,2008年蔬菜增至375户,面积增至1083亩。其中种植蔬菜的大户是:

2007年,袁静贤种藕11.25亩,秦兴平种卷心菜8.12亩。

2008年,胡慧泉、高建平、刘伟忠、陆祖平、赵建康、秦兴平种卷心菜分别达到11.23亩、6.93亩、8.53亩、9.8亩、8.3亩、8.12亩,种植卷心菜的农户有一大批,成了闻名的卷心菜种植专业村。每当收获时节,各种运菜车辆络绎不绝,销往南通、上海、苏南等地。此外,汤忠扬种7.16亩芋艿、大蒜;蔡水平种9.57亩芋艿、香芋、黄芽菜;周学兵种茄子、番茄3.8亩。

(3)江东村

江东村划入竹行镇前,农民种商品蔬菜较少。2006年,有15家共种菜30亩,纯收入5.4万元。2007年,种菜大户60家,种植面积270亩,纯收入66.76万元。2010年,种菜大户161户,面积559亩,产值100余万元。

(4)大安村

1983年开始,一组村民沈小二,二组朱云冲、朱云新、徐冲、朱跃明,6组朱国涛、陆国安等7个农户成为蔬菜专业户,每户年收入达到5000~7000元,最多的达到3万元。2009年,种植范围扩展到北至天星镇,西至包家桥共8个村民组,种植面积近千亩。2010年扩展到大安村全境。

蔬菜种植从榨菜、小白菜发展到花菜、生菜、山药、香芋、土豆、芹菜、扁豆等。大棚种植反季蔬菜有番茄、黄瓜、青椒、豇豆、辣椒、茄子等。有蔬菜经纪人上门收购批发,销往南通、海门、上海和江南地区。也有外地蔬菜批发商前来收购。2005年蔬菜亩均产值10504元，2010年蔬菜品种增多，产值提高。

2008年竹行镇大安村蔬菜大户种植情况统计表

表2-5

姓　名	组　别	品　名	面积（亩）	产值（元）
张宝洪	4	大蒜、花菜	8	32000
朱国涛	6	大白菜、青菜、花菜、卷心菜	9	36000
陆忠林	7	青菜、菠菜、大蒜、大白菜	18	63000
顾立洪	18	花菜、青菜	6	24000
盛志超	37	菠菜、大白菜	6	24000

2008年竹行镇大安村大棚蔬菜大户种植情况统计表

表2-6

姓　名	组　别	品　名	面积（亩）	产值（元）
张宝洪	4	番　茄	3	13500
朱国涛	6	花　菜	5	37500
陆忠林	7	茄　子	5	37000
盛志超	37	番　茄	3	13000
徐小祥	41	番　茄	2	8000

（5）长桥村

1983年分田到户后，长桥村一批农户辟出小块土地种植蔬菜，村民杨秀章1984年种植15亩青毛豆等蔬菜。直到1996年，年年保持这个面积。以后改种丝瓜，冬瓜等蔬菜，直至2009年，都保持种植4亩左右。

全村主要蔬菜种植专业户有：张冲，陆思明，孙协清，范老九，陈汉章，徐永祥等20多户，各户蔬菜种植面积2~6亩。

2007年，长桥村33个种菜大户共种151亩，其中陈寒林一户种植92亩，当年全村蔬菜纯收入60多万元。

长桥村种青毛豆有名，20世纪90年代初已具规模，1995年以后每年都在150亩到170亩之间，2009年，南通经济技术开发区因开发拆迁全面停种。

（6）竹东村

1962年竹行划建公社时，九大队11生产队（现11组）定点为专业蔬菜队，指定供应政府机关、供销社等单位食堂。该村西边紧靠的镇农贸市场，销售方便。1983年市场放开，定点供应蔬菜的任务停止。村民延续种蔬菜传统，逐渐形成一批专业户，其他组也纷纷仿效。2007

年2组施卫兴、14组沈作高、22组郭凤香等规模种菜的有39户，面积102亩，2008年增至60多户，面积增至400亩，2009年和2010还有所增长，蔬菜亩均产值都在万元以上。

（7）海洪圩村

海洪圩村是竹行的青毛豆村。1985年，村里几个种田能手根据南通农场和种畜场的经验种西瓜夹毛豆。晚秋毛豆迟种、迟摘、价高，亩收入几倍于粮食收入。20世纪90年代初薄荷和麻相继停种，农户就在收获小麦、油菜后种植青毛豆。海洪圩村人均耕地1.3~1.5亩，种植4亩以上绿皮毛豆的农户有数十家。到90年代后期，部分劳力多的农户承包别人的土地。种田更合算，于是农户青毛豆种植规模进一步扩大，种植5~6亩的占全村农户的三分之一，种植8~9亩的农户20多家。

亩产青毛豆650千克左右，最高亩产800千克，比别的作物产值高、效益好，可采摘销售时间集中，为解决该矛盾，农户采取早熟、迟熟种植时间岔开，形成从九月上旬到10月上旬的采摘忙季，最迟在霜降期间采摘。

21世纪前后十几年，青毛豆收获旺盛时期每天都有来自本地、外地8~10辆大卡停在村内几个路口收购，有的小车直开到地头、农户家收购，运往南通、上海、苏州等地销售。

收获季节竹行村南部几个组、谷东村南部几个组，还有西邻的新开镇长桥港村整个村，大车、小车都到海洪圩村收购点收购青毛豆。这种兴旺景象一直延续到2010年全村土地开发。

10多年中，海洪圩村每年种植毛豆600~700亩，以2009年为例，青毛豆平均销售价格每500克1元，全村青毛豆销售额在80万元到90万元。

9.特种蔬菜专业户

（1）薛文标栽培出大山药

谷东村21组薛文标，20世纪80年代中期起成为商品蔬菜生产专业户，90年代中期起每年种山药半亩地，年年丰产。2010年，重1千克根的山药非常普遍，其中最大重2.25千克。基肥用的是青草、老菜和腐熟的羊棚灰。

（2）徐汉青栽培出大芋艿

谷东村21组徐汉青，掌握芋艿喜湿怕旱特点，2006年利用废水渠种芋艿200多棵，用牛粪和青草作基肥，每棵平均收获1.7千克左右，最大的有3千克多，很多单个芋艿重达0.25千克。单产是一般芋艿的3倍。

（四）瓜果类

竹行境域内，瓜果类品种较多，有草本、木本两大类。20世纪60年代前，草本瓜果类有西瓜、香瓜、芦穄、甘蔗等；木本瓜果类有桃、梅、李、杏、枣和葡萄、枇杷、无花果等树。70年代增加了草莓、梨、桔、金桔等树。80年代增加了银杏等。90年代也有少数农户种植猕猴桃等。2010年，有些果树不再种植。除传统种植草本类瓜果外，分别掀起草莓热、葡萄热、桔树热、银杏热。从栽种到结果年限各不相同。竹行民谚说，桃三年，杏四年，李子、核桃各五年，枣子当年换本钱，要吃枇杷十余年。

1.西　瓜

（1）品　种

传统品种有老黑皮，洋西瓜，新品种不断更新，无籽西瓜、黑美人、苏蜜1号、金星、8424，解放初引进的平湖瓜。这些西瓜个体大，可皮厚，品质一般。另一种叫浜瓜，纺锥形，皮非常薄，液质鲜美，但果小、产量低。20世纪80年代中期起，新的品种不断更换，产量高，品质好。

（2）播　种

西瓜不能重茬，选择地势较高的沙质土壤，翻耕碎土，开畦下足基肥。南北走向，畦宽2.5~3米，畦深2厘米多一点，穴距，08米。采用点播法，每穴4~5粒，种头向上，种尾插进松土，轻轻盖上细土。现在以育苗移栽居多。

（3）培　管

一个星期后瓜芽破开种壳露出泥面，幼苗期易受地老虎和小蚂蚁侵害。到4片叶时第一次间苗，接着定苗，每穴定两株。气温升高，幼苗生长快，到小满时瓜蔓就有半米多长，开放初花，此时用麦秸草或青杂稭等铺瓜地，使蔓节上攀悬丝缠住麦秸，以减少风中的摆幅，稳定其生长。第一批瓜蕾放出时追施稀释的氮、磷、钾肥料。在瓜藤盖满土壤前除去所有杂草，西瓜喜潮但怕水，梅雨到来前整修排水沟。

（4）收　获

西瓜分批成熟，从幼瓜起到成熟一般28天左右。采摘时谨防伤害瓜藤，以利下批幼瓜的生长。西瓜9分熟时可采摘销售，8月初瓜藤萎缩，亩产量2000千克左右。

（5）西瓜栽培新技术

①苗床育苗

采用地膜，培管方便，防冻保温。提前育苗、移栽，提前收获。

②移　栽

使用移苗器移栽，不伤根叶。有的瓜农直接把种子嵌进营养钵中，移栽时搬出苗床，安放进畦内穴中就行。

③采用复合肥。

西瓜生长的氮，磷，钾三要素要合理配置，施肥适当能提高西瓜的品质。

④用除草剂灭草

传统人工除草，藤长草高，易伤瓜藤。20世纪80年代后使用除草剂既方便、又高效、减轻劳动强度。

⑤大棚种瓜

21世纪之初，较大面积种瓜用薄膜大棚。春节前后播种，上市早、价格好、效益高。

⑥授　粉

对西瓜花蕾进行人工授粉，提高大棚西瓜座果率。

⑦使用膨大剂，在西瓜到6成熟时使用，催长催熟。

⑧控制藤蔓朝一个方向发展。

谷东村21组陆志春2003年前种的西瓜采用这个技术，瓜行东西走向，向北延伸的蔓剪除，让它受充裕的阳光向南发展。

西瓜种植大户

新丰村18组高广章，种田能手，1983年在承包田上种植西瓜，1986年发展到15亩。

洞子港村23组沙志高。1983年在种畜场包田。1984年从承包田中划出25亩种西瓜，以后多年一直保持这个面积。1990年起，划出10来亩种大棚西瓜。2006年种畜场开发，他还利用未开发田块种8亩，直到2010年。

谷东村21组陆志春、徐汉青，1988—2004年断断续续种西瓜4亩左右。

江海村西瓜种植大户：2007年施文祥9.4亩、刘伟新10.96亩、朱云发16.54亩；2008年，施文祥除种植露地西瓜外，还种4亩大棚西瓜。

转包土地大面积种植大棚西瓜：2009年，山东人在谷东村8组种40亩；2010年，浙江人在谷东村19组、21组、22组和25组共种500多亩。

2.香　瓜

（1）种　类

香瓜（菜瓜）是统称，当家品种是黄金瓜和糖家甜头，选择性的有青皮、雪瓜、老来和瓜。还有一种瓜藤没有丝的，叫作旡丝瓜；一窝蛋瓜，瓜小如鹅蛋，结瓜多。迟长迟熟的是牛角瓜，分白皮和青皮两种，个体大，1~1.5千克一个，瓜头小而微弯，呈牛角状。20世纪90年代后期，种子站从外地引进两个品种，白皮的和青皮青肉的，个体小一点，结瓜很多。瓜香甜可口，竹行人称为菜瓜。合作化前家家都种，有净种的，也有散播在小花田里的，公社时期种得较少。分田后多数人家种植。

（2）播　种

播种时间和西瓜差不多，土质等条件都不需严格选择，行距，棵距比西瓜小。

（3）培　管

①软草铺瓜地。在瓜藤有30~40厘米长度时，在藤蔓空间铺上软草，一般选择麦秸草。用以供藤节上的瓜丝缠绕，也让香瓜不直接接触泥土。

②追肥。 第一次追肥在第一批结瓜时，以后看苗情而定，过肥会使藤蔓疯长，影响结瓜，肥料一般施磷、钾，以增加甜度。

③除草。瓜藤展开、瓜地铺草之前刨土除草，藤蔓全覆盖后见草拔除。

④摘瓜头。在主藤生长到4~5叶时利用晴天摘除主藤上的头，使节间伸出子蔓而多结瓜。

⑤采收。香瓜9分熟采摘，过熟会腐烂，遇雨天也应及时采摘。

3.芦　穄

（1）品　种

芦穄品种有大穗、小穗、、红穗、黑穗、高秆、矮秆等，是盛夏时节的时令水果。选株高秆粗的取其穗子作种。

另有一种叫高粱芦穄，秆甜汁多，穗如高粱可食用。20世纪90年代初，有些农户种植新品种叫甘蔗芦穄，株高秆粗，甜度大，可根部2~3节空心不怎么甜。

（2）育　苗

芦穄育苗对土壤、肥料的要求不高，以种子繁殖，育苗时间前后幅度很大，从清明到小暑都可以，春天育苗35~40天，夏天育苗20几天就移栽。迟育的苗应赶在立秋前夕移栽，迟栽的虽穗不黑可液汁仍很甜。

（3）移　栽

拔苗去稍栽进畦内，行距40厘米，株距20多厘米，株高粗壮的要放宽些。栽植完毕浇水。

（4）培　管

活棵后施一次人畜肥，尽量少用化肥。芦穄一般只松土、除草而不壅土。甘蔗芦穄需壅土防倒伏。

芦穄拔节后直到成熟都有蚜虫危害。中期有蝗虫蛀心蛀茎秆，影响芦穄质量。敌百虫对芦穄非常敏感，严禁使用，一般用菊脂类农药。

（5）收　获

芦穄生长发育快，早栽的芦穄到8月中旬，其穗头由白转黑或红就可食用。立秋节前栽的生长期短些，霜降时节可食用。秋熟芦穄填埋在泥穴中储存，冬春取出，保鲜时间比较长。

4.甘　蔗

甘蔗是热带作物，20世纪60年代南通农场试种成功。70年代，竹行农民开始自留田少量种植，自食为主。分田到户后，部分农户大面积种植，作为商品出售，收益大于蔬菜。此后种植面积逐步扩大。

（1）品　种

竹行最早种的是紫皮甘蔗，皮厚质硬，其后引进青皮甘蔗，皮薄质脆，甜度大。

（2）栽　种

甘蔗栽种时间在清明节前，用地膜覆盖的能提前一个节气，甘蔗靠根茎繁殖。取出深秋填埋在泥穴中的做种甘蔗，剔除芽头缺损的，切成50厘米左右的根茎，除去腰以上的稍段，选择疏松、耕作层厚的沙夹黄田块，深翻碎土，开畦深10厘米，行距不少于50厘米。施足基肥后逐段摆放，株距15~20厘米，有些人家在铁搭口两边各摆一行蔗种，用种量很大，一方用15千克左右，盖土时畦背间保持一定高度。早期在蔗种上盖上稻草，以帮助积存地温并防晚霜侵害，以后用地膜覆盖。3个星期见苗。

（3）培　管

当幼苗的苗尖顶破泥面，这时可以掀去稻草，用地膜的话就划破它。苗期有小蚂蚁、蛀心虫，用药或手工捕捉。夏季高温多湿，长得很快，甘蔗节短芽多，应及时间去细苗，弱苗。施追肥，最好是全价的粪肥和厩肥，结合施肥刨垄壅土。立秋以后渐长渐高，拔去阴脚苗，并第一次修去根部枯黄的老叶。再一次追肥和壅土，秋季遭台风侵袭有倒伏现象，扶正壅土踏实。这时有蚜虫发生，进行防治。从此开始到国庆这一时段，分几次修枯叶，增加光照，提高甜度。

（4）收　获

霜降节前，甘蔗糖分很浓，已经成熟，可以食用。由于天气逐渐变冷，霜降后及时收获。挖甘蔗最好连根带叶，有利开塘储存保鲜，同时留作下年用种。

5.草　莓

20世纪80年代开始，少数农户少量栽种草莓，多数自食，很少作为商品买卖。晚秋移栽，每棵占地8寸见方，清明见花，立夏第一批成熟，很少有病虫害，成熟期间偶有虫子吃果实。在薄膜棚中生长的反季草莓，提前移栽，提早成熟。一般在春节后上市，效益好。

6.葡　萄

（1）品种演化

葡萄是蔓生的木本水果，枝条攀爬上棚架，不整枝，任其疯长。一棵葡萄树约占一平方丈土地。品种单一，土种果粒小酸度大，种的农户少。1984年从崇明引进一个白香蕉品种，其子粒粗、甜、紧密，成倒宝塔形，一串大的有400~500克，味道好。与此同时，还有引种牛乳葡萄。1985年，海洪圩村和安北村从种畜场买来巨峰葡萄苗栽植。粒大，色紫，口味佳，以后几年都种这个品种。多数农户不懂栽培技术，掌握不了防治病虫害关。几年后，多数植株自行消亡。2007年葡萄热又起，专业户合股在谷东村21组和22组租田40亩，栽植醉金香、夏黑藤唇等好品种葡萄。

（2）繁　育

繁育葡萄苗木，有扦插，压条，嫁接三种，竹行通常采用前一种。冬季到初春是葡萄的休眠期，整枝时选择一年生节间短而粗的枝条，剪下2~4节，上下两头都修成斜口，斜放进肥土中，枝头微露泥面，拍实后盖草。也有采用插条根部浸药的方法，药名（2，4–D）。春分期间小苗露泥，用肥水培育壮苗。

（3）移　栽

选田块竖立柱，分上下三层横向架好钢丝绳。行距2~2.2米，株距1.8米。预先挖穴，施进肥水，幼苗剪去枝杈，留两个主枝，成“U”形，让根须展开，盖土踏紧。

（4）培　管

①浇水　幼苗的根系细小，遇旱浇水。

②除草、松土、追肥，促进幼苗快速生长。

③挖掘排水沟，使雨止田干，不让苗根渍水。

④绑蔓。用薄膜纸条把藤蔓固定在钢丝绳上，有效利用空间，提高结果率。

⑤防治病虫害。葡萄病害很多，易发霜霉病和白粉病，也有黑痘病，白腐病，炭疽病，灰霉病，褐斑病等。防治霜霉病和白粉病通常使用波尔多液。葡萄的虫害如金龟子、葡萄透羽蛾、虎天牛、二星叶蝉、根瘤蚜虫。其中为害最烈的是葡萄透羽蛾。其幼虫专吃茎内营养，枝条被蛀空而枯死。防治的方法主要是人工捕杀，或用棉球蘸上农药原液塞进蛀洞。

无论一年生葡萄苗还是多年生的葡萄树都得这样培管。

（5）整　枝

葡萄树旺长，无用枝芽多。生长期整枝分多次进行，休眠期则进行一次。

①生长期整枝

主要是夏季。抹芽剪梢。主芽以外的芽要抹去。梢长15厘米时3节以外剪掉。留着的每个节上各有一簇花序就行。剪副梢。留足主枝后剪去所有副梢。摘叶。当果实接近成熟时，剪掉果穗旁边老叶。

②休眠期整枝

进入冬季后到惊蛰前都可进行，根据植株现状科学合理地修剪成适当的株形。

剪除枯枝，病虫枝，细枝，多余枝；果枝修剪长度一般留3~4个芽眼，多余的剪去；留预备枝。原有果枝芽眼上移，靠近主杆的几节芽眼，下年淘汰。留着在其附近合格的副枝。

（6）采　收

竹行的葡萄品种都属秋熟类，8月初成熟，中旬采收。

（五）特种经济作物

1.棉　花

棉花是竹行境域200多年来最主要的经济作物，以后种植簿荷和黄麻，棉田的面积减少。1966年开始计划种植棉花，由于土壤结构不同，棉花枝叶疯长，秸高桃小，棉质差，棉产低，说明竹行土质不适合植棉，1979年棉花停种。

（1）品种演化

解放前竹行境域棉花品种叫小花，密植度高，株细，秸高50~60厘米，棉桃少而小，9月初见朵，棉壳向下裂开，四瓣，亩产籽棉30~35千克。1000步土地（4亩）产150千克叫老辫子，是丰收，合亩产皮棉18千克。也有农户种一种叶子鸡爪形的洋花，也叫大花，近似岱字棉，桔瓣多，品质不大好，产量也不高。还有农户少量种植株形完全像小花的紫棉花，所开棉花并不紫，而是淡黄色的。这种天然颜色水洗不褪。解放初引种美棉叫岱字棉15号，合作化后完全取代小花。这种洋棉衣分长，单产高，初种时皮棉亩产30千克左右，后来提高到40~50千克。岱字棉株形比小花高大、粗壮得多，采用条播法。棉桃大、多梯次结桃，每株结桃十几个，多的达30多个。桃嘴向上，通常4瓣或5瓣。土改前，农户植棉面积占全家土地的一半以上，田少的，除主要种植粮食作物外，也留出一点田植棉，解决穿衣问题。合作化以后，土地集体耕种，仍然非常重视植棉。按政府下达面积种植，与薄荷（包括留兰香）、黄麻大约各占总面积的三分之一。

（2）播　种

小花通常散播在夏熟粮食作物的茬口里，也有播种在草头茬口里，立夏节里种下。提早一个节气，留下一块肥茬田，有利棉花丰收。农谚谓：一熟麦不及一朝白。

小花净种极少，普遍夹种多种作物，有旱稻、芝麻，也有香瓜，还有直行的黄豆，叫邻沟豆，行距约为2.5米。方便管理，多种多收。夹种有效地利用阳光和地面，高、矮错落结合，喜水作物旱稻和喜旱作物棉花，无论旱涝都会有一种丰收；豆科和禾本科之间协调用肥，培管中期往后满田瓜香。

岱字棉净种、条播、畦深3厘米，行距60~70厘米，株距35厘米。棉花生长期越长，结桃越多，提早播种是丰收的关键。

20世纪60年代中期，棉花播种在元麦行间。立夏节开始，麦穗扬花后期时播下，约5~6天后出土。麦田收割受限制，也影响棉苗。为了解决这种矛盾，就用移苗器制“营养钵”进行育苗。腾出麦茬后，按定好的行距和株距一次性移栽，此时小苗已4瓣，泥土合缝不用浇水。棉花现黄花时间由大暑提前至小暑中期。山西省的经验是“营养钵”移苗时“苗要小（两瓣）、水要少、天要好（晴）”，70年代早期，竹行农民普遍采用这种方法。

（3）培　管

①松土、除草

小花散播，用狭口小锄头棵间穿行兼间苗和定苗，同时顾全间种、夹种的作物，棉田除草要进行多次。

②追　肥

小花基肥很少用，追肥也很少有。岱字棉的基肥缺肥年代用草塘泥，追肥普遍用碳酸氢铵开塘深施，还有叶面喷磷。

③整　枝

内容较多，有摘顶心、打边心、剪木枝、抹赘芽、落老叶（去掉根部老叶）等，使养分集中到果枝上。株形呈宝塔式、橄榄式和灯笼式3种，充分利用阳光和空间。

④治　虫

幼苗期有地老虎和蚜虫为害，7—8月有七星瓢虫、卷叶虫、红蜘蛛为害，结桃后直到收获期，都有棉铃虫和红铃虫危害。根据虫情用药防治。

培管的目标是多结伏前桃，使伏桃满腰，秋桃盖顶。

20世纪70年代初期起，棉花生产上的瞎指挥风凸显，不分土壤性质特点和肥力，指令小株密植，并把很少的计划肥施向棉田，造成年年枝叶疯长，互相遮蔽，严重地影响了通风透光，即使结了棉桃也开不好花，白露节气正当棉花全面绽开时如遭连绵阴雨，棉花欠收无疑。南部沙田大片棉田疯长，欠收尤为突出。由于市场调节，于1979年全面停种，从此有230多年植棉历史的竹行种植结构出现重大调整。

1983年以后，竹行仍有农户自行种植少量棉花，按自己的经验和技术种植、培管。皮棉亩产50~70千克，大多自产自用。

2.薄　荷

（1）栽植演变

20世纪30年代末，竹行农民开始引种。薄荷用根繁殖，一年收两熟。40年代中期，几乎家家都种。薄荷油除制药外，也用于化工食品工业是外贸出口的化工原料之一。南通薄荷油厂炼制的“白熊牌薄荷脑”蜚声海内外，这个知名品牌的原料薄荷油主要来自通海地区（原南通县通海区），竹行是其主产区之一。计划经济时期栽植薄荷按上级下达面积种植，较多生产队头刀薄荷都超计划种植。有的生产队上刀薄荷油一收获，改种晚、中稻。1986年开始受外贸市场波动影响，全乡薄荷种植面积有所减少，1995年全乡停止种植。

（2）品　种

20世纪60年代前，栽植的薄荷都是土种，没有名称，亩产油3.5~4千克。70年代中期，引进优良品种409，亩产油增至8千克左右。80年代初，引进新品种68—7，秆高、叶密而厚，亩产油10千克多。80年代末，又引进一个叫73—8的新品种，亩产油突破12千克。1983年农民种薄荷积极性高涨，亩产薄荷油15千克左右。

（3）播　种

①根　栽

薄荷播种时间要求不严，从霜降到大雪都可以，迟播的泥土要盖得厚一些，以防冻。一般不连作，采用条播法。铁鐥开畦，畦深4厘米，一般不下基肥，畦内均匀撒根。开第二畦的土盖住第一畦，两畦间留三个指头宽，种完用铁拉拉平泥土并拍实。

②种　秧

20世纪70年代，在栽插三熟制晚稻的几年中，薄荷夏扩秋改，头刀收割后翻耕做秧田。为解决下年种根的问题，把翻耕出薄荷根种进空田，一般种在玉米行间，玉米秆高叶密遮阴保地，小苗到霜降期间移栽。

薄荷田里往往间种洋葱、大蒜、蚕豆。1973年起，多数农户夹种油菜。

（3）培　管

①补　苗

惊蛰期间，小苗出土，因出苗不全，及时移密补稀。

②除　草

苗生草长，用窄口小锄头于苗间穿行耙草。杂草争肥争光，不但影响产量，还影响质量。夏忙—结束除第二遍草。这时薄荷已长高，只能刀铲手拔。

③追　肥

没有化肥的年代下些基肥，在6月下旬追施肥料。有了化肥后，每亩施尿素15千克左右，有的农户7月下旬叶面喷磷。

④摘顶心

视稭长势和高低来定时间，一般在7月初，以利掖间生长分枝，增加叶量。

（4）治　虫

薄荷一生虫害不多，幼苗期有蚜虫、地老虎危害，后期有盲椿象和造桥虫吃叶，用农药防治。

（5）收　割

小暑末期，晴空烈日下，踏田观察，绿叶封顶，茄花色的小花布满叶掖，油香扑鼻刺眼。小暑底、大暑初割下，时间是上午9点露水干后，中午前后时段阳光照射最强、最好，对提高出油率有益。收割后薄荷青稭高稭要斩根，暴晒1~2天后装锅开吊。为了节约时间和燃料，高稭薄荷要斩去光杆。

（6）扫叶、刨根

薄荷收取后将薄荷稭上掉下的新鲜老叶扫起来（枯叶中也有薄荷油）与薄荷稭一起装锅吊油，收完就及时刨根。吊油后将出锅的薄荷渣洒进田里均匀铺开遮阴保墒。渣柴干后及时收取，以利二刀小苗出生成长。

（7）吊　油

采用蒸馏法。薄荷稭和叶间隔装进吊油的铁锅内，踏实，用适量的水泡实，装满后盖上铁皮锅盖与铁锅封牢，锅盖顶部的喇叭管弯头套进旁边冷却桶中的冷却管中（冷却管"弓"字形也有螺旋形，白铁皮制成），套口处密封，使之不漏油气。用木柴或煤进行烧煮，借高温把水、油化成混合气喷出，油气随水汽流入冷却管，受到冷却桶中冷水冷却后，油气凝成油滴，水气凝成水滴，连续流进分流器（俗称保险箱），比重小于水的簿荷油浮在上面，留在器中，水从分流器底自下而上流出，每锅烧2.5~3.5小时，每锅出锅时将油取出，约2~3千克。

吊油期前后约半个月，夜以继日、人息锅不息，直至吊油结束。

留兰香和簿荷相似，播种、培管、连吊油也一样，亩产油量高于薄荷，种植面积较少，每个生产队4~5亩。20世纪60年代初开始种植，80年代末停种。

3.麻　类

（1）植麻沿革

中国植麻历史远早于植棉，竹行境域植麻和移民开垦同时。当初只为家用，种得很少。20世纪30年代起作为商品出售，种植渐多起来。60年代，按上级下达计划种植面积，略少于棉花和簿荷。生麻大部分出售给国家，少量留用。社员在工余期间加工麻包匹，家家户户连续不断进行加工生产作为副业。1979年棉花停种，装棉花等物用的麻包用得少了。几年后，耐用又价廉的尼龙制品取代麻包而停止生产。90年代初，种植结构调整，麻和棉花、簿荷一样全面停种。

（2）品　种

①圆果麻

为传统老品种。老熟时顶端长着几只葡萄大小的圆果，内有黑色子粒，繁殖后代。其秆高2米，皮薄，亩产干麻150千克上下。

②长果麻

老熟时顶端长着几个菜荚似的荚子，俗称菜荚麻，里面包着种子。60年代中期从浙江萧山引进，也叫萧山麻。它秆高2.5米多，皮厚一点，亩产250千克上下，分田到户后由于政府加强培训，农户充分掌握培管技术，亩产量增至300~350千克。

以上两种麻皮色淡黄，统称黄麻。

③红　麻

20世纪70年代后期，竹行引种广西红麻，因其皮色紫红而得名。红麻原产印度，也叫印度麻。红麻秆高3米多，粗壮皮厚，亩产400千克以上。开始时和黄麻同时种，80年代中期起，普遍改种红麻。红麻不能自留种，种子由原产地专业户生产，经销商采购回来后卖给麻农。

（3）播　种

利用夏熟作物收获后的茬口种麻，也有在立夏节收去草头后留下的茬口种。黄麻种比菜籽还细，只能播在浅土里，泥土要细，墒情要好。公社化前都散播，以后普遍改成条播，便于管理。下种后拉平拍细拍实，3~4日后萌发见苗。遇天旱要浇水。红麻种子粗壮，播种时实行条点播。由于植株高大，故密度低于黄麻。

（4）培　管

①间苗、定苗

幼苗长到5厘米时间苗，接着是定苗，发现缺棵，利用阴雨天移苗补上，每棵占地6~8平方厘米，过稀会生侧枝，影响长高，皮也难剥到顶梢。

②除　草

第一遍草在梅雨天到来前进行。沙田大队田多麻多，梅雨天麻农们披蓑戴笠铲拔麻草。

③追　肥

施肥一般3~4天，离开剥前25天左右，视苗情施追肥。抓住雨后的有利时间，趁地面潮湿撒些尿素，这是继续长高和增厚麻皮的关键措施。

④治　虫

麻类苗期虫害不多，主要立枯病，后期有洋辣子吃麻叶，用农药防治。

（5）收　获

①剥　麻

开剥时间，圆果麻在9月下旬，菜荚麻在10月上旬、红麻在10月中旬。拔麻很费劲，特别是红麻，粗如小竹杆，要用大锹挖。剥麻有切根、修叶等工序。麻皮在烈日下暴晒2~3日后掼去麻叶打捆出售。

②浸白麻

有两种方法，一是剥了青麻皮浸在河水中，约3个星期后，取出放在凳板上甩打，清除粘着的表皮，晾干后麻纤维白色。二是将拔出青麻直接打成小捆，浸入沟水中，上压泥土使之浸没，约20多天后剥皮，再打捆浸入水中约两星期，再用第一种方法清洗，晒成白麻。连杆浸白麻可延长生长期，能提高产量。浸白麻河水污染严重。20世纪70年代中期，有些生产队利用中稻收割后的田茬浸麻。白麻比黄麻收益高约百分之二十。

4.药 材

20世纪60年代到2010年，竹行种植过多种药材，面积不大，时间不长，种在自留田和责任田上的为多。

1963—1964年，大部分生产队按计划种植除虫菊花、红花等药材，面积3~5亩不等，20世纪60年代末停种。白术、芍药由社员自发种植，面积很少，没几年就停种。分田后种植元胡，面积也不大。

20世纪80年代，竹行乡开始种植贝母，收益较高。竹行村1983年开始种贝母，1995年全村种120亩，2000年时200亩。从2000年起贝母价格逐年上升，2001年非典时期，500克贝母价200多元。可第二年、第三年价格大跌，最低跌至每500克2元。竹行村2005—2008年每年种植面积300亩。2006年起，每500克价7~8元，2007年，种植药材享受南通经济技术开发区经济补贴。同时，种贝母几乎不影响其他作物种植，利润比种粮食作物高，所以种植面积不断增加。

贝母秋挖秋种，提前或延后些都可以。贝母形如算盘珠和荸荠。一个种子长两个，选小的种下，大的卖出。播种时铁鎝开畦，深5厘米，下种很密，每个铁鎝口二行，枝距2~3指宽，基肥下足，可用粪肥、厩肥或复合肥，在摆种时进行。盖土拉平拍实后最好盖上烂草，诸如稻草、麦秸等。来年雨水节气后就见苗，棵小、株矮，随之开出小白花，一般不追肥，生长期很短，清明时枝叶开始枯萎，此时下茬可种植玉米或黄豆等秋熟作物，秋熟作物收割后即可挖出。

（六）菌 类

1.种 类

食用菌，品种很多，营养丰富，富含蛋白质，并有保健功能。生产食用菌的载体为树木和棉籽壳。菌种类别不同，生产的食用菌名称也不同。竹行境内有几十家菌农，生产近10种菌类，最有名的是新丰村陈廷章的银耳栽培。

2.银 耳

银耳栽培有三种方式：

（1）树段棍栽

多数选用法国梧桐树作原料，锯成1米左右长的树段。在树段上凿洞，用种好菌种的塞子塞住，放置室内，掌握一定的温湿度，薄膜遮盖。银耳栽植时间在春天，20摄氏度左右时进行，约2个月后第一批银耳采收，以后根据长势，会批次采收，直至深秋结束。

（2）瓶 栽

选用大口径玻璃瓶，材料选用玉米棒，粉碎后拌菌种，装满瓶后用棉絮塞紧瓶口放置室内。

（3）袋 栽

以薄膜袋替代玻璃瓶进行栽种，方便经济。

3.食用菌栽培能手

新丰村8租陈廷章最早栽培食用菌。20世纪60年代中期，40多岁的农民陈廷章受聘北邻的小海利群小学栽培食用菌，同时在自己家中栽培。可被当作资本主义的尾巴而遭批判。改革开放后受到县、市表彰和奖励。他能生产多种食用菌，瓶栽、袋装银耳实验成功，后来进行规模生产远近闻名，成为县内响当当的银耳大王。

陈廷章的小儿子陈惠，和其父共同栽培食用菌，成家后子承父业，主要栽培平菇、草菇、银耳。2000年前的多年中，每年净收入4万元~5万元。2001年，陈惠住所及责任田因南通经济技术开发区建设需要而搬迁，栽培基地没了，他就向邻近人家租了3亩地，建800平方米工作房和搭建1000平方米的4个大棚种植菌类，采收的食用菌主要销往南通开发区和南通市区等农贸市场。

陈惠依托父亲，在竹行创建通惠公司，后在南通经济技术开发区创建安惠公司，在上海食用菌栽培研究所的专家、教授帮助下，以食用菌中的高端灵芝为原材料，进行生产、收购及深加工成保健品，跨越国门，把生意做到海外，成为有国际影响的灵芝大王。

三、肥　料

（一）农家肥料

1.农家肥

（1）灰、粪。草木灰和人粪是基本的农家肥。

（2）畜肥：养猪、养羊积肥。家穷粮少，农村养猪很少，养羊人家很多，一家养2~4只，所积羊棚灰较多。

（3）饼肥。饼肥是黄豆、棉籽、菜籽榨油后的副产品，肥分多、肥效好，是上等有机肥料。

（4）绿肥。草头是主要的绿肥，它产量高，含氮量也高，田多的农户普遍种。蚕豆、豌豆的藤稽等，也是很好的绿肥。

2.积造自然肥

（1）积青肥

割青芦，竹行先民从芦荡中开垦土地，割芦铺生改土。以后年年春天割沟沿上的青芦垩田，同时把沟沿边的土地改造成庄稼地；割青草，把割到的杂草积聚起来垩田，也有一些农户把河、沟中的蕰草，绞捞到岸上作肥料。

（2）挖河泥

一般在冬闲进行。多年的淤泥积聚了很多腐殖质，肥素多也全面，是三麦、青竹的好基肥。

（3）拾粪

冬春农闲，清早踏霜捡拾狗粪和牛粪。

3.秸秆沤肥

初秋，把收获后的玉米稭、高粱稭连同杂草，一起掺进泯沟或横沟，把此当作大沤坑，沤制一段时日后，直倒田间，称为浇沤水。

4.掏“三灰”

“三灰”是灶膛灰、锅底灰、烟囱灰。有农户干脆拆灶掏刮附在灶砖上的泥灰。

5.刨“四泥”

“四泥”是千脚泥、坑边泥、场院泥、灰堆泥。千脚泥是在屋里地面刨、挖。坑边泥上沾上一些粪尿，挖四周的泥土。场院的地面上有垃圾、小草，就连泥刨起。灰堆边底呈现一点黑乎乎的灰土，就用大锹挖铲。

公社化时期，在生产队集体所有制时，农家积的肥很多。户上的灰按质论价，人畜粪的好差用粪度表测，浓度高、咸度高的度数就高，粪按度计价。

6.捉蛸蜞沤粪

竹行人民近离江滩，到江滩捉蛸蜞来垩田。在公社时期，生产队青壮年中男劳动力结伴集体行动。到长江岸外的江滩芦荡中选择地形、地势，把蛸蜞围起来，驱赶到中心点，踏倒芦苇，用网兜或手捧，白天、晚上都能干。也有的晚上用照明大灯抓爬在芦苇上的蛸蜞，一只只捉下来，按量记工倒入生产队所制的大粪坑中沤制粪肥。20世纪70年代中期起，由于化肥逐年增多，加上芦荡加强管理，不准随意捉蛸蜞，这种积肥的方法而终止。

7.挖河泥

是传统的积肥法，一般河沟三年挖一次，水面较大的宅沟或大河，用木、水泥船罱泥。

8.积青肥

整个“文化大革命”期间年年搞。几乎是全体男女社员一齐行动到江边河滩割草，连荡芦都割，和杂草打捆成排，从长洪河中拖进来。也有小车、自行车、拖车、扁担挑等办法割草积肥。积青肥以个人的为主，生产队按公社、大队指标搞运动式，按劳力等级下达青肥任务，按重量记工分。积肥运动时只要见草割，不论田中路边，连河中的水草也捞得一干二净。

9.制草塘泥

开一个浅塘，垃圾柴禾、青草与泥土，一层层间隔安放，打水沤烂腐熟，秋种时挑进田中作基肥，每亩100担左右。

曾有一些生产队动员社员捉蟾蜍（蛤蟆）作肥料。破坏了生态平衡，后被禁止。

（二）化学肥料

20世纪50年代中期开始，有少量计划化肥供应（俗称肥田粉），作一些重要作物的专用肥，如棉花、薄荷、黄麻、水稻等。

改革开放初期，计划化肥仍然很少。1983年分田后，缺肥的矛盾突出，广大社员大力发展副业生产，喂家禽、家畜，特别是发展养猪，为农业增产备足肥料。20世纪80年代末，化肥敞开供应。“硫酸铵”称单料氮肥，“碳酸氢铵”称臭化肥，“过磷酸钙”简称磷肥，14大队磷肥厂生产的土产磷肥受欢迎。90年代初，大量供应的“尿素”含氮量是硫酸铵的双倍，称为双料氮肥，完全代替硫酸铵。90年代中期，氮、磷、钾三要素按比例配置成的复合肥敞开供应，同时还有单的钾肥和硼肥供应。化肥有国产的，也有大量进口的。加上自产的农家肥，缺肥问题得到根本解决。20世纪末，竹行地区化肥用量大增，以上熟小麦、下熟水稻为例，一亩田用肥100千克以上（尿素、复合肥、碳酸氢铵）。农民重视化肥而冷落有机肥，化肥中又惯施氮肥而少施磷、钾肥，使三要素比例失调。1990年6月至1991年8月，南通县土肥技术指导站组织全县第二次土壤肥素调查，结果证明土壤有机质降低，向板结沙化方向发展，又提高农本，缩减净收入。另一方面，规模化禽畜养殖场，尤其是养猪场蚊蝇滋生、粪尿溢流，与化肥、农药残留物，共同污染环境，生态平衡遭到影响，循环经济链传动受阻。

四、种　子

种植业面广量大，门类较多。各种种子有的群众自选自留，有的种子站供应。

种子主要品种：

（一）粮食类

1.水　稻

粳稻有农垦57、南粳33、武育粳3号等，每年销售粳稻种14000~15000千克。糯稻以紫金糯为主，还有地方土种，每年销售新品种2000~3000千克。

2.玉　米

（1）黄玉米

掖单13号、登海系列（9、11、13）、东单98号、苏玉20号、辽单565、三北6号等，每年销售2000~3000千克。

（2）白玉米

苏玉糯102号、晶田糯、彩糯668号、彩糯2号、早鲜香糯等，每年销售75~85千克。

3.三麦，即元麦、大麦、小麦

本地区主要产小麦，小麦有扬麦系列（158、1、5、15）、宁麦6号、每年销售6000~8000千克。

（二）油　菜

有秦油2号和7号、史力丰、华油6号和7号、皖油18号等，每年销售2000~3000千克。

（三）蔬菜类

1.豆　类

早毛豆有东北大庆豆、春绿60、日本矮脚豆，每年销售1000~2000千克。豇豆有扬豇406、长豇99、青皮扬豇、新选地豇1号、美国无架豇豆。

2.叶菜类

这类菜种繁多，青菜有大木耳青、江阴菜、苏州青、上海青、四月苔、五月慢、鸡冠菜、调羹青、杭盐605。白菜有绿叶边小白菜。黄芽菜有山东陈阳青、山东87114。

3.茎叶类

芹菜有黄心玉芹、黄苗玉芹、新韩育玻璃脆芹。莴笋有科兴1号（耐寒）、科兴2号（耐热）、碧玉青、台湾青，每年销售80~100千克。

块根类的马铃薯克新1号，每年销售8000~10000千克。果菜类中的菜椒海丰系列（1、2、3、4、5），其中5号品种是辣椒，还有厦门2号和羊角椒，每年销售20千克左右。

（四）其他类

各种编码的黄瓜、冬瓜、丝瓜、苦瓜、南瓜、金瓜、甜瓜、西瓜等种子。

种子站

1984年10月，农技站建办种子站，借用民房为营业场所，前后搬迁3次。竹行农贸市场建成使用，种子站迁进，营业场所固定下来，2010年有两间营业用房。

种子站开办时专卖种子，主要经营范围：粮食类、油料类、瓜果类、蔬菜类等种子销售。1998年以后兼售化肥、农药和除草剂。

1996—2008年竹行镇销售农药、化肥情况统计表

表2-7 （千克）

年 份	农药	化肥	年 份	农药	化肥
1996	2500	250000	2004	800	75000
2000	1500	130000	2005	800	75000
2001	1200	80000	2006	500	60000
2002	800	75000	2007	500	60000
2003	800	75000	2008	500	60000

五、农 药

（一）化学农药的种类（杀螨剂、杀虫剂、杀软体动物剂、杀菌剂）

解放初，农民开始使用三六药粉（六六六）和20世纪60年代滴滴涕（二二三乳剂）是杀虫剂，西力生和赛力散为杀菌剂，用作拌种，灭杀种子上病菌。“文化大革命”时期，对棉花、红麻广泛使用剧毒农药1605和1059与专治蚜虫的氧化乐果和广谱杀虫剂甲胺磷，它们都是残毒滞留时间很长的剧毒农药，20世纪末先后停止使用。20世纪80年代开始，使用高效低毒的多种类农药，主要是菊脂类农药。

（二）防治的主要病害与主要农药品种

1.三麦：赤霉病、条锈病、黑穗病

2.玉米：黑穗病、大、小斑病

3.水稻：白叶枯病、稻瘟病、纹枯病

4.油菜：霜霉病、菌核病

5.棉花：枯萎病、黄萎病、主枯病

6.黄、红麻：枯萎病

7.主要农药品种：井冈霉素、多菌灵、三环唑，还有专治稻瘟病的稻瘟净。

（三）防治的主要虫害与农药品种

1.三麦：蚜虫、黏虫

2.玉米：地老虎、螟虫、金龟子

3.水稻：稻飞虱、螟虫、纵卷叶虫

4.油菜：蚜虫

5.棉花：红蜘蛛、棉铃虫、红铃虫、蚜虫

6.黄、红麻：洋辣子（刺蛾）

7.老一批剧毒农药停产停用，新农药有速氯乳油、速灭杀丁、雷乐、虫地乐、敌杀死、统杂、吡虫啉。

六、除草剂

（一）种　类

杂草种类繁多，四季生长，尤其是温暖湿润的春夏秋，生长速度远超农作物。与农作物争水、争肥、争光、争土、争空间，是农作物的天敌。自古以来，除草都是锄把、刀铲、手拔，为除草花费大量人工，影响农业生产的发展。20世纪70年代末，竹行开始使用除草剂，80年代中期起，除草剂得到广泛使用。

1.灭草籽：绿麦隆、乙草胺、敌草胺、丁草胺、草胺磷；

2.灭尖叶（单子叶）草：草芥能、麦元草等；

3.灭阔叶（双子叶）草：二甲四氯、农达等；

4.兼灭尖叶、阔叶：草甘膦，俗称“一扫光”；

5.农达除水花生效果很好。

（二）最烈的几种杂草

1.本地的

（1）拉人草，学名葎草

蔓生，生长速度快，茎叶上布满小钩，攀缘力极强，很易缠住庄稼。拉人草繁殖力极强，秋后成熟的子粒弹出，撒向四方，到处生长。

（2）马斑草

生命力很强，蔓生匍匐的茎上每个节间都生不定根，消灭较难。马斑草分水、旱两种，水马斑草长在沟沿浅水处，它的茎和根连着泥水，不易消灭。

（3）浪　草

也叫冷草（早熟禾），它分两种，根系发达，密密的根须粘附泥土，即使锄去了也不容易晒死。小铜细草、野山芋藤、茅草等，多年生小蓟等都不容易清除。

2.外来的

（1）水花生（空心莲子草）

这种杂草的茎叶像花生似的。“文化大革命”前夕，为缓解穷养猪青饲料问题，从墨西哥引进。由于该草生命力强，适应性广，繁殖很快，已成公害，盲目引种终成草害。水、旱地都能旺长，其茎伏地延伸，每节都生不定根，有很强的再生能力。

（2）加拿大一枝黄花

20世纪末传入，秆高1.8米~2米，花色黄，种子细小，繁殖力极强。近年，全镇虽然组织数次大围剿，未能奏效，荒地、田边、沟沿仍有相当数量生长着，直到现在社会上仍有加拿大一枝黄花分散生长着。

（三）使用除草剂的注意点

使用除草剂有选择性，有作封面的，也有灭生性的，用药时对草对症用药。用作封面的要在阴天或傍晚时用药，地面潮湿更好。对选择性和灭生性的要在晴天用药，气温高最好，一般中午前后。用药时注意鱼、蟹塘，防止污染，同时注意蚕桑。除草剂无残留，不破坏土质。作为农业生产的增产措施之一。

七、农　具

（一）传统农具

1.用于锄草、松土、培土

（1）锄　头

口宽的叫大锄头，口狭的叫小锄头。小（棉）花散播，小锄头便于株间穿行穿棵扒草。解放初，直播的岱字棉全面取代小花，竹行人使用了200年的小锄头停止使用。大锄一直至现在仍使用。

（2）铁　鎝

口宽约24厘米，接近大锄头口宽的双倍，除大锄头的功用外，退出铁口后的铁拉作拍碎泥块拉草拉平拉细泥土用。铁鎝还可开畦、满畦、翻地。

（3）铁　拉

有四齿、五齿，用于平正、拉平、拍碎泥土，也可用于拉草、柴等物品。

2.用于开畦、挖土

（1）长大锄头

也叫拖锹，狭长形，长约25厘米，口宽5厘米，比大锄头狭一些，前后宽狭一致，专用于开畦。

（2）大　锹

专用的挖土工具。有一种叫踏锹，其口略宽，在树木之柄与铁制件的结合部有突起，便于脚踏下泥。大锹的主要功用是挖河泥、开泥塘、掘排水沟和挖山药等。

（3）放　耙

口宽于铁鎝口，厚实且柄短，专用于挑泥筑堤，一放耙挖出一整块泥土，约25千克多，一泥络子放一整块，两大块一担，工效高。

3.用于挖泥土、挑河泥

（1）钎　蒲

木制，长50厘米左右，宽15多厘米，两边高出3厘米，装上1.5米长的竹柄。大锹挖泥的站在沟底，握钎蒲的站在沟沿，两人一左一右为一档，接住泥块，用劲向岸上甩出。

（2）罱泥船和罱泥夹子

河沟里带水挖泥，用小木船（称罱泥船），20世纪60年代末改用水泥船。罱泥夹子用铁皮制成，形如蚌壳，一人操作，一个夹子罱起几十斤带水的污泥，很费力。船仓满了，用钎蒲抄出甩向岸上。

（3）泥　络

泥络用细绳编织成网，固定在树枝弯曲成的环上。用于平田、挑岸、开河、挑泥块等。

4.翻地农具

（1）钉　耙

四齿，齿扁长25厘米左右，齿端薄而狭，用于垫土、翻土。类似的有圆齿的，专用于挖竹根、茅柴根等。小圆齿的用于挖花生。还有一种叫“山支”的，专用于挖树根和劈木柴。

（2）犁　铧

犁把用树木制，弯曲，铧用钢铁制，用于翻地，人扶牛拉，工效是手工操作的几十倍。

5.搬运工具

（1）扛、棒

扛，两人一档，扛重物用。

（2）扁　担

有竹、木两种。用于短途运输。扁担是农家必备工具。

（3）小　车

独轮车，木制，不用铁钉，车轮中心有一个轴，叫车心，套住两边的车耳，用硬质树木制成，较细，能坐人，装物，20世纪70年代前主要运输工具，短途、长途都行。

6.收割、脱粒、飏场工具

（1）镰　刀

竹行人称小尖，割草、割芦、割稻麦等，使用方便。

（2）连　枷

由枷头、枷柄组成，用力甩打下，麦子、蚕豆等子粒从稭秸上脱下弹出。

（3）麦　床

也叫稻床，在长方形的木框内等距离装上细竹，用麦夹夹紧作物根部，用劲掼下，使谷物脱粒。

（4）畚箕、竹扁　稻麦筛

借用风力，子粒和谷壳分离之用。

7.施肥、浇水工具

粪桶、粪勺，少数农户用带嘴的粪提桶，直接把粪或水浇在庄稼根边。

8.灌溉抗旱工具

稻田灌溉用水车。水车，木制，约长3米，传动的戽板在外力的作用下，兜着水的戽板把河水刮上来流进稻田，抗旱也是这样。水车分手摇和脚踏两种。手摇的两人操作，面对面，双手紧握套住车轴的短竹柄用力转动，戽板周而复始把水括上来。踏车，戽水的原理相同，上车的人3~4个。水车上装踏脚，人上车，双手扶稳上方的横木，像原地踏步一样往后蹬着踏脚，水源源上来。脚踏的比手摇的车型大，戽水量大。也有同样原理的有牛车和风车。

（二）改良农具

1.犁

合作化时期出现双轮双铧犁。铁制犁耙两个铧，一人驾驭。用两头牛拉着，双轮滚动向前，翻土较快。

2.拖车

20世纪60年代末期起使用，装卸、搬运比独轮车方便省力，运量大，可达500千克。稳定性强。

3.独轮铁制小车

20世纪90年代开始，专业制车户下乡兜售，50元一辆，很受农户欢迎。小车用胶轮，比木制独轮车车身小，装载量少，进出田埂灵活、方便，很受农户欢迎。到2010年时，农村大部分人家都有。

4.脱粒机

稻拢，也称麦拢，稻、麦脱粒两用。1958年时部分工区开始用这种农具脱粒。其长约1.5米，圆形滚筒上装长方形铁环，当滚筒高速旋转时，稻、麦穗头上的子粒弹出，比掼的效率高得多。1965年前后，这种脱粒器具已经普及。“文化大革命”时期有了电，用电动机代替脚踏，稻拢脱粒效率更高。

5.电动小型脱粒机，4~5人同时操作，一小时能脱粒1亩多稻麦，并且能飏净。1995年前后，使用微型脱粒机，非常灵便，可两人抬起移动，两小时脱粒1亩稻麦。

6.移苗器、喷雾器等。

移苗器用于移栽幼苗，喷雾器用于治虫及叶面施肥。

（三）现代农机具

1.拖拉机

20世纪70年代初，竹行出现手扶拖拉机，8~10马力，用柴油，机身小，在小块田间操作灵活。机器边耕翻边碎土。深浅可以调节，效率是人力的几十倍。80年代，几乎每个生产队都有一辆手扶拖拉机，田块都由拖拉机翻耕，其后几年完全代替牛耕和人翻，耕牛完全退出竹行农耕历史。

拖拉机农忙耕田，农闲运输，在农村道路路况差和缺少卡车的情况下，拖拉机解决了农村不少短途运输的问题。分田到户后农田掀起免耕法，拖拉机的翻耕减少，90年代竹行出现小型播种机，耕播一次性进行，拖拉机耕作量更少。同时，农用车等运输车辆逐渐代替手扶拖拉机运输，到2010年，竹行区域内极少使用手扶拖拉机。

2.播种机

小型播种机，4马力，一人驾驭，撒肥耕播同时进行，幅宽约1.5米，耕深3~4厘米，条播麦、稻、黄豆等。下种洞眼大小深浅可调节，后面的石滚砣压实浮土，一次性完成。一亩田需半个小时，与牛耕相比，功效提高20~30倍。20世纪90年代初，竹行每个村都有几辆这种播种机，稻麦耕播全覆盖。

3.中型收割机

中型，履带式联合收割机，售价30多万元。收割、脱粒、飏净同时进行。3人上车，一小时收割5亩左右，是人工收割的100余倍。

21世纪之初，竹行农田首现竹行人自己购置的中型联合收割机。到2005年，全镇共有6部。

4.插秧机

20世纪90年代，竹行出现插秧机，在少数村里试用。随着旱植播的广泛推行及以后水稻的停种，插秧机不再使用。

八、耕地变化　惠农政策

（一）耕地调拨

1962年，划建竹行公社时，偏于西南长江边的五大队，人均耕地3亩，由于田多、劳少，大量土地撂荒，经公社同意，大队西部德本圩北半部340亩土地调拨给新开公社。后来这块地方称新开二十一大队，再后改称长洪村。

公社内部划拨土地有两处，也都在五大队。长洪河南的定心圩东部，调拨150多亩土地给三大队。先是跑耕，叫做“走脚田”。1966年起，三大队从几个生产队迁移出部分农户，定居耕种，同时并入五大队，为第8生产队。同年把海洪圩东部200多亩土地调拨给七大队，由几个生产队分种。1970年，同三大队一样迁移农户到五大队，分为两个生产队，就是中心队和11队。原十四大队也有类似情况，部分土地先后划给八、九、十五三个大队，约600余亩土地。“文化大革命”后期，八、九、十五大队将部分农户迁入该大队4、9、10、11队。

（二）土地流转

1.转　租

1983年分田后，少数农户经营农业以外的工作，把部分或全部责任田承包、转租出去，租金约等同于所缴农业税。1996年工业体制改革，民营企业大发展，大批农民进入工厂工作，也有一批进城做生意和部分建筑工、手艺人等离乡，他们把土地给种田能手和乡镇企业。2001年起，以租金形式转租或转包，其年租金价格按南通经济技术开发区规定执行（每亩租金1200元起，至2010年每亩2050元）。

2.规模化经营

（1）2007—2010年，竹行村10组一位农民，租种谷东村8组在二圩的60亩田，种植小麦—水稻或小麦—黄豆。

（2）2004—2010年，安徽人陈寒林租种长桥村在二圩的两窕田约80亩，先是种小麦—水稻，2007年起改种小麦—黄豆、玉米等。

二圩地势低，易涝，原来都是村民的远田，经常造成半荒或全荒，转租后经农民经纪人的规模经营，庄稼茂盛，一片生机。

（3）竹行镇土地转租给外省人。2008—2010年，谷东村8组的40亩和竹行村11组100亩田给山东人周平喜租种，种植大棚蔬菜和大棚西瓜。2010年浙江人租种谷东村南部460亩土地种植大棚西瓜，租金每亩600~1400元不等。

3.土地变化

1962年，竹行建公社时，17个大队可耕地面积为2.6万亩，人均1.1亩。2001年3月，江东、江海两村并入竹行镇，增地6600亩，总耕地面积为3.2万亩。2010年，竹行镇可耕地面积为2.0万亩。土地减少的主要原因有房屋拆迁，土地开发，城镇化率不断上升等。

2004—2010年竹行镇土地、耕地缩减情况表

表2-8　（万亩）

年份	总土地面积	总耕地面积	年份	总土地面积	总耕地面积
2004	3.38	2.59	2008	2.87	2.2
2005	3.26	2.47	2009	2.8	2.2
2006	2.94	2.24	2010	2.8	2.2
2007	2.87	2.2			

4.中央和地方的惠农政策

（1）2002年起，免缴生猪屠宰税。

（2）2006年起，农民免缴农业税。

2005年12月29日下午，十届全国人大常委会第19次会议通过关于废止1958年6月3日第一届人大常委会第96次会议通过的农业税条例的决定。2006年元旦开始，全国取消农业税。

（3）粮菜补贴

①粮　补　2004年开始，农民种粮有政府补贴，第一年每亩补贴10元，2005—2010年，每亩补贴20元。2010年起，政府给农户农资补贴每亩69元。

②菜　补　2008年，南通经济技术开发区对区内菜田进行补贴，每亩600元，2009年每亩补贴400元，2010年每亩补贴200元。

第二节　养殖业

一、家　畜

（一）猪

1.品　种

解放前饲养土种猪，毛黑、密、长，生长慢、个体小，主要品种是小脚猪和沙乌头。1950—1960年引进约克夏、上海白猪、长白猪。20世纪70年代有二花脸，还有江南的梅山猪。这些新品种猪一律白色，至此土种黑猪全部淘汰。这个时期，生产队也自繁自养，有个体专业户赶着公猪下乡配种，导致品种不纯。1977年，公社兽医站引养约克夏和长白种公猪各一头，采用人工受精法下乡配种，由此，优良品种全覆盖。1983年农村经济体制改革，分田到户，养猪也随之由集体变为个体饲养。分田到户后，一是需肥，二是猪饲料多了，三是为赚钱，因此农村大量养猪，本地苗猪不够，就到全省著名的苗猪生产基地如东县购进，这种猪品种纯、生产性能好，出肉率高，很受养猪户欢迎。为适应顾客吃肉观念由肥变瘦的转化，大量饲养瘦肉型猪。2005年，兽医站购进一头杜洛克种公猪，它的后代个体大，瘦肉率高达百分五十到六十。此后，农户大多饲养瘦肉型猪。

2. 饲　料

猪造肥产肉，可和人争粮，这是竹行有史以来养猪一直存在的矛盾。20世纪80年代中期前普遍是穷养猪，以糠麸为主，也喂杂草、杂菜，很少喂粮食和豆饼。人民公社时期，以柴糠（把麦秸或稻柴粉碎成细糠）替代米糠、麦麸。这种猪毛长皮厚骨粗，嗷叫不停，满周岁还不够格出栏（满59千克才符合供销社最低收购等级）。逢年过节，社员分肉，生产队选定1~2头苗子好的猪，增加喂些粮食和豆饼进行肥育。过节宰杀作为群众分配，即使是富养猪的，也因不懂科学配方，投本大而收益小。

1983 年后，农户家中粮食富足了，饲料就以粮食为主，粮站也有饲料粮供应。先是混合饲料，后是配合饲料。混合饲料由黄玉米、小麦、糠麸、豆饼等混合而成，没有严格的比例额。配合饲料是按照猪的生产需求而科学配制的饲料，喂这种饲料，猪生长期短。配合饲料生产和供应点是农场和张芝山镇的粮油厂。从20世纪90年代开始，本地猪饲料选用大江公司的。该饲料配方更科学、合理，分仔猪和成猪吃的两种。

3.圈　养

从草棚过渡到瓦棚，从砖底过渡到混泥土底，在竹行该有200多年历史。新世纪开始，规模化养殖场，夏秋有驱蚊蝇的设备，采用电风扇驱热降温，清除粪尿用井水或自来水冲刷。

4.饲喂方法

（1）吊架子

竹行人养猪历来采用这种饲养方法，即仔猪生长到30千克上下时就改用粗料，主要为撑胃和搭骨架。到60千克左右又改为精料，这样增膘快，短期内就可出栏。

（2）一条龙法

20世纪90年代后，喂猪方法改为一条龙式，即从仔猪进栏到出栏，都用同一种料饲喂养。虽精料消耗多但是生长周期短、效益高。

另外还有“三改”，即一日两餐改为三餐，熟喂改为生喂，湿喂改为干喂。从“文化大革命”时期到90代末，经过多年的过渡，“三改”完全被竹行养猪户所接受，少环节、省人工，也科学，为规模化养猪积累了经验。

5.养猪业沿革

土改后几年。翻身农民要求经济上翻身，从猪身上找肥源养田，于是农村中出现了一些新的养猪户。1953—1957年间，年养猪量与1949年相比有成倍增长。

人民公社化初的几年，私养几乎全部停止，多数工区都建集体畜牧场，以养猪为主，一般都在20头左右。因饲料不足和管理不到位，猪多数饿死，病死。1961年，各畜牧场先后停办。

1963年，贯彻中央关于养猪业有关精神，以私养为主，公私并举发展农村养猪业。出售生猪，每斤毛猪国家奖励粮食250克，生产队里再奖励750克。一些有条件的农户积极行动起来，各生产队纷纷筹建简易集体猪舍。1965年，私养、公养，总头数超过历史。

1968—1971年.正值“文化大革命”高潮，私养被当做资本主义，农村养猪业受挫。出售的生猪多数按指令任务外调，吃肉难问题重现。

1972年，根据上级指示，生产队给养猪户划猪留田，每头六平方丈。1979年农业体制改革，根据各生产队耕地面积多少，每头猪分别划八方、十方、十二方不等。像五大队，十四大队养猪户数和头数比以前翻了一番多。1983年分到了责任田后养殖户数和头数又增加了很多。这是竹行地区养猪的峰值年段。

从计划经济向市场经济加速过渡中，竹行的养猪业变化较大。以钢绳业为龙头的工商业大发展，撼动了养猪的原有秩序，养猪能手扩大规模成为专业大户。经过多年的发展和积累，谷东村20组的徐亚兴，2005年以后几年都保持年养殖1000头。江海村四组的张健，2001—2010年每年养猪950~1050头。江海村5组的刘建忠，2007年养猪发展到750头，2008—2010年，每年养猪800多头。

谷东村中部的二圩几窕田，地势低洼，庄稼易受涝，且没有住户，这可是个规模化养猪的好地方。2000年，谷东村10组的倪方明率先在这里建起了养猪场。2005年，养猪发展到300多头，几起几落，2009年、2010年都达500多头。2005年和2006年，几个外乡镇来的养猪能手联合，在二圩建棚舍2800多平方米，到2010年，每年养猪在1600~2200头之间。

2002年，国家取消生猪屠宰税，受惠于广大人民，更推动了养猪业的发展。

养猪补贴：2007年饲料价上涨，肉价不涨反跌。竹行和其他地区一样，养猪亏损严重。养猪户养猪大幅减少，造成供求严重失衡。2008年，肉价反弹，以肋条肉为例，从每500克9元一下涨到每500克12元。同时带动了其他副食品价格的上涨，新一轮通涨压力加大。促降物价势在必行，政府出台养猪优惠政策，对母猪每头补贴100元。这样，竹行养猪头数又呈恢复性增长。2009年继续补贴，养猪业又有了较快发展。

2001—2009年竹行镇规模化养猪情况表

表2-9　　单位：头

年份	新丰	长桥	谷东	神农	洞子港	竹行	竹东	大安	江东	江海	总计
2001	200	400	100	96	130	—	—	—	—	1000	1926
2002	—	—	550	120	150	—	—	80	—	—	900
2003	—	—	820	125	150	—	—	45	—	100	1240
2004	—	—	1100	130	160	—	—	40	—	362	1792
2005	220	560	1250	130	170	45	40	—	—	1200	3395
2006	—	—	1955	150	170	50	45	—	—	600	2970
2007	210	—	1360	155	175	54	50	—	151	1615	3770
2008	120	—	1400	150	180	62	60	80	260	1240	3552
2009	130	180	1420	150	180	—	70	—	300	1240	3220

（二）羊

1.品　种

人民公社化前，竹行地区的羊是清一色的海门山羊，毛色纯白，一年左右出栏。公羊30千克左右，母羊25千克左右。肉细腻鲜美，皮质好，是制革的好材料。“文化大革命”期间，有些农户养绵羊，也有几家养美利奴羊。这两种羊个体大，剪毛量多，加工成毛线织衣，以弥补计划布票的不足。

20世纪90年代以后，兽医站用几头大个子健壮公山羊做父本，采用人工受精法，覆盖全乡，使原本的海门山羊后代普遍长得快，个体大。1998年，兽医站又引进两头南非纯种波尔公山羊，没几年，全镇所有的羊都具有波尔羊血统。这种杂交羊食草广，长得快，增重多。一年左右出栏，普遍重45~50千克。

2.饲　养

（1）圈　养

羊舍简易，能避风雨就行。

（2）饲　料

羊吃杂草，因此羊肉也叫百草膏。冬春青饲料少就喂干饲料，如黄豆萁、干山芋藤、水花生等。冬天羊出栏前喂点蚕豆、玉米等粮食，增肥快。

3.养羊业的兴衰

200多年前，竹行先民利用草多这一优势家家户户养羊，养羊是一项重要副业，它一直延续到1958年。1958年人民公社化，羊的棚存数锐减，空棚率达百分之八十以上。1965年，社员户上养羊呈恢复性增长态势，接着生产队搞集体养羊。1983年，农村经济体制改革分田到户，农村养羊数又有增加。1999年开始，农户普遍引种效益高的波尔血统的杂交山羊，部分人家从几只发展到几十只。由于市场经济的变化，赚钱门路多，养羊效益相对较低，空棚率高起来。2005年，兽医站卖掉了波尔公羊，使羔羊繁殖困难，空棚率进一步提高。

羊养少了，羊肉贵了，随市场变化，农村养羊专业户也随之产生。2006年，神农村5组薛忠平，2006—2010年，每年养羊量达到200只左右，年获纯利7~8万多元。江海村张建标2006—2010年，每年养羊在190~220只之间，年获纯利8~10万元。

（三）牛

竹行养牛的历史和成陆初垦的历史是一致的，成片芦荡变为可耕地全靠牛。牛除耕田外，还驾车运输和拉磨，田多草旺，为牛的养殖提供了条件，因此竹行养牛较为普遍。

解放后，对养牛很重视。合作化时期，牛的数量有所增加。公社化初期，牛的数量并未减少。20世纪60年代末旱改水，牛的用途更大，大多数生产队有牛，为保护耕牛有专人喂养、驾耕。70年代中期有了拖拉机，机耕逐渐替代牛耕。70年代末，机耕普及，养牛逐渐减少。1983年后，生产队的牛分给了原来的养牛人，养的牛很少从事耕田，小牛长大后变为菜牛宰杀。农村牛的数量大量减少，由于市场需要，产生几个养牛专业户。2004年，谷东村20组肖立明养牛基地设在新开闸外，利用长江滩涂的茅草养牛27头，2007年发展到38头，2010年又有所发展。每年出售20多头壮牛，年收益9万多元。2009年，大安村41组黄和兴养牛22头。竹东村20组的黄福元、谷东村23组的徐汉清，每年都有3~4头牛。2010年，全镇牛的存栏数102头。

二、家　禽

（一）鸡

1.品　种

本地农家历来饲养品种混杂的土种鸡。小鸡是自家爬窝的老母鸡孵的。每窝孵25~28枚受精蛋，孵21天小鸡出壳。解放前后的几年少数农户养来杭鸡，红冠白毛，年产蛋250枚左右，比养土种鸡效益高。20世纪70年代初，有农户饲养白洛克鸡，是肉用鸡，白毛，成鸡个体大，公鸡3.5千克。70年代中期，谷东村有几家饲养乌骨鸡及纯种狼山鸡，其中王佩恒每年养殖20来只。80年代中期，农民普遍饲养引进的西塞斯和罗斯蛋用鸡，蛋肉兼用的是三黄鸡（黄羽，黄脚，黄嘴）；肉用鸡AA鸡也叫红毛鸡。90年代，引进优良蛋鸡江春黄。其色泽似三黄鸡，形体小产蛋率高。

2.养鸡业沿革

合作化前的漫长年月，农户普遍养鸡，以散养为主。公社化初受政策限制，养鸡少了很多，市场上鲜见鸡和蛋。1963年以后，户上养鸡有所发展。“文化大革命”时期有人尝试圈养群鸡，由于受饲料限制和缺乏科技，终究没有成功，因此满足吃鸡和蛋的问题长期没有得到解决。1983年后，规模化养鸡条件逐渐具备，由散养改为圈养。2000年前后，专业化规模养鸡户改为笼养法，科学养殖喂配合饲料，养鸡业有了较大发展。鸡的病多，尤其是雏鸡，患鸡感冒、鸡霍乱、鸡瘟病、鸡白痢和球虫病的概率极高。兽医站是养鸡户的后盾，养鸡户自己也在实践中掌握了养鸡的技术，养鸡大户不断出现。

3.养鸡大户

长桥村22组薛超，1986年从几百羽开始，逐渐积累滚动资金和技术，到20世纪90年代中期，年养殖量3000羽，2000年达1万羽。2005—2009年，每年都在2.5万羽以上，2009年开发拆迁停养。谷东村5组董超、17组徐裕香、14组袁永彬，1996—2000年，年养殖量都超万羽。2008年，全镇规模户养鸡量达18.21万羽。

4.孵　坊

农村养鸡业的发展催生了孵坊。1985年，海洪圩村的陈志元、陈志兵、费连祥、单志新4人在长洪河桥畔租用村集体旧房合办孵坊，年孵雏鸡50~60万羽，兴旺的年份达80万羽左右，1996年停办。1997年，陈志兵接手原来合股的旧址继续办孵坊。同年，陈志元在自己家中办孵坊。他们两家年孵鸡量都在70~80万羽之间。2007年停办。薛超养鸡兼办孵坊，2000—2007年的几年中，每年孵雏鸡5万羽。

（二）鸭

200多年前的竹行新土，地广人稀，河道、港汊多，天然饵料丰富，养鸭条件优越，多数农户养鸭。解放以后废田减少，港汊改造，养鸭户数和羽数随之减少。1958年公社化后更少，鸭肉和鸭蛋成为副食品中紧缺的物资之一。20世纪60年代中期，农村养鸭出现恢复性增长势头，“文化大革命”开始，被当做资本主义尾巴扼杀。1968年，谷东村16组的王佩恒圈养24只鸭，夏熟、秋熟时赶鸭进麦田、稻田里觅食，被认为资本主义泛滥，勒令卖掉。其他散养户的鸭不敢放出去或杀掉，竹行养鸭业陷入低谷。

1979年，中央对农村的养殖业以政策支持。1983年分田后粮食富裕，同时国家还有饲料粮供应，养殖有所发展。1986年，竹行乡政府牵头王佩恒到长江边上的“一六”滩发展。1990年，王佩恒的养鸭量达到万羽，这是全镇第一个养鸭专业大户。在王佩恒的带动和影响下，谷东村涌现一批养鸭专业户，有陆裕民、顾裕富、茅其敬等5家，外出到崇明、南汇养鸭的有十余家。

2001—2009年，谷东村14组袁永彬、24组张志新，年养鸭都在1.5万羽左右。洞子港村4组施冬妹，2001年养鸭4万羽，2005年4万6千羽。以2005年计，全镇养鸭8.89万羽，达到历史新高。近年，肉鸭饲养向蛋鸭转化，蛋鸭饲养周期长。以洞子港村为例，2006—2010年各年饲养的大多数是蛋鸭。杨福堂除养殖蛋鸭外，还饲养千羽野鸭，成了全镇富有特色的养鸭户。

2001—2009年竹行镇养禽情况统计表

表2-10　　　　　　　　　　　　　　　　　　　　　　　　　　单位：羽

	品种	新丰	长桥	谷东	神农	洞子港	竹行	竹东	大安	江东	江海	总计
2001	鸡	57500	26000	20000	3500	—	—	—	2000	—	—	109000
	鸭	—	3000	15000	1600	41200	—	—	—	—	—	60800
2002	鸡	57000	30000	18000	4500	—	—	—	—	—	1200	100700
	鸭	—	3600	20000	2000	—	—	—	—	—	—	25600
2003	鸡	55000	32000	22000	5000	—	—	—	—	—	1200	115200
2003	鸭	—	3400	23000	2500	2900	—	—	—	—	—	31800
2004	鸡	56000	35000	24000	3000	—	—	—	—	—	5200	123200
	鸭	—	3500	2300	3900	2900	—	—	—	—	—	26100
2005	鸡	57500	40000	43000	3000	—	—	—	—	—	6200	149700
	鸭	—	3700	30000	4200	47000	—	4000	—	—	—	88900
2006	鸡	54000	42000	32000	3500	—	—	—	—	—	6400	137900
	鸭	—	3800	30000	5000	6900	—	5000	—	—	—	45700
2007	鸡	57500	43000	34000	4000	—	4000	—	—	10000	7500	160000
	鸭	—	3600	27000	5000	8300	—	9000	—	—	—	53600
2008	鸡	56600	50000	38000	4000	—	—	—	13000	13000	7500	182100
	鸭	—	—	29000	5000	7500	1000	—	—	—	—	41600
2009	鸡	57300	12000	40000	4000	—	—	—	16000	16000	7500	152800
	鸭	—	—	30000	5000	5300	1200	—	—	—	—	41500

三、鱼　类

竹行境内沟浜多，养鱼条件好，农户利用宅沟、泯沟、横沟和小河放养鱼苗，有独养也有合养。自然放养不投饵料，效益低成本也低。

竹行区域以四大鱼种，即白鲢、黄鲢（鳙鱼）、编鱼、青鱼。1958年公社化后普遍停养，“文化大革命”时期集体养。1983年以后个体养殖为主。1984年，长桥村的薛超承包新开乡的十几亩水面养鱼。谷东村王佩恒在“一六”滩养鱼40亩。徐桂云在王佩恒渔场隔壁养鱼十几亩，肖立明在8号滩养鱼18亩。2001—2010年，长桥村的孙超、张健冲、黄仲发、张卫国、张卫冲等人养鱼水面共达90多亩。新丰、神农两村，利用修建336省道挖土成塘的有利条件养鱼。2009年因开发拆迁，养鱼户和养鱼水面积有所减少。

1996—2009年部分年份新丰村池塘养鱼情况表

表2-11

年　份	投入（万元）	养殖量（尾）	产量（千克）	纯收入（万元）
1996	13	20000	50000	17.8
2001	14	22000	67000	17.0
2005	18	28000	95000	23.2
2007	14	21000	50000	16.8
2009	5	10500	17500	7.4

1996—2009年部分年份神农村池塘养鱼情况表

表2-12

年　份	组　别	姓　名	水面（亩）	产量（千克）	纯利（万元）
1996	11	黄学明	15	5000	1.0
	18	陶建忠	30	12500	2.5
2001	11	黄学明	15	5000	1.0
	18	陶建忠	30	12500	2.5
2002	11	黄学明	15	5000	1.0
	18	陶建忠	30	12500	2.5
2003	11	黄学明	15	5000	1.0
	18	陶建忠	30	12500	2.5
2004	11	黄学明	15	5000	1.0
	18	陶建忠	30	12500	2.5
2005	11	黄学明	15	6000	1.5
	12	杨伟杰	8	7500	2.0
	18	陶建忠	30	12500	3.0
	8	蔡正跃	35	15000	3.5
2006	8	蔡正跃	35	15000	3.5
	11	黄学明	15	6000	1.5
	12	杨伟杰	8	7500	2.0
	18	陶建忠	30	12500	3.0
2007	8	蔡正跃	35	15000	3.5
	11	黄学明	15	6000	1.5
	12	杨伟杰	8	7500	2.0
	18	陶建忠	30	12500	3.0

续表 2-12

年　份	组　别	姓　名	水面（亩）	产量（千克）	纯利（万元）
2008	8	蔡正跃	35	15000	3.5
2009	8	蔡正跃	35	15000	3.5

四、特种经济动物

（一）蟹

“西风响，蟹脚痒”。每到九月天气变凉，螃蟹就会大量摄取饵料，积蓄能量后进入长江，到长江口淡水与咸水交汇处产卵，来年四到五月间，蟹苗随春潮漂游进港，进入河沟生长。这是正宗的中华绒螯蟹。20世纪70年代初，由于修建水闸等原因，长江幼蟹进不到内河，野生螃蟹数量减少。夏秋季节，历来竹行、大安两镇，早市、午市上拎着串扎起来的叫卖着的蟹不见了踪影，蟹价奇贵，这样便催生了一个新的养殖行业——养蟹。

竹行境内养蟹有名的江海村，该村在立新坝附近，南临江心沙，天然河沟多水面大，20组的倪大周看准了这一优势。1985年开始养殖河蟹45亩，获纯利18万元。他年年养，到2010年，在倪大周的影响和带动下，江海村涌现一大批养蟹专业户，几个发展为养蟹大户。2002年，20组虞健21亩；2003年，15组茅培杰16亩，10组周永超18亩；2005年，黄洪武10亩。加上养殖小户，2010年全村总计有26个养蟹户，养殖面积共237亩。2005年，全村养蟹纯利达132.4万元，2010年增至200多万元。

（二）对　虾

对虾生长在海水中，使用科学的方法实行海水品种淡水养殖。4月上中旬，购回虾苗寄养在塘边的围堰里，按一定比例投放食盐，形成人造海水，以后逐渐淡化。一个月左右，幼虾逐渐适应淡水生活，此时捅破围堤让其进入池塘生长。深秋捕捞，生长期半年左右。

2001—2002年，谷东村21组陆志春，在种畜场和季枚涛、顾乃生等4人承包水面，从吕四买来对虾苗养殖成功。陆志春养虾4亩，年获纯利10万多元。

（三）蜜　蜂

20世纪60年代，竹行公社成立之初，医生项元林在大安镇家中养3箱蜂。1965年，在项元林的技术帮助下，谷东村22组的陈德荣也学养蜜蜂.70年代初，他们两家各有几箱。由于本地采花蜜源丰富，春天菜花、刺槐，夏天棉花、芝麻花，秋天荞麦，冬天枇杷，此外有上下刀薄荷花等，一年四季都有蜜采。谷东村20组徐锦康1970年试养蜜蜂成功，经努力很快发展起来，到80年代初达到40多箱，到2010年，发展到了60余箱。同村25组的陈志兵1982年试养蜜蜂。1992年发展到50箱，到2010年增加到70箱。同组的陈志元，也是同时期试养蜜蜂，2010年有20多箱。竹行村20组肖学良，1996年以来，每年养蜂30余箱。退休教师邱训龙，1996—2002年每年养蜂20箱。新丰村5组张相扬拆迁前每年养蜂40~50箱，2009年拆迁后，每年仍养蜂20余箱。

（四）菜　狗

长桥村4组张建冲，2001年开始养菜狗，到2009年每年养50只以上，年纯收入2万元左右。神农村12组的杨伟杰2000—2007年，每年养菜狗100只左右，年纯收入3.5万多元。

（五）鸽　子

竹行村1组朱兵、19组朱桂香、21组顾学泉，都是从2005年开始养鸽子，直到2010年，每年都养鸽子。朱兵养鸽子100羽以上，朱桂香，顾学泉养40羽左右。2001年开始，谷东村20组肖立明养了一群信鸽，到2005年发展到40羽。2006年参加南通市崇川区信鸽协会，成为会员，参加活动。

（六）七彩山鸡

七彩山鸡，即野鸡，学名环颈雉，羽毛多彩美丽，尾长，肉质鲜美。世外桃源休闲农庄总经理王守成，自20世纪90年代初养殖，以后每年都养。2000年200多羽，2010年发展到500多羽。主要做休闲农庄珍稀菜肴供应顾客，也做游客观赏用。

第三节　渔　业

一、海洋渔业

竹行南部紧贴长江，往东大约80千米就是黄海，长江口南侧是东海。本地少数渔民随江南白茆、浒浦的渔船，从长江东去到黄海吕四渔场，围捕大、小黄鱼和带鱼、鲳鱼等经济鱼类（小黄鱼本地人称春鱼，也叫黄花郎）。丰收的渔船扬着帆，桅顶飘着红旗（竹行人叫鲜旗）进港，有的进大安港，有的进老洪港。大安港到解放前夕闭港，老洪港则延续到1955年。多年负责卖鱼的是唐振福（住在现在的竹行村5组，以小春瘸子的别名而出名）。

鲜旗是鱼货已到的信号，临近的顾客前来购鱼。买春鱼叫拔春鱼，单位是筹，一筹为5千克左右。很便宜，买回后洗净晾干，用酒糟腌制，风味独特。1956年后老洪港封闭，这种春鱼就远离了人们的生活。

1983—1985年，公社渔业队一对姐妹船进入黄海渔场，捕捞大小黄鱼和鲳鱼，渔获量很多。

二、长江渔业

（一）船　捕

竹行紧贴长江，靠山吃山，靠水吃水，我们的祖先历来重视长江捕捞，他们自驾小木船沿着江边捕鱼。20世纪70年代初，16大队组建渔业队，从沿江浅滩插网捕鱼发展成用船到深水区域捕鱼前进了一大步。长江中有名贵的鱼类，如鲥鱼、刀鱼（鲚鱼）、鮰鱼和凤尾鱼(子鱼)、河豚等。1976年，以十六大队渔业队为基础建公社渔业队，船多，人多，网多，长江捕捞进一步发展。延至通常汽渡开通，竹行渔业队改制而歇业。

(二)钩 捕

采用滚钩捕鱼，鱼群触碰，群钩摆动，能钩住鱼。

(三)插 鱼

沙田村贴近江滩，人们利用涨潮和退潮规律捕鱼，每次都有收获。江潮退净插网，潮来时鱼进网围，待退潮后，江滩上就能揀到鱼。

(四)叉 鱼

20世纪60—80年代中期，东南片的十三、十五、十六等几个大队有些青壮年农民侯准潮汛到江滩，手提短柄鱼叉，当潮头涌来，大白鲢跃出水面的一刹那抓紧机遇出叉，得手后立即连鱼带叉倒拖，追着潮头奔回岸边，俗称抢潮头。一次能捕获几条，可风险大，曾发生过几起淹死人的事件。

三、内河捕捞

(一)网 捕

竹行人民按河沟大小、深浅不同，制作很多行之有效的捕鱼网具，年代不同其用材也不同，有纱线、麻线、生丝线、尼龙线等。小型网有扒网、踏网、专用于罾虾、蟹的罾网；中型网有扛网、稍网、撒网、拖网、豁罾等；大型网是摇网。摇网约为5米见方，用木轴卷绳起网，它放置在大河里。渔人耐心等候，“10网9网空，豁着一网老包工”。摇网和豁罾在黄梅发水时，渔获量很多。竹行有几口摇网，比较有名的是谷东村24组陈广明的那一口，他的网安放在他家东边几十米处的长洪河和老洪港的交叉口上。20世纪60年代末期到80年代中期，除冬季外一年三季天天干，多的时候一天能收获50多千克小杂鱼。

(二)笼 捕

1.篾 笼

用篾黄编制，价格低廉，内有络梭，鱼虾只进不出，结构简单而实用。

2.网 笼

这种笼多用在大河，长洪河和天星横河等河段各有几口大网笼。小型网笼多做捕龙虾用，在大发小龙虾的年代，大河，小河都有这种网具。

3.钢丝笼

取材于本地钢丝绳厂的钢丝编结而成，21世纪前十几年中，大量使用它捕小龙虾。

4.扣 笼

竹篾编制，预先下鱼饵，太阳下山后扣捕。

5.簖

这是特殊的笼捕法，用竹条或者芦苇编成箔，横隔河道，鱼进入有络梭的笼内遭捕。

（三）垂　钓

河道多，野生鲫鱼多，垂钓者也多。钓鲫鱼是休闲活动之一，同时有经济效益。除了钓鲫鱼外还有钓黑鱼、黄鳝、鳗鲡。钓鳗鲡在油菜花开放时期的晚上，条条河沟都钓得到。钓甲鱼在20世纪60—80年代兴旺过一段时间。"一六"滩世外桃源休闲农庄以垂钓吸引游客。春夏秋冬一年四季大江南北都有人来钓鱼。

（四）摸　鱼

夏季热，鱼进洞，下河摸。冬季天冷鱼进洞，渔人借助长竹竿足不下水，侧卧在河坡贴近水面，用手深入洞内摸。解放初及20世纪70、80年代中，冬天穿橡胶衣（也称下水衣）下水，摸鱼，摸到的以鲫鱼为多。

（五）竭泽而渔

把水抽干，大大小小的鱼都抓到。挖河泥之前必先抽干水，渔获量多。20世纪70年代始用机器抽干河、浜水捕鱼。

（六）鱼鹰捕鱼

竹行地区有几群鱼鹰：三大队5家，五大队1家父子俩，八大队3家，约有50羽。一年四季都干，冬季芦苇割去，渔获量最大，20世纪90年代他们都改行了。

（七）几种灭绝性捕鱼法，如药捕，炸捕，电捕。2010年，全镇有几条电捕船，鱼类资源受到了破坏。

四、水产资源变化

20世纪60年代前，竹行境内野生水产资源丰富，它得益于河浜多，长江之水又带来饵料。黄梅水漫，田里甚至是路上都能抓得到鱼。冬天河边砍柴，镰刀尖刺到藏身于水草间的鲫鱼不是新闻。夏天小孩嬉水能摸到螃蟹，夏秋甲鱼上岸是常事。竹行、大安两镇的市场早市、午市充斥着鱼、蟹、虾。20世纪70—80年代中期，凡是浸麻（黄麻浸泡成白麻）的河浜水域都遭到污染，水产资源大量减少。70年代才初现竹行的小龙虾，繁殖力极强，适应性也很强。80年代中期起不浸麻了，小龙虾进一步旺发。夏季雷雨天，小龙虾爬到田里、路上，水草间都有小龙虾在活动。别的水产品也呈恢复性增长态势。1990—2000年，由于工业发展，环保意识较差，水体污染，加上酷捕，滥捕，尤其是电捕，野生鱼少得多了，抗污染力较强的小龙虾也受到影响。2003年以后，由于环境、水资源进一步污染，野生鱼虾基本少见。

五、竹行渔业队

16大队渔业队成立于1970年，地点在长桥港靠近长江的长桥港涵闸港沿上。有4条帆蓬渔船，吨位每艘5~6吨。400条网、15个渔民、4个修网工、一个炊事员，所有收入和支出都由大队结算，渔民工人报酬一律计工分，每年3000~4000个工分，按大队平均工价计发，略高于务农社员收入。

1976年，以十六大队渔业队为基础，扩大升级成立竹行公社渔业队，属公社集体企业。

公社渔业队成立之初，收回一艘原十六大队借给通海公社的6吨位渔船。1980年，公社建造两艘分别为26吨和28吨的机船，它抗风力强，渔获量大。增加渔民11人，修网工增加2人，捕鱼网增加500条，队址仍在原处。

1980年塌江，公社渔业队迁到西南隅的新开闸东侧，占地10亩，供停船、修船、修网和渔业队办公用房、仓库等，共有建筑面积800平方米。

渔业队汛期，春捕鳗鱼苗、刀鱼，夏捕凤尾鱼、鲥鱼，这些都是长江特产鱼类，也捕捞杂鱼。1980到1996年间，捕鳗鱼苗由一对姐妹船组成，捕鳗网固定在江面，一般日获量在200~300尾之间，丰收时能达上千尾，有时只能捕到30~40尾，它汛期短，2月开捕，只有半个月左右。刀鱼，一条船年捕获量在1500~2000千克。凤尾鱼，竹行人叫子鱼。立夏节前，这种鱼腹部有很大的卵块，好吃，营养又丰富，一艘船年捕获量高于刀鱼，达2000~2500千克，而且稳定。长江特产中的鲥鱼为最名贵，形如大白鲢，汛期一条船日捕获量在70~80尾之间，合150千克左右。捕捞时间为40天。渔业队还搞海洋渔业，1983—1985年，大吨位的两艘船进入黄海，捕捞大小黄鱼和鲳鱼、带鱼。

20世纪80年代开始，鲥鱼的捕获量急剧下降。到90年代初，鲥鱼难见踪影。杂鱼的产量高，一般日产几百千克，多时一天能收获500多千克。

特产鱼类价格，20世纪80年代初，鳗鱼苗每尾1—2元，刀鱼每500克0.61元，每500克凤尾鱼0.42元，鲥鱼每500克0.92元，杂鱼（主要是青鱼，鲢鱼）每500克0.4元。以后随着物价的逐年提高和捕获量的逐年减少，鱼价急剧提升。2010年，长江鳗鱼苗每尾12~13元。春节期间刀鱼汛初满3两一尾的，每500克的价格升到2000~4000多元，凤尾鱼每500克60~80元。

渔业队汛期捕鱼，其余时间搞水上运输和自办磷肥厂，增加收入。

为建造通常汽渡码头，捕捞汛地被码头占据。1996年体制改革，渔业队房产转让给施锡康、祝祖祥、张学祥三人，船只出让给渔民。

1970—1996年竹行渔业队捕捞情况表

表2-13

年 份	网（条）	船工人数	修网人数	年捕鱼量（吨）				
				鳗鱼苗（条）	刀鱼	凤尾鱼（子鱼）	鲥鱼	杂鱼
1970—1975（大队时期）	400	15	4	300	4.2	5	1.2	3
1976	900	26	6	6000	8.5	8.0	2.5	4
1977—1979	880	26	6	8000	8.3	7.0	1.8	5
1980—1985	860	26	6	8800	7.5	6.0	1.5	3.5
1986—1990	900	26	6	10000	—	4.0	0.2	2.0
1992—1996	920	26	6	8000	6.0	4.0	—	2.1

1970—1996年竹行渔业队历任队长姓名表

表2-14

任职时间	姓　名	任职时间	姓　名
1970—1975（大队时期）	黄裕康	1985—1990	黄忠标
1976—1980	施锡康	1990—1996	陆惠泉
1980—1985	陆祖权	1997—2010	施锡康

第四节　林业　竹业

一、林　业

（一）个人植树

解放前的竹行境内没有成片树林，农户只在家前屋后和宅沟、泯沟沿少量栽植。品种有杨树、楝树、朴树、槐树等，长得慢而材质好的是桑树和榆树。松树和柏树只有坟地栽种。1949年夏秋之交和1956年8月两次大台风，树木被刮倒不少，尤其是招风的大树。1958年秋的“大跃进”，搞深翻制绞关犁，农家大树全被砍光，在竹行土地上延续了200多年的榆树消失了，以后也没有人再种这种树木了。1964年起，各级政府重视，补栽树苗，树种主要是楝树、桑树和刺槐。头楝材质粗脆，农户将楝树苗长到5~6公分连根锯掉，培植在根部再长起来的为二楝，二楝材质好，适宜做很多种家具，可是这种二楝生长慢，在没有木材供应的年月里，百姓还是乐意栽种刺槐树，它生长快，主干直，木质坚硬，可它主根浅、不耐水淹，容易被大风刮倒。“文化大革命”之初连续几年，掀起了种植泡桐树热，栽香椿树的人家也不少。它们速生、干直且高，是较好的工业用材，它能换到其他材质的木材计划。“文化大革命”后期，又掀起了水杉热。8~10年的水杉能做猪舍、羊舍的屋梁，或能做大屋的沿桁。1983年以后木材市场逐渐放开，水杉热普遍降温，本来到处可见的像大伞一样的水杉树，日渐稀少。2009年，原长桥南村5组徐冰家两棵水杉，树干胸围直径达到30~40厘米。谷东村沈士兵家的两棵泡桐，一棵高约22米，胸径达30厘米，一棵高约30米，胸径约35厘米。

（二）集体植树

20世纪60年代中期，长洪河开挖，翌年在河北高岸上，即谷东村17组和23组境内植树约8亩，以楝树、刺槐为主，几年后逐渐成材，用作队里搭建猪舍等用。70年代各生产队均在路边、沟沿集体种植树木。1983年，林地随毗邻土地划归农户。有些大的树砍去重栽新树，有的改种竹子。

二、竹　业

俗话说“养鱼种竹三倍利”，多数人家种几方或者十几方竹子，成小竹园。一般栽在正屋后面到宅沟沿之间，不占耕地，四季常青，竹园围护着的宅屋既空气新鲜，又有美感。

竹子生长快，二年竹子成材，它产出率高，用途广，竹子的品种不同，特性不同，其用途也不同。大圆竹高大粗实做建材用。五月季、三芦头做农具柄用，篾竹是劈篾的最好材料，制成各类竹器，广泛用在生活上。燕竹的竹笋味道最鲜美。

1943年，日军妄图封锁长江，阻断新四军和地下党过江，就大砍竹子，强迫老百姓运到江边，以搭建竹篱笆。如此，竹行和周边地区一样，竹子遭到毁灭性砍伐，剩下的竹茅已不成气候就自挖毁园，干脆改种庄稼。如此宅样光秃，环境走样，哀伤不已。1945年，日本投降后，不少农家恢复种竹。解放初，农民有了田，新的小竹园大量涌现。不但恢复到历史最高水平，而且还有发展。

1958年"大跃进"，人民公社搞各种建设，以竹代木，竹园又一次遭到破坏。较大的竹园都划归集体，由于管理不到位和滥砍，1960—1961年，集体的竹园多数不再存在，接着在"大办农业，大办粮食"的口号下，集体竹园普遍变成了庄稼地。以后几年中，本地不产竹，外地运来的也极少，生活、生产受到严重影响。在紧缺的年段，买一根竹柄要凭票，市场上出现了用芦竹（江芦）编成的菜篮，圆竹匠改竹篾箍为锈铁皮箍，镬盖的竹箍改用木片箍，竹篮改用钢丝蓝。

唯独谷东村10组留有一个大竹园，足有3亩，竹竿很高，几里路外就能望见，令人振奋。1979年后，竹子市场开放，不凭计划大量供应，缺竹子的困难从根本上解决了。1983年农民有了田，种起了以燕竹为多的小竹园。以后客竹、塑料、芦竹全面代替本地竹子，用材竹园的消失是自然的。新农村的建设，在新村四周公园等地，种植了大批观赏竹林。

2005年起，谷东村有几个农户在大田里种竹，开始时很稀疏，2010年，竹笋成行，竹园成林，初具规模。

三、苗　圃

竹行公社划建初期，建修房屋缺木材，就连搭建猪舍羊棚的杂树棍也难以搞到，绿化无苗木。1966年10月，党委研究决定十四大队8小队为苗木培植基地，建苗圃。8队耕地110亩，多数耕地培育树苗，以培育桑树、楝树苗为主，适量培育刺槐树苗。苗木满足本公社的需求外，多余的对外供应。为了满足队里集体养蚕需要，还培育一些胡桑树。20世纪70年代中期，在水杉热中划出部分土地转育水杉苗。1968—1983年，每年约出售桑苗8万株，每株0.08~0.15元，收入约9600元，楝树苗10万株，每株0.06~0.10元，收入约9000元，刺槐苗约2万株，每株0.12~0.18元，收入3000元。

1983年分田到户，苗圃用地分给农户耕种，剩下6亩路边地，分给张顺理等9家纯农户，由乡镇绿化办公室每年支付5000元左右钱给苗木种植户，培育广玉兰、水杉、雪松、千头柏等树苗，。所生产的苗木，分配给各单位搞绿化。在无绿化计划任务后，他们中有的改育柑橘、桃树、枇杷等果苗随市场出售。

1966—1983年竹行苗圃苗管员名单表

表2-15

年　份	姓　名	年　份	姓　名
1966—1972	张志明	1980—1982	蔡永祥
1972—1978	黄如珍	1982—1983	袁新康
1978—1980	陈宝云		

第五节　其他副业

一、纺　织

竹行先民重视纺织，以解决穿衣问题，是单一的棉花纺织，竹行人穿戴都是以土纱土布为主。农户种植棉花，自用为主。纺纱分三步，第一是轧去棉籽成皮棉，没有机械轧车就用轧芦篾的木制手摇轧车，效率极低。第二步是弹花，用木槌击打弓弦，弓弦振动将绞起的皮棉弹蓬。直到解放前夕，竹行境内才有木制的脚踏弹花车。第三步是用直径半厘米的细竹和木制擀板擀成棉条，这样就可以纺纱了。纺车，车头装锭子，轴上装环，环上的弦线套住锭子，把手摇动，锭子就发出嗡嗡嘤嘤的声音。棉条不断抽出细纱，绕在锭子上，大约一两左右就从锭子上脱下来。一到冬春，各家的纺车都动起来，妇女干，孩子们也干。晚上，在微弱的灯光下干个寒夜是常事。纱锭积累足够了，就用带环的木制车（呼车）把纱套上去成一支一支的。如果织色布就把纱染成颜色。纱上布机分四步，即做筒管、匀布、攀布、织布。布机是木制的，手推扣夹，脚踏木板，牵动扣夹一上一下间，带纱的梭子横穿空间，一经一纬变成布。最基本的是白坯布，一只梭子，两只踏脚，蚂蚁布是蓝白相间的，是用两只梭子（白纱梭、蓝纱梭）交替穿行。土布的品种还有芦菲花布、花格子布和毛巾格子布等。毛巾格子布呈凹凸式，冬天做被夹里贴身暖和。织这些高档土布梭子要3~4只，踏脚要3~4个。清末，土布贩到江南赚钱，竹行就有很多家庭靠卖布维持生计，纺织着实兴旺了一个时期。抗战后期织机有所改良，开始出现叫洋扣夹的织机，梭子不用手甩而是用手拉绳子的方法让梭子穿行，发出咣当咣当的声音，很有规律和节奏。

解放前夕，洋布冲击竹行土布业。有些农户买洋纱织布，这些纱支数多，牢度大，经纬密度均匀，织成的布耐用美观。本地土布市场萎缩。合作化时期搞粮棉统购统销，售棉任务完成后留一点自用棉，织的土布不能买卖。1958年人民公社化，不分自用棉，社员凭计划布票到供销社买布，按人口分发布票。三年困难时期，1960年发一尺六寸，以后随经济发展逐年增加。1965年每人发1丈6尺。从此，使用了200多年的织布机都改成织麻包。1984年以后麻包停织，织机大量毁损，进入21世纪，已难觅其身影。

二、麻编织

解放初期有人家织麻包匹，主要为自家制成麻包芦菲晒粮食，编几只麻包装棉花。织麻包匹很少，不作商品出售。1962年，产棉区和轧花厂需要大量麻包装棉花。通海区出产黄麻，各公社组织社员编织麻包匹出售，为社员争得一项重要的副业收入，在收入普遍低下的时期，不失为一条生财之路。每匹0.5千克左右，加工费0.32元左右。收购地点在供销社麻仓库。20多年编制麻包的历史中，全公社农户每年编织40万到50万匹麻包，凭证销售给供销社，为解决一些农民的生活困难起了一定的作用。

编织麻包主要方法：先把原麻浸水发软，在麻丝钉上拉成细丝，再用手工把麻丝一根根地接起来于麻丝篮中。接麻丝很费工，往往一家老小齐动手，晚上围着一盏小油灯，干到半夜三更是常事。孩子上学前要起个早，完成一扎麻丝后才去上学。

麻丝像纱一样上布机，这个过程叫经麻包，织麻包的原理和织布的原理相似，只是简便一些。每年春暖，每个宅上都有机梭声。

石化工业的发展，尼龙包广泛使用代替了麻包，本地区棉花停种。到1983年，为竹行人民带来福祉的重要副业终止了。

三、芦编织

把干芦头轧成芦片，编成芦菲、畚箕、囤条，用以晒粮、屯粮。它的历史与竹行的历史同步，这种家庭用具价廉、实用，就地取材又取之不尽，用之不竭。

芦片编织物家家户户都需要，因此自然形成交易，每个镇上都有专门场地放置，专业户也随之形成。公社时期，四大队、五大队、六大队都有一批专业户，其中四大队6队的陈万华、13队的顾秀兰、15队的倪锦才，把芦菲、畚箕卖到唐闸轧花厂，从20世纪70年代到90年代，连续多年。

以后芦菲逐渐被麻包菲取代，芦畚箕被竹篾、塑料畚箕所取代，到20世纪末，在竹行地区绵延使用200多年的芦菲、芦畚箕完全淡出了人们的视线。

四、竹编织

取材篾竹或毛竹，使用竹刀劈成等宽等长的篾片，青竹表面层，叫头青，制成的竹器经久耐用。劈第二层的叫二青，牢度差一些。劈第三层的叫篾黄，制成的竹器价格便宜。品种有篮子、烧箕、饭篮、藤盘、筛扁，还有凉席，叫竹席。还有一种特殊的劈法，不分层，材料用篾竹，连竹黄一起用上，劈成面条一样等宽的篾线。专用于推笆、盖草房用，作篾窝，比铁丝效果好。

1959年开始，草席凭结婚证供应，本地竹园遭到破坏，制作竹凉席的篾源少了，旧草席，旧竹席破了，原来的竹匠改行去修草席、竹席。一个特殊的行业就此出现。竹匠带着篾片骑着自行车走串乡村。到20世纪80年代初，外来竹子多了，本地竹子也多起来，草席供应不再凭证，这个修理行业的人逐渐减少。90年代末这个行业基本消失。

五、钢丝编织

20世纪70年代初，竹行镇市场上出现钢丝篮，分小篮和大篮两个品种。竹行的钢丝绳厂有钢丝，就地取材，形成家家有钢丝篮的特色。以后这种篮通过市场交易和亲友赠送，扩散到相邻的乡镇，甚至是邻县邻省。钢丝篮一般都是由手艺娴熟的做篮师傅做的，采用镀锌钢丝制作，外观漂亮，耐用，能使用10年甚至更久，很受人民群众的欢迎。到21世纪初，塑料制品出现，钢丝篮从市场上消失，竹篮也很少见。

六、缝 纫

解放前，竹行人缝衣都是手工的。一囊棉花做到头，农民苦，农妇更苦，要自己动手纺织、裁剪、缝制。1958年前后，竹行地区开始出现机制的衣服，这种脚踏的机器（缝纫机），农民叫洋针车，缝衣的师傅叫洋帮裁缝，农民对此感到非常新奇。手针裁缝仍然坚持做传统的中式衣服。缝纫机做中山装、人民装、青年装、学生装、列宁装、童装等。服饰的新颖、时髦，给生活带来大的变化。人民公社初期，对外加工衣服的缝纫机集中起来搞集体经营，竹行镇和大安镇以有缝纫特长的居民先后建立了缝纫生产合作社，代客加工服装。

缝纫师傅少，做衣服难，无法满足市场需求，乡村中具有缝纫技术的人也开始对外加工服装。他们收费低，取衣服快，颇受百姓欢迎。

农村年轻妇女把购置一辆缝纫机，作为生活追求的重要目标。“文化大革命”之初，姑娘出嫁的“三转一响”（缝纫机、自行车、手表和收音机）嫁妆中，缝纫机是第一大件。

农村缝纫机很快多了起来，生意红火，手艺高超的师傅一年能赚数千元，合几个男劳力的工分收入。“文化大革命”中单干的，没有组织的，被视为资本主义的尾巴而遭到批判。1973年，二大队率先把这类缝纫师傅组织起来，地点放在大队部，同时把全部个体泥、木、漆、竹匠、铁匠、理发员等全部组织起来建立以毛泽东的“五·七”指示冠名的“五·七”服务站。服务站收费由大队负责，工人报酬计工分。其他大队在公社号召下群起仿效，先后也建起了“五·七”服务站。

这种生产组织普遍遭到个体匠工的抵制，当时流行的泥匠歌谣说：小泥刀一夹，老酒一呷，香烟一盒，工钿一块六角八。说的是待遇叫人满意，服务站不自由，不发现钱，还被打折扣。服务站苦撑5年，到1978年就先后解散。

1979年农业体制改革，缝纫师傅自由多了，全公社各大队都有缝纫店，此时布票废止，布店内化纤品种的布大量供应，缝纫生意旺盛，收学徒较多，这为以后的制衣企业输送了大量熟练的缝衣工。

1983年以后，成衣买卖兴旺，他们从常熟等市场进货，买进卖出都便宜，且花样、款式新颖，年轻人喜欢买成衣，由此本地缝纫业迅速萎缩，村部缝纫店逐渐消失。到21世纪初，集镇上手艺高超的缝衣店仍然存在。

七、纺石棉

1972年。二大队办起石棉厂，以本大队为主，给每农户发放石棉卡（领取石棉条纺纱），同时也向外大队、外公社少量发放。卡上的数量由厂管委会核定，从10千克到50千克不等，一般是2~3个月解货和领货一次，每千克的加工费是1.56元。本大队以每千克记20个工分为准，到年终兑发报酬。外大队、外公社一般到半年以后领取报酬。二大队每个劳力每年能增收百元左右。鼎盛年份，厂里每天生产石棉条150千克。

石棉条是用短绒裹着石棉粉制成的，它耐火，纺起来粉尘扬起而污染空气，广大社员只为增加收入而不顾伤害。石棉条因纤维短，纺纱时会断线而难纺。1978年由于市场经济变化，产品滞销而停办。

八、养　蚕

20世纪60年代末，本公社有很少部分生产队或社员家庭搞养蚕副业，大都不成规模，只有1~2方，主要原因是桑树少，桑叶采集难。十四大队苗圃集体养蚕有一定规模。自1966年建圃时栽种大片胡桑树，蚕的饲料有了保障。从1968年起，每年两季共养蚕15~20方，每方可赚50元左右，全年创收800~900元，这种副业活动一直坚持到1983年苗圃停办为止。

九、小副业

1.扎扫帚

这种副业古已有之。每到处暑节气，高粱、芦穄成熟脱粒后，每天就有人走乡串户收高粱苗、芦穄苗扎扫帚出售，以满足市场需求。竹行村21组黄林祥从2000年起每年扎一千多把扫帚，净挣利4000多元。星辰花园社区，一对古稀老人为社会来料加工扎扫帚，每人每年扎400~500把。

多少年来收割薄荷后要扫叶子，过去都是自己扎竹枝扫帚。人民公社时期，多数从供销社买扫帚，1983年分田到户直到十几年后薄荷停种，农户自己动手扎竹枝扫帚的较多。

2.搓绳、绞绳、打机制绳

竹行镇、大安镇有绳索交易。由麻皮搓成细绳——帘子绳；用稻草搓成的——捆麦绳。此外还有配好担钩的担绳。20世纪70年代初，各大队都有人买进了摇绳机，主要制稻草绳，也有制麻绳的。

3.编草帘

用细绳编稻草成帘，1970年—1980年左右，十二大队作为一项集体副业搞。按对外销售任务分配到小队社员家里编织。

4.做桶、箍桶

提桶、脚盆、粪桶、粪勺等家庭生活、生产用具，制造和修理这种用具的工匠叫圆作匠。竹行村、龙田村、谷东村都有。早先箍桶材料都是竹篾，从20世纪70年代起改用铁皮。以后塑料桶兴起，农户喜欢买现成的，这些桶价廉、轻巧、卫生、结构科学，自此，圆竹生意断了，连这个词也陌生起来。

5.箍镬盖

镬盖——烧饭、菜铁锅上的盖子，防止木制镬盖烫坏，要四周套上一圈竹片，这竹圈一年得换一次。20世纪70年代起改用铁皮、钢皮带，因此只要用铁锅烧水做饭，这种生意就不会断。本镇范围有几家专门做这种手艺的。箍镬盖的师傅还兼做筛细粉的卷筛。直至现在，工业上筛淘粉砂仍需筛子卷筛。

6.推笆、盖屋

20上世纪70年代前，农村草屋居多，而三棚（猪棚、羊棚、坑棚）几乎都是草棚。一般都是芦苇、稻草结构。四周用芦苇推编成篱笆，屋面用稻草盖面，这些草房一年左右修一次，将旧草掀去，均匀铺上新的稻草，然后盖上芦苇草绳网络，让网络和篱笆结合。最后一道工序是用快刀割平屋檐檐头。

1983年以后，农村草房逐渐被瓦房替代，以后楼房普遍代替了平房，连三棚也是砖瓦结构，再也用不到推笆盖屋了，这种副业也成了历史陈迹。

7.编芦帘

晒粮、晒被、晒棉用帘子，每家每户都需要，历来是农户自己编的。材料主要是芦头，用细绳编连起来，每隔2~3尺放上一根比芦头稍粗的青竹。用的细绳大多是麻的，也有棉的。到20世纪70年代起普遍改用尼龙绳，这种化纤绳牢固，帘子耐用。随之出现了编芦帘卖的副业手，他们用自行车装着帘子穿埭、进队叫卖。1983年分田到户，芦帘用途少了，但小帘子的买卖并没有受到影响。市场的需求形成了这项副业的存在发展，江海村的芦帘比较有名，有几户一年有一半时间全家都扑在这项副业上，妇女、老人编，壮年男女对外销售，他们跑出了本乡镇，还有在临近县、市、乡间叫卖。

21世纪开始，农民集居区的建设，农村住户不断减少，这项副业也萎缩起来。

8.编草鞋、蒲鞋、芦花靴

草鞋的材料是江草或芮草，也有稻草和茅柴草的，价廉，实用，用量大。农民下田，甚至步行赶路，草鞋是常用鞋，但容易穿坏，因此销路也大。竹行地区会做草鞋的人很多，自做自穿，也有专业的做草鞋户，上市场销售。蒲鞋的起始和草鞋一样，材料也一样，只是式样有异，它像鞋子似的，有鞋头和鞋跟。这两种草料鞋在20世纪60年代末逐渐消失。胶鞋上市，农民乐意穿这种新式而又耐穿的鞋。

芦花靴也叫芦花蒲鞋，材料是芦花，重阳节后芦花将发蓬时，拔出后晒干，修下搓成绳编鞋面，又用稻草搓成绳，编成厚实的鞋底，再用粗棉线把鞋底和鞋面缝合起来。最后一道修饰的工序，是用布条缝鞋口，制成极为保暖的靴子。

这种鞋保暖、价廉、实用，穿的人很多，冬天学生穿着上学，也有工作人员穿着办公。芦花靴最鼎盛时期是20世纪60—70年代使用布票时期，因为缺布，农村老老小小都穿这种鞋子。一家有几双，市场上芦花靴购销两旺。从80年代中期起，群众生活水平提高，市场上大量保暖鞋供应，竹行人民世代爱穿的芦花靴市面上逐渐减少。

再有几个小副业，如钉碗、补锅、锻磨子。搞这些小副业的人很少，可很需要。到70年代就再也见不到这种手艺人了。

第六节 农副业管理机构

一、农业经济服务站

南通市竹行镇农业经济服务站前身是南通县竹行乡合作经济经营管理站，建于1983年7月。1993年撤县建市，南通县竹行乡合作经济经营管理站改称通州市竹行乡合作经济经营管理站。2001年2月撤乡建镇，通州市竹行乡合作经济经营管理站改称通州市竹行镇合作经济经营管理站。2001年3月区划调整，竹行镇划归南通市。南通市竹行镇合作经济经营管理站又改称南通市竹行镇农村经济服务站。

南通市竹行镇农村经济服务站简称农经站，由站长、助理、工作人员4人组成。设失地农民保障服务、集体经济组织人员数据库办理、政策咨询服务、会计代理服务、土地流转服务、集体资产经营服务六个方面的服务项目。

农经站围绕“农村稳定、农业增效、农民增收”这个主题，当好领导的参谋和助手；履行自己的工作职能，搞好土地流转管理；督促各村严格执行《中华人民共和国土地承包法》，对农村财务进行监督。农经站每年对全镇村（居）的收支单据审核130次；接待村（居）民政策咨询、来访人员近200人次。2003—2010年，共为拆迁户做好7765亩土地的流转工作，确保拆迁户29682人进入农村集体经济组织数据库。

2008年，15人参加农村集体资产管理和核算的县区培训，15人参加乡镇农村集体资产使用及日常核算的培训。2009年，15人参加县区“乡镇涉农票据管理”的培训和“村集体经济组织会计制度”的培训。

2004—2010年，各村农业经济总收入、净收入、外出劳务收入、可分配净收入、农民人均收入逐年增加，人民生活质量显著提高。

2004年竹行镇农业经济主要数据表

表2-16

村名	农业经济总收入（万元）	净收入（万元）	外出劳务收入（万元）	可分配净收入（万元）	农民人均收入（元）
合计	191607	25746	709	26455	5676.4
新丰村	5959	977	45	1022	5307.5

续表2-16

村　名	农业经济总收入（万元）	净收入（万元）	外出劳务收入（万元）	可分配净收入（万元）	农民人均收入（元）
长桥村	7605	1460	127	1587	5998.9
谷东村	6054	2073	130	2203	6072.2
神农村	3948	951	57	1008	5610.5
洞子港村	7614	1685	12	1679	5550.1
竹行村	20324	3484	32	3516	5937.6
竹东村	12093	1390	58	1448	4050.4
大安村	11507	2434	23	2457	5425
江东村	1603	703	101	804	5249.5
江海村	2303	1165	124	1289	5094.7
乡镇级企业	112597	9424	—	9424	—

2005年竹行镇农业经济主要数据表

表2-17

村　名	农业经济总收入（万元）	净收入（万元）	外出劳务收入（万元）	可分配净收入（万元）	农民人均所得（元）
合　计	337917	29971	745	30716	6357.9
新丰村	6572	1153	45	1198	5856.4
长桥村	15113	2584	150	2374	7201
谷东村	23921	2184	160	2344	6699.9
神农村	8117	986	68	1054	6229.1
洞子港村	12768	2107	13	2120	6660.2
竹行村	34588	4329	28	4357	7242.8
竹东村	22063	1684	50	1734	6677.3
大安村	15220	2814	35	2849	5999.1
江东村	869	782	72	854	5673.1
江海村	2239	1161	124	1285	5598
乡镇级企业	165462	10187	—	10187	—

2006年竹行镇农业经济主要数据表

表2-18

村　名	农业经济总收入（万元）	净收入（万元）	外出劳务收入（万元）	可分配净收入（万元）	农民人均所得（元）
合　计	422253	28812	725	39537	7134.8

续表2-18

村 名	农业经济总收入（万元）	净收入（万元）	外出劳务收入（万元）	可分配净收入（万元）	农民人均所得（元）
新丰村	8063	1269	65	1334	6668.1
长桥村	26753	2932	150	3802	8055.1
谷东村	25277	1795	135	1930	7251.6
神农村	11486	1276	50	1326	7.56
洞子港村	16208	2421	32	2435	7323.1
竹行村	46354	4777	85	4862	8072.4
竹东村	25200	1924	50	1974	7652.4
大安村	15712	2788	43	2831	6764.1
江东村	928	662	—	662	6374.4
江海村	2404	1326	—	1441	6115.2
乡镇级企业	224987	17642	—	1765元	—

2007年竹行镇农业经济主要数据表

表2-19

村 名	农业经济总收入（万元）	净收入（万元）	外出劳务收入（万元）	可分配净收入（万元）	农民人均所得（元）
合 计	594851	43046	1182	44228	8030
新丰村	13459	1389	168	1557	8021.9
长桥村	64635	3851	143	3994	9031.1
谷东村	38243	2182	102	2284	8515.2
神农村	17915	1514	56	1570	8354.2
洞子港村	34710	2438	55	2493	8040.4
竹行村	76872	5001	98	5099	9039.6
竹东村	52043	2803	30	2833	8772.5
大安村	27215	3501	290	3341	8108.2
江东村	3551	766	—	766	7052.2
江海村	4900	1331	240	1571	7110.4
乡镇级企业	261308	18720	—	18720	—

2008年竹行镇农业经济主要数据表

表2-20

村 名	农业经济总收入（万元）	净收入（万元）	外出劳务收入（万元）	可分配净收入（万元）	农民人均所得（元）
合 计	912644.01	61955.95	1197	63152.95	8935.4

续表2-20

村　名	农业经济总收入（万元）	净收入（万元）	外出劳务收入（万元）	可分配净收入（万元）	农民人均所得（元）
新丰村	16588	16.3	62	1665	8821.6
长桥村	75637	5737	100	5837	9797
谷东村	49219	1998.3	243	2231.3	9201
神农村	30206	1667	60	1727	9173.2
洞子港村	45755	3057	35	3092	9012.6
竹行村	155417	7948	122	8070	10046.8
竹东村	60813.41	3548.35	30	3578.35	9806.3
大安村	36008.06	3306.4	290	3596.4	8992.3
江东村	2621.7	1359.5	—	1359.5	8630.2
江海村	4494	1521.4	255	1776.4	8010.6
乡镇级企业	398425	30220	—	30220	—

2009年竹行镇农业经济主要数据表

表2-21

村　名	农业经济总收入（万元）	净收入（万元）	外出劳务收入（万元）	可分配净收入（万元）	农民人均所得（元）
合　计	1188948	82114	1888	84002	10052
新丰村	16309	1497	55	1552	9376
长桥村	98835	6058	79	6137	10719
谷东村	58210	2432	260	2692	10080
神农村	48444	2070	70	2140	9917
洞子港村	59023	2461	39	2500	9496
竹行村	194919	11932	138	12070	11092
竹东村	88677	4541	405	4946	10586
大安村	59499	3782	567	4349	9919
江东村	3872	1535	—	1535	9193
江海村	5051	1641	275	1916	8562
乡镇级企业	556154	44165	—	44165	—

2010年竹行镇农业经济主要数据表

表2-22

村　名	农业经济总收入（万元）	净收入（万元）	外出劳务收入（万元）	可分配净收入（万元）	农民人均所得（元）
合　计	1314849	90125	2222	29836	11050

续表2-22

村　名	农业经济总收入（万元）	净收入（万元）	外出劳务收入（万元）	可分配净收入（万元）	农民人均所得（元）
新丰村	18276	1738	55	2019	10861
长桥村	85650	5139	81	2820	11799
谷东村	62720	2670	305	2634	11175
神农村	53305	2300	78	2763	11052
洞子港村	64925	2707	43	1639	10446
竹行村	214614	13125	155	5288	12364
竹东村	103514	6854	405	3552	11939
大安村	75475	4244	800	5414	10920
江东村	4004	1593	—	1836	9787
江海村	5341	1941	300	2121	9498
乡镇级企业	627025	47814	—	7164	—

竹行镇农村经济服务站历任站长：

1983—1992年　黄成标

1992—2001年　朱亚标

2001—2002年　虞连明

2003—2008年　井　红

2009—2010年　蔡新伟

竹行镇农村经济服务站获奖情况表

表2-23

年份（年）	奖　项	授奖单位	级　别
2006	农村集体财务规范化管理示范乡镇	江苏省农林厅	省　级
2008	农村集体财务规范化管理示范乡镇	中共南通市委农村工作办公室	市　级

二、农业技术推广站

农业技术推广站成立于1965年3月，地点在公社大门东侧，县农技部门与公社双重领导。基层建植保网络，各大队设植保员1名，各小队均设植保员1名。1984年，乡农业办公室成立后，农技站受农业办公室管辖，办公地点在乡政府。1985年建立农业公司，隶属于农业部门领导，主要开展农业技术服务和农业技术培训等，适量经营部分生产资料和各类种子。1990年建农副产品供销公司，主要开展经营活动，经营化肥、农药、种子等生产资料。同时根据国家政策开放，收购薄荷油、留兰香油等，到南通加工成薄荷脑或薄荷、留兰香素油进行销售。最盛时期年销售额600万元，利润超70万元。1996年，产权体制改革转为民营企业。

竹行农技站，1965–2010年共举办农业技术培训28期，参加人数为3.5万人次。2000年前，开设农业技术广播讲座300期，参加人数为38万人次，为农业丰收打下坚实基础。

1975—1985年，农技站两次对全镇220个生产队2.3万亩土地进行普查，取样取土1700个进行土壤化验，对我镇土壤结构、土质、类型有了大概了解，为推广农业适土施肥提高了科学依据。

2000年前，推广农田化学除草100余万亩（夏秋两季），节约除草人工300万个。农村剩余劳力投入到二、三产业，增加效益4500万元。1980—1985年，农技站经营各种化肥700多吨，有效地解决了全镇化肥供需矛盾。

2000年前的35年中，农技站引进各种优良种子1400吨（其中粮食种子980吨、油料种子160吨、蔬菜种子260吨）。由于农作物种子不断更新换代，作物产量逐年提高。20世纪80年代末，以稻谷、玉米为代表的粮食产量、亩产双双超吨，油菜亩产超175千克。

2000年前的35年中，农技站推广新技术、新产品防治虫害、草害。防治农田70万亩，挽回农田经济损失1000余万元。

35年中，为了保护土壤耕作层，推广免耕种植法。在推广油菜免耕种植的基础上，农技站经反复科学实验，应用到稻、麦种植上。免耕法使土壤提高了保水保温保肥的能力，使作物早出苗、早活棵、早发育，提高了产量。2000年前20年，共推广免耕种植面积38万亩，仅节约农村机耕费500万元。节约化肥等，直接降低了农业生产成本共1000万元。

农技站历任站长

施永飞　顾瑞康　陈小苏　杨裕祥

农业公司历任经理

1985—1986　倪成新

1987—1988.8　施冠洲

1988.9—1990　顾瑞康

1990—1996　曹云生（农副产品供销公司）

三、机电灌溉站

20世纪60年代末期，旱改水后，全公社各生产队普遍栽植水稻，灌水矛盾突出，稻田缺水现象较为普遍。多数生产队采用机灌，费工，成本大。公社党委研究决定建电灌站。1969年上半年筹备，地点设定在竹行镇西南400米处的严家石桥头南，原中心大队5小队（现竹行村5组）老洪港河边上。河东是11大队，公社投入资金2.5万元。竖水泥方杆50根，铝裸线4000米，架60千伏变压器一台。

老洪港河东、西两边各建一个车口，每个车口各配两台10千瓦电机，12寸水泵的抽水机。

1969年下半年电灌车口建成，1970年6月启用。河东水渠总长2250米，灌溉范围为十一大队全部、十六大队西部、十三大队和十五大队的拆迁队和原通海公社十五大队的拆迁队（现划入竹行村)。共980亩稻田。河西水渠总长3120米,灌溉范围为中心大队、四大队全部、五大队长洪河北8个生产队,共浇灌1020亩。以后几年,老田增加水稻面积,加上三熟制晚稻种植,一天20个小时开机,1970—1977年,每亩电灌费1.2元。

由于用电限制,稻田经常出现脱水现象。有时半夜来电开闸抽水,大队放水管理人员往往未及时到位。另外由于地势高低不一,有的灌不满,有的漫堤决口,造成水资源浪费,又淹坏旱田庄稼。1978年,公社电灌站下放给中心、十一两个大队,别的大队自建电灌车口。1983年分田后,中心、十一两个大队各自独建电灌车口,公社电灌站停止使用。

公社电灌站工作人员4名,均属公社集体人员。1978年电灌站进行改革,人员分流,1人到县办钢丝绳厂,1人到公社方向机厂,1人到公社农机站,1人到公社用电管理站。

1969—1978年竹行电灌站历任站长名单表

表2-24

任职时间	姓　名	任职时间	姓　名
1969—1970年	黄成龙	1972—1974年	徐志彬
1970—1971年	顾伯冲	1975—1978年	谈松茂 祝兆兵

四、农机管理站

1970年前,机灌与电灌管理合一。1970年,竹行公社电灌站建立,机灌与电灌管理分开。是年,电灌站上原有的机灌设备搬迁到一大队和二大队间的顾老龙石桥南北两侧,8大队2台机灌设备属站上管理,其余各大队机灌事宜由各大队自行负责。1972年,机灌独立建站,称竹行公社农业机械管理站,俗称机电站。机管站设站长1名,会计1名,机务1名,水泵管理1名,职工20名,前4名属事业编制。站址设在竹行小学(老校)校门西侧,占地1300平方米,建筑面积696平方米,设管理办公室4个,兼营生产五金铁链,大小车间16个。1974—1976年,是全公社拖拉机数的峰值年段,全公社有中型拖拉机12台,手扶拖拉机220台,农田翻耕全面实现机械化。1983年,分田到户,站上拖拉机全部转卖。

1975年,机管站筹集2.5万元资金创办五金铁链厂,以厂养站,利用盈利增添设备,鼎盛时期有冲床10台,焊接机7台,年产铁链成品80吨,净利5~6万元。

1993年,链条厂由徐宝康、陆永超两人承包,1996年由他们二人出资20万元购买,公社集体企业改制为民营企业,资金由乡接收,农机站并入乡农业办公室,由农办统一管理。

农机管站每年对全公社(乡)农机手进行技术培训。

对站内人员开设安全生产、农机保养培训。

配合县,对公社(乡)农机手的理论、操作考试,合格则发证,组织手扶拖拉机手进行理论考试。

设立农机修理部，经常下去检修服务，平时注意对站上农机的保养。对分散在各大队（村）的20多个粮食加工厂，不定期的进行安全检查。

1972—2010年竹行农机站历任站长名单表

表2-25

任职时间	站　长	任职时间	站　长
1972—1983	谭松茂	2003—2004	陈小苏
1984—1992	蔡顺发	2005—2008	杨裕祥
1993—2002	施锡祥	2009—2010	杨晶晶

五、多种经营服务公司

竹行乡多种经营服务公司，简称竹行乡多服公司，也叫竹行乡副业公司，成立于1983年8月7日，办公地点在竹行乡政府院内的老平房。公司在乡经济联合委员会的领导下，发展全乡多种经营，指导村民搞副业，实现致富。

公司3名员工，分别担任乡经济联合委员会经理兼多服公司经理、副经理、渔业技术员。

1985年，乡经济联合委员会撤销，多服公司撤销改建为多种经营技术指导站，设站长、副站长、渔业技术员、蚕桑员、会计、辅助会计。

1993年12月，通州市编制委员会将竹行多种经营技术指导站核准定名为竹行乡多种经营综合服务站，在编人员4人，从业人员11人。

1998年1月12日体制改革，上缴资产12万元，土地79亩。

1983年，本乡个体户代表30余人，出席南通县首届个体户代表大会，其中有闻名全县的王佩恒、陈廷章。会议给个体户指明了发展方向，给本乡个体经济发展予以重大影响。

1984年麻包滞销，为农户解困，公司设法到大丰轧花厂推销麻包12万匹。农村发展禽畜养殖需要搭建棚舍，建材紧缺，公司设法购进大量杂木棍。1989—2001年，推广、销售大江良种雏鸡，每年至少30万羽，最多年份达80万羽。1986—2001年，每年到上海松江大江饲料公司代购代销配合饲料800吨左右，解决养殖户所需的优质配合饲料。扶持周秀林、高广新、高广州等50个规模养鸡户。1990年，服务站购进5万株银杏树苗，满足全乡农户的种植需求。1997年，多种经济服务公司被中共通州市委组织部和通州市科协确定为通州市农村党员基层干部农村实用技术培训基地。

1983—1997年多种经营服务公司负责人名单表

表2-26

年份（年）	经理（站长）	副经理（副站长）	技术人员	会　计
1983—1984	龚祖发	施志康	唐学惠	

续表2-26

年份（年）	经理（站长）	副经理（副站长）	技术人员	会 计
1985—1992	龚祖发	陆锦扬	唐学惠 俞伯成	黄步标
1993—1997	龚祖发			陆兰萍

1988—1997年竹行多种经营服务公司获奖情况表

表2-27

年份（年）	获奖名称	授奖单位	级 别
1991—1992 1993—1994	市文明单位	通州市委、市政府	县（市）级
1991—1994	市文明单位	通州市委、市政府	县（市）级

1995—1997年竹行多种经营服务公司个人获奖情况表

表2-28

年份（年）	获奖名称	授奖单位	级 别
1995	陆兰萍被评为南通市劳动模范	南通市政府	市级
1995	陆兰萍获肉鸡养殖工程先进个人称号	通州市政府	县（市）级
1996	龚祖发被评为通州市致富能手	中共通州市委、市政府	县（市）级
1997	龚祖发获多种经营生产先进个人	通州市政府	县（市）级

六、兽医站

1965年5月，竹行公社兽医站成立，地点在公社大门（现镇政府大门）西侧，一间16平方米办公用房，共6人，系兽医专业人员和阉割师傅。同年建立公社兽医网络，每个大队1人。兽医站建立培训组织，为各大队培养赤脚兽医，教员陈占祥，实践由站上专业人员带他们到生产队进棚诊病、注射和阉割等，使他们的医技很快提高。是年，陈占祥出席江苏省农业先进单位会议。1970年，站址迁到公社大门东侧，房屋1间半，面积25平方米。1977年9月，站址迁到竹行村4组，直到2010年。用房7间，面积155平方米。

引进和推广猪、羊良种

1977年12月引进优良种公猪约克夏、长白猪各一头，并建立人工受精配种站。2005年，增加种公猪杜洛克1头，2010年前夕更新一次。这些种公猪繁殖的后代死亡率低、生长快，个体大、生产周期短、抗病力强，瘦肉率高，母猪产仔多，符合市场需求。

1990年，兽医站引推本地优良种公山羊4只，到农户家进行人工授精，配种三年后，优种传播率百分之百。所产羔羊生长快、个体大、经济效益好。1998年，引进南非纯种波尔种公山羊2只。近一年后，兽医下乡搞人工授精配种，除本乡镇外还为临近的乡镇和农场及金沙、石港等地的养羊户配种。很快波尔公山羊代替了本地的种公山羊，两年后的山羊都是波尔血统的。这种杂交羊的生产性能明显高于本地血统的羊，同样耐粗饲料，生长速度和个体都远胜于本地羊种，从出生到出售一年左右，达百斤以上的很多。由于工业企业的发展，农村劳动力大量转移等原因，到2004年，养羊户及养羊只数锐减，兽医站的波尔种公羊逐渐淘汰。2006年，兽医站原来专业下乡搞母羊人工授精的黄建高从站上购回一只波尔公山羊，仍继续为社会上母羊作人工受精配种。

禽畜流行病及防治

1965年，流行猪瘟、猪丹毒，兽医站人员下生产队全面防疫、消毒，对死猪进行无害化处理，损失控制在百分之二十以内。1980年，流行猪口蹄疫病，站上采取消毒、防疫、隔离等措施，损失控制在百分之一至二。1985年，后丰村黄福元家一头牛发疯，经县站检定为狂犬病，遂扑杀深埋，未造成扩散。2000—2001年，山羊流行痘病，站里人员下乡医治，宣传防疫，损失微小。2004年，全球发生禽流感，本镇进行全面防治、消毒、监察。2004年12月底开始，全镇全面突击监测消毒、防疫，发现禽类死亡立即上报，并进行焚烧、深埋处理。投入资金9.2万元，发放疫苗136640份，资金由开发区财政拨发。

全镇未发生这种灭绝性的流行病。2006年，猪发生蓝耳病（猪高热病），采取全面消毒、防疫等措施，未造成大面积扩散流行。

本镇有3万多人口，外来打工者（包括家属）近2万人。吃肉吃蛋主要靠本镇养殖专业户供应。进入新世纪后，养禽大户年养鸡1万到3万羽，养畜大户年养猪500到1000头的，每户一般年盈利达5~10万元。

引进优良品种、推广和应用新技术，对禽畜疫病的及时有效防治，养殖户减少了损失，对禽畜与人类共患的虫害、病害的及时、有效防治，则有益于人民的健康卫生。

1965—2010年兽医站历任站长名单表

表2-29

任职时间	站长姓名	年　份	站长姓名
1965—1966	张其栋	1984—1995	龚品贤
1966—1969	张广夏	1995—2008	黄素成
1969—1984	陈占祥	2008—2010	陈培新

1966—2010年部分年份竹行畜牧兽医站工作情况统计表

表2-30　　单位：头、只、羽

年　份	阉　割		防　疫						配　种		检　疫
	猪	羊	牛	猪	羊	犬	鸡	鸭	猪	羊	
1966	200	500	—	200	—	—	—	—	—	—	0

续表2-30

年份	阉割		防疫						配种		检疫
	猪	羊	牛	猪	羊	犬	鸡	鸭	猪	羊	
1983	2600	1250	—	3800	—	—	3000	—	540	—	4000
1996	3000	1900	—	4500	—	—	5000	—	540	1380	21900
2000	2800	2200	—	4700	—	—	2800	—	365	3800	32850
2001	2500	1800	—	4500	—	—	5000	—	365	3750	29200
2002	2600	1500	—	4000	—	—	4000	—	365	3680	27000
2003	2400	1400	—	5000	—	—	4500	—	365	3650	18637
2004	1500	1300	—	15000	—	—	4500	—	365	3500	18228
2005	1600	1350	27 X 2次	16700	7973	—	80600	17000	365	2750	23812
2006	1300	1300	27 X 2次	29000	6671	430	37050	62000	365	—	22593
2007	1300	1200	30 X 2次	42000	8650	425	124250	14000	365	—	17231
2008	1200	1200	35 X 2次	47200	7445	543	158500	19000	365	—	13565
2009	1200	1200	74 X 2次	47100	7727	645	91000	45000	365	—	20622
2010	2200	1600	79 X 2次	83000	9830	701	85000	42000	500	—	45030
合计	26400	19700	272 X 2次	306700	48296	2744	605200	199000	5230	22510	294668

第二章　工　业

解放前后，竹行一些有专业特长的居民开设店铺，有铁铺、车木、金银器、竹器、印染、榨油、碾米、豆制品等，大多是手工为主的家庭式小工场、小作坊。

20世纪50年代的手工业社会主义改造，同行业组建的竹行手工业联社成为后来蓬勃发展的竹行乡镇工业的源起。60年代兴办社队工业，竹行有近20家企业。70年代发展到近30家工业企业。1976年，竹行社队工业从业人员1924人，工业总产值近400万元，实现利润19.4万元，税收86.09万元。80年代竹行有工业企业67家。1982年从业人员2300人。1984年，竹行乡工业总产值2243万元，实现利润152万元。1988年税收151万元。80年代中期，竹行有6家出口企业，出口额828.11万元。90年代竹行有工业企业近百家。1992年，竹行镇有工业从业人员4584人，工业总产值1.14亿元，外贸出口额2234万元。1996年，工业总产值3.18亿元，实现利润1638万元。2000年，竹行工业企业156家，从业人员5705人，工业总产值超过8亿元。2001年，税收2713万元。2002年外贸出口额5884万元。2005年，竹行工业企业425家，从业人员9676人，工业总产值33亿余元，实现利润5318万元，税收6973万元，外贸出口额1.63亿元。2005年以后，竹行镇工业进一步大提升、大发展、大跨越，积极调整产业结构，优化企业产品，加大科技投入，广泛研发新品，提高产品质量。创名牌、争外贸、扩市场、促提高，实现持续、稳定、高速、跨越式的发展。2007年，在全国小城镇经济综合水平千强镇中列第822位。2010年，全镇工业企业899家，从业人员1.63万余人，工业总产值116.28亿元，外贸出口企业25家，出口额7.21亿元。产品涵盖五金、机械、钢绳、机电、电子、光学仪器、轻纺、服饰、皮鞋、化工、医药、保健品等十多个大行业，数百种产品、千余种规格。

竹行镇899家工业企业中，民营企业396家，村属企业503家。全镇规模定报企业114家。有1家企业纳税超600万元，2家企业纳税超500万元，1家纳税超400万元，5家纳税超300万元，8家纳税超200万元，11家纳税超100万元。

全镇有工业总产值超亿元的企业16家，其中15家为钢丝和钢丝绳企业，全镇钢丝绳产量占全国的三分之一。因此，竹行又被誉为钢丝绳之乡。

第一节 发展沿革

一、手工业

解放前后，竹行手工业者以摆摊设店、上门打工、走街串户三种形式进行生产经营与服务活动。大多以单人为主，亦有夫妻老婆店、父子店、师徒店或数人乃至数十人组成的临时团队。

摆摊设店的有铁匠铺，主要从事农具制造，如镰刀、锄头、铁锹、犁耙等；木匠铺主要是制作加工工具、水车、房料以及棺材等；银匠铺加工金银首饰；铜匠铺制作加工家用铜器，如水烟台、汤婆子、蜡烛台、烘缸和脸盆等；锅匠铺制作加工锅类器具和酒壶等；白铁铺从事加工镀锌铁皮（白铁皮），制作生活用具如水桶、喷壶以及兼营修锁、配钥匙等；石匠铺加工凿磨石器；皮匠铺即鞋匠店铺，从事代客绱鞋以及补鞋、打鞋桩等；篾匠铺制作加工家用竹器，如竹梯、竹凳、竹椅、竹床、凉席、筛子、篮子、淘箩、竹筐等；成衣铺，即裁缝铺，代客制作服装；扎库铺加工制作祭祖祀亡用品。

上门打工的主要有瓦匠，即泥瓦匠，也称泥水匠，上门替人家砌房、砌灶等；漆匠也称油漆匠，从事房屋、门窗、家具的油漆；雕匠也称雕花匠，为家具、床、门、窗、柱、梁等雕刻各种花纹、图案；弹花匠，加工弹制棉花絮；簖笆匠，主要从事编制和修补簖笆以及修屋补漏等工作。

走街串户大多以个人为主，挑个担子，担子两头放置工具和材料，遇有主顾即停下来工作。如磨刀匠，其担子是一条特制的长凳，一头扎着磨刀砖，专替居民磨菜刀和剪刀等生活用刀具，长凳扛在肩上，边走边吆喝：磨剪子唻戗菜刀。箍桶匠，以铜、铁、竹等为材料，将各种各样的木桶上箍，使其不漏水。还可以箍锅盖、箩筛和缸；补锅匠，主要是修补有洞或裂缝的铁锅。其担子里有一只小炉子，炉子里有耐高温的坩锅，炭火将坩锅中的碎铁熔成铁水。破铁锅破损处的下部垫上炉灰，将铁水倒在破损处，而后迅即用裹紧的布条将铁水压平冷却即成。补缸，补碗时先用金刚钻在破裂的两面平行对称钻孔，然后用铜丝或铁制小钩搭牢，再用瓷粉、陶土粉胶涂抹破裂处，使之不漏。

还有诸如修车、钉秤、修钢笔、修锁和修理钟表等，有摆摊设店的，也有走街串户的，均以手工为主。

20世纪50年代，实行手工业社会主义改造。1958年，铁店、车木店等合并，组成竹行铁木业联社。裁缝店和绱鞋店合并组成竹行缝纫社。其他行业仍独自开立或走街串户上门服务。

二、乡镇工业

竹行的乡镇工业是从20世纪60年代的社队企业逐步发展起来的。

1960年，在竹行铁木业社的基础上建办竹行农具厂。次年，竹行农具厂增加钢丝绳和钢丝绳网络项目。同年，在竹行镇创办第一个粮油加工厂。1962年开始的二三年间，竹行公社二、三、五、十二、十四等大队先后兴办小土窑生产砖瓦。1964年竹行公社成立窑业社，统一管理砖瓦生产与经营。

1966年"文化大革命"开始以后，竹行广大干部群众"抓革命，促生产"，克服各种阻力和困难，坚持企业生产，发展社队经济，巩固老企业，创办新企业。1966年下半年，竹行粮油加工厂增加生产皮鞋项目，厂名改为竹行综合厂。1967年，竹行公社建筑站成立，职工132人。以土建为主，在上海、南京、大庆等地进行建筑施工。至1976年"文化大革命"结束，竹行公社共有社办企业12家，队办企业14家，职工2139人，务工人员占总劳力的百分之十四点六。涉及行业有钢丝绳、五金机械、轻工纺织、化工玻璃、建筑材料等。工业总产值396.07万元，其中45万元以上的企业有3家，即公社综合厂45.31万元，石棉商标厂52.21万元，安全玻璃厂59.72万元。实现利润共计79.4万元，其中10万元以上的企业有2家，即公社综合厂11.41万元，石棉商标厂10.88万元。上缴税金共计36.09万元。支农资金共计46.56万元，其中最多的是矽钢片厂，支农资金为11.5万元。支农资金中以提供农业机械设备为主，计有手扶拖拉机19台、电动机71台、脱粒机6台、农用水泵26台、高低电压线路33千米、桥梁2座、水泥农船2条、电灌车口20个、粮饲加工机械24台。

1978年12月，中共十一届三中全会以后，拨乱反正，改革开放，从计划经济逐步走向市场经济。竹行广大干部群众在党委政府的倡导下，抓住时机发展工业经济，短短的二三年时间，到1981年，竹行公社工业企业由26家发展到31家，产品有针织内衣、针织商标、钢丝绳、胶木、砖瓦、麻制品、安全玻璃、光学镜片、矽钢片冲片、救生衣、砂轮、电焊条、磷肥、注塑等20多个种类，产品质量有所提高。更重要的是，工业企业的发展为解决农村剩余劳动力的出路，推进解困工作和农村社队建设所需资金以及80年代的工业发展打下了基础。

1983年，撤社建乡，进一步贯彻中共十一届三中全会精神，进一步落实各项改革开放的经济政策。7月，贯彻南通县政府在二甲召开的乡镇工作会议精神，对乡村工业进行五项整顿：整顿和建设企业领导班子，加强对职工的思想教育；整顿和完善经济责任制；整顿和加强劳动纪律，严格执行奖惩制度；整顿财经纪律，健全财务制度；整顿劳动组织，按定员定额组织生产，有计划的进行全员培训。通过整顿培训，促进了乡镇企业的发展。1984年，竹行共有乡村企业48家，其中乡办企业18家，村办企业30家，职工4300人，工业总产值2243.2万元，其中钢丝绳、五金机械993.05万元，纺织业574.09万元，两个行业占总产值的百分之七十。19家企业分别在上海、南京、浙江、河南、海南、福建等地开设钢丝绳和床上用品等专业门市部。全年实现利润152万元。

1986年，竹行乡工业企业63家，总产值3523万元，比1985年增长百分之四十二。职工

5637人。

1987年，竹行乡乡村企业67家，职工6006人。全乡工业耗电548.99万千瓦时，耗煤4214.57吨，耗汽油、柴油和机油共386.59吨，耗钢材（线材）3967.22吨。实现总产值4625.42万元，实现利润177万元，上缴税金266.07万元。有10家企业产值超百万元，共计总产值3428.78万元，占全乡的百分之七十四点一二。实现利润152.5万元，占全乡的百分之八十六点一六。5家企业外贸出口额共900万元，占工业总产值的百分之十九点五。10家总产值超百万元的企业是：南通县针织内衣厂、南通县皮鞋厂、南通县电子琴厂、南通县方向机厂、南通长江钢丝绳厂、南通县机电厂、南通县环球电缆线厂、南通县安全玻璃厂、南通县皮革服装厂、南通县竹行建筑站。1988年有13家企业产值超百万元，比上年增加的3家企业是：竹行五金电器厂、南通县针织商标厂和南通县竹行织带厂。

1989年，建立和健全经济责任制，推行厂长负责制。改革经营机制和分配机制，把计件工资制引深为计效工资制。调整劳动力结构，提高劳动生产率，在整体经济下滑的大环境下保持上升的发展势头。全年完成总产值4913万元，上缴税金241万元。1990年总产值6180万元，上缴税金307万元。

1992年，竹行乡工业总产值1.14亿元，销售收入1.06亿元，双双突破亿元大关。实现利润317万元，上缴税金382万元，出口交易额2958万元。本乡籍务工人员4584人，占农村劳动力百分之三十一。

1993年是深化改革的一年，在经济承包责任制的基础上，竹行乡有27家企业实行股份合作制。以增量扩股、存老转股等形式吸纳股金479万元。27家股份制企业总产值1.65亿元，销售额1.58亿元，占全乡销售额2.14亿元的百分之七十三点六。全乡利润总额1240万元，上缴税金977万元。全乡8个村中，竹东村工业总产值首超千万，达1365万元。次年，是继续深入改革开放的一年，企业转型升级，加大技改投入，全乡工业企业固定资产4014万元。总产值3.19亿元，实现利润1450万元，上缴税金1100万元，外贸出口额4014万元。4个村工业总产值超千万元，其中竹东村2758万元，长桥村1538万元，大安村1123万元，老洪港村1040万元。有14家企业的产值分别超千万元：南通通冠金属制品厂、通州市针织内衣厂、南通长江钢丝绳厂、通州市皮鞋厂、通州市机电厂、南通康达服装厂、南通市方向机厂、南通日化制罐厂、南通长江电器厂、南通服装绣品公司、南通通宇钢丝绳厂、南通长江日化厂、南通长江香料厂、通州市晨华染织厂。有3家企业上缴税金超百万元：通州市皮鞋厂、通州市针织内衣厂、南通长江钢丝绳厂。

1995年，竹行工业总产值4.15亿元，实现利润1550万元，上缴税金1162万元。12家企业产值超千万元，共计总产值2.32亿元，占全乡总产值的百分之五十五点九。12家企业是：南通长江钢丝绳厂、南通通冠金属制品厂、通州市皮鞋厂、南通长江日化厂、南通长江电器厂、南通日化制罐厂、南通康达服装厂、南通中棉服装有限公司、南通晨华染织厂、南通通江钢丝绳厂、通州市机电厂、南通县方向机厂。3个村工业总产值超千万元，分别是：竹东村、长桥村、老洪港村。是年，竹行乡进入苏中综合经济实力百强乡镇行列，在通州市乡镇中排名第七。

从1987年开始至2005年，竹行乡有10个厂家，12个产品出口到美国、德国、日本、英国、欧洲、亚洲等20多个国家和中国香港地区，外贸总额超过2亿元。10家企业是：南通长江钢丝绳厂、通州市皮鞋厂、通州市针织内衣厂、通州市针织商标厂、通州市第二工艺鞋厂、竹行砂轮整形刀厂、竹行新星制衣厂、南通康达服装厂、南通希瑞有限公司、南通中棉服装有限公司。出口产品为：钢丝绳、皮鞋、汗衫、汗衫背心、商标、麻底布鞋、汗衫坯布、砂轮片、三角裤、彩条女背心、沙滩裤、服装套装。

三、民营工业

1996年是工业产权体制改革的一年。全乡30家乡办集体企业进行全面的产权体制改革，年底改革完成。其中净资产在500万元以上的4家骨干企业作为集体参股、法定代表人持大股的形式改制。其余26家中小型乡办企业改制一步到位，由企业法人代表一次性买断。各改制企业成为独立的法人主体和市场竞争的主体。在改制的过程中增量扩股，增加股金2236万元，加大技改设备的投入力度，推进企业发展。是年，全乡30家改制企业实现工业总产值3.18亿元，利润1628万元，上缴税金995万元。另有村属企业197家，工业总产值8192万元。1997年，南通长江钢绳厂、通州市皮鞋厂、通州市方向机厂、通州市机电厂、通州市日化制罐厂、南通通冠钢丝绳厂共6家企业进入通州市百强企业行列。6家企业产值2.10亿元，占全乡百分之六十五点六；销售额1.71亿元，占全乡百分之六十五点七；利税1387.6万元，占全乡百分之八十一点三八。

1998年，竹行乡工业企业137家。其中私营企业56家（定报企业14家），其余81家为村属企业。

2000年，南通长江钢丝绳厂、南通方向机厂、通州市皮鞋厂和通州市机电厂4家骨干企业的集体股份分期分批退出工作结束，转变为承购人买断的私营企业。按照现代企业制度的要求，组建有限责任公司，改制企业全部转化为私营的民营企业。以上4家企业的产值、利润、税收均占全乡的百分之三十以上。有29家企业入驻竹行工业园区（工业集中区）。有8家企业先后通过ISO 9002国际质量体系认证。5家骨干企业生产的钢丝绳、农用车转向器、食用菌提取物系列等27个新产品，新产品产值占全乡工业总产值的百分之二十七点六七。美捷牌皮鞋、巨石牌钢丝绳、电圣牌镇流器、环球牌方向机、通惠牌灵芝获市优产品。钢丝绳、皮鞋、针织服装和灵芝系列产品获得直接或间接进出口权。金属制品、钢丝绳、皮鞋、床上用品企业在全国各地设置销售网点200多家。

2001年2月，竹行撤乡建镇。同年3月，并入南通经济技术开发区。镇党委、政府解放思想抓机遇，深化改革找出路，集思广益促发展，工业经济取得突破性发展。全镇208家企业实现总产值9.45亿元，上缴税金1842万元。竹行镇成为通州市十强乡镇，在南通市151个乡镇中列第29位。16家定报企业总产值5.4亿元，占全镇总产值的百分之五十七。工业园区入驻企业达36家。16家企业建立研发机构。次年，竹行镇17家企业通过ISO 9000质量体系认证，22家企业通过生产许可证的审核验收，取得生产许可证。

2003年—2004年，竹行镇工业企业从278家增至359家，定报企业从19家增至23家，一般企业27家，村以下企业309家。2003年总产值16.47亿元，2004年增至19.75亿元，增长百分之二十。利税从5433万元增至7580万元，增长百分之四十。2003年定报企业总产值6.45亿元，2004年定报企业总产值8.1亿元，分别均占全镇总产值的百分之四十以上。2003年出口额8000万元，2004年达1.3亿元，增长百分之六十三。两年投入技改项目64个，投入资金1.67亿元。2003年两家企业总产值超5000万元，其中南通长江钢丝绳有限公司9050万元，南通中天金属制品有限公司5313.6万元。2004年，南通光明钢丝制品有限公司总产值超亿元，达1.14亿元。

2005年，竹行镇新增民营企业48家，新注册资本4092万元。5家骨干企业投资2440万元扩建厂房、更新设备、技术改造。另有150家新老企业总共投资2.35亿元实施扩建和技措项目。是年，竹行镇有23家企业获得ISO 9000质量体系认证。有25家企业获得国家质量监督检测检验总局颁发的生产许可证。

1998—2005年获ISO 9000质量体系认证的企业（23家）

1998年　江苏长江钢丝绳有限公司
　　　　南通通冠金属制品有限公司
1999年　江苏泰力钢丝绳有限公司
2000年　南通华兴制罐厂
　　　　南通神威钢丝绳有限公司
　　　　南通海勇钢丝绳厂
　　　　南通市通翔钢丝绳有限公司
2001年　江苏光明钢丝绳有限公司
　　　　南通宇翔特种钢丝绳厂
　　　　江苏永高钢丝制品有限公司
　　　　南通市通灵钢丝绳厂
2002年　南通市通江钢丝绳有限公司
　　　　南通神力金属制品厂
2003年　南通市华伟钢丝绳厂
　　　　南通中远钢丝绳制品有限公司
2004年　江苏中德钢绳有限公司
　　　　南通升阳钢丝绳厂
　　　　南通力立钢丝绳厂

2005年 南通神龙金属制品厂
南通市芸裕金属制品有限公司
南通华星钢丝制品有限公司
南通苏通金属制品厂
南通正扬钢丝绳厂

1992—2005年竹行镇获中华人民共和国质量监督检测检疫总局(以前由冶金工业部)颁发的生产许可证(25家)

1992年 江苏长江钢丝绳有限公司
1993年 江苏泰力钢丝绳厂
南通通江钢丝绳有限公司
南通通冠金属制品厂
1997年 南通宇翔特种钢丝绳厂
南通市海勇钢丝绳厂
1998年 南通通翔钢丝绳有限公司
2000年 南通神威钢丝绳有限公司
2002年 南通博一钢绳有限公司
南通明珠钢丝制品厂
南通三菱钢绳有限公司
南通三联钢丝绳厂
2003年 南通华东特种钢丝绳厂
南通市华伟钢丝绳厂
南通通灵钢丝绳厂
南通华海钢丝绳厂
南通恒通钢丝绳有限公司
南通申力钢丝绳厂
南通中远钢丝绳制品有限公司
南通威达钢丝制品厂
南通乾坤钢丝绳有限公司
南通振华钢丝绳厂
2004年 江苏中德钢绳有限公司
2005年 南通佳旺钢丝绳厂
南通芸裕金属制品有限公司

2001—2005年，工业企业从208家发展到1286家；产值从9450万元，增加到32.52亿元；利润从1507万元，增加到6740万元；税金从2713万元，增加到7999万元；产值超千万的企业从15家增加到39家；百万纳税大户从6家，增加到16家。

2001—2005年竹行镇工业基本情况表

表2-31

年份	企业数（家）	总产值（万元）	销售收入（万元）	利润（万元）	税金（万元）	固定资产（万元）	职工数（人）	工资总额（万元）
2001	208	9450	69012	1507	2713	6900	4337	5091
2002	718	135688	11856	2230	3384	20315	5561	6529
2003	870	164711	138443	2093	4050	19367	5707	6706
2004	1162	197506	182276	3887	6780	25244	8315	9978
2005	1286	331466	325157	6740	7999	36345	9676	12095

2001—2005年竹行民营企业产值超千万元单位情况表

表2-32　　单位：万元

企业名称	2001年产值	2002年产值	2003年产值	2004年产值	2005年产值
南通开发区新华包装厂	1005	—	—	1150	1500
江苏中德钢绳有限公司	3924	2444	2688	2849	3757
南通环球转向器制造有限公司	3100	3000	3000	2874	2401
南通长江钢绳有限公司	8156	8880	9080	9620	11058
南通宇翔特种钢丝厂	2685	2793	3924	5650	6820
南通通冠金属制品有限公司	2588	2670	2780	3168	3980
南通通翔钢绳有限公司	2321	2158	2140	3147	5124
南通市通江钢绳有限公司	2276	2503	3668	3802	4878
南通市神威钢绳有限公司	2407	2732	3795	5309	12648
南通市通灵钢丝绳厂	2196	2415	2756	2758	3258
南通市海勇钢绳公司	2295	2584	3107	4094	5314
南通市神力钢丝制品有限公司	2158	2572	3001	3690	3885
南通市光明钢丝制品有限公司	3298	5324	7453	11351	20718
南通市灵芝王保健食品厂	3909	3914	4553	5014	5231
南通市美捷鞋业有限公司	5100	2600	—	—	1022
南通市永高钢丝制品有限公司	—	2139	2418	4202	4537
南通华东特种钢丝绳厂	—	1942	2541	4003	4041
南通市华星钢丝制品有限公司	—	2439	4293	6294	10185
南通市中科钢绳制品有限公司	—	1300	2000	2549	3918
南通市三诚针织制衣有限公司	—	—	1085	1230	1425

续表2-32

企业名称	2001年产值	2002年产值	2003年产值	2004年产值	2005年产值
南通市申力钢丝绳厂	—	—	1199	1473	2099
南通市恒通钢绳有限公司	—	—	1246	3528	3265
南通市升阳钢丝绳厂	—	—	1165	2190	3315
南通市华海钢丝绳厂	—	—	1000	1440	2880
南通市正申钢绳有限公司	—	—	1139	—	1905
南通市华伟钢丝绳厂	—	—	—	1454	3785
南通开发区红星钢丝绳厂	—	—	—	1505	4318
南通市苏通钢丝制品有限公司	—	—	—	1394	3108
南通市明珠钢丝制品厂	—	—	—	—	2586
南通市神龙金属制品厂	—	—	—	—	1449
南通市三联钢丝绳厂	—	—	—	—	1270
南通市三菱钢绳有限公司	—	—	—	—	1278
南通市力立钢丝绳厂	—	—	—	—	2028
南通市博一钢绳有限公司	—	—	—	—	1475
南通市威达钢丝制品厂	—	—	—	—	1651
南通市乾坤钢绳有限公司	—	—	—	—	2154
南通市迎峰钢绳厂	—	—	—	—	2502
南通市扬子钢丝绳厂	—	—	—	—	1135
南通新世纪钢绳有限公司	—	—	—	—	3199

2001—2005年竹行镇百万纳税大户情况表

表2-33　　单位:万元

企业名称	2001年	2002年	2003年	2004年	2005年
江苏长江钢丝绳有限公司	158	190.3	286	204.4	121.5
南通国荣电圣电器有限公司	122.00	126.00	128	132	252.70
南通光明钢丝绳有限公司	—	—	153.69	199.79	225.58
南通宇翔特种钢丝绳厂	113.2	134.2	119.63	151.28	158.43
南通华星钢丝制品有限公司	113.2	134.2	141.5	164.53	152.14
南通神威钢丝绳有限公司	—	—	—	112.86	104.99
南通环球转向器有限公司	—	—	120.1	124.00	129.30
南通海勇钢丝绳厂	107	111	124	137.96	157.75
南通通冠金属制品厂	—	—	—	118.96	103.01
南通华东特种钢丝制品有限公司	—	—	—	101.14	104.02

续表2-33

企业名称	2001年	2002年	2003年	2004年	2005年
南通通翔钢丝绳有限公司	—	—	—	—	109.63
南通通江钢丝绳有限公司	—	—	—	—	101.46
南通永高钢丝绳有限公司	—	—	—	—	146.16
南通祥合贸易有限公司	—	—	—	—	301.00
江苏泰力钢绳有限公司	117.8	124	118.8	188.1	364.7
南通升阳钢绳有限公司	—	—	—	120.3	160.6

2001—2005年竹行镇主要工业产品销售量表

表2-34

年　份	钢丝绳（吨）	皮鞋（双）	方向机（台）	灯具（套）	制衣（件）	灵芝孢子虫草（盒）	猴头菌胶囊（盒）
2001	56688	45800	21151	290928	302260	8000	3500
2002	103939	28600	28129	288359	337100	9200	5600
2003	145142	251125	28599	268497	474800	11900	10080
2004	267120	274800	22674	264269	635600	2100	14200
2005	800000	480000	40000	194893	135340	16900	21000

2006年，竹行镇工业总产值41.51亿元。其中4家企业产值超亿元，9家超5000万元，43家超1000万元，12家超百万元。11家企业被南通市工商局评为三A级重合同守信用企业，10家企业在南通开发区民营企业中排在前27位以内。全镇工业企业504家，职工8969人，占地面积3052.03亩，建筑面积69.36万平方米。以企业所在村域统计，新丰村19家、长桥村41家、谷东村94家、神农村17家、洞子港村55家、竹东村96家、竹行村126家、大安村53家、江东村3家、江海村1家。次年，竹行镇工业总产值58.2亿元，比上年增长百分之四十。3家企业总产值超2亿元，15家企业总产值超5000万元，全镇人均GDP4.97万元。在全国小城镇经济综合水平千强镇中列822位。17家企业纳税超百万元。30家企业被评为三A级重合同守信用企业。37家企业分别通过ISO 9000/ISO 2000质量体系认证。

2008年，竹行镇新增企业166家，新增注册资金8830万元，新老企业技改投入3.2亿元。全镇工业总产值80.3亿元，比上年增长百分之三十九。规模企业57家，总产值33.8亿元，占全镇总产值的百分之四十二点一。10家企业总产值超亿元，30家企业纳税超百万元。全镇财政收入1.1亿元，人均GDP5.9万元。2009年，竹行镇工业经济提速增效，工业总产值突破百亿元，为100.23亿元，比上年增长百分之二十四点八一，利税总额11.12亿元，比上年增长百分之二十六点九三。全镇新增私营企业212家，新增注册资本1.55亿元，新增固定资产投入2.5亿元。新增规模企业52家，规模企业总数为109家，规模企业总产值51亿元，占全镇工业总产值的百分之五十一，比上年增长百分之二十六点七四。全镇总产值超亿元企业14家，5000万元以上17家，千万元以上企业59家，26家企业纳税超百万元。全镇外贸出口额5.56亿元，占全镇工业总产值的百分之五点五四。全镇工业用电量6.5亿千瓦时，比上年增长百分之二十三点八六。

2010年，竹行镇党委，政府以经济建设为中心，调整生产结构和产品层次，新增私营企业193家，新增注册资金3.43亿元，引进市外民营资本1.37亿元，全镇工业经济稳定增长。全年工业总产值116.28亿元，比上年增长百分之十七，完成营业收入110亿元，出口交易额6.09亿元。工业企业899家，职工16342人。其中私营企业396家，村属企业503家。全镇规模定报企业114家，总产值64亿元，占全镇工业总产值的百分之五十五。全镇有16家企业产值超亿元。

16家亿元企业总产值32.3亿元，占全镇工业总产值的百分之二十七点八二。其中3家企业产值超3亿元，2家企业产值超2亿元。全镇有28家企业纳税超百万元，其中南通百菌堂经营公司（原通惠公司）纳税超600万元，25家有出口产品的企业，外贸交货值7.42亿元。

2010年，竹行镇主要产品有钢丝、特种钢丝、钢丝绳、钢球、铁链、索具、机械、汽配、漆包线、整流器、太阳能器材、电子、生物制品、皮鞋、纺织、针织内衣、服饰、床上用品等百余个种类上千种规格。产品销往欧、亚、非、美等几十个国家和地区以及全国20多个省、市、自治区。全镇规模企业中有中级职称以上的工程技术人员117人，其中工程院院士1人、研究员5人、博士3人、高级经济师、高级工程师8人，研究生19人，专业技术人员2500人，大学本科以上人员135人，大专以上人员280人。

2006—2010年，竹行镇又有16个企业通过ISO 9000质量体系认证，23家取得国家质量监督检验检疫总局颁发的生产许可证，1家企业获得特殊产品销售许可证。36家企业被江苏国际咨询评估公司评为三A级信用企业，1家企业商标被评为中国驰名商标。1家企业1个产品被评为中国驰名品牌、中国优质名牌。5家企业的6个产品被评为江苏省著名商标和省优产品，6家企业34个产品获国家知识产权局颁发的新型实用专利证书。12家企业的产品被评为南通市知名商标和市优产品。20家企业被中共南通市委，南通市人民政府等上级表彰奖励。28家企业48个厂次获南通开发区表彰奖励。

2006—2010年获ISO 9000质量管理体系证的企业（17家）

2006年 南通市顶天金属制品有限公司
南通鹏宏金属制品有限公司

2007年 南通市开发区正杰铁链有限公司
南通市乾坤钢绳有限公司

2008年 南通市力立金属制品有限公司
南通宏威金属制品有限公司

南通先科金属制品有限公司
南通豪杰金属制品有限公司
南通正茂铁链有限公司
南通市江州钢绳有限公司
2009 年　南通中瑞金属制品有限公司
2010 年　南通中科金属制品有限公司
南通中圣金属制品有限公司
南通振华钢绳有限公司
南通龙马钢绳有限公司
南通市凯良金属制品有限公司
南通市新昌钢绳制品有限公司

2006—2010 年获中华人民共和国质量监督检验检疫总局颁发的生产许可证 24 家

2006 年　南通顶天金属制品有限公司
南通神通钢绳有限公司
南通成威钢绳有限公司
南通市兴隆钢绳辅料有限公司
南通开发区佳俊制绳有限公司
南通宏威金属制品有限公司
南通宏利特种钢丝有限公司
2007 年　南通市江州钢绳有限公司
南通千诚钢绳有限公司
2008 年　南通神力钢丝制品有限公司
南通华瑞钢丝制品有限公司
南通中瑞金属制品有限公司
南通龙珠金属制品有限公司
2009 年　南通环球转向器制造有限公司
南通中科金属制品有限公司
南通中圣金属制品有限公司
南通先人医疗科技有限公司
南通综艺金属制品有限公司
2010 年　南通市杨子钢丝绳厂
南通东盛钢绳有限公司
南通中杰钢丝有限公司

南通万力钢绳有限公司

南通正扬钢绳有限公司

南通先人医疗科技有限公司（销售许可证）

2006—2010年竹行镇工业企业基本情况表

表2-35

年份	项目	企业（家数）	从业人员（人数）	产值（万元）	利润（万元）	税金（万元）	固定资产投资（万元）
2006	合计	458	9002	415128	7838	10330	28318
	私营企业	69	5402	251876	3940	6275	23159
	其中:定报	43	4541	225058	3670	5682	11280
	村属企业	389	3600	163252	3898	4055	5159
2007	合计	480	7465	581778	8833	11940	30906
	私营企业	70	5415	301691	4495	7484	24826
	其中:定报	50	4791	276048	4260	6924	15003
	村属企业	410	2050	280087	4338	4456	6080
2008	合计	701	13818	803041	12848	17518	32028
	私营企业	77	6199	357672	7089	10415	19191
	其中:定报	57	5643	338118	6431	9727	18045
	村属企业	624	7619	445369	5759	7103	12837
2009	合计	925	15618	1002288	76463	41456	36032
	私营企业	392	9724	578567	40396	33228	36032
	其中:定报	109	7478	510118	36065	29268	21523
	村属企业	533	5894	423721	36067	8228	
2010	合计	899	16342	1162800	89898	48918	25180
	私营企业	396	10516	735038	50230	39208	25180
	其中:定报	114	8151	640388	44215	35536	25180
	村属企业	503	5826	427762	39668	9710	

2006—2010年竹行镇工业基本情况表

表2-36　　单位:万元

项目	2006年	2007年	2008年	2009年	2010年
总产值	415128	581778	803041	1002288	1162800
税金	10330	11940	17518	41456	48918
利润	7838	8838	12848	76463	89898
出口贸易	23000	31812	43900	61700	72100
技改投入	28318	30906	32028	36032	25180

2006—2010年竹行镇亿元企业情况表

表2-37 单位：亿元

企业名称	2006年	2007年	2008年	2009年	2010年
江苏长江钢绳有限公司	1.70	2.21	2.61	2.89	2.83
南通市神威钢绳有限公司	1.51	2.11	2.00	2.48	2.85
南通光明钢丝制品有限公司	3.17	2.63	2.81	3.70	3.76
南通市华星钢丝制品厂	1.19	1.21	1.39	2.88	3.28
南通宇翔特种钢丝绳厂	—	—	1.16	1.52	3.03
南通市通翔钢绳有限公司	—	—	1.00	1.22	1.35
南通市通江钢绳有限公司	—	—	1.00	1.28	1.40
南通永高钢丝制品有限公司	—	—	1.20	1.52	1.73
南通中科钢绳制品有限公司	—	—	1.02	1.48	1.96
南通升阳钢丝绳有限公司	—	—	1.01	1.50	1.75
江苏中德钢绳有限公司	—	—	—	1.20	1.42
南通市海勇钢绳有限公司	—	—	—	1.10	1.35
南通市力立钢丝绳有限公司	—	—	—	1.16	1.59
南通市环球转向器制造有限公司	—	—	—	—	1.00
江苏通冠金属制品有限公司	—	—	—	—	1.07
江苏泰力钢绳有限公司	—	—	—	—	1.99

说明 南通市华星钢丝绳制品有限公司统计在华星钢丝制品公司内

南通宇翔金属制品有限公司统计在南通宇翔特种钢丝绳厂内

2006—2010年竹行镇百万纳税大户情况表

表2-38 单位：万元

企业名称	2006年	2007年	2008年	2009年	2010年
江苏光明钢丝制品有限公司	203.00	241.00	326.00	400.23	531.54
江苏长江钢绳有限公司	204.90	381.60	405.80	394.32	287.04
南通市海勇钢绳有限公司	129.00	227.00	225.00	212.47	236.12
南通环球转向器制造有限公司	193.40	240.10	302.00	314.02	531.35
南通宇翔特种钢丝绳厂	190.70	267.00	301.50	253.94	390.10
南通市华星钢丝制品厂	226.90	260.10	285.20	288.52	356.48
南通市通冠金属制品有限公司	120.10	126.50	201.80	212.29	305.22
南通市通翔钢绳有限公司	115.00	235.00	142.00	111.88	138.66
南通市通江钢绳有限公司	116.60	169.10	223.80	166.37	202.84
南通市神威钢绳有限公司	156.89	167.14	303.20	286.15	263.24

续表2-38

企业名称	2006年	2007年	2008年	2009年	2010年
南通市神力钢丝有限公司	104.78	159.92	144.56	290.57	277.30
南通市华东特种钢丝有限公司	267.00	289.00	105.00	113.50	177.00
南通升阳金属制品有限公司	215	250.30	252.70	274.47	383.50
南通永高钢丝制品有限公司	—	101.00	304.80	221.13	323.51
南通祥和贸易公司	—	108.00	—	—	—
南通百菌堂经贸有限公司	—	—	—	132.39	636.81
南通中科金属制品有限公司	122.83	100.10	208.80	394.33	258.66
南通神龙金属制品有限公司	—	104.2	152.00	119.19	161.22
江苏中德钢绳有限公司	181.9	304	355.8	326.77	265.55
江苏泰力钢绳有限公司	468.4	420	250.40	331.71	478.57
江苏安惠国际生物科技有限公司	—	—	210.00	—	—
南通正扬钢绳有限公司	—	—	182.80	186.50	104.28
江苏芸裕金属制品有限公司	—	—	138.10	108.51	177.52
南通明珠钢绳有限公司	—	—	135.75	—	—
南通力立金属制品有限公司	—	—	160.00	152.16	281.64
南通市恒通钢绳有限公司	—	—	175.80	123.89	128.67
江苏通灵钢绳有限公司	—	—	128.80	—	137.19
南通力立钢丝厂	—	—	105.80	128.73	151.63
南通豪杰服饰有限公司	—	—	100.10	—	—
南通顶天金属制品有限公司	—	—	115.80	—	—
南通先科金属制品有限公司	—	—	112.00	111.09	—
南通申力钢绳有限公司	—	—	108.28	—	—
南通腾龙钢丝制品有限公司	—	—	—	111.27	118.31
南通红星钢丝制品厂	—	—	—	—	170.16
南通华伟金属制品有限公司	—	—	—	—	102.13

2006—2010年竹行镇新产品开发获国家专利情况表

表2-39

企业名称	产品名称	专利号
南通光明钢丝制品有限公司	125mm接触网钢丝绳	2007-735495
江苏泰力钢绳有限公司	1.点接触钢丝绳 2.带冷却装置的热镀锌炉 3.合成工装预变形器的下压装置 4.合成工装预变形器	ZL2010、2、0615587、4 ZL20102、0615588、9 ZL2010、2、0615589、3 ZL2010、2、0615590、6

续表 2-39

企业名称	产品名称	专利号
江苏芸裕金属制品有限公司	1.一种抗挤压、耐疲劳旋挖机用钢丝绳	ZL201020594443.5
	2.一种钢丝绳	ZL201020289771.4
	3.一种起重机用钢丝绳	ZL201020289766.3
	4.一种打桩机用钢丝绳	ZL201020280082.7
	5.一种耐磨柔软起重机用钢丝绳	ZL201020149041.4
	6.压实股用模拉式工装	ZL201020149043.3
	7.一种高强度耐腐蚀的高速铁路用镀锌钢丝绳	ZL201020149036.3
	8.起重机用钢丝绳	ZL201020149046.7
南通环球转向器制造有限公司	1.整体卧式转向器	ZL200620075908X
	2.带限位器液压助力转向器	200720040988X
	3.带角传动器的半整体式双向路液压助力转向器	ZL200930305368.9
	4.单回路半整体式液压助力转向器	ZL200930305369.3
	5.带补油装置的转向器	ZL200920035355.9
	6.双阀结构转向器	ZL200920035354.4
	7.液压式助力转向器	ZL200920035352.5
	8.限位器	ZL20092003535.X
	9.一种组合式转向器	ZL200920035356.3
	10.在转向器壳体中压无油轴承的加工工装	ZL201020248061.7
	11.一种转向器的壳体	ZL201020248077.8
	12.新型限位器	ZL201020250126.1
	13.带减压环密封的转向器	ZL201020248064.0
	14.加阻尼转阀的转向器	ZL201020248080.X
	15.带角传动器 液压助力转向器	ZL201030248995.6
南通开发区联谊机械有限公司	1.大轴承式钢丝股绳机	ZL200920256948.8
	2.筒体式绳网股绳机	ZL20092025694.8
江苏人先医疗科技有限公司	1.无线遥控镇痛泵	ZL200620071674.1
	2.无线遥控镇痛泵管理装置	ZL200620071675.6
	3.无线镇痛泵药盒防药液自溢结构	ZL201020610012.3
	4.微电子微量输注器专用储药盒	ZL200820030529.8
	5.无线镇痛机头与药盒锁定结构	ZL201020610091.8

江苏省高新技术产品名称表

表 2-40

企业名称	产品名称
南通环球转向器制造有限公司	NT8570A整体式动力转向器
	NT7276C半整式动力转向器
	NT7276X半整式动力转向器
	NT11090整体式动力转向器
	NT12590整体式动力转向器

2006—2010年竹行镇工业企业获省市著(知)名商标创优产品

表2-41

企业名称	省级		市级	
	著名商标	产品名称	知名商标	产品名称
江苏光明钢丝制品有限公司	拇指王	钢丝绳	拇指王	钢丝
南通永高钢丝制品有限公司	永鑫	钢丝	永鑫	钢丝
江苏长江钢绳有限公司	—	—	巨石	钢丝绳
江苏泰力钢绳有限公司	—	—	泰力	钢丝绳
南通电圣电器有限公司	—	—	电圣	镇流器
南通环球转向器制造有限公司	环球	转向器	环球	转向器
南通市华东特种钢丝有限公司	—	—	华东	钢丝
南通市通冠金属制品有限公司	—	—	通冠	钢丝绳
南通宇翔特种钢丝绳厂	—	—	宇翔	钢丝绳
江苏芸裕金属制品有限公司	芸裕	钢丝绳	芸裕	钢丝
南通市恒通钢绳有限公司	—	—	恒通	钢丝绳
南通市华星钢丝制品有限公司	—	—	金兔	钢丝
江苏中德钢绳有限公司	—	—	三铁	钢丝绳
通惠灵芝王保健品厂	通惠	灵芝胶囊	通惠	灵芝胶囊
通惠灵芝王保健品厂	通惠	灵芝孢子粉	通惠	灵芝孢子粉
南通中远钢绳有限公司	中远	钢丝绳	2008年中国驰名品牌、中国优质名牌	

2006—2010年竹行镇工业企业获上级部门奖励情况表

表2-42

企业名称	受奖名称	授奖单位	级别
南通神威钢绳有限公司	2006、2007年先进基层党组织	中共南通市委	市级
南通光明钢丝制品有限公司	2007年科学技术进步奖	南通市人民政府	市级
江苏泰力钢绳有限公司	2007年冶金行业质量卓越产品	中国钢铁工业协会	国家级
南通中远钢绳有限公司	2008年江苏省明星企业	江苏省名牌战略促进会 江苏省质量调查中心	省级
	2009年全国质量信得过企业	全国高科技质量监督促进委员会	国家级
	2010年重合同守信用企业	江苏省质量调查中心	省级
南通永高钢丝制品有限公司	2006年冶金行业金属质量金杯奖	中国钢铁工业协会	国家级
南通神威钢绳有限公司	2009、2010年模范职工之家	南通市总工会	市级
南通光明钢丝制品有限公司	2009年双爱双评先进单位	南通市总工会	市级
南通环球转向器制造有限公司	2010年安全生产A类企业	南通市安全生产质量监督会	市级
南通环球转向器制造有限公司	2010年市容环境星级企业	南通市城市管理局	市级

续表2-42

企业名称	受奖名称	授奖单位	级别
南通市华东钢丝制品有限公司	2007年重合同守信用企业	南通市企业信用管理协会 工商行政管理局	市级
南通神力钢丝制品有限公司	2008、2010年重合同守信用企业	南通市工商行政管理局	市级
江苏通冠金属制品有限公司	2008—2010年南通市名牌产品“通冠牌电梯绳”	南通市名牌战略推进委员会	市级
南通海勇钢绳有限公司	2006年江苏质量诚信五星级企业	江苏省产品质量诚信监督委员会	省级
南通通灵钢绳有限公司	2008年江苏明星企业	江苏省质量调查中心	省级
南通神龙钢丝制品有限公司	2008年重合同守信用企业	南通市工商行政管理局南通市企业信用管理委员会	市级
南通升阳钢丝制品有限公司	2009年重质守信 放心名牌	中国消费者保护基金会	国家级
南通恒通钢丝制品有限公司	2007年江苏名优企业	江苏名牌事业促进会 江苏质量调查中心	省级
南通恒通钢丝制品有限公司	2008年光彩之星	南通市工商行政管理局 南通市个体私营经济协会	市级
南通申力钢绳有限公司	2008年光彩之星	南通市工商行政管理局 南通市个体私营经济协会	市级
南通神力钢丝制品有限公司	2008年光彩之星	南通市工商行政管理局 南通市个体私营经济协会	市级
南通神力钢丝制品有限公司	2009年重合同守信用企业	南通市工商行政管理局	市级
江苏中德钢绳有限公司	2008年重合同守信用企业	南通市工商行政管理局	市级
南通永高钢丝制品有限公司	2006年重合同守信用企业	南通市工商行政管理局	市级
江苏芸裕钢绳有限公司	2008年南通市生产型企业安全生产A类企业	南通市安全生产监督管理局	市级
南通正扬钢绳有限公司	2006—2007年江苏市场名牌产品	江苏省3·15维权投诉办公室	省级
南通宏利特种钢丝有限公司 （现为南通宇翔特种钢丝绳厂）	江苏省科技进步三等奖	江苏省人民政府	省级
	1994年南通市科技进步一等奖	南通市人民政府	市级

2001—2010年千万纳税大户：

2001—2010年，竹行镇融入开发区的十年，是工业企业发展最快的十年，也是财政收入增幅最大的十年。十年中，16家企业单位年产值超亿元。另有16家企业年纳税超百万。2001—2010年，有7家企业纳税超2000万元，4家企业纳税超1500万元，8家企业纳税超1000万元。

2001—2010年纳税超2000万元企业

1.江苏长江钢绳有限公司　2632.78万元

2.南通光明钢绳有限公司　2441.83万元

3.江苏中德钢绳有限公司（上海国荣电圣电器一分厂） 2184.00万元

4.南通环球转向器制造有限公司　2123.87万元

5.南通市华星钢丝制品有限公司（南通华星钢绳有限公司） 2122.77万元

6.南通宇翔钢绳有限公司（南通宇翔钢丝制品有限公司） 2080.18万元

7.江苏泰力钢绳有限公司　2862.48万元（其中2001—2007年在种畜场1801.8万元）

2001—2010年纳税超1500万企业

1.南通升阳钢丝制品有限公司　1774.27万元

2.南通海勇钢绳有限公司　1667.30万元

3.南通神威钢绳有限公司　1559.94万元

4.南通市通翔钢绳有限公司　1551.63万元

2001—2010年纳税超1000万元企业

1.江苏通冠金属制品有限公司　1402.88万元

2.安惠所属经贸单位（祥和科技百菌堂） 1388.20万元

3.南通华东钢丝制品有限公司　1354.66万元

4.南通永高钢丝制品有限公司　1284.84万元

5.南通市通江钢绳有限公司　1261.17万元

6.南通中科金属制品有限公司　1207.72万元

7.南通百菌堂贸易有限公司　1087.2万元

8.南通神力钢丝制品有限公司　1072.13万元

2010年，全镇各种企业3691家，其中工业企业899家（定报企业114家），从业人员22031人，完成总值135.45亿元，营业收入131.64亿元，利润10.32亿元，税金5.09亿元，劳动者报酬9.85亿元，人均4.47万元。

2010年竹行镇定报企业名单表

表2-43

序号	企业名称	序号	企业名称
1	江苏长江钢绳有限公司	7	南通市海勇钢绳公司
2	南通光明钢丝制品有限公司	8	江苏永高钢丝制品有限公司
3	南通市华星钢丝制品厂	9	江苏泰力钢绳有限公司
4	南通宇翔特种钢丝钢绳厂	10	南通中科钢绳制品有限公司
5	南通市神威钢绳有限公司	11	南通宇翔金属制品有限公司
6	江苏中德钢绳有限公司	12	南通市华星钢绳制品有限公司

续表2-43

序号	企业名称	序号	企业名称
13	南通通冠金属制品有限公司	48	南通市三鑫钢绳制品有限公司
14	南通市通翔钢绳有限公司	49	南通圣达钢绳制品有限公司
15	南通市通江钢绳有限公司	50	南通泰丰金属制品有限公司
16	南通市通灵钢丝绳厂	51	南通宇峰金属制品有限公司
17	南通华东特种钢丝绳厂	52	南通振通钢绳有限公司
18	南通神力钢丝制品有限公司	53	南通申江特种钢绳有限公司
19	南通市升阳钢丝绳厂	54	南通宏利特种钢丝有限公司
20	南通市申力钢丝绳厂	55	南通市力立金属制品有限公司
21	南通市恒通钢绳有限公司	56	南通市恒大钢绳有限公司
22	南通华海钢丝绳厂	57	南通市扬子钢丝绳厂
23	南通明珠钢丝制品厂	58	南通开发区宁通钢绳有限公司
24	南通市华伟钢丝绳厂	59	南通市天力钢绳有限公司
25	南通开发区红新钢丝绳厂	60	南通开发区华帅钢丝制品有限公司
26	南通市神龙金属制品厂	61	南通神通钢绳有限公司
27	南通市三联钢丝绳厂	62	南通龙马钢绳有限公司
28	南通三菱钢绳有限公司	63	南通一帆金属制品有限公司
29	南通市振华钢绳有限公司	64	南通东盛钢绳有限公司
30	南通市顶天金属制品有限公司	65	南通成威钢绳有限公司
31	南通市力立钢丝绳厂	66	南通永恒钢绳有限公司
32	南通博一钢绳有限公司	67	南通卫星钢绳有限公司
33	南通中杰钢丝有限公司	68	南通华瑞钢丝制品有限公司
34	南通市威达钢丝制品厂	69	南通鸿运钢丝制品有限公司
35	南通市乾坤钢绳有限公司	70	南通市凯良金属制品有限公司
36	南通新昌钢丝制品有限公司	71	南通华康钢绳有限公司
37	南通正扬钢绳有限公司	72	南通宏威金属制品有限公司
38	南通市迎峰钢绳厂	73	南通申达钢绳有限公司
39	南通中远钢丝制品有限公司	74	南通航天钢绳有限公司
40	南通开发区先科金属制品有限公司	75	南通万力钢绳有限公司
41	南通市芸裕金属制品有限公司	76	南通市江州钢绳有限公司
42	南通佳旺钢丝制品有限公司	77	南通中瑞金属制品有限公司
43	南通腾龙钢丝制品有限公司	78	南通中圣金属制品有限公司
44	南通星火钢丝钢绳有限公司	79	南通市通盛金属制品厂
45	南通渊博金属制品有限公司	80	南通千城钢绳有限公司
46	南通豪杰金属制品有限公司	81	南通敏飞钢绳有限公司
47	南通华峰金属制品有限公司	82	南通开发区佳俊制绳有限公司

续表2-43

序号	企业名称	序号	企业名称
83	南通申力钢绳有限公司	99	南通开发区联谊机械有限公司
84	南通鹏宏金属制品有限公司	100	南通雨顺金属制品有限公司
85	南通景丰金属制品有限公司	101	小海国荣漆包线一分厂
86	南通龙珠金属制品有限公司	102	南通唯耀铁链有限公司
87	南通环球转向器制造有限公司	103	南通市三诚针织制衣有限公司
88	南通正茂铁链有限公司	104	南通康蓝纺织装饰制品有限公司
89	南通开发区兴华包装厂	105	南通诺达纺织品有限公司
90	南通市大华汽配有限公司	106	南通集星纺织有限公司
91	南通新鸥电子有限公司	107	南通正松针织品有限公司
92	南通市华兴制罐有限公司	108	南通神龙钢绳辅助材料有限公司
93	南通市苏通钢丝制品有限公司	109	南通市兴隆钢绳辅料有限公司
94	南通开发区跃燕金属制品有限公司	110	南通市豪杰服饰有限公司
95	南通开发区竹行镇振燕五金铁链厂	111	南通袁峰钢绳辅料有限公司
96	南通振燕索具有限公司	112	南通润通钢绳辅料有限公司
97	南通开发区正杰铁链有限公司	113	南通永创实业有限公司
98	南通静茂金属制品有限公司	114	南通玛丽娅纺织制品有限公司

2010年竹行镇营业收入500万元以上工业企业生产销售情况表

表2-44　　单位：个、人；万元

行业分类	企业个数	年平均人数	增加值	现价总产值	现价销售产值	营业收入	利润总额	上缴税金	劳动者报酬
总计	114	8151	179308	640388	604513	627025	44215	35536	43087
金属制品业	99	7367	168642	606002	571716	589582	42116	33502	38998
纺织业	4	133	2026	6858	6470	7031	430	387	609
服装、鞋、帽制造业	3	164	1821	6674	6344	6344	493	382	907
皮革、毛皮、羽毛（绒）及其制品业	1	71	702	1904	1797	2480	81	107	362
化学原料及化学制品制造业	3	52	1636	4977	4755	5728	332	305	252
通讯设备、计算机及其他电子设备制造业	2	80	1200	1951	1823	4252	177	202	434
交通运输设备制造业	2	284	3281	12022	11608	11608	586	651	1525

2010年竹行镇营业收入2000万元以上工业企业生产销售情况表

表2-45　　　　单位：个、人；万元

行业分类	企业个数	年平均人数	增加值	现价总产值	现价销售产值	营业收入	利润总额	上缴税金	劳动者报酬
总计	106	7949	176296	629242	594053	616563	43514	34908	42138
金属制品业	94	7229	166540	598243	564415	582279	41644	33071	38347
纺织业	3	112	1817	6080	5743	6304	387	341	519
服装、鞋、帽制造业	2	137	1605	5884	5596	5596	451	335	784
皮革、毛皮、羽毛（绒）及其制品业	1	71	702	1904	1797	2480	81	107	362
化学原料及化学制品制造业	2	36	1151	3158	3071	4044	188	201	167
通讯设备、计算机及其他电子设备制造业	2	80	1200	1951	1823	4252	177	202	434
交通运输设备制造业	2	284	3281	12022	11608	11608	586	651	1525

2010年竹行镇企业固定资产投资情况表

表2-46　　　　单位：个、万元

项　目	本年施工项目个数	本年新开工项目数	本年投产项目个数	本年完成投资		本年实际完成投资资金来源				本年新增固定资产
				合计	其中：设备购置	国家及有关部门扶持资金	金融机构贷款	自有资金	其他资金	
甲	1	2	3	4	5	6	7	8	9	10
总计	60	42	23	50330	14023	11360	7180	31790		23610
其中：工业	47	30	15	25180	13873		7180	18000		10550
按建设性质分组	60	42	23	50330	14023	11360	7180	31790		23610
新建	9	8	7	13690	3660	4800	3650	5240		7430
扩建	51	34	16	36640	10363	6560	3530	26550		16180

2010年竹行镇规模工业企业水和主要能源实物量消耗情况表

表2-47

名　称	计算单位	本年消耗量	上年消耗量
水	吨	772980	803249
原煤	吨	93301	81549
汽油	吨	127.8	120.64

续表2-47

名　称	计算单位	本年消耗量	上年消耗量
柴油	吨	1086.2	727.73
电	千瓦小时	429707000	380830000

2010年竹行镇企业基本情况表

表2-48　　　　单位：个、人、万元

项　目	企业个数	从业人员年末数	增加值	总产值	营业收入	利润总额	上缴税金	劳动者报酬
甲	1	2	3	4	5	6	7	8
总计	3691	22038	381188	1354458	1316358	102156	50874	98548
内资企业小计	3691	22038	381188	1354458	1316358	102156	50874	98548
有限责任公司	488	12936	212876	744318	714506	52033	40616	50229
私营企业	3203	9102	168312	610140	601852	50123	10258	48319
农林牧渔业	32	700	4303	8275	8275	156	90	736
工业	899	16342	325582	1162800	1128898	89898	48918	80816
制造业	899	16342	325582	1162800	1128898	89898	48918	80816
建筑业	30	326	839	2993	2993	227	135	588
交通运输仓储业	538	805	4740	20938	20938	735	370	2970
批发零售业	1578	2082	17716	73026	68828	5454	1036	7066
住宿及餐饮业	120	381	4042	11520	11520	1660	179	1765
其中：餐饮业	90	299	3592	9980	9980	1470	179	1580
社会服务业和娱乐业	494	1402	23966	74906	74906	4026	146	4607

2010年竹行镇企业基本情况表

表2-49

项　目	单位	数值
个体工商户户数	个	3152
个体工商户从业人员年末数	人	13916
其中：女性从业人员年末数	人	6303
个体工商户注册资金	万元	14521
个体工商户营业收入	万元	572286
个体工商户上缴税金	万元	9998
全部出口企业单位数	个	25
其中：年出口交货值500万元以上企业数	个	11
全部出口企业出口交货值	万元	74188
其中：年出口交货值500万元以上企业出口交货值	万元	68583

续表2-49

项 目	单位	数值
本年固定资产投资1000万元~5000万元的项目数	个	5
固定资产投资5000万元~1亿元的项目数	个	4
固定资产投资1亿元以上的项目数	个	1
本年末全部企业从业人员中女性人数	人	8853
本年末全部企业中大专以上文化程度的人数	人	398
本年末全部企业中中专及技校文化程度的人数	人	904
本年末全部企业中具有高级技术职称的人数	人	36
本年末全部企业中具有中级技术职称的人数	人	109
本年末全部企业中具有初级技术职称的人数	人	133
乡镇企业职工培训机构数	个	1
乡镇企业职工培训人数	人	6761
乡镇企业职工培训取证人数	人	212
本年乡镇企业与港澳台商新签协议项目数	个	1
本年港澳台商协议投资额	万美元	1000
本年港澳台商实际投资额	万美元	275
本年金融机构贷款总额	万元	14868
本年末金融机构贷款余额	万元	52588
本年乡镇企业吸纳城镇下岗失业人员数	人	387
本年支农建设及补助社会性支出总额	万元	155
乡镇企业各类园区数	个	1
园区内年末实有企业数	个	290
园区内年末从业人员数	人	7354
园区内企业总产值	万元	605666

四、校办工业

20世纪70年代中期，国务院下发有关学校办厂的文件，国家税务部门按国务院的有关规定，对学校办企业免征营业税、所得税等各项税收。各级政府和有关部门对学校办企业提供各种优惠条件，教育部门鼓励各类学校创办企业。竹行乡有关中、小学、成人校办起了工厂。全乡19个校办工商企业，从业人员250人，年产值800余万元，利税40余万元。校办企业利税作为改善办学条件、师生福利、补贴办公经费等。为解决学校修建校舍、添置设备、补贴困难师生、补贴办公经费等一系列实际困难，为改善办学条件、提高教学质量等起了一定的作用。随着国家政策的变动，有关优惠政策的取消，各校办企业均于20世纪90年代至21世纪初关闭或改制，至2010年除竹行中学的桃李汽修厂仍外包外，竹行镇已无校办企业存在。

1977—2010年竹行校办企业基本情况表

表2-50

创办时间	创办学校	企业名称	生产项目	年产值（万元）	厂　长
1978—2000	竹行小学	通州市金属丝网厂	金属丝网 冲件	80~120	薛安生
1982—2000	竹行小学	通州市教学仪器二厂	放大镜 光学配件	30~50	薛安生
2000	竹行小学	通州市钢绳辅助材料厂	硝酸锌 磷化液	100~150	张永芳
	天星小学	通州市天星绣品厂	绣花枕头 床上用品	150~200	朱国冲 侯兰芳
	天星小学	天星五金厂	钢丝绳	80~120	倪惠彬
	长桥小学	长桥五金厂	拉丝、钢丝绳		倪士才 高学康
	竹雁小学	竹雁绣品厂	绣花枕套 床上用品	200~300	杜元忠 范本新
	十四大队小学	竹行无线电元件厂	电热扬声器、电热碗	10~20	陈永全
1981—1999	竹行中学	竹行中学校办厂	金属支架 树脂衬布	5~10	邱惠生
1993—1999	竹行中学	华冠实业有限公司	经营服装辅料	10	邱惠生
1988—2010	竹行中学（1990年，大安初中并入）	竹行中学汽车修配厂2001年更名为南通开发区桃李汽车修配厂	汽车修理	30~80	朱永兰
1980—1992	竹行公社中学	竹行公社中学光学仪器厂	光学镜片	10	范本观
1983—1992	竹行二民中	竹行第二中学五金厂	矽钢片冲片	3	黄　政 施振清
1987	竹行勤丰初中	竹行勤丰金属工艺厂	有色金属冶炼 钢丝绳 矽钢片	15	朱国冲
1992—2000	竹行勤丰初中	竹行冶炼厂	有色金属冶炼 钢丝绳	20	朱国冲
1988—1989	大安初中	竹行衣衬布厂	树脂衬布	5	葛兆章
1989—1992	大安初中	竹行光学器件厂	光学镜片	5	葛兆章
1991—1996	竹行成人教育中心校	南通县光明香精厂	烟用香精	300	薛水明
1986—2002	竹行小学	竹行文教综合经营部	糖、烟、酒，什杂百货	25—30	樊发美

第二节　主要行业

一、钢丝 钢丝绳行业

1959年4月4日，长江人民公社出资300元钱，在新开港河东沙滩上办起了第一家社办集体企业，名为南通县长江人民公社钢丝绳厂，生产手制钢丝绳，职工9人，年产钢丝绳12吨，总产值4万元。

1961年，国民经济调整，12月，长江人民公社钢丝绳厂停办，2个月后又在新开鱼苗场重新开办。在徐立义的带领下，历时10个月赢利3.5万元，人员发展到26人，手制钢丝绳车3部。

1962年，行政区划调整，成立竹行人民公社。长江人民公社钢丝绳厂搬到竹行中心大队检间所桥，成为由中心大队管理的社办集体企业。1964年和竹行农具厂合并，钢丝绳车发展到4部，职工30人。

1968年，成立南通县竹行铁木农具钢丝绳联社。

1969年，竹行农具厂固定资产300元，钢丝网络职工124人。1969年总产值35.5万元，实现利润2.82万元，上缴税金1600元。同年，竹行公社九大队创办向阳钢丝绳厂，生产手制钢丝绳及钢丝网络。

1971年，竹行铁木农具钢丝绳联社由南通县手工业局接管，上升为大集体企业，职工46人。同年5月，根据南通县革命委员会〔71〕第203号文件，钢丝绳项目与农具厂分离，独建南通县钢丝绳厂。1973年，竹行农具厂的钢丝绳网络项目分出，易地新建，成立南通县竹行钢丝绳网络厂，生产钢丝绳、钢丝网络。全厂职工119人，固定资产1800元，总产值5.23万元，实现利润2700元，上缴税金2100元。1974年，竹行公社钢丝网络厂职工85人，固定资产1.47万元，总产值7.88万元，实现利润8600元，上缴税金3500元，支农资金1200元。

1976年，竹行公社钢丝网络厂职工138人，固定资产5.6万元，总产值24.8万元，实现利润4.84万元，上缴税金2.88万元，支农资金1800元。

1980年，竹行十五大队创办新安钢丝绳厂，职工50人。

1981年，竹行公社钢丝网络厂占地面积8184平方米，总产值90万元，年销售值81.94万元，实现利润7万元，销售税金1.14万元，职工209人。

1984年，竹行全乡工业总产值2243.2万元，其中钢丝绳及五金机械行业总产值993.05万元，占全乡的百分之四十四点二七。12家钢丝绳企业在上海、南京、杭州、宁波、福州、太原、北京等地开设12家钢丝绳销售门市部。

1985年，竹行乡镇企业大发展。全乡企业56家，实现总产值2546.31万元。其中钢丝绳企业18家，钢丝绳销售值669.12万元，占全乡工业销售总值的百分之三十二。实现利税78.89万元，占全乡利税总额的百分之二十八。

1986年，竹行乡工业企业增至63家，总产值3523万元。其中20家钢丝绳企业总产值1032万元，占全乡总产值的百分之二十九。上缴利税163.86万元，占全乡的百分之四十。

1987年，长江钢丝绳厂职工376人，总产值552万元，销售总值536.4万元，实现利润54.2万元。上缴税金35.08万元，固定资产原值175.2万元。钢丝绳产量2100吨。

1989年，南通长江钢丝绳厂生产的钢丝绳获上钢二厂联合集团产品质量第一名，夺得金杯。1991年，南通长江钢丝绳厂总产值1064万元，获得中共南通县委、南通县人民政府先进集体一等奖和出口创汇奖，南通县通力钢丝绳厂获先进集体二等奖。

1993年，南通长江钢丝绳厂与香港东方航运公司合资成立的泰宇公司获经营进出口权，产品销往美国、叙利亚、新加坡、泰国、马来西亚等十多个国家和中国香港地区，出口额200万美元。次年，南通长江钢丝绳厂产值再次超千万，达2597万元，上缴税金100万元。

1995年，南通长江钢丝绳厂总产值5839万元，在全乡12家超千万企业中排在第一位。

1996年，南通长江钢丝绳厂、通州市通阳钢丝绳厂、通州市通宇钢丝绳厂、通州市通力钢丝绳厂、南通通冠钢丝绳厂、通州市特种钢丝绳二厂等钢丝绳企业均完成改制，成为集体参股企业或私营企业。全乡钢丝绳企业在全国20多个省、市、自治区设置销售网点达99家。南通长江钢丝绳厂生产的巨石牌钢丝绳被评为南通市优质产品，企业被评为通州市文明单位。

1997—2000年，南通长江钢丝绳厂的集体股份分期分批全部退出，转化为民营企业。2000年南通长江钢丝绳厂总产值8067万元，占全乡总产值的百分之十。2000年5月，组建成立竹行钢丝绳金属制品联合公司，实行集团采购，限价销售，为该行业产业链的发展打下新的基础。南通长江钢丝绳有限公司等企业先后开发锁芯钢丝绳、预应力钢丝、合金钢丝系列新产品。2001年，竹行钢丝绳企业研制成功胎圈用钢丝、钢绞线、航空用钢丝绳、电梯用钢丝绳、高碳钢丝等新品种。在全国50多个大中城市开设销售窗口260多个，年利润5100多万元，出口创汇4500万美元。2001年，长江、光明两家钢绳公司各投500万元，扩建大直径复杂结构钢丝绳生产设施；华星、宇翔两家钢绳公司各投400万元扩建特种钢丝生产线；神威钢绳公司投入300万元扩建生产大规格钢绳等项目。钢绳企业继续研发大直径复杂结构钢丝绳、镀塑钢丝绳、橡胶增强用钢丝、汽车自用弹簧钢丝、精工钢丝、异形钢丝等新品种。南通光明钢丝绳制品有限公司生产的拇指王牌碳素弹簧钢丝获南通市著名商标和江苏省乡镇企业名牌产品称号。

2004年，长江、光明、华星、宇翔、神威等5家钢丝绳骨干企业实现总产值3.82亿元，税收1426万元，分别占全镇的百分之十九点三五和百分之二十六点二四。其中南通光明钢丝制品有限公司总产值1.14亿元，上缴税金385万元。拇指王牌接触网钢丝绳获国家专利证书，填补国内空白并获省优产品称号。次年，南通光明钢丝绳有限公司总产值超过2亿元，纳税超200万元。一些骨干企业加大投入扩建厂房，更新设备，进行技改。其中光明钢绳公司投入920万元、中德钢绳公司投入600万元、通灵钢绳公司投入620万元、申力钢绳公司投入200万元。

竹行镇被誉为钢丝绳之乡。2005年，有248家钢丝和钢丝绳生产企业，共占地1863.02亩，建筑面积49.36万平方米。有各种型号拉丝车3189台、捻股车3121台、成绳车277台、蒸汽锅炉167台、酸洗设备67套、变压器145台。年产80万吨，占当年全国钢丝绳产量的三分之一多。

2006年，竹行镇钢丝绳企业发展到253家。按村分：长桥村5家，谷东村55家，神龙村7家，洞子港村26家，竹行村79家，竹东村51家，大安村30家。按类分：企业类122家，个体企业82家，未注册企业49家。钢丝绳企业职工6054人，其中，企业类5408人，个体企业451人，未注册企业195人。共计占地1913.49亩，建筑面积50.82万平方米。全镇钢丝绳行业共有各种型号拉丝机3350台、捻股车3212台、钢绳合成车279台、变压器206台、热处理炉83只、镀锌炉25套、蒸汽锅炉48只、清洗磷化设备59套、维修机械设备128台（套）、测试设备150台（套），年产钢丝、钢丝绳120万吨。南通光明钢丝绳有限公司总产值超过3亿元，新开发的地铁专用钢丝绳年产量5000吨，被上海、南京、北京等城市地铁选用。南通永高钢丝制品有限公司获中国钢铁工业协会颁发的冶金产品实物质量金杯奖。次年，长江、光明、神威3家钢丝绳企业总产值均超过2亿元。苏通钢丝制品有限公司投入1000万元，在北京科技大学教授、中国工程院院士胡正寰的指导下，自制安装使用由北科大设计的高速高效、节能环保、优质低耗国内首创的全自动电热斜轧钢球坯机。生产的大型钢球适用于国防、科技、航天、交通、电力等行业。产品被上海、北京、山东、湖北、徐州等地使用。南通永高钢丝制品有限公司被中国家具协会软垫家具专业委员会接纳为会员单位。南通光明钢丝制品有限公司投入1000万元生产120毫米大直径特种钢丝绳和地铁钢丝绳，年产量5000吨，产值5000多万元。该公司生产的65~125毫米以上大直径超长度接触网钢丝绳（每件60吨）获国家专利，并被全国高新科技产品品牌创新发展专业委员会评为中国十大知名品牌。

2008年，江苏长江钢绳有限公司纳税超400万元。南通市华星钢丝制品有限公司征地70亩，投入4000万元新建1.8万平方米的生产车间，开辟第二厂区，引进工程技术人员35名研发新产品，选用锡钢和包钢生产的材料代替日本进口的材料生产机针、织针、金属针布、轴承用等钢丝，质量达到国家标准和国际标准。次年，南通红新钢丝制品厂征地28亩，投入2780万元新建江苏海鸿光伏科技有限公司。

2010年，全镇253家钢丝绳企业，职工6340人，占地2288亩，建筑面积61万平方米。主要生产设备有5541台（套），年产钢丝、钢丝绳130万吨，其中钢丝绳产量80万吨，占全国产量的百分之三十五，总产值97.5亿元，占全镇工业总产值百分之八十四。实现利润2.925亿元，上缴税金1.06亿元。分别占全镇的百分之八十四和百分之九十。

竹行镇114家规模定报企业中钢丝绳企业86家，占百分之七十五，16家亿元企业中钢丝绳企业15家，占百分之八十九。

南通红新钢丝制品厂新建的江苏海鸿光伏科技有限公司2010年年底投产。南通中科金属制品有限公司和香港中英投资发展有限公司征地40亩，共同投资1500万美元新建南通中氏金属制品有限公司，生产特种钢丝绳吊索具。

2010年，竹行的钢丝绳产品销往各地企业、建筑、航空、电梯等行业。276家销售网点遍布全国28个省、市、自治区。外销至美国、德国、日本、俄罗斯、韩国、加拿大、澳大利亚、伊朗、印度、波兰、以色列、阿联酋、埃及等20多个国家和中国港台地区。

2010年竹行镇分布全国钢丝绳销售网点情况统计表

表2-51

省（市）名	门市部数	利润（万元）	省（市）名	门市部数	利润（万元）
北　京	19	389.9	新　疆	20	584.5
上　海	45	1709.6	海　南	1	30
河　北	12	228.5	云　南	5	182

续表2-51

省（市）名	门市部数	利润（万元）	省（市）名	门市部数	利润（万元）
河　南	3	45	贵　州	3	66
山　东	16	214.9	重　庆	5	169
山　西	15	218.4	浙　江	30	445
广　东	5	52	青　海	9	116.4
广　西	5	162	辽　宁	7	185
湖　北	6	117.5	宁　夏	2	63
福　建	5	120.8	吉　林	3	34
深　圳	2	35	甘　肃	1	8
安　徽	4	73.8	黑龙江	3	150
江　西	5	90	湖　南	3	70
天　津	3	100	内　蒙	2	50
陕　西	5	180	本省各地	32	512

企业简介

钢丝、钢丝绳是竹行镇工业的支柱产业。2010年，全镇共有大小企业253家，年产量达130多万吨，其中钢丝绳产量80余万吨，占全国三分之一之多，年产值占全镇工业产值的百分之八十以上。全国各省、市、自治区各大中城市均设销售点，同时销往世界几十个国家和地区。竹行镇是闻名于全国的钢丝绳之乡。在全镇88个钢丝、钢丝绳骨干企业中有15家企业年产值超亿元，有15家百万纳税企业。另有51家定报企业。

（一）亿元企业

1.江苏长江钢绳有限公司

江苏长江钢绳有限公司位于瑞兴路39号，创办于1968年，时为竹行铁木业联社中的一个工场，生产手制钢丝绳和钢丝网络。从业人员不足20人，产值不足10万元。1973年单独建厂，厂名为南通县长江钢丝网络厂，属乡办集体企业。员工增至50余人，产值50万元左右。1980年投产机制钢丝绳。1987年产值超百万。1996年体制改革，转制为民营企业，同时更名为南通长江钢丝绳厂。企业有了较大发展，增添生产大规格钢丝绳设备。2005年，产品转型升级，企业有了更大的发展，更名为江苏长江钢绳有限公司。法人孙祖琴。

长江钢绳有限公司占地面积4万平方米，建筑面积3.34万平方米，区域内绿化面积2000平方米。公司设董事长、财务、生技、质检、供销、外贸、人保等科室和拉丝、捻股、成绳、热处理、酸洗、机修等车间。有生产钢丝绳的各种专用设备339台（套）。全厂固定资产4000万元，全部员工250人（其中工程技术管理人员50余人，大学本科以上20人，主要生产多种规格高碳弹簧钢丝及生产直径3毫米-52毫米的镀锌钢丝绳和光面圆股钢丝绳系列。产品采用国家标准和国际标准生产，年产量达2.5万吨左右。产品注册商标“巨石牌”。公司于1992

年获中华人民共技术质量监督检测检疫总局（原冶金工业部）生产许可证，1998年通过国家ISO 9000质量体系认证，同年产品数次评为南通市优质产品。巨石牌商标为南通市著名商标，曾获冶金部钢丝绳产品质量“金杯奖”、省优高科技产品奖。产品销往全国各地，1985年开始出口，远销美国、澳大利亚、加拿大、韩国、泰国、中东等50多个国家和地区。公司与上钢二厂联营，成为上海上钢银星集团成员企业，产品质量评比连续五年获“银星杯”奖。2005年起年产值超亿元。2009、2010年都超2亿元。2008年纳税超450.9万元。2001—2010年共纳税2608.1万元，外贸额年年超500万美元。2008年超1000万美元，是竹行镇工业企业的纳税大户，也是创汇大户。

江苏长江钢绳有限公司是竹行镇的龙头企业，对竹行钢丝、钢丝绳产业发展起了技术、质量等推进作用。1983—1986年度、1993—1994年度，企业两次被南通市人民政府授予“明星企业”铜牌。1991年，被南通市工商局授予“重合同守信用”企业称号。1993—1994年，被江苏省乡镇企业管理局授予“千家最佳经济效益企业”。1994年，被南通市乡镇企业管理局授予“五星级企业”。1995年，被江苏省科技成果处授予“江苏省优秀科技产品”铜牌，同时被江苏省经济贸易委员会、乡镇企业局授予“环保工作先进集体”。1997—2000年，通州市人民政府授予“明星企业”铜牌。1997年，被江苏国际咨询评估公司评定为AAA级资信企业。1999年，被南通市统计局认定为乡镇工业百强企业。2002年，被中华人民共和国农业部评定为1997—2002年“全面质量管理达标企业”。2003年，被中国诚信证券评估公司江苏分公司评定为AAA级资信企业。同年获南通市人民政府2003—2006年度南通市文明单位。同时，南通市工商局认定“巨石牌”商标为2003—2007年著名商标。2004年，被中共南通经济技术开发区工委、南通经济技术开发区管委会评定为综合实力十强民营企业。同年获中国钢铁工业协会“冶金产品实物质量金杯奖”。总经理陈一鸣，1988年被评为江苏省劳动模范。1993年被评为通州市明星企业家、南通市明星企业家。1995年被评为江苏省冶金工业优秀企业家。1998年，又一次被评为通州市明星企业家和南通市乡镇企业家。

2.南通光明钢丝制品有限公司

南通光明钢丝制品有限公司创办于1987年，是竹行镇最早创办的民营企业，是竹行镇民营经济骨干企业，南通市钢丝钢绳业商会会长单位，是竹行区域内规模最大的钢丝、钢丝绳制造企业。2010年，公司有员工282人，其中专业技术人员35人，法人陈广元。

南通光明钢丝制品有限公司下辖三个分公司，共占地8万平方米，其中建筑面积6.2万平方米，绿化面积5000平方米。总公司位于瑞兴路93号，占地2.5万平方米，建筑面积2万平方米。2004年，在东方大道东侧303号成立第二分公司，征租土地4万多平方米，建筑面积约3万平方米，绿化面积约5000平方米，主要生产大直径（60~120毫米）钢丝绳及钢丝绳吊索具。2005年，并购原市属改制企业通州市钢丝绳厂部分厂房、设备，成立南通光明钢丝制品有限公司分公司（瑞兴路37号），占地1.5万平方米，其中建筑面积约1.2万平方米。

公司设总经理室、供销、生技、财务、质检、安保等科室及理化、金相、计量、试验等4个科研室。设拉丝、捻股、成绳、热处理、机修等车间。公司拥有钢丝、钢丝绳生产专用设备300台(套)、钢丝绳吊索生产线3条、热处理生产线4条(其中一条为热处理电解磷化连续线,为国内首创)、检测专用设备40台(套),固定资产达1.2亿元,年生产能力8万吨。主要产品有:各种光面、镀锌弹簧钢丝(0.15~12毫米);各类光面、镀锌钢丝绳(1.5~120毫米)。

2001年,公司通过ISO 9000质量体系认证。2004年获冶金工业部生产许可证。同时先后取得CCS(中国船级社)工厂认可证书、法国BV船级社工厂认可证书、矿用产品安全标志证书。各类(插编、压制、浇铸)钢丝绳吊索具(6~120毫米);轨道交通接触网用钢丝绳等。其中弹簧钢丝市场份额居全国同行业前列;具有自主知识产权的轨道交通接触网特型钢丝绳系列产品替代进口,获得国家专利。直径60~125毫米的大直径超强度粗规格钢丝绳系列产品在国内处于领先地位,为华东第一家。2004年,产量超2.3万吨,产、销额双超亿元、纳税超百万元。2005年纳税200万元。2009年产、销额双超亿元,纳税400万元。2010年产值3.76亿元,纳税531.54万元。产品畅销全国30多个省、市、自治区,并出口欧美、东南亚、俄罗斯、巴西等50多个国家和地区。2005年创汇488.7万美元,是竹行的创汇大户。

公司注册商标"拇指王",拇指王牌钢丝、钢丝绳先后获南通市名牌、南通市著名商标、"江苏名牌""江苏省著名商标"等称号。

公司先后获通州市十佳民营企业、AAA级资信企业、安全生产标准化企业、标准化良好行为AAA企业、质量信用AAA级企业、重合同守信用企业等称号。

3.南通市华星钢丝制品有限公司

南通市华星钢丝制品有限公司位于瑞兴路105号,1996年建办,占地1.8万平方米。2002年,位于瑞兴路131号建西厂区,占地2330平方米,公司办公区也移西区。2006年,和香港公司合资投入位于瑞兴路111号,建立中厂区,占地4.66万平方米,并组建子公司——南通华星钢绳制品有限公司。三区共占地8.8万平方米,建筑面积5.3万平方米。公司是竹行著名的规模民营企业,是竹行钢丝、钢丝绳行业的排头兵。法人陈志忠,总经理朱英。

公司拥有各种生产设备90余台(套),四条热处理线,各种机动车8辆,固定资产达11802万元,全厂员工230人。其中专业工程技术、管理人员31人,主要生产弹簧钢丝、机针、织造、金属针布、轴承等专用钢丝,按国家标准进行生产。特种钢丝质量达国际标准,产品畅销国内外市场。其中,发夹钢丝、金属针布钢丝、织造钢丝、电梯钢丝、汽车密封钢丝等产品外销欧美、东南亚各国,并和世界500强印度阳光商务公司长期合作,成为定点生产单位。2004年纳税达100万元。2005年产量达2万吨,产值超亿元,纳税152.4万元。2009年产值超2亿元。2010年达3.28亿元。2006—2009年纳税都超200万元。2010年达356.48万元。2005年通过ISO 9000质量体系认证和ISO 1400环保体系认证,公司注册商标"金兔"。金兔牌碳素弹簧钢丝获南通市著名商标、名牌产品。同时获江苏省产品质量管理办公室、江苏省市场名牌优质产品推广中心认定为江苏省市场名牌优秀企业产品。先后数年被评为江苏省AAA资信企业、南通市最佳诚信企业。2004年被南通经济技术开发区评为2004年度工业投入十强民营企业和综合实力十强民营企业。

4.南通神威钢绳有限公司

南通神威钢绳有限公司位于瑞兴路91号，1989年建办，是竹行最早兴办的民营骨干企业。企业建办时仅2名工人，1台拉丝机，占地不足1300平方米。1994年扩展厂区，投入40万元购置制绳专用设备，生产直径15毫米的钢丝绳，年产量1000吨。1996年，再次投入购置6/6000制绳机，年产量2500吨。1999—2004年，先后4次征地（租）8.4万平方米，投入1500余万元，增加更新设备、增设项目、研发产品，不但能生产普通钢丝绳，而且能生产高质量的航空绳、电梯绳、矿用绳，还能生产直径60毫米的大直径钢丝绳和橡胶增强用钢丝、多种弹簧钢丝。年产量2.5万余吨。公司注册商标“通昌牌”。全厂占地8.66万平方米，建筑面积5.26万平方米，厂区内绿化面积3000平方米（含南通农场张江公路1709号新厂区）。法人陶荣。

公司设镀铜、胶管钢丝、热处理、制绳钢丝、弹簧钢丝、捻股、制绳等6个车间，生产、销售、质检、财务等4个科室，理化、金相、计量、试验等4个科研室。全厂员工408人，其中工程技术人员18人，管理人员18人，生产一线工人372人。全厂共有拉丝、制绳、检测等专用设备150台（套），固定资产3000余万元。

2002年，“通昌牌”钢丝绳取得了江苏省质量管理协会用户委员会颁发的用户满意产品荣誉证书。2000—2004年，先后通过ISO 9000认证和获得普通钢丝绳、航空绳、电梯绳生产许可证及国家煤炭局颁发的“煤炭安全标志”证书。产品畅销全国工矿企业及欧美、中东、东南亚20多个国家和地区。2005年起，年产量达2.5万余吨，产值超亿元，纳税超百万元。2008年产值超亿元，纳税超300万元，创汇314万美元。2006—2010年，完成产值10.95亿元，纳税1176.62万元。公司不但是竹行工业产值、纳税大户，也是企业党建的示范亮点。2003年获南通经济技术开发区党工委颁发的党建示范单位铜牌。2004年获南通市委颁发的党建示范单位铜牌。2005年获南通市委颁发的优秀党支部证书。

5.南通市宇翔特种钢丝钢绳有限公司

南通市宇翔特种钢丝钢绳有限公司位于瑞兴路77号，1991年建办。2003年，在谷东工业园区瑞兴路129号开辟新厂区。2010年，公司占地面积4.06万平方米，建筑面积2.5万平方米，绿化面积2080平方米。2005年，公司注册资金1500万元，是竹行钢丝行业的骨干龙头企业。公司设拉丝、热处理、制绳、机修等车间，实验、化验、测试等科研室，厂办、党支部、工会、外贸、财务等办公室，全厂员工232人，其中工程技术人员44人，管理人员20人。法人李学其，总经理李军。

公司拥有钢丝、钢丝绳生产、检测等专用设备171台（套），热处理线4条，各种车辆11辆，固定资产共1020万元。主要生产碳素类弹簧钢丝、机针钢丝、钢扣钢丝、针用钢丝、轴承钢丝等特种钢丝及特种钢绳。

公司于1997年获中华人民共和国国家质量监督检验检疫总局的生产许可证。2001年通过ISO 9000-2000质量认证。2007年获江苏省排放污染物许可证。公司注册商标“宇翔牌”。2003年被评为南通市知名商标，钢丝、钢丝绳产品被评为名牌产品。产品畅销全国各地和世界上20多个国家和地区。公司从2008年起每年产值超亿元，2010年产量超2万吨，产值超3亿。从2003年起每年纳税超百万元，2007年超200万元，2010年达390.1万元。公司多次获南通经济技术开发区“百万纳税大户”工业企业规模奖，被评为江苏省AAA级信用企业，是竹行镇规模经济骨干企业。

6.江苏泰力钢绳有限公司

江苏泰力钢绳有限公司（原名为南通第三钢丝绳厂），1983年创办，系南通县种畜场建办的集体企业。1993年南通县撤县建市后，改名为通州市第三钢丝绳厂。1996年企业产权体制改革后为民营企业，更名为通州市泰力钢绳有限公司。2001年南通经济技术开发区区划调整后，更名为南通泰力钢绳有限公司。2006年，根据南通市总体规划，公司整体搬迁至竹行镇谷东工业园区。2008年搬迁重建完成正式投产。同时更名为江苏泰力钢绳有限公司。公司占地面积5.2万平方米，建筑面积5万平方米。公司注册资金1880万元，全厂员工270人，其中工程技术人员16人（中级职称2人），管理人员16人，生产一线人员238人。法人徐兵，总经理徐小刚。

公司拥有固定资产4293.6万元，其中钢丝、钢丝绳生产专用设备139台（套）、机电及检测等设备197台（套）、各种车辆12辆、热处理线3条、镀锌炉1只、1000千瓦变压器3台，年生产能力2.5万余吨。1993年获冶金工业部颁发的生产许可证，1999年产品通过ISO 90001质量体系认证。公司注册商标“泰力”。2008年通过ISO 14001环境管理体系认证，获GB/T28001-2001职业健康安全管理体系认证证书。2010年，研发的点接钢丝绳等产品获国家专利局颁发的“实用新型专利证书”。“泰力牌”优质钢丝和航空、电梯用钢丝绳、光面镀锌圆股钢丝绳、多层不旋转钢丝绳等畅销国内外，外贸均达销售额的百分之五十以上，销往美国、德国、韩国、马来西亚、沙特、阿联酋、印度等十多个国家和地区。2008年搬迁至竹行第一年起产值年年超亿元。2008—2010年3年纳税达1060.68万元。

2004年，泰力牌钢丝绳被评为江苏省市场名牌产品。2005年，泰力钢绳公司被评为江苏省信得过企业，国家标准合格单位，质量放心名牌，AAA级质量信誉资质单位五星级企业。2004年、2005年先后被评为南通市名牌产品、南通知名商标。2007被评为江苏省名优企业。2008年被评为江苏省十佳民营企业。“泰力牌”钢绳2010年被评为全国行业十佳科技创新品牌。法人徐兵，1994年、2000年分别受到中共通州市委、市政府记三等功和嘉奖，2002年、2004年分别被评为南通经济技术开发区先进工作者、优秀民营企业家。

7.江苏永高钢丝制品有限公司

江苏永高钢丝制品有限公司位于瑞兴路103号，2000年建办，占地面积2.15万平方米，建筑面积2万平方米，注册资金1500万元。2003年在通州市张芝山镇工业园区（北区）开辟第二厂区，并建办子公司南通市永盛钢丝有限公司，占地面积4.2万平方米，建筑面积2.5万平方米，注册资金1200万元。公司员工135人，工程技术人员20人（其中中级职称2人），行政管理人员15人，生产一线人员100人，法人俞永高。

公司拥有大型拉丝设备18台，中小型拉丝设备50台、车辆11辆、其他专用设备158台（套）、4台全自动控温、18孔马弗炉热处理线。2009年，公司在行业中率先利用热处理酸洗磷化连续生产线。热处理炉采用弱氧化控制，节能环保。公司生产多种特种钢丝、弹簧钢丝。2001年，公司通过ISO 9000质量体系认证。2007年获环境体系认证。2008年通过中国GBIT19001—2000Z09001质量管理体系认证。公司还先后注册了永盛、永高、YGGS商标，注重质量和品牌建设。

“永盛牌”钢丝于2005—2010年先后销往英国、韩国、德国、波兰、泰国、印尼、澳大利亚、新西兰、美国、沙特、巴西、伊朗等17个国家和地区。2008年，产值超亿元，2009年1.52亿元。2010年，产值达1.73亿元。2005年纳税146.16万元，2008年超300万元。产品出口额超千万美元。2010年纳税达323.51万元，是竹行钢丝行业的规模骨干企业、又是创汇大户。公司综合生产能力突破5万吨，是江苏省专业生产碳素弹簧钢丝规模企业之一。

2001年，公司被评为南通经济技术开发区先进企业。2003年评为南通经济技术开发区文明企业。2004年、2005年连续两年被评为南通经济技术开发区综合实力十强民营企业。2006年为南通经济技术开发区纳税十强民营企业。“永鑫牌”钢丝获中国钢铁工业协会冶金产品实物质量金奖，并获中国质量协会冶金工业分会冶金行业品质卓越产品证书。2010年先后获南通市知名商标、江苏省著名商标和市优、省优产品证书。

8.南通开发区升阳金属制品有限公司

南通开发区升阳金属制品有限公司位于竹行镇神农村十四组，西临苏通大桥北接线竹行入口处，南靠苏336省道。2000年7月，租用小海镇一家80平方米的小车间，投入10万元购置2台小型拉丝机进行生产，建办原通州市钢丝制品厂时，年产值不足10万元。2004年更名为南通开发区升阳金属制品有限公司，占地面积2.2万平方米，建筑面积1.8万平方米。公司共有员工150人，其中公司行政人员3人，管理人员14人，工程技术人员9人（其中中级职称1名），生产一线人员124人，法人虞建强。

公司设行政、生技、财务、质检等6个科室，拉丝、热处理、磷化、机修等6个车间，建有2条21孔热处理马弗炉，同时租用华帅公司一条热处理线和配套生产的镀锌加工线。拥有2台直拉式大型拉丝设备，9台560大型拉丝机，90台中、小型拉丝设备，9台130千瓦大功率电动机和其他专用设备133台（套），各种车辆10辆，其中价值100万元以上车辆2辆，50万元以上1辆。注册资金586万元，固定资产1100万元。主要生产弹簧钢丝。2007—2010年，公司产值年年超亿元。2001—2010年纳税1774.27万元。2010年，产量突破2.5万吨，产值1.75亿元，纳税383.5万元，是竹行工业史上发展最快的民营骨干规模企业。

公司遵照劳动法，本地籍员工社会统筹保险，参保率达百分之百，所有员工平安保险参保率达百分之百。公司积极参与社会公益活动，抗“非典”、抗禽流感时捐款1.8万元，汶川大地震时捐款1.8万元。

9.江苏通冠金属制品有限公司

江苏通冠金属制品有限公司位于竹东村1组（张江公路天星河桥南首西侧）占地2.8万平方米，建筑面积1.7万平方米，是竹行钢丝绳行业的骨干企业，共有员工220人，其中管理人员20人，工程技术人员12人，生产一线人员188人。法人施水平，总经理施雨挺。

公司创办于1969年，原名“南通县竹行向阳钢丝网络厂”，属大队办集体企业，使用原大队办学校的校舍为上海第一钢铁厂加工生产钢丝绳网络。1976年，增设拉丝车间，租用生产队土地异地建造厂房，同时更名为“南通县金属制品厂”。1985年增设热处理车间。1988年增设制绳车间，主要生产钢丝、钢丝绳、钢丝网络。1993年更名为“通州市金属制品厂”。1996年产权体制改革，更名为南通通冠金属制品有限公司。2006年更名为“江苏通冠金属制品有限公司”。2010年，公司共有3条热处理线、1条热镀锌线，共有大小拉丝机90台、捻股车36台、成绳车7套、专用检测设备4套、车辆8辆。注册资金1028万元，固定资产1980万元。公司主要生产各种电梯用钢丝绳、高碳钢丝、微电机轴用钢丝、针用钢丝、辐条钢丝、发夹钢丝。1992年获冶金工业部生产许可证。1998年通过ISO 9000质量管理体系认证。2000年获中华人民共和国进出口企业资格证书。2005年获煤矿矿用产品安全标志证书。公司注册商标“通冠”。企业1992年加入江苏省冶金行业协会，1995年加入中国质量管理协会冶金分会。1998年加入中国电梯行业协会。2004年起，每年纳税百万元。2001—2010年共纳税1402.88万元。

1993年，企业获通州市明星企业称号。1995年被江苏南通工商行政管理局连续十年评为“重合同守信用企业”，并连续评为AAA级信用企业。2003年，电梯钢丝绳获全国冶金产品实物质量认证金杯奖。2004年产品被评为南通市知名商标。企业产品评为市优产品。

10.江苏中德钢绳有限公司

江苏中德钢绳有限公司（系南通电圣电器有限公司上海国荣漆包线一分厂子公司），位于瑞兴路73号，2004年建办，占地面积1.13万平方米，建筑面积6800平方米，注册资金950万元。公司共有员工70人，其中工程技术人员7人（中级职称4人），管理人员8人，是竹行钢丝绳行业的规模骨干民营企业。法人顾森林，总经理顾洲华。

2010年，公司拥有大、中、小拉丝设备61台（套），捻股车43台，成绳车15台，其他机械维修、检测设备25台（套），各种车辆8辆，热处理线1条，酸洗磷化设备1套，固定资产2000万元。主要生产用于电梯、航空、渔业、提升、胶管、矿用、钻井、抽油杆等各种特种钢丝绳和预应力钢丝、橡胶骨架钢丝等特殊钢丝。

公司以先进的制造工艺、完善的质量管理体系、信赖的产品质量、完美的售后服务，在业内享有一定声誉，占有相当的市场份额。2004年办厂，首年获中华人民共和国国家质量监督检验检疫总局颁发的生产许可证和ISO 90001质量管理体系认证证书。产品覆盖中国市场，并出口韩国、德国等欧美国家和地区。2010年生产钢丝绳1.5万吨，钢丝1万多吨。2009年起产值超亿元，纳税超200万元，外贸出口额年年超公司销售额的百分之五十。2007—2010年获南通经济技术开发区经济效益规模奖。

11.南通市通翔钢绳有限公司

南通市通翔钢绳有限公司位于竹行村27组（洪昌路三级河南东侧），1994年建办，占地面积2.53万平方米，建筑面积1.8万平方米，注册资金1080万元，固定资产3870万元，公司员工118人，其中管理人员8人，工程技术人员6人，是竹行钢丝绳行业的规模骨干企业。法人陈企明。

公司拥有2条马弗炉热处理线、2条热镀锌线、2条电镀锌线、4台560大型拉丝机、40台550翻坯车、29台200-450拉丝机、31台管式捻股机、6台成绳机及25台（套）检测、试验、机修等专用设备、2条酸洗磷化生产线、各种车辆8辆。主要生产光面、镀锌钢丝绳及各种规格高、中碳素弹簧钢丝，年生产力1.5万余吨。产品销往全国各地及东南亚、中东、欧美等国家和地区。公司注册商标“金发”。2004年在通州区张芝山镇租用土地50亩建子公司，先后投入资金3000万元，主要生产碳素弹簧钢丝。2006年，生产能力达1.8万吨，是张芝山镇的规模企业、纳税大户。2008年，公司产值超亿元。2010年产值3.03亿元。

公司于1998年获中华人民共和国国家质量监督检验检疫总局颁发的生产许可证。2000年获ISO 9000质量管理体系认证证书。2008年获中国船级社质量认证证书。2009年2月获北京兴国环球认证的环境管理体系认证证书。

12.江苏海勇钢绳有限公司

江苏海勇钢绳有限公司位于张江公路、336省道交会处南侧200米（竹东村9组），占地3.33万平方米，建筑面积2.8万平方米。公司于1977年建办，办厂初租用土地6000平方米，1999年扩大到1.6万平方米。2004年再次扩大到2.67万平方米。2006年又租用相邻的通州区张芝山镇农田6700平方米建厂。公司共有员工160人，其中管理技术人员10人、一线生产人员150人。法人薛善忠。

公司拥有各种拉丝设备90台、捻股车40套、成绳车6套、各种检测试验设备6套（台）、马弗炉热处理线2条。注册资金1288.8万元，固定资产4000万元。主要生产各种规格碳素弹簧钢丝和100型以下钢丝绳。1997年取得中华人民共和国国家质量监督检验检疫总局颁发的生产许可证。2000年通过ISO 90001质量管理体系认证，获证书。

公司生产各种规格钢丝和钢丝绳，品种有50多种，年产量1.8万余吨，畅销全国各地和东南亚、欧美等国家和地区。2001年开始，年纳税超百万元。2007年开始，年纳税超200万元。2008年开始年产值超亿元。是竹行镇规模骨干民营企业，也是AAA级信用企业。

13.南通中科金属制品有限公司

南通中科金属制品有限公司位于东方大道295号（竹行村21组），占地面积2.8万平方米，建筑面积1.8万平方米。1988年建厂，租用竹行镇老洪港村5组2000平方米土地，生产以铁链为主的金属制品，厂名为竹行老洪港铁链厂。2003年搬迁到现址，同时更名为南通中科金属制品有限公司。公司固定资产4500万元，员工230人，其中技术管理人员10人（中级职称1人），法人徐水英，总经理朱帅忠。

公司拥有马弗炉热处理线1条、镀锌线2条、各种拉丝专用设备50台套、捻股车45台（套）、成绳车10台，主要生产镀锌、光面钢丝绳。2009年获中华人民共和国国家质量监督检验检疫总局颁发的生产许可证。2010年通过ISO 90001质量管理体系认证，获证书。2007年起纳税超百万元。2008年产值1.62亿元，纳税超200万元。2009年产值1.48亿元，纳税394.33万元。2010年产值1.96亿元。是竹行镇规模骨干民营企业，数次获南通经济技术开发区经济规模奖。

14.南通市力立钢丝绳厂

南通市力立钢丝绳厂位于洪昌路竹行村16组（竹行派出所北侧向东150米），占地面积3.33万平方米，建筑面积1.5万平方米。1998年初，租用2000平方米土地建厂，8台拉丝机。通过8年努力，2009年建立分公司，名为南通博力金属制品有限公司，分别独立核算。又经过5年努力，注册资金501万元，固定资产达1500万元。员工130人，其中管理技术人员20人，法人肖健。

工厂有各种拉丝设备67台（套）、捻股车18台、成绳车4台、马弗炉热处理线3条。主要生产各种碳素弹簧钢丝、镀锌、光面钢丝绳。2004年通过ISO 90001质量管理体系认证。2007年起，年纳税超百万元。2008年获中华人民共和国国家质量监督检验检疫总局颁发的生产许可证。2009年起，年产值超亿元。是竹行的规模骨干民营企业。

15.南通市通江钢绳有限公司

南通市通江钢绳有限公司位于竹行村27组（洪昌路三级河南西侧），占地4万平方米，建筑面积2.8万平方米。1992年创办时租地1.33万平方米。1995年又租地1万平方米。2005年再增租3.33万平方米扩大企业规模，是竹行镇发展最快的民营骨干企业之一。公司注册资金1800万元，固定资产3800万元。公司共有员工150人，其中管理技术人员25人，法人陈企祥。

公司拥有各种拉丝专用设备61台（套）、捻股车28台、成绳车6台、马弗炉热处理线3条、热镀锌炉1只、检测专用设备8套。主要生产镀锌钢丝绳、光面钢丝绳和多用途碳素钢丝。1993年，获得冶金工业部颁发的生产许可证。2002年通过ISO 90001质量管理体系认证。2005年起纳税超百万元，年产量1.5万~1.8万余吨。2008年起，年产值超亿元。2001—2010年共纳税1261.17万元，多次获得南通经济技术开发区经济规模奖，被评为AAA级信用企业。

（二）百万纳税企业

1.南通华东特种钢丝有限公司

南通市华东特种钢丝有限公司位于瑞兴路107号。1994年建办，占地1.8万平方米，建筑面积7200平方米。公司共有员工79人，其中管理技术人员12人（中级职称4人），法人沈兴达。

公司拥有各种拉丝专用设备48台（套）、马弗炉热处理线1条、各种车辆5辆。固定资产680万元，主要生产各种规格碳素弹簧钢丝。2003年通过ISO 90001质量管理体系认证。注册商标“华东牌”。2004年开始，年纳税额超百万元。2007年评为南通市名牌。产品销往全国各地及世界各地。2010年产量1.2万余吨，其中百分之二十外销，创汇196万美元。

2001—2010年共纳税1354.66万元，是竹行镇的纳税大户。

2.江苏芸裕金属制品有限公司

江苏芸裕金属制品有限公司位于336省道北侧（洞子港村1组）。1996年建办，占地面积2.39万平方米，建筑面积1.36万平方米。员工160人，其中管理技术人员22人（中级职称4人），法人薛建军。

公司拥有各种拉丝专用设备45台、捻股车29套、成绳车8套、各种车辆11辆，检测、维修等其他专用设备59台（套），固定资产3360万元。公司设有独立的科研开发机构，理化实验设备齐全，检测手段完善。主要生产多种规格专用特种钢丝绳。2005年通过ISO 9000、ISO 14000质量、环境双管理体系认证，同年获中华人民共和国国家质量监督检验检疫总局颁发的生产许可证。2008年获矿用产品安全技术证书。2010年被全国钢标准化技术委员会认定为行业标准《压实钢丝绳》（计划编号为2010-0319T-YB）项目审定标准的主要起草单位。公司生产的高强度耐磨蚀高速铁路用镀锌钢丝绳、高层高速电梯用钢丝绳等13种钢丝绳，获中华人民共和国国家知识产权局办颁发的实用新型专利证书。公司注册商标“芸裕”2010年获江苏省工商行政管理局认定为江苏省著名商标。同年获南通市名牌战略推进委员会认定为南通市名牌产品。塔机用绳销往北京、上海、东北、两广建筑机械市场；电梯用绳销往北京、上海、广东；旋挖、打桩的机用绳销往全国几十个大中城市及美国、西欧、中东、东南亚等国，年生产能力达2.5万余吨。

2008年起，纳税额超百万元，是竹行的百万纳税大户。先后被江苏省评估咨询有限公司和南通市工商局评定为AAA级信用企业。同年被南通市安全生产监督管理局评为南通市生产型企业安全生产A类企业，是竹行镇民营经济骨干企业。2005—2010年连续被南通经济技术开发区评为安全生产先进集体。企业法人被南通市安全局评为治安工作先进个人。

3.南通市神力钢丝有限公司

南通市神力钢丝有限公司位于竹行村30组（洪昌路南端向西200米），1990年建办，占地2.66万平方米，建筑面积1.66万平方米。公司共有员工137人，其中管理技术人员16人，法人樊扬平。

公司拥有马弗炉热处理线3条、镀锌炉2只、各种拉丝设备81台（套）、捻股车18台、成绳车10套、各种车辆5辆。注册资金500万元，固定资产2000万元。主要生产弹簧钢丝和光面、镀锌钢丝绳。2002年通过ISO 90001质量管理体系认证。2006年起年纳税额超百万元。2008年获中华人民共和国国家质量监督检验检疫总局颁发的生产许可证。2009年年纳税额超200万元。2001—2010年共计纳税1072.13万元。2010年产量1万余吨，年产值9000万元。产品内外销各占百分之五十（完成外贸额625万美元）。是竹行镇的纳税大户。

4.南通市神龙钢绳有限公司

南通市神龙钢绳有限公司位于谷东村23组长洪桥北首，占地1.2万平方米，建筑面积9000平方米，固定资产2000万元。员工130人，其中管理技术人员15人（中级职称1人），法人蔡建明。

公司原系通州市特种钢丝绳二厂。1996年，改制后更名为南通市神龙钢绳有限公司。公司拥有各种拉丝机70台（套）、捻股车30台、成绳车4台（套）、马弗炉热处理线3条。主要生产弹簧钢丝、电梯钢丝绳。2005年通过ISO 90001质量管理体系认证。2007年起，年纳税额超百万元。2008年获中华人民共和国国家质量监督检验检疫总局颁发的生产许可证。2010年销售额8000余万元，国内外销售各占百分之五十。是竹行镇的纳税大户、骨干民营企业。

5.南通正扬钢绳有限公司

南通正扬钢绳有限公司，2005年在谷东工业园园区路中段南侧建厂。2008年位于东方大道299号征租土地1.63万平方米建设第二厂区，建筑面积1.4万平方米。公司共有员工70人，其中工程管理技术人员10人，法人张静。

公司有各种拉丝设备43台、捻股车35套、成绳车6套。固定资产1080万元。主要生产镀锌、光面钢丝绳。2005年通过97–2000质量管理体系认证。产品内外销各占百分之五十。2008年起年纳税额超百万元，是竹行镇民营规模骨干企业。

2006年，被江苏省3·15维权投诉办公室评定为2006—2007年江苏市场名牌产品。

6.南通力立金属制品有限公司

南通力立金属制品有限公司位于洪昌路北段西侧（竹行村21组），占地2.33万平方米，建筑面积1.5万平方米。2005年建厂，注册资金501万元。共有员工102人，其中管理人员14人，技术人员6人，法人陈月平。

公司拥有各种拉丝车100台、马弗炉热处理线2条、各种专用检测设备8台、车辆6辆。主要生产各种规格碳素弹簧钢丝、汽车、摩托车用钢丝等。2008年通过ISO 9001质量管理体系认证。同年起年产值超7000万元，纳税超百万元，是竹行镇的纳税大户、民营经济骨干企业。

2009年被南通经济技术开发区评为文明单位。

7.南通恒通钢绳有限公司

南通恒通钢绳有限公司位于薛家店南张江公路东侧（竹东村19组）。1997年建厂，占地3万平方米（其中1.8万平方米征用、1.2万平方米租用），建筑面积2.5万平方米，固定资产2000万元（含20亩征地、520万元），员工122人，其中管理技术人员10人、技术人员4人（中级职称2人），法人盛东良。

公司拥有马弗炉热处理线3条、各种拉丝机72台、捻股车60套、成绳车8套。主要生产各种钢丝和光面、镀锌钢丝绳。2001年获中华人民共和国国家质量监督检验检疫总局颁发的生产许可证。2008年纳税超百万元，年产值超7000万元，内、外销售各占百分之五十，是竹行镇民营规模骨干企业。

2005年被南通市人民政府评为南通市明星企业。

8.江苏通灵钢绳有限公司

江苏通灵钢绳有限公司位于张江公路336省道南西侧（竹东村9组）。1996年建厂，占地2.66万平方米（其中6600平方米地征用），建筑面积2.16万平方米。公司共有员工126人，其中管理人员8人，法人顾建忠。

公司拥有各种拉丝机66台、捻股车29套、成绳车6套、马弗炉热处理线2条、镀锌炉1只、各种车辆6辆、630变压器3台、固定资产4160万元（其中含征地10亩、260万元）。主要生产钢丝、镀锌钢丝和不旋转打桩专用钢丝绳。2001年通过ISO 9000质量管理体系认证。2003年获中华人民共和国国家质量监督检验检疫总局颁发的生产许可证。2008年起产值超8000万元，年纳税超百万元。

2008年被江苏省名牌战略促进委员会、江苏省质量调查中心评为江苏省明星企业。2009年被南通经济技术开发区评为文明单位。

9.南通先科金属制品有限公司

南通先科金属制品有限公司位于东方大道（竹行村13组）东侧，2000年建厂，占地1.66万平方米，建筑面积1万平方米，固定资产560万元。公司共有员工55人，其中管理人员5人、技术人员3人，法人黄亚彬。

公司拥有拉丝机40台、捻股车25套、成绳车5套、镀锌炉1只，主要生产镀锌钢丝绳。2008年通过ISO 9000质量管理体系认证，产品全部外销。年销售额2008年起超3000万元、年纳税超百万元。

10.南通顶天金属制品有限公司

南通顶天金属制品有限公司位于洪昌路竹行派出所北侧（竹东村3组），2003年建厂，占地5700平方米，建筑面积5100平方米，固定资产540.6万元。公司共有员工48人，其中管理人员6人、技术人员2人。法人宋国良。

公司拥有拉丝机25台、捻股车18套、成绳车2台，主要生产钢丝绳。2006年通过ISO 9000质量管理体系认证，取得中华人民共和国国家质量监督检验检疫总局颁发的生产许可证。产品百分之三十国内销售、百分之七十外销。2010年创汇197万美元。2008年纳税115.8万元。

11.南通申力钢绳有限公司

南通申力钢绳有限公司位于瑞兴路109号，1998年建厂。占地面积1.2万平方米，建筑面积8000平方米，固定资产620万元。公司共有员工50人，其中管理人员5人，法人黄晓彬。

公司拥有各种拉丝机35台、捻股车19套、成绳车4套、马弗炉热处理线1条，主要生产镀锌、光面钢丝绳。2003年获中华人民共和国国家质量监督检验检疫总局颁发的生产许可证。年产值3000万元，2008年纳税108.8万元。

12.南通腾龙钢丝制品有限公司

南通腾龙钢丝制品有限公司位于谷东工业园区，东方大道东侧园区路东终端南侧。2004年建厂，占地1.33万平方米，建筑面积1.15万平方米，固定资产960万元。员工100人，其中管理人员7人、技术人员5人。法人瞿燕飞。

公司拥有拉丝机100台、捻股、成绳车30台、马弗炉热处理线2条，主要生产各种规格碳素弹簧钢丝。2010年产值2400万元，其中百分之十为外销产品。2009年起纳税超百万元。

13.南通红新钢丝制品有限公司

南通红新钢丝制品有限公司位于长桥村17组，2002年建办，占地1.33万平方米，建筑面积1.02万平方米。2010年在谷东工业园征地2万平方米（园区路西端河北）建立新厂区。公司员工100人，其中管理技术人员7人。法人茅红俭。

公司拥有各种拉丝机41台、马弗炉热处理线2条、固定资产820万元。主要生产各种规格碳素钢丝及制绳钢丝（新厂区主要生产光伏产品。2011年投产，独立核算）。2010年纳税170.16万元。

14.南通华伟金属制品有限公司

南通华伟金属制品有限公司位于瑞兴路119号，1999年建办。占地1.53万平方米，建筑面积1.15万平方米，固定资产1320万元。员工60人，其中管理技术人员6人，法人吴小亮。

公司拥有各种拉丝机50台、捻股车24套、成绳车5套、热处理线3条，生产碳素钢丝和光面钢丝绳。2003年，通过ISO 9000质量管理体系认证和取得中华人民共和国国家质量监督检验检疫总局颁发的生产许可证。产品百分之三十国内销售，百分之七十外销。2010年纳税102.13万元。

15.江苏明珠钢绳有限公司

江苏明珠钢绳有限公司位于张江公路、三级河北首西侧，1996年建办。占地2万平方米，建筑面积1.8万平方米，固定资产816万元。公司员工105人，其中管理技术人员15人，法人施卫兵。

公司拥有拉丝机32台、捻股车19套、成绳车3套、热处理线1条、镀锌炉3只，主要生产光面、镀锌钢丝绳。2002年取得中华人民共和国国家质量监督检验检疫总局颁发的生产许可证。2010年产值4000万元，产品百分之四十外销，百分之六十内销。2008年纳税135.75万元，是竹行民营骨干企业。

（三）定报企业

1.南通华海钢绳有限公司

南通华海钢绳有限公司位于瑞兴路9号，1985年建办，占地7700平方米（东厂区4400平方米，西厂区3300平方米），建筑面积6500平方米。公司注册资金500万元，固定资产872万元。企业共有员工80人，其中技术人员9人，法人姜仲华。

公司拥有热处理镀锌线1条、各种拉丝机43台、捻股、成绳车22台（套），主要生产23–24毫米光面、镀锌钢丝绳。2003年取得中华人民共和国国家质量监督检验检疫总局颁发的生产许可证。企业注册商标“华海”。产品销往上海、北京、广州、海南等20多个省、市。2010年产值3000万元。

2001年获中国质量抽查协会颁发的“国家抽查质量合格产品”。

2.南通威达钢绳有限公司

南通威达钢绳有限公司位于竹行村29组，1988年建办，占地1800平方米，建筑面积1500

平方米。公司注册资金50万元，固定资产100万元。企业员工6人，其中技术人员1人，法人徐汉彬。

公司拥有各种拉丝机10台、捻股、成绳车12台，主要生产4–15毫米光面钢丝绳。2003年取得中华人民共和国国家质量监督检验检疫总局颁发的生产许可证。产品国内、外贸各占百分之五十。2010年产值300万元，其中外贸150万元。

3.南通华瑞金属制品有限公司

南通华瑞金属制品有限公司位于长桥村17组，1993年建办，占地9800平方米，建筑面积8500平方米。公司注册资金50万元，固定资产700万元。企业员工28人，其中技术人员4人，法人包雪彬。

公司拥有热处理镀锌线1条、球化井式炉2台、各种拉丝机36台，主要生产2.2–4毫米钢丝、特种钢丝。产品主要销售国内市场和部分外销。2010年产值1400万元，其中外贸300万元。同年获南通市环保局“环保先进单位”锦旗。

4.南通圣达钢绳有限公司

南通圣达钢绳有限公司位于竹行村3组，1994年建办，占地1万平方米，建筑面积5000平方米。公司注册资金400万元，固定资产850万元。企业员工65人，其中技术人员3人，法人蔡菊平。

公司拥有热处理线1条、连体炉镀锌线2条、热镀锌线1条、各种拉丝机9台、捻股、成绳车2台（套），主要生产各种镀锌钢丝。主要为本地企业加工镀锌钢丝。2010年产值1800万元。

5.南通华锋金属制品有限公司

南通华锋金属制品有限公司位于大安村27组（张江公路），1995年建办，占地5300平方米，建筑面积5000平方米。公司注册资金200万元，固定资产450万元。企业员工10人，其中技术人员2人，法人陈华。

公司拥有各种拉丝机18台，主要生产0.3–3.5毫米弹簧钢丝。2010年产值2200万元，其中外贸220万元。

6.南通扬子钢绳有限公司

南通扬子钢绳有限公司位于竹行村29组，1996年建办，占地1.06万平方米，建筑面积8000平方米。公司注册资金50万元，固定资产500万元。员工30人，其中技术人员5人，法人杨建彬。

公司拥有热处理线1条、各种拉丝机25台、捻股、成绳车15台（套），主要生产6–52毫米钢绳、1–5毫米钢丝。2003年取得中华人民共和国国家质量监督检验检疫总局颁发的生产许可证。企业注册商标“杨子”。产品主要销售在东南亚各国。2010年产值2000万元，全部外销。2010年被江苏远东国际评估咨询有限公司评为AA级资质企业。

2007年，产品获国家质检总局优质产品称号。

7.南通乾坤钢绳有限公司

南通乾坤钢绳有限公司位于竹行村洪昌路中段西侧，1996年建办，占地1.26万平方米，建筑面积1.2万平方米。公司注册资金698万元，固定资产1000万元。员工31人，其中技术人员5人，法人李卫祖。

公司拥有热处理线3条、各种拉丝机30台、捻股、成绳车35台（套），主要生产6.2~28毫米钢绳、0.4~5毫米钢丝。2003年，取得中华人民共和国国家质量监督检验检疫总局颁发的生产许可证。2007年通过ISO 9000质量管理体系认证。企业注册商标“乾坤”。产品主要销售国内市场。2010年产值2200万元。

8.开发区宏利钢绳有限公司

开发区宏利钢绳有限公司位于瑞兴路77号，1997年建办，占地2500平方米，建筑面积2000平方米。公司注册资金368万元，固定资产300万元。企业员工22人，其中技术人员3人，法人黄卫国。

公司拥有热处理线球化井式炉2只、各种拉丝机20台，主要生产1.4~13毫米各种型号特种钢丝。2006年取得中华人民共和国国家质量监督检验检疫总局颁发的生产许可证。产品主要销售国内市场。2010年产值3000万元。

9.南通三菱钢绳有限公司

南通三菱钢绳有限公司位于瑞兴路47号，1998年建办，占地6700平方米，建筑面积6500平方米。公司注册资金500万元，固定资产1500万元。企业共有员工100人，其中技术人员20人，法人黄思荣。

公司拥有各种拉丝机28台，捻股、成绳车15台（套），主要生产电梯钢丝绳、钢丝制品。2002年，取得中华人民共和国国家质量监督检验检疫总局颁发的生产许可证。2002年通过ISO 9001-2008质量管理体系认证。企业注册商标“三菱”。产品销往国内外20多个大中城市。2010年产值5000万元，其中外贸1000万元。

10.南通三联钢绳有限公司

南通三联钢绳有限公司位于竹行村三菱厂南侧，1998年建办，占地9300平方米，建筑面积7300平方米。公司注册资金120万元，固定资产1200万元。企业共有员工60人，其中技术人员6人，法人徐冲。

公司拥有热处理线1条、各种拉丝机40台，捻股、成绳车26台（套），主要生产2~24毫米光面、镀锌钢丝绳。2002年取得中华人民共和国国家质量监督检验检疫总局颁发的生产许可证。产品百分之七十销往国外。2010年产值3500万元，其中外贸2500万元。2001年评为AA级信誉单位。

2005年获中国工商业联合会会员资格。

11.南通恒大钢绳有限公司

南通恒大钢绳有限公司位于竹东村22组，1998年建办，占地2万平方米，建筑面积7300平方米。公司注册资金600万元，固定资产2800万元。企业共有员工60人，其中技术人员5人，法人陆平。

公司拥有热处理线2条、各种拉丝机30台，捻股、成绳车18台（套），主要生产3~28毫米光面、镀锌钢丝绳。2006年，取得中华人民共和国国家质量监督检验检疫总局颁发的生产许可证。企业注册商标“恒大”。产品主要销往上海、海南、北京、黑龙江等地。2010年产值1800万元。

2006年被江苏省东宇国际咨询评估有限公司授予为AAA资信等级。2007年获江苏省名优企业产品。同年被省名牌实业促进会、质量监督管理委员会、市场产品质量监督办公室评为江苏公认名牌产品。

12.南通振华钢绳有限公司

南通振华钢绳有限公司位于张江公路1717号，1999年建办，占地1.33万平方米，建筑面积1.3平方米。公司注册资金400万元，固定资产2000万元。企业共有员工73人，其中技术人员10人，法人蔡振新。

公司拥有热处理线2条、各种拉丝机50台，捻股、成绳车43台（套），主要生产4~36毫米光面、镀锌钢丝绳。2003年取得中华人 民共和国国家质量监督检验检疫总局颁发的生产许可证。2010年通过ISO 9000质量管理体系认证。企业注册商标“振新”。产品主要销往国内市场。2010年产值2500万元。

2005—2010年先后四次被联合资信评估有限公司江苏分公司授予信用等级AAA。2010年被江苏联合信用管理公司授予AAA资信等级。

13.南通万力钢绳有限公司

南通万力钢绳有限公司位于竹行村29组，1999年建办，占地4800平方米，建筑面积2100平方米。公司注册资金50万元，固定资产200万元。企业共有员工22人，其中技术人员1人，法人杨酉东。

公司拥有各种拉丝机14台，捻股、成绳车10台（套），主要生产6–28毫米钢丝绳。2010年取得中华人民共和国国家质量监督检验、检疫总局颁发的生产许可证。产品主要销售国内市场。2010年产值900万元。

14.南通迎峰金属制品有限公司

南通迎峰金属制品有限公司位于竹行村3组，1999年建办，占地5000平方米，建筑面积2000平方米。公司注册资金50万元，固定资产106万元。企业共有员工11人，其中技术人员1人，法人陆斐忠。

公司各种拉丝机50台，主要生产各种弹簧钢丝。企业注册商标“迎峰”。产品全部内销。2010年产值800万元。

15.南通中远钢绳有限公司

南通中远钢绳有限公司位于竹行村4组，2000年建办，占地5000平方米，建筑面积4100平方米。公司注册资金518万元，固定资产3000万元。企业共有员工61人，其中技术人员5人，法人曹中元。

公司拥有各种拉丝机48台、捻股、成绳车74台（套），主要生产1~28毫米光面、镀锌钢绳、

0.4~5毫米钢丝。2003年取得中华人民共和国国家质量监督检验检疫总局颁发的生产许可证。同年通过ISO 9000质量管理体系认证。企业注册商标"鱼雷"。产品主要出口，部分内销。2010年产值4800万元，其中外贸4000万元。

2008年分别被中国名牌事业促进会、全国科技质量监督促进工作委员会评为全国质量信得过企业；被中国质量监督检验协会推荐为中国优质品牌、中国驰名品牌并被中国质量监督检验协会授予AAA级信誉会员单位；被江苏省名牌战略促进会、江苏省质量调查中心授予江苏省明星企业荣誉证书。2010年获江苏省质量资格调查委员会、江苏省名牌产品促进会、江苏省企业诚信调查委员会授予江苏省重合同守信用企业荣誉证书。

16.南通中瑞钢绳有限公司

南通中瑞钢绳有限公司位于竹行村4组，2000年建办，占地5000平方米，建筑面积3000平方米。公司注册资金158万元，固定资产600万元。企业共有员工12人，其中技术人员1人，法人曹秀红。

公司拥有各种拉丝机14台，主要生产0.4~1毫米钢丝。2008年取得中华人民共和国国家质量监督检验检疫总局颁发的生产许可证。产品主要销售国内市场，百分之十八外销。2010年产值1320万元，其中外贸220万元。

17.南通兴华金属包装厂

南通兴华金属包装厂位于瑞兴路36号，2000年建办，占地4000平方米，建筑面积3000平方米。公司注册资金100万元，固定资产1000万元。企业共有员工40人，其中技术人员3人，法人杨振荣。

公司拥有各种拉丝机6台、捻股、成绳车6台，主要生产小规格钢丝绳。产品主要销售国内市场。2010年产值1000万元。

18.南通通盛金属制品有限公司

南通通盛金属制品有限公司位于长江钢绳公司内，2000年建办。公司注册资金50万元。企业共有员工7人，法人薛超。

公司是以经贸为主的工贸一体企业。2010年产值800万元。

19.南通天力钢绳有限公司

南通天力钢绳有限公司位于竹行村3组，2000年建办，占地4500平方米，建筑面积3000平方米。公司注册资金50万元，固定资产300万元。企业共有员工25人，其中技术人员3人，法人蔡醉彬。

公司拥有单体镀锌炉1只、各种拉丝机29台、捻股、成绳车15台（套），主要生产5~13毫米镀锌钢绳。产品主要销售国内市场和为本地企业加工镀锌钢丝。2010年产值1000万元。

20.南通博一钢绳有限公司

南通博一钢绳有限公司位于大安村25组（张江公路），2000年建办，占地1.16万平方米，建筑面积8500平方米。公司注册资金600万元，固定资产2200万元。企业共有员工98人，其中技术人员4人，法人沈学平。

公司拥有热处理线1条、镀锌连体炉1套、各种拉丝机40台、捻股、成绳车30台（套），主要生产2~35毫米光面、镀锌钢绳。2002年取得中华人民共和国国家质量监督检验检疫总局颁发的生产许可证。企业注册商标“博一”。产品畅销国内外市场，其中百分之四十为外贸。2010年产值2400万元，其中外贸1000万元。

21.南通中杰钢绳有限公司

南通中杰钢绳有限公司位于瑞兴路137号，2001年建办，占地1.3万平方米，建筑面积7500平方米。公司注册资金50万元，固定资产300万元。企业共有员工41人，其中技术人员2人，法人黄忠。

公司拥有热处理线1条、各种拉丝机28台、捻股、成绳车12台（套），主要生产2~15毫米光面钢绳、0.2~2毫米钢丝。2010年取得中华人民共和国国家质量监督检验检疫总局颁发的生产许可证。企业注册商标“中杰”。产品畅销国内外市场，其中百分之二十为外贸。2010年产值2700万元，其中外贸500万元。

22.南通东盛钢绳有限公司

南通东盛钢绳有限公司位于瑞兴路141号，2001年建办，占地1.33万平方米，建筑面积5000平方米。公司注册资金100万元，固定资产660万元。企业共有员工30人，其中技术人员5人，法人江惠兵。

公司拥有各种拉丝机21台、捻股、成绳车27台（套），主要生产1.2~10毫米航空、普通钢丝绳。2010年取得中华人民共和国国家质量监督检验检疫总局颁发的生产许可证。产品外销东南亚、欧美、俄罗斯等国家。2010年产值840万元。

23.南通华帅钢丝制品有限公司

南通华帅钢丝制品有限公司位于瑞兴路127号，2002年建办，占地8000平方米，建筑面积8800平方米。公司注册资金50万元，固定资产680万元。企业共有员工60人，其中技术人员6人，法人季平。

公司拥有热处理线2条、电镀锌生产线2条、热镀锌生产线1条、各种拉丝机12台，主要生产光面、镀锌钢丝、面向本地钢丝绳、钢丝企业来料加工等。2010年产值1000万元。

24.南通龙马钢绳有限公司

南通龙马钢绳有限公司位于竹行村3组，2002年建办，占地6600平方米，建筑面积5600平方米。公司注册资金50万元，固定资产150万元。企业共有员工25人，其中技术人员2人，法人陈惠涛。

公司拥有镀锌连体炉1只、各种拉丝机23台、捻股、成绳车9台（套），主要生产镀锌钢丝绳。产品主要外销。2010年产值1000万元，其中外贸1000万元。

25.南通佳俊钢绳有限公司

南通佳俊钢绳有限公司位于大安村25组（张江公路），2003年建办，占地4200平方米，建筑面积4000平方米。公司注册资金518万元，固定资产400万元。企业共有员工14人，其中技术人员2人，法人黄跃。

公司拥有各种拉丝机20台、捻股、成绳车15台（套），主要生产6-26毫米钢丝绳。2006年取得中华人民共和国国家质量监督检验检疫总局颁发的生产许可证。产品百分之九十销往国内市场，外贸百分之十。2010年产值1300万元，其中外贸130万元。

26.南通鸿运钢绳有限公司

南通鸿运钢绳有限公司位于谷东村24组，2003年建办，占地1.2万平方米，建筑面积1万平方米。公司注册资金300万元，固定资产1000万元。企业共有员工30人，其中技术人员3人，法人范杰。

公司拥有热处理线1条、各种拉丝机50台，主要生产各种型号光面钢丝。2006年通过ISO 9002质量管理体认证、上海通标公司环保SGS认证。企业注册商标"宝龙"。产品主要销售本地。2010年产值1214万元，其中外贸40万元。

2008年获中国工商银行授予AAA信用等级铜牌。

27.南通景丰钢绳有限公司

南通景丰钢绳有限公司位于谷东工业园区园区路中段西侧。2003年建办，占地8100平方米，建筑面积7000平方米。公司注册资金108万元，固定资产130万元。企业共有员工28人，其中技术人员2人，法人吴菊生。

公司拥有热处理联体炉2只、各种拉丝机10台，生产镀锌钢丝。主要为本地企业加工镀锌钢丝。2010年产值1000万元。

28.南通千诚钢绳有限公司

南通千诚钢绳有限公司位于大安村15组，2003年建办，占地5300平方米，建筑面积4000平方米。公司注册资金50万元，固定资产300万元。企业共有员工25人，其中技术人员3人，法人倪峰。

公司拥有各种拉丝机21台、捻股、成绳车23台（套），主要生产镀锌钢丝绳。2007年取得中华人民共和国国家质量监督检验检疫总局颁发的生产许可证。企业注册商标"千乘"。产品主要外贸销售在东南亚各国。2010年产值1000万元，其中外贸980万元。

29.南通航天钢绳有限公司

南通航天钢绳有限公司位于竹东村25组，2003年建办，占地5800平方米，建筑面积5000平方米。公司注册资金50万元，固定资产500万元。企业共有员工16人，其中技术人员3人，法人黄元东。

公司拥有各种拉丝机18台、捻股、成绳车13台（套），主要生产7.7~17.5毫米钢丝绳。2005年取得中华人民共和国国家质量监督检验检疫总局颁发的生产许可证。2009年通过ISO 9000质量管理体系认证。企业注册商标"航天"。产品主要销售国内市场。2010年产值600万元。

30.南通星火钢绳有限公司

南通星火钢绳有限公司位于大安村28组，2003年建办，占地1.2万平方米，建筑面积6700平方米。公司注册资金50万元，固定资产600万元。企业共有员工37人，其中技术人员2人，法人沈彬彬。

公司拥有热处理线1条、各种拉丝机35台，主要生产0.5~45毫米钢丝。主要为本地企业加工生产。2010年产值1000万元。

31. 南通新昌钢绳有限公司

南通新昌钢绳有限公司位于大安村16组，2004年建办，占地6700平方米，建筑面积4700平方米。公司注册资金500万元，固定资产800万元。企业共有员工50人，其中技术人员4人，法人陈善平。

公司拥有各种拉丝机40台、捻股、成绳车30台（套），主要生产1.5–26毫米光面、镀锌钢丝绳。2004年取得中华人民共和国国家质量监督检验检疫总局颁发的生产许可证。产品全部外销。2010年产值3000万元，外贸3000万元。

2010年，被南通市工商局评为AAA级诚信企业。

32.南通豪杰金属制品有限公司

南通豪杰金属制品有限公司位于东方大道293号，2004年建办，占地2.64万平方米，建筑面积7400平方米。公司注册资金688万元，固定资产1080万元。企业共有员工50人，其中技术人员3人，法人蔡忠。

公司拥有热处理线1条、各种拉丝机90台，主要生产0.2~10毫米高级碳素钢丝、镀锌钢丝。2007年通过ISO 9000质量管理体系认证。企业注册商标“豪杰”。产品销售全国20多个省、市和出口东南亚。2010年产值5000万元，其中外贸1000万元。

2008年被江苏东宇国际咨询评估有限公司评为AAA级资信等级。

33.南通三鑫钢绳有限公司

南通三鑫钢绳有限公司位于东方大道235号，2004年建办，占地1.3万平方米，建筑面积9800平方米。公司注册资金518万元，固定资产2000万元。企业共有员工60人，其中技术人员4人，法人李兵。

公司拥有各种拉丝机48台、捻股、成绳车54台（套），主要生产1.5~16毫米光面、镀锌钢丝绳。产品主要销往国外。2010年产值2000万元，外贸2000万元。

34.南通佳旺钢绳有限公司

南通佳旺钢绳有限公司位于谷东工业园区西段南侧，2004年建办，占地1.27万平方米，建筑面积6500平方米。公司注册资金100万元，固定资产550万元。企业共有员工52人，其中技术人员5人，法人王卫新。

公司拥有各种拉丝机15台、捻股、成绳车10台（套），主要生产3~30毫米光面、镀锌钢丝绳、0.3~8毫米机针、鱼钩钢丝。2006年取得中华人民共和国国家质量监督检验检疫总局颁发的生产许可证。企业注册商标“金恒”。2010年产值1800万元。

2008年被南通市安全生产监督管理局评为南通市生产型企业安全生产B类企业。

法人王卫新2006年获南通市十佳创业明星称号。

35.南通振通钢绳有限公司

南通振通钢绳有限公司位于张江公路1719号，2004年建办，占地2万平方米，建筑面积1.2万平方米。公司注册资金250万元，固定资产2000万元。企业共有员工50人，其中技术人员3人，法人沈善。

公司拥有热处理镀锌线3条、各种开坯车15台，主要生产镀锌钢丝。企业注册商标“振通”。产品主要销往苏州、无锡、江阴等地。2010年产值1500万元。

36.南通永恒钢绳有限公司

南通永恒钢绳有限公司位于竹东村20组（张江公路），2004年建办，占地5100平方米，建筑面积4600平方米。公司注册资金50万元，固定资产420万元。企业共有员工20人，其中技术人员3人，法人顾恒龙。

公司拥有各种拉丝机15台、捻股、成绳车9台（套），主要生产4-15毫米光面、镀锌钢丝绳。2005年取得中华人民共和国国家质量监督检验检疫总局颁发的生产许可证。企业注册商标“永恒”。产品主要销售国内市场。2010年产值1200万元。

37.南通敏飞钢绳有限公司

南通敏飞钢绳有限公司位于大安村25组，2004年建办，占地1.2万平方米，建筑面积9500平方米。公司注册资金150万元，固定资产800万元。企业共有员工60人，其中技术人员6人，法人施敏明。

公司拥有热处理线1条、热镀锌线1条、电镀锌线3条、大型拉丝机9台，主要生产镀锌钢丝。产品主要为来料加工和部分本厂生产销售。2010年产值1000万元。

38.南通神通钢绳有限公司

南通神通钢绳有限公司位于竹东村25组，2004年建办，占地1300平方米，建筑面积1200平方米。公司注册资金158万元，固定资产1200万元。企业共有员工48人，其中技术人员6人，法人王兵。

公司拥有各种拉丝机35台、捻股、成绳车27台，主要生产6.2~21.5毫米钢丝绳、0.3~1.1钢丝。2006年取得中华人民共和国国家质量监督检验检疫总局颁发的生产许可证。同年通过ISO 9000质量管理体系认证。企业注册商标“神宇”。产品主要销售国内市场。2010年产值2500万元，其中外贸500万元。

39.南通宁通钢绳有限公司

南通宁通钢绳有限公司位于竹东村25组，2004年建办，占地3400平方米，建筑面积6000平方米。公司注册资金100万元，固定资产1000万元。企业共有员工50人，其中技术人员4人，法人徐冲。

公司拥有各种拉丝机37台、捻股、成绳车50台，主要生产1~21.5毫米钢丝绳。2004年取得中华人民共和国国家质量监督检验检疫总局颁发的生产许可证。同年通过ISO 9000质量管理体系认证。企业注册商标“徐氏”。产品百分之三十外销，其他销售国内市场。2010年产值2200万元，其中外贸900万元。

40.南通宇峰钢绳有限公司

南通宇峰钢绳有限公司位于竹东村25组，2004年建办，占地5000平方米，建筑面积4800平方米。公司注册资金500万元，固定资产350万元。企业共有员工25人，其中技术人员4人，法人沈月芳。

公司拥有各种拉丝机19台、捻股、成绳车24台，主要生产3~24毫米镀锌钢丝绳。产品销售东南亚国家。2010年产值1500万元，其中外贸1500万元。

41.南通华康钢绳有限公司

南通华康钢绳有限公司位于瑞兴路133号，2004年建办，占地1000平方米，建筑面积800平方米。公司注册资金50万元，固定资产30万元。企业共有员工15人，其中技术人员1人，法人朱秀康。

公司拥有各种拉丝机12台、捻股、成绳车16台，主要生产6.2~9.3毫米钢丝绳。产品主要销售国内市场。2010年产值200万元。

42.南通凯良钢绳有限公司

南通凯良钢绳有限公司位于谷东工业园区，2004年建办，占地3800平方米，建筑面积1660平方米。公司注册资金50万元，固定资产150万元。企业共有员工10人，其中技术人员1人，法人顾相洪。

公司拥有各种拉丝机14台，主要生产1~3.4毫米光面、镀锌钢丝。2010年通过ISO 9000质量管理体系认证。产品主要销售本地市场。2010年产值759万元。

43.南通一帆钢绳有限公司

南通一帆钢绳有限公司位于谷东工业园区，2004年建办，占地5300平方米，建筑面积3万平方米。公司注册资金50万元，固定资产140万元。企业共有员工18人，其中技术人员2人，法人范本涛。

公司拥有各种拉丝机15台、捻股、成绳车17台（套），主要生产4~12.5毫米镀锌钢丝绳。产品主要销售韩国、欧洲和东南亚国家。2010年产值500万元，外贸500万元。

44.南通渊博金属制品有限公司

南通渊博金属制品有限公司位于谷东工业园区西端，2004年建办，占地4800平方米，建筑面积1.2万平方米。公司注册资金138万元，固定资产500万元。企业共有员工37人，其中技术人员3人，法人王伟峰。

公司拥有热处理线2条、电镀锌炉1条、各种开坯车8台，主要为本地企业加工生产镀锌钢丝和光面钢丝的热处理。2010年产值1500万元。

45.南通卫星钢绳有限公司

南通卫星钢绳有限公司位于洞子港村1组，2004年建办，占地6300平方米，建筑面积6200平方米。公司注册资金258万元，固定资产200万元。企业共有员工20人，其中技术人员2人，法人虞惠星。

公司拥有各种拉丝机22台、捻股、成绳车23台（套），主要生产光面、镀锌钢丝绳。2004年取得中华人民共和国国家质量监督检验检疫总局颁发的生产许可证。同年，通过ISO 9000质量管理体系认证。企业注册商标“卫星”。产品主要销售国内市场。2010年产值500万元。

46. 南通申达钢绳有限公司

南通申达钢绳有限公司位于神农村18组，2004年建办，占地7300平方米，建筑面积4500平方米。公司注册资金60万元，固定资产150万元。企业共有员工23人，其中技术人员1人，法人陈冠章。

公司拥有各种拉丝机22台、捻股、成绳车10台（套），主要生产光面、镀锌钢丝绳。产品主要销售东南亚各国和国内市场。2010年产值1200万元，其中外贸600万元。

47.南通成威钢绳有限公司

南通成威钢绳有限公司位于大安村16组，2005年建办，占地1.63万平方米，建筑面积8750平方米。公司注册资金50万元，固定资产1000万元。企业共有员工20人，其中技术人员3人，法人薛忠易。

公司拥有各种拉丝机24台、捻股、成绳车14台（套），主要生产9.3~17.5毫米光面、镀锌钢丝绳。企业注册商标“成威”。产品主要销往浙江、山东、上海、广东等地。2010年产值1600万元。

48.南通龙珠钢绳有限公司

南通龙珠钢绳有限公司位于竹行村洪昌路中段，2005年建办，占地5300平方米，建筑面积5000平方米。公司注册资金50万元，固定资产500万元。企业共有员工13人，其中技术人员2人，法人陆唯东。

公司拥有各种拉丝机28台、捻股、成绳车18台（套），主要生产5~21.5毫米钢丝绳。2008年取得中华人民共和国国家质量监督检验检疫总局颁发的生产许可证。产品主要销售国内市场。2010年产值1500万元。

2009年，被江苏省产品质量监督管理委员会、江苏省名牌事业促进会评为江苏省质量信得过企业（产品）。

49.南通江洲钢绳有限公司

南通江洲钢绳有限公司位于东方大道301号，2005年建办，占地1.33万平方米，建筑面积1.3万平方米。公司注册资金350万元，固定资产1200万元。企业共有员工38人，其中技术人员3人，法人陈伟东。

公司拥有各种拉丝机40台、捻股、成绳车40台（套），主要生产1.5–21.5毫米光面、镀锌钢丝绳。2007年取得中华人民共和国国家质量监督检验检疫总局颁发的生产许可证。2008年通过ISO 9000质量管理体系认证。企业注册商标“江洲”。产品主要销售东南亚国家。2010年产值1500万元，外贸1500万元。

50.南通宏威金属制品有限公司

南通宏威金属制品有限公司位于谷东工业园区，2005年建办，占地1300平方米，建筑面积1200平方米。公司注册资金51万元，固定资产100万元。企业共有员工6人，其中技术人员1人，法人陆维超。

公司拥有各种拉丝机19台，主要生产1~4毫米钢丝。2008年，取得中华人民共和国国家质量监督检验检疫总局颁发的生产许可证。同年通过ISO 9000质量管理体系认证。产品主要销售在国内本地市场。2010年产值2000万元。

51.南通鹏宏金属制品有限公司

南通鹏宏金属制品有限公司位于竹行村4组，2006年建办，占地4500平方米，建筑面积1800平方米。公司注册资金50万元，固定资产100万元。企业共有员工30人，其中技术人员2人，法人李元。

公司拥有热处理线2条、各种机械设备4台，主要为本地企业生产的钢丝热处理。2006年，取得中华人民共和国国家质量监督检验检疫总局颁发的生产许可证。同年通过ISO 9000质量管理体系认证。2010年产值547万元。

（四）南通中得钢绳有限公司

南通中得钢绳有限公司位于瑞兴路37号（原为通州市钢丝绳厂），是竹行境内唯一的市属大集体、国家中型企业。2005年产权体制改革，企业产权分别由法人曹坚和施振明、陈广元、张朝冲等四人为代表买断。其中主厂区占地4.67万平方米，建筑面积3.25万平方米。公司拥有马弗炉热处理线4条、连体电镀锌线1条、各种拉丝机、捻股机、成绳机等136台。固定资产1560万元。共有员工120人，其中技术人员12人。2006年起，法人代表施振明。

1959年，由几个绱鞋的小手工业者和酒厂职工共9人，在新开港河东的沙滩上依靠公社（南通县长江人民公社）支持的300元钱，利用轧花车的铁底盘等，因陋就简制造成一部手制钢丝绳车，为中国人民解放军空军某部生产了第一批降落伞用钢丝绳。由于业务不正常，同年搬迁到张芝山通海钢丝绳厂旁，由通海钢丝绳厂调拨钢丝加工。1960—1961年，工厂多次搬迁，先后搬至新开港原址、竹行等地，先后有唐进元、徐元进、徐立义负责。1961年由于国民经济调整，工厂停办2个月。当时，徐立义在艰难时刻主动请缨，重新开办，厂址定在新开渔苗场。实行社队合并，由新开一大队管理。经过徐立义和全体工人努力，历时10个月盈利3.5万元，人员发展到26人，手制绳车3部。1962年，行政区划调整，成立竹行人民公社，厂址又先后搬迁至竹行中心大队、十七大队、检问所桥等地，仍属大队管理，具体工作由徐立义负责。

历经数年周折，规模不断发展。1968年8月与竹行农具厂合并，建立南通县竹行铁木农具钢丝绳社，厂址搬至竹行镇。杨允莳负责全面工作，徐立义负责钢丝绳业务。

1971年3月，由南通县工业局接管，上升为县属大集体。同年5月，经南通县革命委员会生产指挥部通革生【71】第203号文件批准，从南通县竹行农具钢丝绳社划出异地重建，建立南通县钢丝绳厂。职工从1971年46人发展到1974年143人；工艺从手制钢丝绳发展到建办马弗炉、自己拉丝、热处理；产品从直径6.5线材进厂，依靠自己力量生产出多种规格钢丝、钢丝绳。1974年，年产钢绳1474.6吨、钢丝网络410只，实现工业产值（20世纪70年不变价）86.44万元。公司注册商标“金力”。

1987年，“金力牌”碳素弹簧钢丝被南通市工商行政管理局评为南通市优质产品。1988年被江苏省工商行政管理局评为江苏省优质产品。1989年研发生产的GCR6、GCR15织针钢丝填补国内空白。同年，企业被江苏省人民政府评为江苏省先进企业。1990年“金力”牌缝纫机针用钢丝被江苏省工商行政管理局评为省优质产品。同年，江苏省人民政府授予企业省级节约能源企业铜牌。1991年，“金力牌”圆股钢丝绳被江苏省人民政府评为南通市优质产品，并获南通市第二届优秀新产品金鹰奖。1992年，获中华人民共和国冶金工业部生产许可证，同年通过国家ISO 9000质量管理体系认证。1993年，企业更名为通州市钢丝绳厂。工厂占地5万平方米，建筑面积3.5万平方米，固定资产1379万元。员工578人，拥有各种拉丝机、捻股、成绳车等设备共185台（套），发展成为江苏省金属制品骨干企业、国家中型企业。

工厂生产的多用途碳素弹簧钢丝、特种钢丝、高级轿车汽车弹簧钢丝（500TVA）和针用直径0.01-12毫米钢丝（GC86-GCR15）填补国内空白。并开发了铆钉钢丝、涂色钢丝、镀锌钢丝等新产品，年生产能力达1.5万吨，是国内生产弹簧钢丝最大的企业之一，产品外销美国、德国、东南亚等18个国家和地区。产品获江苏省优秀新技术应用项目金牛奖、省冶金行业进步三等奖。1995年成为南通市百万纳税大户、南通市科技进步先进企业。1995年9月，通州市钢丝绳厂更名为南通科技钢绳有限公司，同时同台湾得仕有限公司合资，注册资金30万美元，成立中得钢绳有限公司，成为一套班子、两块牌子两块核算的企业。1997年，实现工业生产总值7597.4万元、销售7580.7万元，实现利润133.7万元，拥有总资产4712.8万元，是年被南通市人民政府评为南通市重点骨干企业。1998年，在通州市百强企业中名列第18位。

1998年兼并地处张芝山镇的亏损企业——具有员工320人的通州市轻工机械厂。是年，淘汰原轻工机械厂铸造产品，新上一条具有国内领先水平的特种光缆钢丝生产线，优化产品结构、盘活存量资产400多万元。当年，重组后的企业完成工业产值10028.1万元，在弥补原轻工机械厂亏损的94.9万元后，实现利润124.6万元，当年评为江苏省高新技术企业、通州市明星企业、十佳科技进步示范企业。2000年获中国船级社质量体系认证证书。

2001年，根据苏政发〔2000〕3号和通政发〔2000〕1号文件精神，经通州市经济体制改革委员会及有关部门批准，在兼并地处张芝山镇的轻工机械厂后改制为有限公司，公司设置股东总额1280万元，由内部职工19人以实物、现金出资。

2005年，产权体制彻底改革，分割成四块。原张芝山轻工机械厂的原址由法人曹坚买断、主厂区一部分由施振明买断、部分拉丝、镀锌、制绳车间分别由本厂人员陈广元和张朝冲等买断，形成四个民营企业，都成为当地钢丝、钢丝绳行业骨干企业。

原南通县（通州市）钢丝绳厂法人任职情况：

1971—1975年　施礼伦 杨允莳

1976—1984年　张宝山

1985—1994年　黄　逵

1995—2004年10月　曹　坚

2004.11—2005年　张素芹

（五）村属企业

竹行镇域内的钢丝绳行业内，除15家亿元企业和15个百万纳税大户、51家定报企业外，还有128家村属企业。2010年，产值达3.52亿元，创利税2816万元。

2010年竹行镇村属企业基本情况表

表2-52

创办村别	企业名称	生产项目	年产值（万元）	厂　长
长桥村	南通瑞星达金属制品有限公司	钢丝绳、钢绳涂塑	300	徐卫新
	南通海龙钢绳厂	钢丝绳	180	黄　勇
谷东村	宝德利金属制品厂	钢丝	460	李序华
	大华金属制品有限公司	钢丝	320	何善香
	圣仁金属制品有限公司	五金及辅料	120	张月本
	永磊金属制品有限公司	钢丝绳	580	吴亚康
	南通松华钢绳有限公司	钢丝绳	180	许小松
	长虹钢丝制品有限公司	钢丝绳	180	龚　平
	华盛金属制品有限公司	钢丝绳	240	范义明
	大昌金属制品有限公司	钢丝绳	180	朱建标
	耀达金属制品有限公司	钢丝	180	樊　辉
	跃燕金属制品有限公司	钢丝、铁链	480	徐文冲
	鼎业金属制品有限公司	钢丝	130	黄祝平
	宏威金属制品有限公司	钢丝	500	张和超
	勇立五金铁链有限公司	航空钢丝绳	200	陆志洪
	大伟金属制品有限公司	钢丝绳	70	蒋卫球
	竹行吉兴钢绳厂	钢丝绳	60	徐永新
	飞科钢绳制品厂	钢丝绳	80	蔡　平
	亚杰金属制品厂	钢丝绳	280	高广西
	高创金属制品厂	钢丝绳	290	刘永伟

续表2-52

创办村别	企业名称	生产项目	年产值（万元）	厂　长
谷东村	宏泰钢丝绳厂	钢丝绳	120	黄贵如
	本祥拉丝厂	钢丝	100	范义忠
	嘉龙金属制品厂	钢丝	100	范利明
	超力钢丝绳厂	钢丝绳	120	吴静伟
	宏伟钢丝绳厂	钢丝	100	陶怀坤
	升元钢丝绳厂	钢丝绳	130	顾永刚
	袁斌拉丝厂	拉丝	100	高袁斌
	华盛钢绳公司	镀锌钢丝绳	200	袁　忠
	天林拉丝厂	钢丝绳	100	朱天林
神农村	南通冠豪钢丝制品公司	钢丝	600	吴惠春
	群力五金钢丝制品厂	钢丝绳	100	吴培珍
	群力中心拉丝厂	钢丝绳	120	吴培忠
	群力五金工艺厂	钢丝绳	100	黄家新
	申达钢绳有限公司	钢丝绳	480	陈冠章
	南通开发区神农钢绳辅料有限公司	钢丝绳辅料	150	樊　健
	南通开发区兴茂金属制品有限公司	钢丝	120	沈跃兵
洞子港村	天磊金属制品厂	钢丝	600	高利平
	通强钢绳有限公司	钢丝绳	300	蔡　翥
	康达钢丝绳厂	钢丝绳	300	陆亚康
	隆鑫汽配公司	钢丝	250	杜红星
	汇丰玻璃钢绳公司	航空绳	150	姚志新
	永乐金属制品有限公司	钢丝绳	360	黄允康
	金宏金属制品有限公司	钢丝	300	陈金京
	涛力金属制品有限公司	钢丝绳	120	施维忠
	巨力钢绳大生产公司	钢丝绳	600	龚祖发
	佳汇钢丝绳厂	钢丝绳	150	施学丰
	胜达钢绳有限公司	钢丝绳	150	吴张斌
竹行村	宏利特种钢丝有限公司	特种弹簧钢丝	3000	张德明
	通阳钢丝绳厂	钢丝绳	300	汪炳祥
	联友金属制品有限公司	钢丝、钢丝绳	1500	周宏伟
	威达钢丝制品厂	钢丝、钢丝绳	150	徐汉彬
	万为钢丝制品有限公司	钢丝、钢丝绳	580	杨文兰
	综艺金属制品厂	钢丝、钢丝绳	580	周锡华
	晟祥钢绳有限公司	钢丝绳	120	吴　杰

续表 2-52

创办村别	企业名称	生产项目	年产值（万元）	厂　长
竹行村	竹行汽摩配件有限公司	油门线	250	周兰英
	盛旺钢绳有限公司	钢丝、钢丝绳	240	王　彬
	天力钢绳有限公司	钢丝绳	420	蔡醉彬
	鑫鹏钢绳厂	钢丝	120	黄　平
	新科金属制品厂	钢丝	180	张善新
	迎峰金属制品厂	钢丝	500	陆斐忠
	瑞力钢丝制品厂	弹簧钢丝	250	季　平
	金汇金属制品厂	钢丝	200	朱建平
	荣艺钢绳有限公司	钢丝绳	250	范义平
	卫平金属制品厂	钢丝	150	奚卫平
	弘伟金属制品厂	钢丝	250	陆　伟
	锡祥金属制品厂	钢丝	150	胡锡祥
	竹行朱勇拉丝厂	钢丝绳	200	朱　勇
	竹行伟东拉丝厂	钢丝	150	陆伟东
	龙力制绳厂	钢丝绳	120	沈　周
	三泰金属制品厂	钢丝	150	汤黎彬
	宏宇特种钢绳厂	钢丝	120	曹云裕
	竹行永丰镀绳厂	钢丝绳	120	陆国基
	民生钢丝绳厂	钢丝绳	600	陈兴德
	鸿运拉丝厂	钢丝绳	100	徐亚惠
	通顺钢丝绳厂	钢丝绳	180	张德聪
	竹行汉平拉丝厂	钢丝	100	刘汉平
	飞达钢丝绳厂	钢丝绳	120	赵能冲
	金蕾钢丝制品厂	钢丝绳	120	杨　健
	竹行永兴拉丝厂	钢丝绳	120	刘　娟
	通达钢丝绳钢瓦厂	钢丝、钢瓦	150	龚　兴
	竹行文峰拉丝厂	钢丝	150	严尚明
	大通钢丝绳厂	钢丝绳	60	陆丕玉
	江铃钢丝绳厂	钢丝绳	100	陈　伟
	金伟拉丝厂	钢丝	80	杜学彬
	恒开拉丝厂	钢丝绳	250	陆惠生
	裕超拉丝厂	钢丝绳	250	吴裕超
竹东村	南通联通钢丝制品公司	钢丝	480	陆志超

续表2-52

创办村别	企业名称	生产项目	年产值（万元）	厂 长
竹东村	新世纪钢绳公司	钢丝绳	1500	施炳安
	苏佳钢绳有限公司	钢丝绳	360	沈忠良
	竹行高平拉丝厂	钢丝绳	120	高 平
	竹行忠平拉丝厂	钢丝绳	80	顾忠平
	竹行利明拉丝厂	钢丝	80	朱利明
	竹行黄超拉丝厂	弹簧钢丝	35	黄 超
	竹行纪东钢绳厂	钢丝绳	150	沈纪东
	竹行盛达金属制品厂	钢丝、钢丝绳	180	陈志平
	嘉龙金属制品厂	钢丝、钢丝绳	180	范利明
	神泰金属制品厂	钢丝	200	杜朝香
	竹行维标拉丝厂	钢丝	80	陆维兵
	竹行水平拉丝厂	钢丝	150	施水平
	竹行杜莺拉丝厂	钢丝	90	杜莺燕
	竹行鑫磊拉丝厂	钢丝	150	沈 辉
	竹行永明拉丝厂	钢丝绳	150	施永明
	竹行志彬拉丝厂	钢丝	90	施志彬
	竹行杨健拉丝厂	钢丝	90	杨 健
	竹行月忠钢绳厂	钢丝绳	240	张月忠
	竹行富阳钢绳厂	钢丝绳	60	沈 康
	竹行国强拉丝厂	钢丝绳	75	陆国强
	昊州钢丝绳厂	钢丝绳	75	顾 健
	竹行华丰拉丝厂	钢丝绳	75	陆士元
	旭鹰五金厂	钢丝绳	75	虞雪英
	宇超钢丝绳厂	钢丝绳	75	钱跃平
	竹行陈冬钢绳厂	钢丝绳	75	陈建康
	通达镀锌钢绳厂	钢丝绳	120	陈建香
大安村	华贸特种钢绳厂	钢丝绳	900	李正和
	威钢绳厂	钢丝绳	600	薛忠易
	正申钢绳有限公司	钢丝绳	2000	张丽华
	万达钢绳厂	钢丝绳	600	张哲豪
	宏星钢绳制箱厂	钢丝绳	720	兰 星
	江海名流钢绳厂	航空绳	360	陈春江
	志高钢绳厂	航空绳	300	曹品琴
	东旭钢绳厂	钢丝绳	250	方 英

续表 2-52

创办村别	企业名称	生产项目	年产值（万元）	厂　长
大安村	剑宇钢绳厂	航空绳	180	赵菊平
	科龙钢绳厂	钢丝绳	160	张　龙
	特力钢绳厂	钢丝绳	180	季和祥
	福达钢丝绳厂	航空绳	90	朱正标
	通安钢丝绳厂	钢丝加工	150	龚志良
	华博钢绳厂	钢丝加工	120	郁利华
	苏福钢丝绳厂	钢丝加工	150	费福林

二、五金机械金属类行业

金属制品类工业，竹行镇已经有较长的历史。从20世纪50年代的手工小作坊（铁铺），生产小农具、日用刀具，到生产铁链、钢球、钢丸、矽钢片冲片、帽钮、帽扣，发展到生产汽车转向器总成、电机、排风扇、镇流器、漆包线、汽车配件、模具、钢丝绳机械、医疗器械、电子仪器、光伏产品等，走过60余年历史。

社队工业的呈现、乡村工业的发展、民营企业昌盛、各个阶段市场经济的变化、产权制度的改革，企业有关闭、有转型、有兼并、有提升，在经济变革的浪潮中发展，老的企业、老的产品被淘汰，新的企业、新的产品不断涌现。

金属制品类工业在竹行的工业史上，产值、外汇、利润等全镇百分之二十的业绩，金属制品工业是全镇工业产品中的一大特色、一大亮点。

1960年，建办竹行农具社，其中打铁车间用手工敲打生产一些小农具及日用刀具。

1969年，三、四两个大队联合创办矽钢片厂，主要生产镇流器用矽钢片。九大队创办金属制品厂，生产手制钢丝绳及钢丝网络。中心大队镜片厂增设冲件车间，生产矽钢片冲片。十三大队建办五金厂，生产金属螺丝。

1971年，一大队皮碗化工厂增设冲件车间，用脚踏冲床生产金属瓜子链。十四大队磷肥厂增设生产电焊条车间，同时更名为竹行磷肥焊条厂。

1973年，五大队创办矽钢片厂，生产矽钢片冲片、电扇变速器。

1974年，十二大队创办五金螺丝厂，主要生产螺丝。十七大队建办五金厂，主要生产钢丝板刷。竹行综合厂增设机修车间，为主维修农机具。

竹行矽钢片厂有了较大发展，从办厂初期员工21人，1974年年末员工发展到100人。主要生产镇流器用、电扇变速器用矽钢片冲片，固定资产5.3万元，产值13.36万元，利润5.54万元，支农资金4万元。

1975年，矽钢片厂被公社接收，厂址搬迁至中心大队6队，员工发展到127人，固定资产6.57万元，产值13.13万元。

同年，用电站建办竹行五金链条厂，主要生产铁链。三大队建办五金电机厂，主要生产小电动机。七大队建办五金铸件厂，主要生产铁铸件。十五大队建办五金厂，主要生产钢丝网络。

1976年，乡、村办集体企业（社队工业）金属类行业的企业，共有员工593人，固定资产33.43万元，产值99.29万元，利润20万元，纳税11.32万元。自乡村办厂以来，本行业共计支农资金26.58万元。

1981年，全乡共有乡、村（社队）办集体企业31家，其中金属产品企业15家，共有员工1200人，产值381.31万元，利润39.86万元，完成税金16.80万元。占全社百分之二十九的员工完成全社产值百分之二十七点八，实现全社利润的百分之二十八点四三、全社税金的百分之二十四点四三。

1983年，随着撤社建乡、改革的不断深入，市场经济的变化、产品结构的调整、体制的改变，金属制品行业的企业呈现并停、并转的新局面。

原竹行综合厂增设的五金机修车间，从原来10个人的小车间逐渐发展，从生产转向器零部件发展到生产转向器总成，员工发展到70余人。该厂同时从1981年增设的制罐车间发展到自己印铁制罐集结化的企业，员工也发展到几十人，从小作坊生产向规模化生产转变。

1987年，南通县机电厂和上海国荣漆包线厂联营，不但生产日光灯镇流器、高汞钠灯镇流器，又能生产电机、排风扇、漆包线，转变成规模化生产的乡办集体企业。

同年，方向机厂生产4518台方向总成，产值469.98万元，利润39.8万元，纳税25.04万元，固定资产达108.5万元。机电厂生产镇流器24590只，产值138.53万元。利润68万元，纳税6.6万元，固定资产47.8万元。环球线缆厂生产塑胶线5140.64千米，产值3198.2万元，利润409万元，税金39.2万元，固定资产38.9万元。

1988年，南通县方向机厂、南通县机电厂、南通县环球电缆线厂、竹行五金电器厂等4家企业产值再次超百万元，受到南通县人民政府表彰。

1990年，南通县机电厂生产的贡钠灯镇流器被北京亚运会指定为使用产品。

1991年，南通县机电厂获中共南通县委、南通县人民政府表彰奖励，获一等奖。南通县印铁制罐厂获二等奖，南通县竹行五金铁链厂获三等奖。

1994年是改革进一步深化的一年，企业转型升级，加大技改投入力度，金属制品类行业共投入570万元，固定资产达2000余万元。

有4家企业产值超千万元：

通州市机电厂　1870万元

南通方向机厂　1337万元

通州市日化制罐厂　1260万元

通州市长江电器厂　1215万元

1996年是工业产权体制改革的一年，又是企业转型、升级、提升大发展的一年。金属类制品的5家乡村集体企业都实行了产权体制改革。其中3家企业由法人买断，南通方向机厂、通州市机电厂由法人控股。

1997—2000年，进一步深化改革。南通方向机厂、通州市机电厂的两家集体股分期分批退出，都转变为承购人买断的私营企业。

南通方向机厂　净资产418万元　由法人陈忠买断

通州市机电厂　净资产550万元　由法人顾森林买断

通州市日化制罐厂　净资产130.16万元　由法人杨振荣买断

通州市竹行五金铁链厂　净资产15万元　由法人陆永超买断

竹行金属绳缆厂　净资产264.70万元　由徐善高 陆文冲 顾洪兰 范本余四人合伙买断

企业改制的成功进一步增强了企业的活力，各企业产值、利润大幅提升。1997年，南通方向机厂、通州市机电厂、通州市日化制罐厂3家金属制品类企业都进入通州市工业百强企业。通州市机电厂被通州市人民政府评为文明单位。南通方向机厂被南通市人民政府评为明星企业。

按照现代企业制度的要求，组建有限责任公司，转化成民营骨干企业。竹行五金铁链厂选址谷东工业园区，转型生产汽车配件，同时更名为大华汽配有限公司。几年中，振燕铁链有限公司、振燕索具有限公司、苏通金属制品有限公司、跃燕铁链有限公司都先后在谷东工业园区落户。金属制品工业的发展也增强了全镇经济的发展。1998年，国荣电圣电器有限公司纳税127.99万元。1999年纳税又超百万元，达166万元。国荣电圣电器生产的电圣牌镇流器、南通方向机厂生产的环球牌转向器被评为市知名商标、市优产品。

2000年，南通环球转向器制造有限公司在开发助力转向器总成的基础上自行设计和开发动力转向器总成系列产品。南通市兴华制罐有限公司通过中华人民共和国技术质量管理ISO 9000体系的认证。

2001—2005年，南通环球转球转向器制造有限公司、国荣电圣电器有限公司连续5年产值超千万元。南通兴华制罐有限公司连续3年超千万元。国荣电圣电器有限公司连续5年纳税超百万。南通方向机厂2003—2005年连续3年纳税超百万元。2005年，正杰铁链有限公司、正茂铁链有限公司、新鸥电子有限公司、江苏人先医疗器械有限公司相继建立，为金属制品类行业经济的发展增添了后劲。2005年，国荣电圣电器有限公司纳税超200万元。

2006年，金属制品类工业共有企业96家，其中企业类29家、个体企业50家、未注册企业17家，占地面积11.96万平方米，建筑面积3.67万平方米，共有员工893人。拥有各种型号车床285台、冲床546台、各种数控、车、铣、镗床60台、钻床66台、焊机215台、连接车129台（套）、刨床、压床、锯床、铣床等83台、线切割车21台、剪板车38台、气泵、水泵、油泵、断料、直线机等其他设备350台（套）。年产铁链1.098万吨、汽配零件1500万套、转向器总成6000台、机械设备6万套、铸件3万吨、矽钢片360吨、钢丸300吨、钢球1万吨、模具2.8万只、镇流器8.2万只。

2006—2010年，南通环球转向器制造有限公司的年产值以每年递增千万的速度增长。从2006年3452万元到2010年实现产值超亿元的目标增至1.005亿元，纳税连续5年超百万元，2010年达531.35万元。同时，有机械、助力、发动机转向器等15个产品获国家知识产权局颁发的专利证书，其中大吨位汽车起重机和特种车辆配套的半整体式液压助力转向器总成填补了国内空白，5个产品获江苏省高新技术产品证书，其产品品种、档次得到提升。品种由原来不足十种发展到七十余种。江苏人先医疗器械有限公司生产的镇痛泵等5个产品获专利证书。南通联谊机械制造有限公司生产的大轴承钢丝股机械2个产品也获专利证书。苏通钢丝制品有限公司在北京大学中国工程院院士胡正寰的支持下，试制成功自动热斜轧钢球坯机，填补国内空白。南通大华汽配有限公司通过了GBIT19002，1994TDtISO 9002质量体系认证。

2010年，本行业有超亿元企业1家、纳税超500万企业1家，另有14家企业进入竹行骨干企业行列，2个南通市优产品，2个南通市知名商标，22个专利产品，6个高新技术产品。南通市兴华制罐有限公司在谷东工业园区又征地8000平方米，投入1000万元建成一条新的生产流水线投入生产。2010年，金属制品行业共完成产值5.7亿元，创汇6500万元，纳税1500余万元，利润3200余万元。

企业简介

（一）亿元企业

南通环球转向器制造有限公司

南通环球转向器制造有限公司，位于瑞兴路99号，占地3.46万平方米，建筑面积2.8万平方米，绿化面积4800平方米。1975年建为乡办集体企业，当时是竹行综合厂的一个机修车间，主要是为农村修理农机具和为社队企业加工一些五金件。1980年，开始生产机动车辆转向器。1991年从综合厂分离，独立建厂、独立核算，厂名为南通县方向机厂，为乡办集体企业，由陈忠负责经营。1998年，从原址搬出至现址。1996年改为股份制企业。1998年产权体制彻底改革，以净资产418万元，由法人陈忠买断，转制为民营企业，同时厂名更名为南通环球转向器制造有限公司。企业改制时注册资金415万元，2004年增至600万元。2007年，注册资金为1100万元。2010年增至为2300万元。公司设公司办、销售、供应、财务、技术、质检、生产、质量等部，生产部下设动力、助力机械、总成装配、液压件、热处理、机修等车间，公司共有员工320人（其中高级工程师6人、高级技师12人、研究生6人、行政管理人员30人）。公司拥有数控车床、铣床、钻床等数控加工设备280多台；加工中心数控组合机床、数控内外圆磨床、数控内外螺纹磨床、数控插齿机、齿条铣床等高精度生产设备60多台；热处理多用炉、高频数控淬火等自动控制设备10多台；总成装配线、超声波清洗机、数控多功能调阀台、静电喷漆线、数控试验台等设备20多台。动力转向器总成性能、转向器总成可靠性、数控转向阀、三坐标、磁粉探伤、金相、热处理渗碳、碳氮共渗、清洁度等测量装置、高精度测试、分析等专用设备20台（套）、研发产品、产品设计等电脑55台，拥有1100平方米办公楼1座和8900平方米的综合大楼1幢,各种车辆9辆,固定资产9500多万元。

公司主要生产汽车、工程车、部队装备车辆、农用车、动力、机械助力多种机械转向器总成及配件和液压件等产品,注册商标“环球”。2003年,通过ISO 9000质量管理体系认证。2009年获生产许可证,品种由原来不足十种发展到148种,其中2007—2009年中整体卧式转向器、带限位器液压助力转向器等15个产品获中华人民共和国国家知识产权局颁发的专利证书。2010年被评为市优产品,环球牌商标为市知名商标。大吨位汽车起重机和特种车辆配套的半卧式液压助力转向器总成填补了国内空白。产品为上海申龙、厦门金龙、安凯汽车、一汽红塔、徐工集团、三一重工、中联重科、三江航天、唐骏·欧铃汽车、凯马汽车、江淮汽车、仪征集团等二十多个国家大型企业进行配套生产。2010年产10万余台,产值1亿元,纳税329.6万元,是全镇机械行业的排头兵,唯一的产值亿元企业。

1996—1997年分别被通州市人民政府评为通州市明星企业、工业百强企业。1996年度被南通市人民政府评为明星企业,法人陈忠被评为明星企业家。1999—2000年被通州市人民政府评为通州市文明单位。2003年分别被南通经济技术开发区评为安全生产先进单位、诚信企业、文明单位。2004年被南通经济技术开发区评为创业示范基地。2010年被南通市安全生产管理局评为企业安全生产A类企业,被南通市城市管理局评为市容环境责任区管理二星级单位、江苏省高新技术企业、江苏省省级工程技术研究中心。

(二)百万纳税企业

南通电圣电器有限公司(上海国荣漆包线一分厂)

南通电圣电器有限公司位于瑞兴路76号,1969年创办,原系竹行公社中心大队队办集体企业,1977年搬到现址,转为乡办集体企业。1983年,同上海国荣漆包线厂联营,厂名更名为南通电圣电器有限公司(上海国荣漆包线一分厂),占地7800平方米,建筑面积7800平方米。1996年产权体制改革以净资产550万元由现法人顾森林买断,转为民营企业。公司2010年有员工46人,管理人员4人,技术人员2人。其中中级职称2人。

工厂自1969年建办至2010年已走过40余年历史,从办厂初期12个人,仅生产一些防护镜片,逐渐发展到生产各种镇流器、排风扇、漆包线等。鼎盛时期工厂有员工400余人,工厂生产的高汞灯镇流器被北京亚运会指定为使用产品,同时被上海杨浦大桥照明选用高汞灯镇流器。电圣牌高汞灯镇流器被南通市工商行政管理局评为南通市知名商标、南通市优质产品。产品百分之五十外销。随着市场经济的变化,公司及时转型,于2004年创办子公司——江苏中德钢绳有限公司,并成为竹行工业企业的百万纳税大户。公司拥有冲床24台,剪板机2台,对焊、点焊机6台,车、刨床10台,漆包线流水线1台,压、折、弯、磨专用设备10台,绕线、测试、测验、干燥、电压测试等专用设备40台,固定资产2000万元。2010年产值1100万元,创汇76万美元。

企业先后数次被南通市、通州市、南通经济技术开发区评为先进企业。法人顾森林多次被南通市、通州市、南通经济技术开发区评为明星企业家、优秀共产党员。

（三）定报企业

1.南通市苏通钢丝制品有限公司

南通市苏通钢丝制品有限公司位于谷东工业园区，东方大道336号，2001年建办，占地面积2.6万平方米，建筑面积2.2万平方米，绿化面积2800平方米。公司共有员工38人，其中行政管理人员11人，技术人员3人，生产一线人员24人，法人张永彬。

公司注册资金1000万元，拥有大型轧球机1台、中小型轧球机6台、大小拉丝机20台、大型车式炉1台、井式真空球化炉7台、2.4型煤气发生炉1台、光亮炉1台、高精数控车床1台、其他车、铣、锯等6台、大小车辆5辆。固定资产2200万元。

公司主要生产钢球、轴承钢丝、针用钢丝，其设备达到节能环保，热处理环节均采用电加热或无烟煤通过煤气发生炉转化成煤气加热。2005年通过03415Q21586尺1M北京航协中心的认证质量管理体系认证和中华人民共和国国家质量监督检验检疫总局颁发的生产许可证。2007年，在北京大学工程院院士胡正寰的亲自设计指导下，自己制造高速、高效、节能、环保的轧制钢球专用设备——全自动热斜轧钢球坯机一举成功，做到用电自动加热、自动轧制，产品合格率百分之九十八以上，这一高新科技产业得到钢球生产行业的认可，产品广泛适用于国防、科技、航天、交通、电力等。自生产以来，先后被三峡钢球厂、徐州重工集团、江苏通用滚子有限公司、山东东阿钢球有限公司、上海钢球厂采用，建立了长期供货关系。2010年生产钢球、钢丝8050吨，产值6700万元，利润166万元，人均产值176.31万元，人均利润4.37万元，是本镇民营骨干企业，也是人均产值、利润最高的企业。

2.南通市大华汽配有限公司

南通市大华汽配有限公司位于瑞兴路139号，1994年建办，原系乡办集体企业，在农机管理站内。1996年产权体制改革，以净资产15万元，由法人陆永超买断转为民营企业，厂址迁至现所在地。占地面积1.33万平方米，建筑面积8000平方米，固定资产600万元。公司共有员工60人，其中管理人员10人，技术人员3人，法人陆永超。

公司拥有冷墩机10台、搓丝机10台、车床、磨床、铣床共10台、仪表车床28台、钻床10台、冲床40台，主要生产汽车发动机缸体芯撑和其他汽车配套产品，是南京汽车制造厂的定点单位。2000年通过GBITI9002-1994、ISO/TS/6949:2009质量管理体系认证，年产值800万元，2010年1000万元，其中外销额为百分之十。

3.南通市兴华印铁制罐有限公司

南通市兴华印铁制罐有限公司位于瑞兴路36号，1980年建办，原系竹行综合厂的一个车间，为乡办集体企业，占地8200平方米，建筑面积7000平方米。1996年产权体制改革，以净资产184.6万元，由现法人杨振荣买断，转为民营企业。公司共有员工40人，其中管理人员6人，技术人员4人。

公司拥有冲床50台、剪板车6台、劳动车8台、封罐机6台、印铁机2台。其他车、刨、铣、钻、磨、翻边、焊缝等设备共18台，固定资产1000万元，主要生产日用化工筒罐。2010年产值达1600万元，是竹行非钢丝行业的民营骨干企业。

2009年，公司又在谷东工业园区征地8000平方米，投入1000万元，建筑面积8000平方米厂房已经竣工。一条新的生产流水线2010年年末投入使用。

4.南通开发区联谊机械有限公司

南通开发区联谊机械有限公司位于薛家店南，张江公路西侧（竹东村21组）。1999年创办时租用薛家店（竹东村中心小组），2004年搬迁到现址。占地1.45万平方米，建筑面积1.2万平方米，注册资金500万元，固定资产2500万元。公司共有员工80人，其中技术人员3人（中级职称2人），管理人员6人，法人周连。

公司拥有大中型车床20台，龙门刨床5台、铣床、钻床、镗床等8台、电焊机10台，主要生产钢丝绳捻股车、成绳车。2009年公司生产的筒体式绳网股绳机、大轴承式钢丝股绳机获中华人民共和国国家知识产权局颁发的实用新型专利证书。2010年产值2200万元，是竹行机械行业的民营骨干企业。

5.南通振燕五金铁链厂

位于谷东工业园区园区路南侧，1994年建办，占地5540平方米，建筑面积3500平方米。固定资产110万元，法人黄卓孝。主要生产铁链。1995年获生产许可证，产品销售国内外。2010年年产值750万元，其中外贸500万元。

6.南通振燕索具有限公司

位于谷东工业园区园区路中段南侧，1994年建办，占地2000平方米，建筑面积1400平方米。固定资产3000万元，企业员工9人，法人陆汉忠。主要生产铁链。2003年获生产许可证，产品销售国内外。2010年年产值500万元，其中外贸400万元。

7.南通跃燕金属制品有限公司

位于谷东工业园区园区路西侧，2000年建办，占地8000平方米，建筑面积5600平方米。固定资产800万元，企业员工22人，法人徐文冲。主要生产铁链。2010年年产值1000万元。

8.南通开发区正杰铁链有限公司

位于谷东工业园区园区路东侧，2005年建办，占地5300平方米，建筑面积3000平方米。固定资产300万元，企业员工22人，法人管志彬。主要生产铁链。2004年获生产许可证，2008年通过ISO 9000认证，产品销售国内外。2010年年产值900万元，其中外贸540万元。

9.南通正茂铁链有限公司

位于谷东工业园区园区路南侧，2005年建办，占地1.57万平方米，建筑面积1万平方米。固定资产450万元，企业员工26人，法人施汉岐。主要生产铁链。2008年通过ISO 9000认证，产品销售国内外。2010年年产值1600万元，其中外贸800万元。

10.南通新鸥电子有限公司

位于谷东工业园区园区中心路南端东侧，2005年建办，占地5300平方米，建筑面积3000平方米。固定资产300万元，企业员工18人，法人周志明。主要生产电感器材。2005年获生产许可证，2008年通过ISO 9000认证，主要为外企加工电感器。2010年加工产值850万元，均为创汇数。

11.南通唯跃铁链有限公司

位于谷东工业园区园区路中段南侧，2006年建办，占地700平方米，建筑面积500平方米。固定资产500万元，企业员工14人，法人王唯一。主要生产铁链。2009年获生产许可证和通过ISO 9000认证。产品以外销为主。2010年创外汇500万元。

12.南通静茂金属制品有限公司

位于谷东工业园区园区路南、园区中心路西侧，2008年建办，占地1.3万平方米，建筑面积9000平方米。固定资产400万元，企业员工16人，法人顾静。主要生产铁链。2008年获生产许可证。产品销往国内外，内销、外销各占百分之五十。2010年产值600万元。

13.南通泰丰金属制品有限公司

位于谷东工业园区园区路中段南侧，2004年建办，占地8700平方米，建筑面积6000平方米。固定资产250万元，企业员工44人，法人陆忠芳。主要生产铁链。产品销售全国各地。2010年产值1500万元。

（四）村属企业

竹行镇金属制品行业内，除1家亿元企业、1个百万纳税大户、13家定报企业外，还有66家村属企业。2010年完成产值4664万元，创利税450万元。

2010年竹行村属企业基本情况表

表2–53

创办村别	企业名称	生产项目	年产值（万元）	厂　长
新丰村	南通开发区天马五金厂	瓜子装饰链	120	项协平
	竹行镇海燕铁链厂	铁链	80	陆海燕
长桥村	南通永成索具有限公司	铁链	120	施兆威
	竹行锦明铁链厂	铁链	50	叶锦明
	竹行中亚铁链有限公司	铁链	90	黄亚平
	竹行永林铁链加工厂	铁链	60	顾邦兰
	竹行良誉钉帽厂	铁钉	50	龚卫亮
	竹行志观铁链厂	铁链	100	费志观
	竹行镇施冲钢丸厂	钢丸	20	施　冲
	竹行开开电器厂	镇流器	10	王忠兴
	竹行镇长桥钢丸厂	钢丸	20	万家新
	竹行镇通联模具厂	拉丝模	20	曹　震
	南通佳用电子有限公司	铝电用器	80	陈永平

续表2-53

创办村别	企业名称	生产项目	年产值（万元）	厂　长
长桥村	南通市富新模具厂	五金加工、模具	20	李星国
	南通科巨船舶机械有限公司	船舶配件	25	陈　伟
	南通开发区伟涛铁链有限公司	铁链	30	赵忠涛
	南通市泰丰金属制品有限公司	铁链	35	陆忠芳
	南通开发区竹行华达铁链加工厂	铁链	40	薛美云
	南通富华帽业制品厂	帽钮	120	朱培新
	南通金禾制造有限公司	毛枪	18	倪锦忠
	南通开发区通冠帽业有限公司	帽钮、服装辅料	20	陆　彬
	南通开发区竹行新祥矽钢片厂	矽钢片冲片	12	朱新祥
谷东村	南通开发区凯龙机械厂	环保机械	18	朱学忠
	南通开发区卫杰金属制品厂	铁链	30	孙姚杰
	南通开发区竹行亚华模具厂	拉丝模具	24	蒋月华
	南通开发区陶洪罗杆厂	织布机罗杆	26	陶　洪
	南通开发区竹行旭日铁链厂	铁链	35	王唯一
	南通开发区华美金属冲件厂	矽钢片冲片	48	周祝平
	南通通冠帽业有限公司	帽钮	30	陆海勇
	南通开发区富兴铁链厂	铁链	35	何亚兵
神农村	南通升阳钢丝制品厂	钢丝制品	80	虞建强
	竹行新辉五金冲件厂	矽钢片冲片	20	杨永辉
	南通市通锚铁链厂	铁链	80	樊裕香
洞子港村	南通伟业五金铁链厂	铁链	200	胡　敏
	南通市伟益制造有限公司	铁链	650	施　伟
	南通市永乐五金铁链厂	铁链	40	陈永卫
	南通威翔帽钮有限公司	帽钮	50	沈　斌
	南通江城铁链有限公司	铁链	40	朱　慧
	南通竹行跃进五金厂	铁链	60	林　跃
	南通市竹行永兴五金冲件厂	五金冲件	50	顾永新
竹行村	南通开发区永力五金冲件厂	铁链	42	唐汉良
	南通竹行振新五金塑料厂	五金冲件	23	施翠兵
	南通开发区永力五金冲件厂	铁链	23	施小新
	南通开发区竹行陈伟铁链厂	铁链	21	陈　伟
	南通开发区竹行镇兴华模具厂	拉丝模具	28	李铁华
	南通开发区竹行光明金属冲件厂	矽钢片冲片	18	陆　辉

续表2-53

创办村别	企业名称	生产项目	年产值（万元）	厂　长
竹行村	竹行腾达金属制品厂	拉丝模具	38	黄永达
	苏通硬质合金有限公司	拉丝模具	40	陆万祥
	竹行安通金属材料有限公司	钢材销售	800	史合彬
竹东村	竹行帝华机械设备有限公司	机械制造	300	张冬平
	南通佩益齿条厂	齿条	100	施红兵
	竹行浩江金属镀锌有限公司	金属制品镀锌	44	季建飞
	竹行江桥五金机械厂	机械维修	18	施　超
	竹行通力拉丝模具厂	拉丝模具	20	倪彐庭
	竹行华康实验仪器公司	箱式电炉	12	黄金华
	竹行黄军拉丝模厂	拉丝模具	18	黄　军
	竹行科力模具厂	拉丝模具	16	黄　亮
	竹行高明铁链厂	铁链	24	高伯平
	竹行成林电器有限公司	矽钢片冲片	10	吴祖民
	南通市建新汽修公司	汽修	120	盛建新
	竹行宇航机械修理厂	机械加工	70	范　兵
	竹行凯达实验仪器公司	箱式电炉	15	沈　达
	竹行卫清冲压件厂	矽钢片冲片	30	施卫清
大安村	竹行富安汽车修配厂	汽修	110	徐建冲
	南通长城制钉厂	钢钉	18	顾伟金
	竹行大安钢丸厂	钢丸	12	费伯芳

（五）2010年个体企业

竹行街面有24个个体工商户，从事水箱车制造、五金加工、模具制造、叉车维修、销售等。2010年，产值、销售1500万元，利税130万元。

2010年竹行临街个体企业基本情况表

表2-54

企业名称	年产值（万元）	业　主
竹行兴冲水箱车制造厂	80	顾兴冲
竹行裕贤水箱车制造厂	60	朱裕贤
竹行施超水箱车制造厂	80	施　超
竹行张达水箱车制造厂	90	张　达
竹行顾金理水箱车制造厂	80	顾金理

续表2-54

企业名称	年产值(万元)	业　主
竹行刘曹水箱车制造厂	90	刘永元 曹和会
竹行应其五金加工、车钳刨场	25	茅应其
竹行建波五金加工坊	20	陆建波
竹行车床、车宝塔轮加工坊	20	余宏亮
竹行金亮车床加工店	20	陈金亮
竹行永明修理宝塔轮场	20	盛永明
竹行佳诚加工五金、车钳刨场	20	陈佳诚
竹行又岖五金加工(车床)坊	25	顾又星
竹行曹彬小五金加工(车床)坊	25	范善彬
竹行祖头五金加工(车床)坊	25	龚祖英
竹行退芳五金加工(车床)坊	25	蔡建芳
竹行红星市场车刨加工坊	30	倪红星
竹行红亮红亮线切割场	50	施红亮
竹行亮亮线切割加工场	50	薛亮亮
南通新长城工贸有限公司叉车修理	80	施　欢
竹行爱兵五金加工车宝塔轮场	30	龚爱兵
海门恒通力矩电机控制器维修部	50	袁勤忠
南通台励福叉车销售有限公司	150	陈金根
竹行山推叉车南通总代理	150	方一贯

三、轻工、纺织、化工、建材类行业

轻纺、化工、建材等工业，竹行镇已有50余年的历史。从20世纪60年代的社队工业到80年代的乡村工业、90年代的民营企业，呈现百花齐放的局面。主要产品先后从粮饲加工、榨油、制作砖瓦等发展到皮鞋、服装、石棉制品、针织内衣、针织商标、防护用品(手套、工作服、电焊镜片)、安全特种玻璃、光学镜片、坯布、床上用品、麻制品(麻鞋、麻线)、拉丝粉、润滑剂、表面脂、磷化液、木盘、水泥制品(水泥涵管、模板、桁条、门窗框)等，涉及工业、农业、军工、民生等几十个产品、千余种规格，为竹行的经济发展贡献了力量。

1960年，建办的竹行农具社生产一些小农具及日用品。竹行缝纫社为群众加工缝衣、绱鞋等服务。

1962—1964年，一大队、二大队、三、四大队、五大队、十二大队、十四大队先后办起小土窑，生产青砖、青瓦。

1963年，竹行公社办了第一个乡办集体企业，竹行粮油加工厂，主要是碾米、磨粉、黄豆、

菜籽的榨油。1966年，各大队先后也办起了粮饲加工厂（村办集体），主要是碾米、磨粉。加工玉米楷、玉米棒芯、稻草粉碎等饲料。

1967年，竹行综合厂建办皮鞋车间，生产牛皮皮鞋。三、四大队合办劳动防护用品厂，生产手套、工作服、围单，1975年收为社办集体企业。二大队建办石棉厂、针织商标厂，主要生产石棉条（分发到农户，纺成石棉线）和针织商标（1970年转为社办企业）。八大队创办安全玻璃厂，主要生产夹层隔热玻璃、有机玻璃。1977年收为社办企业。中心大队创办镜片厂，生产电焊罩镜片。

1969年，一大队创办了皮碗化工厂，生产农机具皮碗、试剂药水。十四大队创建磷肥厂，主要生产化肥——过磷酸钙。

1970年，竹行综合厂皮鞋车间异地重建，取名竹行皮鞋厂。公社筹资10万元，选址中心大队建办了轮窑——竹行砖瓦厂，生产标准红砖、平瓦。

1972年，十五大队建办草柳编织厂，生产草席、草帘。

1975年，一大队建办菌种场，生产食用菌。四大队建办皮革制品厂，生产皮包、手套。十一大队建办硫酸铝厂，生产硫酸铝液。十三大队建办麻线厂，主要生产麻线、麻袋、麻鞋底。十六大队建办胶木厂，生产胶木件。

1975年，公社选址中心大队6队建办竹行水泥制品厂，生产水泥板、水泥桁条、水泥门窗框、水泥涵管。

1976年，本行业共有员工1170人，拥有固定资产44.4万元，完成产值271.39万元，实现利润55.74万元，上缴税收25.76万元，支农资金20.13万元。

1978年，二大队建办塑料厂，生产塑料制品。

1980年，竹行皮鞋厂再次异地重建（现址），更名为南通县皮鞋厂（独立核算）。十二大队建办了大安皮鞋厂，生产男女各式皮鞋。十七大队建办砖瓦厂，生产青砖、青瓦。

1981年，共有社队办集体企业31家，其中本行业工业企业15家，共有员工2693人，产值847.37万元，利润100.27万元，上缴税金50.84万元。

1983年，十三大队建办塑料厂、麻线厂，分别生产塑料制品、麻线、麻袋。十五大队建办皮鞋厂，生产男女各式皮鞋。

1984年，本行业完成产值1250.15万元，占全乡总产值的百分之五十五点七三。

1987年，本行业有6家企业产值超百万元。其中南通县针织内衣厂512.51万元，竹行皮鞋厂309.35万元，竹行电子琴厂142.78万元，安全玻璃厂129.9万元，竹行皮革服装厂154万元，竹行建筑站700万元。6家企业的产值占全乡总产值的百分之四十二点一三。

1988年，本行业又有8家企业产值超百万元。分别为南通县针织内衣厂、南通县皮鞋厂、南通县电子琴厂、南通县安全玻璃厂、竹行皮革服装厂、南通县针织商标厂、南通县竹行织带厂、南通县竹行建筑站。

1989年，南通县皮鞋厂生产的皮鞋获中国消费者博览大奖，生产的皮鞋和南通县针织内衣厂生产的内衣等产品，出口到德、日、港澳等国家和地区。

1991年，南通县针织内衣厂产值达1100万元。南通县针织内衣厂、南通县皮鞋厂、竹行对外贸易公司获中共南通县委、南通县人民政府一等奖。南通县日用化学品厂、南通县织带厂获二等奖。竹行纸箱厂、竹行塑料包装厂、竹行油脂化工厂获三等奖。南通县针织内衣厂、南通县皮鞋厂同时获出口创汇奖。

1992年，南通县针织内衣厂成衣车间和外商合资经营，厂区扩展到11465平方米，固定资产增至232万元，职工增加到675人，年产内衣540万件，产值2052万元，利润56万元。

1993年，通州市针织内衣厂实现利税101万元。通州市皮鞋厂、针织内衣厂获通州市"百花杯"优胜奖。针织内衣厂法人陈祖义、日化厂法人杨正荣，获通州市明星企业家称号。

1994年，本行业6家企业产值超千万元。2家企业是竹行首批纳税超百万的单位。通州市针织内衣厂，产值2731万元，纳税162.26万元；通州市皮鞋厂，产值2550万元，纳税177万元；通州市康达服装厂，产值1371万元；南通服装绣品公司，产值1210万元；通州市长江日化厂，产值1045万元；南通长江香料厂，产值1000万元。

1995年，又有5家企业产值超千万元，其中2家企业产值超2000万元。通州市皮鞋厂2668万元，通州市日化厂2109万元。南通康达服装厂、通州市中棉服装厂、通州市晨华染织厂3家企业产值均超千万元。

1996年，工业产权体制改革，对本行业全镇21个镇、村集体企业进行了改制，净资产共2967.14万元，由企业法人一次性买断转为民营企业。

竹行镇镇、村企业改制情况表

表2-55

企业名称	净资产（万元）	承购人
通州市皮鞋厂	700.82	孙靖荣
通州市日用化学品厂	8.00	徐锡章
通州市织带厂	12.08	张朝新
通州市竹行福利厂	10.00	陈　华
通州市欣欣玩具厂	3.00	施　剑
通州市油脂化工厂	0.05	袁士彬
通州市安全玻璃厂	108.69	姚志新
通州市长城化工厂	31.64	陆志彬
通州市鸿翔制衣厂	258.91	陈祖义
通州市康乐玩具厂	47.03	张学康
通州市竹行民建商标厂	31.18	徐忠元
通州市竹行纸箱厂	53.25	兰　星
通州市通灵电子器材厂	339.94	姜仲华

续表2-55

企业名称	净资产（万元）	承购人
通州市长江香精厂	540.31	倪凤天
通州市中棉公司	182.72	顾振东
通州市晨华染织厂	180.98	陈祖义
通州市针织商标厂	11.26	杨汉周
竹行建筑工程公司	396.08	施文标
通州市竹行多服公司	50.97	龚祖发
通州市竹行农副产品公司	零资产	曹云胜
通州市竹行运输站	零资产	汪炳祥

企业改制成功，增强了企业活力，产品转型升级，产品质量、档次提高。当年，通州市皮鞋厂生产的美捷牌皮鞋先后获江苏省乡镇企业名牌产品、中国乡镇企业名牌产品，同时获俄罗斯圣彼得堡国际博览会金奖。通州市日化厂生产的清凉油被评为南通市优质产品。

通州市皮鞋厂、通州市日用化学品厂、竹行对外贸易公司、竹行多服公司被中共通州市委、通州市人民政府评为文明单位。

1997年，通州市皮鞋厂被南通市人民政府评为南通市明星企业。

1998年，南通通惠食用菌商贸中心生产的灵芝精品出口韩国、新加坡、泰国等8个国家和地区，创汇100余万元。

2000年，通州市通惠灵芝王保健品厂投入350万元，添置多功能食（药）用真菌提取流水线，生产的通惠牌灵芝胶囊、灵芝孢子虫草粉被评为南通市优质产品、江苏省乡镇企业名牌产品，全年销售灵芝占全国三分之一。11月30日，南通市第一个挂牌民营经济组织、南通市灵芝研究会成立，陈惠当选灵芝研究会会长。

进入21世纪，随着市场经济的变化，本行业的企业，有的转型、有的关闭，也有的重新建办，改变了20世纪本行业半壁江山的局面。根据市场的需求和本地钢丝绳行业的发展，在另一领域又呈现百花齐放的局面。原内衣厂精英创立了三诚针织制衣有限公司，2001年入住谷东工业园区，2003—2005年产值分别达1085、1473、2099万元。2004年豪杰服饰有限公司、诺达纺织有限公司，2005年集星纺织有限公司、康蓝纺织服饰有限公司等民营骨干企业相继在谷东工业园区建立。

2001—2005年，新丰、长桥、神农村等新增民企26家。

神龙、兴隆、润通、袁峰等4家钢丝绳辅助材料企业，成为竹行民营骨干企业。

新丰村的纺织业，神龙村的针织业、磷化液，长桥村的织带、纺织、塑料业，谷东村的纺织业、木盘，洞子港村的玻璃、光学镜片、木盘，竹行村的木盘、麻线，竹东村的拉丝粉、麻线，大安村的表面脂、木盘、麻线，江东、江海村的轮窑，各种企业遍地开花。

2001年，南通美捷鞋业有限公司产值5100万元。南通灵芝王保健食品厂2001、2002年产值超3900万元，2003年达4553万元，2004年超5000万元，2005年达5231万元，纳税301万元。

2006年，本行业共有155家企业。其中企业类60家，个体企业67家，未注册企业28家，共有员工2042人。占地63.94万平方米，建筑面积14.88万平方米。共有织布机256台，剑杆机194台、电动缝纫车150架、平缝车125台、织带机77台、电脑绣花车61台、圆盘机184台、无梭织机、拷边、多针、手套车等220台（套）；化工搅拌机15台、土灶25只、研磨车150台（套）、反应锅10只、清洗、烘烤、拉测、化验、模具等设备200余台（套）；麻线车98套、制芯车55套、纺线车24台、锯板车38台、磨光、断料、并线、梳理等设备130台（套），推土机5台、挖泥机8辆、翻斗车20辆、压土机3辆、搅拌机6台、震动器5台、自动制砖机3套、无筋管机、筒管车、拖、拉、铲等各种设备100余台（辆）。年产坯布1270万米，织带820万米、成衣370万件、床上用品50万套、皮鞋30万双、绣花68万米、座垫6万套、镜片22.5万片、磷化液220吨、塑料、薄膜440吨、兽药50吨、麻线4590吨、木盘4.5万只、油脂6000吨、水泥涵（管）洞22万只、标准砖6000万块、食用菌2030吨，产值7.88亿元。

2006年，康蓝纺织服饰有限公司获南通市国际家纺纺织博览会优秀奖。产品百分之八十外销，同时还同大润发、欧尚两家超市定点生产销售。

2007年，南通市正松针织品有限公司建办。从高起点着手，按国家G1380401-2003的标准进行生产，产品针织面料，从开始生产合格率达百分之九十八，产、销两旺。当年进入竹行民营骨干企业行列。豪杰服饰有限公司纳税100.1万元。工贸一体的南通祥和贸易公司纳税108万元。

2008年，南通玛丽娅纺织制品有限公司建办，按高标准、高起点进行设计、生产，当年产销均达千万元，办企业首年进入乡镇骨干企业。江苏安惠国际生物科技有限公司纳税210万元。

2009年，江苏安惠国际生物科技有限公司创办工贸一体的南通百菌堂贸易有限公司，纳税132.39万元。2010年再创新高，纳税636.81万元，成为竹行工业史上第一个年纳税超600万的企业。

2010年，本行业有12家企业产值都超2000万，进入骨干企业行列。另有15家企业均达500万以上。在册的其他企业106家，共完成产值6.6亿元，创汇8500万元，纳税2000万元，利润2000万元。

企业简介

（一）百万纳税企业

1.江苏百菌堂经贸有限公司

江苏百菌堂经贸有限公司2007年创办，位于竹行镇竹行村，瑞兴路81号，占地2000平方米，建筑面积1500平方米，是安惠公司旗下创办的工贸一体的子公司，共有员工9人，法人秦浩明。

公司注册资金500万元，主要生产菌种和种植菌类，经营保健食品、预包装食品、日用化学品、化妆品、电子产品、健身器材等。创办至2009年，年销售额均超7000万元。2010年销售9267万元，纳税636.81万元，是竹行镇历史上第一个年纳税超600万元的民营企业。曾先后获得南通经济技术开发区、南通市明星企业称号。

2.南通市美捷鞋业有限公司

南通市美捷鞋业有限公司，位于瑞兴路5号，占地1.33万平方米，建筑面积3604平方米。原系乡办集体企业竹行综合厂1967年创办的一个车间。1970年，异地重建，成立竹行皮鞋厂。1980年再次搬迁到现址，更名为南通县皮鞋厂，仍属乡办集体企业，独立核算。1993年更名为通州市皮鞋厂。1996年产权体制改革，以净资产700.82万元，由原法人孙静荣买断，转为民营企业，同时更名为南通美捷鞋业有限公司。2010年，共有员工140人，其中管理人员24人，技术人员10人，法人孙驾云。

工厂成立初期，生产皮鞋均是手工操作。随着市场经济变化，从手工逐渐转变为半机械、机械化生产。1992年，工厂拥有18种反手车、44种缝纫车，批皮、下料、抛削、压合等设备315台（套），注册资金600万元，固定资产1200万元，年产皮鞋25万双，产值1135万元，利税43万元。

工厂原注册商标“金鹿”。1981年生产的男黏胶皮鞋获南通市优秀产品称号，并出口美国、德国、加拿大，是竹行首家产品出口企业。工厂在26个省、市、自治区设立办事处，在230个大中商场设立销售点。1992年产值超千万元。1994年产值2550万元，缴纳税金177万元。1995年，年产美捷牌皮鞋40万双。是竹行首批纳税超百万的企业。2001年产值5100万元。由于市场经济变化，从2002年开始产量、产值逐渐减少。2003年开始，主要以加工生产皮鞋为主，质量要求标准的提高，机械化程度随之提高。生产一线人员减至100余人，日产皮鞋超千双，主要为日本商家加工生产。2010年加工产值1800万元，创汇1500万元，是竹行创汇大户、民营骨干企业。

1995年被江苏省乡镇企业局评为江苏省乡镇企业名牌产品。1996年注册商标“美捷”被评为中国乡镇企业名牌产品，获农业部颁发的全国质量管理合格证书，获圣彼得堡国际博览会金奖，1997—1998年连续被南通市人民政府评为南通市文明企业、南通市五星级企业称号。法人孙驾云被南通市人民政府评为南通市明星企业家。

3.南通市豪杰服饰有限公司

南通市豪杰服饰有限公司位于谷东工业园区，园区路南，东方大道西侧238号。2004年建办，占地1.26万平方米，建筑面积8030平方米，固定资产1000万元。员工70人，其中管理人员10人，技术人员3人，法人高如玉。

公司拥有平缝车40台、拷边车20台，其他专用设备38台，主要生产服装，产品全部外销，2008年纳税100.10万元。2010年外销额1500万元，是竹行服装行业的创汇、民营骨干企业。

（二）定报企业

1.南通三诚针织制衣有限公司

南通三诚针织制衣有限公司位于瑞兴路125号。1997年建办，占地1.2万平方米，建筑面积1.1万平方米。公司共有员工70人，其中管理人员10人，技术人员4人，法人季裕美。

公司1997年建办时，租用通州市针织内衣不足300平方米的旧厂房。2001年选址于现处建造新厂房3500平方米。2005年又新建办公、生产综合楼1座，1300平方米。2010年新建厂房6200平方米，固定资产1600万元。工厂拥有拷边车25台，平缝纫机30台、汗绒布通用机15台、花式车120台，主要生产汗、绒布内衣、品牌运动系列。2004年获南通市技术质量监督局颁发的产品质量合格证，产品百分之九十外销。2010年产、销超2000万元，其中外销1800万元，是竹行制衣行业的创汇大户。

2.南通诺达纺织有限公司

南通诺达纺织有限公司位于谷东工业园区，东方大道西，园区路中段南侧。2004年建办，占地3300平方米，建筑面积2270平方米，注册资金50万元，固定资产300万元，共有员工25人，法人陈燕。

公司拥有剑杆机40台，主要生产本色平布，年产值800万元。2009年搬迁至南通经济技术开发区原南通县良种场内。

3.南通集星纺织有限公司

南通集星纺织有限公司位于谷东工业园区西南端。2005年建办，占地2000平方米，建筑面积1200平方米，注册资金50万元，固定资产150万元，共有员工15人，法人顾达夫。

公司拥有剑杆机、织布机32台，主要生产本色平布，年产240吨，产值600万元，是竹行纺织行业的民营骨干企业。

4.南通市康蓝纺织装饰制品有限公司

南通市康蓝纺织装饰制品有限公司位于瑞兴路135号，1997年创办在南通经济技术开发区新开镇，2005年搬迁到现址，占地9200平方米，建筑面积6200平方米。员工共50人，其中管理人员10人，技术人员5人（其中中级职称3人），法人张志康。

公司拥有平缝机35台、梳棉机1台、电动绗缝机7台，其他裁剪、滚压、验布等专用设备15台（套）。主要生产床上用品，产品百分之八十外销，国内销售以大润发、欧尚两超市定点生产。2010年产值2000万元，其中外销额1600万元，是竹行家纺行业的创汇大户。

2006年获南通市外经委颁发的（中国南通）国际家纺纺织博览会优秀奖。

5.南通市正松针织品有限公司

南通市正松针织品有限公司位于336线南侧（神农村9组），2007年建办，占地1800平方米，建筑面积1600平方米，注册资金50万元，固定资产200万元，共有员工13人，法人顾正松。

公司拥有针织专用设备圆盘针织机10台，主要生产针织面料，产品按国家GB18041-2003标准进行生产，合格率达百分之九十八。2010年销售额1000万元。

6.南通玛丽娅纺织制品有限公司

南通玛丽娅纺织制品有限公司位于洞子港村2组（长江物流西侧），2008年建办，占地5200平方米，建筑面积1600平方米，员工15人，法人沈季超。

公司拥有平缝车30台、其他专用设备15台，固定资产110万元。主要生产床上用品，产品销往华中地区，共130个超市、店铺。2010年产销额2800万元。

7.南通神龙钢绳辅助材料有限公司

南通神龙钢绳辅助材料有限公司位于神农村18组（336线北侧），1995年建办，占地2000平方米，建筑面积528平方米，固定资产50万元，员工7人，法人樊健。

公司拥有自动搅拌器4台及专用设备8套，主要生产200P棉油皂、600磷化液，为钢丝绳企业、拉丝、酸洗磷化用材料。2010年产值400万元。

8.南通市兴隆钢丝绳辅助材料有限公司

南通市兴隆钢丝绳辅助材料有限公司位于竹东村25组。1998年建办，占地7600平方米，建筑面积8000平方米，固定资产1200万元，员工70人，法人张建冲。

公司生产钢丝绳辅助材料专用设备土灶4台、麻线车7台，同时拥有拉丝机35台、捻股车24台、成绳车5台、镀锌线2条，主要生产棉油皂、麻线、镀锌钢丝及钢丝绳。2010年产值2000万元，其中钢丝绳外销1000万元。

9.南通润通钢绳辅助材料有限公司

南通润通钢绳辅助材料有限公司位于竹东村2组。2002年建办，占地700平方米，建筑面积600平方米，注册资金50万元，固定资产50万元，法人薛忠惠。

公司拥有土灶2台、油池4只、搅拌设备2套，主要生产表面脂（钢丝绳用）。年产量1200吨，2010年产值600万元。

10.南通袁峰钢绳辅助材料有限公司

南通袁峰钢绳辅助材料有限公司位于大安村15组，2003年建办。占地面积8000平方米，建筑面积6000平方米，员工20人，法人施锦芳。

公司拥有土灶8台、电动搅拌机5套，主要生产油脂，年产量5000吨，2010年产值600万元。

（三）村属企业

竹行镇域内的轻工、纺织等行业内，除3个百万纳税大户、10家定报企业外，还有111家村属企业。2010年，完成产值1.63亿元，创利税1600万元。

2010年竹行村属企业基本情况表

表2-56

创办村别	企业名称	生产项目	年产值（万元）	厂　长
新丰村	竹行食用菌种场	菌丝体培植	680	陈　惠
	南通超泉纺织有限公司	白色坯布	440	杨进超

续表2-56

创办村别	企业名称	生产项目	年产值(万元)	厂 长
新丰村	开发区阳天纺织有限公司	色织布加工	450	黄 平
	南通依富莱纺织有限公司	白色坯布	150	朱卫达
	竹行镇鑫平织布厂	色织布加工	120	倪 平
	竹行镇新宏织布厂	白色坯布	100	祝祖超
	竹行镇新帅织布厂	白色坯布	130	仇李超
	竹行镇新丽织布厂	白色坯布	200	龚卫明
	竹行镇新丰织造厂	白色坯布	310	高广新
	竹行镇冠祥织布厂	白色坯布	300	杨志斌
	竹行镇华怡织布厂	白色坯布	280	吴新华
	竹行镇新欣织布厂	白色坯布	780	高学平
	竹行镇高学忠绣花厂	电脑绣花	40	高学忠
	竹行镇佳未绣花厂	电脑绣花	60	黄德超
	竹行镇陈卫其菌种场	食用菌	30	陈卫其
	竹行镇新丰市政胚胎用品厂	水池无筋涵洞	150	黄 飞
	竹行镇万利坐垫厂	摩托车装垫	500	郭卫刚
	竹行镇金顺线管厂	塑料筒管	65	奚 平
长桥村	竹行华飞织带厂	线带	20	蔡 华
	竹行长桥织带厂	松紧带、各种线带	250	黄允涛
	竹行大洋真汉子服装有限公司	服装	400	杨启平
	竹行通达塑料厂	注塑件	80	张 英
	竹行华达绳芯厂	麻线	15	高士川
	竹行跃龙麻线有限公司	麻线	15	袁 跃
	竹行华峰织造有限公司	白坯布	24	严国峰
	竹行欣海织带有限公司	白坯布	20	黄欣海
	竹行永瑞麻线制品厂	麻线	180	杨永香
	竹行常盛物资回收有限公司	废料回收	20	徐 辉
	竹行盛源塑胶有限公司	塑料袋	10	钱立松
	竹行新丽服装辅料厂	服装辅料	20	顾新鹏
	长江光学仪器有限公司	注塑件、日光灯脚	80	张 松
	竹行通浴表面脂有限公司	油脂	80	张 泉
	竹行英宝织造有限公司	白坯布	12	周 洪
	竹行超越工艺有限公司	服装	100	张卫超

续表2-56

创办村别	企业名称	生产项目	年产值(万元)	厂　长
长桥村	竹行海珍花边线带有限公司	线带、塑料	70	徐　海
	竹行传财钢绳辅料厂	磷化液、硝酸锌	48	蒋传财
	南通开发区洁卫合成洗涤剂有限公司	洗洁精	24	陈　平
谷东村	南通帅博织造有限公司	纺织品(白布)	100	张汉杨
	南通开发区大唐模塑有限公司	泡塑模具	60	刘　芳
	南通永绿净水材料公司	环保净水材料	70	陈　达
	南通开发区江海塑料电器厂	塑料制品	160	沈　辉
	南通市苏通绳芯厂	麻芯	100	曹　云
	南通南大普瑞药业有限公司	水产、兽药	50	沈　蓓
	南通康健针织手套有限公司	手套	12	吕康健
	竹行培忠钢绳包装用品厂	包装用品	12	倪培忠
	南通开发区竹行谷东钢丝辅料厂	油脂	96	黄　健
	南通开发区谷东油脂厂	油脂	192	费连祥
	南通开发区晶裕织布厂	白色坯布	20	徐晶晶
神农村	南通开发区神龙钢绳辅料厂	润滑剂	240	陶志新
	南通开发区神龙钢绳辅料有限公司	硝酸锌、磷化液	280	陶志新
	南通豪晨织业有限公司	床上用品	120	陈丕忠
	南通大展针织有限公司	针织面料	60	杨维平
	南通华姿纺织有限公司	白色坯布	45	侯　新
	南通伊人床上用品厂	床上用品	160	朱永涛
	南通神通织造有限公司	针织面料	200	顾正山
	南通新大麻制品有限公司	麻制品(麻纱)	200	刘　平
	南通开发区休尚家纺用品厂	床上用品	180	蔡越花
	南通神农蓝印花工艺制造有限公司	床上用品	240	秦冠冲
洞子港村	南通市汇丰玻璃有限公司	有机棒、板	96	姚志新
	南通开发区惠福织布厂	棉布	25	杨汉忠
	南通市跃华光学镜片有限公司	光学、玻璃镜片	120	姚　华
	南通市瑞耀制绳公司	麻线	80	虞冬俊
	南通市宏达科教仪器厂	玻璃仪器镜片	85	顾玉珍
	竹行陈义药袋厂	药袋	12	陈　义
	南通心泉纺织有限公司	床上用品	280	施广彬
	竹行恒盛麻线厂	麻线	80	郭惠学
	竹行洞子港塑料厂	塑料薄膜	35	施广平
	竹行虞健床上用品厂	床上用品	25	虞　健

续表2-56

创办村别	企业名称	生产项目	年产值(万元)	厂长
洞子港村	竹行裕松轧花厂	扎花纺纱加工	15	袁裕兵
	竹行蒋允香包装袋厂	包装袋	12	蒋允香
	竹行盛启生建材加工厂	建材加工	36	盛启生
竹行村	南通荣华塑料制品有限公司	塑料制品	90	张学康
	江苏通惠生物科技有限公司	灵芝系列	2000	陆汉萍
	南通开发区凯杰净化织品有限公司	化纤布	40	施乐萍
	南通开发区竹行广耀钢绳辅料厂	润滑剂、包装卷	80	徐　耀
	竹行顺通镀塑厂	钢丝镀塑	18	朱晓平
	竹行村木盘制品厂	木盘	30	陶伯辉
	竹行士香木盘制品厂	木盘	35	陶士香
	竹行水兰木盘厂	木盘	30	王水兰
	竹行杨其纱芯厂	麻纱芯	33	杨　其
	竹行黄扣付废油提炼厂	炼油	15	黄扣付
	竹行黄启平织带厂	松紧带	25	夏忠贤
	竹行宝法木盘厂	木盘	30	徐宝发
	上海新场新桥化工厂	磷酸三钠	120	屈忠明
	竹行召基木盘厂	木盘	15	林绍基
	南通开发区江海水泥制品厂	楼板、绣花	25	施广祥
	南通开发区竹行小林木盘厂	木盘	18	孙小林
	竹行诺达纺织厂	制衣	200	黄雪松
	竹行钱捷包装材料有限公司	木盘	25	钱维清
	竹行科协印刷厂	印刷	18	范本东
	竹行永东麻线厂	麻线	80	周永东
	竹行善初木盘厂	木盘	20	陈善初
竹东村	竹行宜嘉水泥制品有限公司	水泥管、涵	100	顾荣兵
	竹行忠元花边商标厂	针织商标	36	徐忠元
	竹行圣达织布厂	白布	20	徐卫良
	竹行凡人工贸有限公司	纺织品	90	张　跃
	南通通联钢丝润滑粉公司	润滑剂	120	施跃兵
	竹行诚信麻线厂	麻线	20	周　平
	竹行林亚兰麻线厂	麻线	20	林亚兰
	竹行亿帆绳芯厂	麻线	15	姚　兵
	竹行竹东预制场	楼板	12	丁裕生
	竹行光亮镀塑厂	镀塑	12	张素兰
大安村	竹行大安敏健制绳厂	麻纱芯	18	施敏健

续表2-56

创办村别	企业名称	生产项目	年产值(万元)	厂　长
大安村	竹行大安纱绳厂	麻纱芯	18	张　健
	竹行沈小石油脂厂	油脂	50	沈小石
	竹行民安钢绳辅料厂	油脂	54	张洪平
江东村	南通开发区竹行镇江东窑厂	标准砖、平瓦	800	倪协标
	南通开发区江东砖瓦厂	标准砖、平瓦	780	夏培新
	南通开发区江东废油加工厂	炼油	220	龚泽林
江海村	南通开发区保滩砖瓦厂	标准砖、平瓦	880	阮素琴
	南通江海砂石场	黄沙、石子	300	刘建忠

四、1956—1976年竹行区域内社队办企业情况

竹行从1956—1976年二十年的工业发展中创办的企业，曾有不少社队办企业，为竹行工业的发展做出了重要贡献，虽现在均已停办，但他们创建的子公司，经改革后发展成现在的亿元企业或百万纳税大户，创造了名牌产品、外贸产品，为竹行工业篇章中谱写了光辉的一页。

（一）社办工业企业

竹行社办企业在公社成立前均为临街和定量户中铁匠、缝纫等组织起来的合作企业，1962年公社成立后，逐年发展起来，有的社办企业从办得较好队办企业转为社办集体企业。

1956—1975年竹行镇社办工业企业情况表

表2-57

建厂时间(年)	企业名称	历任负责人
1956	竹行缝纫皮件厂	施建才
1960	竹行铁木业社(农具厂)	杨允莳　施礼伦　张学信　李学其
1961	竹行粮油加工厂	黄振标
1962	竹行综合厂	总厂长倪凤天
	1980—1987年(5个产品分设5个厂)	
	1.竹行皮鞋厂	解洪亮　孙靖荣
	2.竹行方向机厂	徐　斌　陈　忠
	3.竹行日用化学品厂	徐锡章
	4.竹行花边商标厂	徐忠元
	5.竹行印铁制罐厂	杨振荣
1969	竹行网络厂(农具厂分设)	孙廷凡　施文标　黄忠标　陈一鸣
	竹行劳动防护用品厂(三、四大队办)	陈建元　虞志明　黄忠标　张志龙
	(1980年转为乡办，逐年分设3厂)	
	1.竹行服装厂	徐德才　朱品良　虞志明　徐惠香　倪殿章
	2.竹行毛纺厂	张志龙　虞志明　沈建石
	3.竹行镜片厂	陆永才

续表 2-57

建厂时间(年)	企业名称	历任负责人
1969	竹行石棉厂(二大队办) (1977年转为乡办,逐年分设3厂) 1.竹行针织内衣厂 2.竹行针织商标厂 3.竹行晨华染织厂	张志荣 周锦标 周龙相 周龙香 樊天元 陈祖义 樊天元 周龙相 黄志祥 陈祖义 陈祖良
	竹行机电仪器厂(中心大队办1971年转乡办)	沈培初 施冠洲 顾森林
	竹行矽钢片厂(3、4大队办1975年转乡办)	蒋汉兵 包汉茂
	竹行福利厂	盛选才 陈 华
	竹行安全玻璃厂(8大队办1977年转乡办)	陈水平 姚志冲 张学信 姚志新
	竹行特种玻璃厂	张学礼 刘学良 姚志新
	竹行菁艺塑料厂(菁艺越剧团联办)	黄炳生
	竹行酒厂	张其栋
1970	竹行砖瓦厂	孙廷凡 徐德才 黄 勤
	竹行鸿达皮鞋厂	杨启平 徐德才
	竹行个体协会	黄志祥
	竹行通力钢丝绳厂(个协厂)	黄志祥 黄小兵
1973	竹行五金弹簧厂(渔业队办)	陆祖权 沈彐范 陈建乐
	竹行电子琴厂	姜仲华
1975	竹行链条厂(机电站办)	谭松茂 徐宝康 樊裕香
	竹行电器编织厂(运输站办)	季友山 胡乔相 朱启高 黄 聪 汪炳祥
1975	竹行建筑站 1981年、1984年下设2个分厂 1.竹行织带厂 2.竹行水泥制品厂	施文标 樊祥礼 施广明 张朝新 樊祥礼 黄 兴 施广祥

(二)竹行历史上主要社办工业企业简介

1.南通县竹行农具厂

南通县竹行农具厂于1960在竹行铁木业联社的基础上建办,是竹行第一个社办集体工业企业,工人主要是从事打铁的工匠和农具制作的木匠,主要生产犁、锄、镰、锹及农船(罱泥用)、粪桶、水车等农具和刀、铲、勺等一些日用品。人员不到20人,产值不足3万元。1962年,竹行农具厂工人22人,性质转变为县属大集体。

1961年,增加生产手制钢丝绳项目。1968年又增加生产钢丝网络等项目。经过几年努力,铁铸件车间更换了电动气锤,木工车间更换了电动锯、刨等。虽钢丝绳、钢丝网络先后分离出去，又增设了矽钢片冲片。随着工业、农业现代化的进程，农村所用农具大部分由机械替代。农具厂的打铁、木工车间先后关闭。矽钢片冲片全部外包。1971年，由农具厂建办的钢丝绳车间升格为县办企业。5月，易地重建，定名为南通县钢丝绳厂。1995年，镇区规划时，对农具厂进行拆迁，对原大集体人员的养老保险一次性交纳后，农具厂自然闭户。

历任农具厂负责人：杨允莳、施礼伦、张学信、李学其。

2.南通县竹行综合厂

南通县竹行综合厂系竹行历史上最早成立的社办企业之一，1964年建于竹行老街东市稍。中心大队（现竹行村）一队，名称竹行粮饲加工厂，占地2000平方米。公社筹集少量资金，从通海公社调了一台60马力老旧卧式柴油机（老头车），主要为老百姓粉碎粮食、加工饲料、碾米、轧花、榨油等，是一个加工服务型企业。

1966年，在工厂盈利积累的基础上有了发展。向九大队（今竹东村）11组租用了2800平方米土地建造了1500平方米的厂房，随之工厂更名为竹行综合厂，法人倪凤天。

工厂的发展根据市场需要，经县计划委员会批准，增设民用皮鞋、农机修理等车间。1980年，拥有固定资产20多万元，年产值超百万元。同年选址九大队4队异地重建，将老厂的皮鞋生产线、九大队11组老厂区的五金修理车间搬入新厂区。新厂区先后成立5个分厂：南通县皮鞋厂、南通县方向机厂、南通县日化厂、南通县印铁制罐厂、南通县花边商标厂。倪凤天任党支部书记、总厂长。其他法人代表，皮鞋厂先后有解洪亮、孙靖荣，方向机厂先后有徐斌、陈忠，日化厂徐锡章，印铁厂杨振荣，商标厂徐忠元。1991年，综合厂各分厂分离，独立建厂、独立核算。1996年，工厂产权体制改革，都转为民营企业。

3.南通县竹行矽钢片厂

南通县竹行矽钢片厂系1968年三、四两个大队（今谷东村、长桥村）合办的队办企业，位于三大队大队部，办厂初筹集两个大队的公积金，从上海购置了机械行业淘汰的脚踏冲床和废旧电动小冲床，稍加整理后进行生产，利用上海有关电机厂生产后的矽钢片边角废料，生产电风扇变速器和日光灯镇流器铁芯。办厂几年盈利为两个大队农田灌溉、作物脱粒、百姓照明基础设施等解决了资金，深受百姓称赞。

1975年被公社接收为社办企业。1976年，选址中心大队（今竹行村）六组异地重建，占地2700平方米，建筑面积1200平方米，法人包汉茂。从办厂初21人发展到127人，其中技术人员5人，固定资产10万元，年产值60万元，利润3万元。该厂在生产矽钢片的同时转型升级。1979年白手起家，在上海宝山船厂的支持帮助下，建造了一艘160马力的拖轮，经检验合格，售给如东县物资局，由于造船技术工艺落后，并远离江海，制作周期较长，未继续生产。矽钢片业务因电子产品发展取代而停产，转产以生产纸箱、塑料为主的产品。

1996年产权体制改革，纸箱项目以净资产10万元由法人陈华买断。塑料项目以净资产4万元由法人张学康买断，转为民营企业。原矽钢片厂历任负责人：包汉茂、徐斌。

4.南通县安全玻璃厂

1969年创办，位于八大队3队，占地面积6500平方米，建筑面积7000平方米。1977年转为社办企业，共有员工151人，其中技术人员3人，固定资产100万元，主要生产有机玻璃棒、隔层玻璃、光学镜片等，一般年产值80万元，利润6万元。1996年体制改制，以净资产108万元，由法人姚志新买断，转为民营企业。

历任负责人：刘学良、陆永才、蔡顺发、张学信、陈水平。

5.南通县劳动防护用品厂

南通县劳动防护用品厂1969年创办，位于中心大队（今竹行村）2队。1980年搬至中心大队5队，改名为南通县竹行服装厂，占地700平方米，建筑面积360平方米，固定资产30万元，共有员工120人，其中技术人员2人，主要生产防护用手套、口罩、工作服等。最盛时期年产值120万元，利润7.2万元。1988年停办。

历任负责人：陆士兵、陈建元、张志龙。

6.南通县竹行砖瓦厂

南通县竹行砖瓦厂位于竹行中心大队（今竹行村）10组，1970年建办，占地1.7万平方米，建筑面积2000平方米，公社投入10万元建轮窑一座，利用原圩田废岸淤泥作生产砖瓦坯原料，主要生产九五新方砖和平瓦，少量生产小瓦。工厂员工150人，其中技术人员4人，固定资产30万元，年产值30万元左右。由于生产砖瓦的岸泥用尽，于1991年停办。

历任负责人：周龙相、陆洪才、徐德才、张其栋、王勤。

7.南通县竹行五金弹簧厂

南通县竹行五金弹簧厂原系竹行渔业队附设工厂，1973年建办，当时向回城知青购买了2间平房作为生产弹簧的工场（今竹行村22组）4个工人，主要生产沙发、床用弹簧。1980年向竹行缝纫服装厂购买了厂房（今长江钢绳公司西隔壁）和渔业队分离，单独建厂。生产规模发展，增加生产手制钢丝绳和矽钢片冲片。1986年又有了进一步发展，厂区向南租了竹东村3队的6500平方米土地，使工厂总面积达8800平方米，建筑面积5000平方米。先后关闭了弹簧、矽钢片车间，生产针织商标。1988年，工厂聘用上钢二厂4名技术人员转型生产钢丝、机制钢丝绳，工厂改名为通宇钢丝绳厂，该厂转变成生产钢丝绳的专业企业。工厂员工发展到60余人，固定资产增至300万元。1995年产值达2000余万元，利税200余万元。1996年工业产权体制改革，以零资产给法人陈建乐转为民营企业，后由力立厂肖健购买。

竹行弹簧厂历任负责人：陆祖权、沈彐范、陈建乐。

8.通州市针织内衣厂

通州市针织内衣厂原系二大队（今长桥村）队办企业。该厂系在创办石棉厂盈利后的基础上创办的子厂。由于发展较快，1977年收为社办企业。1978年选址中心大队1队（今竹行村一组）异地重建，占地7000平方米，建筑面积5000平方米。1987年产值突破500万元。1991年产值1100万元。1992年，工厂发展到占地面积11465平方米，固定资产232万元，职工675人，年产内衣540万件，产值2052万元，利税56万元，发展成本镇最大的社办企业。1993年利税101万元。1994年产值2731万元，纳税162.26万元。1996年产权体制改革，针织内衣厂内衣车间由周龙相、陈祖义买断，分别成立通州市中俊制衣厂、通州市鸿翔制衣厂。漂染车间由陈祖良买断，成立通州市晨华染织厂，转为3个民营企业。由于市场经济变化，人员流动较快，工艺落后，3家企业于2000年前先后关闭。

1991年，内衣厂获南通县人民政府颁发的工业企业一等奖和出口创汇奖。1993年，内衣厂获通州市明星企业称号，法人陈祖义获通州市明星企业家称号。

历任负责人：周龙相、陈祖义。

9.南通县粮饲酿造厂（竹行酒厂）

南通县粮饲酿造厂1976年由公社筹建，位于竹行老街东市稍（中心大队1队，今竹行村一组），占地1600平方米，建筑面积500平方米，固定资产6万元，有员工15人，其中技术人员1人，法人张其栋，主要以本乡饲料粮加工酒糟饲料分配给全乡生产队集体养猪事业，不作利润考虑，每年不足1万元。1979年公社工业规划调整，该厂停办，地块给南通县针织内衣厂所用。

10.南通县竹行镜片厂

南通县竹行镜片厂1979年由公社筹建，位于竹行毛纺厂后院，占地500平方米，建筑面积200平方米，固定资产2万元，共有员工38人，其中技术人员1人，主要生产电焊镜片、聚光镜、反光镜、教学仪器镜片，年产值20万元，利润2万元。1988年，公社工业规划调整，厂基划给竹行机电厂，该厂转入竹行工业公司西边原竹行民中老房内。1996年产权体制改制后停办。

历任负责人：陆士兵、陈建元、张志龙、陆永才。

11.通州市竹行五金铁链厂

通州市竹行五金铁链厂1980年由竹行农机站创办，位于竹行中心大队（今竹行村）五组，占地1300平方米，建筑面积1000平方米，固定资产13万元，共有员工20人，主要生产3~8厘米铁链，最盛时期产值200万元，利润20万元。1996年产权体制改革，以净资产37万元由陆洪超购买，转为民营企业。历任负责人：徐志斌、谭松茂、顾维才、樊裕香。

12.通州市竹行织带厂

通州市竹行织带厂位于龙田村16组。1981年由建筑站建办，投入10万元购置织带设备，主要生产各种规格松紧带及服装等花边带。1988年固定资产达180万元，年产值200余万元。1993年同建筑站分离，实行独立核算，法人张朝新。1996年产权体制改革，以净资产12.08万元由张朝新买断，转为民营企业。2007年，瑞兴路拓宽，工厂搬迁到南通经济技术开发区。

13.南通县竹行毛纺厂

南通县竹行毛纺厂1982年由公社筹建，位于中心大队5队（原竹行电影院东边），占地2500平方米，建筑面积1000平方米，固定资产30万元，共有员工140人，主要生产腈纶羊毛线，一般年产值50万元，利润3万元。1988年，停办。

历任负责人：张志龙、沈建石。

14.南通县菁艺塑料厂

南通县菁艺塑料厂1983年由南通县唯一的一支民间文化艺术团体——竹行菁艺越剧团所办，借用长江钢丝绳厂厂房生产。1984年向竹行缝纫服装厂购置厂房，搬迁到中心大队（今竹行村）6组，占地3500平方米，建筑面积1500平方米，固定资产20万元，员工18人，其中技术人员2人，法人黄炳生。主要生产塑料饭盒、豆腐箱等，年产值80万元，利润8万元。产生利润主要用于补助菁艺越剧团费用。由于剧团演员流动大、专业水平高、经费不足而剧团停办，工厂负债经营。1991年，搬到十三大队（今大安村）6组，原工厂房产抵作银行还贷。1995年停办。

15.南通县竹行特种玻璃厂

南通县竹行特种玻璃厂位于八大队（今洞子港村）2组。1985年，由群众集资创办的民营企业。占地5400平方米，建筑面积1800平方米，员工85人，其中技术人员2人，法人代表刘学良。该厂固定资产39万元，主要以国防工业配套生产坦克防弹特种玻璃等，年产值80万元，利润20万元。由于市场经济变化，国防工业军转民，特种玻璃产品被其他产品替代而停产。1990年，以厂房折算款额还贷，乡政府进行调剂，将厂房调给竹行勤丰中学。

16.竹行对外经济贸易公司（江海香精香料厂）

竹行对外经济贸易公司创建于1985年，位于工业公司（今竹行镇竹东村11组），系竹行工业公司所属的子公司，共有员工12人，法人倪凤天。

竹行对外经济贸易公司建办前系竹行工业公司所办的“竹行工业供销经理部”，当时主要为全镇农业、工业、副业的发展，解决一些短缺的建材问题，组织采购一些木材等，有计划地分配到各大队和社队企业。在企业历年积累中，于1984年投入15万元建一幢900平方米的朝东三层办公商用楼。1985年建竹行对外经济贸易公司，成为在南通县内一个有实体的工业公司。

1986年，在公司积累基础上和部分社办企业中收取管理费，又投入30万元，将原竹行综合厂的粮饲加工厂拆除，分别重建一幢1200平方米的朝南四层办公楼和一幢400平方米的朝东三层生活商用楼。竹行工业公司成为南通县内有实体的佼佼者。

1987年，新建“江海香精香料厂”。根据国家开放政策，开始购销薄荷油、留兰香油等。最盛的1988年收购薄荷油、留兰香油20多吨，到南通薄荷油厂加工成薄荷脑、薄荷素油等。产品销到广东、上海、浙江等省市，通过四川省进出口公司出口到欧、美、亚国家和地区。年销售额1500余万元，利润超200万元。对外经济贸易公司成为南通县的明星企业，法人倪凤天被评为南通县明星企业家。

由于农村产业结构的调整和市场经济的变化，江海香精香料厂于20世纪90年代关闭。对外经济贸易公司于2001年停办。

17.通州市日用化学品厂

通州市日用化学品厂原系竹行综合厂的一个车间，1987年独立建办，位于九大队（今竹东村）4组。1991年搬迁到薛家店（今竹东村21组），占地6800平方米，建筑面积5000平方米，员工70人，其中技术人员7人，法人徐锡章。

工厂共有固定资产100万元，主要生产清凉油、开塞露、硫磺软膏。最盛时期年产值500万元，利润30万元。1996年工业产权体制改革，以净资产8万元出售给法人徐锡章转为民营企业。同年，因市场经济变化，业务不正常而停业。

18.南通鸿达皮革制品联营厂

南通鸿达皮革制品联营厂（俗称鸿达皮鞋厂）位于中心大队（今竹行村）6组，厂房向青艺塑料厂、缝纫社购买（10万元）。1992年与南通市轻工业局苏商皮革有限公司联办，占地面积3900平方米，建筑面积1500平方米，共有员工40人，其中技术人员10人，法人杨启平。工厂拥有固定资产80万元，主要生产牛皮鞋，产品全部出口苏联（俄罗斯），年产值80余万元，利润8万元。由于苏联解体，业务停止而关闭。工厂房产以25万元出售给通惠灵芝保健品厂。

（三）竹行历史上主要队办企业

竹行从1969年开始各大队创办队办集体企业，至20世纪末有数十家企业。有的队办企业在发展过程中转为乡办企业。有的企业在1996年的工业产权体制改革中转为民营企业，有的停办。但他们在竹行队办企业发展中做出了贡献，为竹行工业发展史中留下了光彩的一页。

竹行主要村（队）办工业企业情况表

表2-58

创办村别	创办时间（年）	企业名称	生产项目	年产值（万元）	厂　长
新丰村	1969	竹行皮碗化工厂	皮碗、装饰链	15	杨允芳
	1975	竹行菌种场	菌丝体培植	3.5	陈廷章
	1975	新丰砖瓦厂	砖、瓦、网砖	1.6	张人康
长桥村	1963	二大队砖瓦厂	砖、瓦、网砖	1.8	孙廷凡
	1965	竹行石棉厂	石棉钮绳、盘根	100	张志荣
	1969	竹行矽钢片厂	矽钢冲片	6.2	蒋汉兵
	1974	竹行商标厂	针织商标	8.3	周龙相
	1974	竹行电机厂	矽钢冲片	8.5	陈卫才
	1975	竹行针织内衣厂	针织内衣	60	周龙相
	1978	竹行塑料制品厂	喷雾器配件、玩具、救生衣	4.3	张学康
谷东村	1965	竹行防护服装厂	劳保服装、手套、口罩	3.8	倪殿章
	1965	竹行皮革制品厂	手套、电工包	7.5	刘　聪
	1973	竹行砂轮整形刀厂	砂轮、油石	2.8	吴亚康
	1975	五大队砖瓦厂	砖、瓦、网砖	1.8	费宝祥
	1975	五大队矽钢片厂	矽钢冲片	3.8	吴亚康
神农村	1970	竹行五金厂	螺丝	1.5	樊天高

续表2-58

创办村别	创办时间（年）	企业名称	生产项目	年产值（万元）	厂长
神农村	1972	竹行化工厂	硝酸锌、磷化液	3.2	宋善明
	1973	竹行电镀厂	铁件镀镍	7.8	韩正康
	1974	竹行钢丝制品厂	钢丝板刷	1.2	樊天高
	1976	十七大队砖瓦厂	青砖、青瓦	1.8	钱忠义
	1980	竹行羊毛化纤厂	羊毛绒	1.3	蔡卫彬
洞子港村	1966	竹行安全玻璃厂	有机玻璃、隔层玻璃	59	施建才
	1975	竹行铸件厂	铸件模具	5.2	胡允涛
	1976	竹行砂轮油石厂	砂轮、油石	5.5	蔡冠萍
	1977	竹行救生衣厂	救生衣	4.8	徐士明
竹行村	1961	竹行钢丝绳厂	钢丝绳	7	徐立义
	1963	竹行光学镜片厂	电焊镜片、聚光镜片	8.5	沈培初
	1967	竹行磷肥厂	过磷酸钙	6.3	施祖康
	1971	竹行电焊条厂	电焊条	8.8	高士岳
	1975	竹行机电厂	排风扇	8.75	顾森林
	1975	竹行硫酸铝靠球厂	船用靠球、硫酸铝	3.2	施学康
	1976	14大队砖瓦厂	青瓦	1.8	施建成
竹东村	1969	竹行金属制品厂	钢丝绳、钢丝网络	18	陆志斌
	1971	竹行九大队钢片厂	矽钢片冲片	3.5	施水平
	1975	竹行胶木制品厂	胶木件	3.1	马金元
大安村	1962	竹行大安窑厂	砖、瓦、网砖	1.8	黄秀岩
	1964	竹行纸箱厂	包装纸箱	3.1	盛启明
	1968	竹行麻纺五金厂	麻袋	4.4	盛启明
	1974	竹行五金螺丝厂	螺丝	3.2	周伯清
	1974	竹行石棉厂	石棉线	4.2	盛启仁
	1975	竹行草柳编织厂	草席、草帘	5.5	张道忠
	1979	竹行大安矽钢片厂	矽钢冲片	4.2	盛启仁
	1980	新安钢丝绳厂	钢丝绳	6	张道忠
	1982	竹行大安编织厂	工艺鞋	6.8	盛启仁
	1983	竹行青竹皮鞋厂	皮鞋	10.2	盛选荣
	1983	竹行大安塑料厂	注塑件、饭盒	4.7	盛启仁
	1983	竹行大安麻纺厂	麻线、麻袋	6.9	盛启明
江海村	1976	南兴金属拉链厂	拉链	80	樊亚生
	1976	邻江村小土窑	砖、瓦	15	集体办

续表2-58

创办村别	创办时间（年）	企业名称	生产项目	年产值（万元）	厂 长
江海村	1977	邻江化工厂	化工产品	50	张一兵
	1978	江海村窑厂	砖、瓦	10	张洪舟 施文香
	1980	南兴五金电机厂	五金电机	60	季仲香
	1980	江海扬声器厂	扬声机	50	虞 健
	1990	小土窑	砖、瓦	10	张志全
	1994	小土窑	砖、瓦	12	樊光华
江东村	1976	积南手套厂	手套	30	陈志元
	1982	新沙皮鞋厂	皮鞋	30	施圣达
	1993	积南小土窑	砖、瓦	12	沈 新
	1999	江边小土窑	砖、瓦	13	陆友昌

五、校办企业

20世纪70~90年代竹行各中小学校均办起了工业企业或商业企业，在经济发展历史过程中作出了一点贡献，为学校学生解困，曾起了一定的作用，现都已关、停、并、转。

校办企简介

1.竹行校办厂

竹行校办厂，原系九大队新沙小学于1977年创办。1978年被竹行小学接收迁入竹行小学内，主要生产镇流器用矽钢片冲片。1979年被上海国荣漆包线厂确定为定点协作加工单位。兴盛时间有各种冲床10台，月产矽钢片冲片20~40余吨，矽钢片材料除上海供应部分外，还组织人员到安徽合肥电机厂、六安电机厂两个大型电机厂定点换购，每年数次包营船港航运公司和竹行渔业队船只滚动式运载。1980年从竹行小学搬出，迁至竹南村八组租地1700平方米异地重建，同时生产金属丝网。次年向后丰村八组租地2000平方米，增加钢丝绳项目，厂名更改为南通县金属丝网厂。产品：金属丝网、钢丝绳，销往上海、南京、浙江、安徽、山东等地，其中不锈钢方眼网被水电部所属上海青浦水利机械厂确定为定点单位的定点产品，为国家数个大型发电厂配套服务。1985年，增设南通县教学仪器二厂，生产放大镜、昆虫盒、光学元件、充退磁机、三棱镜等教学仪器产品。其中，直径22毫米15倍放大镜、直径30毫米10倍、直径40毫米5倍、直径50毫米3倍放大镜、直径60毫米3倍放大镜，直径40毫米昆虫盒，直径63毫米双镜昆虫盒都是国家教委检测合格达标产品，全部进入国家教委装备供货目录，先后同上海、浙江、福建、北京、辽宁、山西、海南等省、市教育仪器站建立供货合作关系。教学仪器二厂被江苏省教学仪器行业接纳为会员单位。直径63毫米双镜昆虫盒、直径22毫米15倍放大镜被上海美国太平洋科教仪器公司选用，出口到美国、加拿大、日本等国家和中国香港、台湾地区。竹行校办厂鼎盛时期从业人员120多人，年产值达180余万元，是南通县校办骨干企业之一。2000年根据通州市人民政府关于产权制度改制精神进行改制，以净资产2.97万元由薛安生买断转为私营企业。

2.通州市钢丝绳辅助材料厂

1988年竹行小学建办，张永芳任厂长。生产、销售钢丝酸洗、磷化等辅助材料，先后同连云港、宜兴、常熟、浙江肖山等厂家协作，主要产品有：硝酸锌、磷化液、润滑剂、拉丝粉等。该厂是南通科技钢绳有限公司的定点单位，产品同时销往南通、海门等周边多家钢丝、钢丝绳企业。由于质量好、供货及时，被多家企业选用，经济效益较高。先后为竹行小学改善办学条件，为全乡镇教职员工增加福利等作出了贡献，累计补贴学校办公经费数十万元。2000年改制后停办。

3.竹行校办无线电元件厂

1980年，十四大队小学创办，主要生产实验用电热套及扬声器等产品。厂长陈永全，该企业生产电热套，电热套的玻璃纤维尘（玻璃纱）对空气有所污染，1984年从校内搬出，迁入竹行校办厂内进行生产，陈永全任专职厂长。产品主要销往大专院校和化工企业的实验室，先后同中科大、上海复旦、交大、同济、南大等大专院校，上海北京科教仪器公司建立长期供货关系。也是南通农药厂实验仪器定点单位，曾出席中科大组织的专业实验仪器国际论证会议。2000年改制后停办。

4.天星绣品厂

1980年，天星小学校建办。校长倪士才兼任厂长。主要生产绣花枕套、床上用品，是竹行乃至南通县教育系统的佼佼者。1984年从天星小学搬出，租地2000平方米，兼购地处在竹南村七组，原竹行棉浆厂厂房，异地发展，厂长朱国冲。鼎盛时期有缝纫、绣花、裁剪、平正等机械设备120台，从业人员132人，年产值达200万元，是南通县校办骨干企业之一。1987年转为民营企业。

5.竹行桃李汽车修配厂

竹行桃李汽车修配厂的前身为1988年竹行大安初中创办的汽车修配厂。1990年因大安初中并入竹行中学，汽车修配厂也随之并入竹行。校长朱永兰兼任厂长。1991年，竹行中学租用竹南村一组（新竹公路南侧）土地2850平方米，投资3.3万元建造946平方米简易厂房，采用利润分成的办法承包给修理人员。1997年，为配合竹行镇政府创建决策，拆除汽修厂334平方米简易平房，建造192平方米的标准厂房。同年更名为竹行初中汽车修配厂。1998年，为改善竹行中学教职工的住宿条件，经竹行乡政府协调，对原租用2850平方米土地，补办征用手续，乡政府出资63万元，竹行中学出资30万元，建造1674平方米商住综合楼一座，2–4层12套住房，出售本校教工，底层为办公营业所用房。原厂房出租给汽车修理技术师傅方一贯经营，年租金1.2万元。2001年南通经济技术开发区区域调整，汽修厂更名为南通开发区桃李汽车修配厂。2004年年租金调整为3万元。2007年教育体制上移，汽修厂每年3万元租金上交南通经济技术开发区财政局。2010年，南通开发区桃李汽修厂是竹行教育局系统唯一未进行彻底改制的校办企业。

6.竹行公社中学光学仪器厂

1980年竹行公社初中创办，校长范本观任厂长。主要生产光学镜片、聚光镜、钢化玻璃等。年产值在10万元左右，年利润1~1.5万元。1985年并入竹行校办厂统一管理经营。1987年，竹行建立中心初中，对乡内各民办初中由原中心小学管理，变为中心初中管理。1990年竹行中学光学仪器厂从竹行校办厂中收回，采取承包经营方式，年上缴利润5000元，直至1991年8月与勤丰初中合并，校办厂转移给公社工业公司而停业。

7.南通县勤丰金属工艺厂

1987年勤丰初中建办，主要生产钢丝绳、矽钢片冲片及有色金属冶炼，厂长朱国冲。历时4年，年产值15万元，年利润1.5万元。由于学校体制改变，于1992年更名为竹行熔炼厂，主要生产项目：有色金属冶炼、钢丝绳等，年产值20万元，利润1.5~2万元。随着经营体制改革，1997年实行经济承包责任制，核定年利润上缴学校1.5万元。2000年，校办厂占用土地由生产队收回终止租用，厂房房产作价8000元转让其生产队村民后停业。

8.通州市光明香精厂

1991年竹行成人教育中心校租用竹行乡后丰村10组土地创办。占地3500平方米，建筑面积3000平方米，厂长薛水明，主要生产烟用香精。同吉林省延吉市光明香精厂联营，按ISO 9000质量体系认证的标准要求进行生产。1997年10月，通过国家烟草总局专家专项验收合格，被认定为国家第28号定点生产烟用香精厂家，产品销往宁波、杭州、淮阴、南京、山东、吉林、贵州、贵定、湖南等厂家，出口缅甸。年产值300万元左右，年利润为产值的百分之五十左右，对改善办学条件，解决本校的办公经费做出了一定贡献。1999年，经营体制改革，由延吉市光明香精厂法人实行承包，于2001年停产。尚欠学校上缴款7万元，以厂房折算给学校。学校动员教职工集资整修后对外出租。2007年进行彻底改制，对房产重新评估，原学校资产9.7万元升值为14万元出售给本校教工后，转为民营企业（14万元上缴政府财政）。

9.竹行文教综合经营部

1986年竹行小学建办，开设在竹行校办厂大门东侧，营业面积100平方米，营业员3人，副校长樊发美兼任法人代表，主要经营糖、烟、酒及什杂百货、副食品和文化体育用品，年销售额30余万元利润2~3万元，1998年迁入校内，2002年停办。

第三节　工业园区 工业管理

一、工业园区

1992年，经通州市建委（151）号文件批准成立竹行工业园区，东自鸿达皮鞋厂，西至通力钢丝绳厂，共0.05平方公里。道路、供电、用水、用地等规划逐步设施到位，各项优惠条件逐步落实，有关企业先后入驻。

1997年，竹行镇选址谷东村1–7村民小组瑞兴路（原新竹路）南部分土地，进一步扩大工业园区（工业集中区）建设实施筑巢引凤工程，以镇建区，以区兴镇。

2001年，竹行镇工业园区占地40万平方米，开发利用25万平方米，占规划面积的百分之六十六点八。入住企业36家，投入固定资产6900多万元，年工业总产值3亿元，占全镇工业总产值的百分之三十。上缴税金758万元，占全镇的百分之四十一。次年，工业园区规划面积扩展到133.3万平方米。采取投入带动、政策驱动、服务推动、典型促动等方法，快速推进工业园区建设，开发利用面积达32万平方米。进园企业增加4家，共40家。园区内11家企业技改投入2200万元。全园区固定资产7800万元，全年实现工业总产值3.4亿元，占全镇的百分之三十四。

2005年，竹行镇工业园区规划用地266.6万平方米，成立东西两个工业集中区。西区为与新开交界的长桥港河东、瑞兴路以南、竹行村长洪竖河以西、横三路以北。东区自张江公路以东，通兴路以南，圩田南三级河以北，尖沙渔港以西的地段。先后投入1000余万元修筑道路，架设供电线路、给排水工程等。工业集中区西区建有长1.25万米、宽12米的园区路（柏油路面）；长1400米，宽4米的长洪路（沙石路面）；长2500米，宽3.5米的谷海路和长2000米，宽3.5米的洪港路（水泥硬质路面）。先后架设8条供电线路，线路总长1.75万米。其中，跃明线9000米，大达线3900米，志刚线4600米，同时建设标准的给排水工程，自来水日供500立方米，雨水、污水两大管网，分别接通南通经济技术开发区雨水、污水管网。

2005年，园区内入住企业126家，工业总产值13.88亿元，实现利润6940万元，上缴税金3125万元。

2010年，园区内共有企业290家，其中规模企业67家。全年工业总产值61.5亿元，占全镇工业总产值的百分之五十二点八，实现利润2.74亿元，上缴税金1.99亿元。产品有钢丝、钢丝绳、生物医药、汽配、电子、纺织服装、制鞋、铁链索具等。其中南通光明钢丝制品有限公司、江苏永高钢绳有限公司两家企业三种产品获省著名商标、省优产品。南通环球转向器制造有限公司、江苏人先医疗科技有限公司两家企业15种产品获国家专利，填补国内空白。江苏海鸿光伏科技有限公司、南通中氏金属制品有限公司两家企业投入4280万元，南通华星钢丝制品有限公司、南通华兴制罐有限公司两家企业投入5000万元，四家企业共新增土地1万平方米，为开发新产品，2009、2010年共4万平方米的新厂房建成，一条自动生产线投入生产，其他三条生产线分别投产。

竹行工业园区实施3223工程即“三通二分流”，水、电、路通，雨水、污水分流；“两化三配通”，绿化、亮化、电讯、电视、网络配通将进一步标准化。竹行镇党委、政府为促进工业园区的发展采取“以商招商”“委托招商”“亲缘招商”等各项措施、政策，进一步完善、强化，结识新客商、巩固老客户。以科学发展的理念，积极引导调整生产结构，优化企业产品，加大科技投入力度，广泛开展产品研发，促进产品质量、产品层次的提高，创名牌、争外贸、拓市场、促发展，工业园区呈现持续、稳定、跨越式发展。

二、工业管理

自1960年竹行公社创办农具厂和钢丝绳厂开始，社队办工业企业的管理随之产生。20世纪60—70年代是计划经济时代。社队创办企业由公社上报南通县计划委员会审批，根据审定批准的项目生产，按南通县物价局审定的价格销售。社队企业负责人由公社上报县轻工局审批任命。社办企业工人由公社管委会审批录用，工人月工资为15~24元。队办企业由生产队推荐职工人选，由公社审定并备案录用，劳动报酬以工分计算，工分值为全大队年平均工分值可按季度预借工资，年终结算。

20世纪50—70年代，社队工业生产经营决策权和企业所有权合二为一。生产经营决策权，社办工业归社，村办工业归村。1971年后，南通县革命委员会和工业主管部门提出发展社队工业的方针，并进行具体指导。社队新上生产项目、转产或调整，扩建及改造项目，按照投资规模大小分级管理，分别报送县革命委员会、主管部门或公社审查批准，然后实施。社队工业使用土地，由公社统筹解决。1978年以后，县政府和工业主管部门对社队工业新上的重点项目和重点技改项目，参与认证后进行审批。县政府和主管部门对社队工业生产经营决策权的影响较大。

1976年，建立竹行公社工业办公室，担负管理社队工业的职能。1983年后，乡镇工业实行厂长承包经营责任制，生产经营决策权逐渐还给企业，由企业自主经营。1986年，增设竹行经济联合会。1991年，南通县成立乡镇企业管理局，竹行公社工业办公室改建为竹行工业总公司。由于乡村工业的迅速崛起，"以工建农、以工补农" 的经济比例越来越高，联营企业、民营企业、个体工业迅速发展和工业经济的体制改革。同年将公社工业总公司改建为乡（镇）企业管理站。企管站对本辖区内的各种企业进行生产与安全管理、职工培训。根据企业产值、销售、利税等情况，划分定报企业、一般企业、小企业等。并对其进行财务指导、有关数据的统计、上报，协助税务、环保部门对企业的纳税、排污等情况进行督促指导。

竹行公社工业办公室、竹行乡工业总公司、竹行镇企业管理站先后获得南通市、通州市（县）多次表彰奖励（县以上奖励情况）

竹行企管站及个人获奖情况表

表2-59

年　份	奖　项	获奖单位（个人）	授奖单位	级　别
1990	供销先进集体	工业总公司	南通县人民政府	县市级
1998	省优秀乡镇企业管理站站长	张学良	江苏省乡镇企业管理站	省　级

1976—1983年竹行公社工业办公室任职情况表

表2-60

任职时间	党支部书记	主　任	副主任	其他人员
1976—1983	樊天元	樊天元	黄忠标	蔡　伟　高宝良　宋兰珍　陆亚祥
1980			倪成新　施冠洲	

竹行公社经济联合会、工业总公司任职表

表2-61

任职时间	主　任	副主任	总经理	付总经理
1984	张永生	袁进发	陈一鸣	施冠洲（兼支部书记）
1985—1991	钱正华	倪成新	倪凤天	张学良
1991			虞志乔	杨汉周（办公室主任）

竹行镇企管站任职情况表

表2-62

任职时间	党支部书记	站长	副站长	其他人员
1984	倪凤天	倪凤天	张学良	徐和平　陆亚祥　朱惠忠
1985	倪凤天	倪凤天	顾洪亮	宋兰珍　袁永千　施正雅
1985—1986	倪凤天	倪凤天	张学良 施冠洲	陆亚祥　朱惠忠　宋兰珍　袁永千 陆丕贤　周永新　黄　玲　施正雅
1987—1988	倪凤天	倪凤天	施冠洲	黄兰芳　陆亚祥　朱惠忠　宋兰珍 袁永千　陆丕贤　黄　玲　施正雅
1989—1990	倪凤天	倪凤天	施冠洲	陆亚祥　朱惠忠　施秀平　夏菊美 黄兰芳　杨汉周　黄　玲　袁永千
1991—1992	倪凤天	倪凤天	施冠洲	陆亚祥　朱惠忠　施秀平　夏菊美 杨汉周　袁永千　徐雪章
1993—1994	倪凤天	倪凤天	施冠洲	陆亚祥　朱惠忠　施秀平　夏菊美 杨汉周　茅红玲　倪春雷　袁永千
1995—1996	倪凤天	倪凤天	施冠洲	陆亚祥　朱惠忠　杨汉周　夏菊美　茅红玲 倪春雷　樊　宏　袁永千　范本英　朱圣章
1997—1998	倪凤天	倪凤天	张学良	陆亚祥　杨汉周　朱惠忠　夏菊美 茅红玲　倪春雷　樊　宏
1999	倪凤天	张学良	杨汉周 陆亚祥	朱惠忠　夏菊美　茅红玲　倪春雷　樊　宏
1999	张学良	张学良	杨汉周 陆亚祥	朱惠忠　夏菊美　茅红玲　倪春雷　樊　宏

续表2-62

任职时间	党支部书记	站长	副站长	其他人员
2002	张学良	张学良	杨汉周 陆亚祥	朱惠忠 夏菊美 茅红玲 倪春雷 樊 宏 陈小苏
2002—2006	杨汉周	杨汉周	陈小苏	朱惠忠 夏菊美 茅红玲 樊 宏
2006—2010	陈小苏	陈小苏		朱惠忠 夏菊美 茅红玲 樊 宏
2010	崔建新	崔建新	陈小苏	朱惠忠 夏菊美 茅红玲 樊 宏

说明：1986年起企管站全体人员为定编人员，1999年通过考试企管站人员为市聘干部

三、竹行工业系统中级职称以上名单：

（一）研究员

江苏安惠生物科技有限公司 姚一建 车永胜 郁小兵 郑惠华

（二）经济师

1.高级经济师

江苏安惠生物科技有限公司 陈 惠 陆汉萍 汤利兵

南通华东钢丝制品有限公司 吕康健

2.经济师

江苏长江钢绳有限公司 陈一鸣

江苏芸裕金属制品有限公司 余绍洪

南通电圣电器有限公司 顾森林 顾水贤

南通华东钢丝制品有限公司 沈兴达

南通康蓝纺织装饰制品有限公司 张志康

南通宇翔特种钢丝有限公司 李 军

（三）会计师

1.注册会计师

江苏芸裕金属制品有限公司 姜菊英

2.中级会计师

南通宇翔特种钢丝有限公司 张 丹

江苏永高钢丝制品有限公司 左红军

南通升阳钢丝制品有限公司 袁绥柏

南通中科钢丝制品有限公司 葛云飞

南通恒通钢绳有限公司 徐卫贤

南通神龙钢绳有限公司 马兴民

南通康蓝纺织装饰制品有限公司 周爱平

（四）工程师

1.高级工程师

江苏安惠生物科技有限公司　陈　惠　田贞乐　瞿卫林　吴伟杰　徐春花　王听申

江苏长江钢绳有限公司　何培良（机械类）（国家注册审查员）

江苏永高钢丝制品有限公司　俞永高（工程类）

江苏中德钢绳有限公司　杜诸梅（热处理）

2.工程师

江苏安惠生物科技有限公司 :《中级职称》

吴怀玲　张　蕾　季惠将　谭毅诚　孙　佳　陈　锷　黄甜甜　包振伟　蒋　丹
赵海军　袁琛凯　陈正新　郑林国　李士强　成金汉　马建东　张晨菊　胡　丹
仉相寅　黄耀东　陈　琳　刘冬青　张桂枢　邵拥军　茅天言　葛玉林　陈　玲
吴志惠

江苏芸裕金属制品有限公司　王晓静（机械类）

江苏芸裕金属制品有限公司　曹小伟（金属制品类）

南通光明钢丝制品有限公司　陆俭忠（机械类）

南通光明钢丝制品有限公司　吴怡岗（管理类 ）

南通宇翔特种钢丝有限公司　王剑锋（机械类）

南通华星钢丝制品有限公司　王新成（热处理）

江苏泰力钢绳有限公司　黄海兵　顾　伟（机械类）

南通电圣电器有限公司　黄　香（冶金）

南通环球转向器制造有限公司　李代发　蒋宏宇　王宝昌（机械类）

南通华东钢丝制品有限公司　孙一新（冶金）

南通华东钢丝制品有限公司　何金星（机械类）

南通恒通钢绳有限公司　黄惠兰（质检）

南通联谊机械有限公司　吴寿南　杨自菊（机械类）

（五）农艺师

1.高级农艺师

江苏安惠生物科技有限公司　陈　惠

2.农艺师

竹行镇农技站　顾瑞康

3.高级园艺师

南通世外桃园休闲农庄　陈仁良

南通世外桃园休闲农庄　毛心军

第三章　建筑业

竹行的建筑业有较长的历史，众多的泥、木、竹、漆等能工巧匠分布在各村，为群众修建房屋。做些零活，有工做工，无工务农。1958年人民公社建立后，曾组建过建筑站，因无活可干而停办。1967年竹行建立建筑站，承建建筑业务。1984年更名为竹行建筑工程公司。

1996年体制改革时，乡政府对建筑站进行资产评估，由施文标、徐志平、黄明、张永彬、顾振山等10人出资23万元买断，改为民营企业。

第一节　建筑站

1966年竹行公社筹建建筑站，把分散在各大队的泥木工组织起来，1967年竹行建筑站正式建立，定名为竹行公社建筑管理站，性质为社办。站址设在公社东边一间空房内。1967年组建南通县建筑工程总公司竹行工程队，工程队总部设在竹行镇东市梢，选派技术工人援建西藏拉萨饭店。1984年，搬迁到中心大队（今竹行村）6组，占地5300平方米，建筑面积5300平方米，固定资产130万元，更名为南通县竹行建筑工程公司，下设四个工程队，即驻大庆工程队，驻上海工程队和驻南京工程队，一个留守当地的工程队，都具有4级资质。每个工程队配备工程师一名。设2~3个不等的施工小组。

在外工程队承建工程项目均由南通县建筑工程总公司签订承建项目合同，再由工程队承建。兴盛时期（1984—1985年），有建筑工人1500多人，在外施工期间每年完成承建工程量3000万元，上缴国家税金80~150万元不等，上交公社管理费5~6万元。

公司盈利，于1981年—1984年先后建了织带厂、水泥制品厂等企业。1996年体制改革后转为民营企业。由于市场经济变化，建筑工人流动较大，现都以各建筑老板采用挂靠有关建筑集团等办法自行承接建筑工程，自负盈亏活动在各地。2001年竹行建筑工程公司停办。

竹行建筑站历任站长：

1967—1969年　孙延凡

1969—1974年　陈祝明

1975—1976年　程伯新

1977—1979年　樊祥礼

1980—2001年　施文标

第二节　预制场

水泥预制品工场是建筑站办的预制件生产工场，创办于1969年春，地点在中心大队一队（今竹行村一组），场地面积1334平方米，生产水泥桁条，水泥梁梯，小口径涵洞，每月耗用水泥10吨，黄沙28吨，石子35吨，年产值5.8万元左右。

1974年预制场搬迁至中心大队六生产队（今竹行村六组），占地4002平方米，紧靠长洪竖河，水路运输比较便利。生产规模有所扩大，以生产水泥楼板为主，兼制水泥预制件，1984年由乡政府出面协调，预制品工场转让给竹行渔业队管理、组织生产和销售，与建筑站脱离隶属关系。1993年，以还债18万元为条件转给施广祥个人经营。

竹行水泥预制场历任负责人：

樊祥礼、黄兴、施广祥。

第四章　交通运输

解放初期，竹行陆上运输全靠手推独轮车，水上运输主要通道为直通长江的长桥港、老洪港、尖沙渔港和大安港。20世纪60年代初，直通长江的港泓相继闭塞，主要出江口为新开闸。内河运输主要靠人工开挖的几条河道，随着时代发展，拖拉机、汽车增多，货物运输依托公路通向四面八方。

第一节　交通运输网络

解放前，陆上运输全靠手推独轮车，水上运输由长桥港、老洪港、尖沙渔港和大安港出港口运往江南、上海等地。1958年通启运河开挖后，竹行镇域内河道开始疏浚，1965年后相继开挖疏浚了天星横河、长洪河和朝阳竖河，水上交通网络基本形成。随着农业生产的发展，货运量逐步加大，竹行的货物进出百分之八十以上通过水上运输。

1964年，张江公路修筑后，陆上交通有所改观，竹行综合厂购置大型拖挂拖拉机一台，社队办厂的小宗货物由拖拉机承运。"文化大革命"后期各大队购置手扶拖拉机，社员群众购买了板车，各生产队的售棉售麻都用手扶拖拉机和板车运输，独轮车逐渐退出运输。

20世纪90年代开始，修筑336省道，瑞兴路镇区部分拓宽，公路网基本形成。2001年区划调整，竹行划入南通经济技术开发区。2005年，道路形成两纵两横格局。26路公交车直通竹行；开往南通农场的29路公交车经过竹行；飞鹤公司从南通长途车站到南通农场620公交车辆、南通到南兴的619班车、金沙到农场的276班车都经竹行以及易初莲花、乐购、购物接送车和通常汽渡的各种客运车都途径竹行搭客，27路、28路、623路公交车分别从南通更俗剧院、五一停车场、农院、职大—竹行专线开通，竹行的交通极为便捷。

第二节 水上运输

解放前到20世纪60年代初，水上运输主要靠几条港漕出江外运，内河航行为零。1958年开始，政府大力开挖运河，疏通河道，内河航运开始发展，竹行镇粮站粮食调进调出，供销社货物进出大部分由船舶运输。60年代初，由于长江涨沙，竹行境内进出长江的港漕全部堵塞，与外界的水运隔绝，与上海江南的运输要从营船港进闸，经通启运河，再经朝阳竖河、天星横河到达竹行，沿路桥梁阻挡，无法张帆，全靠船工背纤才能前进，费时费力。70年代中期帆船逐渐由机船取代，一部分船只由新开闸经长洪河至竹行接卸货物。随着公路的修筑，陆上交通网路逐渐完善，交通工具的更新，水运逐渐淡出。1985年以后，各村河道规划改变。20世纪末，除长洪河——新开闸（新开港）仍有少量低吨位运输船只，其他内河水上运输全部停止。

第三节 陆上运输

20世纪60年代以前，竹行没有公路，通往外地集镇的只是一些较为狭窄的泥泞小道，人们靠独轮车运输小宗货物。20世纪70年代初，张江公路（张芝山至农场）、新开至竹行的新竹路（今瑞兴路）、竹行至南兴的兴南路（今通兴路）相继修通，较大的企业购置拖拉机、卡车，生产队也购置手扶拖拉机，运输货物由水上运输转向陆上运输。20世纪90年代，以钢丝绳行业为龙头的工业迅速发展，陆上运输繁忙，2010年各种车辆运输量超200万吨。

第四节 运输工具

解放前后相当长的一段时间里，竹行的货物（主要是芮草，榆面，黄豆等）外运上海、江南等地主要靠木帆船。

解放前和解放初，陆上运输主要工具是独轮车，内河运输靠小木船、水泥船。20世纪70年代中期，开始使用手扶拖拉机搞运输。公路网形成后，竹行综合厂购一台大型拖拉机搞运输。改革开放后，民营企业大发展，竹行钢丝绳企业货物吞吐量大，企业及运输专业户自购卡车和农用车进行运输。运输业十分繁忙。

第五节　车辆、物流

以钢丝绳行业为龙头的工业飞速发展，促进了物流的发展。2010年全镇共有卡车等各种运载车辆251辆，将本镇的钢丝绳及其他产品直接运往上海、北京、黑龙江、海南、云南等二十多个省、市100多个大中城市，遍布全国各销售网点，年运载量超90万吨。

另有450余辆轻型卡车、农用车，为本镇工业、农业、服务业、交通和建筑业载运各类货物。2006—2010年，年运载量110~130万吨。

随着企业的不断发展、交通运输业的繁忙、群众生活的不断提高，竹行镇各种机动车辆日益增多。现将运输车辆以外的各类车辆统计如下。

1983—2010年部分年份竹行镇轿车拥有量统计表（轿车）

表2-63　　单位：辆

村别	1983	1996	2001	2002	2003	2004	2005	2006	2007	2008	2009	2010
新丰村	—	2	5	10	17	27	40	54	69	88	110	161
长桥村	—	2	8	12	17	32	40	52	75	68	77	149
谷东村	2	4	8	13	18	25	33	46	62	87	119	177
竹行村	8	15	28	43	60	80	101	151	168	180	208	271
神农村	—	2	4	5	6	7	15	27	41	59	89	139
竹东村	2	5	15	23	29	42	49	78	91	102	125	202
洞子港村	—	5	12	14	17	28	36	47	59	68	75	143
大安村	—	18	29	38	47	58	69	78	86	97	108	158
江海村	—	1	2	4	6	7	10	12	17	18	22	47
江东村	—	3	5	6	8	9	10	12	16	20	22	31
星辰花园	—	—	—	—	—	—	19	41	88	105	137	173

1983—2010年部分年份竹行镇社会车辆拥有统计表（面包车）

表2-64　　单位：辆

村别	1983	1996	2001	2002	2003	2004	2005	2006	2007	2008	2009	2010
新丰村	—	1	2	3	5	7	9	9	10	10	10	14

续表2-64

村　别	1983	1996	2001	2002	2003	2004	2005	2006	2007	2008	2009	2010
长桥村	—	—	9	9	10	8	10	7	7	8	10	16
谷东村	—	1	3	3	4	5	5	6	7	7	9	16
竹行村	—	1	5	2	—	—	6	5	7	4	6	13
神农村	1	2	2	1	2	3	3	3	7	8	8	13
竹东村	1	3	5	7	7	8	10	17	22	28	35	50
洞子港村	—	1	1	2	2	4	4	8	13	13	14	20
大安村	2	8	7	7	7	8	8	10	10	12	15	18
江海村	—	1	1	2	1	2	3	2	2	3	3	8
江东村	—	—	3	4	4	4	5	6	8	8	11	13
星辰花园	—	—	—	—	—	—	3	10	17	22	28	44

1983—2010年部分年份竹行镇社会车辆拥有情况表（摩托车）

表2-65　　　　单位：辆

村　别	1983	1996	2001	2002	2003	2004	2005	2006	2007	2008	2009	2010
新丰村	16	102	180	205	240	262	285	290	300	300	295	285
长桥村	100	307	432	512	574	604	652	658	663	561	521	650
谷东村	56	80	90	136	193	251	270	278	290	341	358	409
竹行村	116	223	230	231	235	234	240	160	198	150	103	198
神农村	20	50	200	150	80	120	60	70	78	85	90	195
竹东村	30	100	250	302	310	320	350	420	490	495	480	430
洞子港村	20	32	780	800	840	870	920	920	502	450	450	436
大安村	82	406	425	451	460	472	490	505	540	552	541	532
江海村	22	83	94	84	75	82	31	41	44	215	255	221
江东村	11	58	208	288	361	435	468	478	480	492	495	408
星辰花园	—	—	—	—	—	—	589	806	989	1043	1080	1167

1983—2010年部分年份竹行镇社会车辆拥有情况表（电瓶车）

表2-66　　　　单位：辆

村　别	1983	1996	2001	2002	2003	2004	2005	2006	2007	2008	2009	2010
新丰村	16	102	180	208	245	250	285	290	390	685	895	812
长桥村	—	—	30	132	243	323	420	475	503	681	694	750
谷东村	15	35	60	86	105	134	150	161	170	215	320	418

续表2-66

村　别	1983	1996	2001	2002	2003	2004	2005	2006	2007	2008	2009	2010
竹行村	116	223	230	231	236	240	240	400	598	738	841	869
神农村	—	—	250	280	100	150	120	80	90	200	240	360
竹东村	8	120	150	230	350	480	514	560	674	682	705	781
洞子港村	—	30	42	210	330	458	506	536	624	688	732	864
大安村	82	406	461	612	760	845	968	1234	1452	1675	1882	2120
江海村	—	—	2	4	10	31	52	75	109	220	280	290
江东村	—	—	—	2	10	15	103	132	228	292	312	625
星辰花园	—	—	—	—	—	—	521	705	897	986	1048	1287

物流企业：

（1）长江物流中心：地点在竹行镇东停车场。2006—2010年年运载量在5000~8000吨之间。

（2）宇超货运：地点在竹行桃李汽修厂前。2006—2010年运载5200吨。

（3）方圆物流：地点在竹行镇政府西端，2006—2010年年运载4000吨，除承运货物还兼代办往全国各地的汽车、火车、飞机票等业务。

第六节　交通运输管理站

竹行公社运输站1962年建，位于中心大队（今竹行村）2组（老街和河南街桥北老虎灶旁），有工人13人。20世纪60年代末，改称为竹行交通运输管理站，运输站工人主要为本地供销社、商业总店到南通、金沙等地运输计划物资（包括糖、烟、酒、盐、什杂用品等）及为粮站装卸粮食，为供销社装卸棉、麻、煤等什物。装卸谷物主要靠肩挑、背驼。车辆工具主要为手推车，逐渐改为板车、拖车、拖拉机、卡车等。利用盈利曾办了站办工厂。随着改革开放货运量增加，而运输站人员数年均未增加，年老逐渐离岗，其运输主要靠社会力量来实行，所以运输站改变为管理站。随着改革开放，企业发展，运输货物均由各企业自行解决，交通运输管理站也退出历史舞台。

竹行运输站历任站长：

季友山、胡乔相、朱启高、黄聪、汪炳祥。

第七节 驾 校

随着交通事业的发展和人民生活质量的提高，人们不能满足公共交通的出行，广大青年及部分中老年人购置私家轿车日趋增加。工农业经济的发展，运载车辆也日益增多。为适应广大群众学习驾驶技术的需求，竹行境内从2003—2010年，先后创办了七所驾校，即南通永芳驾校、南通顺通驾校、南通顺意驾校、南通辉煌驾校、南通红旗驾校、南通东区驾校、南通新城驾校。共有50辆教练车，教员44人。几年来共培训合格有证的驾驶员4670人，创造了三千余万元的经济效益。

顺意驾校2010年获江苏省交通运输厅运输管理局培训质量信誉奖。

竹行街道2003—2010年驾校情况表

表2-67

名　称	创办时间	地　址	法　人	教练车数量（辆）	教练员人数（人）	培训总人数（人）
永芳驾校	2003.5	谷东村2组	时成林	2	2	320
顺通驾校	2007.2	竹行村5组	何森波	4	4	500
顺意驾校	2007.2.12	大安村28组	顾立逵	21	25	1500
辉煌驾校	2008.3	竹行村6组	沈春健	3	2	500
红旗驾校	2008.11	竹东村9组	季建红	4	3	450
东区驾校	2009.2	竹东村11组	周宏杰	8	4	700
新城驾校	2009.2	竹东村11组	周宏杰	8	4	700

第五章　商业　服务业

民国19年（1930年）前的竹行，自给自足的自然经济占主导地位，民间交换很少，商业不发达。货币以银元、铜元为主。民国27年—34年（1938—1945）年日军占领时期，货币是储备票。，民国29年（1940年）起，农户除种植传统的粮棉外，增种黄麻和薄荷，但通货膨胀率高，阻碍了商品交换。抗日战争胜利后，民国25年（1946年）蒋介石发动内战，造成物价飞涨，货币大贬值，币制改为金圆券（老百姓称之为“关金票”），商业往来以粮、棉、纱折算货币，进行等价交换。

解放初，农业生产得到恢复性发展，商业活动随之活跃起来。1953年新版人民币发行，面值缩小万倍（新币1元等于旧币1万元），有利于换算、流通、买卖。同年11月，全面实行粮食统购统销，取消粮食自由市场，逐步实行计划经济，于此，逐渐步入票证时代。1959年年初，全面实行口粮定量供应，农村和城镇一样。国家机关和事业单位发硬卡购粮证，成人每月口粮标准14.5千克，其中按比例搭售山芋干和面粉。饭店凭粮票吃饭，穿衣发布票买布。1960年每人发布票1尺6寸。以后几年每人每年发3尺6寸。1970年开始每人每年发1丈6尺，布鞋、棉线团、棉絮都收布票。日用必需品如火柴、肥皂、煤油、食糖等都凭证计划供应。1~3人户每月供应火柴5盒、肥皂1块、煤油250克、食糖150克，其他如香烟、水烟等都发票、证购买。

凡购买食品，必须备粮票，有时还得备其他证明或票证。餐饮业、布业和服饰业全面萧条。20世纪50年代末到70年代末，由于物资奇缺，供应紧张，的确凉布、尼龙袜都是凭票购买，走后门不正之风成为社会的一个弊病。想超计划买到紧缺商品要凭关系，能买得到自行车、缝纫机、手表等大件的就更不容易了。

20世纪70年代末，实行农业体制改革，农业生产活起来，随之物资渐趋丰富。几乎同时，其他日用品全面敞开供应，20世纪到80年代中期，市场物资充足，物价平稳，购销两旺。“无农不稳、无工不富、无商不活”成了人们的口头禅。按国务院通知，除粮票、油票外各种票证废止、停用。1994年，取消粮票、油票使用。

1996年商业体制改革，个体商铺大量涌现，物资极其丰富，买方市场变为卖方市场。2005年，全镇超市和商业店铺发展到129家，服装鞋帽店50余家，粮油专卖店65家，农药、化肥、种子店15家，酒家、饭店31家，旅社8家，美发美容店52家，建材、装潢店33家，废品回收场21家，修车、洗车店28家，合计从业人员1931人。2010年，超市、商业店铺达150多家，服装鞋帽店62家，粮油专卖店75家，农药、化肥、种子店20家；酒家、饭店44家；旅社12家；美容美发店62家；其他如建材、装潢等服务行业店铺也都增加不少。

2001年新农贸市场建成，结束了竹行历史上的露天市场，日交易额不断攀升，2010年日交易额均达70多万元。

第三产业发展迅速，2009年全镇产值148430万元，占当年全镇GDP的百分之十六点二。

第一节　供销社

竹行供销社始建于1953年，社址设在竹行镇东首。起始资金是农民的股金，以户为单位，通常每户一股，每股2元。百分之九十五以上的农户都入股成股东，成为供销社社员。盈利中一部分按股金总额的百分之十至百分之十五拨给社员分红，每股每年可分得2角至3角钱的红利，余下的盈利作为扩大经营和再生产的资本。20世纪60年代“文化大革命”中期就去消了赢利分红。

1954—1958年，供销社经营项目是群众的生活用品和国家控制的物资。1958年开始，多数计划物资由供销社经营。1962年以后，供销社分设几个购销门市部，它们是百货、棉布、生产资料、生猪收购及卖肉，还有棉、麻、薄荷油收购等。1980年以后又专设化肥、农药销售门市部。化肥和煤炭等农用物资的供应，按生产队计划种植面积分配。棉、麻、薄荷油等经济作物产品供销社独家收购。除部分黄麻留作本地编织麻包匹外，薄荷油、棉花等全部卖给国家。

1954年在竹行镇东南4千米处设大安镇分社。根据全国供销合作总社的要求，在20世纪60年代中期，所有17个大队都设下分店，为供销社代购代销，因此也称“双代店”。

1982年，供销社新建百货部，地点在竹行镇东市稍南（竹东村十一组），营业面积大，商品品种多。

1983年土地承包后，按市场需求竹行地区农户扩大薄荷、留兰香和黄、红麻种植面积，提高了产量，供销社薄荷年收购量较70年代年均多收0.3万千克，麻多收20万千克左右。

1984年供销社新建集办公、营业等为一体的综合五层大楼，营业面积1116平方米，仓库面积500平方米，从业人员87人，营业额1000万元，上缴国家税收和南通县供销总社共200万元。

竹行供销社下辖大安分社和17个大队的双代店，名称为竹行供销社某某大队代销店。1980—1990年的十来年内，棉花、麻类、薄荷、留兰香先后停种，原属供销社的专营产品，如化肥、农药也逐渐放开，不属供销社独家专卖。供销社的职能下降，活动范围缩小，在激烈的市场竞争中为求生存。1994年，供销社建办加油站，地点在薛家店南1000米处的张江公路东侧。1995年，建立钢丝绳厂——通州市恒力钢丝绳厂，进行钢丝绳生产、销售业务。1996年供销社体制改革，以净资产1050万元，由薛李忠等6人购买，转为私营服务性企业，原来的人员都作了妥善安置。下伸店全部自领执照，个人经营。

竹行供销社历任负责人：

1952—1977年　黄允周

1978—1993年　王能和

1994—1999年　顾锡明

2000—2001年　袁春兵

2002—2003年　高伯平

2004—2010年　薛李忠

第二节　商业总店

1956年以前，竹行镇上所有商店都是私营商业。1956年，国家对私营资本主义工商业实行社会主义改造，实行公私合营，称合作商店，属集体企业。对私改造的方针是“公私兼顾劳资两利”。

1963年设商业总店，地点在老街西首。同时按行业类别组建竹行副食商店、竹行百杂商店、竹行饭店、竹行药店。与此同时，在大安镇组建大安副食商店、大安百杂商店和大安饭店。这7个单位都是独立核算的。竹行、大安的副食商店，分别附营自己镇上的农贸市场。竹行百杂商店和大安饭店，分别附营自己镇上的茶食坊。竹行饭店附营旅社。

1968年增设向阳商店、薛家店商店、竹行日用商店。理发业也纳入商业系统，药店划归卫生院。

总店领导分店，并组织商品批发，分店负责零售。此外，总店还兼管缝纫、绱鞋、白铁、修理自行车等手工业生产合作组织。

国家对合作商业实行“利用、限制、改造”政策，按收益比例缴足税，并提取公积金、公益金，余下部分再按比例上缴南通县供销合作总社，商店职工工资实行定额工作量独立核算。

1968年开始送货下乡，商业人员有组织地推着独轮车深入田头、宅头，很受社员欢迎。还有些商业人员自发送货下乡。商业总店对老年商业人员组建下伸店，它们是一大队顾老龙店、三大队三谷镇店、五大队店、六大队店、八大队洞子港店、天星镇店和十七大队新镇店等。负责计划物资的供应，如火柴、肥皂、煤油、食盐、卫生纸、香烟、食糖等。

到1983年，门市部共18个，从业人员90多人。

合作商店与供销社曾几度分分合合。1958年年底，合作商店和供销社合并。1963年从供销社中划出，恢复合作商店。1966年“文化大革命”开始，公社所在地的合作商店由供销社接管。1983年，合作商店升级为大集体企业，主管部门是南通县商业联合总公司。2000年第一次改制，由县属大集体改为股份合作制，职工个人持股，成立董事会，资产通过评估出售给18个股东15.6万元，收益上缴。2004年第二次改制，退还股金12.48万元，改制成本由南通经济技术开发区财政局支付，资产实行内部拍卖，由刘建国等5人和竹东村11组购买，以净资产25.82万元上缴开发区财政局，安排在岗和退休人员的生活和医疗。竹行商业总店和分店走完半个世纪的历程，其人员各得其所，一部分年轻的职工继续活跃在商业战线上。

竹行商业总店历任负责人：

1963—1982年　黄林祥

1983—1995年　蔡志利

1996—2010年　奚卫平

第三节　农副产品购销

一、粮油市场　粮站

1.粮油市场

竹行先民来到这块新沙土，种植粮油作物以自给自足为主，也少量交易。直到合作化初期，竹行镇西市梢一直有个粮食交易点，在买卖双方价格议定后，由中介人作主量度，用石、斗、升核计量，一般常用的是斗和升。

1953年，国家对粮食实行统购统销，限令粮食和食油不能进入市场。明的粮油市场消失，交易转为地下，形成黑市，价格比国家定的要高，度量衡器由斗改成秤。

1958年，人民公社化后，各生产队一律办公共食堂。1961—1963年，粮票黑市价格每斤（500克）2元（当时白米价计划供应500克0.14元）。1961年，按中央政策精神，公社所在的镇农贸市场开放，但粮油不能进市场。

20世纪60年代初—70年代末的20年间，城镇居民以粮卡上核定的口粮和食油标准到粮站购买，农村户口居民人员一年中有几个月吃计划供应粮油的。主粮是元麦和黄玉米，偶有部分籼白米、面粉等。食油标准每人每月50克。70年代初每人每月增加到150克。夏、秋、冬三季，社员的食油是棉籽、菜籽的返还油，按油证到粮站购买。

1960—1962年连续3年粮油不准进入市场。1963年6月，根据全国粮油政策，全南通县开放粮油市场。粮油市场从半公开逐渐转变为公开。多年后粮油恢复合法、公开在市场交易，粮价平稳下降。市场交易活跃。20世纪70年代末，增加油菜种植面积，市场上菜油大量买卖。70年代末开始普及的旱改水，粮食大量增加。多年种植的三熟制，使稻谷不断增多。从此，彻底改变了吃粗粮和春季供应粮情况，变为以吃米为主食，自给自足的局面，粮油市场一片兴旺。

1983年实行联产责任制，分田到户，村民种植自由，在粮食自给的基础上，同时也种植主要油料作物——油菜。耕地面积多的南部几个沙田村，陈粮成为负担，到处求售，市场粮油饱和。1994年，粮票停止使用，结束了已经流通了三十多年的历史。

由于政策开放，各行业迅猛发展，本镇先后出现了一批贩粮专业户，他们走村进户收购粗杂粮，返卖给当地养殖户，蚕豆、赤豆等小杂粮大户专业收购，稻子卖给酒厂。菜籽兑油，换成油票，随时取货，自用之外可随时上市销售。

20世纪90年代初，水稻先后停种。2004年以后，主粮大米全靠外来供应。油菜因土地大量开发，总产逐年减少。1996年体制改革，竹行的工业发展迅猛，外来务工人员不断增加。2000年起，粮油店铺不断增加。2005年全镇除各大超市均有粮油销售外共有大小粮油店铺65家，除大米和白面主粮外，还供应元麦、玉米、荞麦、高粱等杂粮。绿豆、粟穄、黑豆等稀有小杂粮也全年上市。2010年，竹行、大安两地增加粮油店铺10余家。

以2005年计，粮油商贩从海安、如皋、如东等产粮区贩进大米250万千克，菜油5万千克。合计粮油销售和中间环节的从业者200多人。也有本地人闯到上海、南京等地，开办特色粮油店铺，年经济收入达152.9万元。

2.粮　站

1955年3月，竹行粮站建立，负责定量人员的粮油供应，核定农村三定（定产、定销、定购）工作。初时粮站设在东市梢原竹行大户黄椝臣，（三个儿子）开设三个行的东行内，沿街门面房作为粮站营业用房，里面的房屋作为仓库。1969年，东行容纳不下农村上交的粮食，在竹行村一组天星河边易地重建竹行粮站。那里水运便利，运输成本低，新建标准粮库3个，占地面积750平方米，附属仓库1个，占地120平方米，露天粮库13个，每个粮库可容5万千克。

竹行粮站年供应定量户403户，1266人，年供应粮食22.79万千克，供应农村缺粮户3000户，15540人，这些人员中国家供应1~2.5个月，全年供应粮食38.85万千克。供应定量户以大米为主，面粉为辅，有时搭配部分山芋干。供应农村缺粮户的粗细粮搭配，少量大米和面粉。

其他如玉米、元麦，20世纪60年代初期还有山芋干供应。1969年，毛泽东主席发出"深挖洞、广积粮、不称霸"的号召，农村把口粮、饲料粮以外多余粮食储备起来，立足于备战备荒。竹行粮站为群众储备粮180万千克。为防止储备粮在粮库霉变，每年伏天要翻晒一次。进入80年代，根据国内外形势变化，国家把农民的储备粮返还于民。

竹行原来是旱熟作物产区，旱改水之前主要粮食作物是一熟元麦一熟玉米加种小杂粮，农民吃大米十分困难。政府为照顾老弱病残人员和孕妇小孩吃米问题，从产米区调运大米，给确有困难的群众以杂粮换米。元麦、玉米换米按百分之八十三计算。赤豆换米不打折扣，其他杂粮换米一律打七折计算。粗粮换米每年50万千克，解决群众的吃米困难。生产队种植棉花，棉籽榨油后把油返还给农民。为菜籽兑油，每年收购菜籽12.5万千克左右。

1992年，国家粮食政策放开，允许种粮户自由买卖，取消了定量户的定量供应，粮站的作用逐渐淡化。1993年进行改制，在站人员每年上缴6万元给县粮食局，粮站实行自负盈亏。2004年彻底改制，对粮站人员进行分流，符合退休的7人办理退休手续，8位年纪轻的，一次性买断工龄后作下岗处理。对站内房屋资产（土地属国家）由龚文康、卢杰买断。国有的基层粮站走完了历史的行程。

竹行粮站历任站长：

1952—1954年 姜圣贵

1955—1956年 陆士方

1957—1979年 陆品珊

1980—1995年 龚文康

1996—1997年 季建明

1997—1998年 周秀林

1999—2010年 沈立新

2010年竹行镇主要粮油店铺情况表

表2-68

店　名	地　址	面积（平方米）	从业人员（人）	业　主
竹行农贸市场皖北粮油店	竹行农贸市场外侧72号	70	2	张　卫
胖子粮油店	竹行农贸市场外侧78号	35	2	黄一飞
竹行水面粮油店	星宇路星辰园27号东侧	37	3	张玉宏
士平粮油店	星竹园13幢37号车库	35	2	蒋士平
水新粮油店	瑞兴路竹林路口	60	2	樊水新
顾其昌粮油店	瑞兴路竹行村22组	35	2	顾其昌
永平粮店	张江公路竹东村20组	25	2	陈永平
魁修粮店	南兴路口	20	2	高魁修

二、棉、麻、薄荷油

棉花、麻、薄荷油和留兰香油，这些农产品自1953年以后不能进入市场自由买卖，属统购统销物资，由供销社统一收购外调。

20世纪50年代末人民公社时期，这几类农产品都是生产队的主要经济作物和收入分配的主要来源。供销社独家收购。棉花以衣份（纤维）长短和含水份高低论价；麻以长度（7尺为头等）分等论价；薄荷油以旋光度（脑分）论价。20世纪60年代初到70年代中期，竹行供销社每年收购棉花（子棉）20~25万千克，黄红麻90~120万千克，薄荷油1.8~2.0万千克，留兰香油0.5万千克。黄麻除留下一小部分作本地编织麻包匹外，都由供销社上解国家仓库。

1979年，棉花停种增加黄麻和薄荷种植面积。80年代中期引种红麻品种。1983年分田后，农民以种薄荷、黄红麻为主的农产品来增加经济收入。

20世纪90年代初，供销社停止收购麻，种麻逐渐停止。改革开放后，薄荷油除供销社收购外，竹行乡工业公司、农业公司等都收购，销往南通薄荷油厂或加工炼制薄荷脑，销往国内外。其间民间也多渠道收购，油价飞涨，从每500克50元，涨到200多元。但好景不长，不久便跌进谷底——每500克40元左右。乡村那些惜售看涨的储油户到2010年还藏有几十千克到几百千克不等的薄荷油。

三、生猪收购与销售

1.收　购

1962—1984年，生猪收购由竹行供销社经营。收购站设在竹行老街东首，连场地和建筑面积约500平方米。从商业部门抽出一名人员负责收购。根据出肉率高低分6个等级，最高的是特等，按等级分价。收进的生猪除统销外，其余由供销社自行宰杀销售。

1983年实行联产承包责任制，农村养猪量大增，同时逐步走向市场，没有外调任务。流散在各村的私宰户，成了合法的宰猪卖肉的经营者。于此，供销社生猪收购站停止经营活动。

2.屠　宰

屠宰场设在生猪收购站东隔壁。1962年竹行养猪进入谷底，几乎无猪可宰。1963年以后的几年中，由间歇性宰猪逐渐过渡到每天宰1~2头，节日多一点。“文化大革命”中一段年月养猪进入高峰，屠宰场大量宰猪。此外，大安镇商业部门也少量屠宰生猪。

20世纪63年—70年期间，很多大队都有私宰户。逢年过节为生产队宰猪，也有养猪户私宰私卖。

1983年以后，小刀手为养猪户宰猪，以出肉率重量计价。这种办法一直延续了十多年。1997年，镇建办屠宰场才告结束。

3.销　售

1962年后，竹行供销社在生产资料部设一张肉台，刀手兼营业员连会计3人。从开始时的不定时供应到以后几年的正常运作，每天1~2头，共50—70千克肉。上午8点多售完就打烊。为鼓励养猪户积极性，一度曾给养猪户按宰杀出肉率发肉票。

1972年以后，中央和地方出台政策鼓励养猪。农村副业门路少，大家都转向养猪行业，在短时间内猪肉大量上市。供销社门市部全天营业，村头、路口有很多自养自宰的临时肉铺。长期存在的吃肉难变成卖肉难，自上而下的口号是“吃肉为革命”。

为适应市场需求和方便顾客，供销社在设销售点外，分设下伸店。

1982年前，肉价固定，猪肉不分等级，一律500克0.76元，猪头500克0.28元，猪肘500克0.24元，猪骨500克0.08元。1983年后，猪肉逐渐向上调价，也开始分等。到20世纪末，猪肘、猪骨与猪肉价接近。2010年，大排骨价超过肉价。

从1997年开始，竹行镇生猪屠宰场实行检疫制，顾客吃上放心肉，价格随市场供需略有波动。2000年，竹行、大安两处有肉台40多张，日销售猪肉1250多千克。经济发展加上外来打工人员增多，猪肉销量逐年增多。2005年，日销量增至1500多千克。2007年起，星辰花园社区设置临时性小市场，有售肉台3张。2010年，全镇猪肉日销量达1750千克以上。

4.竹行屠宰场

1996年12月由通州市多管局核准，1997年正式筹办，其宗旨是：定点宰杀、集中检疫、统一纳税、分散经营。选定场址在竹行村3组天星横河胜利桥南路东河边。工程分两期，第一期于1998年建成投入使用，第二期于2001年底建成投入使用。两期建设，镇政府财政拨款25万元，占地面积1756平方米，建筑面积1050平方米。污水排放、处理、消毒设施一步到位。场内从业人员3人：管理人员2人，勤杂人员1人。

生猪进场屠宰，每头收10元管理费，场上负责后勤服务并调节经营户之间的矛盾，按屠宰量和价格向市、区经贸局上报。

生猪进场并加工后由兽医站工作人员按照相关规定进行严格检疫后进入商品市场，让群众吃上放心肉。从建场到2010年，货源除来自本镇自养外，其余都来自全省著名的生猪基地如东县。屠宰场建办初期，日屠宰量在30头左右。2003年起，改变营管理理念，调整服务思路，屠宰量迅速上升。2003年1月屠宰生猪2794头，2010年1月则增加到3033头。常年的2—3月、7—9月是淡季，11月到来年的1月是旺季。做到淡季不淡旺季不紧，供销两旺。

从建场到2001年的三年中，猪肉供应本乡范围内的竹行和大安两镇农贸市场。2002年开始供应点扩展到新开及富民港小区农贸市场，零星供应的有狼山镇、新港镇、通海区等地市镇的农贸市场。2009年10月开始，南兴镇的猪肉经营户全部转移到本镇屠宰场来采购猪肉。

2003—2010年竹行镇生猪屠宰情况表

表2-69　　　　单位：头

月份＼年份	2003	2004	2005	2006	2007	2008	2009	2010
1	2794	1778	2834	2490	1927	1181	2144	3033

续表2-69

月份＼年份	2003	2004	2005	2006	2007	2008	2009	2010
2	634	1127	1540	1127	1805	837	1089	2621
3	1420	1480	1400	1468	1559	358	1268	1618
4	1551	1613	1930	1971	1740	616	1718	2148
5	1727	1681	1968	1988	1598	1231	1756	2241
6	1514	1629	2040	2390	1544	1634	1982	2190
7	1342	1465	1834	2075	1504	1526	1759	2159
8	1283	1486	1578	1837	1247	1615	1484	1822
9	1431	1287	1508	2286	1080	1325	1216	1726
10	1448	1450	1618	1769	1086	1125	1578	1700
11	1266	1545	1970	1964	1070	1564	1714	1662
12	2227	1759	3591	1508	1071	2553	2914	2734
合计	18637	18228	23812	22593	17231	15565	20622	25654

2010年竹行镇生猪禽类屠宰点情况表

表2-70

店　名	地　址	面积（平方米）	从业人员（人）	业　主
竹行生猪屠宰场	天星横河胜利桥头	800	6	葛水昌
学良家禽屠宰点	竹行农贸市场东侧	30	2	沙学良
黄冲家禽加工场	竹行农贸市场东侧	30	2	黄　冲
锦法家禽屠宰店	竹行农贸市场东侧	30	2	杨锦法
素珍家禽屠宰店	竹行农贸市场东侧	30	2	杨素珍

竹行屠宰场历任场长：

1998—2001.5　　黄素成

2001.6—2002.9　　张正仁

2002.10—2010.9　葛水昌

第四节　农贸市场

解放前的漫长岁月，竹行、大安两处的集市贸易量都很小，交易的货物都很少。几块踏子板、一张肉台、两个豆腐摊，还有卖大饼、(缸爿)、馒头和油条的。夏秋两季的螃蟹很多，一般不放在踏子板上，而是用细绳串扎起来拎着叫卖。有的菜放在篮子里，成交了都有中介人（叫主人家）称重计钱，佣金约占百分之二。上午8点半左右就散市。

这种清淡景象到解放初有些改观。1953年实行统购统销，粮、油、棉等重要物资不能进入农贸市场。1958年人民公社化，市场被认为是滋生资本主义的地方，集市贸易处于半终止状态。各生产队办的食堂用的蔬菜自产，机关、学校等集体伙食单位吃菜，由公社确定镇附近的生产队供应。如现竹东村11组定为菜园队。菜园队蔬菜品种少、质量差，无选择余地，又经常断档，造成供需失衡。

1961年1月，南通县政府决定：全县60个集镇贸易市场全部恢复，并建立集市贸易服务处，使生产者之间，生产者与消费者之间进行少量的商品交换，以活跃农村经济。竹行镇是公社机关所在地，贸易市场也得到恢复。1963年开放粮油市场，可粮票、布票等无价证券不能进入市场。

1959年到“文化大革命”末期，大安镇的集市贸易比竹行镇活跃。根据上级政策，多年中有几次粮油、豆制品、猪肉等不准交易，大安镇则从没中断。大安镇偏于东南一隅，它处于竹行、南兴公社的交界点上，该市场贸易活跃，方便了群众，别的市场买不到就去大安贸易市场。

改革开放后，需要交换的货物越来越多。社会分工细，专业化程度高，荤素菜专业户全天候销售，集市贸易整天热闹非凡，适应了顾客的需求。

经济的发展表现在菜篮子上，集市交易额大大提高，竹行镇市场年交易额2001年上升到1700万元，2010年则跃升至5290万元。

一、竹行镇农贸市场

20世纪50—80年代，竹行的农副产品交易，蔬菜买卖都是露天进行。60年代初期以前，长时期设在东荒场（现农贸市场大门西北50多米处），市场面积不足400平方米。由于太拥挤，60年代中期改设在原竹行小学操场，但对学生的学习环境带来一定影响，1970年又回到东荒场。70年代中期，市场再次搬迁到竹行小学操场。买卖物资多了，人声嘈杂，脏、乱、差现象滋生，影响教学。1982年，市场迁移到供销社百货部门口的大路两边。这儿面积小而狭长，无回旋余地，影响交通，20世纪90年代初乡政府在供销社百货部北边，填平河段，投资9万元，搭建简易农贸市场，面积约500平方米，石棉瓦盖顶，共52个水泥板摊位，日交易额4~5万元，结束了长久露天交易的历史。

2000年，镇党委、政府把农贸市场建设列为重点工作，先后邀请规划、建筑设计部门考察设计，对原农贸市场实行拆迁改造。在拆旧建新的过渡时段，农贸市场搬到了镇东500米处的暂营地——原竹行九大队二队，地域达2000多平方米。2000年春夏动迁新农贸市场地段房屋，共拆迁44家，动迁房屋239间，拆迁面积5500平方米。投入资金950万元，建造营业用房143套，设摊位320个，回迁商住楼3090平方米，新建营业面积7420平方米，彩钢棚2400平方米，供电与给排水设施齐全，形成集各类农副产品、主副食品为一体的综合性、封闭式、全天候市场。处置营业用房，本着公平、公正、公开原则，委托通州市拍卖公司进行拍卖与拍租。新农贸市场于2001年年初建成并正式启用开业。市场管理人员8人，从业人员420人。

市场大门外近百米长的大路两边，百货小商铺有几十家，仅果品摊点就有23家。夏秋西瓜销售旺季，营业时间推迟到晚上10点左右。新市场一开业，日交易额比以前上升幅度很大，达到20万元左右。每逢重大传统节日，购销两旺景象更为突出。2005年后，大路两边，店铺增加到80多家，其中果品摊点就有30多家，商品种类也增加不少。2009—2010年，经常有古典名著书籍销售，俨然是商业一条路，上海的城隍庙。2005年，日交易额超40万元，2010年达60—70多万元。

2001—2010年竹行镇农贸市场年交易额统计表

表2-71　　单位：万元

年　份	交易额	年　份	交易额
2001	7200	2004	14200
2002	8280	2005	16300
2003	12400	2006	18745
2007	19000	2009	22500
2008	21000	2010	24250

竹行农贸市场负责人任职情况：

1988—1994年　张建祥

1995—2004年　王世冲

2005—2010年　沈人平

二、大安农贸市场

1984年前，大安农贸市场在大安镇的东市梢，东临南兴公社十五大队，北靠通海公社二十二大队，市场地域狭长，面积不足400平方米。解放前，依托兴隆的大安港，市场也兴隆。解放后，统购统销物资经常限令不准集市贸易，大安镇由于地理位置优越，市场公开或半公开出现那些限禁物资，因而经常有远方人们及商贩前来买卖，官方人士称其为黑镇，可大安镇人思想活跃，市场观念和商品意识强。

通兴公路修成，老大安镇显得偏僻、闭塞。改革开放后市场开放，大安镇农贸市场优势顿失，反而交通不便的劣势凸显。1984年，竹行乡政府权衡利弊后，决定把老大安镇所有店面、商铺，从狭小的老街上搬迁到正南1千米处的通兴公路边上，和先期迁来的大安供销分社会合，成为新的大安镇。农贸市场建在公路南边，西离竹行镇市场5千米，东离南兴镇市场3千米，南离南通农场市场4千米，位置适宜，市场日交易额远超老市场。20世纪90年代中期，搭建简易盖棚，成为晴雨市场。

21世纪初，通兴公路与张江公路交汇处通兴路口的农场七队北、竹行镇竹东村南、大安村西的接壤处，形成一个新的菜市场。它离大安市场不足2千米。由于交通条件好，外来务工人员较多，路边摊点越来越多。因货价，尤其是荤菜价比周边市场略低，吸引了大批原是大安镇及周边地区的顾客。大安镇农贸市场渐行萎缩。2010年年底，大安镇市场成为空壳，张江公路、通兴路口的路边菜场成为竹行东南片新兴的农贸市场。

第五节　其他服务业

一、超市、百什批发、什杂小店

1.超　市

超市的特点，除营业面积大，经营品类多外，顾客可以走进店内自行选购，具有现代商业气息。1996年竹行镇出现第一家超市，离南通城出现第一家超市仅3年。

竹行第一家超市是供销社租用农业公司（瑞兴路南）的门面房开办的，名称为竹行供销超市，营业用房面积约180平方米，从业人员6人，主要经营糖烟酒食品、日用百货，比原来供销社的品种多。服务态度有根本改变，真正体现了顾客是上帝的商业宗旨。

1997年竹行镇超市发展到3家，1998年为4家，1999年为10家，2000年发展到15家。

2000年以后，大小超市激增，别的商业店铺也同时激增。2001年为25家，2002年35家，2003年60家，2004年85家。2005年星辰花园社区建成入住，随之大量超市和商业店铺出现，全镇共有129个超市、商业店铺，从业人员650人。其中人气较旺、规模较大的超市有：上海华联超市、超越超市、文峰千家惠、上海捷强超市等连锁店，平均日销售额5万元以上。还有在星辰花园的几个规模超市，星辰园酒店东侧的美家福购物中心，上下层营业用房面积3200平方米，从业人员35人。经营品种分五金交电、家用电器、服装鞋帽、金银饰品、糖烟酒、南北货、食品饮料、通讯器材、粮油等。营业时间至晚上10点，平均日营业额超过20万元。社区东大门斜对面的超越超市、社区教育中心对面的文峰超市、往北一些的星睿超市、亚兵商场等都购销两旺。

超越超市于2009年向顾客发放会员卡，持卡者购物（部分货物）付款打九折。合理促销，顾客盈门。该超市还销售蔬菜，货源来自邻近的规模菜园。

2010年竹行镇主要超市情况表

表2-72

店　名	地　址	营业面积（平方米）	从业人员（人）	业　主
上海华联超市	竹行供销社旧址	800	12	陈建平

续表2-72

店　名	地　址	营业面积（平方米）	从业人员（人）	业　主
世纪华联超市	星宇路（星辰花园38-40号）	300	2	陈季斌
美家福购物中心	瑞兴路107号	1500	30	印思惠
超越超市	瑞兴路99号	700	20	陈　峰
文峰超市	星辰花园4-29号	400	4	施兆冲
福临门超市	瑞兴路竹行村22组	200	4	黄金杰
千家惠超市	张江公路竹东村22组	350	8	杨汉忠
上海捷强超市	瑞兴路83号	240	4	高　亮
好又多超市	张江公路竹东村7组	300	2	吴义南
亚兵商行	星辰花园17、18、31号	100	2	刘亚兵
世纪华联超市	张江公路大安村25组	100	2	季建林
大安供销超市	兴南路大安村21组	100	2	盛　超
欣欣超市	星辰园1-3号	100	4	汪毛华
永茂超市	星宇路星辰园31号	80	2	施茗月
百姓超市	星辰园2-9号	70	2	沈文昌
爱心超市	张江公路竹东村22组	50	2	薛　平
你我他超市	瑞兴路竹行村3组	50	2	胡林娟
一分利超市	竹行市场路口	50	2	樊培兰
花果山超市	瑞兴路竹行村2组	100	2	陈建喜

2.百什批发

百杂批发的一大特点：百什、日杂，烟酒、饮料等商品，批零兼营。对小商小贩按批发价供给，对零星顾客实行零售价，灵活多变，顾客需求满足为止。

2010年竹行镇主要百什批发店情况表

表2-73

店　名	地　址	营业面积（平方米）	从业人员（人）	业　主
竹行供销批发直销店	老供销社旧址北侧	100	2	范成祖
长兴批发部	瑞兴路81号	75	2	黄　袁
张岳批发部	瑞兴路69号	75	2	张　岳
宏远批发部	瑞兴路竹行村22组	100	2	杨红兵
北冰洋冷饮批发部	瑞兴路竹行村15组	80	3	王申明
美玉批发部	瑞兴路竹行村3组	50	2	沈美玉

3.什杂小店

什杂小店遍布全镇各个村落社区、路口，商品为糖、烟、酒、油、盐、酱、醋、休闲食品等及有关群众需求的日用品，群众称之为便利商店，深受欢迎。

2010年竹行镇什杂小店情况表

表2-74

店　名	地　址	营业面积（平方米）	从业人员（人）	店　主
欣欣商店	瑞兴路竹东村21组	70	2	陈　玲
汉明商店	张江公路竹东村2组	35	2	黄汉明
日用百货店	竹行市场路口	35	2	黄通琴
床上用品商店	竹行市场路	30	2	陶永德
小何茶叶店	星宇路星辰园31-33号	30	1	张福泉
康乐小百货	瑞兴路37号	50	1	陆　康
应名平日用杂货店	市场路竹行工业公司底楼	50	3	祝裕平
洪超市场商店	竹行农贸市场西17号	20	4	徐洪超
秀兰市场商店	竹行农贸市场西79号	20	2	杨秀兰
建冲小什品店	竹行农贸市场外侧70号	20	2	胡建冲
沈峰市场小什店	竹行农贸市场外侧71号	20	2	沈　峰
博乐便利店	星宇路星辰园38号	36	1	黄勤宇
裕兰商店	瑞兴路97号	20	1	吴裕兰
盘芳商店	瑞兴路谷东村7组	30	1	何盘芳
舒乐商店	星辰园44-104号	35	2	王舒乐
小姜烟酒百货店	瑞兴路竹行村21组37号	50	2	姜汝贤
薛家店商店	瑞兴路竹东村21组	20	1	张仁利
小林烟酒百货店	瑞兴路薛家店路口	20	1	张小林
亚香商店	瑞兴路竹东村21组	40	1	金亚香
玉珍什杂店	张江公路洞子港竹东村路口	40	2	尹玉珍
建山杂货商店	张江公路天星河桥	25	1	沈建山
和春小杂货店	张江公路大安村25组	10	1	杨和香
志平南北货店	张江公路大安村25组	30	2	顾志平
建超百货	通兴路竹东村25组	30	2	陆建超
宝贤商店	通兴路竹东村25组	20	2	高宝贤
俞龙商店	通兴路大安村16组	30	2	俞　龙
徐冲百货	通兴路大安村37组	35	2	徐　冲
谢雁百货	通兴南路大安村31组	100	3	谢　雁

续表2-74

店名	地址	营业面积(平方米)	从业人员(人)	店主
莹慧百货	通兴路大安村23组	50	3	范莹慧
永发商店	通兴路大安镇	30	2	陈永发
利菊小店	通兴路大安镇	25	1	樊利菊
张记日用百货店	大安村22组	25	1	张其栋
小蔡便利店	星辰园3-43号	25	1	朱雪勇
夏健饰品商店	农贸市场对面	30	1	夏 健
健丰小饰品商店	竹行农贸市场外侧75号	25	1	瞿健丰
阳阳乐园童车店	竹行市场路口	30	2	杨玲玲
春花鲜花店	瑞兴路竹行村22组	20	2	施春花
竹行鲜花店	花篮、鲜花	20	1	周晓莉
一品堂食品专卖店	瑞兴路97号	40	2	高 伟
七乐食尚休闲食品	星辰园25-6号	40	1	张 丹
婴幼儿日用品店	瑞兴路竹行村22组	40	1	范 娟

2010年竹行镇名烟名酒店情况表

表2-75

店名	地址	营业面积(平方米)	从业人员(人)	业主
竹行农贸市场外侧名烟名酒店	竹行农贸市场外侧	50	2	范亚明
鹏大名烟名酒店	星辰园东大门	130	4	崔 勤
广润发名烟名酒店	星辰园3-6号	80	2	吴忠辉
无瑕名烟名酒店	瑞兴路105号	30	1	杨俊健
世纪名烟名酒店	瑞兴路99号	60	1	刘 辉
金洋烟酒专卖店	老竹行校学西侧	35	1	范义兵
阿健烟酒店	瑞兴路竹行村14组	30	1	陈 健
雪美名烟名酒店	瑞兴路竹行村15组	20	2	施雪美
长江名烟名酒店	瑞兴路竹东村21组	60	2	陈 忠
湖南纯粮烧酒坊	瑞兴路竹行村11组	40	2	曾利辉
合计		535	18	

二、服装鞋帽

(一)服 装

解放前,竹行人穿的衣服多数用土布,俗称“粗布”,自织自裁自缝而成,都是中式,颜色和式样单调，不图美观只图穿暖。

合作化之初，竹行镇上有了缝纫机，人称洋针车，师傅叫“洋帮”裁缝，缝制的服装，如：童装、学生装、青年装、列宁装、中山装、人民装等，原材料除土布外还有“洋布”。这种衣服色泽和式样都美，很受欢迎。

1958年，把分散的以家庭为制衣点的10来个缝工（定粮户居民）组织起来，分别在竹行镇和大安镇成立缝纫生产合作社。这种新事物催生了年轻妇女想买一部缝纫机的愿望。此后，缝纫机渐渐多起来，绝大部分家庭都有。至此，男女老少服装都改用缝纫机制衣。

1983年后，竹行镇上5家缝衣铺生意都很好，冬天到春节前夕这段日子更忙。同时，竹行镇上出现第一家出售成衣的摊点，布料便宜、缝工便宜，成衣便宜，切合乡村顾客的需求，销路很好。随着家庭缝纫机普及，镇上几家缝衣铺生意越来越清淡。

90年代中期以后，成衣摊点逐渐被服饰店替代。2005年出现服饰超市，服装式样多、营业面积大。2008年，营业面积超百平方米以上的服装超市有乐家福服装城、佳年华服饰城、美家福购物中心3家。2009年，佰富华服饰广场，其规模更大。这些服装超市经营的服装以中低档为主，也有高档次的，以满足各种层次顾客的需求。

2006—2010年，增加晓琴时装店、亚娟时装、非主流时尚女装、时尚内衣、凌美精品时装等服装店铺，他们与服装超市交相辉映，共同方便顾客，繁荣市场。

此外，还有金峰服饰和紫竹林服饰等店铺，日营业额均千元以上。

经营服装买卖正逐步向专业化方向发展，有专卖童装、专卖寿衣店、专业编织店、专卖窗帘店、床上用品店、专卖（白）布联盛布业等。各种店铺共有79家，遍布在竹行街面。

（二）鞋　帽

解放前，老百姓穿的鞋子都是布制的。妇女除务农、带孩子、做家务外，必须会缝衣、做鞋，缝补衣帽鞋子等费工夫的活。十几岁的姑娘必须学会做鞋子。为过这个坎，流汗也流泪。其过程是：纳鞋底、做鞋圈，然后用鞋底线和大针缝合。新布鞋劳动人民舍不得穿着下田，男人多数穿草鞋、蒲鞋。雨天穿鞋底下面钉上防滑圆头钉的钉鞋，有的制作在布质鞋面涂上桐油防渗水的雨鞋。合作化后，经济条件好一点的人家买解放鞋和球鞋穿，这种多用途胶鞋，劳动、外出、雨天都可穿。由于胶鞋的普及，面广量大，这种鞋子的供给紧张了好多年。20世纪70年代初起，夏秋两季塑料风凉鞋风行，其光洁度似皮鞋，价格便宜，极受欢迎，男女老少都穿，各个阶层的人都穿。80年代，除供销社和商店销售这种鞋外，镇上很多摊点都出售。

20世纪70年代中期，公社综合厂增设皮鞋制作车间，几年以后分建竹行公社皮鞋厂。80年代中期，镇西首新办鸿达皮鞋厂，十五大队开办青竹皮鞋厂。皮鞋美观、耐穿很快普及开来。90年代中期，乡办的竹行皮鞋厂改制后更名为“通州市美捷皮鞋厂”，年产皮鞋10万双。远销国内外市场。厂里专设一个门市部，向社会供应。皮鞋的普及，塑料鞋很快淡出市场，传统的布鞋也很少有人穿。

美捷皮鞋厂培养了大批技术骨干，有的离厂自己制鞋、售鞋。21世纪初相继兴办红菊鞋店、宇峰鞋店、名流鞋业及凤明皮鞋店、市场路口的蔡记鞋铺、市场口的姚记鞋铺等。

从薛家店到星辰花园社区2.5千米的路段内，大小鞋帽店铺达40多家，从业人员80多人。2010年，店铺增加到50家，从业人员增加到100多人。

2010年竹行镇服饰、鞋帽、缝纫加工店情况表

表2-76

店　名	地　址	面积（平方米）	从业人员（人）	业　主
伯富华服饰广场	瑞兴路105号	600	15	蔡建斌
乐家福服饰城	瑞兴路76号	360	4	袁善平
佳年服饰城	瑞兴路竹行村22组	170	3	陈卫国
童心小屋	竹行老信用社南侧	30	2	沈庆庆
曹士美服装	竹行市场路口	30	2	曹士美
永娟服饰	竹行市场路口	20	2	徐永娟
成长快乐童装店	竹行市场路（南北方向）	20	2	高小惠
振娟羊毛衫	竹行市场路（南北方向）	40	2	施振娟
丽人轩	竹行市场路（南北方向）	25	1	黄莉莉
优酷	竹行市场路（南北方向）	25	1	陶静华
晨晨时尚	原老洪港河西建筑站	50	3	黄红梅
李莹外贸衣库	原老洪港河西建筑站	25	2	李　莹
酷宝贝童装	星宇路星辰园31-33号东侧	30	1	李阳春
米秋1912韩版潮流女装	星宇路星辰园40号东侧	45	2	范永杰
宝贝童装	星辰园3-8号	35	1	王海华
森马服饰店	瑞兴路107号	25	2	郑爱红
杨林男女外贸服饰	瑞兴路103号	30	1	杨　林
李宁专卖	瑞兴路81号隔壁	60	2	周　培
衣心衣意服装店	瑞兴路76号	30	1	严秀芳
多多羽绒服装店	瑞兴路40号	20	2	钱多多
百思特酷竹行店	瑞兴路40号东隔壁	25	1	袁叶飞
佳人女装	瑞兴路40号东侧	50	2	王　中
春花缘（竹行店）	瑞兴路58号	40	2	姚春花
红豆文胸	瑞兴路竹行村18组	24	1	郭兴池
靓宝贝	瑞兴路竹行村3组	24	1	项永香
卫红平价羽绒服	瑞兴路竹行村17组	40	2	施卫红
安琪内衣	瑞兴路竹行村17组	30	1	施卫红

续表2-76

店　名	地　址	面积（平方米）	从业人员（人）	业　主
妈咪宝贝儿童时尚	瑞兴路58号对面	40	2	周冬梅
阳光裤子行	瑞兴路58号对面	40	2	陈晓花
七彩城精品休闲童装	瑞兴路58号对面	25	1	吴　慧
韩饰竹行分店	瑞兴路竹行村21组	25	1	林雪莲
今日主角 晓琴	瑞兴路派出所路口	25	1	陆晓琴
ABCD裤子专卖店	瑞兴路竹行村22组	30	2	沈　燕
金色童年精品童装	瑞兴路竹行村22组	25	1	陆红珍
新燕服饰	瑞兴路竹行村22组	20	1	蔡新燕
洪平时尚服饰	瑞兴路竹行村22组	40	2	戴洪平
水兰精品时装	瑞兴路竹行村24组	30	1	王水兰
小芬服饰专卖	瑞兴路竹行村24组	30	1	陈锦芬
水兰服饰	瑞兴路竹行村24组	40	1	王水兰
凌妹精品时装	瑞兴路竹行村24组	25	1	黄卫东
大拇哥童鞋	竹行市场路口工业公司门口	30	2	祝裕超
红菊鞋店	竹行市场路口（南北方向）	25	1	杜红菊
百姓鞋店	竹行市场路口（南北方向）	25	1	杨惠娟
童乐坊	瑞兴路竹行村17组	30	2	陈金花
非常鞋业	瑞兴路竹行村22组	60	2	钱　辉
安踏（鞋业）	瑞兴路竹行村22组	40	2	徐广智
宇峰鞋店	瑞兴路竹行村22组	18	2	施正其
名流鞋业	瑞兴路竹行村22组	80	3	顾赛华
竹行美捷皮鞋店	瑞兴路5号	120	3	孙佳莹
凤明皮鞋店	瑞兴路43号	80	1	郭凤明
傅光加工羽绒服	竹行市场对面	35	5	傅　光
利娟羽绒服加工	竹行市场外侧77号	20	4	陈家丽
黄凤时装加工	星宇路星辰园45–55号东侧	45	1	黄裕忠
华家那定做单绒衫羽绒服	星辰2–3号	35	1	陶荣华
小妹制衣店	瑞兴路竹行路口	25	1	龚玉红
春芳缝纫店	瑞兴路中心大队	30	1	陆惠珍
施菊缝纫店	星竹园8号车库	20	1	施　菊
亚香缝纫店	瑞兴路竹行村3组	30	2	俞亚香
瑞平服装设计制作坊	瑞兴路竹行村22组	40	2	施瑞平

续表2-76

店　名	地　址	面积（平方米）	从业人员（人）	业　主
沈超服装店（加工）	瑞兴路竹东村11组	70	2	沈　超
黄凤时装加工店	瑞兴路竹东村11组	80	4	黄　凤
亚菊缝纫店	兴南路竹行大安村16组	15	1	徐亚菊
加文窗帘布艺	瑞兴路竹行村17组	30	1	胡加文
温雅布艺窗帘	瑞兴路竹行村2组	25	1	包红娣
美家居窗帘	瑞兴路竹行村3组	25	1	蒋　勇
好人缘窗帘	瑞兴路竹南村7组	25	1	钱晓燕
陈杰帘想布艺	星宇路星辰园33-36号东侧	30	2	陈　杰
雅居窗帘布艺	星辰园1-7号	50	1	顾秀红
联盛窗帘	星辰园2-1号	50	1	虞益明
晓晨精品毛线	星辰园1-7号	30	1	陈福连
克勤羊绒天地	瑞兴路76号	40	2	朱克勤
黄卫华羊绒毛线编织	老卫生院老中药房	40	1	黄卫华
小米羊绒衫厂直销	瑞兴路竹行村3组	100	4	宋晓跃
鄂尔多斯羊绒	瑞兴路58号	25	1	陈　华
世芹编织加工羊毛衫	瑞兴路43号对面	30	1	季兰芹
一品绣庄	竹行市场路口	30	1	施　丽
陈洋服装店	星宇路星辰园33号东侧	25	2	陈美华
合计		3806	148	

三、酒家饭店

1956年前，竹行镇上有小酒店、小饭店，还有卖馒头、缸爿和油条的早点店，都是私营的。1956年公私合营，建立商业总店。1958年，由商业总店出面办饭店，地点在竹行镇老街东首，竹行人习惯称之为饮食部。其面积约100平方米，营业人员2人，经营品种只有馒头、面条、米饭、米酒和家常菜。1958年以后，吃饭、喝酒都要粮票，使本来清淡生意更加清淡了。逢到农民解粮、卖棉、麻和薄荷油或许能坐一下饭店，几两老烧酒加上三角钱猪头肉、油蚕豆等，算是一顿美餐。

在此同时，商业总店在大安镇也办饮食部，情况和竹行镇饭店相似。

1983年以后，竹行的乡镇企业开始发展，农民有钱了，不一定用粮票了，供应议价粮饭，镇上饮食业迅速兴旺起来。几年中，个体小饭店大量兴办。1983年镇西办起了第一家私人饭店，名为新发饭店。1996年开办永新饭店，市场路口西的兆基饭店、试试看饭店、东的薛家店威亚娜酒家等生意非常兴隆。到1990年，村舍要道处纷纷办起了无名小饭店，并兼卖熟菜。

农忙季节，做熟食生意的人还下乡穿埭进田叫卖。

1990—2005年，镇上先后办起了威亚娜、试试看、蓝梦、红峰、平乐（工业公司内）等21家中型酒家、饭店。大一点的是新正酒店、鑫鑫大酒店、新感觉酒家、长江饭店等10家。

2007年，长江大桥北接线，收费站和转乘地的神农村，办起了富有农村特色的酒店，名为农家大食堂。从业人员8人，大小包间5个。1997年，王佩恒、王守成父子在“一六”滩建办“休闲农庄”开办的酒店正式对外营业，方便游客。游客多，餐饮规模较大。2010年，新落成的生态园餐厅，其规模已扩展到同时能供近1300余人同时就餐。有的在人造湖中的小船上就餐，有的在林木遮蔽的森林中就餐，有野餐的感觉，其食品具有竹行地区的乡土特色。

酒家、饭店，以2005年计，年营业额最低的也有30多万元，最高的如新正酒店、休闲农庄等达到100~200多万元。

其他小饭店、小酒店、卤菜店、熟食店21家。到2010年，则增加到30多家。此外，还有不少茶食、糕点和路边小吃店铺。90年代末到2010年，镇上出现了几个川菜、湘菜酒店，这些菜肴辣味重，使外来打工者吃到了家乡菜，也让本地人学着吃辣，这是饮食文化的一种交流。

2006年，星辰花园社区建成，居民入住，瑞兴路与东方大道交叉处的星辰园酒店开业，其建筑面积2000平方米，从业人员21人，大小包间8个，可提供300人同时就餐。2007年营业额150万元，2010年提升至200万元。吃寿面、办婚宴，还有都市式的年夜饭，主事人多选择档次较高的星辰园酒店。主体顾客是星辰花园社区及周边居民，消费面已经扩展到全镇。

中型以上的酒家、饭店都有空调设备、卫生设施，多数有卡拉ok娱乐设施。

2010年竹行镇酒家饭店情况表

表2-77

店　名	地　址	面积（平方米）	从业人员（人）	业　主
星辰园酒家	瑞兴路109号	300	18	蒋校冲
嘉诚大酒店	星辰园25-1号星宇路口	250	9	陈欣荣
正新大酒店	老竹行小学西侧，自来水厂北	350	6	沈小飞
洪峰酒家	张江公路竹行村20组	130	4	吴佳佳
长江酒家	瑞兴路39号	120	3	孙祖鹏
平乐酒家	工业公司院内	150	5	薛　平
小伟酒家	瑞兴路97号	160	3	黄　慧
建国酒家	星辰园4-7号	100	2	毛建国
红峰酒家	张江公路竹东村10组	90	4	陈　健

续表2-77

店　名	地　址	面积（平方米）	从业人员（人）	业　主
重庆好的烧鸡公	星辰园4-9号	70	4	刘万平
利民饭庄	张江公路竹东村22组	60	3	季红石
小明饭店	星辰园2-7号	80	4	储具兵
小刘饭店	星辰园3-4号	80	5	刘总会
精心快餐店	瑞兴路竹行村4组	60	2	万跃兴
佳家快餐饭店	张江公路竹东村22组	65	2	徐友芳
老施饭店	星辰园3-9号	50	2	施　明
家常菜馆	星宇路星辰园38#东侧	50	2	李　俊
安徽土家菜	张江公路竹东村22组	40	2	张学荣
重庆 门烧鸡公	瑞兴路竹行村22组市场路口	100	2	刘秀仪
培丰小吃部	瑞兴路81号	25	2	曾培丰
沙县小吃竹行店	瑞兴路81号	60	2	周汇丰
沙县小吃	星宇路星辰园27号东侧	50	3	陈兴全
好再来小吃	星宇路星辰园33号东侧	50	3	吴银娟
聚朋小吃	星宇路星辰园33号东侧	45	3	王曦慧
幸福时光串吧	星宇路星辰园40号东侧	25	2	武曾清
每日早餐小吃	星宇路星辰园25-27号东侧	70	1	徐金英
竹行农贸市场早日早餐	竹行农贸市场外侧	80	4	单天峰
农贸市场早餐店	竹行农贸市场外侧	80	2	曹荣奇
忠卫饮料店	薛家店竹东村22组	20	1	杨忠卫
德华早餐店	瑞兴路竹行村3组	40	2	俞德华
培芳糕店	竹行市场路（南北）	25	2	黄培芳
一面之缘面店	竹行农贸市场外侧	30	2	张小冬
兰州拉面馆	原竹行兽医站	40	4	张时斌
清真兰州拉面馆	瑞兴路竹东村21组	30	3	马　云
程军兰州拉面	南兴路口	20	2	程军全
西北拉面王	星辰园1-4号	30	3	马安有
天天香馒头店	星辰园29-2号	60	2	王啊粉
国良馒头店	张江公路竹东村22组	35	3	张国良
小银馒头店	南兴路口	20	2	江小银
鑫鑫面店	竹行市场路	20	2	何　东

2010年竹行镇食品店情况表

表2-78

店 名	地 址	面积(平方米)	从业人员(人)	业 主
爱心蛋糕店	竹行市场路(南北)	30	2	薛水龙
吉香园西饼屋	星辰园1-1号	97	5	王建文
万里香西饼	瑞兴路59号	60	2	蒋余华
皇冠西饼屋	瑞兴路竹行村22组	35	3	张广标
脆饼加工坊	兴南路竹行大安村23组	30	2	范生康
道胜烤鸭店	竹行农贸市场外侧	40	2	陈道胜
卤神店	竹行农贸市场外侧	40	2	杨良闯
一品堂食品专卖店	瑞兴路97号	40	2	高 伟
七乐食尚休闲食品	星辰园25-6号	35	1	张 丹
上海小厨房熟食连锁	瑞兴路市场路口(北)	80	3	李应文
康新熟食店	竹行农贸市场对面	80	5	范玉杰
紫燕百味鸡	信用社南侧(农村商业银行)	40	2	余 胜
李光豆制品加工店	兴南路大安村33组	40	2	施惠光
婴幼儿食品用品店	瑞兴路竹行村22组	40	1	范 娟

四、旅 社

旅社，合作化前称栈房、客栈，以后改称旅馆，单位办的不对外营业的叫招待所。改革开放后，多数人叫旅社，条件好的称宾馆。

1956年，竹行镇商业总店建立后开始有旅社，由饭店附营，设有床位4个，服务员兼摆货摊。直到改革开放前，很少有人入住。20世纪80年代中期，社队工业发展业务往来多，流动人员逐渐增多。1985年，政策放宽，激发了个体旅社业的兴起。1987年，竹行镇老街徐民生率先办起民生旅社、徐立义所办的徐家招待所，2间房、12个床位。1990年，竹行村22组村民办起了春光旅社，营业面积80平方米，4个房间，10个床位。1992年到2009年，竹行村3组和22组，先后办起了友谊旅社、秋叶旅社、春竹旅社、佳佳旅社和天和旅社。这些旅社都分布在竹行镇瑞兴路两边，床位都在10个以上。

星辰花园社区先后办的天和旅馆有十几个房间。怡家商务宾馆，经营面积650平方米，有25个房间，40个床位。2010年全年入住1000人次以上。

竹行镇的2家较大的酒家、饭店兼营旅馆业，星辰园酒店，房间12个，床位48个。远离竹行镇10多公里的世外桃源休闲农庄，设10个包间，48个床位。欧式住房，面对小桥流水，令人心旷神怡。

2010年，全镇有商业旅社12家，床位240个。客房配有电视、空调和现代生活设施，管理到位，与公安联网，确保安全。

2010年竹行镇宾馆、旅社情况表

表2-79

店　名	地　址	面积（平方米）	从业人员（人）	业　主
怡家商务宾馆	星辰园东大门	800	4	陈　琪
星辰园酒店宾馆	瑞兴路109号	400	2	蒋校冲
迪尼斯宾馆	瑞兴路37号	486	2	徐志勇
洁诚旅社	瑞兴路40号	400	2	刘小芹
天和之星旅社	瑞兴路103号	130	2	陈志强
秋叶旅社	瑞兴路竹行村22组44号	250	2	邱会冲
春竹旅社	瑞兴路竹行村22组	300	3	陈裕芳
春光旅社	瑞兴路竹行村22组	250	2	张学孝
友谊旅社	瑞兴路竹行村22组	250	2	陆惠珍
佳佳旅社	瑞兴路竹行村22组	150	2	刘卫萍
迎宾旅社	竹行村11组	150	2	倪亚兰

五、浴　室

改革开放以前，竹行人普遍用木制小脚盆洗浴。由于缺柴，不能保证洗上温水澡。1983年后，柴禾渐多，农村普遍洗上热水澡，而且使用大浴盆。几年后，轻便、价廉的塑料大浴盆代替了木质的，很受欢迎。

20世纪90年代初，农村生活条件普遍提高，楼房激增，一般都建浴室，设施齐全。

90年代末，竹行镇上办起了第一家商业浴室，名为竹行浴室。生意非常好，2001—2005年，镇上先后办起了逍遥池、天星岛、天涯海角、水中花、黄金海岸等9家浴室，其中黄金海岸规模最大，营业面积480平方米。

2006—2007年，又办了4家，其中大众浴室营业面积近200平方米。东方迪尼斯规模最大，总营业面积近1000平方米。

2010年，专业的足浴店有11家。分别是知足常乐、小青足浴、伊甸园足浴中心、秀秀足疗休闲、小陈足浴、星光灿烂足浴、晓萍足浴、名羽足浴、足浴中心、御足堂足浴中心、亮点足浴。几年中新建办的足浴店极大多数在星辰花园社区周围。

浴室服务项目除洗澡外，还有桑拿、擦背、敲背、推拿、扦脚、按摩、拔罐等。2010年全镇浴室从业人员121人，营业额884万元。

2010年竹行镇浴室(足浴)情况表

表2-80

店名	地址	面积(平方米)	从业人员(人)	业主
天星岛沐浴城	竹行农贸市场西北角	300	10	王海录
黄金海岸	瑞兴路109号	300	10	陈忠平
东方迪尼斯温泉	瑞兴路37号	438	8	徐志勇
水中花浴室	瑞兴路竹南村1组	300	6	崔洪飞
天涯海角浴室	瑞兴路竹东村21组	200	6	龚小飞
金伟浴室	张江公路竹东村20组	200	2	姜玉芹
逍遥池浴室	南兴路口竹东村25组	129	5	孙华祥
竹行浴室	瑞兴路竹东村21组	70	2	杨光平
大众浴室	洪港路	150	4	吴莲爱
清泉浴室	老竹行卫生院西侧	120	2	顾小来
名羽足疗	星宇路星辰园30-33号东侧	300	4	朱 燕
星光灿烂足浴	星辰园37-16号	170	4	颜中贵
小陈足浴	竹行农贸市场对面	120	3	陈华英
灵芝养生馆足浴	星宇路星辰园25-27号东侧	40	3	周 燕
足浴中心	星辰园2-3号	100	3	刘善娣
御足堂足浴中心	星辰园4-1号	170	3	毛连开
亮点足疗	瑞兴路谷东村7组	30	3	陆小亮
秀秀足疗休闲	瑞兴路37号	80	3	陈德召
知足常乐休闲	瑞兴路竹东村21组	120	4	丁 玲
小青足浴	瑞兴路竹东村21组	120	4	罗小莉
伊甸缘足浴中心	瑞兴路竹东村21组	80	3	伊甸缘

六、美发美容

1958年前,理发师傅都是个体经营的。竹行、大安两条镇街上各有一爿理发店,其余都分散在农村。有的挑着担子走街串户,叫喊剃头(俗称剃头郎)。男子1—2个月理一次发,女子通常不理发,长了与伙伴互剪,结婚时也这样。男子的发型有平顶和西装两种,有的老人剃光头。

1958年,竹行镇上理发店纳入合作商业系统,受商业总店领导。分散在乡下的理发从业人员只能偷着业余挣钱。1966年"文化大革命"开始前后,各个大队都设有个体理发店。1973年,各大队都建立各小手工业者参加的"五·七"服务站,其中有理发人员,群众理发购理发票,每人次0.05元,理发员收钱上交记工分,年终兑现。几年中,竹行老街上的合作理发店分分合合几次，店址也几经变换。到1975年才正常起来，独立核算。1980年，商业总店管理的3位理发师调入农贸市场。1978年，全公社“五·七”服务站先后解散，农村集镇上理发店全为个体经营了。

20世纪80年代，电轧剪全部取代了传统的手工轧剪，操作速度快，方便。思想解放带来发型的大变化，显示了时代个性信息。男青年喜留长发，女青年时兴烫发。进入21世纪染发的多了起来，中老年人把白发染成黑发。年轻女子乐于把黑发染成黄、红色发。同城里人一样，美发成为一种时尚。

1985年，竹行镇上办起了第一家美发美容店，名花神美发美容店。到2005年，镇上涌现了一大批美发美容店，比较有名的是富生美容院、一鸣美容美发店、名角女士生活馆等，连普通理发店在内，全镇共有美容美发店52家，从业人员211人，其中营业用房超过80平方米，同时能为10名以上顾客服务的美容美发店12个。2008年，星辰花园社区东大门，富士美容香薰的美发美容院建成营业，这是该社区最有规模的店面。

这些高、中、低档不同的店面，服务项目除最基本的理发、洗头、修面外，还有吹风、染发、敲背 、按摩、皮肤护理、新娘化妆等，满足了各种层次顾客的需求。

2010年竹行镇美容、美发店情况表

表2-81

店　名	地　址	面积（平方米）	从业人员（人）	业　主
印第安美容美发	星宇路星辰园31-33号东侧	30	2	赵茅玲
富生美容香薰SPA会所	星辰园2-10号	50	6	陈亚云
易美、美容、美体养生会所	星辰园4-5号	70	2	俞美蓬
俐雅美容养生会所	瑞兴路43号	35	1	姜水冲
名派美容美发连锁竹行店	星辰园1-9号	150	12	李广菁
百丽造型美容美发	星辰园1-2号	85	13	陈利峰
时尚理发	竹行农贸市场外侧69号	15	1	杜凤玲
仔造型	原老洪港河沿竹行村2组	15	1	沈长锡
士芳理发室	原老洪港河沿竹行村2组	20	1	钱士芳
时尚烫染店	星宇路星辰园38号	30	2	尹金惠
特别特美发	星辰园2-4号	45	5	樊　健
亮剪理发	星辰园2-6号	45	3	倪冬亮
新格调时尚造型	星辰园3-5号	35	1	葛林冲
小马造型	星辰园37-8号	40	2	马江涛
祖昌理发店	星辰园12号车库	15	1	祖　昌
祖辉理发店	星辰园16-37号车库	15	1	曹祖辉

续表2-81

店　名	地　址	面积（平方米）	从业人员（人）	业　主
三狗理发店	星竹园13-13号车库	15	1	黄三狗
小小发屋	瑞兴路竹行路口	35	1	张新芳
亮艺发型设计	瑞兴路69号	20	2	黄　亮
小朱理发屋	星竹园8-7号车库	20	1	朱秀达
非主流发型设计	瑞兴路58号竹行村3组	25	1	唐传东
剪艺理发	瑞兴路市场路口东侧	40	2	龚　红
五姐发廊	瑞兴路竹东村11组	30	2	姜水新
王英理发店	瑞兴路竹东村4组	25	1	王　英
梦兰美发	瑞兴路竹东村1组	25	2	黄海兰
特剪理发	瑞兴路竹东村21组	30	2	陈　晨
超凡专业美发	张江公路竹东村22组	30	2	杨　毅
凤鸣理发小店	薛家店竹东村22组	10	1	郭凤鸣
裕惠理发店	兴南路北竹行大安村15组	15	1	茅裕惠
小黄理发店	兴南路北竹行大安村16组	15	1	黄祝平
赛众理发店	星辰园43-7号门面	25	1	赛　众
亲宝宝母婴生活馆	星辰园2-3号	80	2	张　亮

七、建材、装潢

250年前，竹行先民来到这块新沙土时，全住田头舍，材料是荡芦和茅草。以后建房材料逐渐改变，集镇砖木结构为主，农村草屋居多。解放前夕围垦的南部沙田，居住的房屋全是草棚，相当一部分人住环筒舍，褒称“滚龙厅”。用芦头推成芦笆、卷成筒形，上盖茅草，面积只有十几平方米，这就是一般老百姓的居住房。

1958年，木材、砖瓦等建材供应极为紧缺。“文化大革命”时期，对建材物资均有计划分配，每年每个大队分配数在1~2立方米左右。毛竹计划也很紧。计划分配的砖瓦，产自石港镇的轮窑，主要分配各大队副业场，其次优先供应的对象是退伍、转业军人和下乡插队知青。当时，供销社也曾采购过几次杂树棍作椽子用，多为计划供应。一般人家危房改造或子女结婚砌房，就只有自想办法。到金沙镇以北几个公社买冷板（理出死人尸骨后的棺材板）作椽子和门窗。有的农户自种刺槐树和楝树。20世纪70年代初到80年代中期，桁料、梁柱都用水泥浇制。60—70年代，一、二、三、五、十三、十四、十五等大队先后办了小窑，解决了农村建房所缺的砖瓦等问题，由于产量有限，也实行计划分配。未分配到计划的人家，自筹燃草换砖瓦。

20世纪70年代初，公社为解决砖瓦供应困难问题，选址在中心大队的中心小队办了轮窑。同时建办预制场，从浇制水泥桁料和梁柱转型改浇楼板、楼梯板。70年代末由启东、海门等周边县市贩运来本地销售砖瓦，市场逐渐开放，砖瓦很快敞开供应。为保护耕地，各大队先后停办小窑。

1984年开始，木材市场纷纷建起。北临的张芝山镇有几处木材销售点。川港镇东边的“老太婆”店，与海门的天补镇交界，木材数量更多，挑选余地更大。本乡工业公司先后采购到千立方米的木材投放市场，加上星星点点的木材贩子，整个木材市场供销旺盛，趋于平稳。

1984年以后几年，本镇老百姓开始改造危房和建造住房。竹行掀起建房热，并不断升温。20世纪90年代初，草房不见了，连三棚（猪棚、羊棚、坑棚）也由砖瓦建造。一些有条件的农民砌起了楼房，几年中，竹行农村出现的第一批楼房。90年代中，海洪圩村在长洪河南，由江南人来开办水泥楼板预制场，解决了本地砌房供需矛盾。2010年，村民百分之八十以上住的是楼房。

建房材料从初起的芦草竹木结构逐渐过渡到砖草结构，再到砖木结构。2005年以后的砖混结构，不用楼板而是现浇，增加了抗风抗震力，传统的秦砖汉瓦逐渐淡出现代建筑市场。除少数门扇和地板用些木材外，其余以铝合金、塑钢来替代。

2005年前，楼房装潢材料多数去南通采购。2005年，星辰花园小区建成，住户装潢普遍很讲究，带来了商机，大批建材、装潢店涌现，品种和规格多样，有建材、五金、家电、水暖器材、木材、地板、瓷砖、油漆、玻璃、家具等3321种，涵盖方方面面，足不出户就能买到。全镇共有这种店铺33家，极大多数在星辰花园，年销售额3500余万元。专业装潢人员1300多人，主要服务项目有：调整设计住房结构、墙面粉刷装饰贴砖、地面铺设、浴室装潢、门窗、油漆、灯具配置、防盗窗安装和家电家具添置等。

星辰花园居民不断入住，装潢业务发展。2010年，星竹花园建成入住，装饰、装修业务不断扩大，新的建材、装潢店几年中又有了发展。

2010年竹行镇五金交电、五金建材、装潢店情况表

表2-82

店　名	地　址	面积（平方米）	从业人员（人）	法人代表
通达彩钢经营部	张江公路竹东村20组	360	4	卢　平
建平五金店	瑞兴路43号	100	2	侯建平
南通鸿运来建材装璜	星宇路星辰园27-30号东侧	100	1	郭学星
鑫盛装璜材料经营部	星辰园25-4号	160	2	朱广平
冠星王牌陶瓷店	星辰园26-4号	120	2	黄红珍
裕成陶瓷	瑞兴路竹行村6组	200	2	周　静
星辰五金建材	瑞兴路85号	120	2	周亚新

续表2-82

店　名	地　址	面积（平方米）	从业人员（人）	法人代表
新兴五金装璜厨具	瑞兴路69号对面	120	3	吴建华
大理石、石英石	瑞兴路竹东村4组	150	2	郑国洪
亚斌建材	张江公路竹东村1组	240	2	施亚斌
小五金建材	兴南路大安村33组	250	3	施永平
徐平五金电器	竹行农贸市场外侧	70	2	徐　平
永明电器	竹行农贸市场对面	50	2	曹仲良
温控仪表	星辰园4-4号	35	2	刘　裕
海尔专卖店（星辰店）	星辰园29-5号	80	2	孙协丰
南通顾家电器竹行专卖店	星辰园37-3.4号	80	2	孙明亮
海涛电器电线电缆	瑞兴路龙田村16组	30	2	元佰辉
九牧竹行店	瑞兴路81号	36	1	周永华
南通市安通金属材料有限公司	瑞兴路69号	40	3	史何彬
宏大电动工具商行	瑞兴路竹行村3组	40	2	刘　华
竹行东伸电动工具	瑞兴路58号	40	2	蒋国兴
五金电器减速机械总汇	瑞兴路竹行镇吴海红宅	45	3	张雪初
长江铝合金门窗总汇	瑞兴路竹东村11组	40	1	朱元辉
竹行华盛家电	瑞兴路36号	80	2	黄云标
海尔专卖竹行店	瑞兴路竹东村4组	70	2	沈　勇
正泰电器店	瑞兴路28号	25	2	傅禾婷
南通市正泰机电物资有限公司	瑞兴路竹东村21组薛家店路口	40	2	林忠阻
塑钢铝合金不锈钢	瑞兴路竹东村21组	40	2	黄正明
志明彩钢	竹行镇薛家店	60	2	陈汉珠
竹行永乐家电广场	瑞兴路竹行村22组	80	1	吴海燕
南通帆澄机电销售有限公司	张江公路竹行后丰村10组	30	2	殷蔼新
南通宝昌钢铁有限公司	张江公路竹行后丰村10组	50	3	彭万宝
如艺五金店	张江公路竹东村22组	35	2	潘爱峰
南通淳熙硬质合金有限公司	竹行公路竹东村21组	90	2	王思忠
振兴彩钢销售	张江公路竹行大安村25组	50	4	还华生
高隆卷闸门	南兴路口	50	2	路　喜
诚成水电五金	星宇路星竹园31号	84	2	顾　平
中意装璜材料总汇	星宇路星辰园27号	60	2	茅忠平

续表2-82

店　名	地　址	面积（平方米）	从业人员（人）	法人代表
本华铝合金不锈钢装璜	星宇路星辰园31-33号东侧	50	2	范本华
名帝家园陶瓷	星宇路星辰园35号	95	2	蒋宏平
宋强玻璃店	星宇路星辰园35号	25	3	宋　强
雷士照明	星辰园26-1号	85	2	季　平
上海浩杰整体橱柜	星辰园26-2号	75	2	黄建华
虎平装璜	星辰园26-3号	85	3	朱虎平
多尔贝玻璃店	星辰园1-4号	30	1	夏卫平
永鑫五金建材总汇	星辰园1-8号	84	2	倪　彬
瑞星综合经营部	星辰园2-1号	90	2	樊祥锡
通盛彩钢	星辰园4-2号	75	2	彭外安
德明彩钢	星辰园4-8号	80	2	施德明
华鼎建材	瑞兴路103号	60	3	葛祖平
通盛彩钢	瑞兴路103号	50	2	徐正和
家顺五金装潢	瑞兴路81号	40	2	宋元明
杨忠平玻璃店	瑞兴路竹行村姚金宅	60	3	杨忠平
建萠五金装潢	瑞兴路竹行村3组	50	2	杨建平
立帮漆竹行店（五一油漆）	瑞兴路竹行村21组	80	2	施祖平
惠民油漆店	瑞兴路竹行村22组	50	1	沈惠明
永顺五金电器水暖建材经营部	瑞兴路竹行村22组	35	3	陈培樵
顺发五金装潢	瑞兴路竹行村22组	54	2	陆志冲
建平五金装潢	瑞兴路竹东村11组	40	1	侯建平
嘉丽士油漆店	瑞兴路竹东村11组	40	1	马亚兵
五金装潢	瑞兴路竹东村11组	90	2	顾　江
文忠玻璃店	瑞兴路竹东村11组	40	2	顾文忠
居家美饰五金装璜总汇	瑞兴路立交桥西侧	50	2	薛　卫
宝马钢材销售部	瑞兴路37号	60	3	陈孝志
恒顺洁亮陶瓷	瑞兴路37号	40	2	苏红兵
安徽雄风起重机械有限公司	瑞兴路53竹东村21组	75	2	殷世荣
玉良大理石	张江公路后丰村10组	20	1	吴玉良
张松涂料店	兴南路竹行大安村44组	20	2	张　松
益飞装璜建材总汇	兴南路竹行大安村33组	80	2	顾益飞
忠良陶瓷	星宇路星竹园31号	88	2人	茅忠良

续表2-82

店 名	地 址	面积（平方米）	从业人员（人）	法人代表
苏州德能电机有限公司竹行直销处	瑞兴路竹东村21组	80	2	范义康
兴化市亚盛金属制品竹行办事处	瑞兴路竹东村21组	130	5	施志超
上海无阻贸易有限公司	瑞兴路竹东村21组	25	2	曲建孝
山西天祥机械光线排杆江苏服务中心	瑞兴路竹东村21组	50	2	杜瑞杰
河南中洲起重集团驻南通人办事处	张江公路竹东村22组（薛家店）	25	2	卢俊朝
志彬电瓶总汇	张江公路竹东村12组	30	1	黄志彬
南通裕 轴承有限公司竹行办事处	星辰园4–5号	70	3	吴渔宝
AAA轴承三角带大全	瑞兴路竹东村11组	30	1	郭永杰
南通立特轴承有限公司	瑞兴路竹东村1组	18	1	张书国
苏闽五金轴承总汇	瑞兴路竹东村4组	30	2	倪志康
南通瑞业轴承配套有限公司竹行分店	瑞兴路竹东村21组	15	1	张段虎
哈轴第三分公司	瑞兴路竹东村21组	15	2	王云强
天意分公司（轴承）	瑞兴路竹东村21组	20	2	季建明
上海龙奥五金机电有限公司瓦洽洛轴承	瑞兴路竹东村21组	25	2	王 斌
哈尔滨轴承	瑞兴路竹东村21组	30	1	施扣法
兴旺轴承店	张江公路竹东村22组	25	2	王丽明
拉丝模直销处	瑞兴路竹行街道	50	2	施 毅
聚晶模直销处	瑞兴路竹东村11组	70	1	姚 健
通一模具	瑞兴路竹东村11组	20	2	管建新

八、修车　洗车

1.修　车

（1）自行车

解放前，竹行地域有几辆自行车，合作化时期有所增加。“文化大革命”时期，自行车难买，零件难配，车胎难换，20世纪70年代中期起，农村自行车不断增加。自行车用途广泛，如交通、载人、运输等，老百姓把自行车作为自己的代步、运输工具。

自行车多了，修理店也不断增加。竹行、大安两镇，各大队（村、居）都有1~2个修车点。80年代初，自行车敞开供应，农村自行车不断增加，修车点也逐渐增设。

（2）摩托车、电瓶车

20世纪80年代初始，竹行出现摩托车。其后几年车辆增多，修理摩托车渐成行业。90年代末，摩托车普遍，修理处增加不少。有的专修，有的兼修自行车。

90年代中期，电瓶车出现，这种车型较摩托车小而轻便，很受广大群众欢迎，几年间很快普及，修理电瓶车的业务也多了起来。

（3）拖拉机

20世纪70年代中期前，手扶拖拉机修理要到南通或金沙。其后竹行公社建办农机管理站，站上派员学习修机技术。自此，一般修理就不必远行，可自行处理。90年代初起，农村拖拉机增多，修理业务随之增多，个体修理户便产生。

2005年，修车点全镇有28家，2010年增加到40多家。

（4）汽车、农用车

生产发展，生活提高，道路形成的网络化和硬质化。竹行工业的迅猛发展，全镇的各种大、中、小型机动车辆和外来运载车辆日益增多。1990年1月，商机催生了本乡镇第一家薛家店汽车修配厂——建新汽车修理有限公司。1994年，竹行中学在薛家店西300米处建办桃李汽修厂。从20世纪90年代中期开始，类似卡车的农用车问世，并很快普及。汽修厂的修理面越来越广，修车生意兴隆。2005年至2007年先后办起富安达汽修厂。飞腾汽修、快捷汽修、先锋汽车美容和华锋汽车维护中心。

各家汽修厂，服务项目有整修、年检、修理、配零件、打蜡、喷漆、贴纸、打黄油、补胎、换胎等。2005年，从业人员80余人，年修配量约1.2万辆次。2010年约2万辆次。

2.洗　车

2000年，镇上出现一家洗车店。2005年发展为7家，从业人员21人，年洗车量30580辆次，营业额40.58万元。2006—2010年增加4家，分别是车饰界洗车店、零概念洗车店、新亚汽车美容中心、华锋汽车维护中心。2010年，这些洗车店共洗车近5万辆次。

2010年竹行镇汽车、摩托车、电动车维修、销售店情况表

表2-83

店　名	地　址	面积（平方米）	从业人员（人）	业　主
桃李汽修厂	瑞兴路23号	300	7	方一贯
南通市建新汽车修理有限公司	张江公路竹东村18组	400	6	盛建新
南通市富安达汽车修配	张江公路竹行大安村25组	350	2	徐建冲
飞腾汽配	瑞兴路立交桥西侧	60	1	泰　飞
汽配店	张江公路竹东村1组	40	2	林　益

续表2-83

店　名	地　址	面积(平方米)	从业人员(人)	业　主
华峰汽车维护中心	星辰园4-10号	70	3	季春华
汽车补胎保养	瑞兴路长江钢丝绳厂对面	30	1	孙　伟
零概念养车坊	瑞兴路竹东村4组	120	3	马小松
友旺汽车养护中心	瑞兴路农行对面	70	2	龚　平
车先锋连锁店	瑞兴路竹行村15组	120	3	李少勇
新亚汽车美容中心	张江公路竹东村22组薛家店	200	4	胡　娟
车之友养车坊	张江公路竹东村22组	100	1	瞿贤根
扬扬爱车美容	瑞兴路127号	200	3	杨汉忠
忠伟汽车电路空调修配	张江公路竹东村1组47号	25	2	李忠伟

2010年竹行镇电动车销售及电机修理店情况表

表2-84

店　名	地　址	面积(平方米)	从业人员(人)	业　主
比翼鸟电动车竹行专卖兴达连锁	竹行农贸市场东侧	60	2	倪红星
真爱电动车专卖店	星辰园2-5号	70	2	顾丽霞
上海皇冠娇子电动车专卖修理	星辰园3-8号	35	2	瞿成文
神龙电动车竹行旗舰店	瑞兴路竹行中心大队	30	2	徐文耀
绿能电动车竹行专卖	瑞兴路竹行村3组	60	2	盛欢华
新世纪电动车大润发易初莲花指定服务站	瑞兴路竹行派出所路口	60	2	施金全
竹行电动车平价大卖场上海米斯特	瑞兴路竹东村11组	120	2	陆塞松
上海凤凰电动车	瑞兴路农行对面	70	2	谢启玉
奥斯贝尔	瑞兴路竹东村21组	60	2	孙惠刚
上海苏爵电动车	张江公路竹东村10组	100	2	茅春辉
雅迪电动车竹行旗舰店	张江公路竹东村22组	80	1	方　吕
台湾帮妮电动车	张江公路竹东村22组	35	1	陈磊磊
上海康派司电动车金苹果竹行专卖店	兴南路大安村44组	40	2	张　松
大安电动车销售部	兴南路大安镇	50	1	王惠兵
冬新电机修理店	瑞兴路竹林路口	40	3	倪冬新
勇池摩托车行	星辰园3-5号	35	1	李　林
竹行电动车修理	瑞兴路58号	50	1	盛欢华
新风电动机修理部	瑞兴路竹行村22组	90	3	吴裕录
志洪电机修理部	瑞兴路竹南村8组	90	5	薛志洪

续表2-84

店　名	地　址	面积（平方米）	从业人员（人）	业　主
玉华电机修理中心	瑞兴路41号	150	6	王玉华
正新轮胎店	张江公路竹东村1组	80	2	陆洪新

2010年竹行镇小手工修理店情况表

表2-85

店　名	地　址	面积（平方米）	从业人员（人）	业　主
云冲钟表修理	竹行市场路口（南北方向）	30	1	黄云冲
沈记修车配钥匙	竹行市场路口工业公司南侧	30	1	沈　忠
张兵家电维修	竹东村2组	25	1	张　兵
荣辉五金修配	星宇路星辰园33-35号东侧	32	1	黄　辉
陆伟电瓶、摩托修理	瑞兴路97号	15	1	陆　伟
黄鑫电动、摩托修理	星辰园37-1号	25	1	黄　鑫
风立修理部	瑞兴路81号	20	2	倪风立
通达五金修配中心	瑞兴路竹林路口	60	2	黄楚祥
建周修车补胎	星竹园8号、6号	15	1	倪建周
学斌电器修配	瑞兴路竹行村22组	10	1	王学斌
曾健衡器修理	瑞兴路竹东村4组	30	1	曾　健
施辉修理对焊机	瑞兴路23号	30	2	陆施辉
海兵摩托修理	瑞兴路竹东村21组	20	1	袁海兵
文兰电子销售修理	瑞兴路竹东村21组	30	1	蔡文兰
陈忠小五金修理部	张江公路竹东村1组	50	3	陈　忠
陈亮修理补胎	张江公路竹东村1组	50	1	陈　亮
维林修车白铁匠	张江公路竹东村1组	40	1	顾维林
卫红五金修理	张江公路竹东村15组	15	1	黄卫红
永峰修农用车	张江公路竹东村20组	20	1	陆永峰
王威修摩托电动车	张江公路竹东村20组	20	1	王　威
红仁五金修理	张江公路大安村25组	15	1	袁红仁
永平修电动、摩托车	南兴路口竹东村25组	15	1	钱永平
学辉修车	兴南路竹行大安村17组	10	1	黄学辉
选石修农用车	张江公路竹东村7组	20	2	盛选石

九、废旧回收

解放前，农村贫穷，废旧衣物充分利用，很少废弃，几乎没有废品、旧物出售。镬子（铁锅）坏了补，就没有废铁；旧衣拆洗后做鞋底布，就没有碎布。解放后，废旧多了，有人挑着担子收购，主要是破布头、烂棉絮和麻丝筋（接麻丝的下脚料），还有废铁。供销社的生产资料门市部兼收废铁，个体户下乡收购废旧除外，还收购鹅毛、鸭毛、羊毛、猪鬃、肉骨，冬季还收购羊皮、狗皮、貂皮和黄狼、鼠狼皮等。

20世纪80年代，钢片厂和钢丝绳厂大批兴办，矽钢片、废边角料和乱钢丝团随处丢落，影响交通和环境，不久，就有收购这两种废品的小贩出现。20世纪90年代以后，破旧自行车、摩托车、塑料制品，还有旧电瓶车、旧冰箱、旧电视机、旧书报、硬纸板逐渐增多。串村走户的收购人员也日趋增多。收购装运废旧从用自行车、摩托车发展到三轮电瓶车、机动车等。

废旧物品有收购人，就有捡拾人。有一些中老年妇女，她们背着蛇皮袋到村民住户附近捡拾，也有人专到垃圾堆放场和垃圾桶中拣拾。

2005年，全镇固定回收废旧站、点21家，回收量9000余吨，创利润500多万元。2010年，回收站、点增至29家，回收量达1.2万余吨，创利润700多万元。

2005年，捡拾、收购废旧人员200多人，2010年增为250多人。

2010年竹行镇主要废品收购单位情况表

表2-86

单　位	地　址	占地面积（平方米）	工作人员（人）	业　主
通泰再生资源有限公司	瑞兴路竹行村4组	6000	4	施卫东
紫竹废旧物品回收站	张江公路西竹东村1组	3200	4	张　岳
金竹废品回收站	张江公路竹东村12组	2500	4	陆建新
志明废品回收站	张江公路竹东村20组	2400	8	沈志明
明标废品收购站	张江公路竹东村25组	1900	5	范明标
薛家店废品回收站	张江公路竹东村中心组	3100	5	杨汉超
文彬废品回收站	张江公路竹东村12组	1300	3	施文彬
学兰废品收购站	瑞兴路长桥村12组	1600	5	宋成宽
国权废品回收处	张江公路竹东村1组	300	2	丁国权
小丁泡沫回收站	张江公路竹东村新安路口	500	2	丁中刚
小刘废品回收	市场路竹东村4组	300	2	刘传舵
德龙废纸回收	张江公路西南路北	250	2	严德龙
会新饮料瓶回收	张江公路竹东村19组	1000	4	朱会新
维东废品回收	兴南路大安镇	300	2	杨维东

十、特种服务业

特种服务业主要分布在镇区街面和星辰花园社区内，涉房屋租赁、出售、中介、刻章、洗衣、化妆品、烟花爆竹、金银器加工、被絮加工、机动车加油、丧事服务、旧家具、门、窗、柜调剂等，与广大群众生活切切相关，深受百姓欢迎。

2010年竹行镇特种服务业店铺情况表

表2-87

单　位	地　址	占地面积（平方米）	从业人员（人）	业　主
家气顺中介	星辰园11幢最西边车库	15	2	王小萍
旺家房产中介	星竹园7-31号车库	18	1	顾莉莉
方圆中介	瑞兴路58号	20	2	盛选良
东刚刻章店	瑞兴路58号对面	40	1	黄东刚
文康电脑刻章	瑞兴路竹行村22组	25	1	陈文康
钓得乐渔具店	瑞兴路竹行村15组	30	1	朱金冲
薛家店车船票代售点	张江公路薛家店竹东村22组	25	2	罗康林 陈照福
兄弟家私店	瑞兴路竹东村21组	120	2	施红星
东风家具店	竹行街道瑞兴路	40	1	王兴冲
光华旧门窗出售	张江公路竹东村11组	100	1	吴克华
汉祥木制品加工	瑞兴路竹东村21组	140	1	陈汉祥
惠石木材门市店	张江公路竹东村1组	140	2	龚惠石
新荷旧门窗门市	张江公路民安路口竹东村12组	420	2	吴新标
水兵木材销售店	张江公路竹东村19组	50	1	黄永兴
武强竹头、毛竹店	张江公路竹东村13组	30	1	周武强
振明竹头、毛竹店	张江公路竹东村9组	20	2	肖振明
竹行生产资料部南兴路口分店	南兴路口	20	1	高　亮
竹行生产资料部大安分店	兴南路竹行大安村31组	65	1	高　亮
竹行加油站	张江公路竹行后丰村5组	800	10	高伯平
竹行长桥加油站	星辰园西侧	800	6	黄　健
丽玉化妆品店	竹行市场对面	25	2	程亚明
绍新烟花爆竹专卖店	瑞兴路76号	30	1	陆绍新
良家洗衣店	星辰园3-7号	30	1	马益龙
你我他干洗店	瑞兴路竹行村3组	50	2	黄裕生
正章干洗店	瑞兴路58号	25	2	冷志冲

续表 2–87

单 位	地 址	占地面积（平方米）	从业人员（人）	业 主
中国邮政速递物流有限公司竹行分部	瑞兴路186号	60	6	陈建峰
韵达快递	星辰园24号东头车库	25	1	
蔡记丧事服务中心	瑞兴路竹行村22组	30	2	蔡贤洪
亚珍花圈寿衣店	瑞兴路43号	60	2	黄亚珍
陈元丧事服务一条龙	张江公路东侧竹东村25组	60	2	陈 元
南通市恒通润滑油专卖店	张江公路竹东村20组	25	1	樊祥焕
高建黄金加工店	竹行市场路口	20	1	高 健
小胡金银加工	瑞兴路竹行村22组	30	1	胡晟曦
卫祖废丝加工店	瑞兴路竹行村15组	40	2	蔡卫祖
成彬弹被絮	瑞兴路竹东村21组	30	1	倪成彬
新平棉被絮加工店	瑞兴路竹东村21组	100	2	李新平
贵明钉秤铺	兴南路竹行大安村24组	30	1	倪贵明
新星眼镜竹行店	瑞兴路59号	45	2	陆秀贤
南京吴良材眼镜竹行店	瑞兴路竹东村21组	60	2	张 超

第三篇 社会事业

1962年，竹行人民公社社会事业缺口多且不完善。经过四十多年努力，特别是改革开放以后，教育、文化体育、邮电通信、广播电视、医疗卫生等事业都取得了卓越的成就。

教育方面：全镇由仅有的一所简陋的小学发展为从幼儿园到小学、中学、成人教育完整的教育体系。学校布局合理、校舍整齐、设备齐全、师资力量雄厚、教学质量优异。2010年，竹行小学新校舍竣工，学校设施一流，教室均配有电子白板多媒体教学系统。30万元建成的微格教室配有完善的电视摄像录像，对实验教学课堂可以现场现时直播并全程录像，是目前南通地区小学最为先进的教育教学设备。

文化体育事业原本一穷二白，至2010年已发展为具有万册藏书的图书馆、1500平方米的文化活动中心、容纳千人以上的影剧院、灯光音响设备齐全的卡拉ok歌舞厅、健身器材齐全的室内外健身场地、乒乓球室、老干部活动室。2007年年底，文化活动中心在开发区率先如期创建合格。群众文化活动丰富多彩，屡屡获奖，群众体育活动蓬勃发展，比赛成绩喜人；电影队坚持影剧院固定放映和深入工厂、农村定期放映相结合；通信、电话普及率高、广播电视覆盖面广，群众业余生活丰富。

医疗卫生事业，从落后的个体医生到联合诊所。1962年建为人民公社卫生院。1968年创办农村合作医疗站，配备赤脚医生，方便群众就地就医。随着改革开放及经济的发展，国家对农村医疗事业的投入不断增加，农村医疗保险的实施，群众看病难、看病贵的问题基本解决。2009年政府投入1200万元易地重建竹行社区卫生服务中心综合大楼，占地面积13340平方米，建筑面积4000平方米，新添设备、设施119.615万元，为竹行群众提供了舒适宽敞的就医场所。

竹行镇党委和政府历来重视民政优抚工作，对烈军属、有困难的复员、退伍军人、村级老干部、老党员进行补助。各村困难户实行农村低保，关怀敬老院老人，人民安居乐业，社会平安和谐。

第一章　教育

幼儿教育：1964年起，农忙时各大队先后建办幼托班。1968年，在竹行小学内建办竹行幼儿园。1975年，易地独立建园。1998年，乡拨、集资71万元建三层教学大楼。2008年9月，迁入星辰花园。

竹行的小学教学起步于光绪28年（1902年）。民国前，竹行境内先后办起竹行小学、天星小学、杨家学堂（新垦小学前身）、神农小学（竹雁小学前身）等几所私立小学。1949年解放，政府接管四所私立小学为公立小学。1955年，建办长桥小学。1999年，竹雁小学和长桥小学合并，组建长江小学。2000年，天星小学与新垦小学合并为大安小学。2010年，全镇所有小学并入竹行小学。

中学教育：1964年8月招收竹行第一个初中班。1965年命名为竹行公社农业中学（竹行乡初中前身）。1968年，建办六大队农业中学（勤丰初中前身）。1979年，竹行小学戴帽初中与小学分离，独立建竹行初中，南通县教育局定名为南通县竹行初级中学，属竹行中心小学管理。1981年，十三大队小学停办，建民办初中（大安初中前身）。1987年，管理体制调整，竹行初中为中心初中。1991年，竹行乡初中与勤丰初中合并为勤丰初中。1999年，勤丰初中、大安初中全部并入竹行初中。2000年8月，乡政府出资800万元易地薛家店重建。

竹行成人教育中心校于1984年3月成立。2006年，根据江苏省教育厅1号文件精神更名为竹行社区教育中心。该中心以1949—1984年的业余扫盲教育为前身，发展为至2010年的文化教育、实用技术培训、职工教育、普法教育、社区居民素质教育为一体的多功能成人教育体系。

第一节　幼儿教育

1968年前，竹行没有幼儿园，仅少数大队办过农忙托儿所。

1968年，在竹行小学内建办竹行幼儿园，两个教师带教30个幼儿。其后，各大队先后建起幼儿班，借用民房或大队部房屋作教室，门窗破旧、光线不足，桌凳参差不齐，教师一般选用女知青，没有经过专业培训，黑板不像样，没有玩具，混班复式教育。

1975年，竹行幼儿园从竹行小学迁出，迁入镇西首敬老院，独立建办竹行公社中心幼儿园。

1985年，有一大队、二大队、三大队、四大队、五大队、十三大队、十四大队、十五大队、十七大队9个幼儿班和竹行公社中心幼儿园一所，全公社15个幼儿班，幼师21名。

1991年敬老院迁出，解决了老人、幼儿混杂在一起的状况。中心幼儿园独立成园。

1998年各大队幼儿班自行解体，留有寄放在天星小学、新恳小学、竹雁小学的3个幼儿班。

2003年，全镇两个幼儿班留在村小，其余幼儿在镇中心幼儿园入学。

2010年，村小幼儿园全部停办，所有幼儿都并入中心幼儿园。

竹行中心幼儿园简介

1968年，在竹行小学内创办竹行幼儿园。

1975年，竹行中心幼儿园从小学迁出，附设在镇西敬老院内。

1991年，为解决老人、幼儿混在一起杂乱状况，敬老院搬迁。中心幼儿园独立成园，占地面积2320平方米，大、中、小班共设6个班。幼儿入园数400名。幼儿教师共13名，其中有3位幼师毕业，其余教师参加并通过幼师专业合格证和教材教法合格证的考核。

1998年，竹行乡政府投入58万元，园方自筹14万元，教师集资13万元，合计85万元，在旧址上翻建，新砌三层教学大楼，建筑面积2800平方米。2000年幼儿园添置三件大型玩具，各班配录音机、饮水机、电视机各一台。园部购买一架钢琴、一台投影仪，添置幼儿午睡床250张。

是年，大部分大队幼儿班自行解体，留有寄放在天星小学、新垦小学、竹雁小学内的3个幼儿班陆续并入中心幼儿园。

2008年9月，幼儿园迁入竹行镇星辰花园。新园占地面积8433平方米，园舍建筑面积3038平方米，户外活动场地4645平方米，绿化面积3576平方米。全园12个教室，辅助用房21间，大型多功能厅1个。各班活动室、寝室、卫生间等配套设施齐全，钢琴、电脑、彩电、录音机、DVD、玩具、空调、投影仪、视频仪等现代化教学设备一步到位。操场上铺设了6道30米塑胶跑道。庭院内及走廊铺设了软质地。活动场地有大中型玩具38件。幼儿园教师34人，专任教师28人，具有大专以上学历的有23人，达标率百分之八十二。

竹行幼儿园几十年如一日，始终以“幼儿欢心、家长放心、社会热心、教师安心”为办学宗旨，以园风好、环境美、质量高为管理目标，以健康活泼、自信聪明、善于交往、关爱他人为培养目标，坚持打造幼儿园品牌。经过全体教职员工的共同努力，2009年1月顺利通过南通市专家评估验收，被评为南通市优质幼儿园。5月12日江苏省优质幼儿园评估专家对幼儿园保教队伍、办园条件、安全卫生、保教水平、管理绩效5个方面进行验收，受到专家高度评价，被评为江苏省优质幼儿园，同年被南通市评为三八红旗集体。12月7日，江苏省评估院专家对竹行幼儿园教育现代化验收并给予了高度肯定。

2001—2010年竹行中心幼儿园规模及师资状况表

表3-1　　　　单位：个、人

年份	班级数	幼儿数	教工数		学历				职称		
			公办	集体	本科	大专	中专	高中	初级	获国家幼教资格证书	获其他教师资格证书
2001	7	428	1	21	—	—	10		1	—	
2002	7	429	1	20	—	—	10		1	—	
2003	7	399	1	22	—	—	12		1	5	
2004	8	427	1	18	—	—	8		1	5	
2005	8	445	1	22	—	—	12		1	7	
2006	10	612	1	25	—	—	15		3	7	
2007	11	620	1	27	—	5	15		3	8	
2008	14	678	1	33	—	17	12		3	16	
2009	14	686	—	38	—	17	12		3	17	
2010	14	720	—	39	1	22	12	4	6	22	1

2010年竹行幼儿园师资状况表

表3-2　　　　单位：人

在职教职工结构情况					专任教师资质情况			专任教师学历状况			专任教师职称状况		
总数	园长（副园长）	专任教师	保健员	勤杂人员	获国家幼教资格证书	获国家其他教师资格证书	幼儿教育师范专业毕业数	本科	专科	高中	高级	中级	初级
39	2	29	2	6	22	1	17	1	22	6			6

竹行中心幼儿园历任园长名单

1975.10—2008.10　园长　　汤绥芳

2007.8—2008.10　副园长　陆红

2008.11—2010 园长 陆红

副园长 黄娟

1998—2010年竹行中心幼儿园获奖情况表

表3-3

年　份	奖　项	授奖单位	级　别
1998.11	南通市“三八”红旗集体	南通市妇联	市级
2001.9	开发区教育先进集体	南通市富民港办事处	县（区）级
2002.9	开发区教育先进集体	南通经济技术开发区管委会	县（区）级
2004.9	开发区教育先进集体	南通经济技术开发区管委会	县（区）级
2008.12	南通市优质幼儿园	南通市教育局	市级
2009	江苏省优质幼儿园	江苏省教育评估院	省级
2010.3	南通市“三八”红旗集体	南通市妇联	市级
2010.9	开发区教育先进集体	南通经济技术开发区管委会	县（区）级
2010.12	南通市文明单位	中共南通市委、南通市人民政府	市级
2010.12	开发区文明单位	中共南通经济技术开发区党工委、管委会	县（区）级

1998—2010年竹行幼教系统个人获奖情况

表3-4

年　份	姓　名	奖　项	授奖单位	级　别
1998.3	汤绥芳	巾帼建功先进个人	通州市人民政府	县　级
2009	陆　红	南通市优秀教育工作者	南通市教育局	市　级

第二节　小学教育

民国前，竹行境内有少数蒙馆（私塾），教读《三字经》《百家姓》《千字文》等。农民的孩子（主要男孩）读1~2年书，能写出名字就辍学了。

清光绪28年（1902年），竹行镇“西行”黄绍铭在自己棉花行西侧兴办私立学校（群众称洋学堂，即竹行小学前身）。民国初期，开明绅士分别利用庙宇或住宅堂屋先后办起了天星小学、神农小学（群众称小庙学堂，即竹雁小学前身）和杨家学堂（新垦小学前身）。

1949年解放后，政府接管四所私立学校改办公立小学。1955年，在现长桥村境内袁阿四宅建办小学，办学初曾定名四望桥小学，后改为长桥小学。1959年，在竹行镇东薛家宅利用空闲农房建办新沙小学。

1962年成立人民公社，全公社有竹行、天星、长桥、新垦、竹雁（原神农小学，地处竹行乡与雁行乡交界，改名为竹雁小学）5所公办小学，新沙小学改为民办小学。当时小学师资中师范生、高中生较少，多数为初中文化，有的教师还是小学毕业生。学校校舍简陋，教学设备较少。

1966年至1970年，竹行有竹行小学、竹雁小学、天星小学、新垦小学和长桥小学5所公办小学，16个民办小学。全镇53个班级，128个教师，2000多名学生。

20世纪60年代初，发动全民办学，各大队都办起民办小学或耕读小学，全公社17个大队18所小学（其中中心大队有村小、竹行小学两所）。1968年2月，竹行小学率先办起戴帽初中。1972—1980年间，除五大队、七大队、八大队、中心大队村小外，所有小学都办起戴帽初中。1979年，竹行小学戴帽初中率先独立建办竹行初中，其后各小学戴帽初中先后停办，民办教师陆续转为公办教师。

1990—2000年期间，政府对教育事业不断加大投资，学校教学设施设备日趋完善。1992年全镇实施六年制义务教育。1994年实行九年制义务教育，各大队村小先后停办。2000年年底，全镇有竹行、长桥、竹雁、天星、新垦五所小学和谷东一所村小。

1999年，政府对全镇小学布局调整，将长桥小学和竹雁小学合并，出资100余万元，易地重建长江小学。2002年8月，政府又投入180万元，将天星、新垦、江东村的新沙小学合并，易地重建大安小学。长江小学在镇西北片，大安小学在镇东南片，竹行小学居中，小学布局合理。

2010年，投资4000万元的竹行小学新校舍落成，全镇小学合并成一所小学。

一、小学简介

（一）竹行小学

清光绪28年（1902年），黄绍铭在自己的花行（收购棉花的地方）两侧开办学堂，即为私塾，四年后成了1—4年级的初级小学。由于生源不足不能单独组班，四个年级组成两个复式班。这种办学形式一直持续到1949年解放。

解放后，政府接管，命名为南通县竹行小学。规模为初小四个班，九十多位学生，五位老师，上高小要到张芝山镇。1950年开始，学校规模逐年扩大，开设1—6年级6个班，300多位学生，9个教师。1955年秋，五年级招两班，学校共7班。1960年至1965年1—4年级为双轨，五、六年级为3轨，共14班，学生750人。

1971年至1983年，南通县教育局拨款1.25万元，征地2674平方米，为竹行小学新建8个教室，8间宿舍。1984年，县教育局又拨款新建3个教室。1985年乡政府拨款13.7万元，征地724平方米，新建三层教学楼，12个教室。全校共18个班级36名教师，学生900余人。

1990年8月，港胞王贞秀女士捐款10万元，乡政府出资2万元从原教学楼向东建造教室6个，办公室6个，占地面积420平方米。1991年全校23个班级，学生1200余人，教师48人。

1991年至2004年，按学校整体规划，乡政府拨款21万元，新建校门东侧的临街办公楼。1998年2月，乡政府又拨款42万元，建造了后排校门西侧的综合楼。1999年9月，搞创建拆除了校内危房5间计175平方米。

2001年8月，竹行初中搬入新校区后，将初中原有的教学楼，生活用房，实验室和操场全部并入竹行小学，竹行小学规模扩大一倍，学校占地23815平方米，建筑面积6578平方米，教室面积2387平方米，电教室761平方米，图书室148平方米，藏书18746册，会议室48平方米，生活用房1792平方米。有电脑75台，操场12360平方米，体育器具30件。添置多媒体教室，音乐室等。全校23个教学班，学生1226人，在职教职工44人，劳动合同制2人，代课教师12人，其中小学高级教师18人。

2004年，政府加大对学校的投入，拨款20多万元，改建学校操场、新建水冲式厕所，维修教工食堂。学校建立校园网络、红领巾广播台，添置电子监控设备。

2006年8月，学校实施"六有工程"计划，改造学生食堂，改建学生车棚，修筑校园通道，铺设水泥场地，绿化学校外围空地，改造学校花圃，疏通地下水道，添置教学设备，提升学校形象。

竹行小学位于瑞兴路69号，校门临街，地处竹行镇闹市区，来往车辆多，特别是放学时间，接送车辆多且学校校舍陈旧，抗震能力差，经南通市房屋鉴定所三次技术鉴定为C级危房，存在许多不安全因素。2008年南通经济技术开发区社会事业局拨款4000万元，易地重建于星竹花园背后，天星横河南侧、竹林路以西，占地面积90.57亩，建筑面积3.5万平方米。一期工程8轨48个班级，其中普通教学楼两幢，专用教学楼一幢、行政办公楼一幢、一幢多媒体教学楼、一幢师生食堂。

学校设施一流。现代化的操场内建有300米塑胶跑道，场内有两个标准的篮球场、羽毛球场、一个五人制足球场；信息楼内建有400多平方米的报告厅，配备一流的音响灯光系统，适合举办400多人的集体活动；200多平方米的宣讲大厅、近1000平方米的室内体育馆等高标准学生专业活动场所。

学校架构了以百兆纤为主干的校园网，实现数字化校园。所有办公室和教室均可连接国际互联网。全校36个班均配备有电子白板多媒体教学系统。通过配套的白板软件，教师在课堂教学过程中能方便地运用例如标记、批注、书写、擦除等功能进行教学的书写编辑；也可以调用圆规、直尺、聚光灯、幕布、放大镜等功能进行辅助教学。交互白板技术使得以前色彩单调，呈示材料类型仅止于手写文字和手绘图形的黑板变得五彩缤纷，既可如以往一样自由板书，又可以展示、编辑数字化的图片、视频。

政府投资30多万元建成微格教室，为教师提供训练学生技能和提升自身教学能力研究的教学环境，教室内配备完善的电视摄像、录像系统。借助摄像机、录像机等媒体，对实验教学课堂进行现场实时直播并进行全程录像。全校师生可在校园内任何地点通过网络进行点播，并在课后根据录像资料与试讲人一起分析、学习试讲内容，纠正其错误和不良习惯，提高试讲人的授课水平。

学校建成4000平方米的科艺实验楼。拥有现代化的科学实验室3间，探究实验室、劳技实验室各1间。科学教学仪器是按省一类标准配备的。政府花费大量资金为实验室购置科学实验教学所需的常用仪器，包括支架、电源、测量、模型、标本、玻璃仪器、药品、工具、电子仪表、温度计、寒暑表、力学与机械类专用仪器等，所有仪器全部按照规定要求存放。实验室的教师演示台和学生的实验桌全部水、电到桌，实验桌面采用橡胶制成，安全、坚固耐用且美观。实验室有网络接口，配备多媒体设备。

三间美术室均配备50个写生凳、50个写生画板、写生教具（石膏像类、几何形状）。

专用舞蹈房3间全部铺设地板，配备音响、钢琴、把杆、镜墙及多媒体系统。

学校拥有近2000平方米师生餐厅，布置合理、功能齐全、设施完备、整洁卫生、可以容纳近2000名师生同时就餐。

“十一五”期间，学校先后投资30多万元，为教师配备笔记本电脑，优化教师办公设备，加快信息技术与学科教学的整合，提高教学效率和效果。

2010年8月30日，新校舍正式启用。大安、长江、竹行小学三校合并，镇所有村小全部并入竹行小学。

2010年，全校共36个教学班1950名学生，教职工92人。教师中大专学历89人，占教师数百分之五十一点六；本科41人，占百分之四十六。小学中级职称32人，南通市教坛新秀1人，南通经济技术开发区学科带头人2人，骨干教师5人，教坛新秀4人。

竹行小学重视教学质量的提高，同时重视艺体学科的教育，在南通经济技术开发区第一届小学生田径运动会上获总分第二名，第二届第一名，第三届第一名，第四届第一名，第五届第一名，综合三项赛第二名。受到开发区管委会的表彰。竹行小学历年来重视儿童文艺活动，活跃校园文化氛围，学校组织的百灵鸟铜管乐队，为南通市天星湖中学新校区落成庆典祝贺演出，受到好评。文艺队在2006年开发区首届校园艺术节上，由学校编排的踢踏舞《快乐天使》和武术《小小少年拳》获二等奖。2007年7月1日竹行镇庆祝建党85周年纪念大会上学校学生合唱队演唱歌曲《我们的生活多幸福》和《七色光》受到与会党员干部的好评。2009年6月在“祖国颂”经典诗文诵读比赛中，学校编排的《忆橡树》获南通经济技术开发区一等奖。2009年8月，竹行小学生参演的《击鼓欢腾》《为祖国干杯》《次仁拉索》、少年快板等节目在南通经济技术开发区星湖之夜专场演出，博得广大观众的赞许。

1949—2008年部分年份竹行小学校舍情况表

表3-5

年　份	教室间数	面积（平方米）	附属用房间数	面积（平方米）	结　构	备　注
1949.7	4	200	8	160	简易砖木	
1950.7	6	300	10	200	砖木	
1956.7	6	320	12	240	砖木	
1957.7	7	380	12	240	砖木	扩建20平方米
1962.7	7	380	12	260	砖木	

续表3-5

年份	教室间数	面积(平方米)	附属用房间数	面积(平方米)	结构	备注
1969.7	8	400	12	260	砖木	旧校拆除移地重建
1972.7	8	400	12	260	砖木	
1976.7	8	400	12	320	砖木	
1987.7	12	540	12	320	新建教学楼	新建教学楼600平方米
1991.7	18	1080	12	320	新建教学楼400平方米	由港胞黄贞秀捐资10万元
1992.7	18	1080	12	320	新建教学用房480平方米	
2008.7	72	33088	12	8177	易地重建	

1902—2010年部分年份竹行小学办学规模统计表

表3-6

年份	小学		初中		备注
	班级	人数	班级	人数	
1902.9—1921.9	2	55			1-4年级2个复式班
1921.9—1938.7	4	164			一个复式班,两个单式班
1938.9—1946.7	4	164			单式班
1946.9—1949.7	4	152			
1949.9—1950.7	6	255			完全小学
1950.9—1962.7	7	380			1957年六年级双轨
1962.9—1972.7	8	448	4	250	
1972.9—1978.7	12	680	4	250	
1978.9—1987.7	12	685	4	250	
1987.8—1996.7	18	1080	4	250	
1996.9—2009.7	20	1200			
2010.2	18	1138			

竹行小学教师在教育新形势下,2010年前后发表论文14篇,其中国家级1篇、省级13篇,组织学生参加竞赛活动,两次获省级奖,同时,学校四次取得南通市政府、市团委、市教育局集体荣誉。

2010年前竹行小学历届学科带头人、骨干教师、教坛新秀情况表

表3-7

级别	届次	学科带头人	骨干教师	教坛新秀
区级	第一届	陆水芳	黄文龙 杨跃兰	

续表3-7

级别	届次	学科带头人	骨干教师	教坛新秀
区级	第二届	陆水芳	黄文龙 杨跃兰	
	第三届		黄文龙 曹旭平	单亚蓓
	第四届			单亚蓓 倪 静 张艳艳
	第五届	朱 军	仇小进 张 焰	孙 健
市级				仇小进

1902—2010年竹行小学历任校长、副校长、教导主任、总务主任名单表

表3-8

任职时间	校长	副校长	教导主任	总务主任
开办至1935	黄绍铭 徐志飞			
1935—1936.8	黄树圻			
1936.9—1946.7	薛伯飞	黄树湘		
1946.9—1949.8	黄树湘	黄树连	顾南康	
1949.9—1953.8	袁仲明		陈文清	高志鹏
1953.9—1956.8	顾哲敏		顾宝能	张学礼
1956.9—1959.8	陈秀	顾疏兰	施 伟	张学礼
1959.9—1961.8	王能庆	吴学琪	仇冠彬	陈新模
1961.9—1969.7	陆宝堂	樊发美	施汉新	陈新模
1969.7—1970.8	樊发美		施汉新	黄卓仁
1970.9—1972.8	袁兆明	樊发美		施汉新
1972.9—1979.8	朱兆枋	黄允贤 樊发美		施汉新
1979.8—1982.8	唐才勋	黄允贤 樊发美	施汉新	张学礼
1982.9—1984.8	张永琪	黄允贤 樊发美	杨 达	黄文龙
1984.9—1985.8	季守能	黄允贤 樊发美	杨 达	黄文俊
1985.8—1988.7	季守能	黄允贤 樊发美 陆士新	杨 达 张永芳	黄文俊
1988.8—1996.7	张永芳	黄允贤 樊发美 陆士新	杨 达	陆口香
1996.8—1998.7	张永芳	倪惠彬 陆士新	侯兰芳 黄丽娟	陆口香
1998.8—2004.7	张永芳	倪惠彬 陆士新	侯兰芳 曹旭平	陆口香
2004.8—2007.7	倪惠彬	徐 伟	黄文龙 曹旭平	陆口香
2007.8—2010	倪惠彬	黄文龙	曹旭平 杨跃兰	陆口香

1997—2010年竹行小学集体获奖情况表

表3-9

年　份	获奖名称	颁奖单位	级别
1997-1998	文明单位	通州市委、市政府	县级
2001	少先队先进集体并授予开发区雏鹰红旗大队称号	南通市团委、市少工会	市级
2001-2003	文明单位	南通经济技术开发区党工委、社会事业局	县（区）级
2007.7	南通开发区先进基层党组织	南通经济技术开发区党工委	县（区）级
2007.9	南通开发区教育先进集体	南通经济技术开发区党工委、管委会	县（区）级
2007-2009	南通市文明单位	南通市委、市政府	市级
2008.9	开发区教育先进集体	南通经济技术开发区党工委管委会	县（区）级
2009.9	开发区教育先进集体	南通经济技术开发区党工委管委会	县（区）级
2009.12	南通市文明单位	南通市委、市政府	市级
2010.3	南通市创建和谐校园先进集体	南通市教育局	市级
2010.8	南通市模范家长学校	南通市教育局、市妇联	市级

1985—2009年竹行小学教师个人获奖情况表

表3-10

年　份	姓　名	奖项名称	颁奖单位	级　别
1985	倪卫彬	先进工作者	南通县人民政府	县　级
1991	陆口香	先进工作者	南通县人民政府	县　级
1991	徐　斌	第六届全国中小学作文竞赛育才奖	全国中小学作文竞赛组委会	国家级
1992	范本新	先进工作者	南通县委、县人民政府	县　级
1992	陆口香	先进工作者	南通县人民政府	县　级
1994	倪卫彬	先进工作者	通州市委、市政府	县　级
1995	陆口香	嘉奖	通州市政府	县　级
1996	范本新	记三等功	通州市委、市政府	县　级
1998	黄文龙	嘉奖	通州市政府	县　级
1999.9	陆水芳	嘉奖	通州市政府	县　级
2000.9	范本新	嘉奖	通州市委、市政府	县　级
2001.9	王建龙	优秀教育工作者	南通市人民政府富民港办事处	县（区）级
2001.9	顾汉芳	优秀教育工作者	南通经济技术开发区党工委、管委会	县（区）级

续表3-10

年 份	姓 名	奖项名称	颁奖单位	级 别
2002.9	范本新	优秀教育工作者	南通经济技术开发区党工委、管委会	县(区)级
2002	徐汉明	优秀工作者	南通经济技术开发区党工委、管委会	县(区)级
2003.9	虞红英	语文教育能手、优秀班主任	南通经济技术开发区党工委、管委会	县(区)级
2003	虞红英	168爱生优秀教师	南通市教育局	市 级
2003	虞红英	优秀教育工作者	南通经济技术开发区党工委、管委会	县(区)级
2003	陆水芳	学科带头人	南通经济技术开发区管委会	县(区)级
2003-2004	陆水芳	优秀教育工作者	南通经济技术开发区管委会	县(区)级
2005.9	王建龙	优秀教师	南通经济技术开发区党工委、管委会	县(区)级
2005.9	何培石	优秀教师	南通经济技术开发区党工委、管委会	县(区)级
2005.9	虞红英	优秀班主任	南通经济技术开发区党工委、管委会	县(区)级
2006	倪惠彬	先进工作者	南通市委、市政府	市 级
2006.6	倪惠彬	优秀党务工作者	南通经济技术开发区党工委	县(区)级
2006.9	陈海娟	优秀教师	南通经济技术开发区党工委、管委会	县(区)级
2006.9	倪惠彬	优秀教育工作者	南通市教育局	市 级
2007	黄文龙	学会工作积极分子	南通市教育学会	市 级
2007.9	倪惠彬	先进个人	南通市教育局、卫生局、盐务局	市 级
2008.9	倪惠彬	优秀教育工作者	南通经济技术开发区党工委、管委会	县(区)级
2008	黄 凯	优秀共青团员	南通经济技术开发区管委会	县(区)级
2008.7	倪惠彬	优秀共产党员	中共南通市委教育工作委员会	市 级
2009.9	黄 凯	优秀教育工作者	南通经济技术开发区党工委、管委会	县(区)级
2009.9	陈海娟	优秀教育工作者	南通经济技术开发区党工委、管委会	县(区)级
2010.5	李 菊	优秀指导奖	南通市教研室	市 级
2010.5	陈海娟	青年岗位能手	南通市教研室	市 级

(二)长桥小学

1955年,长桥村8~12岁的儿童很多。农业社领导多次打报告要求办学,在紫琅区文教助理顾人和支持下,区政府同意由村自行解决校舍学桌办学。学校设在袁阿四宅上,当年招一个班,25名学生,聘请新开十九大队的龚文骥当教师。老百姓称这所学校为“袁家学堂”,没有校名。1956招一公办班。1957年招一个民办班。1958年“大跃进”年代招一个五年级班。生源由培民小学、三谷小学和竹雁小学、竹行小学的部分四年级毕业生组成一个班。学额不足,动员社会上一些读夜校,脱盲的15周岁以内的孩子来上全日制高小。

1958年,学校有2个民办班,2个公办班,仍无校名。时任新开人民公社辅导校长王能庆组织教师讨论校名。讨论会上，有的说学校后边横河上一座横板桥叫四望桥，就叫四望桥小学，有人反对说，“四望”与“死亡”谐音，这名字不可取。教师顾成祖提出，学校所在地为长桥乡，长桥乡在抗日战争和解放战争中作出了较大贡献，现虽已撤销，作为纪念长桥乡，定名为长桥小学为妥。校务会一致通过，上报辅导校，正式定名为长桥小学。

班级扩大，教室紧缺，经所在工区的党支部同意，师生把薛国元（1958年被定名为漏划地主）的三间房屋拆除，师生自己动手把砖瓦等材料运至校内建造一间教室，后又把沈占魁的房子拆除，建造原朝南屋东头的两个教室，把地主龚丕元的叠堂屋拆除建朝西屋草房教室，形成四合院式校园。

1958年，学生广播操、体育课都在宅上，干扰太大。经工区党支部同意，把宅外边的四亩田划归学校、南通县文教局拨费400元给予土地补偿，并给学校三五牌台钟一只，信号钟一只，学校公章一枚。南通县长桥小学正式挂牌，1958年秋季开学，长桥小学成为竹行镇的一所正式完全小学。

1959年至1960年，学校规模扩大，借用村民蔡志芳堂屋一间、二组村民沈金城家堂屋和三组村民费学和家的堂屋做教室。1961年秋季开学建造两间教师宿舍。

1970年秋季，附近小学毕业生多，办戴帽初中，招初一新生一班54人。1975年易地重建中学部、三个教室、一个办公室。1976年招高一新生一班，毕业后停办。1979年戴帽初中停办。1984年原宅上校舍成危房，填平宅沟，在后边建一排教室。1999年，镇政府拨款98万元，选址于长桥村4组，征地21亩，易地重建新校舍，2000年秋季新校建成投入使用，与竹雁小学合并，定名为通州市长江小学。

长桥小学历任校长名单

1955.9—1958.8 龚文骥 负责人
1958.9—1959.8 黄广华 负责人
1959.9—1963.8 庞珠明
1963.9—1965.8 俞光跃
1965.9—1966.8 姚 春
1996.9—1967.8 顾文纪
1967.9—1971.8 陆士新
1971.9—1973.8 黄义高
1973.9—1980.8 倪士才
1980.9—1990.8 袁立章
1990.9—2000.8 高学康

（三）竹雁小学

民国25年（1936年），神农村地主虞松高的继子虞朝贵将自己家建的神农庙朝南屋三间生活用房加以改造后办学校，取名神农小学，招收附近农家子弟入学读书。因学校设在庙里，庙宇较小，附近老百姓称之为小庙学堂。民国26年（1937年）8月学校由南通县政府接管，更名为南通县第十八初级小学。

解放以后，南通县文教局接管。学校所在地在竹行乡和雁行乡交界处，故更名为南通县竹雁小学，办学性质为公办。1958年，因疏浚学校西边竖河，将学校拆迁到河北埭上。1966年，埭上道路改造将学校一劈为二，一排教室在路南，一排教室在路北。

1958年秋季开始招五年级新生，学校成为完小。1969年秋季招收戴帽初中一个班，1971年毕业后又招一个班，1972年起隔年招生。1978年初中毕业后初中停止招生，成为单一的单轨小学。

竹雁小学地理位置偏僻，校舍破旧，生源减少。2000年秋季和长桥小学合并易地新建长江小学，竹雁小学停办。

竹雁小学历任校长名单

1936—1947　虞朝贵

1948—1956　陈　秀

1956—1958　陈新模

1958—1966　倪红星

1966—1968　黄义高

1968—1969　陆贤明

1969—1971　高学康

1971—1973　俞广法

1973—1979　杜元忠　黄义高

1979—1983　杜元忠

1983—1986　倪惠彬

1986—2000　杜元忠

（四）长江小学

20世纪90年代开始，生源逐年减少，竹雁和长桥两校校舍陈旧。1999年，乡政府拨款98万元，选址在长桥村4组336省道南侧易地重建新校，占地面积14140平方米，建筑面积2066平方米，定名为南通市长江小学。2000年秋季开学，竹雁小学和长桥小学合并，迁入新校上课，学校规模为双轨。2004—2005年，全校教职工22人，其中小学高级教师5人，小学一级教师3人，小学二级教师3人。具有大专以上学历的7人，中师学历12人，高中学历1人，初中学历的2人，职工1人，代课教师10人，学生500余人。学校先后被南通经济技术开发区党工委、管委会评为“教育先进集体”；被南通经济技术开发区综治委评为“安全文明单位”。2010年秋季开学学校整体并入竹行小学。

2000—2010年长江小学校长、教导主任任职表

表3-11

任职时间	校 长	教导主任
2000—2004	范本新	黄文龙
2005—2007	范本新	陆水芳
2007—2010	范本新	姜海兵

（五）天星小学

天星小学地处大安村最东北角，北临张芝山镇的天星镇，东边与南兴乡（现为张芝山镇管辖）一河之隔。学校原是一座庙宇，朝东屋三大间，朝南屋四间是正殿。解放前，朱亚生等人利用庙宇改造成教室办学，招收附近的儿童入学读书。建校初，学生30人，其中部分读过私塾，水平参差不齐，实行一、二年级复式教学，四年级初小毕业，有的辍学，有的到张芝山小学上高小。这种局面持续10年。民国15年（1926年）后，在校学生增至120人。抗战时期，学校成为1-6年级的完全小学，办学形式仍是复式班。

竹行解放后，学校规模扩大，原有庙舍不够使用。1952年把没收地主的房子拆了建南排教室4间。1958年学校规模扩至双轨12个班。教室不够，借用附近的天星镇、南兴十五大队和学校所在地的竹行十二大队民房6间作临时教室。1972年，小学毕业生增多，为满足农民子女入学要求开始办戴帽初中班，招收学生62人，从1979年持续到1999年，学校规模缩小成1—6年级单轨小学，学校校舍陈旧，教室被白蚁蛀蚀成为危房。2002年，镇政府拨款180万元在兴南路南侧易地重建，将天星小学和新垦小学合并，定名南通市大安小学。

1916—2003年天星小学历任校长和班级统计表

表3-12

年 份	班级数	时任校长	备 注
1916—1926	1-4年级复式	朱亚生	
1926—1940	1-4年级复式	宋祝林	
1940—1945	1-4年级单式	张蔚章	
1945—1949	1-4年级初小	黄协新	单 式
1949—1954	8班完小	樊祥裔	
1954—1956	10班	龚小康	
1956—1957	12班	施 伟	
1957—1959	12	茅顺元	
1959—1961	12	杨汉香	
1961—1967	12	顾文纪	

续表3-12

年 份	班级数	时任校长	备 注
1967—1969	12	陆士新	
1969—1977	12	倪士才	
1977—1979	10	施正清	
1979—1986	6	杜元忠	
1986—1996	6	倪惠彬	
1996—2000	6	姜云生	
2000—2003	6	张志梅	

(六)新垦小学

新垦小学始办于民国初年。国民党海门县县党部委员、地方绅士杨宗青利用自己家的堂屋办私塾,人称杨家学堂。办学初学生25人,教《三字经》《百家姓》《孟子》《论语》《千字文》等。民国8年(1919年)后,随着时代的变化,开始教白话国语。教学模式仍为私塾的背书、写字等。杨宗青年纪大了由他侄子杨家驹继承,又聘请李文蔚,两人执教。1949年解放后,杨家学堂改名南通县新垦初级小学,为公办学校,1—4年级,每班学生30~40人之间,两个复式班,3个教师任教。1958年成为完小,1963年1—6年级单轨完小。此后生源逐年增加,1969年至1974年学生增加到220人,7个教师。在此期间学校搬迁至盛家宅,占地3亩,由南通县教育局拨款新建6间标准教室,1间办公室和厨房。1974年至1978年,招戴帽初中一班,54人。1978年初中毕业后停招。1979年至1991年,教师9人,1—6年级单轨完小,全校学生250人。1992—1998年,单轨1—6年级,学生260人,1999—2000年,1—6年级单轨完小,学生200人。鉴于生源减少,乡政府调整学校布局,易地重建校舍,将新垦小学与天星小学合并到新建的大安小学。

新垦小学历任校长名单表

表3-13

任职时间	姓 名	年 份	姓 名
民国初年	杨宗青	1974—1978	高学康
1919—1948	杨家驹	1978—1991	俞光耀
1949—1962	杨洪庐	1992—1998	盛增荣
1963—1968	井士成	1999—2000	何培石
1969—1973	倪洪新		

(七)大安小学

2000年,竹行乡政府投入180万元,经过大安村村民充分讨论决定,校址选择在兴南公路南侧大安村中心地点。学校占地6845平方米，建筑面积1012平方米，2003年秋季开学。天星小学和新垦小学合并，整体搬迁至新校上课，学校定名为南通市大安小学。2010年合并至竹行小学。校长先后为张志梅、王建龙。

二、村办小学

1964年，中央号召全民办学，组织农村未入学的学龄儿童全部入学。全乡17个大队都办起了耕读班，聘请有初中以上文化水平的知识青年担当耕读班教师。

（一）一大队小学

一大队小学创办于1958年"大跃进"年代，先后借用项家、黄家、高家宅上的公堂屋做教室，1—4年级，两个复式班。1968年学校易地重建，6间标准教室，一间办公室。学校成为1—5年级完小（当时小学五年制）。1972年开始招收戴帽初中班，1979年初中停招，1981年因生源少学校停办，学生分流至竹雁小学和长桥小学，教师全乡统一安排。校长田企明。

（二）三大队耕读小学

三大队耕读小学始办于1964年10月，一个班级26个学生，借用民房做教室。1965年招一个班29位学生，1966年招一个班28人，三个班级分散在三个地方上课。1968年起隔年招生。1970年由矽钢片厂出资3000元，生产队出芦头、椽子在天星河桥北建3间教室，无办公室。1973年接造两间教室和一间办公室。1976年秋季招戴帽初中一个班，学生60人。1977年又招初中一个班59人。1978年初中停招。1980年学校停办，北埭学生分流到长桥小学，南埭学生到谷东小学，教师全公社统一调度。1978年全乡初中毕业生中考取唯一的小中专1人，普高18人。校长蒋玉良。

（三）谷东小学

谷东小学前身是四大队民办小学，始办于1958年，借用张家宅上群众民房做教室，2个班3个教师。1960年学校借用南片的刘家宅民房和大队部一间空房，分散上课。1971年秋季招戴帽初中一个班。毕业后停招，1969年大队出资建造教室四间，时为1—5年级完小（五年制），1976年又办起戴帽初中。1984年秋季，戴帽初中停招，成单轨村小。2001年学校停办，教师和学生全部并入竹行小学。校长先后为陈安山、陆秀明、徐彬。

（四）海洪圩小学

海洪圩小学创办于1964年，原名为竹行公社五大队耕读小学，一个班级，借用群众堂屋做教室。1967年，大队在长洪港河边上建造教室五间，办公室一间，学校占地2400平方米，招收本大队和种畜场及八号滩的适龄儿童入学，1981年停办。校长先后为徐汉文、陆秀明。

（五）六大队小学

1968年秋季，招收一个初中班，负责人顾丕康。

六大队小学于1969年秋季招一个班级，借用民房做教室。1970—1976年继续招生。1978年秋季，六大队小学改办中学（勤丰初中），小学停办。小学负责人袁美芬。

（六）七大队小学

始办于1958年，当初为1—4年级初级小学，以后学校规模不断扩大，至1968年成完小，原校舍破旧。1977年，大队出资在9生产队新建校舍，五间标准教室，一间办公室，占地3000平方米。1984年，勤丰初中迁至七大队小学内，小学全部停办，学生全部上竹行小学。校长先后为胡允石、沈祖其。

（七）八大队小学

1964年10月，八大队办一个耕读班，25名学生，一名教师。1968年并入新沙小学。

（八）新沙小学

1959年9月，经南通县文教局批准，竹行乡新办公办小学一所，校址在九大队薛家宅上，借用农户空房作教室，办学规模为初级小学（1—4年级）。1962年改为村办小学，公章仍为南通县新沙小学。办学规模逐渐扩大，20世纪70年代中期为1—5年级单轨完小。1976年招戴帽初中一班，1978年初中毕业后停招。后因生源逐年减少，学校规模逐渐缩小，1979年开始停止招生，1984年最后一班毕业后学校停办。

历任校长：茅惠祥、陈仲晓、高广德、施振朝、薛安生。

（九）中心大队小学

中心大队民办小学建办于1958年，校址在小春脚子行里。1960年搬至竹行镇街上，初小规模。1965年学校缩编成两个班，仍旧在小春脚子行里。1968年学校并入竹行小学，中心大队民办小学停办。历任校长：黄仁贤、刘允才。

（十）十一大队小学

十一大队小学建办于1962年，校址在竹行镇河南街庙里。1966年搬迁至鸿昌路南边的大队部，四个班级200多名学生，因离竹行小学近，生员不足而停办。1972年招初中一班，1974年6月毕业后停止招生，学校停办。历任校长：刘允才、陆秀明。

（十一）十三大队小学

十三大队民办小学办于1959年秋，借用民房作教室，1—4年级两个复式班。1966年起为单轨班，1968年成为完全小学。1978年大队新建教室4间，办公室1间，占地面积1500平方米。1972年2月办戴帽初中，连续招生，成为单轨初中，定名为大安初中。1981年小学停办，1991年初中全部并入竹行初中，大安初中停办。历任校长：陈仲晓、姜云生、张志梅。

（十二）十四大队小学

十四大队小学始办于1956年，借用沈小才堂屋做教室，一个班级学生31人。1957年搬至村民王文才家中，扩招一班，学生30人。1958年学校搬至现在17组磨坊，又扩招二班，新增学生65人，教师6人。1959年学校搬至十六大队仇少连宅上。1965年秋季开始招一个班，以后连续招生成完全小学，并在苗圃新建校舍。1980年招戴帽初中一个班50名学生，1984年初中并入大安民中。1994年十四大队小学全部并入竹行小学，学校停办。历任校长：顾承德、沈祖其、薛安生、陈永全、何良。

（十三）十六大队小学

十六大队于1965年秋季创办耕读班，借用民房作教室，学桌为借用的方桌。首届招生25人，一人任教，以后每年招生一班。1967年学校搬至小队仓库附近的老百姓家空房，4名教师任教。1968年大队筹集材料新建四间教室一个办公室，学校占地面积近3亩，1972年办戴帽初中班。1973年、1974年、1975年停招，1976年秋招一个初中班，1978年毕业后停止招生。小学部生源减少而隔年招生，1979年停止招生。1984年最后一届小学生毕业后学校停办。历任校长：陈永全、蔡云康、施正朝。

（十四）江海村小学

江海村合并前共四个大队，由四个公社管辖，移民中小孩上学到南兴小学和农场小学路远不方便，各个大队办起了学校。

南兴乡的立新坝村于1976年创办立新坝村小学，学校占地2亩，校舍建筑面积150平方米，二间教室和一间办公室，2个班级。1981年因生源少而停办，学生转入南兴小学和农场小学就读。

南兴18大队（即邻江村）1977年率先办起临江小学。临江小学占地面积2000平方米，建教室4间，办公室1间，建筑面积300平方米。1—4年级四个教学班，学生到五年级时转入南兴小学或农场小学就读，1994年停办。

江海小学属川港公社，1985年创办，学校占地1300平方米，两间教室，建筑面积150平方米，2个班级。因生源少，1987年停办。江海村的适龄儿童分流到南兴小学、农场小学和竹行小学就读。

（十五）江东村新沙小学

1972—1974年间，先锋、姜灶、川港、南兴等四个公社围垦，组建为先垦村、江边村、新沙村和积南村。时有临江小学、立新坝小学、江海小学三所村办小学。借用农户的空房作教室，实行复式班教育。1976年公社拨一部份，大队自筹一部份，建造两个简易教室，一个戴帽初中班，另一个为五年级使用，以后陆续建造五个教室一个办公室。1998年将原校拆除。1999年3月由市教育局拨款10万元，先锋、姜灶、川港三镇各拨款5万元，总投资69.5万元，新建校园占地3200平方米，建筑面积884平方米，1999年10月18日竣工。通州市领导张秀兰，蒋明显、王沈康、沈立和参加典礼并剪彩。2005年，因生源少，硬件不达标等因素学校停办。适龄儿童分流到农场小学、南兴小学和竹行小学就读。江海村、江东村村小历任校长：胡冲、严沛凡、蔡锦红、周爱平、陈金康、宋俭、华达山、陆进周。

三、竹行小学系统教师中级职称情况

（一）在职教师（32人）

倪惠彬　范本新　陆口香　陆水芳　黄文龙　徐汉明　林　宏　施黎黎　施惠平
朱　军　蔡建军　周冬琴　顾汉芳　杨跃兰　袁水萍　徐　甦　朱绥萍　徐　伟

项　苏　曹旭平　徐晓红　虞红英　仇小进　倪　燕　谈心洁　姜红英　张韵晔
王建龙　陶　琴　王　芳　姜海兵　张　焰

（二）退休教师（55人）

黄允贤　樊发美　陆士新　高学康　杜元忠　陈安山　徐汉文　姜云生　唐国茹
朱关祥　陆亚芳　陆秀明　张一泽　盛增荣　刘允才　陈思忆　袁建芬　王世章
杨秀兰　施振朝　张维美　杨佩珏　陈建芬　周亦秋　胡亚贤　陈瑞蓉　沈祖其
俞广丰　袁守明　崔兰萍　杨永芬　何　良　黄锦芳　陈友春　杨洪琴　黄继禹
季兴芳　姜水兰　张永芳　张志梅　徐　彬　王永成　罗明芳　汤绥芳　何培石
朱永明　朱安兰　朱冲兰　施相仁　施建萍　陈永全　何培芹　黄文俊

第三节　中学教育

1964年8月，利用河南街后的一个破庙作校舍，招收一个初中班，由两位教师任教。1965年，政府将庙宇拆除在原地翻建，建立竹行第一所中学，学校定名为南通县竹行公社农业中学。1965年再招一个班，至1966年秋季，成为完整的单轨初中。

1968年8月，在竹行公社六大队建办竹行公社第二所中学。定名为南通县竹行公社六大队农业中学，招收一个班，借用民房作教室，1971年大队出资建校舍，成为完整单轨初中。

1979年8月，在十三大队小学招收两个初中班。1981年小学停办，学校成为民办初中。

1972—1980年各大队村小先后办起戴帽初中、全公社共办15所小学、戴帽初中。

1972—1991年竹行戴帽初中情况表

表3-14

办学学校或大队村小	起办时间	休办时间	备　注
一大队小学	1972.2	1979.7	
长桥小学	1972.2	1979.7	1976年8月办一届高中班
三大队小学	1976.9	1980.7	
四大队小学	1976.9	1984.7	
六大队小学	1968.9	1982.7	1978年民办中学改称竹行第二中学招收一届高中班
七大队小学	1980.9	1982.7	1982年小学停办与六大队初中合并改称勤丰中学
	1982.7	1991.7	

续表3-14

办学学校或大队村小	起办时间	休办时间	备　注
新沙小学	1972.2	1980.7	
天星小学	1972.2	1978.7	
十一大队小学	1973.2	1975.7	
十三大队小学	1972.2	1991.7	
竹行小学	1968.9	1979.7	
十四大队小学	1972.2	1976.7	
新垦小学	1972.2	1976.7	
十六大队小学	1972.2	1977.7	
竹雁小学	1969.2	1978.7	

1979年，竹行小学戴帽初中独立建竹行初中，其后各大队小学戴帽初中先后停办。1980年秋，全公社民办初中有三所：竹行公社第一中学、竹行公社第二中学、竹行公社第三中学，1984年三所学校分别改名为竹行公社初级中学、勤丰初级中学、大安初级中学。(县、乡合管)

1987年，南通县教育局对初中教育管理体制全面调整，竹行初中定为中心初中，原属中心小学管理的三所一般初中，由竹行中心初中管理。

1991年秋，撤销单轨初中，竹行公社初中和勤丰初中合并，移至八大队停办的玻璃厂内。政府出资13万元支付该厂的银行贷款，3万元改造维修厂房作校舍，学校名称改为南通县勤丰初级中学。同年大安初中并入竹行初中。1993年1月，南通县撤县设市，南通县勤丰初级中学更名为通州市勤丰初级中学。1999年8月勤丰初中又并入竹行初中，初中实现统一。2000年8月，乡政府出资800万元在薛家店南、张江公路西侧租地56亩易地重建竹行中学，新校舍环境优美，设施齐全。2001年3月，区划调整，通州市竹行初级中学更名为南通市竹行中学。

一、中学简介

(一)竹行乡初级中学

1964年10月在竹行镇河南街文昌庙(西厢房)新办民办初中班(当时未定校名)，教师2名。

1965年，竹行乡政府发动群众将文昌庙拆除，在原地翻建竹行乡第一所农业中学。全校师生共同投入建校劳动，乡政府在全乡范围发动群众每人捐款0.1元用于建校工匠工资。短短几个月便建起了三个标准教室，约168平方米，教室前有520余平方米的操场，操场前建有一个办公室、三间生活用房约80平方米，定名为南通县竹行人民公社农业中学。

1966年秋季招生后，竹行农中成为完整的单轨初中，全校学生数达160余人，教师增加到6人。

1969年秋季学校招收一个高中班，学生爆满，一个班87名学生。以后连续招收五届高中，先后为社会输送300余名毕业生。

1974年高中停办，学校又成为单轨初中。1977年学校更名为南通县竹行公社中学。1978年9月，班级布局调整，竹行小学中学部转来两个高中班，本校招收一个高一新生班。全校学生近200人，教师11人。1979年，两班高中毕业，学校又招收两班初一新生。1980年高中停招。1987年秋，南通县教育局对初中体制进行调整，学校更名为南通县竹行乡初级中学。

1991年8月与勤丰初级中学合并，利用竹行镇洞子港村七组原为南通县特种玻璃厂的旧房，改建成为校舍，组建成南通县勤丰初级中学。

1965—1990年竹行乡初级中学历任校长、教导、总务名单表

表3-15

任职时间	校　长	副校长	教　导	总务主任
1965		范本观		
1968	曾丽英			
1970	顾贵仁			
1972	黄卓仁			
1976		范本观		
1978	范本观		蒋汉明	施春祥
1979	范本观		施春祥	葛兆章
1981—1990	范本观		施春祥	

（二）勤丰初级中学

1968年8月在竹行公社六大队四队建办南通县竹行公社六大队农业中学，一个班级46名学生，2名教师。教室是民房改成，无操场。1969年扩展一个小学班，全校学生93人，教师3人。1970年增办一个初中班，招收41名学生，学生总数134人，教师增至5人。1971年年初，学校迁至六大队一队，六大队出资建有三个标准教室，一个办公室，教室前有一个与生产队合用的约900平方米操场。1978年8月学校小学班停办，招收一个高中班，学生56人。全校两个初中班，一个高中班，学生总数149人，教师增至7人，校名改为南通县竹行第二中学。1980年首届高中学生毕业，高中停办，招收一个初中班。

1982年7月，初二两个班、初三一个班留本部。新招两个初中班，附设在七大队小学。1984年秋季，学校整体南迁至七大队小学，全校初一双轨，初二双轨，初三单轨，小学一个班，学生总数258人，教师13人。学校有固定教室5个，办公室1个，厨房1个，教师走教，中午在校用餐，学校有一个1500平方米的操场。1985年秋季一个小学班毕业后停招，教师并至竹行小学，学校招收2个初一班，成为独立双轨的初级中学，学生281人，教师9人。

1987年秋，南通县教育局对初中体制进行调整，学校更名为南通县竹行乡勤丰初级中学。1991年8月，学校与南通县竹行乡初级中学合并，搬迁至竹行镇洞子港村7组的倒闭企业——特种化学玻璃厂内，建筑总面积1184平方米（折价13万元，由乡财政出资为原厂还贷）。政府又出资3万元对原厂房进行整修改造成教室，并租用生产队土地6803平方米为操场用地。全校7个班级，学生总数达352人，教师总数21人。

1993年1月，南通县撤县建市，通州市民办中学都改为一般初中，勤丰初中更名通州市勤丰初级中学。学校探索教学改革，注重学生素质教育，努力提高教学质量，在历次各种考试中，语文、外语两门学科在通海区同类学校中名列前茅，2名学生在全国作文竞赛中获三等奖。

1997年9月，学校一个初三班先行并入竹行初中，4名教师随班调至竹行初中。1999年8月，学校整体并入竹行中学。通州市勤丰初级中学建制整体撤销。

1976—1999年勤丰初级中学校长、教导、总务名单表

表3-16

任职时间	校　长	副校长	教导主任	总务主任
1976.9—1978.8	黄卓仁		朱国冲	
1978.9—1984.8	黄卓仁		高广德	倪锦康
1984.9—1986.8	黄卓仁		高广德	蒋汉明
1986.9—1991.8	黄卓仁		高广德	蒋慈冲
1991.9—1997.8	范本观	黄卓仁	高广德	施春祥
1997.9—1999.8	范本观	黄卓仁		施春祥

（三）大安初级中学

大安初中原是竹行十三大队小学戴帽初中班，校址在十三大队七组。1978年大队出资建造四间教室，一间办公室，约220平方米，教室前有一个1200平方米左右的操场。

1979年8月招收首届两个初中班109名学生，4名教师。原有2个小学班，2个小学教师，全校学生196人，中小学教师6人。1980年新招一个初一班，一个小学班毕业停招。1987年小学停办，2名小学教师改任初中课务。学校四个初中班成为民办初中，校名为竹行公社第三中学。全校204名学生，教师9人。

1983年5月，学校被南通县教育局命名为南通县竹行乡大安民办初级中学。1987年8月，县教育局进行教育管理体制改革。各乡镇组建中心初中，各民办中学为一般初中，归中心初中管理，改变过去由中心小学管理中学的现象。1990年暑假，为适应普及九年制义务教育，初步实现教育现代化需要，大安初中停止招收，学校尚剩两个初中班，1992年8月学生全部毕业后，教师分别安排到竹行初中和勤丰初中工作。

1979—1987年大安初中校长、教导、总务名单表

表3-17

任职时间	校长（负责人）	教　导	总务或会计
1979年	姜云生		姜云生（兼）
1983年	姜云生	葛兆章	姜云生（兼）
1987年	葛兆章		高伯香

（四）南通市竹行中学

南通市竹行中学是在南通县竹行小学戴帽初中（即小学附设初中班）的基础上组建起来的竹行镇第一所公办初级中学。

竹行小学戴帽初中于1968年8月招收一个班，68名学生，两名教师。

1973年，南通县教育局拨款，拆除原小学危房，新建4间平顶房教室，1间办公室为中学部用房，建筑面积400平方米。

1974年秋季开始，初中部每年招收两个班，两年后成为双轨，学生达200余人，教师10人。

1975年秋季，初中部增招一个高中班，招收学生60人，成为小学戴帽高中班。1976年秋季扩招两个高中班112名学生。此时，竹行小学戴帽初、高中班学生总数达376人，中学部教师19人。

1979年秋季，高中班停招。南通县教育局批准，小学与初中部分离，成立南通县竹行初级中学。初中两年制改为三年制、新招的两个初一班寄放在竹行民中。

1980年3月，南通县教育局拨款1.75万元，在原平顶房屋面加叠四间教室一间办公室，原楼下办公室改成宿舍、学校建筑面积达800平方米，学校与竹行小学合用一个操场。教学设备简陋。

1987年9月，南通县教育局对初中教育的管理体制进行调整，竹行初中成为乡中心初中。原来属于乡中心小学管理的竹行民办初级中学、勤丰民办初级中学、大安民办初级中学改为一般初中由乡中心初中管理。为执行上级教育行政部门关于“规范初中理化实验操作”的要求，由乡政府拨款5.5万元，在操场北边建造竹行初中理化实验中心，砖木结构，建筑面积344平方米。

1990年年初，学校与乡政府共同筹款在理化实验中心东边建造砖木结构平房教室三间，建筑面积223平方米。此时，学校发展为18个班的规模。

1990年8月，乡政府拨款在学校西南角租用沈培元的半亩地建造两层平顶宿舍楼8间，包括楼梯间建筑面积335平方米，造价6.75万元。1991年暑假学校自筹资金2.75万元为平顶宿舍楼加层，增加4间宿舍，建筑面积增加168平方米。同年秋季，大安初中停招，竹行初中扩招

成为完整的三轨初中，9个教学班，全校学生总数504人，教职工23人。

1993年1月，南通县撤县建通州市，学校更名为通州市竹行初级中学。

1993年年底，为适应“普九”要求，乡政府租用竹行村5组土地四亩，拨款35万元建造砖混结构三层教学楼一幢，建筑面积864平方米，9间教室和一个踏步间。1994年8月竣工，交付使用。学校发展成为四轨十二个班的规模，学生600人以上，教职工32人，1994年全镇基本普及九年制义务教育。

1995年暑假，学校在乡政府的筹划和帮助下，拆除原用作厨房的平房。学校自筹资金16.9万元，改造砖混结构局部三层生活楼。新建的生活楼与原生活楼连接，底层中间留有穿廊，建筑面积356平方米，内设8间宿舍。

1997年上半年，为配合政府“创建”活动，拆除位于竹南村一组的校办汽修厂厂房14间，重建砖木结构厂房6间，合计建筑面积192平方米。一年后在政府协调下，学校支付7.4万元给生产队，通过土管部门办理征用手续。政府拨款63万元，学校自筹资金30万元，建造一幢底层为营业用房，三至四层为12套住房的综合楼，建筑面积1674平方米。

1997年秋季，勤丰初中先行搬迁一个班至竹行初中，随班4教师调至竹行初中。

1999年8月，通州市勤丰初级中学整体撤销全部合并到竹行初中，竹行初中成为17个教学班，693名学生，66名教职员工的规模。

2000年7月，竹行镇实行财政体制改革，学校财务由政府财政所统一管理。

2000年8月，学校贯彻执行通州市人民政府转发市编制办公室、人事局、财政局、教育局《关于深化学校内部管理体制改革的意见》的通知。遵照“校长聘任负责制”“教职工聘用制”“岗位责任考核制”“校内结构工资”的要求，全面进行学校内部管理体制改革，领导班子成员竞选上岗。

2000年8月28日，通州市竹行初级中学易地重建工程开工，新校址选在薛家店南200米的竹东村21组。

2001年3月行政区划调整，竹行镇划入南通经济技术开发区。通州市竹行初级中学更名为南通市竹行中学，实行南通经济技术开发区社会事业局和竹行镇政府双重领导和管理。同年8月28日，投资800万元的新校舍举行竣工典礼。学校艺术团和通州市文工团同台为庆典演出一台自编自演的精彩节目，受到开发区领导、镇政府领导及各单位与会代表好评，快板群、歌舞等节目被调往通州之夜和市濠滨夏夜演出。9月1日新学期开学，全部搬入新校舍。新校舍占地面积56亩，合3.7万平方米。建筑面积7000余平方米，分三幢大楼即勤奋楼、求学楼、敬业楼组合而成。

2003—2004学年度全校21个教学班，1117名学生，66名教职工，创竹行中学历史上学生数最高峰。

勤奋楼为教学楼，四层20个标准教室，每层5个教室，每个教室63平方米，计1260平方米，其中13个教室安装有多媒体系统。二楼教师办公室8个，计220平方米。每层设男女厕所各1个，计230平方米。

求索楼为科技实验楼，一楼设生物实验室2个，一个实验准备室，计280平方米，一个化学实验室，一个实验准备室，计144平方米，各实验室可供60名学生进行实验操作。二楼设两个物理实验室，一个实验准备室，计280平方米；一个劳技实验室，一个实验准备室，计144平方米。各实验室可供60名学生实验操作。三楼设两个微机室教室，一个电子备课室，计280平方米；一个语音教室，一个准备室，计144平方米。四楼设一个科学探究室，一个实验准备室，计168平方米；一个美术教室和一个准备室，计144平方米。

敬业楼为行政办公楼，一楼设大厅78平方米，成果展览室62平方米；教师阅览室41平方米，藏书室65平方米，有藏书28344册。两个办公室计40平方米，配有磁条检查仪，磁条充消敏器，图书管理网络系统、图书回检仪，专用计算机等价值1.53万元。一个能容纳260余人的阶梯教室，计180平方米。二楼设5个职能办公室，计140平方米，大小会议室各1个，计208平方米，其中大会议室安装一套多媒体设备；二楼另设有档案室、文印室、医务室、教工活动室，计140平方米。敬业楼内每层设有男女厕所，计52平方米。

学生食堂大楼共两层，南通经济技术开发区管委会投资365万元于2006年年底开工建设，2008年年初建成并投入使用。建筑面积为1512平方米。一楼设具有现代化厨具设备的操作间，能容纳500余人同时就餐的餐厅，计756平方米。二楼是具有现代化水平的灯光和舞台设备的会议室，可容纳600余人观看演出或召开会议，计756平方米。

学校操场占地面积20亩，合1.34万平方米，原设300米煤渣跑道田径场一个，篮球场两个，乒乓球台6张。2009年8月，开发区管委会投资160万元把煤渣跑道改建成塑胶跑道，同时完善田径场地其他设施，并投资36万元建设210平方米两层体育楼，内设教师办公室、健身房和存放体育用品器材室。

学校绿化面积达15061平方米，占总面积的百分之四十。

南通经济技术开发区党工委、管委会，竹行镇党委、政府对教育事业高度重视，对教育事业的投入越来越多。到2010年年底，学校各科实验室全部达现代化标准，配备了智能化校园网络、多媒体教学系统，电子备课设施，每个教师配备了手提电脑。学校总资产达1636.71万元。竹行初中积极探索教学改革，注重学生素质教育，努力提高教学质量，在历次各种考试中成绩名列通海片前茅，其中数学、化学屡获第一。先后多名学生升入重点中学后考取清华、南大、复旦、交大、科大等全国著名高校。

“十一五”期间，竹行中学全面加强学校硬件建设与现代化教育技术装备，办学条件明显改善。学校强化校园管理，狠抓教育教学质量，在英语课程改革实验工作中获江苏省英语课程教材改革实验工作先进集体。教师在各级报刊发表论文56篇，教师在各类竞赛中6人获南通市级奖，47人获区级奖，5人被南通经济技术开发区评为学科带头人，4人被南通经济技术开发区评为教学骨干，3人被南通经济技术开发区评为教坛新秀。2人获区优课评比一等奖，5人获优课评比二等奖。顾园园等6名学生获国家级奖，1人获省级奖，5人获南通市级奖，1人获区级奖。

2001—2010年竹行中学规模、师资情况表

表3-18 单位：人

年份	班级数	学生数	教师数	教师学历				职称结构		
				研究生	本科	专科	中师高中	高级	中级	初级
2001	18	964	60	1	18	33	9	1	17	42
2002	20	1105	59	—	24	30	5	1	17	41
2003	19	1117	59	—	26	29	4	1	15	43
2004	19	1082	58	—	31	23	4	1	14	43
2005	17	940	57	—	38	17	2	2	20	35
2006	15	832	54	—	36	15	3	3	20	32
2007	14	648	61	—	41	10	2	4	28	19
2008	12	538	58	—	42	8	1	6	25	19
2009	11	535	59	1	44	6	1	5	36	10
2010	11	421	58	1	44	5	1	6	35	11

1979—2010年南通市竹行中学历任校长、教导、总务主任名单表

表3-19

任职时间	校长	副校长	教导主任	副教导主任	总务主任
1979				朱兆枋	
1980		仇燕达		朱兆枋	朱成元
1981		仇燕达		朱永兰	朱成元
1982		仇燕达		朱永兰	朱一心
1983	朱永兰		朱永兰（兼）		朱一心
1984	朱永兰	索玉山		杨炽刚	朱一心
1985	朱永兰	唐才勋		杨炽刚	瞿国香
1987	朱永兰	唐才勋	杨炽刚	朱汉章	邱训龙
1990	朱永兰	唐才勋	杨炽刚		葛兆章
1997		蒋志平　葛兆章		卜爱珍　高广德	葛兆章（兼）
1999		蒋志平　葛兆章　范本观		卜爱珍　高广德	葛兆章（兼）
2000	蒋志平	葛兆章	卜爱珍	樊冠祥　施华能	瞿国香
2001	蒋志平	葛兆章	卜爱珍	樊冠祥　陈　达	瞿国香
2001	蒋志平	杨　苏　葛兆章	卜爱珍	樊冠祥　陈　达	瞿国香
2005	蒋志平	葛兆章　杨玉栋	卜爱珍	樊冠祥　陈　达	瞿国香
2006	蒋志平	葛兆章	卜爱珍	樊冠祥　陈　达	瞿国香
2008-2010	蒋志平	陆春雷		陈　达　樊冠祥 黄海荣　陆海燕	瞿国香

1986—2010年竹行中学获奖情况表

表3-20

年　份	获奖名称	授奖单位	级　别
2002	南通市艺术教育先进单位	南通市教育局	市级
2004	开发区教育系统先进单位、工会工作示范单位	南通经济技术开发区党工委管委会	县(区)级
	南通市第四届模范学校	南通市教育局、市政府教育督导室	市级
2005	南通五四红旗团支部	共青团南通市委员会	市级
2009	2008—2009年度教育先进集体	南通经济技术开发区党工委、管委会	县(区)级
	江苏省初中英语课程教材改革实验工作先进单位	江苏中小学教研室	省级
	江苏省防震减灾科普示范学校	江苏省地震局、教育局	省级

1984—2009年竹行中学系统个人获奖情况表

表3-21

年　份	姓　名	奖项名称	授奖单位	级　别
1984	薛安生 朱国冲	校办工业先进工作者 校办工业先进工作者	南通市教育局 南通市教育局	市　级
1987	薛安生 朱国冲	勤工俭学先进工作者 勤工俭学先进工作者	南通市教育局 南通市教育局	市　级
1989	杨炽刚	全国优秀教师	国家教委、全国总工会	国家级
1990	高广德	先进工作者	南通县委县、政府	县　级
1991	蔡香兰	先进工作者	南通县委、县政府	县　级
1992	施春祥	先进工作者	南通县委、县政府	县　级
1992	杜奋学	优秀共产党员	中共南通县委员会	县　级
1992	唐才勋	先进工作者	南通县委、县政府	县　级
1993	王能祥	先进工作者	南通县委、县政府	县　级
1994	黄卓仁 黄　政	先进工作者 先进工作者	南通县委、县政府 南通县委、县政府	县　级
1995	葛兆章	嘉奖	通州市委、市政府	县　级
1996	濮爱珍	记三等功	通州市委、市政府	县　级
1997	朱永兰	记三等功	通州市委、市政府	县　级
1998	高广德 王　珍	嘉奖 记三等功	通州市委、市政府 通州市委、市政府	县　级

续表 3-21

年　份	姓　名	奖项名称	授奖单位	级　别
1999	施华能	嘉奖	通州市委、市政府	县　级
2000	高广德	记三等功	通州市委、市政府	县　级
2001	黄思美 曹旭凤 瞿国香	优秀教育工作者 嘉奖 优秀教育工作者	南通市政府富民港办事处 通州市委、市政府 通州市委、市政府	县（区）级
2002	施胜兵 高　忠	优秀教育工作者 优秀教育工作者	南通经济技术开发区党工委、管委会 南通经济技术开发区党工委、管委会	县（区）级
2003	黄思美	爱生优秀教师	南通市教育局教育工会	市　级
	蒋志平 黄伟健	非典防治工作先进个人 优秀教育工作者	南通经济技术开发区党工委管委会 南通经济技术开发区党工委委员会	县（区）级
	薛水明	职业教育先进个人	南通市教育局南通市人事局等七局	市　级
2004	徐　龙 马　骅	优秀教育工作者 优秀教育工作者	南通经济技术开发区党工委 南通经济技术开发区党工委	县（区）级
	蒋志平 樊冠祥	南通市优秀农村教师 红十字系统先进工作者	南通市教育局 南通市人事局、红十字会	市　级
2005	陈　达 葛兆章 顾静亚 万　荣 曹旭凤 樊冠祥	优秀教育工作者 优秀教育工作者 优秀共青团员 优秀教师 优秀教师 优秀班主任	南通经济技术开发区党工委、管委会 南通经济技术开发区党工委、管委会 南通经济技术开发区党工委、管委会 南通经济技术开发区党工委、管委会 南通经济技术开发区党工委、管委会 南通经济技术开发区党工委、管委会	县（区）级
	葛兆章 葛兆章	教育行风建设先进个人 优秀教育工作者	南通市教育局 南通市教育局、教育工会	市　级
2006	王　珍 范雅萍 黄海荣 周　雨 瞿国香	优秀教师 优秀教师 优秀教育工作者 优秀教师 优秀教育工作者	南通经济技术开发区党工委、管委会 南通经济技术开发区党工委、管委会 南通经济技术开发区党工委、管委会 南通经济技术开发区党工委、管委会 南通经济技术开发区党工委、管委会	县（区）级
2007	陆春雷	优秀教育工作者	南通市教育局教育工会	市　级
	施华能 张亚萍	优秀教育工作者 优秀教育工作者	南通经济技术开发区党工委、管委会 南通经济技术开发区党工委、管委会	县（区）级
2008	瞿国香 黄卫民 曹宇华 薛水明	优秀共产党员 优秀教育工作者 优秀教育工作者 优秀教育工作者	南通经济技术开发区党工委 南通经济技术开发区党工委、管委会 南通经济技术开发区党工委、管委会 南通经济技术开发区管委会	县（区）级
2009	黄思美	优秀教育工作者	南通市教育局教育工会	市　级
	陶莉莉 沈耀美	优秀教育工作者 优秀教师	南通经济技术开发区党工委、管委会 南通经济技术开发区党工委、管委会	县（区）级

二、竹行中学教师职称情况

（一）中学高级职称名单

1.退休教师（6人）

王能强、朱永兰、高广德、杜奋学、濮爱珍、葛兆章

2.在职教师（7人）

蒋志平、盛建新、黄海荣、施胜兵、徐龙、万荣、施华能

（二）中学中级职称名单

1.退休教师（17人）

邱训龙、唐才勋、张国钧、张锦元、施春祥、施新桥、范义康、蔡云康、蒋汉明、吴明谦、范本观、黄政、薛安生、曹士发、邱惠生、虞志琴、薛水明

2.在职教师（32人）

樊冠祥、陈达、高忠、马骅、黄思美、包洪忠、陶莉莉、黄卫民、沈耀美、陆丽菊、龚剑燕、范雅萍、朱丽萍、唐伊璞、沈元利、陆香绒、曹旭凤、陆海燕、邵娟、朱霞、王珍、张亚萍、薛亚娟、王铧、顾静亚、仇宇隆、陆春雷、韩飞、曹宇华、杨卫超、周雨、黄伟健

第四节　成人教育

一、竹行成人教育中心校

1984年3月，经南通县编委、人事局、财政局批准，成立南通县竹行农民文化技术学校，校址设在竹行建筑站内。县教育局拨给2个班教育设备及2套办公设备，设专职校长一名和专职教师一名。1986年校址迁至竹行小学内，1989年再迁入竹行工业公司三楼。根据南通县教育局学校管理体制调整，各乡镇成立小学、中学、成人教育中心。南通县教育局发文将竹行农民文化技术学校更名为竹行成人教育中心校，具有独立法人资格。2005年8月，南通市人大常委会科教文卫委员会主任王建明一行30人，来竹行成人教育中心调研，肯定竹行成人教育中心的办学成果。2009年年初，根据江苏省2006年1号文件精神成立竹行社区教育中心，校址迁至星辰花园10号楼，配有电教室、多媒体教室、报刊、图书、阅览室、文化体育、健身器材、生活设备等，各室一应俱全，设施设备一步到位，占地面积3500平方米，建筑面积2100平方米，学校有四个宽敞的培训教室，添置两个教室的新桌椅。各教室配置液晶彩电、DVD、投影仪等电教设备，大大改变了办学条件。2010年通过省区域教育现代化验收。竹行成人教育中心校的设施、设备、教育成果位于南通市同行之前列。

竹行成人教育分三个阶段：

第一阶段（1949—1958年）为冬学，农村中普遍开展扫除文盲，百分之八十的青壮年参

加冬学学习，各乡配备扫盲专职干部一名。

第二阶段（1962—1984年）为业余教育，村村建办农民红专学校。红专学校中有扫盲班，有提高班。各公社配备兼职业余教育辅导员2名。

第三阶段（1984—2010年）为成人教育，1984年成立竹行农民文化技术学校，1989年更名为竹行成人教育中心校。这个阶段在扫盲的同时，举办各种文化技术方面的培训。教育主管部门为各乡镇配备成人教育校长1名，教师1~3名。

二、扫除文盲

1949年解放时，农村中青壮年文盲占青少年总数百分之八十，各村配备扫盲专职干部，农村中办起冬学，群众自聘教师，男男女女学识字。1951年冬学转为常年民校，群众提着灯上夜校积极性很高。

1958年，受"大跃进"影响，急以求成，放宽扫盲标准，扫盲成果虚夸。三年困难时期，民校全面停办。

1962年冬，扫盲工作恢复，竹行公社配备兼职业余教育辅导员2名，参加县培训班培训，由南通县教育局工农教育股管辖。1963年，村村建办农民红专夜校，农村中百分之七十以上的青壮年参加学习。

1966年，"文化大革命"开始，扫盲工作全面停止。

1971年，落实中央教育工作会议精神，扫盲工作恢复，竹行公社设专职教育辅导员1名，全乡实有文盲、半文盲2605人，参加"五、七"夜校学习的文盲、半文盲达2450人，以各全日制学校施教区为扫盲工作范围，村片结合集中学与分组学相结合。1978年春，经县、区考试验收，脱盲2215人，达到国家要求完成百分之八十五的目标，基本完成扫盲任务。

1978年，根据"一堵、二扫、三提高"要求，在举办各种培训班同时做好扫盲脱盲工作。

1993年全镇脱盲93人，1994年，通州市"双基"验收时，全镇青壮年剩余文盲390人。1997年，省市验收核定脱盲363人，剩余文盲27人（失能），非文盲率占百分之九十九点八，成为无盲乡镇。

三、文化教育与实用技术培训

1978年，上级对业余教育提出在扫盲同时搞好提高的要求，全乡举办业余高小5个班，学生161人。1979年至1988年，举办业余初中5个班，学生252人。在进行业余文化教育同时，开展实用技术培训。1984年，举办以初、高中毕业生为主的回乡青年建筑班，学期为一年，学员68人，经考试百分之百合格，全被建筑部门录用，并成为建筑单位骨干。1985年开始配合竹行各中学，利用年中考结束后为期十天对应届初中毕业生进行实用技术培训。1985—2010年，以多种培训方式举办工业、财会、建筑、创业、养殖、农业、职工安全培训1273期，培训学员达91560人次。2000年至2010年，对回乡初、高中毕业生及外来打工者进行实用技术和创业培训，转移农村劳动力1120人。

四、职工教育

1981年，对县属农具厂、县钢绳绳厂、供销社、商业等企业职工中（1968—1980年毕业）的初、高中生进行文化和技术补课。参加学习的357人，经县统一考试，合格人数为339人，合格率为百分之九十五。1985—1994年，全镇先后选派115人外出学习专业知识，学成后都成为企业骨干。

2000—2010年，举办多种长训班、短训班，农村实用技术培训，农作物培管、病虫害防治和油菜、水稻、大棚蔬菜种植及养牛、养猪、养羊、养鱼、养蟹等技术培训8400人，为厂矿企业举办司炉、叉车、行车、拉丝、捻股、成绳及用电专业培训、安全生产技术培训班256个，参加职工21118人次，为企业举办期为两年制会计专业培训学习49人。

1984—2010年竹行镇各种长训班参训人数统计表

表3-22　　单位：人次

年　份	1984—1990	1991—2000	2001—2005	2005—2010
扫盲人数	93	413	—	—
专业技术培训	60	—	59	1287
企业干部培训	40	473	89	479
文化学历培训	—	—	49	49
劳动力转移培训	—	560	249	871

1984—2010年各种短训班参训人数统计表

表3-23　　单位：人次

年　份	1984—1990	1991—2000	2000—2005	2005—2010
职业技术培训	3375	8699	8440	17693
岗位培训	969	4143	1932	2860
农副业技术培训	187	354	537	1236
初高中毕业生培训	511	2381	205	748
乡村在职干部培训	368	680	187	374
企业干部培训	189	761	376	581
实用技术培训	2568	10866	2548	8400
企业安全生产培训	—	2357	24118	38260

1962—2010年竹行镇业余教育辅导员、成人教育中心校长名单表

表3-24

任职时间	业余教育辅导员	校 长	备 注
1962—1963	高广德 范本观		
1964—1965	顾洪亮 顾瑞康 袁守成		
1966—1967	顾瑞康 谈松茂		
1967—1970	蔡云康		
1971—1974	薛安生		
1975—1976	吴裕兵		
1976—1977	施正清		
1977—1983	蔡云康		
1984—1996		蔡云康	
1997—2010		薛水明	
2010.9		徐 伟	副校长

五、获奖情况

（一）学校获奖：

1993年，学校获通州市教育局颁发的小康杯奖。

2005年，被评为南通市职业教育先进单位。颁奖单位：南通市教育局、南通市经贸局、南通市人事局、劳动和社会保障局，南通市发改委、南通市财政局、南通市农业局。

（二）个人获奖：

蔡云康 1994年8月被中共通州市委、市政府记功一次。

薛水明 2003年，被评为南通市职业教育先进个人。颁奖单位：南通市教育局、南通市经贸局、南通市人事局、劳动和社会保障局、南通市发改委、南通市财政局、南通市农业局。

2008年，被南通经济技术开发区管委会评为职业教育先进个人。

第二章　文化　体育

竹行镇文化体育事业蓬勃发展，活动丰富多彩。文体活动场所除镇文化体育中心外，2006年各村、居陆续建立文体活动室，活动器具不断完善。镇建有万册图书馆，藏书量1.3万册。村建有农家书屋，藏书量1300册以上。文体中心面积1500平方米，有10个活动室，11个活动项目。各活动室内设备齐全，可开展娱乐、健身、休闲等活动。中国象棋、跳绳、踢毽子等项目在开发区两届运动会上名列前茅，广场晨练、晚练、跑步等健身活动全镇普及。

1998年，竹行乡被江苏省文化厅命名为江苏省群众文化先进乡；1999年被江苏省体委命名为江苏省群众体育先进乡。同年，竹行乡被通州市人民政府授予通州市文化工作先进集体称号。

第一节　文化站

一、沿　革

竹行文化站建于1957年。乡政府批准建站，站址设在竹行乡政府对面民房内，设文化辅导员一名。

1965年，站址设在竹行人民公社机关内。

1976年11月，南通县文化局批准成立民办公助性质的竹行文化站。站址在竹行公社机关大门口东侧三间平房内，面积60平方米。

1988年，竹行乡政府机关办公用房改造，文化站被拆，搬至竹行镇西街口影剧院三间平房内，面积65平方米。

1993年，由省文化厅补助1万元，乡政府拨款1万元，共2万元在竹行镇西街口影剧院大门口，为文化站扩建50平方米的文化站办公用房，文化站总面积115平方米。

1998年竹行镇镇区改造，道路拓宽，50平方米的文化站办公用房被拆除。

1999年竹行派出所搬迁，剩下一幢两层小楼房（三上三下），另有侧厢屋6间平房，合计300平方米，经竹行镇党委、政府研究，决定作为文化站活动用房，地址：竹行镇政府大院西边。

2002年机构改革，文化站与党校成为合作机构。

2003年，经镇党委、政府研究决定，将原竹行外经贸公司（工业公司）500平方米的房屋，用作文化站活动用房。文化站东西两处活动面积达800平方米，政府又投资8万元，对房屋进行装修，购置健身器材、灯光、音响设备。建有卡拉ok舞厅、健身房、乒乓球室、棋牌室，为人民群众提供了集健身、娱乐为一体的休闲活动场所。

2005年，中共中央办公厅下发"加强农村文化建设的意见"。2006年，省政府和文化厅先后下发乡镇文化站建设工程实施方案。2007年3月，南通经济技术开发区管委会与竹行镇政府签订2007年年底文化站达标建设责任状。竹行镇党委、政府对文化站达标建设十分重视，列入2007年度党委、政府为民办六件实事之一。镇党委、政府研究决定将文化站从原工业公司内迁出，把星辰花园社区10号楼三楼1500平方米的房屋，全部作为文化站办公及活动用房，建成集文化娱乐、健身休闲为一体的多功能文体活动中心。

文体中心设有：棋牌室（10套棋牌桌）、健身房（健身器材12套）、阅览室（报刊杂志50种）、乒乓球室（乒乓球桌3张）、图书室（书橱30张，藏书量13000册）、教育培训室（大屏幕投影设备一套）、电子阅览室（电脑20台）、音乐排练室（中西乐器15种）、综合展示厅（荣誉展示柜6套，图片展示30幅）、老干部活动室（32英寸大屏电视机、桌椅等）、卡拉ok舞厅（灯光、音响、视唱彩电全套）。

竹行文化站于2007年年底前在开发区率先如期建成，顺利通过开发区监察局、审计局、财政局、社会事业局组成的联合检查小组验收，并获得31万元的激励资金。

二、文化站阵地活动

竹行文化站建成后，各活动室即向全镇人民群众正常开放。装饰一新的活动室使前来活动的群众感到舒适温馨；完善的设施设备，满足了人们的娱乐需求；卡拉ok舞厅是最受广大交谊舞爱好者青睐的活动场地。棋牌室吸引了全镇以及外来务工人员中的象棋爱好者和高手前来参加象棋比赛，以棋会友，其乐无穷。音乐室内，聚集了全镇器乐爱好者，吹、拉、弹、唱，琴声悠扬、歌声嘹亮。阅览室、展示厅内人头攒动，文化站走廊内布满的灯谜更是吸引了众多的猜谜者。那些热心的猜谜者通过猜谜，开动脑筋，学到知识。文化站利用排练厅举办中老年交谊舞、健身操培训班、少儿拉丁舞培训班。图书室天天开放，每天迎来不少读书爱好者光顾，品种齐全的各类书籍满足了各类读者的需求。每年春节期间文化站举办老干部书写春联比赛，镇文艺骨干与大学生村官联谊活动等，文化中心活动丰富多彩、生动活泼。

2007—2010年竹行镇文化中心开放时间、内部设施设备一览表

表3-25

名 称	功 能	内部设施	开放时间	活动制度	活动概况
卡拉OK舞厅	卡拉OK演唱、交谊舞、健身舞培训	调音台、29英寸彩电、功放、DVD机、音箱、灯光、无线话筒接收器	节假日、双休日、每周二、四开放 上午9:00-11:00 下午2:00-4:00 晚上7:00-9:00	舞厅活动须知	1.举办拉丁舞、交谊舞培训 2.节日期间小型文艺活动 3.日常开放每次达几十人,节假日更多
图书室	图书、杂志、光盘借阅	书柜28个、图书11062册、光盘200种、杂志70本	上午9:00-11:00 下午2:00-5:00	1.图书室规章制度 2.读者服务管理办法 3.图书室管理办法 4.图书室借阅制度	全天开放
阅览室、老年活动室	各类报刊、图书阅览	阅览桌6张、椅子40张、32寸电视机1台、DVD机1台、报刊50种	上午8:00-11:00 下午1:30-6:30	1.阅览室管理制度 2.阅览须知	全天开放
乒乓球室	乒乓球等球类活动	乒乓球桌3张、球拍4副	节假日、双休日为开放日 上午9:00-11:00 下午2:00-4:00	1.乒乓球室管理制度 2.活动须知	以青少年为主、节假日期间活动人数较多

三、报纸、杂志

1965—1976年,文化站没有活动场所,更没有阅览室,基本没有订阅过任何报纸、杂志。

1976年11月后,文化站有了办公场所,有了阅览室,开始订阅一些报纸杂志。报纸有《新民晚报》《新华日报》《南通大众》等,杂志有《解放军画报》《人民画报》《故事会》等。

1992年起,文化站订阅的报纸杂志数量有所增加,报纸有《人民日报》《新华日报》《南通日报》《参考消息》《报刊文摘》5种,杂志有《人民画报》《解放军画报》《故事会》《歌曲》《曲艺》5种。

2006年后,文化站订阅的报纸达10种,杂志30多种。

四、活动器具

(一)乐 器

1965—1973年,文化站无任何乐器。其间的文化活动、文艺演出都是由文艺骨干、文艺队员自带乐器。

1974年成立竹行公社文艺宣传队，购买价值300元乐器（大提琴一把、二胡两把、笛子一支），其余乐器由文艺队员自带，配合排练、演出。

1986年，由网络厂赞助500元，文化站添置电贝司一把，长笛一支、黑管一支、二胡两把。

2007年，文化站达标工程建设，由政府集体采购，购买价值2万元的乐器：大提琴一把、二胡两把、手风琴一架、扬琴一台、大阮一把、板胡一把、电子琴一架、琵琶两支、竹笛两支。

（二）音　响

1990年之前，文化站的各种音响设备都是由乡广播放大站提供的晶体管或电子管扩大器带动的高音喇叭，或由影剧院提供的音响设备。

1991年，乡政府出资8000元采购一套上海飞乐音响设备。配有功放一台、调音台一台、音箱两只、音柱两只。

2003年，文化站搬迁至工业公司，开辟卡拉ok舞厅，镇政府从美捷皮鞋厂购买二手音响设备一套。

2005年，政府投资8万元购置较为专业的音响设备一套，包括电子调音台、功放、音箱、低音炮等，为本镇室内外文化活动提供了较为完美的音响效果。

（三）灯光设备

1970年，竹行公社现代舞剧《白毛女》剧组演出的舞台灯光，由农具厂电工黄石林、窑厂朱国才制作。

1983年，竹行青艺越剧团成立，为舞台演出需要购买专业舞台灯光全套设备（黄炳生私人投资）。

2003年，镇政府从美捷皮鞋厂歌舞厅购买二手灯光设备（安装在工业公司三楼文化站舞厅）。

五、服装、道具

（一）服　装

1970年，竹行公社现代舞剧《白毛女》剧组演出服装由竹行皮鞋厂赞助。

1983年，竹行菁艺越剧团演出的古装戏服装较全，由黄炳生个人购买。

1999年，通州之夜竹行专场文艺演出，添置大合唱队员汗衫70件，舞蹈服装24套，独唱演员服装2套。

2002年，参加开发区合唱比赛，并代表南通经济技术开发区参加南通市首届合唱节比赛，添置男女服装各40套。

2004年，由范雪英个人资助，定做中老年健身装16套。

2009年，举办星湖广场文艺汇演、“激情竹行，大桥放歌”竹行专场演出，添置演出服装114套。

（二）道　具

1970年《白毛女》剧组添置灯光60余组，全部布景及20余幅幻灯投射景由国画大师中央美院高冠华绘制，音响设备由公社购买。

1999年，通州之夜竹行专场演出用塑料嘀嗒板16副。

2004年，范雪英个人资助购买健身腰鼓30套。

2009年，“激情竹行，大桥放歌”星湖之夜竹行专场文艺演出购买扇子20把，快板20副，腰鼓16套。

第二节　图书室

一、文化站图书室

1965—1976年文化站基本没有图书。

1976年11月，由南通县文化局批准成立民办公助性质的竹行文化站后，由公社财政支付购买部分图书，当年藏书量100册左右。以后每年由公社财政购买一点，社会人士捐一点，到1991年藏书量增加到500册。到2001年藏书量达5000册，读书人数也不断增加。

2006年起，南通经济技术开发区管委会实施“三送”工程，每年为各乡镇拨款2000元购书款。镇政府也投入资金为文化站购买图书，到2008年文化站图书室藏书量达8000册。

2008年，按照创建文明城市要求，镇文化站藏书量必须达万册以上。当年由神威钢绳有限公司、宇翔钢绳有限公司、神力钢绳有限公司、光明钢绳有限公司、华星钢绳有限公司、通江钢绳有限公司六家单位资助3万元购买图书，文化站藏书量达万册。2008—2010年，南通经济技术开发区管委会继续给各乡镇赠送书籍，到2010年度文化站藏书达1.3万册。登记在册的读者约5000人。

二、村、居图书室（农家书屋）

（一）神农村农家书屋

神农村于2006年在南通经济技术开发区率先建立江苏省首批农家书屋。书屋面积220平方米，配备书橱和供读者阅读的桌椅。书屋藏书2500册，报刊30种，音像制品200多种。书屋制度齐全，常年开放。中央、省、市主管领导先后到书屋视察指导。南通市、南通经济技术开发区在神农村书屋召开现场推广会，神农村书屋成为江苏省农家书屋示范点。2006年被江苏省文化厅评为江苏省百佳农家书屋，被南通经济技术开发区授予神农村特色文化村称号。2008年在南通经济技术开发区农家书屋考核评比中获一等奖。2009年继续被南通经济技术评为江苏省百佳农家书屋。2010年获南通经济技术开发区十佳农家书屋称号。

(二)各村农家书屋

2007年,竹行镇各个村全部建起农家书屋。镇政府为每个村购买1000册图书,配备3张书橱,置办桌椅。2008年,南通经济技术开发区为每个村添置两张书橱,到2010年年底全镇各村农家书屋藏书量都达1300册以上。图书全部登记造册上架,图书室各项规章制度齐全。2008年,洞子港村农家书屋获开发区二等奖,竹东村、大安村、新丰村、江东村、江海村、竹行村、谷东村农家书屋获三等奖。2010年,竹行村、江东村被南通经济技术开发区评为十佳农家书屋。

2010年竹行镇农家书屋统计表

表3-26

村(居)	图书室(平方米)	藏书(册)	报刊(种类)	报刊数量(份)	光盘数(张)	开放时间
星辰花园	50	1354	30	60	147	上午 9:00—11:00 下午 14:00—17:00
新丰村	30	1300	30	40	147	
长桥村	30	1360	30	45	147	
谷东村	31	1350	31	50	147	
神农村	220	2500	30	60	200	
洞子港村	30	1336	30	50	147	
竹行村	30	1300	45	60	147	
竹东村	30	1337	35	45	147	
大安村	30	1339	30	50	147	
江东村	36	1358	32	60	147	
江海村	30	1300	30	50	147	
文化站	60	131062	50	80	356	

第三节　文艺团队及文化活动

一、剧　团

(一)长江文工团

1958年,竹行镇归属长江人民公社,公社成立长江公社文工团。团长:徐康林,副团长:蔡安英,导演:张志隆。演员人数:30人。演员来源:全公社各大队挑选文艺骨干。演员报酬:工分制。演出范围:通海区各公社及全公社各大队,镇区广场、河工工程现场等。排演剧种:越剧、锡剧、海门山歌剧等。演出剧目:《淘米记》《双推磨》等,1960年解散。

（二）菁艺越剧团

1983年9月18日组建竹行菁艺越剧团，团长：黄炳生，导演：花玉蓝、李军，主要演员：丁小平，袁玉兰等。演员来源：南通地区各县市、浙江嵊县、湘乡等地。经费投入10万元（由黄炳生菁艺塑料厂投资），用于添置乐器、布景、道具、服装、灯光、演职人员工资等。主要排演传统剧目《玉堂春》《血手印》《五女拜寿》等，演出范围：南通及苏北地区、江南苏州、常州、无锡、江阴、常熟、太仓、张家港、昆山等地。其中在南通地区连续演出两年。后由于演出市场滑坡，菁艺越剧团于1988年解散。

二　业余文艺团队

1957年，建立竹行乡大乡后，在党委秘书袁进发指导下组建竹行乡文娱演出队。艺术指导：黄树荣，演员：杨秀英、沈金凤、蔡同贤、宋金权、束秀萍、陈学章、徐永民、吴允石等20余人。自己创作，自编自演“假投河”“卖花生”等节目，在全乡范围巡回演出，深受干部群众好评。

1962年成立竹行业余文工团，团长：高广德，副团长：范本观，导演：宋金权、沈金凤，总务：黄凤彬，主要演员：宋金权、蔡冠康、陆亚萍、沈金凤、费亚英、张惠兰、张秀珍等20余人。排演节目有越剧《梁山伯与祝英台》《红楼梦》片段，锡剧《双推磨》，海门山歌剧《淘米记》，黄梅戏《天仙配》等，剧目演出前加演快板、相声等时事宣传，全公社范围巡回演出。

1966年，“文化大革命”中，全公社十七个大队都成立毛泽东思想宣传队，队员来自各大队文艺骨干，一般15~20人，待遇报酬，大队给予记工分。结合政治运动常年排演文艺节目，节目形式：三句半、对口词、表演唱、快板、歌舞。演出地点：各生产队田头、场头。其中九大队组建的“从头越”毛泽东思想宣传队，队长薛安生，演员基本上都能吹拉弹唱，队员12人，节目短小精悍，形式活泼多样，队员既是演员又是乐手。1966—1969年，这支宣传队，曾活跃在通海片各乡镇舞台，每年与小海轻骑兵两支文艺宣传队代表县政府、民政局、人武部去老洪港、长桥港、东方红农场驻军部队慰问演出，受到广泛好评。

1968年公社成立文艺宣传队，队长葛兆章，由九大队、中心大队等文艺宣传队组成，排演情景剧《八一烽火》、表演唱等，在镇区所在地演出，与老洪港、长桥港驻军部队联欢，到河工现场慰问开河民工。

1969年，竹雁小学小红花艺术团30余名学生赴南通姚港小学学习排演《白毛女》舞剧，在公社范围各大队各学校及附近驻军部队演出受到好评。

1970年，公社组建大型现代舞剧《白毛女》演出团。团长蔡云康，指导员陈一鸣，徐慧贤（饰白毛女）、薛水明（饰王大春）主要演员有：陈小兵、薛安生、陈一鸣、黄志彬、蔡云康、张正仁，王思法、曹善发、徐惠周、倪亚芳、倪雪英、袁亚萍、薛映梅、黄琴、范本英等40余人。舞台美术由本镇中央美院教授、画家高冠华制作。灯光：兰金星，音响：沈彬。全体演职人员在由上海芭蕾舞剧院指导的南通国棉二厂《白毛女》剧团培训、学习、排演现代舞剧《白毛女》全场。场景逼真，阵容整齐，连续演出，场场爆满，演出大获成功，观众反应强烈。在20世纪70

年代,《白毛女》舞剧的演出轰动南通县。

1974—1990年,公社文艺宣传队每年集中二次排演节目,演员主要从社办企业抽调,配合三级干部、社员大会、国庆、元旦等重大节日演出,并送戏到村头、田头、老洪港、长桥港等驻军部队。

1991年6月,乡党委、宣传部门组织庆祝中国共产党成立70周年活动,从各企业单位抽调文艺骨干30余人,蔡云康、薛水明为艺术指导,排练一台歌颂党、歌颂祖国的文艺节目,为乡庆祝建党七十周年演出。

1995年,竹行乡举办纪念毛泽东同志诞辰一百周年文艺联欢会。

1996年,举办青年文艺骨干与回乡大中专学生春节联欢会;举办纪念抗战胜利五十周年文艺演出。

1999年10月,竹行创作的快板迪斯科《竹行赞》抽调参加通州市庆祝中华人民共和国成立五十周年专场文艺演出;同月还参加南通市在八仙城广场举办"文明星光"文化节文艺晚会演出。

2001年8月,由竹行中学艺术团与通州市歌舞团联手参加竹行中学新校舍竣工庆典演出;参加南通经济技术开发区农民艺术节演出。

2002年,镇机关干部、镇文艺骨干组成80人合唱队,参加开发区庆祝中共建党八十一周年大合唱比赛,获一等奖;7月合唱队《国庆颂》《东方中国》等歌曲,参加南通市金桥杯首届合唱节暨南通市创建文明城市群众歌咏大赛,获二等奖。

2004年,参加南通经济技术开发区建区20周年歌咏比赛,取得第二名的好成绩;竹行镇组织70人合唱队,代表南通经济技术开发区参加南通市第二届合唱节歌咏大赛,获演出纪念奖。

2006年,10月参加开发区文化广场落成典礼暨国庆文艺演出获二等奖、优秀方阵组织奖;组织80人合唱队参加纪念建党八十五周年、长征胜利七十周年、开发区第五届合唱节暨廉政歌曲歌咏大赛获二等奖;竹行镇代表队参加南通市第三届炜赋杯合唱节暨江海廉政文化节廉政歌曲歌咏大会,获纪念奖。

2006年10月,竹行村沈斌家庭赴中央电视台参加由全国妇联、中央电视台《神州大舞台》栏目举办的"魅力家庭秀",演出情景剧《想家的时候》、独唱《mylove》、舞蹈《戏荷图》等,获三等奖、魅力宝贝奖。

2007年7月,竹行小学成立40名学生组成的铜管乐队。2009年7月铜管乐队发展到80人,其中有指挥、打小鼓、钗、小号手、中号、圆号、长号、长笛、萨克斯、黑管等,为全镇各种会议、庆典以及重大活动进行现场演奏,丰富了会议、庆典等活动内容,营造了热烈祥和氛围。

2009年,镇举办纪念"五四"运动九十周年青年歌手大赛;8月15日竹行镇组织300多人演出队伍,1000人观众方阵在开发区星湖广场举行"激情竹行,大桥放歌"竹行专场文艺演出,获最佳演出奖。节目有击鼓欢腾、大合唱、绝技表演、男声三重唱、女子四人组合表演、小品"新柜中缘"、舞蹈"扬鞭催马运粮忙"、"江南一枝花"歌舞等。

2010年，组织老年舞蹈队、老年民乐队在星辰社区演出，南通电视台播放了这台演出。

1957—2010年竹行镇文化站历任站长（辅导员）名单表

表3-27

任职时间	站　长（或辅导员）
1957-1964	王世章
1965-1969.6	蔡云康
1969.7-1970.12	葛兆章　张锦元
1971.1-1973.12	吴裕兵
1974.1-1975.10	蔡　伟
1975.1-1991.10	马新康
1991.11-2010.12	范金兵

三、获奖情况：

（一）集体奖

2009年，竹行文化站被评为南通市优秀文化站。

2010年，竹行文化站获南通市优秀文化站称号。

（二）个人奖

范金兵

1999年被通州市人民政府记三等功。

2001年被南通经济技术开发区管委会评为先进工作者。

2009年被江苏省文化厅评为江苏省优秀文化站长。

（三）特色文化家庭

2006年，沈斌家庭（竹行村）、徐钟亮家庭（洞子港村）

2008年，范本刚家庭（大安村）、周永昌家庭（居委会）

第四节　体育及健身活动

一、活动与场所

竹行镇的传统体育项目有中国象棋、拔河、游泳、乒乓球；其中拔河、象棋在南通经济技术开发区历届群众运动竞赛中名列前茅。20世纪60年代的体育活动，主要以人武部组织的民兵军事训练科目为主，如射击、手榴弹投掷、队列会操、广播操比赛、游泳比赛。

1970年以后，以中小学为主，每年举办田径运动会一次，并参加县市比赛，取得较好成绩。

1990年以后，国家颁布《中华人民共和国体育法》和《全民健身计划纲要》，党委、政府对体育工作十分重视，加大体育经费的投入，保证各项竞赛活动开展。体育设施逐步得到完善，建水泥篮球场地四处（其中竹行小学一处，竹行中学一处，文化站内一处，电影院一处）。

1999年，在争创体育先进乡镇活动中，竹行乡被江苏省体委评为体育先进乡。

2000年以后，全镇各村先后建起 健身房、室外健身路径。至2005年，全镇建有健身房12家，面积达930平方米，其中神农村、长桥村、江东村、星辰社区、文化站配有电动跑步机、脚动跑步机、综合训练机、电动按摩椅、健腹器等十多种健身器材。室外健身路径12处，水泥健身场地12处，面积1.62万平方米。

随着健身场地馆的建立，健身器材不断完善，参加健身的群众不断增加。镇工会、镇文化站积极组织引导群众开展晨练、晚练活动。2008年，有晨练、晚练场所7处，参加锻炼人数每天达千人以上。跳健身操、健身舞场所有：原工业公司内场、星辰社区、星竹花园公共广场、美家福超市门前、洞子港村、竹东村、竹行村和其他水泥场地10处。参与长跑和饭后百步走的人群越来越多，瑞兴路、竹林路、东方大道、振兴东路及各村级道路上每天早晚都是跑步或散步的人群。

二、比赛及获奖

1993—2010年，竹行镇于每年春节举办乒乓球、篮球、象棋等多种体育比赛。

1993年4月，竹行小学代表队参加通州市中小学田径运动会获团体总分第九名、金牌4枚、银牌3枚、铜牌5枚；5月举办全乡篮球比赛；9月21日竹行中学代表队参加通州市中学生田径运动会获团体总分第35名，银牌1枚；10月1日竹行乡举办企事业单位“迎国庆”乒乓球比赛；11月8日举办第一届农民运动会，长桥村获第一名，大安村第二名，竹行村第三名。

1994年4月，竹行小学代表队参加通州市小学生田径运动会获团体总分第十二名、金牌3枚、银牌4枚、铜牌2枚；9月竹行中学代表队参加通州市中学生田径运动会获团体总分第二十名、银牌1枚。

1995年3月8日，举行第七套广播操比赛、健身操（中老年迪斯科）比赛；4月竹行小学代表队参加通州市小学生田径运动会获团体总分第十四名、金牌2枚、银牌4枚、铜牌3枚；9月竹行中学代表队参加通州市中学生田径运动会获团体总分第28名、金牌1枚、铜牌1枚；10月竹行小学参加通海区小学生运动会获团体总分第一名、金牌13枚、银牌11枚、铜牌17枚；竹行代表队参加通州市农民运动会获团体总分第七名，唐伊濮获百米赛第一名；竹行乡举办第三届农民运动会。

1996年4月，竹行小学代表队参加通州市小学生田径运动会获团体总分第二十一名、金牌1枚、银牌3枚、铜牌2枚；竹行中学参加通海区中学生田径运动会获团体总分第四名、金牌3枚、银牌7枚、铜牌6枚。

1997年4月，竹行代表队参加通海区供销社第二届供销社杯乒乓球比赛，竹行供销社获团体第一名。

1998年，竹行乡举办第四届农民运动会。

1999年，竹行乡举办第五届农民运动会；竹行乡举办群众性冬季长跑活动，参加单位有政府机关、中小学、企事业单位1000余人，往返行程7000米，乡党委书记陈一鸣带头参加。

2000年 5月，举办五四青年节乒乓球（团体）比赛，政府机关获第一名，中学代表队获第二名，小学代表队获第三名。

2003年，竹行代表队参加南通经济技术开发区首届群众运动会，获拔河比赛第一名、象棋团体赛第五名。

2004年，竹行代表队参加南通经济技术开发区第二届群众运动会，获踢毽子团体冠军、呼啦圈团体亚军、男女混合接力季军、跳绳团体第四名，象棋团体第六名、竹行镇获优秀组织奖。

2005年，竹行代表队参加南通经济技术开发区第三届群众运动会，获团体总分第五名、优秀组织奖、获踢毽子团体冠军、拔河比赛团体冠军、象棋比赛团体亚军、呼啦圈个人第四、第五名、中国象棋比赛个人第六名。

2006年，竹行代表队在南通经济技术开发区第四届群众体育运动会上，获踢毽子团体冠军、定点投篮亚军、中国象棋团体亚军。

2007年，在南通经济技术开发区迎奥运第五届群众体育运动会上，竹行代表队获呼啦圈团体第二名、踢毽子团体第二名、定点投篮第三名。

2008年，在南通经济技术开发区第六届群众体育运动会上，获团体总分第四名，获呼啦圈团体第二名、跳绳团体第一名、象棋团体第五名、搬运接力团体第五名、三人四足团体第六名、倪静呼啦卷个人第一、朱丽丽踢毽子个人第二、蔡建军围棋个人第三、顾静亚跳绳个人第三名。

2009年，南通经济技术开发区第七届群众运动会上，竹行代表队获团体总分第五名、负重接力团体第二名、跳绳团体第三名、棋类团体第三名、搬运接力团体第四名、踢毽子团体第四名、呼啦圈团体第四名、三人四足跑团体第五名，陆峰均、陈卫获羽毛球男子双打第三名、朱丽丽踢毽子个人第三名，蔡建军围棋个人第四名、顾静亚跳绳个人第五名、倪静呼啦圈个人第四名。

2010年，在南通经济技术在开发区象棋赛中，杨正新获第三名。

第五节　文化市场

一、书店、音像制品店

1980年，竹行镇全镇没有完整的书店。1960年至1970年后期，竹行镇有过路边小摊，经营连环画出租或出售。中共十一届三中全会后，随着改革开放的政策出台，竹行镇陆续出现了个体经营的书店、音像经营店。

2010年竹行镇书店名单表

表3-28

店 名	经营项目	备 注
弘文书店	书刊、音响制品	正常营业
秋叶书店		停业
大百科书		2004年停业
书报店	书报	正常营业
成才书店	书籍	正常营业
钟亮书画店	书画	正常营业

2010年竹行镇音像制品店名单表

表3-29

店 名	开办时间	经营项目	备 注
裕兵音响店	1999.08.05	音像制品	正常营业
弘文书店	2004.12.06	音像制品	正常营业
秋叶音像	1992	音像制品录像带	停业
文化音像	1990	音像制品	2005年停业
海马音像	2001	音像制品	2005年停业
极店音像	2005	音像制品	2007年停业
桥头堡音乐数码店		数码音响制品	正常营业
裕兵音像店		音像制品	正常营业

二、录像放映

1980年至1990年期间，随着录像带、录像机的普及，竹行影剧院建立首家录像放映点。随着VCD、DVD的出现，录像带自然淘汰，影剧院录像放映于1990年停办。1992年，竹行文化站经通州市文化局核准，领取录像放映许可证，在文化站内放映录像及VCD，随着VCD、DVD的家庭普及，录像放映滑坡，1999年文化站停止放映录像。

三、歌舞场所

1990年之前，竹行镇无营业性及娱乐性歌舞场所。有一些酒家、饭店迎合客人需求，创办卡拉ok。1995年，美捷皮鞋厂办起卡拉ok歌舞厅，面积200平方米，配有歌舞专业灯光、音响、吧台、舞厅专座椅，歌舞厅装潢一流、设施设备齐全，2001年停办。

2003年，竹行镇政府投资5万元，在文化站（原工业公司）内建办卡拉ok舞厅，面积100平方米，配有电唱机1台，25英寸彩电2台、歌舞厅专业灯光、音响设备全套。每星期一、三、五、日以及节假日为全镇健身爱好者和交谊舞爱好者开放。2006年停办。

2006年7月，星辰花园10号楼三楼办起星辰花园社区卡拉ok舞厅，面积100平方米，文化站与星辰花园社区共同使用，实行资源共享，设施设备有34英寸彩电一台、视唱机1台、舞厅专用灯光、音响全套。开放时间：每天晚上7:00–9:00，节假日白天开放。

2008年，竹行华联超市二楼（原供销社）办起营业性舞厅一家，面积200平方米，舞厅设施齐全。

四、照相、打字、复印

2000年，竹行镇有三家打印复印店，随着竹行工业经济的不断发展，镇区范围居住人口、外来务工人员不断增加，各企业单位广告文字资源越来越多，除了笑笑影像广告、蓝天图文广告二家外，竹行镇陆续增加几家电脑打字复印店。

2010年竹行镇复印广告店一览表

表3–30

店　名	法人代表	开办时间	经营项目	地　址
一达广告		2009.06	复印打字、广告制作	星辰花园
瑞盛广告	陆千里	2001.04	复印打字、广告制作	镇政府西100米
蓝天图文广告	徐忠亮	1998.05	照相、复印打字、广告制作	镇政府对面
新起点广告		2003.03	复印打字、广告制作	市场路口
笑笑影像广告	范本刚	1981.09	照相、复印打字、广告制作	长江厂对面
简利广告		2009.10	复印打字、广告制作	薛家店路口
艺能广告		2010.02	复印打字、广告制作	星辰花园37号楼

五、桌　球

1978年竹行镇有四家康乐棋经营户，当时属一种新型的娱乐业，都是无证经营。1980年后遭淘汰，由桌球取代。竹行镇最早经营桌球的是九大队十一队沈家。1990年后，竹行镇的桌球经营有所增加，西起三谷镇，东至薛家店，共有经营桌球业主10多家，桌球台30多张。其中一家为有证经营，其他都是无证经营。有时临时在室外或家门口搭建简易棚招揽生意。2008年后，只有一家有证经营户（竹行影剧院），配有标准斯诺克桌球5张，桌球室内经过装修，内有空调、地毯、音响、吧台等设备。

六、电子游戏

1980年，电子游戏刚刚起步，是一种新型娱乐行业，各级部门未列入管理范围，时有五家电子游戏经营户。1990年后文化部门把游戏娱乐纳入规范管理范围，核发“文化经营许可证”，2000年，开展清理整顿电子游戏行业，竹行镇具有文化、工商、公安、消防、卫生等证照齐全的经营户二家，其余经营户停办。2005年新增二家有证电子游戏经营户，以及无证无照经营户二家共六家。2009年，江苏省文化厅开展清理整顿游戏机行业，到2010年年底，竹行镇有四家证照齐全的游戏经营户，其中两家停办，两家正常营业。

七、网　吧

2008年10月至2010年年底在竹行镇西首（星辰花园对面）瑞星路87号办起一家网吧，名称：金英网吧，内设电脑80台。

2008—2010年竹行镇网吧娱乐场所情况表

表3-31

店　名	法人代表	地　址	面积（平方米）	从业人员（人）
游戏网吧	蔡金华	星辰花园3#-8号	100	1
金英网吧	盛红雨	瑞兴路87号	100	3
文化游戏厅	周水英	瑞兴路电影院	800	1
金伟溜冰馆	樊裕金	张江路西侧	500	2
亮亮台球	周林生	瑞兴路	400	1
玩具	葛水平	星宇路星辰园45#	40	1
贝之语	顾　嵩	瑞兴路40#	50	2

第六节　电影队　影剧院

一、竹行放映队

1971年9月，竹行公社建立电影放映队，是南通县首批7个公社办电影队之一，是通海区8个公社第一家。建办电影队初，公社筹资2万余元，购买F16-4型16毫米放映机、FK162-15型扩音机，输出功率为15瓦的4L-75发电机各一台。配备放映员3人，在镇上和各大队巡回露天放映。各种机件设备自己运输到各放映点放映。

电影队下乡巡回放映的除正片外，还配合政治形势放一些宣传片、科教片、幻灯片，收到良好的效果。电影队通过学校，组织学生专场。把电影送到敬老院、生产队，让不能出远门的孤寡老人能看到电影。

2001年起，电影队利用节假日为外来务工人员放映。2002年全年放映20场，观众5000余人，2003年放映26场，2004年放映68场，每场观众200~300人。2005年全年放映90场，观众近3万人。2006年至2010年，每年春节为观众放映影片。

1972年至1984年，竹行电影队连续12年被上级主管部门评为先进放映队，其中南通县文化局4次，南通县电影公司6次，南通市文化局2次。

二、竹行影剧院

1983年，公社投资50万元，向竹行中心大队五组租用紧靠现瑞兴路的土地5亩，每亩租金100元，筹建影剧院。1985年年底，影剧院落成，填平废沟作为影剧院门前场地。1990年，生产队复量，影剧院实际占地5.5亩，土地租金从1990年开始上升到每亩1670元，由影剧院支付。

竹行影剧院坐南向北，砖木结构，建筑面积850平方米，高度为11米，大厅为两层，底层为进入剧场的大厅，二楼为放映室。初建时观众座位为1035个。放映厅放映机为井冈山X–104型1000氙灯，扩音机为井冈山FK40–3,35.16毫米两用坐机各一台，都是镇政府出资购买。1986年放映310场次，观众6万~8万人次。票房收入归乡财政所。

随着网络、有线电视的普及，电影观众减少。于1996年起，影剧院转个人承包经营，以后每年放映20场，主要集中在春节期间，观众在8000人次。接纳剧团（含本镇文艺汇演在内）8个，观众2600人次，为镇政府、社会团体无偿服务60次。

2001年8月，按消防要求，经审核座位为756个，观众厅安全出口5个。

2005年8月，政府投入50万元对影剧院进行大修，2006年春节竣工。以后接纳剧团演出的场租费用于人员生活补贴，房屋小修小补，添置机件、交地租等。

竹行电影队和影剧院历任队长、经理：

1970.12—1972.5　葛兆章（队长）

1972.6—1987.12　顾丕康（队长）

1988.1—1996.6　施振新（经理）

第七节　广播　电视

1965年，竹行公社建立广播放大站，机房设备550瓦扩音机一台，设在竹行公社大院内，首期舌簧喇叭安装在各大队大队部，然后逐步扩大到生产队队长家。20世纪60年代中期，竹行公社拥有舌簧喇叭9800只，通响率百分之九十八。广播线路杆全部利用毛竹、杂树杆等，广播线路与电话线共用，主要是转播南通县广播站节目，每天早中晚3次，早晚各2.5小时，中午2小时。

1993年，在通州市各乡镇中，竹行率先开通无线调频广播，建铁塔一座，高30米，发射频率为69兆赫，机房设在乡政府四楼，定向转播通州人民广播电台99.9H2，并不定期搞自办广播节目，全乡拥有调频广播喇叭2000余只。

1994年2月28日，根据通广政字第248号文件，竹行乡广播放大站改为广播电视站，广电站仍设在乡政府四楼。

1995年，乡政府投入100万元，从洞子港到三谷镇立杆125支，架设有线电视光缆总线。同年10月开通有线电视信号，全乡安装248个线端。

1997年，建立竹行乡有线电视安装领导小组，乡党委副书记张天玲任总指挥，向外乡镇借用技术人员62位，分6个组，出宣传刊物10期，向群众广泛宣传安装有线电视的好处。以长桥南村为试点，用二个月时间，于腊月二十八安装完毕，有线电视用户发展到3100户。

1998年，随着有线电视逐步推进，废除了无线调频广播，全面推广有线广播电视共缆传输，全乡拥有共缆传输的调频广播3000余只。

2001年，有线电视用户增至3659户，调频喇叭同步发展。区划调整后，竹行有线电视归崇川区管辖。

2005年竹行有线电视与全市联网，频道从26个增至31个，有线电视用户3685户，入户率达百分之五十九点八八。

2008年12月市区全面进行有线数字电视整改。投入资金全部由市广电局负责。

广播电视收视费、初装费全额上交市局专用账户，从业人员有全民事业性质和合同工。人员不固定，流动性较大。2008年，全年广电站人员为民安装和维修有线电视140余次，为群众安装和维护有线电视1000余次。

2010年竹行广电站，全民事业编制5人，合同工2人。

1995—2010年竹行镇有线电视入户情况表

表3-32

年　份	装机数	收视费	投入资金	光缆线路
1995	248	357112元	13.6万元	
1997	3000	432000元	200万元	25千米
2000	3700	532800元	2061万元	25千米
2005	4187	51万元	10万元	25千米
2008	5524	85.76万元	400万元	35千米

续表 3-32

年　份	装机数	收视费	投入资金	光缆线路
2009	5650	191.6万元	50万元	35千米
2010	5777	95万元	15万元	37千米

广电站历任站长

1965—1990.2　范成德　负责人

1990.3—1992.11　蔡思祥　负责人

1992.12—2005.4　朱士冲

2005.5—2009.9　黄　胜

2009.10—2010.12　徐　勇

广电站集体获奖情况：

1997年获通州市广电先进乡镇荣誉　授奖单位：通州市委、市政府

1998年获通州市广电先进乡镇荣誉　授奖单位：通州市委、市政府

2008年获江苏省技术维护先进站　授奖单位：江苏省广电局

广电站个人获奖情况：见表3-33

1997—2010年广电站个人获奖情况表

表3-33

年　份	姓　名	奖项	授奖单位	级　别
1997	朱士冲	三等功	通州市委、市政府	县　级
1997	陈裕忠	嘉奖	通州市委、市政府	县　级
1998	朱士冲	嘉奖	通州市委、市政府	县　级
1999	朱士冲	嘉奖	通州市委、市政府	县　级
2000	朱士冲	嘉奖	通州市委、市政府	县　级
2010	朱丽霞	江苏省优秀员工	中广有线信息网络有限公司	省　级

第三章 医疗卫生

竹行卫生院的前身是联合诊所，始建于1958年，从医人员4名，房屋4间。1962年定名为南通县竹行人民公社卫生院。

1969年易地重建，工作人员增至14名，设内、外、中医科、产室、医护室及病房。各大队创办合作医疗站。

1985年，筹集26.8万元建门诊、住院综合楼，建筑面积1068平方米。

1993年1月，撤县建通州市，南通县竹行卫生院易名为通州市竹行卫生院。

2001年3月，随行政区划调整更名为南通市竹行卫生院。

2008年7月，变更为竹行镇社区卫生服务中心，工作人员29名，设12个科室、病床30床，下设9个卫生服务站。

2009年，投入1200万元易地重建卫生服务中心，23个科室、标准病房9间，另有门卫、食堂、生活用房等附属设施500平方米。服务中心为民防病治病、为民统一建档，医保覆盖面达百分之百，基本解决了百姓看病难、看病贵的问题。

第一节 卫生院

南通市竹行镇社区卫生服务中心坐落于瑞兴路68号。

镇卫生服务中心的前身为联合诊所，始建于1958年，位于竹行镇西街口，从医人员4名，房屋4间。1962年改为南通县竹行人民公社卫生院。同时，调整农村医疗卫生组织，招收个体医生，人员增加至8人，房屋增加至6间。1963年卫生院搬至东街口。1969年政府投入

5000元易地重建又回到西街口，工作人员增为14名，设内、外科及中医科，并设置待产室、产室、医护办公室。住院部病房2间，病床4张。

1969年年底，公社各大队创办合作医疗站，配备赤脚医生。卫生院负责管理、培训、辅导。1985年乡政府投入16.8万元，南通县卫生局投入5万元，卫生院自筹5万元，总计26.8万元，在原址重建门诊、住院综合楼，占地1900平方米，建筑面积1068平方米。

1993年撤县建通州市，医院易名为通州市竹行卫生院。1996年，乡政府投入10万元，通州市卫生局投入5万元，卫生院自筹5万元，总计20万元。综合楼加层，扩建534平方米，加盖的一层为办公用房和计划免疫门诊室。2001年3月，行政区划调整，更名为南通市竹行镇卫生院。

2008年，由江苏省财政补助40万元，竹行镇政府投入12万元，对竹行镇卫生院进行全面装修改造，于当年7月变更为竹行镇社区卫生服务中心。竹行镇社区服务中心有工作人员29人，其中主治医师3人，医师5人，医士3人，主管护师3人，护师2人，护士3人，药剂师3人，药剂士3人，检验师2人，放射医士1人，后勤工作人员2人。

学历情况分别为：本科学历3人，大专11人，中专10人，高中及以下学历5人。

门诊设内科、外科、中医科、五官科、口腔科、妇产科、中西医药房、防疫保健科，还有计划免疫规范化门诊。

住院部有病床30张，设观察室、抢救室、护理部。

医技部设B超室、心电图室、放射科、化验室等。

积极推进便民服务体系，投入130多万元新建便民服务中心，完成村、社区卫生服务站，新建9个卫生医疗室，700平方米。2009年，政府投入1200万元易地重建竹行社区卫生服务中心。占地面积13340平方米，建筑面积4000平方米，新添设备设施119.61万元。底层设挂号、收费室、内科、外科、中医、五官、口腔、放射等全科门诊和两个药房，另有急诊室、抢救室。二层设化验、心电图、B超、候诊室、注射室、护士值班室、两个输液室；三层设有妇保门诊、妇产科、计生手术室、计生指导室、医生办公室、护士站、9个病房（每个病房有可调式标准病床、空调、彩电、卫生设施）；四层为办公室、档案室、仓库、会议室等。层间有大型电梯上下，各层均有消防、开水房、洗手间等设备。中心另有门卫、食堂等附属设施500平方米。社区卫生服务中心统一为农民建立健康档案，巩固农村医保成果，扩大覆盖面，共27082人参保，参保率百分之百。镇农村医保中心实际报销住院医药费218万元。

为提高医护人员业务水平，从2006年起每年组织对所有医护人员进行常见传染病知识辅导及《中华人民共和国传染病防治法》《医疗机构管理条例》等相关法律法规培训。2008年开始对卫生院所有具有职业资格的医生进行全科医生转岗培训和社区护士培训。

社区卫生服务中心积极开展惠民活动，每年组织2次义诊，并特邀南通二、三级医院医生亲临现场为民服务。2009年，在甲型HIN流感期间，社区卫生服务中心医务人员深入学校布置并协助做好晨检及消毒工作。对甲流感密切接触者3人进行定点隔离观察，最终排除甲型HIN

流感。对政府工作人员、教师、医务人员进行甲型HIN流感疫苗接种，达678人次。从2007年起，卫生服务中心每年开展60岁以上老人体检活动。2007年5421人；2008年7389人；2010年4252人。每年对全镇妇女进行妇科普查。2009—2010年两年共计普查人数达4601人次。2010年，卫生服务中心门、急就诊人数为3.9万人次，业务总收入410万元（其中医疗收入88万元、药品收入321万元、其他收入1万元）。

一、儿童接种疫苗、儿童情况调查。

2006—2010年竹行镇儿童接种预防情况统计表

表3-34　　单位：人次

年　份	卡介苗	乙肝疫苗	脊灰疫苗	流脑疫苗	麻疹疫苗	麻腮疫苗	乙脑疫苗	百日咳疫苗
2006	423	1343	1565	539	1069	288	349	1352
2007	431	1704	2276	387	1024	343	290	1954
2008	420	1070	1974	860	407	342	822	1740
2009	128	1248	1588	728	1090	557	871	1092
2010	31	1118	1643	1366	1696	488	980	1591

2010年竹行社区卫生服务中心7岁以下儿童保健工作情况调查表

表3-35　　单位：人

区域名称	儿童数			6个月内母乳喂养情况			7岁以下儿童保健工作服务		5岁以下儿童营养评价				
	7岁以下	5岁以下	3岁以下	调查人数	母乳喂养数	纯母乳喂养数	7岁以下儿童保健覆盖数	3岁以下儿童系统管理数	体重检查人数	体重小于中位数人数	身高小于中位数人数	身高别体重小于中位数	血红蛋白检查
新丰村	5	5	5	5	0	1	5	2	6	1	1	1	6
谷东村	4	4	4	13	2	9	14	1	14	0	2	0	12
大安村	11	11	11	15	2	5	14	1	16	1	1	3	17
星辰花园	14	14	14	19	5	4	21	2	21	1	3	2	17
竹东村	13	13	13	16	1	8	15	1	16	4	7	0	12
竹行村	14	14	14	26	0	17	26	4	27	1	2	1	22
江海村	3	3	3	6	1	4	6	0	6	0	1	0	7
江东村	2	2	2	3	0	3	3	0	3	0	1	0	2
洞子港村	6	6	6	15	0	7	16	0	16	1	1	2	11
长桥村	4	4	4	8	0	1	8	0	8	1	4	1	
神农村	5	5	5	15	1	6	15	0	15	2	2	2	

续表3-35

区域名称	儿童数			6个月内母乳喂养情况			7岁以下儿童保健工作服务		5岁以下儿童营养评价				
	7岁以下	5岁以下	3岁以下	调查人数	母乳喂养数	纯母乳喂养数	7岁以下儿童保健覆盖数	3岁以下儿童系统管理数	体重检查人数	体重小于中位数人数	身高小于中位数人数	身高别体重小于中位数	血红蛋白检查
其他	87	87	87	52	2	35	57	4	62	8	13	5	
合计	168	168	168	193	14	193	200	15	210	20	38	17	

竹行社区卫生服务中心儿童体检信息管理统计表

2010年1月1日—2010年12月

表3-36　　单位：人

儿童体检信息管理			三岁以下儿童体检信息管理		
应管数	实管数	管理率	应管数	体检达标数	系统管理率
310	196	63.23%	310	173	55.81%

二、社区服务中心经费见表3-37

1988—2010年竹行镇社区服务中心就诊人数及经费收入情况表

表3-37

年　份	诊疗人次	经济收入（万元）	年　份	诊疗人次	经济收入（万元）
1985	34200	1	1988	43496	3
1986	39510	1.8	1989	42040	2.9
1987	42169	2.5	1990	45137	4.6
1991	44596	3.7	2001	20261	9
1992	46275	4.2	2002	20750	9
1993	43700	3.7	2003	25000	9
1994	39966	10	2004	25000	9
1995	37661	5.7	2005	26451	9
1996	30190	5.6	2006	24115	13
1997	30607	6.7	2007	22820	18
1998	26780	7.4	2008	26500	28
1999	25292	9	2009	31000	40
2000	26087	9	2010	39000	

1984—2010年部分年份竹行镇社区卫生服务中心收交明细表

表3-38 单位：元

年 份	医疗收入	药品收入	财政补助收入	其他收入	收入合计	总支出	收支 结余
1984	26100	119778	9720	8302	163900	168140	-4240
1996	195031	1023648	56056	302588	1577323	1488390	88933
2000	417335	1235285	89600	111513	1853733	1829083	24650
2007	544398	1714915	180000	3262	2442575	2697837	-255262
2009	508017	2440123	2619447	10805	5578392	4383364	1195028
2010	880000	3210000	3976075	10000	8076075	9003384	-927309

三、居民享受的医保待遇

竹行镇城镇居民基本医疗保险住院待遇（一个结算年内）见表3-39、3-40、3-41、3-42

住院起付标准表

表3-39

医院等级	成年（包括老年）居民	学生、儿童
三级综合医院	1000元	500元
三级专科医院	800元	400元
二级医院	750元	375元
一级医院	500元	250元
社区卫生服务中心	300元	200元

竹行镇城镇居民医疗保险住院报支比例（起付标准以上）表

表3-40

费用段（万元）	成年居民	老年居民	学生 儿童
1~8	80%	85%	90%
8~18	85%	90%	95%

注：1.在医疗保险定点社区卫生服务机构发生的住院和大病门诊费用，医疗保险基金支付比例在规定的基础上提高5%。

竹行镇城镇居民医疗保险
个人医疗账户资金用完后的门诊费报支比例（一个结算年内）表

表3-41

	在 职	退 休	备 注
在签约定点社区卫生服务机构刷卡发生的年累计超过600元以上，超额1~3000元的普通门诊费用，社会医疗统筹基金按比例支付	70%	80%	两次门诊医疗费用规定不重复享受

续表 3-41

已享受原慢性病专项门诊年累计门诊专项费用限额在2000元以下，同时患有慢性病两种及两种以上，年累计在4000元以下，社会医疗统筹基金根据实际发生费用按比例支付	50%	70%	不再办理新增

竹行镇城镇居民医疗保险特殊病医疗费用表

表 3-42

病　种	限　额	报支比例		备　注
		在　职	退　休	
长期精神病	2000元	50%	70%	恶性肿瘤门诊、放化疗患者享受5年，5年后复发需继续治疗须重新办理签定手续
恶性肿瘤门诊放化疗治疗	4000元	60%	80%	
重症尿毒症透析治疗	个人自付700元后，参照住院费用分段按比例支付，其年累计门诊医疗费用限额在7万元以下			
器官移植抗排异治疗	个人自付700元后，参照住院费用分段按比例支付，其年累计门诊医疗费用限额为手术后第一年在10万元以下，第二年在9万元以下，第三年在7.5万元以下，第四年及以后在6万元以下			

四、防疫工作

1977年1月，南通县卫生局转发《中华人民共和国急性传染病管理条例》，要求对25种传染病加强报告管理，此后医疗卫生疫情报告网络逐步建立。

1983年3月，卫生院试行基础免疫接种日制度，规定每月10日为接种日，以后改为每月两次对儿童接种。1984—2005年接种人数达5841人。四苗（糖丸、三联、麻苗、卡介苗）覆盖率达百分之九十三点四，达到县、区疾控中心指标。

2003年3月，卫生院做好“非典”防治工作。协助竹行小学、竹行幼儿园、竹行中学做好晨检及消毒工作。对外来旅客、回乡回归人员做好体温监测。“非典”期间先后对8人进行隔离观察，观察站设在停办的天星小学内。南通经济技术开发区党工委书记陈德新到卫生院指导慰问，肯定卫生院的成绩，勉励卫生院医务人员发扬白求恩精神，再接再厉。整个“非典”防治工作，共投入资金8万元（包括新建临时房2间及污水处理系统）。

2009年，竹行卫生院在甲型H1N1流感防控工作中，布置竹行小学、竹行幼儿园、竹行中学做好日晨检及消毒工作，按照上级要求，对甲流感密切接触者3人进行定点隔离观察，最终排除甲型HINI流感。对竹行镇政府工作人员、大规模种植养殖人员、中小学及幼儿园教师、卫生院医务人员、全体乡村医生进行甲型HINI流感疫苗接种，共接种678人次。

2005—2010年竹行镇儿童接种预防情况统计表

表3-43　　　　单位：人次

年　份	卡介苗	乙肝疫苗	脊灰疫苗	流脑疫苗	麻疹疫苗	嘛腮丸疫苗	乙脑疫苗	百白破疫苗
2005	351	1037	1389	546	691	261	275	1229
2006	423	1343	1565	539	1069	288	349	1352
2007	431	1704	2276	387	1024	343	290	1954
2008	420	1070	1974	860	407	342	822	1740
2009	128	1248	1588	728	1090	557	871	1092
2010	31	1118	1643	1366	1696	488	980	1591

五、竹行卫生院职称情况

中级职称名单

主治医生　盛小菊

主治医生　李忠伟

主治医生　黄　超

主管检验师　范玲玲

主管护师　陈新年　倪　静　龚红震

竹行镇卫生院任职干部名单

表3-44

任职时间	党支部书记	院　长	副院长
1962.5—1972.4	孙廷荣（兼）	孙廷荣	
1972.4—1982.6	施洪德（兼）	施洪德	
1982.7—1984.6	陈永新（兼）	陈永新	
1984.7—1986.6	包汉涛（兼）	包汉涛	
1986.7—1988.6	包汉涛	姜　平	
1988.7—1999.4	包汉涛（兼）	包汉涛	黄　超
1999.5—2008.5	姚金（兼）	姚　金	黄　超　李忠伟
2008.6—2010.12	蔡春辉	李忠伟	蔡春辉　黄　超

竹行卫生院集体获奖情况

表3-45

时　间	奖　项	授奖单位	级　别
2003年	南通经济技术开发区防治非典性肺炎工作先进集体	中共南通经济技术开发区工作委员会	县（区）级

续表3-45

时　间	奖　项	授奖单位	级　别
2004年	南通经济技术开发区社会治安综合治理先进集体	中共南通经济技术开发区工作委员会、管委会	县(区)级
2004—2005年	南通市农村卫生工作先进集体	南通市卫生局	市　级
2009年	南通市放心消费创建活动先进集体	南通市放心消费创建活动指挥部	市　级

第二节　合作医疗

1969年，竹行公社全面实行农村合作医疗。卫生院召集、培训赤脚医生，参加县统一的业务考试，颁发“赤脚医生合格证”。同年年底，全公社建合作医疗站17个，配备赤脚医生24名。合作医疗队办社管，每年每个社员交2元，大队出资2元，总计4元。患者在本大队合作医疗站看病，收5分钱挂号费，免收医疗费、药费等。到卫生院看病，凭介绍信，费用和合作医疗站结算。

1985年，南通县人民政府批转县卫生局《关于进一步加强村卫生组织建设的意见》，赤脚医生经过严格培训、考核、筛选，改称为乡村医生。合作医疗停办。

1995年起办新型合作医疗，参加的人口占总人口的百分之七十三点九。2003年7月1日，根据南通市政府《关于在全市建立新型合作医疗制度的实施意见》，规定年度保险费人均30元：个人交纳6元（其中征地人员为10元），区财政补贴17元，镇财政补贴7元。

2004年，南通市卫生局颁发《关于乡村医生全科医生考试的通知》，30名乡村医生参加考试，全部合格。

2005年，全镇共建社区卫生服务站5个，配备乡村医生30人，均有执业证书。南通市卫生局在体臣卫校，组织乡村医生基本技能培训和中等学历补偿教育。卫生院每年对全镇乡村医生进行常见传染病知识辅导及相关法律法规培训。

2005年，保险费人均70元，全部由区、镇两级财政负担。

2009年开始，取消农村合作医疗保险待遇实行分级计算，累进补偿的办法，帮助大病者克服困难。

竹行镇新型农村合作医疗保险分级补偿办法表

2004年7月1日—2005年6月30日

表3-46

符合医保费用（元）	补偿比例（%）			
	一级医院	二级医院	三级医院	本市以外二级以上医院
300以下	不予补偿	不予补偿	不予补偿	不予补偿

续表3-46

符合医保费用（元）	补偿比例（%）			
	一级医院	二级医院	三级医院	本市以外二级以上医院
300~1000	10	7.5	5.5	3.5
1001~3000	20	15	11	7
3001~4000	25	18.75	13.75	8.75
4001~10000	40	30	22	14
10001~20000	50	37.5	27.5	17.5
20001~50000	60	45	33	21
50000以上	80	60	44	28

说明：全年累计最高补偿额为2万元

2009年城镇职工基本医疗保险分级补偿办法表

表3-47

医院等级	起付标准（元）	费用段（万元）	报支比例			
			社会医疗统筹基金		大病医疗救助基金（连续交）	
			在 职	退 休	<5年	>5年
三级综合	1000	<1	88%	92%		
三级专科	850	1~4	93%	97%		
二级	750	4~10			85%	90%
一级	500	10~19			90%	95%
社区	300	享受基本医疗保险、大病救助一个年度后，个人按规定负担1万元以上符合规定的费用，大病医疗救助基金报支50%，最高限额5万元。				
家床	300					

第三节 医疗服务站

星辰花园10楼北侧是星辰社区医疗服务站，面积170平方米，配有合格的乡村医生4名，2007年6月，南通经济技术开发区社会事业局拨款1.1万元购置病床2张，注射椅两张，办公桌4张，普通座椅4张，观察床1张、文件橱1个，抢救推车1辆、消毒车1辆及电子秤1台。星辰花园一期入住户全部参加城镇居民医疗保险、参保率达100%，60周岁以上老人965人。2006年为60周岁以上老人体检253人，2007年304人，2008年500人，2009年650人。

为配合南通经济技术开发区妇女病检查，2006年妇女体检人数为205人，2007年215人，

2008年为208人，2009年为218人，2010年为225人。

2009年11月，镇政府投入1万元，更换破旧办公桌3张，椅子3张，增添文件橱1个，病床3张，输液椅6把，空调1台，电视机1台，饮水器1台，电子秤1台，社区医疗条件得到改善。

至2010年年底，农村有竹行村社区卫生服务站、竹东村社区卫生服务站、大安村社区卫生服务站三个基层卫生服务站、六个平价药房和按摩、推拿等便民诊所。

2010年竹行镇药店、便民诊所情况表

表3-48

店　名	地　址	营业面积（平方米）	从业人员（人）	法人代表
天怡药房	瑞兴路竹东村21组	80	3	黄明华
百姓平价药房	竹行农贸市场外侧	50	2	张志平
健平大药房	星辰园25幢-6号	84	2	陈建彬
健平大药房	星辰园1幢-8号	100	2	陈建彬
春晖堂药店	瑞兴路69号	120	2	施海蓉
春晖堂药店	瑞兴路40号	50	2	施海蓉
仁寿大药房竹行店	瑞兴路竹南村22组	40	1	陶　磊
黄帅药房	张江公路大安村25组	45	1	袁士辉
安利竹行经销商工作室	瑞兴路竹东村11组	25	1	马亚兵
天狮保健品	星辰园42幢-13号	25	2	王绍斌
裕发成人保健品	瑞兴路23号	12	1	吴裕发
裕丰理疗店	星辰园37幢14-16号	120	3	杨　忠
盲人按摩店	瑞兴路竹行村3组	500	12	张文豪
吴氏按摩	瑞兴路竹东村11组	35	1	吴玲玲
镶牙、拔牙、补牙	竹行村2组	25	1	黄相标
伤科推拿诊所	星辰园35号车库	35	1	曲扣宝
佩明爱心推拿诊所	星辰园10幢	100	1	朱佩明
诊所	星辰园42幢门面房	30	1	黄锦香
诊所	星辰园51幢车库	20	1	顾正香
诊所	星辰园18幢2号车库	20	1	沈祖平
医疗室	星竹园15幢23号车库	25	1	项国荣

第四章 公安司法

竹行派出所始建于1949年。1962年,竹行建立人民公社,设公社治保科,科长为公安特派员。1985年撤销治保科,重建竹行派出所。1993年,撤县建通州市,南通县竹行派出所易名为通州市竹行派出所。1997年,由镇政府投入70万元建造建筑面积为1400平方米的办公大楼。2001年行政区划调整,更名为南通开发区竹行派出所,共有民警14名。派出所由"三组四中心"组成,全镇设10个警务室、75个监控点,为维护社会治安做出了贡献。

第一节 派出所

一、沿 革

竹行派出所前身是边防检查站。1949年10月,建立竹行派出所。所址在竹行镇东市梢临街民房里,与先前建立的竹行边防检查站一起,两块牌子一套班子,4名民警。

1962年7月,竹行单独组建人民公社。根据上级指示,撤销派出所,建公社治保科,设公安特派员。一个公社只有一个特派员,对外称治保科长,负责全公社的治安管理工作。

1985年撤销治保科,重新组建派出所,地点在停办的劳动防护用品厂内。三间房子,一间办公室、一间会议室、一间值班室。

1989年,竹行农具厂网络工场危房拆除后,在原址建朝南和朝东各一排平房作为派出所的办公用房。四名民警,负责全乡的治安管理工作。

1993年,撤县建通州市,南通县竹行派出所易名为通州市竹行派出所。

1997年,由竹行镇政府投入70万元,在洪昌路原九大队2队征地六亩,兴建派出所办公大楼，建筑面积1400平方米。办公楼由主楼和辅楼组成，主楼为各科办公室和档案室，辅楼为值班室和其他用房。

2001年3月，行政区划调整，改名为南通开发区竹行镇派出所，共有民警14名，专职保安员45名，专职协管员11名。派出所由治安组、社区组、综合组、保安中心、公调对接中心、外来人员服务中心、视频监控中心等组成。2010年，根据上级公安机关标准建设的要求，共配置电脑19台，实现信息化和无纸化办理公安工作。

竹行镇共有10个自然村1个居委会，常住人口3.1万余人，外来人口1.2万余人。全镇共设10个警务室，一般警务室配一警两员。其中竹东村、竹行村地域较大，星辰花园人口集中，中心警务室配2警四员。全镇75个监控点，落实摄像点80个。分布于竹行境内的各交通要道、金融网点、学校、政府、社区等人员集散地区。同时所有“定报企业”也落实了视频监控，全镇共安装探头2000只以上，其中振华港机就有200只之多，监控中心设在派出所内。2006年以来，竹行镇政府共投入120多万元用于视频监控。2010年竹行镇视频监控全覆盖，形成有效的监控网络，维护一方的社会治安。

二、重大活动

竹行地处江边，水陆交通便利，江匪海盗活动频繁。派出所建立，一些江匪海盗觑觎派出所的枪支弹药，妄图抢劫派出所的武器。1952年春，江匪陈永发、吴春荣乘月黑风高之夜，潜入竹行镇企图抢劫派出所武器，被值班纠察队员发现，鸣枪示警，后将其抓获，同年被镇压。

1952年春天，社会上刮起一股谣言，什么天要混沌，什么地方出现捉眼虫老太婆，这些老太婆割女人的奶头、挖眼睛、割小孩子的生殖器。一时间小孩子白天不敢单独上学，妇女晚上不敢单独在家，闹得人心惶惶。派出所追查谣言根源，根据老百姓举报，最后查到长桥乡第四村的一位农民造的谣，自己也供认不讳，派出所把他抓起来在竹行、长桥等乡范围游斗，平息谣言，稳定人心。

顾圣其，长桥村人，早年参加新四军地下民兵组织。1947年，新四军北进，国民党推进，竹行地区敌强我弱，民兵活动转入地下，顾圣其叛变革命，投降敌人，疯狂地进行反革命活动。解放后被派出所抓获，1952年9月21日被枪决。

1953年农历十一月二十九，全国大清查漏网敌特分子。竹行派出所组织纠察人员在各交通路口，特别是通向港口的路段站岗放哨，盘查可疑人物，直到警报解除。

1958年，南通三类地区改造扩大化，把一些富裕中农划入富农，地、富、反、坏、右五类分子增多，“文化大革命”中更是无限上纲，除原来的地主、富农、反革命、坏分子外，还有叛徒、特务、走资派、右派分子，所谓“黑八类”。每个大队十多个，对“八类”分子思想改造的工作由公社治保科责成各大队治保主任负责，农历每月初一月半召开听训会，教育他们改邪归正重新做人。

改革开放后，竹行派出所在禁毒、查赌、扫黄、反邪教、处理刑事案件、社会综合治理工作取得较好成绩，成为江苏省平安创建先进单位全国一级派出所。

三、专项工作

（一）扫黄打非

1989—2008年共查处卖淫嫖娼案件54起，抓获卖淫女、嫖客各54人，容留介绍卖淫嫖娼人员6人。查处收缴淫秽出版物60本，碟片200多张。查处取缔淫秽演出团体2个。

（二）禁　毒

2005年以来，贩毒现象时有发生，竹行共查处吸毒人员9人。这些人主要吸食海洛因（白粉）和冰毒，其中治安处罚和强制戒毒6人。3名贩毒分子（湖南籍和四川籍），被追究刑事责任。针对吸毒人员增多的情况，派出所开展无毒社区创建活动，利用“6·26”禁毒日进行宣传，用展板、图片，向群众发放禁毒宣传手册，受教育群众达1.2万人次。改革开放以后，竹行种植户、养殖户增多。为了给家禽家畜治病，有的村民在家前屋后，田头沟边种植罂粟。2000年至2010年共铲除罂粟1万余株，其中8人受到治安处罚，两名被追究刑事责任，两人中一人劳动教养，一人判处缓刑。

（三）查　赌

赌博历来就有，主要有打沙蟹、二十一点、游胡等。沙蟹、二十一点赌具为扑克牌，纸长牌为游胡用具。新中国成立后，人民政府下令查禁赌博，赌博现象有所收敛。但少数人员偷偷地赌，白天夜里不停地赌。“文化大革命”中，查禁更为严格，各大队治保主任带领基干民兵经常下到生产队巡查，而且都是晚上进行，赌博现象几乎绝迹。改革开放以后，人民的经济条件好转，一些人闲时小来来，一些老板赌博输赢大，他们在南通、海门，包宾馆聚赌，赌博方式为游湖、打墩、诈金花、牛牛、二八杠、摇单双、插罗松、沙蟹、斗地主、二十一点等，2010年还出现网络赌球，甚至到境外赌博。1984—2000年，被处罚的参赌人员共560人，受到党纪国法制裁的60人，受罚款处理的560人。2010年年初以来，赌博现象有所收敛。

（四）刑事案件

1962年竹行重新组建人民公社以后，刑事案发生率较低，少数小偷小摸，被抓以后教育一番。“文化大革命”十年中，把少数人说错话无限上纲，作为散布反革命言论而被逮捕、判刑，个别的好喝懒做偶有小偷小摸也被逮捕判刑。拨乱反正以后，刑事案件有所减少，1985年至2001年16年间，每年的刑事案件在10~20起之间，主要案件为盗窃、拦路抢劫、强奸、凶杀等。2001年，竹行撤乡设镇，同年区划调整划归南通经济技术开发区，每年发案数有所增加，其中外来打工者作案居多。2002年发案36起，破案18起；2003年发案42起，侦破21起；2004年发案60起，侦破28起；2005年发案80起，侦破45起；2006年发案85起，侦破42起。2007年发案90起，侦破38起。10月，位于薛家店东侧后丰村八组的信用社住宅楼内，一未婚女婿将丈母娘乱刀捅死，凶手当场被接警赶来的竹行派出所民警抓获。2008年发案106起，侦破

48起；2009年（未统计），主要案件为卖淫嫖娼，盗窃，贩卖和使用假人民币，凶杀，车祸肇事逃跑，吸毒贩毒等。2010年3月28日，竹东村4组发生凶杀案，丈夫被钝器击死在床上，妻子服毒死在张芝山镇银洋河村娘家附近水泥台阶上，警方介入调查。

2002年至2010年，每年化解各类社会矛盾300起之多。近几年来，人员流动增多，拆迁、金融危机等影响，各类社会矛盾呈高发势头，每年的矛盾纷争呈百分之二十的比例上升，矛盾的难度进一步加剧，涉及人员进一步增多，特别是钢丝绳厂的高危作业引起的工伤，死亡事故、环境污染等引发的矛盾纠纷日趋增多，矛盾的规模及恶性程度相应加剧，但未发生重大后果。

（五）查处假人民币

贩卖、使用假人民币，广大居民无不深恶痛绝，竹行派出所加大打击力度，2001年侦破贩卖假人民币一起2300元，案犯被拘留。

2002年至2008年，查获使用假人民币6起，共收交假人民币1800元，使用者被拘留处理。

（六）户籍管理

成陆初期，崇明、海门一带移民买荡田开荒种植庄稼，以百户千户为单位缴纳赋税。户籍管理以十至二十户为一甲，任命甲长一名，一个自然村为一保，任命保长一名，负责收取农业赋税，户籍管理较严格。日军投降后，国民政府沿用保甲制。新中国成立后，1951年土地改革时，按户丈量土地，给农民发土地证，有了正确的户籍数。

竹行单独组建人民公社后，群众的户口档案存放在公社内，户口关系的转移有公社文书办理，以后的一段时间户口档案存放在南通县公安局。1997年开始，派出所开始建立户籍档案。采取一户一册，发放户口本14165本，户口留档底册以生产队（村民组）为单位，派出所留有户口底册614本。总人口31318人。

（七）暂住人口管理

竹行工业发达，特别是钢丝绳行业，用工量较大。20世纪80年代末，陆续有外省籍农民工来竹行打工。1994年开始清理登记暂住人口，当年登记暂住人口160人，其中男性148人、女性12人，以安徽籍、四川籍居多。2008年年底统计数字，暂住人口9451人，其中男性6851人、女性2600人，发证数9451人，发证率百分之百。这些人员来自安徽、四川、湖南、湖北、贵州、江西、四川、重庆、河北、山东等省市。

（八）综合治理

竹行现有旅馆11家，均为50张床位以下的小旅馆。2008年以来，竹行经济发展，流动人口增多，新建旅馆4家，规模和档次均有所提高。

竹行人经济收入高，外省籍盲流人员和乞讨人员较多，有些痴呆及精神病人员在街头、村组游荡。20世纪末期，采用收容遣送的办法送回原籍，每年四五个至四五十个人不等。2000年，南通市废除收容遣送管理规定，改为救助，要求本人愿意才能送救助站。

竹行镇内有小规模的烟花爆竹店5家，从事烟花爆竹零售业务，主要分布在竹行镇及大安镇，均有工商部门发证，镇安全管理委员会直接管理。加油站2家，一家在张江公路薛家店南，另一家在东方大道天星湖边，公安机关对他们进行经常性的检查和督促，确保安全。

（九）身份证发放

1987年发放第一代身份证号码为15位数，第一代身份证中出生年份省略“19”，而且防伪性不强，2002年开始办理第二代身份证，全镇共发放1.8万张，占全体公民的百分之六十。

（十）车辆管理

1949年至1979年，全镇有自行车52辆（在册数，后因取消自行车车牌税，群众购置的自行车不到派出所登记了，民间自行车很多，远不止52辆），20世纪60—70年代起虽不交车牌税，但必须到派出所登记敲钢印，失窃后便于查找，至1988年年底自行车增至1.2万辆，各种机动车100辆，群众出行都靠自行车代步。普通农民家都有，人多的人家拥有两辆、三辆。随着经济收入的不断增加，年轻人购买摩托车。至2010年，全镇至派出所上牌照的机动车（包括电动车）增至1.1万余辆。

（十一）消防工作

20世纪70年代以前，人们的居住条件差，农村草房占整个住房的百分之六十，易发生火灾，特别是久旱不雨的冬天，火灾频发，人民的生命财产受到威胁，损失巨大。80年代以后，生活水平提高，住房条件改善，火灾发生率大为减少。根据竹行工业的结构，钢丝绳行业占主导地位，各单位的消防设施主要是灭火器和黄沙箱，至2010年，全镇企业配备灭火器2650只，但消防水龙头不多，主要是当初设计时没有配备固定的消防泵。1989年至2010年，全镇发生火灾25起，烧死1人，烧伤3人，直接经济损失200万元。（1988年前无资料记载）

针对这一情况，政府、安全管理部门，派出所利用每年“119”消防日进行广泛宣传。开展消防“五进”活动，即进人员集散场所，进易爆易燃物品场所、进学校、进工厂企业，进社区。利用演讲图片等，进行消防宣传。2008年以来每年进行一次。2008年，竹行成立义务消防队，由派出所的五名专职保安组成，每年进行一次消防演练。遇到火警，第一时间赶到现场扑救，保护人民生命财产安全。

（十二）警用设备配置

为适应现代化办案需要，派出所实行数字化管理。派出所现有18台电脑入公安网，一台入互联网；有数码相机8只，录音笔3支，配备警车2辆，民用牌照车1辆，摩托车1辆，电瓶车10辆，民警自备车7辆。

竹行派出所历任所（站）长名单表

表3-49

姓　名	任职时间	备　注
卞站长	不详	边防检查站第一任站长名字不详
陈洪亮	卞站长御任后至1963年	1963—1984年，公社设治保科

续表3-49

姓　名	任职时间	备　注
朱祖康	1985—1996年	
张　辉	1996—2002年12月	
成　健	2002年12—2005年4月	
黄建华	2005年4—2010年12月	

竹行从1964年后，公社设立治保科，设公安特派员一名，任职情况依次为：仇振清、张祖凡、曹祖林、朱祖康.

2001—2010年竹行派出所集体获奖情况表

表3-50

年　份	获奖名称	授奖单位	级　别
2005	江苏省二级派出所	江苏省公安厅	省　级
2006	江苏省平安创建先进单位	江苏省公安厅	省　级
2006	集体三等功	南通市公安局	市　级
2009	集体三等功	南通市公安局	市　级
2010	公安部一级派出所	国家公安部	国家级

2004—2009年竹行派出所个人获奖情况表

表3-51

年　份	姓　名	获奖名称	授奖单位	级　别
2004	刘慈海	个人三等功	南通市公安局	市　级
2006	黄建华	南通市优秀派出所所长	南通市公安局	市　级
2006	黄建华	个人三等功	南通市公安局	市　级
2007	胡振东	南通市优秀派出所副所长	南通市公安局	市　级
2007	胡振东	优秀军转干部个人三等功	南通市公安局	市　级
2008	黄建华	南通市优秀派出所长	南通市公安局	市　级
2008	陆洪生	优秀民警	南通市公安局	市　级
2008	成溶溶	个人三等功	南通市公安局	市　级
2009	黄建华	江苏省优秀派出所所长	江苏省公安厅	省　级
2009	黄建华	个人三等功	南通市公安局	省　级
2009	陆洪生	个人三等功	南通市公安局	市　级
2009	李伯圣	个人三等功	南通市公安局	市　级

第二节 治安联防

1986年，竹行乡成立治安联防队，队长1人，队员3人。1995年发展为23人。2005年，治安联防队45人。为配合治安联防工作，乡又成立协管队10人，监控员5人。2009年治安联防队队员又增添2人、协管员10人、监控员5人，共62人。

治安联防队建立二十余年，为维护社会治安做了大量工作。1986—2000年，累计治安夜巡逻1349次，协助出警481起，治安值勤47次，处理交通事故52次，民事调处187次，抓获刑事嫌疑87人、赌博521人。

2001—2010年十年，累计治安夜巡逻16937次，协助出警1307次，治安值勤210次，民事调处1328起，抓获刑事嫌疑381人，抓获卖淫嫖娼142次、赌博人员1079人及吸毒人员21人。

2010年，治安夜巡逻365次，协助出警4745起，值勤242次。一年中处理交通事故58起，调处民事纠纷235起，治安巡逻抓获刑事嫌疑人员67人、卖淫嫖娼30人、赌博人员207人、吸毒人员14人。

1986—2010年竹行镇治安联防队长名单表

表3-52

任职时间	队 长	年 份	队 长
1986	黄礼明	2000—2003	陆 勇
1987—1988	薛振东	2004—2005	范本忠
1989—1998	程金祥	2006—2009	朱东华
1999	郭建国	2009—2010	张 标

第三节 城镇管理

竹行镇城管所（以下简称城管委）成立于1999年1月1日，隶属于竹行城镇建设办公室。2010年3月1日，竹行镇政府根据上级指示精神，把城管委从建设办公室分离出来，单独成立城管委，办公地点设在镇工业公司，城管委人员从原来的3人增加到8人，城管委队长程金祥。

城管委成立后，它的主要工作是协助土管部门对镇域内的集体和个人的违章建筑进行巡查整治和处理，城管委自成立以来，到全镇各村共巡查800余次，发现违章建筑及时上报镇政府，会同镇政府拆除违章建筑18家，拆除面积4000多平方米，其中农户12家，拆除面积380平方米；工厂6家，拆除面积3620平方米。从2000年开始，协同环卫部门对镇区的镇容镇貌进行整治，对室外摊点、马路市场进行管理50余次，对摊主进行说服教育。

竹行的钢丝绳及钢丝产品多，环境污染比较严重，少数企业为了节省成本，无视环保部门对酸水污水偷排暗排的禁令，城管委对少数企业进行重点排查，自2005年开始查处偷排暗排企业5家，2006—2010年每年查处1家，这些企业由上级环保部门进行了处罚和责令整改。

2002—2009年竹行城管委受表彰情况表

表3-53

年　份	集体或个人姓名	奖项名称	授奖单位	级　别
2002	程金祥	门前三包先进个人	南通市城市管理局	市　级
2004	程金祥	门前三包先进个人	南通市城市管理局	市　级
2005	仇冠康	南通市市区门前三包先进个人	南通市城市管理局	市　级
2006	程金祥	南通市市容环境卫生优秀秩序管理员	南通市城市管理局	市　级
2007	程金祥	南通市环境卫生责任区优秀管理员	南通市城市管理局	市　级
2008	刘永兵	南通市市容环境卫生责任区管理先进个人	南通市城市管理局	市　级
2009	程金祥	南通市市容环境卫生责任区先进个人	南通市城市管理局	市　级
2009	程金祥	拆迁先进个人	南通开发区管委会	县（区）级
2009	刘永兵	南通市市区环境卫生责任区优秀管理员	南通市城市管理局	市　级
2009	仇冠康	南通市市区门前三包工作先进个人	南通市城市管理局	市　级
2009	城管委	南通市市容环境卫生责任区管理先进集体	南通市城市管理局	市　级

第四节　交通管理

竹行解放前和解放初，陆上运输主要工具是独轮车。20世纪70年代中期，开始用手扶拖拉机搞运输。公路网形成后，企业及运输专业户自购卡车和农用车运输。随着企业的不断发展，交通运输业的繁忙，群众生活的不断提高，竹行镇多种机动车辆日益增多。至2008年，全镇轿车、卡车、面包车、农用车等各种车辆拥有1818辆。车辆的逐年增多，随之各类交通事故也日益增加。2001—2008年，派出所处理竹行境内各类交通事故504起（其中死亡23人，伤82人）。为维护社会稳定，百姓生产、生命安全，加强交通运输的管理势在必行。

2008年8月20日，成立南通公安局交通巡逻警察支队五大队竹行中队。管辖范围为竹行镇和南通农场全境。具体范围为东方大道以东，336省道以南至长江边，东至通州区交界为辖区。2010年，竹行交巡警中队民警10名，辅警8名。

建队以来的活动：(1)辖区设立交通监控，安装摄像头6处共24个。(2)巡查交通违法行为1.5万起，含酒后驾车113起。(3)处理交通事故300起。

竹行交巡警中队管理实行数字信息化，专用电脑3台，警用汽车2辆，警用二轮摩托车5辆，警员自备轿车5辆。

历任中队长：

2008.8—2009.11　周　进

2009.12—2010.12　郭　坚

获奖情况：

2010年2月，中队民警浦学华被南通经济技术开发区管委会评为2009年度优化服务先进个人。

第五节　司法民调

一、概　况

1986年，竹行乡政府设司法办公室，有司法助理1人。1987年成立竹行乡司法所，同时成立法律事务服务所，司法助理兼任法律服务所主任，两块牌子一套班子。2000年两所分离，法律服务所搬出政府大院，于政府对面租用民房办公。司法所独立设置后，主要工作为开展普法宣传教育、两劳人员的安置帮教、指导管理法律服务和法律援助工作、民事纠纷调解、依法治理工作的行政执法检查、监督工作。2005年以后，增加了社区矫正工作，主要是对社区服刑人员进行管理、教育和帮助。

二、普法与依法治理

1986—2010年，先后开展“一五”“二五”“三五”“四五”“五五”普法宣传教育。

1986—1990年，“一五”普法教育，侧重法律常识教育。

1991—1995年，“二五”普法教育，侧重各部门、各行业法律知识宣传教育，提倡学用结合，普治并举。

1996—2000年“三五”普法教育，侧重提倡进一步增强全体公民法律意识和法制观念，进一步提高各级领导干部和管理人员法制思想和依法行政、依法管理的水平和能力。

2001—2005年“四五”普法教育，侧重努力实现由提高公民法制意识向提高公民法律素质的转变，全面提高全社会法制管理水平。

2006—2010年“五五”普法教育，进一步提高全民法律意识和法律素质；进一步增强公务员社会主义法治理念，提高依法行政能力和水平，提高依法管理和服务社会的水平。

竹行镇自开展普法宣传教育以来，以《中华人民共和国宪法》、《中华人民共和国行政许可法》为重点，全面普及各类法律法规宣传教育，共宣传各类法律法规54部，受教育10多万人次。

每季度在农贸市场、政府门口设台，现场法律咨询。每月吊挂横幅，用宣传画板进行普法宣传；每年对中小学生普法讲座各2次；每年对党员上普法知识课4次；每年发放普法材料800本、宣传材料200份、司法材料1000份。2010年5月13日，南通电视台“刘宇说法”栏目组到竹行星辰花园宣讲法律。星辰花园为全市唯一乡镇级宣讲点。

三、大调解

大调解工作机制是竹行镇党委、政府统一领导，综治部门组织协调，职能单位各司其责，全社会共同参与，对各类社会矛盾纠纷实行统一管理、集中梳理、公开处理的工作机制。

2003年8月18日，成立竹行镇社会矛盾纠纷调解中心。2010年10月更名为竹行街道社会矛盾纠纷调解中心。

2007年，竹行社会矛盾纠纷调解中心派工作人员至竹行派出所，成立公调对接调处工作站。

镇调处中心围绕“小矛盾不出村（居），大纠纷不出镇，矛盾纠纷不上交”的总体目标，建立领导轮流值班、排查预测、调处督办、考核等规章制度，做到“统一受理、集中梳理、归口管理、依法处理、限期办理”。同时建立三项机制：一是“大调解”预警机制，二是“大调解”管理机制，三是“大调解”考核机制。至2010年，镇调解中心共受理各类矛盾1612起，调解率百分之百，调处成功率百分之九十八点四；防民转刑61起。

2005—2010年竹行镇社会矛盾纠纷调解情况表

表3-54　　　　单位：件

年　份	全镇调解纠纷	镇调解	村居调解	公调对接站调解
2005	219	75	144	—
2006	169	53	116	—
2007	225	84	105	36
2008	276	76	124	76
2009	221	67	80	74
2010	298	94	82	122

四、安置帮教

竹行司法所在党委政府的统一领导下，依靠有关部门和社会力量，从2005年起对五年之间刑满释放人员62名和解除劳教人员5名进行强制性引导、扶助、教育和管理工作，通过一系列安置、帮教工作，有效控制这些人员重新犯罪的可能，使社会更加和谐安定。

五、社区矫正

竹行司法所自2005年起至2010年，对社区内被判处管制、缓刑、监外执行，被制定假释，被剥夺政治权利并在社会上服刑人员共80人作为矫正对象，通过思想教育、法制教育、社会公德教育，矫正其不良心理和行为，使他们悔过自新，弃恶从善，成为守法公民。同时，帮助解决就业、生活、法律、心理等方面遇到的困难和问题，顺利适应社会生活。

竹行历任司法所长表

表3-55

任职时间	姓 名	任职时间	姓 名
1981.1	张绍祥（兼）	1983.1—2004.4	倪 涛
1981.1—1983.1	倪鼎高（兼）	2004.4—2010.12	朱红明

竹行司法所集体获奖情况表

表3-56

年 份	奖 项	级 别
2008	南通市优秀人民调解委员会	市 级
2010	南通市优秀人民调解委员会	市 级

竹行司法所先进个人获奖情况表

表3-57

年 份	姓 名	奖 项	级 别
2006	朱洪明	2001—2005年南通市法制宣传先进个人	市 级
2007	朱洪明	南通市司法行政工作先进个人	市 级
2008	朱洪明	南通市防激化先进个人	市 级
2010	朱洪明	南通市优秀司法所创建先进个人	市 级

第六节 法律事务

竹行镇法律事务所建于1987年11月。性质属镇集体，基层法律工作者3人。2001年11

月发展为5名法律工作者，4名法律工作者达大专以上学历。

竹行镇法律事务所成立以后，为群众和企业做了大量的法律服务工作。围绕镇党委、政府的中心工作，开展法律咨询、承接当事人诉讼或非诉讼代理，接受当事人调解申请。接受企事业、个体工商户聘请担任法律顾问。协助公证、办理见证等法律事务。平均年接办各类案件180余件，为企业和个人挽回经济损失300余万元，见证或协办公证80件，接受群众法律咨询200人次，为61家企业担任法律顾问，受理民事代理案件50~55件，协助民事调解80~90人次，见证或协办公证80余件。

法律事务所所长：黄丽明。

2010年竹行镇法律服务所基本情况表

表3-58

名　称	法人代表	地　址	面积（平方米）	从业人员（人）
竹行和谐法律服务所	盛和元	瑞兴路谷东村7组	10	2
南通市竹行法律服务所	黄丽明	竹行街道对面楼上	104	4

第五章 工商行政

南通经济技术开发区工商行政管理分局竹行工商所位于南通经济技术开发区竹行镇瑞兴路17号，1987年10月正式挂牌对外办公。租用一楼一底两间民房办公，建所时编制为11人，实有干部职工10人，隶属于南通市通州工商行政管理局。

1988年8月，经通州市计委批准征地1173.88平方米，分别盖建办公楼和职工宿舍楼各一幢，1990年12月建成投入使用，办公楼建筑面积为691.96平方米，职工宿舍楼建筑面积为576.98平方米。

2001年4月，南通市行政区划调整时整建制移交南通工商行政管理局三分局，更名为南通工商行政管理局三分局竹行工商所，2002年机构改革改名为南通工商行政管理局南通经济技术开发区分局竹行工商所。定编为行政编制16人，附属编制2人。2010年，干部职工在编人员10人。

第一节　管辖范围

竹行工商所建所时管辖范围：竹行镇、新开镇、南兴乡、南通农场、种蓄场、良种场、东方红农场。1991年6月区划调整新开镇划归南通经济技术开发区。1995年9月成立港区分局，竹行工商所管辖竹行镇、南兴乡。2001年4月区划再次调整，竹行镇划归南通经济技术开发区，竹行工商所管辖竹行镇、南通农场、种蓄场、良种场、东方红农场。2008年12月南通工商局开发区分局经南通工商局同意，将竹行工商所管辖区域调整为：竹行镇、小海镇、南通农场、种蓄场、良种场、东方红农场。

第二节　工商业收费

一、1983年2月，国务院下发《城乡集市贸易管理办法》，明确对进入集市贸易的商品由工商部门收取市场管理费。1983年6月，国家工商行政管理局、财政部发布《关于个体工商业户管理费收支暂行规定》规定对个体工商业户收取工商管理费。1988年6月，《私营企业暂行条例》规定对私营企业征收工商管理费。

二、财政部、国家发展改革委员会、国家工商总局联合发出通知，决定从2008年9月1日起，在全国统一停止征收个体工商户管理费和集贸市场管理费。

第三节　工商年检　换证

中共十一届三中全会以后，国家对工业企业开展普查登记，1982年8月9日，国务院发布《工商企业登记管理条例》后，对进行登记的企业颁发"中国人民共和国营业执照"，这是中国改革开放以后第一次使用的企业合法经营的凭证。

1986年，通过的《中华人民共和国民法通则》第一次提出建立法人制度。1988年7月1日国务院发表的《企业法人登记管理条例》施行后，已登记企业凡符合企业法人条件的一律换发"企业法人营业执照"。

《中华人民共和国公司法》颁布后，1994年7月1日开始，依据《公司登记管理条例》登记的公司换发所用的新的企业法人营业执照。

企业年检：2006年以前，企业年检日期为每年1月1日至4月30日。2006年2月24日，国家工商局颁布的《企业年度检验办法》第五条将企业年检日期调整为每年3月1日至6月30日。

竹行工商所中级职称名单

黄世康、吴惠德、陈建华、王卫东

1987—2010年竹行工商所所长、党支部书记任职情况表

表3-59

姓　名	任职时间	姓　名	任职时间
陆秀岐	1987年10月至1991年12月	朱佰超	1999年7月至2009年4月

续表3-59

姓　名	任职时间	姓　名	任职时间
王思康	1992年1月至1997年6月	丁析华	2009年5月至2010年12月
范本福	1997年7月至1999年6月		

1991—2009年竹行工商所获奖情况表

表3-60

年　份	奖　项	授奖单位	级　别
1991—1992	文明工商所	南通市工商局	市　级
1992—2000	文明工商所	通州市委、市政府	县市级
1998	保护农村消费者合法权益先进集体	江苏省消费者协会	省　级
2002	红盾经济卫士杯执法竞赛先进集体	南通市工商局	市　级
2003	创建基层好班子先进单位	南通市工商局	市　级
2004	先进党支部	南通市工商局机关支部	市　级
2005—2006	南通市群众满意先进基层站所	南通市工商局	市　级
2006	2003—2005基层建设先进单位	南通市工商局	市　级
2007	文明工商所	南通市工商局	市　级
2007—2008	南通市群众满意先进基层站所	南通市农村基层党风廉政建设领导组	市　级
2009	五好党支部	南通市工商局机关支部	市　级
2009	文明工商所	江苏省工商局	省　级
2009	“依法行政、优质服务”先进集体	南通市工商局	市　级
2010	作风行风建设先进单位	南通市工商局	市　级

2002—2010年竹行工商所个人获奖情况表

表3-61

年　份	姓　名	奖　项	授奖单位	级　别
2002	朱佰超	二等功	江苏省工商局	省　级
	王卫东	十佳青年	南通市人事局、工商局	市　级
	陈建华	优秀党员	南通市工商局机关支部	市　级
	陈　元	放心肉工程先进个人	南通市工商局机关支部	市　级
2003	朱佰超	十佳工商所长	南通市人事局、工商局	市　级
	陈建华	红盾经济卫士杯办案能手	南通市工商局	市　级
	范本福	优秀党员	南通市工商局机关支部	市　级

续表3-61

年　份	姓　名	奖　项	授奖单位	级　别
2004	王卫东	优秀党员	南通市工商局机关支部	市　级
2005	陈建华	十佳基层执法标兵	南通市工商局	市　级
2006	朱佰超	优秀党员	南通市工商局机关支部	市　级
	陈建华	嘉奖	南通市人事局、工商局	市　级
2007	陈　元	创建卫生先进个人	南通市工商局	市　级
	王卫东	嘉奖	南通市人事局、工商局	市　级
		优秀党员	南通市工商局机关支部	市　级
		食品安全和产品质量监管先进个人	南通市工商局	市　级
2008	王卫东	嘉奖	南通市人事局、工商局	市　级
2009	陈建华	优秀党员	南通市工商局机关党委	市　级
2010	丁析华	服务发展标兵	南通市工商局市人事局	市　级

第六章 其他社会事业

竹行镇地处长江下游北岸交通较为闭塞的一个小镇，除邮政、信用社、电信分别于1951年、1952年、1956年建立外，其他社会事业发展较迟。供电最初为1973年竹行三大队通上民用电。1977年建立电力管理站。随着民营工业的发展，1986年建立了对土地管理的专门机构，负责辖区内的民用建筑、企事业单位的用地、规划、审批。由于工业的崛起，竹行区域的地表水源受到严重污染，1989年建立自来水厂。2001年，竹行划入南通市经济技术开发区后，加快了城镇化建设的步伐，根据国家以民生为根本的政策要求，为当地人才和劳动力需求作指导，2003年成立了镇劳动和社会保障所。竹行事业单位的不断完善给竹行人民带来了诸多方便，也为竹行的经济腾飞起到了举足轻重的作用。

第一节 供电与用电

一、供 电

20世纪60年代以前，晚上照明都是煤油灯。1961年，公社建粮食加工厂，柴油机带动发电机，作为加工厂照明使用，机器关车，电灯熄火。1962年，在竹行西南中心大队六队建机灌站，用柴油机带动水泵灌溉稻田。1969年，从张芝山变电所到竹行镇西南机灌站（后称电灌站）架设10KV二线一地线路，行政机关单位和中心大队少数农户开始用电。

1973年春，三大队从大队办矽钢片厂抽调资金12万元，架设高压杆25根，自购100千伏变压器一台，为全大队农户送电，家家使用电灯。1975年二大队，四大队、七大队、十大队等村民相继使用照明电。

1977年有10千伏张农线一条，21台配变，总装机客量为1970千伏安。其中17台配变供17个大队村民照明电使用。3台专用配变分别为机电厂一台（180千伏），农具厂一台（100千伏），轮窑一台（200千伏），一台公用配变（180千伏）供两个电灌站、一个链条厂使用，由于张芝山变电所配变小，负荷量大，经常拉闸停电。

二、用　电

1977年1月，公社成立用电管理站，站址在电灌站内，规范用电管理，将输电线路向各大队延伸（五大队村民用电由老洪港部队拉线送电），全公社都用上电灯。农田旱改水后，稻田面积扩大，各生产队新建小型电灌车口。

1996年起，电网结构调整，增设小海变电所，竹行部分用电改由小海变电所输入，尚有部分由张芝山变电所供电，拉闸限电次数减少，用电基本正常，但因线路长，线损多，电压较低，家用电器无法正常使用。

2000年3月，由通州市供电公司投入1583.98万元，竹行在竹东村11组自建35千伏变电所一座，占地1200平方米，变电所投入使用后，竹行的用电正常。

2002年南通市供电公司对农场、竹行用电进行评估分析，认为市区南部农场和竹行镇主要由35千伏竹行变电所和10千伏农场变电所供电。2002年最高负荷达3万千瓦，2003年竹行变电所两台主变将满载，根据南通市城市发展总体规划、南通市电网发展和开发区发展规划，竹行南部张江公路两侧均为工业用地，有巨力、江海等多家钢丝绳企业，用电负荷大幅度增长，同时苏通大桥开工建设，大桥及周边项目的用电迅速增长，迫切需要建设110千伏竹行变电所，主供大桥北接线以东的负荷。2004年，江苏省电力公司印发《关于南通地区2004年110千伏及以下项目可行性研究报告的批复》（苏电计（2003）890号文），南通市发展计划委员会印发《市计委关于同意南通供电公司建设110千伏竹南输变电工程项目的批复》（通供电计（2003）253号）。

2004年2月26日，竹南变电所开工，占地2696.51平方米，5月26日竣工，由南通市供电公司投入资金1493.31万元。

2010年，全镇有300台配变，其中农村公配、综合配98台，装机容量9520千伏安，专用配变202台，装机容量56490千伏，其中315千伏安及以上配变142台。全镇有10千伏线路12条，总长78.47千米；400伏线路78条，总长111.41千米，配变总投入3371万元，10千伏线路总投入784.7万元，400伏线路总投入891.31万元。

2010年竹行变电站输出线路情况表

表3-62

输出线路名称	规　格	杆长（米）	变压器（台）	线路长度（米）
竹海线	LJ-120	15	35	8850

续表3-62

输出线路名称	规 格	杆长(米)	变压器(台)	线路长度(米)
镇圩线	LJ-120	15	28	7450
竹南线	LJ-120	15	16	9780
工业线	LJ-120	15	17	7900
桥西线	LJ-120	15	34	8650
园林线	LJ-120	15	9	5000
南竹线	LJ-120	15	8	5350
省道线	LJ-120	15	19	6600
公司线	LJ-120	15	24	5850
万达线	LJ-120	15	28	5750
新安线	LJ-120	15	34	6850
俊民线	LJ-120	15	3	7950
明珠线	LJ-120	15		5500

2006—2010年竹行镇用电情况统计表

表3-63 单位:千瓦时

年 份	工 业	农 业	商 业	机关单位	居 民	路 灯	学 校
2006	7282.9	31.8	36.8	308.5	1840.1	1.4	8.3
2007	8536.3	27.2	61.4	506.1	2071.5	5.6	10.6
2008	9195.3	25.6	86.6	575.2	2377.7	6.1	13.9
2009	10298.7	23.1	101.5	637.8	2605.4	7.8	14.5
2010	11843.5	21	118.9	709.2	2867.2	9.3	15.7

2010年年底，竹行全镇设置无线遥控装置进行用电管理的单位，如长江钢丝绳厂、光明钢丝绳厂、华星钢丝绳厂等155家单位，确保按正常用电标准用电。

为应对线路检修临时停电，少数厂家为确保生产正常进行，自购发电机发电。

2010年竹行镇企业自购发电机情况统计表

表3-64

单位名称	功率(千瓦)	容量(千瓦)
长江钢丝绳厂	200	1600
神力钢丝绳厂	30	630
南通市中得钢绳厂	200	2100

续表 3-64

单位名称	功率(千瓦)	容量(千瓦)
光明钢丝绳厂	30	800
通江钢丝绳厂	75	800
通冠钢丝绳厂	75	1260
通翔钢丝绳厂	75	800

2008年7月，竹行用电管理站撤销，由南通供电公司统一管理。全部职工16人中除2人退休、2人辞职外，其余12人全部并入南通经济技术开发区供电公司。

竹行用电站中级职称　陈　冲

竹行用电站历任站长：

1977.1—1992.4　祝兆兵

1992.4—2010.12　陈　冲

竹行用电站集体获奖情况表

表 3-65

年　份	奖项名称	授奖单位	级　别
2001.2	1999-2000年文明单位	通州市委、市政府	县　级
2001—2003	文明单位	南通开发区党工委管委会	县(区)级
2003	南通市文明诚信窗口	南通市精神文明建设指导委员会、南通市供电局	市　级

1993—2006年竹行用电站个人获奖情况表

表 3-66

年　份	姓　名	奖项名称	颁奖单位	级　别
1993.6	陈　冲	1992年度先进农电工	南通市供电局	市　级
2003.2	陈　冲	先进个人	南通市供电公司	市　级
2004.4	赵　杰	先进个人	南通市供电公司	市　级
2005.2	陈　冲	先进个人	江苏省电力公司	省　级
2006.3	陈　冲	先进个人	南通市供电公司	市　级

三、江东江海两村用电情况

江东江海两村远离竹行15千米，原来是简易用电，设备陈旧，安装不符合标准，电压不稳。2001年两村划归竹行管理后，竹行用电站随即进行线路改造。电表外移，每户出资176

元，合计18.5万元，竹行用电站筹资282.78万元（含江边鱼场改线费用2.78万元在内），主变380千伏，架设12米杆38千米，增设变压器12台，总容量为960千瓦，2010年两村工业用电3.5万千瓦时，农业用电6.48万千瓦时，居民生活用电15.8万千瓦时。

第二节　自来水

竹行镇地处长江边，水网密布，沟河江相通。饮用水以沟河里的自然水为主，十之八九人家用明矾澄清一下就作为饮用水，十之一二人家从沟河里取水就作为饮用水。20世纪80年代开始，社队工业迅速发展，污水向沟河排放，水源污染逐步加剧。少数人家开始打井，经二三年时间，打井普及，多数人家用上井水。后用井深6米的用电动抽水的，俗称“小洋井”，人们饮用天然水改为地下水。这种小井系浅水井，水质较差。

1989年8月建立竹行自来水厂。乡政府筹资22.5万元铺设管道2100米（镇区）使用内衣厂深井，供镇区82户288人用水。1990年以后供水范围逐步扩大，共分四期工程。

1993—1995年实施第一期工程。竹行乡政府投入资金60万元，征地2.8亩，打第一口深井，直径200毫米，深242米，配置变压器变频器发电机组，铺设管网1.77万米，覆盖竹行、竹东、竹南三个村，薛家店到南兴路口的张江公路沿线，竹行镇到长桥南村的瑞兴路口沿线，月供水能力900立方米，受益人口3126人。

1997年实施第二期工程。乡政府投入资金350万元，在群力村征地0.57亩，打第二口深井，直径200毫米，井深240米，增配变压器、变频器等供水设备、新铺设管道13.73万米，实行三井联网，日供水能力3000立方米，覆盖全镇，用户5400户，受益人口18860人，普及率百分之八十七，竹行改水工作突出，普及率高，江苏省爱卫办在竹行水厂召开改水现场会，向全省推广。

2002年9月实施第三期工程。竹行镇政府对区划调整后新划归竹行的江东江海两村进行改水。镇政府投入20万元，铺设管网1.95万米。2003年元旦通水，用水户776户，受益人口2715人。

2000—2001年间进行第四期工程改造，由镇政府和水厂共同投入资金67.5万元，铺设管网1.556万米，调整、改制管网、旧设备更新。2004年8月接通洪港水厂管网。2005年1月，深井封闭，引用洪港水厂的自来水，覆盖全镇，日供水4700立方米，年供水172万立方米。四期工程铺设管道19.01万米，其中总管100毫米以上的4.36万米，分管直径在100毫米以下的14.65万米。全镇用户8035户，受益人口为28122人，普及率为百分之九十八（其余百分之二的老年人与子女合用）。从此竹行人民告别了天然水和浅井水，喝上了优质长江水。

竹行自来水厂供水覆盖全镇，普及面广。江苏省爱国卫生运动委员会于1997年5月在竹行镇召开江苏省改水工作现场会，各地级市爱卫办主任，通州市副市长徐松康，通州市各乡镇长、乡镇自来水厂厂长及竹行自来水厂全体职工参加会议。会上，江苏省爱卫会主任郭兴华作题为《农村改水工作》的报告，自来水厂受到省爱卫会的表彰。

2009年7月28日，竹行自来水厂受南通经济技术开发区自来水公司托管。托管后，核算方式不变，人员不变。同时，改造星辰花园至薛家店的管网，主管道加粗为直径30厘米，长0.2万米，更换水表6432只。2010年5月，水费回收率达百分之七十，换表及管网改造共投入资金252.8万元。

1989—2010年竹行自来水厂改水情况表

表3-67

年份	投入资金（万元）	管网铺设长度（米）			用户数（户）	受益人数（人）	普及率
		合计	100毫米以上	100毫米以下			
1990	22.5	2100	1500	600	82	288	
1993	20	5899	1366	4533	300	1055	
1994	20	5860	1360	4500	300	1055	
1995	20	5941	1374	4567	290	1050	
1997	170	68650	13200	55450	2700	9430	78%
1998	180	68650	13200	55450	2700	9430	78%
2002	10	9750	3500	6250	388	1357	95%
2003	10	9750	3500	6250	388	1358	96%
2004	33.7	7780	2300	5480	440	1566	97%
2005	33.8	7780	2300	5480	447	1567	98%
2009	236	2000	1500	500	389	1680	99%

历任厂长：

1989.8—2006.2　徐　兵

2006.2—2010.12　沈培新

奖励情况：

1999年至2000年　被通州市委、市政府授予文明单位

2000年　被南通市爱卫会评为先进农村水厂

2001年至2003年　被南通经济技术开发区管委会授予文明单位

2003年　被南通经济技术开发区管委会及综合治理委员会授予先进单位

第三节　电信　邮政

一、电　信

1956年竹行乡通电话。

1958年，竹行乡通广播，电话、广播合用一线。广播时间，电话暂停通话。民间的信息传递要到总机转接通话，而且等时很长。

1979年8月11日，南通县第一个自动局开通运行，电话逐渐向民间开放。

1979年至1995年间，竹行全乡电话拥有量为456部。电话交换总机在区所在地张芝山镇。1995年下半年竹行开通2000门程控交换设备，面向百姓装机。1999年扩容2000门，满足群众装机需求。1995年至2000年间，竹行安装电话2000部。组建电话村2个（竹行村、竹东村），2个百部电话村（长桥村、洞子港村）。电话普及率百分之二十一点五。

2005年，全镇电信、电话用户6327户，铁通用户825户，网通用户190户（含电脑），普及率百分之六十九点八七，线路总长2281千米。

2010年，竹行全镇电信电话用户6600户，铁通用户930户，网通用户160户（含电脑），普及率百分之七十，线路总长126千米。

1960—2010年竹行电话发展情况表

表3-68

年　份	电话用户数（户）	普及率（%）	线路总长（千米）
1960—1979	34	0.32	
1980—1994	456	3.78	
1995	785	6.85	25
1996	1013	9.15	30
1997	1325	12.85	42
1998	1635	15.75	56
1999	2132	21.43	68
2000	2806	29.06	83
2001	3457	34.31	107
2002	4241	43.21	119
2003	5513	52.12	132
2004	5832	57.34	159
2005	7342	69.81	228
2006	6447	64.11	184

续表3-68

年　份	电话用户数（户）	普及率（%）	线路总长（千米）
2007	6589	64.36	181
2008	6576	67.76	174
2009	6464	68.14	163
2010	6600	70	55（改光纤）

2010年竹行镇电信、电话、电脑店情况表

表3-69

店　名	地　址	营业面积（平方米）	从业人员（人）	法人代表
中国电信竹行营业厅	竹行市场路北首	600	9	杨　刚
中国电信星辰花园营业厅	星辰园3#-3号	65	2	张红梅
振宇电信经营部（修理电话、手机）	瑞兴路竹行村20组	25	1	黄海勇
南通移动通讯竹行手机大卖场	瑞兴路45号	60	3	包晶晶
市场路手机电信	竹行农贸市场对面	40	2	芮　信
中国移动手机大卖场	星辰园25#-5号	80	2	刘　杰
中国移动通讯竹行营业厅	星辰园1#-3号	100	6	刘磊健
中国移动通信星竹园特约代理店	瑞兴路81号	20	1	黄　冲
中国移动瑞兴路指定专营店	瑞兴路76号	50	2	施海飞
中国铁通竹行办公点新虎数码	瑞兴路40号东隔壁	25	3	沈水军
中国移动瑞兴路东特约代理店	瑞兴路竹行村2组	40	1	顾书菊
中国联通竹行手机店	瑞兴路竹行村22组	60	2	黄海勇
中国移动通信竹行农贸市场指定专营店	瑞兴路竹行村24组	40	2	袁　辉
中国移动通信竹行手机城	瑞兴路市场路口	250	3	袁　辉
中国移动、联通代办点	张江公路竹东村22组	35	1	袁小燕
诚信手机专营店	星辰园2#-10、11号	60	2	陈　忠
骏辉电脑	星宇路星辰园40#东侧	50	1	刘　辉
希望电脑	星辰园1#-4号	40	1	
启点电脑	瑞兴路竹行谷东村7组	30	2	薛海丰
升阳电脑维修	瑞兴路竹行村21组	18	2	俞凤燕
启点电脑科技竹行店	瑞兴路市场路口	20	1	薛海峰
译成办公用品服务部	张江公路竹东村22组	25	2	陆　跃
合计			53	

电信竹行支局历任局长

1993—1998　陈　杰

1999—2007 杨 刚

2008—2009 沈立峰

2010 杨 刚

二、邮 政

1951年7月24日，由裕隆布店代办竹行邮政业务，主要业务是收发信件及汇款，无报刊杂志。名称为竹行邮政代办所，归小海邮电所领导。

1956年，设立竹行邮电支局。

1962年2月，降格为竹行邮电所。

1969年12月，分设邮政营业厅和电信营业厅。

1970年5月24日，竹行邮电代办所的邮政部分接收为国家办。

1974年12月，邮政、电信合并为竹行邮电所。

1988年6月30日，竹行邮电所邮政储蓄开业。

1989年7月，竹行邮电所升格为邮电支局。

1998年邮电分开，分设邮政支局、电信支局。

2001年，行政区划调整，通州市竹行邮政支局隶属于南通市邮政局，易名为南通邮政竹行支局。

服务项目为：函件、包件、电子汇总、特快专递、报刊发行、邮政储蓄、集邮等。

2008年4月成立竹行邮政储蓄银行。

2001—2005年竹行邮政局服务项目统计表

表3-70

年 份	函件数（件）	包件数（件）	电子汇数（万元）	特快专递（件）	报刊（份）	储蓄（万元）
2001	80300	1782	6217	7200	362900	630
2002	88600	1798	7522	6905	381500	850
2003	92700	1825	7966	6810	400600	1300
2004	126000	1982	8276	6050	428100	1900
2005	141700	2032	8928	5820	462510	2200

附：2006年后，投递并入新开

2010年竹行镇邮政快递情况表

表3-71

店 名	地 点	面积（平方米）	从业人员（人）
邮政快递	瑞兴路186号	60	6

续表3-71

店　名	地　点	面积（平方米）	从业人员（人）
申达快递	瑞兴路竹东村地段	50	2
韵达快递	星辰花园24号	25	6

邮政竹行支局历任局长

1956—1972年　施根才　陆飞章　施文标

1973—1993年　袁裕丰

1993—2007年　吴卫东

邮电储蓄银行南通竹行支行行长

2008—2010年　吴卫东

第四节　金融事业

解放以前漫长的历史时期内，竹行没有工业，农民过着日出而出、日落而归的农耕生活，生活自给自足还不够，同外界很少经济往来，家遇不测，有的脱田卖地或吃高利贷，有的依靠亲戚朋友，以帮会形式筹集资金。解放前，竹行镇曾开过钱庄，规模较小，只是商户之间资金往来。解放以后，1952年，竹行信用合作社建立，是竹行镇最早的金融机构。1994年，从信用社分割开来设立中国农业银行南通竹行支行。2005年，中国工商银行南通瑞兴支行。2008年建立中国银行南通竹行支行。同年，中国邮政储蓄银行南通分行竹行支行建立。至此，竹行境内已经建有5家金融机构。

一、南通农村商业银行竹行支行

南通农村商业银行竹行支行前称为竹行镇信用合作社，为中国人民银行批准设立的合法金融机构。成立于1952年，由农民自愿入股参加，每股股金人民币2元。年终根据信用社盈利情况按比例给持有股份的农民分发红利，初时基础薄弱，为扩大规模，红利较少，有的年份是几盒火柴，有的年份几两红糖，大部年份发现金，每股发1角几分到3角5角不等。

信用社初设时期，社址设在原乡政府大门东边一间房内，两开门面。1962年，成立竹行人民公社以后，信用社业务范围扩大，除了老百姓的小额存款和贷款业务外，同时管理各生产队的经济业务和商业、供销社、粮站、学校、社队企业的金融来往。“文化大革命”初，信用社搬迁至公社大门西边，营业面积扩大为三开间，20世纪70年代中期，信用社在公社大门口广场上建造二层楼营业用房。1982年，租竹行镇竹东村11村民组供销社南边2335平方米土地新建信用合作社两层营业用楼。新建的信用社，内部设置、安保条件等都有了较大改善。2001年，信用社改建成四层临街营业大楼，建筑面积3000平方米。信用社下设大安分社，主要开设人民币存款、贷款、结算等业务。

从1984年起，每年累计投放贷款超亿元，支持皮鞋、家纺、钢丝绳、弹簧钢丝等具有乡土特色的产业发展。竹行信用社投放的三农贷款所占市场份额达百分之九十五以上。同时，重点扶持竹行镇种养业，涌现了象“皮蛋大王”黄佩恒、“银耳大王”陈廷章等省内有名的种、养业大户，为日后南通经济技术开发区世外桃园休闲农庄、安惠国际等企业的崛起奠定了基础。1984年，企业负责人获南通县金融红旗手称号。1987年，企业被评为南通市金融先进单位，企业负责人被评为江苏省劳动模范。1996年3月竹行信用社被中国农业银行总行评为全国最佳储蓄所，并予全社职工每人晋升一级工资奖励。1997年，企业被国务院农金改办评为全国特级信用社，并予全社职工每人晋升一级工资的奖励。

2001年3月，竹行划归南通经济技术开发区，竹行信用社归南通市郊信用联社直接领导。随着民营企业的发展，农民经济收入增加。1995年信用社存款超亿元。2000年存款超2亿元。2005年存款达3亿元，各项贷款2.1亿元。2009年存款达5.1亿元。各项贷款3.5亿元，贷款户150家，其中企业贷款86户，个人贷款64户。2010年10月更名为南通农村商业银行，同年存款达8亿元，各项贷款3.6亿元，其中工业贷款2.5亿元，农业贷款0.9亿元，创业0.15亿元，助学0.05亿元。百分之九十以上贷款发放给竹行本地，支持本地企业发展。

农村商业银行竹行支行中级以上职称情况

高级经济师：蔡　伟（退休）

经济师：张　燕、张裕菊

竹行信用社历任党支部书记和主任：

1952—1962年　黄正标

1963—1983年　袁建亨

1983—2001年　蔡　伟

2001—2007年　施学达

2007—2010年　吴小弟

获奖情况

1986年被中国金融工会南通县农行委员会评为先进工会小组。

1987年被中国农业银行南通分行评为市级金融先进单位。

1996年3月27日，中国农业银行总行印发：《关于表彰全国农村信用社存款“双十佳”和集体存款“双十佳”的决定》,竹行信用社储蓄专柜被评为全国最佳储蓄所,并给予全社职工每人晋升一级工资的奖励。

1997年,国务院农金改办发文,竹行信用社被评为全国特级信用社,并予全社职工每人晋升一级工资的奖励。

2002年,被江苏省农信社评为先进单位。

2009年,被南通市信用联社评为金融先进集体,并获二等奖。

二、中国农业银行南通竹行支行

1994年从信用社分割开来,在瑞兴路南借用原个体协会房子,设立中国农业银行竹行分理处。1999年选址竹东村4组瑞兴路北新建农业银行五层营业楼。营业面积800平方米,生活用房1800平方米。2003年升格为中国农业银行——竹行支行。设对外营业窗口5个,自动取款机3台,支行共有员工11人,其中行长2人,客户经理1人,大堂经理1人,取得会计师资格的9人。

农业银行竹行支行开办之初借竹行信用社一个窗口,经营业务比较少,代发工资、小额储蓄等。随着竹行经济的发展,农行的业务不断增多,2000年存款超亿元,2005年超2亿元,2007年超3亿元,2008年超4亿元,2009年存款达6亿元。2010年有基本账户83户,一般账户247户。2010年存款超6亿元。各项贷款总额1.5亿元。代理出售基金累计1200万元。

中国农业银行竹行支行领导人名单及任职时间

1994.6—1996.1　张晓华

1996.2—2003.9　邵建新

2003.10—2007.7　张建新

2007.7—2008.1　陈小妮

2008.1—2010　单邵林

获　奖:

集体获奖情况:

2001年,获先进档案分理处奖励,授奖单位:中国农业银行总行。

2010年,获南通市环卫管理星级单位。

个人获奖情况:

2001年,邵建新获“全国农行先进工作者”称号。

三、中国银行南通竹行支行

2008年2月,中国银行股份有限公司新开分理处搬迁至竹行,更名为中国银行南通竹行支行。竹行支行位于星辰花园25幢楼2号和3号店面房，营业用房面积为190平方米。

竹行支行设3个对外营业窗口，执行综合柜员制，共有员工7人，其中行长1人，客户经理1人，助理业务经理1人，大堂经理1人，综合柜员3人。竹行支行建立后，开设本外币储蓄存款、对公结算、结算外汇业务，国内汇入汇款，代收代付业务，第三方代理及银监会核准的业务。

竹行支行建行至2010年共开设基本账户48户，一般账户54户，个人储蓄6000户，总存款1.7亿元。在为广大群众提供优质金融服务的同时做好代收费工作。对储户的问题做到首问责任制，解决储户在金融理财方面的疑问，在提示风险和客户自愿的前提下，尽量使客户的资金保值、增值。至2010年6月，为3家企业发放企业贷款1600万元。为地方企业的发展提供便捷的融资渠道，针对地方企业的特点，推出适合企业发展需要的产品，如融资宝、个人投资经营贷款等多种品种。全方位的金融服务产品，为多家企业提供周转资金贷款、原材料购货贷款、投资经营贷款等金融服务，发放融资宝、个人投资额度贷款约1300万元，一定程度上缓解了中小企业融资难的问题。

中国银行竹行支行现有自动提款机1台，自助服务终端1台，办公用电脑7台，其中用于业务处理的电脑4台，监控摄像头17个，实现网点实时监控覆盖。2008年、2009年连续两年是竹行镇优质服务单位。

行长任职情况：

2008.2—2009.12　张　杰

2010.1—2010.12　朱慧峰

获奖情况：

2009年获得江苏省五一劳动奖（集体）。

四、中国工商银行南通瑞兴支行

2005年5月18日，中国工商银行竹行分理处建立，位于瑞兴路星辰花园东大门对面，系租用民房。经营业务为群众储蓄，代收水电费，为企业代发工资等。2010年3月分理处升格中国工商银行南通瑞兴支行。行址由原来的竹行中心幼儿园对面搬迁到瑞兴路99号（星辰花园对面），营业面积为270平方米。银行开设基本账户89户，一般账户43户。

中级职称4人，陈建忠、赵红、王建平、姜卫阳。

分理处任职情况：

2005年5月—2008年6月　主任　姚嘉宁

2008年6月—2009年10月　主任　龚　杰
2009年10月—2010年3月　主任　申　华
2010年4月—2010年12月　行长　赵　红

获奖情况：

2010年，赵红获南通分行三级先进个人。

五、中国邮政储蓄银行南通分行竹行支行

1988年6月30日，竹行邮电所邮政储蓄开业。

2008年4月，成立竹行邮政储蓄银行，位于瑞兴路59号。

2012年1月12日，迁至光明钢绳厂底层门面房，营业用房面积达350平方米。

银行对外营业窗口2个，共有员工8人，其中行长1人，客户经理2人，大堂经理1人，综合柜员3人，保安1人。邮政银行开设吸收公众存款、汇兑、银行卡业务、代理收付款、代理保险、网上银行、小额贷款、基金代销、代理发行兑付政府债券等业务。

至2010年年底，邮政银行个人储蓄1.58万户，储蓄金额达6200万元。各项贷款2.28亿元，其中小额贷款73万元，商务贷款4011万元，房屋贷款1.86亿元。银行有自动提款机3台，用于节假日和日常小额提款服务。

邮政储蓄银行竹行支行行长任职情况：

2008—2010年　吴卫东
2008—2010年　黄燕辉（副行长）

六、交通银行

交通银行在瑞兴路59号设置自动取款机两台，占地50平方米。

七、合作基金会

竹行乡农村合作基会始建于1984年年底，当时名称为竹行农经服务公司。1987年通州市通农发15号文件批准建立竹行乡农村合作基金会。

竹行乡农村合作基金会建立伊始，办公地点设在乡农经站办公室内。1994年，合作基金会租用乡政府对面民房120平方米，基金会搬出乡农经站，到新址办公和营业。

竹行乡合作基金会入股农户资金的分红和资金投放的利息标准是按照通州市和南通市委农工部的规定，比照信用社的利息高百分之十五至百分之二十进行计算。

1995年9月由竹行乡人民政府向通州市、南通市委农工部申请，由南通市委农工部发放了统一印制的登记证，全称为“通州市竹行乡农村合作基金会”。

农村合作基金会对抑制民间私人集资借贷,减少民间经济纠纷起了一定作用,为农民个人增加利息收入,为那些发展生产急需资金而又无法贷到款的农户解决了资金困难,对农副业生产和种植户,农村小型企业的发展起到一定的作用。竹行有部分企业就是靠合作基金会的资金发展壮大起来的。

1999年9月,根据农业部规定,按照通州市委、市政府的统一部署,竹行乡党委把清理整顿合作基金会作为全乡的工作重点,采取切实有效措施,扎实开展清理整顿工作。组建清收小组,党政领导亲自上阵,大力度组织清收。至2000年12月共清收欠款431万元。其中,对党员干部借款或担保的采取强有力的行政措施,清收借款185万元。依法清收,打击恶意逃债赖债户。诉讼57户,已判决申请执行34户,收回现金86万元,接收楼房三幢,变价出售一幢,行政拘留2人。整体联动组织三个清核组,基本上使每笔借款都得到落实。在信用部门的大力支持和帮助下,认定有效放贷309.92万元。以片为组,落实责任,一星期内完成所有借款的换据工作,确保在全市公告张贴后股民的股金顺利兑付。乡合作基金会在全市首批11家乡镇之列归并给信用社。

第五节　土地管理

一、沿　革

1981年,竹行组建村镇建设办公室,1986年成立竹行乡土地管理所,属通州市国土局和竹行乡政府双重领导。1999年1月至2001年3月隶属于通州市国土局垂直管理。2001年3月,行政区划调整,竹行划归南通经济技术开发区,竹行土地管理所与竹行镇建设办公室合并为南通市竹行镇土地建设管理服务所,属竹行镇政府领导。2006年,国土资源管理体制改革后,经南通市机构编制委员会批准,设立南通市国土资源局开发区分局竹行国土资源所,为南通市国土资源局开发区分局派出机构,挂国土资源监察中队牌子,由南通市国土资源局管理。

二、用地政策

群众建房和工商企业事业单位用地的依据政策为:

群众建房按苏政发(1983)126号文件《江苏省村镇建设用地管理实施办法》执行,新文件实施,原《村镇建房用地管理条例》废除。

工商企业、事业单位用地按照1982年5月14日颁布的《国家建设征用土地条例》执行。

2004—2010年竹行镇补办、协议出让用地情况汇总表

表3-72

年度	用地单位	土地坐落	用途	面积（平方米）	出让方式	单价（元/平方米）	成交总价（元）	土地来源	出让合同号	成交日期	备注
2005	南通长江钢丝绳厂	张江公路西侧、通兴公路南侧	工业	32641.06		30	979231.8		通开地出（2005）03号	2005年2月3日	
	“星辰花园”低价位普通住宅商品房	竹行镇C大道东、新竹路北	居住用地（R2）（低价位普通商品房）	221326.49		310	68611211.9		通开地出（2005）89号	2005年6月14日	
	南通市开发区竹行供销有限公司	竹行镇农贸市场南	商业	4495.74		353.83	1590727.684		通开地出（2005）98号	2005年7月11日	企业改制补办出让
	南通市开发区竹行供销有限公司	竹行镇农贸市场北	仓储	4953.38		353.83	1752654.445		通开地出（2005）99号	2005年7月11日	企业改制补办出让
	南通市开发区竹行供销有限公司	竹行镇大安村	商业	1022.28		353.83	361713.3324		通开地出（2005）100号	2005年7月11日	企业改制补办出让
	合计			264438.95			73295539.16				
2006	南通大众燃气有限公司	苏通大桥北接线西、竹行变东	城市基础建设	599.96		—	—	独2005008	通国土开资地拨[2006]007号	2006年11月15日	
2007	江苏省电力公司南通供电公司	张江路东	城市基础设施	3354.65		—	—	2006027	通国土开资地拨[2007]01号	2007年3月22日	
	中国人民武装警察部队南通市消防支队	景兴路南，东方大道西	机关团体用地	20780.5		—	—	2006027	通国土开资地拨[2007]02号	2007年5月18日	
	合计			24135.15							

续表3-72

年度	用地单位	土地坐落	用途	面积（平方米）	出让方式	单价（元/平方米）	成交总价（元）	土地来源	出让合同号	成交日期	备注
2008	江苏苏通大桥有限责任公司	苏通大桥北接线开发区段（小海立交–苏通大桥北）	交通运输	1521951.85				独2004001 独2005007	通国土开资地拨〔2008〕011号	2008–12–25	
2009	南通市市郊农村信用合作联社	瑞兴路北、新开供电所西侧	商务金融用地	1725.14	补办出让	290	500290.60	国有存量	3206012009CR0030	2009–04–07	
	南通市市郊农村信用合作联社	振兴路北、营船港河东	工业用地	681.2	补办出让	160	108992.00	国有存量	3206012009CR0031	2009–04–07	
	南通市市郊农村信用合作联社	竹行镇大安村33组	工业用地	691.38	补办出让	160	110620.80	2009002	3206012009CR0041	2009–04–27	
	南通市市郊农村信用合作联社	张江公路东、竹行中学对面	商务金融用地	5800	补办出让	290	1682000.00	国有存量	3206012009CR0042	2009–04–27	
	南通市市郊农村信用合作联社	植物园南、张江公路东	商务金融用地	6273.4	补办出让	290	1819286.00	国有存量	3206012009CR0043	2009–04–27	
	南通市市郊农村信用合作联社	瑞兴路南	商务金融用地	23.46	补办出让	290	6803.40	2009002	3206012009CR0044	2009–04–27	
	南通市市郊农村信用合作联社	瑞兴路北、竹行菜市场南	商务金融用地	2032.21	补办出让	290	589340.90	2009002	3206012009CR0045	2009–04–27	
	南通市市郊农村信用合作联社	瑞兴路南、张江公路西	商务金融用地	397.5	补办出让	290	115275.00	2009002	3206012009CR0046	2009–04–27	
	合计			17624.29			4932608.70				
2010	南通市经济技术开发区总公司	振兴东路南、瑞兴路北	道路用地	23442.65					3206012010HB0049	2010–10–22	经三路现名竹林路

2002—2007年竹行镇道路建设用地情况统计表

表3-73

路　名	修筑年代	境内长度（米）	用地数（平方米）
东方大道	2003.10	6300	359600
景兴路	2002	2100	130200
瑞兴路拓宽	2004.10	1700	61200
和兴路	2005	1500	45000
苏通大桥北接线	2003	5600	336000
振兴东路	2005	2100	84000
张江公路		2600	39000
竹林路	2007	700	36400
沿江高速	2004	2700	167400
合　计		24800	1221400（1832.2亩）

注：336省道竹行境内绿化带拓宽未统计在内

竹行镇土地管理所历任所长：

1988—1995.10　　张其栋

1995.10—2008.3　李庙香

2008.3—2010　　朱海涛

2003—2009年竹行镇土地管理所集体获奖情况表

表3-74

年　份	获奖名称	授奖单位	级　别
2003	人民满意土管所	南通市国土资源局	市　级
2008	先进国土资源所	南通市国土资源局开发区分局	市　级
2009	人民满意国土资源所	南通市国土资源局	市　级
2009	2007—2008年度群众满意先进基层站所	南通市农村基层党风廉政建设领导小级	市　级

第六节　劳动保障

竹行镇劳动保障所的前身是竹行乡劳动服务公司，建立于1992年。主要工作是为企业代开劳务发票。1997年3月，通州市统一建立乡镇劳动人事管理服务所，主要工作为督促企业签订劳动合同，为企业办理劳务用工，调解企业劳务纠纷，做好企业劳动用工年鉴，宣传劳动法规法律。2001年3月，区划调整，竹行划归南通经济技术开发区。2003年6月，劳动服务公司改称为劳动保障所，全称为南通市竹行镇劳动和社会保障服务所。劳动保障所的主要工作是促进就业、再就业工作；采集岗位，为失业人员创造就业、再就业机会；落实上级优惠政策，为失业人员办理社保补贴；为下岗失业人员办理小额贷款，社会保险代理；退休人员管理服务；拆迁失地人员生活费审核发放；宣传法律法规，督促企业劳动合同的签订，调节劳动纠纷和工伤案件；督查企业非法用地、用工；社会保险的扩面，办理居民医疗保险等业务。

2003—2010年竹行镇劳动保障所主要职能完成情况表

表3-75

年份	办理失业登记（人）	采集岗位（个）	办理社保补贴（人）	办理小额贷款（万）	社保代理（人）	失地人员生活费发放（人）	调处劳动纠纷、工伤纠纷（人次）	培训情况			退休人员管理（人）	备注
								创业培训（人）	新成长劳动力培训（人）	技能培训（人）		
2003	12											
2004	123	16			357	811	10				45	
2005	465	45			706	1239	18				138	
2006	557	52	65		1050	1350	32			504	385	2010年社保代理移交开发区代理
2007	703	61	131		1614	2108	45	52	109	124	430	
2008	917	85	162	10	2144	2155	51	65	256		548	
2009	1186	247	254	5	2072	3736	55	104	251		617	
2010	1292	222	239		2413	4467	58	100	250		673	

2008—2010年竹行镇失地农民、低保户、新农保户及社会养老保险情况统计表

表3-76　　金额单位：万元

年份	失地农民			低保户		新农保			社会养老保险	
	已达退休年龄（人）	未达退休年龄（人）	金额	总人数（人）	总金额	参加人数	占总数（%）	投保金额（个人交费）	镇财政补贴	开发区补贴
2008	711	1407	658.628	155	56.8819	5287		4113.54	1362.6	1362.6
2009	1212	2488	1570.8766	695	46.4188	1709		1334.2	394.5	394.5
2010	2235	4411	24001.883	851	78.9566	822		6984.1	188	188

2005—2009年竹行镇企业职工养老保险、医疗保险居民医保情况统计表

表3-77　　金额单位：万元

年　份	企业养老保险		居民医保		企业医疗保险		备注
	人数	金额	参保人数	金额	参保人数	金额	
2005	650	250			350	63	
2006	930	1030			750	135	
2007	420	180			250	66	
2008	450	187			370	70	
2009	500	250	25500	218	450	92	
2010	400	250	25500	218	350	80	

社会保障卡发的情况：全镇居民应发放社会保障卡2.65万张，已发放2.6万张，占应发放的百分之九十八。

竹行镇劳动保障所所长任职情况表

表3-78

任职时间	所　长	备　注
1992—1996	盛选民	竹行劳动服务公司
1997—2002	陆锦明	竹行劳动人事管理服务所
2003	杨汉周	竹行劳动保障所
2004—2010	陈小苏	竹行劳动保障所

劳动保障所2009年获南通市劳动和社会保障局优秀一级网络。

2010年获南通市劳动和社会保障局最佳一级网络。

第四篇 党政群团

清乾隆初期，竹行从江边滩地聚落成镇。宣统二年（1910年），竹行属竞化区。民国2年（1913年），竹行属南通县。国民党统治时期，竹行区域内的竹行、长桥等小乡实行保甲制。1949年解放，沿用国民党时期的小乡建置，废除保甲制。1957年，小乡撤并成竹行大乡。1962年，成立竹行人民公社。"文化大革命"时期，由人武部抓总，开展生产和工作。1970年，重建中共竹行公社党委、竹行公社管理委员会。1983年，公社改乡。2001年2月，撤乡建镇。3月，划归南通经济技术开发区管辖，2010年10月，撤镇改街道。

解放以后，竹行乡（镇）党委、政府领导干部、群众开展了土地改革、对私改造、整风反右、社会主义教育、农业学大寨、"一打三反"（打击反革命破坏活动，反贪污盗窃，反投机倒把，反铺张浪费）等一系列运动。中共十一届三中全会以后，农村开展联产承包责任制、企业进行体制改革。竹行镇党委、政府贯彻执行党的基本路线以及经济建设为中心的改革开放政策，带领全镇人民奔"小康"，社会生产力进一步解放，综合经济实力不断提升，竹行镇经济步入快速、稳定、健康发展轨道。人民幸福、社会和谐。2008年，全镇财政收入超亿元。2010年实现财政收入1.28亿元，农民人均收入达11052元。

2010年，中共竹行镇党委下设党政办公室、老龄工作及关心下一代工作等机构。竹行镇人民政府下设工业、农业、社会事务、村镇建设、人民武装、民政、财税等部门及工会、妇联、共青团等群众团体。

第一章　中共竹行镇委员会

解放初期，竹行地区沿用国民党政府时期的小乡建置。1957年，各小乡撤并成大乡，建立中共南通县竹行乡工作委员会。1966年，受“文化大革命”冲击，公社党委难于行使职权，由人武部抓总。1970年，重建中共南通县竹行公社委员会。1983年，公社改乡，中共南通县竹行公社委员会更名为中共南通县竹行乡委员会。1993年，撤县建市，中共南通县竹行乡委员会更名为中共通州市竹行乡委员会。2001年2月，撤乡改镇，建立中共通州市竹行镇委员会。3月，区划调整，竹行镇划归南通经济技术开发区管理，中共通州市竹行镇委员会更名为中共南通市竹行镇委员会。2010年10月，撤镇建街道办事处，中共南通市竹行镇委员会更名为中共南通市竹行街道工作委员会。基层党支部80个，1182名党员。

中共南通市竹行镇委员会下设党政办公室、老干部办公室及关心下一代工作委员会等机构。

第一节　概　况

1949年1月29日，竹行解放。竹行地区还是由国民政府时期的小乡建置，即长桥乡、神农乡、雁行乡、老洪乡、新垦乡、天星乡和竹行乡，每个小乡设党支部，党支部书记称指导员。

1957年，小乡撤并组建竹行乡大乡，同时建立中共竹行乡工作委员会。1958年10月撤销竹行乡，竹行乡西部划给长江人民公社，东部划给友谊人民公社，中共竹行乡工作委员会撤销。

1962年7月，竹行单独组建人民公社，全公社党员共317人，建立中共竹行人民公社委员会，17个大队均建立党支部。

1966年下半年，受“文化大革命”冲击，竹行公社党委干部难于行使职权。

1967年，由公社人武部抓总建立革命生产领导小组，领导全公社生产和工作。

1968年，建立竹行公社革命委员会。

1969年11月，公社建党的核心小组。

1970年8月，重建中共竹行人民公社委员会。

1983年10月公社改乡，建立中共南通县竹行乡委员会。

1990年12月21日，召开中共竹行乡第七届代表大会。

2001年2月28日，撤乡改镇，建立中共竹行镇委员会，34个党支部，党员929人。3月，区划调整，竹行镇划归南通市，由中共南通市经济技术开发区党工委管辖。

2010年10月18日，撤镇改街道，中共南通市竹行镇委员会改名为中共南通市竹行街道工作委员会，有党支部80个，党员1182人。

1957—1969年中共竹行乡历届党委书记副书记任职表

表4-1

书　记	任职时间	副书记	任职时间
顾卓如	1957.10—1958.10	袁帮良	1957.10—1958.10
陆圣文	1962.10—1965.3	沈文奎	1962.10—1965.3
杨秀民	1965.3—1969.10	张仁美	1965.10—1968.12

说明：1958—1962年，竹行撤乡西部并入新开后建立长江人民公社，东部并入友谊人民公社。

1969—1989年竹行公社（党的核心小组）党组书记副书记任职表

表4-2

<table>
<tr><th>书　记</th><th>任职时间</th><th>副书记</th><th>任职时间</th></tr>
<tr><td>陈学祁</td><td>1969.11—1970.8</td><td>钱士成</td><td>1970.8—1972.5</td></tr>
<tr><td>陈学祁</td><td>1970.8—1972.4</td><td>陆士祥</td><td>1970—1971.2</td></tr>
<tr><td>倪文荣</td><td>1972.5—1976.10</td><td>钱士成</td><td>1972.5—1976.10</td></tr>
<tr><td rowspan="4">倪文荣</td><td rowspan="4">1976.10—1983.7</td><td>秦志平</td><td>1975.3—1976.10</td></tr>
<tr><td>钱士成</td><td>1976.10—1983.3</td></tr>
<tr><td>秦志平</td><td>1985.5—1989.10</td></tr>
<tr><td>施冠伦（协理员）</td><td>1985.5—1989.10</td></tr>
</table>

1983—2001年中共竹行乡委员会书记、副书记任职表

表4-3

<table>
<tr><th>书　记</th><th>任职时间</th><th>副书记</th><th>任职时间</th></tr>
<tr><td rowspan="3">倪文荣</td><td rowspan="3">1983.8—1985.12</td><td>何允元</td><td>1983.7—1984.2</td></tr>
<tr><td>茅志发</td><td>1984.2—1984.5</td></tr>
<tr><td>钱正华</td><td>1984.2—1985.12</td></tr>
</table>

续表4-3

书　记	任职时间	副书记	任职时间
		钱士成	1984.3—1985.7
钱正华	1985.12—1987.9	陆士祥	1985.7—1987.10
宋巨明	1987.9—1987.10	陆士祥	1987.10—1993.11
宋巨明	1987.10—1995.12	沈振芳	1987.10—1990.3
		董　超	1988.7—1989.11
		张永生	1989.11—1992.1
		钱文新	1989.9—1991.1
		虞志乔	1990.11—1992.1
		倪成新	1992.1—1994.12
		陈一鸣	1992.1—1995.12
		黄国柱 张天玲	1994.11—1995.12
陈一鸣	1995.12—2001.1	吴宏明	1995.12—2001.10
		张天玲	1996.1—2001.1
		黄　耀	1998.11—2000.9
		徐慕庆	2000.10—2001.1

2001—2010年中共竹行镇委员会书记、副书记任职表

表4-4

书　记	任职时间	副书记	任职时间
陈一鸣	2001.2—2007.12	徐慕庆	2001.2—2005.12
		姚金华	2001.2—2005.12
		张天玲	2001.2—2010.12
龚汉平	2008.1—2010.12	张　红	2006.2—2010.12

1990—2010年竹行乡（镇）纪律检查委员会书记任职情况表

表4-5

姓　名	任职时间	姓　名	任职时间
范成荣	1990.1—1991.12	张天玲	1994—2006
黄国柱	1992.1—1994.2	张　红	2007—2010

1984—2010年竹行乡(镇)参加市、县历届党代会代表名单表

表4-6

届别	年份	代表
南通县第五届党代会	1984.6	倪文荣 樊天裕 张永芳 黄志祥
南通县第六届党代会	1987.12	宋巨明 陈一鸣 朱永兰 薛 宏
南通县第七届党代会	1991	宋巨明 陈一鸣 朱永兰 薛 宏
南通县第八届党代会	1996	宋巨明 陈一鸣 朱永兰 孙靖荣
南通县第九届党代会	2000.12	陈一鸣 张天玲 孙靖荣 施水平
南通市第十一届党代会	2010.12	张天玲

第二节 历届党代会及党代表

一、中共竹行镇(乡)代表大会

1.中共竹行乡第七届代表大会于1990年12月21日上午在竹行乡政府三楼会议室召开，与会代表90人，宋巨明代表第六届党委作题为“全面深化改革，努力发展经济，把我乡两个文明建设提高到新的水平”的工作报告。

选举宋巨明为党委书记，张永生、倪志乔为副书记，宋巨明、张永生、倪志乔、樊天裕、朱士康、陈培新、顾银芳为党委委员。选举范成荣为纪律检查委员会书记，选举刘维祥、项耀生为纪律检查委员会副书记。

选举宋巨明、陈一鸣、朱永兰、薛宏为出席南通县党代会的代表。

附：代表名单

七届一次党代会代表名单

龚祖彬 吴惠新 袁桂英 陆士祥 瞿永新 张学康 樊天裕 包汉清 蒋品芳
黄绍新 陆俊明 张勤芳 邵志隆 倪锦丰 陆凤新 袁进发 刘绪章 黄成香
陈培新 樊天元 候亚成 倪成新 施广明 袁雪芬 张秀兰 倪志新 施水平
李庙章 陈永秀 顾银芳 李学全 季秀兰 袁士兵 张志仁 薛 宏 黄卫成
李庙香 徐永平 张志芬 施忠标 杨伯新 黄素兰 沈振芳 倪 涛 杨宝林
施冠伦 倪国珍 张永生 倪凤天 黄兰芳 黄志祥 虞志乔 徐锡章 姚金生
周龙相 陈祖义 王继红 钱士成 施如芹 顾卫星 沈锡范 陈建乐 包汉茂
施文标 朱启高 施振新 宋巨明 龚祖发 钱文新 陈一鸣 兰金星 刘维祥
顾洪亮 朱士康 杨启平 徐和平 徐宝康 张学信 王 谨 顾锡明 高宝忠

蔡　伟　朱永兰　唐才勋　张永其　樊发美　朱祖康　陆秀歧　包汉涛　龚文康

2.中共竹行乡第八届代表大会于1993年12月2日—12月3日在竹行乡政府三楼会议室召开，与会代表95人。大会代表听取宋巨明所作“深化农村改革，发展市场经济，为早日实现小康目标而努力奋斗”的工作报告，听取和审议黄国柱代表中共竹行乡纪律检查委员会向第八届党代会作工作报告。

选举产生中共竹行乡第八届委员会、中共竹行乡纪律检查委员会。选举产生宋巨明为党委书记；黄国柱、陈一鸣、倪成新为党委副书记。选举黄国柱为纪律检查委员会书记，刘维新为纪律检查委员会副书记。宋巨明、黄国柱、陈一鸣、刘维新、倪成新、项耀生、顾银芳、樊天裕、徐锡章为党委委员，刘维祥、施冠洲、倪涛、黄国柱、樊天裕为纪律检查委员会委员。

附：代表名单

八届一次党代会代表

陈培新　吴惠新　袁桂英　朱士芳　项耀生　瞿永新　施云南　陆凤新　黄步财
樊天元　杨正康　曹文彬　施广明　袁雪芬　包汉茂　施水平　曹和周　葛水昌
陈永秀　黄汉忠　顾银芳　沈培新　季秀兰　施广军　陈兴旺　杨素勤　钱士成
施冠伦　施德跃　袁允彬　顾锡明　徐永明　龚文康　包汉涛　张永芳　陈安山
朱永兰　张秀兰　施振新　黄志祥　施文标　朱祖康　倪凤天　施冠洲　宋巨明
龚祖发　姚裕兵　张学信　朱士康　袁士兵　薛　宏　黄伟成　蒋品芳　陈卫才
陈一鸣　兰金星　陆士法　孙靖荣　施如芹　黄国柱　顾森林　倪成新　周龙相
陈祖义　王继红　陆士祥　黄绍新　陆锦明　朱伟达　张勤芳　樊志康　倪锦丰
袁进发　刘绪章　黄成香　施洪祥　张学康　杨启平　徐锡章　杨振荣　沈振芳
陈　忠　杨宝林　张朝新　徐宝康　陈伯康　刘维祥　顾洪亮　陈建乐　朱祝平
徐永平　徐永娣　黄素兰　杨伯新　樊天裕

3.中共竹行乡第九次代表大会，于1996年12月21日—22日，在乡政府会议室召开，与会代表99名。听取陈一鸣代表八届委员会向大会作题为“坚持两手齐抓，加快两个转变，为早日初步实现现代化而努力奋斗”的工作报告，张天玲代表上届纪律检查委员会作工作报告。

选举陈一鸣为党委书记，吴宏明、张天玲为副书记。陈一鸣、张天玲、吴宏明、项耀生、樊天裕、徐慕庆、朱亚标为党委委员。张天玲为纪律检查委员会书记，陈兴旺为纪律检查委员会副书记。张天玲、张辉、陈兴旺、沈黎平、杨素勤为纪律检查委员会委员。

大会选举宋巨明、陈一鸣、朱永兰、孙靖荣四人出席南通县党代会。

附：代表名单

九届一次党代会代表

孙靖荣　施如芹　陈　忠　刘晓辉　杨正荣　陈一鸣　倪文荣　兰金星　赵　冲

王贵昌	陈建乐	姚志新	吴宏明	顾森林	张绍新	施文标	张学康	李学其
周龙相	黄志祥	曹云生	王思康	邵建新	蔡　伟	顾锡明	袁允彬	薛李忠
朱永兰	徐慕庆	张永芳	倪惠彬	包汉涛	倪凤天	朱士康	杨汉周	龚祖发
钱士成	陆士祥	沈振芳	张秀兰	朱祖康	张　辉	张学信	顾瑞康	张天玲
朱亚标	倪顶高	杨素勤	吴惠新	朱士芳	袁桂英	陈培新	王国香	倪建祥
瞿永新	张志贤	杨德胜	蒋品芳	费卫平	陈卫才	樊天裕	黄绍新	黄玉祥
倪汉忠	樊志康	费连祥	盛金生	黄成香	施洪祥	范成章	袁进发	袁雪芬
陆罗平	施水平	杨宝康	袁士兵	杨惠冲	张培德	杨冠雄	项耀生	葛水昌
陈永秀	包一飞	刘永新	张忠芳	黄伟成	陆连彬	范本祥	杨志康	杨伯新
黄素兰	樊天元	杨正康	景玉飞	宋巨明	徐雪章	施国祥	张静芳	高金香

4.中共竹行乡第十届代表大会于1998年11年28日—11月29日在乡政府会议室召开，与会代表104人，列席代表18人，来宾代表3人。陈一鸣在十届代表大会上作题为“把握新机遇，构筑新优势，为把我乡早日建成初步现代化乡镇而努力奋斗”的报告，张天玲作纪律检查委员会工作报告和党费收交使用情况的报告。

选举陈一鸣为书记，吴宏明、黄耀、张天玲为副书记，选举张天玲为纪律检查委员会书记，选举陈一鸣、张天玲、黄耀、樊天裕、吴宏明、朱亚标、张辉、陈兴旺、项耀生为党委委员。选举张天玲、陈兴旺、樊天裕、张辉、沈黎平为纪律检查委员会委员。

附：代表名单

十届党代会代表

瞿永新	陈卫才	张培德	朱士芳	袁桂英	祝裕平	朱忠平	倪文荣	季汉才
龚士成	张志贤	樊天裕	蒋品芳	包汉茂	黄绍新	黄玉祥	高锦香	张勤芳
施水平	朱亚标	樊志康	费宝生	黄步才	盛金生	陆罗平	袁雪芬	施水平
袁士兵	黄成香	黄燕平	施洪祥	项耀生	黄周达	张天玲	王思玉	陈永秀
薛　义	刘永新	张水香	陈培新	杨惠冲	陈兴旺	黄成标	顾德逵	张忠芳
高宝发	陈慕文	陈志芬	杨伯新	陆　平	黄　耀	黄素兰	孙靖荣	张学良
徐锡章	施如芹	杨振荣	陈一鸣	兰金星	赵　冲	陈建乐	姚志新	施广明
李学其	施文标	龚祖发	王思冲	顾森林	曹云胜	倪凤天	钱士成	陆士祥
沈振芳	陈　忠	张秀兰	刘晓辉	张　辉	朱祖康	朱永兰	邵建新	范本福
张仲芬	薛礼忠	杜仁祥	王佩兰	蒋志平	张永芳	范本新	汤绥芳	包汉涛
黄志祥	周龙相	吴宏明	顾瑞康	杨宝林	张水康	张学康	杨素勤	蒋育红
陆连彬	朱建良	陈小苏	杨正康	蔡正元				

5.中共竹行镇第十一届代表大会于2001年11月20日召开，与会代表110名，听取陈一鸣代表十届党委会作工作报告和张天玲作纪律检查委员会工作报告。

大会选举陈一鸣为党委书记，徐慕庆、张天玲、姚金华为副书记。选举张天玲为纪律检查委员会书记、陈兴旺为副书记。选举陈一鸣、徐慕庆、张天玲、姚金华、项耀生、杨宝林、蒋雄伟为党委委员，张天玲、陈兴旺、张辉、蒋育红、沈黎平为纪律委员会委员。

附：代表名单

张培德　陈　惠　樊人冬　杨允芳　吴新华　樊天裕　瞿永新　陈卫才　费卫平
高亚新　杨启平　徐慕庆　黄玉祥　倪锦丰　樊发红　张勤芳　倪汉忠　项耀生
盛金生　蔡正元　杨正康　沈汉昌　袁少康　张天玲　黄成香　陆罗平　黄善良
姚志新　陈忠平　陈兴旺　刘永新　朱建良　高建军　张水香　薛　义　杨宝林
杨伯新　杨宝康　陆香元　陆　平　陈培新　袁士兵　杨学辉　顾德逵　朱振标
范本祥　陈允周　刘菊妹　夏培新　施建进　徐仲飞　陆友昌　虞　健　胡彩霞
陈一鸣　兰金星　朱和新　赵　冲　姚金华　张学良　倪建平　黄　聪　孙靖荣
孙驾云　顾森林　陈　忠　刘晓辉　杨正荣　陈广元　李　军　陈建乐　徐　斌
吴惠新　姚欲兵　杨汉周　黄小彬　徐锡章　倪文荣　沈振芳　钱士成　陆士祥
张秀兰　瞿淑平　蒋志平　卜爱珍　张永芳　倪惠彬　范本新　汤绥芳　姚　金
倪　静　张　辉　宋　鹤　薛礼忠　张　华　俞卫明　龚祖发　张学康　王世冲
曹汉平　施水平　张忠芳　徐高复　顾瑞康　高宝发　蒋育红　倪鼎高　张水康
杨素勤　蒋雄伟

6.中共竹行镇第十二届代表大会于2006年4月18日在镇政府底楼会议室召开，正式代表80名，列席代表21人，特邀代表12人。与会代表分别听取审议陈一鸣代表中共竹行镇十一届委员会作题为"谋划新思路，描绘新蓝图，为致力于'十一五'全面腾飞而努力奋斗"的工作报告和张天玲代表中共竹行镇纪委作纪律检查委员会工作报告及党费收交使用情况报告。

选举陈一鸣为书记，龚汉平、张天玲为副书记，选举新一届纪律检查委员会书记张天玲，副书记蒋育红。选举陈一鸣、龚汉平、张天玲、项耀生、张红、蒋雄伟、蒋育红为党委委员，选举张天玲、蒋育红、虞连明、沈黎平、黄建华为纪委委员。

大会选举张天玲为出席南通市党代会代表。

附：代表名单

十二届党代会代表（80名）

瞿永新　刘永新　张培德　陈　惠　樊人冬　薛　兰　项耀生　费卫平　高亚新
虞连明　黄玉祥　高锦香　蔡建明　黄祝平　张天玲　黄成香　陆罗平　姚志新
刘　平　朱建良　夏　健　薛　义　蒋雄伟　徐仲飞　高建平　盛忠飞　袁士兵
盛金生　龚汉平　张水康　井　红　张　红　陆耀平　季　平　杨宝林　顾德逵
杨学辉　朱振标　盛永玉　孙卫峰　曹金发　刘菊妹　陈卫才　施水平　胡彩霞

费晓德　姚裕彬　盛东良　张学平　沈人平　陈小苏　徐　斌　龚祖发　蒋志平
瞿淑平　杨宝康　陆香元　沈　荣　赵　冲　尹卫忠　杨振荣　顾森林　陈　忠
陈广元　黄晓彬　陶　荣　李　军　孙驾云　薛礼忠　倪惠彬　徐　伟　黄建华
胡振东　倪文荣　沈振芳　黄允贤　姚　金　蒋育红　陈一鸣　李庙香

7.中共竹行镇第十二届代表大会第二次会议于2008年1月25日，在镇政府会议室召开，与会代表77人。

与会代表听取和审议龚汉平作题为"高举旗帜、科学发展，全面实现小康社会，为建设大桥第一镇谱写新篇章"工作报告。听取和审议张红代表镇纪律检查委员会作题为"全面推进党风廉政建设和反腐败斗争，为建设大桥第一镇提供强有力的政治纪律保证"的报告，审议党费收交使用情况。大会选举龚汉平为书记，张天玲、张红为副书记。

8.中共竹行镇第十二届代表大会第三次会议于2009年1月8日在星辰花园10号楼会议室召开，与会代表74人，特邀代表5人。大会听取并审议龚汉平作题为"践行科学发展，推进改革创新，为建设大桥第一镇而努力奋斗"的工作报告。张红代表纪律检查委员会作题为"围绕工作规划，深入反腐倡廉，为建设大桥第一镇提供坚强的政治纪律保证"的报告，与会代表审议党费收交使用情况。

第三节　党建工作

1990年，竹行乡党委下设45个党支部，其中农村、街道18个，机关事业单位13个，企业单位15个，全乡党员747名，预备党员9名，其中25岁以下66人，26~35岁171人，36~45岁210人，46~55岁125人，56~60岁80人，60岁以上114人。大专以上学历9人，中专21人，高中109人，初中224人，小学408人，文盲5人。

1927—1949年9月入党党员17人，1949年10月—1966年入党的223人，1966年以后入党的507人。

1990年竹行乡基层党组织基本情况一览表

表4-7

党支部名称	党支部书记	党员数（人）
新丰村（原一大队）	龚祖发	40
长桥村（原二大队）	瞿永新	24
长桥南村（原三大队）	包汉清	21
谷东村（原四大队）	陆俊明	31

续表 4-7

党支部名称	党支部书记	党员数（人）
海洪圩村（原五大队）	邵志隆	18
群力村（原六大队）	陆凤新	17
龙田村（原七大队）	刘绪章	23
洞子港村（原八大队）	施广明	15
竹东村（原九大队）	倪志新	24
竹行村（原中心大队）	李庙章	22
竹南村（原十一大队）	李学其	11
安北村（原十二大队）	张志仁	21
大安村（原十三大队）	薛　宏	26
老洪港村（原十四大队）	李庙香	13
新安村（原十五大队）	袁守成	17
后丰村（原十六大队）	杨伯新	22
神农村（原十七大队）	樊天元	30
工业公司	倪凤天	14
多服公司	龚祖发	10
粮站	龚文康	3
县皮鞋厂	施如芹	13
建筑站	施文标	17
安全玻璃厂	沈雪凡	7
五金制品厂	陈建乐	5
长江钢绳厂	陈一鸣	25
内衣厂	周龙相	25
针织商标厂	顾洪亮	6
五金铁链厂	徐宝康	14
方向机厂	徐锡章	27
矽钢片厂	包汉茂	19
鸿达皮鞋厂	杨企平	14
运输站	朱启高	3
信用社	徐永明	5
农具厂	施理伦	7
机电厂	徐和平	6
毛纺厂	陈建元	3
供销社	顾雪明	21

续表 4-7

党支部名称	党支部书记	党员数（人）
派出所	何卫祥	8
机关	樊天裕	31
老龄委	沈振芳	29
街道居委会	黄志祥	9
竹行初中	朱永兰	9
竹行小学	张永琪	14
文化站	施正新	9
工商所	陆秀歧	12
卫生院	包汉涛	7

2000年，全镇设党支部38个，其中村居党支部9个，企业党支部19个，机关事业党支部10个。全镇840名党员中男792名，女61名；35岁以下的党员112名，35岁至60岁的党员497名，60岁以上的党员244名；小学文化347名，初中文化320名，高中文化173名，大专以上文化29名。

1949年前入党的6名，1949年至1966年入党的236名，1966年至1976年入党的258名，1976年至1992年入党的221名，1992年至2000年入党的132名。

2000年竹行乡基层党组织一览表

表 4-8

党支部名称	党支部书记	党员数（人）
新丰村	陈　惠	53
长桥村	瞿永新	72
谷东村	黄玉祥	76
神农村	盛金生	61
洞子港村	黄成香	63
竹行村	刘永新	68
竹东村	杨伯新	49
大安村	袁士兵	89
居委会	施水平	6
竹行小学	张永芳	18
竹行中学	蒋志平	12
卫生院	黄　超	9
信用社	张仲芬	8

续表 4-8

党支部名称	党支部书记	党员数（人）
工商所	朱伯超	8
派出所	张　辉	13
老干部	倪文荣	41
企管站	张学良	10
农建	顾瑞康	7
镇机关	张天玲	26
皮鞋厂	孙静荣	9
长江钢丝绳厂	陈一鸣	30
机电厂	顾森林	8
方向机厂	陈　忠	13
日化制罐厂	杨振荣	4
通宇钢丝绳厂	陈建乐	6
江海特种绳厂	李学其	6
光明钢丝绳厂	陈广元	5
腾达钢丝绳厂	姚裕彬	5
织带厂	张朝新	4
日化厂	徐锡章	6
康乐玩具厂	张学康	3
建筑站	施文标	3
民营经济园区	施秀平	7
自来水厂	周龙相	9
农贸市场	杨思冲	11
多种经营公司	龚祖发	9
个体协会	黄志祥	5
供销社	薛礼忠	18

2010年，全镇设党支部80个，其中村居党支部11个，机关事业党支部14个，企业党支部55个。

全镇1182名党员中男1027名，女155名；35岁以下党员207名，36~45岁党员144名，46~54岁党员185名，55~59岁181名，60岁以上465名。

1949年前入党的2名，1949—1966年入党的184名，1966—1976年入党的305名，1976—1979年入党的35名，1979—2002年入党的376名，2002—2010年入党的342名。

2010年竹行镇基层党组织一览表

表4-9

党支部名称	党支部书记	党员数（人）
新丰村	樊人冬	55
长桥村	瞿永新	28
谷东村	顾达夫	53
神农村	陶建忠	63
洞子港村	黄善良	60
竹行村	夏　健	87
竹东村	陆　平	58
大安村	杨学辉	102
江东村	曹金发	36
江海村	张学平	54
星辰社区	朱建良	97
竹行初中	蒋志平	11
竹行小学	倪惠彬	31
供销社	薛礼忠	8
卫生院	蔡春辉	11
多服公司	龚祖发	4
农贸市场	沈人平	13
自来水厂	沈培新	10
企管站	崔建新	11
劳人所	陈小苏	8
派出所	喻　斌	12
农建支部	张　勇	17
老干部支部	倪文荣	45
镇机关	张　红	35
城管中队	张　飞	5
美捷鞋业	孙靖荣	9
长江绳厂	赵　冲	20
华兴制罐公司	杨正荣	5
宇翔绳厂	李　军	11
电圣机电公司	顾森林	4
环球转向器公司	陈　忠	9
腾达绳厂	姚裕彬	7

续表 4-9

党支部名称	党支部书记	党员数(人)
光明绳厂	陈广元	9
神威绳厂	陶　荣	11
申力厂	黄晓彬	5
恒通绳厂	兰　燕	9
通冠金属制品有限公司	施水平	7
通江钢绳公司	陈企祥	6
神力金属制品公司	樊扬平	3
永高钢丝制品厂	俞永高	3
神龙金属制品厂	蔡建明	3
海峰钢绳有限公司	徐汉良	3
佳旺钢丝制品公司	王卫新	4
华海钢丝绳厂	黄成其	3
华星钢丝制品厂	范金兵	6
华东特种钢丝绳厂	吕康健	2
正扬钢绳有限公司	施亚忠	4
三诚针织制衣公司	施建成	4
中远钢丝绳公司	顾建国	3
袁峰钢绳辅料有限公司	杨惠冲	3
南通力立钢丝厂	陈志宏	3
三联钢丝绳厂	张水香	4
三菱钢绳有限公司	顾瑞康	3
芸裕金属制品公司	陈金京	5
升阳钢丝绳厂	陈永平	3
顶天金属制品公司	汪云如	3
通翔钢绳有限公司	俞志发	2
中科钢绳有限公司	陆连彬	3
海勇钢丝绳厂	沈　康	3
通灵钢丝绳厂	施振新	3
豪杰服饰有限公司	钱美芬	3
中杰钢丝有限公司	张　彪	4
世外桃园休闲农庄	季建明	2
泰力钢绳有限公司	徐　刚	12
三鑫厂党支部	李　兵	5

续表 4-9

党支部名称	党支部书记	党员数(人)
红新联合支部	范义超	3
集星纺织联合支部	顾达夫	2
勇力绳芯联合支部	杨宝康	3
达亿钢丝绳厂联合支部	陈建香	3
东盛钢绳联合支部	江惠兵	5
宇峰金属制品联合支部	兰金星	3
千诚钢绳联合支部	倪庭康	3
圣达钢绳联合支部	郭建国	4
龙珠金属制品联合支部	陆　平	5
荣华塑胶联合支部	张学康	4
大洋针织联合支部	杨启平	3
洞子港村企业联合支部	黄成香	3
神农村企业联合支部	盛金生	5
博一钢绳联合支部	刘克定	3
工业园区联合党支部	夏菊美	7

1990—2010年竹行镇党员基本情况表

表 4-10　　　　单位:人

年份	党员总数	预备党员数	年龄结构						文化结构						备注
			25岁以下	26~35岁	36~45岁	46~55岁	56~60岁	60岁以上	大专以上	中专	高中	初中	小学	文盲	
1990	758	8	66	171	210	125	80	114	9	21	99	224	408	5	
1992	755	7	11	110	250	144	714	175	8	18	96	227	408	5	
1994	760	16	19	112	265	147	69	166	11	21	95	233	411	5	
1998	824	11	27	81	229	201	102	195	32	32	119	280	368	3	
2001	929	20	14	83	141	304	92	295	37	34	139	369	340	10	
2002	943	7	17	83	132	293	99	319	43	37	147	390	316	10	
2003	964	29		106	129	299	100	330	50	39	152		723		
2006	1072	17		141	169	219	171	372	92	47	178		755		
2008	1117	23		163	169	166	215	404	126	49	191		751		
2009	1144	26		184	150	178	206	426	150		197	48	749		
2010	1182			207	144	185	181	465	119	200	863				

第四节　党员干部专题学习教育活动

一、“三讲”教育

2000年7月，根据中共通州市委统一部署，成立竹行镇“三讲”教育领导小组，在竹行镇党员干部中开展以“讲学习、讲政治、讲正气”的三讲教育活动。活动分思想发动、学习提高；自我剖析、听取意见；交流思想、开展批评和认真整改、巩固成果4个阶段进行。其间，镇领导班子成员撰写读书笔记和交流发言稿，并根据自身实际情况，召开民主生活会，开展批评与自我批评，制定整改措施。“三讲”教育期间，镇领导班子成员深入到乡、村、街道、企业，召开各类座谈会和协调会，为群众解决实际困难。

二、“三个代表”重要思想学习教育

2001年12月，竹行镇党委根据中共通州市委要求，在全镇党员干部中开展“三个代表”（代表中国先进生产力的发展要求、代表中国先进文化的前进方向、代表中国最广大人民的根本利益）重要思想学习教育活动。在学习教育活动中，镇党委高度重视，精心实施，切实做到认真抓学习、从严要求抓思想、求真务实抓整改，取得较好成效。通过这次学习教育活动，全镇党员干部素质得到提高，各级党组织的凝聚力和战斗力得到增强，党群关系得到改善，经济发展和各项工作都有新的起色。

三、党的先进性教育

2005年7月5日，镇党委召开保持共产党员先进性活动工作会议，拉开了全镇保持共产党员先进性教育活动帷幕，参加先进性教育的24个支部的支部书记、309名党员联络员参加了会议。借鉴南通经济技术开发区第一批先进性教育成果，用“三个代表”重要思想武装广大党员，加强基层党组织建设，促进全镇经济、社会和谐发展，确保“党员素质更高、基层组织更强、服务群众更好、促进工作更快”的总目标。

先进性教育活动分三个阶段：时间三个月（7月上旬—10月上旬）：

第一阶段：学习动员。从7月上旬至8月上旬。

第二阶段：分析评议。从8月上旬至9月上旬。各级党组织广泛征求群众意见，党员之间、党员与群众之间广泛开展谈心活动，听取群众意见，交流沟通思想。在此基础上，各党支部组织党员对照新时期保持党员先进性具体要求，对照群众意见、建议、检查自身不符合“三个代表”、不适应“二次创业”的突出问题，剖析思想根源，撰写党性分析材料，召开专题组织民主生活会。各党支部召开支委会，对每个党员的评议意见报送镇党委审查后，党支部将评议意见向党员本人反馈，指出存在问题、努力方向，并以适当方式在一定范围内通报。

第三阶段：整改提高。从9月上旬到10月上旬，党员个人制定整改方案与措施。在自查自检的基础上进行群众满意度测评，多数群众不满意的必须及时“补课”；对优秀党员以适当方式进行表扬，把符合条件的先进分子及时吸收到党内来；对经教育不改、不合格党员，根据政策界限，按正常程序进行组织处理；对违纪党员，按《中国共产党纪律处分条例》规定，给予纪律处分。

四、学习实践科学发展观

2009年10月10日，竹行镇党委召开学习实践性科学发展观动员大会。按照南通经济技术开发区统一部署和要求，紧紧围绕“推进科学发展、构建和谐农村”主题，牢牢把握“党员干部受教育、科学发展上水平、人民群众得实惠”的总要求，学习实践科学发展活动分三个阶段进行。

第一阶段为学习调研阶段，从10月10日至11月下旬。全体党员采取集中学习和自学相结合的形式，深入学习《科学发展观重要论述摘要》《毛泽东、邓小平、江泽民论科学发展》和《科学发展观学习100问》等学习辅导材料，提高思想认识，组织学习开展专题调研，组织科学发展大家谈活动。

第二阶段为分析检查阶段，从11月下旬至12月下旬。主要活动是召开座谈会，广泛征求意见，召开专题民主生活会和组织生活会，形成分析检查报告，组织群众评议。

第三阶段为整改落实阶段，从12月下旬至2010年2月。主要是制订整改方案，解决突出问题，认真总结测评。

通过开展学习实践活动，全体党员解放了思想，找准了问题，看到了差距，明确了目标，激发了干劲，促进各项工作全面开展，学习实践活动取得明显成效，群众满意度达百分之九十五以上。

第五节　老龄工作

一、概　况

竹行全镇至2010年60岁以上老人达6957人，占总人口32710人的百分之二十一点二七。80~89岁老人共1048人，百岁以上老人3人。老龄人数日益增加，老龄工作成为镇政府的重要工作。

1980年，党委、政府建立老龄工作组，由陆宗文任组长。平时活动在镇政府会议室进行。

2001年，建立老干部党支部，设立离退休老干部活动室。地点在工业公司大楼上，东楼80平方米，西楼90平方米，北楼活动器材室约150平方米。2008年，老干部活动室搬迁至竹行镇星辰社区10号楼三层，面积560平方米。设有活动器材室、棋牌室、舞蹈房、阅览室，其中书报阅览室内有《人民日报》《南通日报》《江海晚报》《中国老年报》《老年周报》《关心下一代周报》,还有《求是》《中国老区建设》《银潮》《大江南北》《世纪风采》《火炬》等书刊。

2001—2008年老干部、离退休教师每月逢10、20、30日集中三次,2008年以后改为每月15、30日集中两次。

每月集中活动日,活动内容为学习报刊重要文章交流心得体会;听取党、政领导的政治、形势报告;每年赴外地参观考察一次;每年1~2次交流学习、生活情况、个人保健经验;开展乒乓、棋类等活动比赛。

二、主要工作

竹行镇老龄委关心镇离退休公务员,组织离退休干部旅游,节假日向镇离退休干部发放慰问金或实物。凡生病住院的老同志,镇党委、政府派人及时看望并给予慰问金。每年夏季发放防暑降温费。

2010年前,每年组织离退休教师旅游一次。2011年后改为每人每年发放活动经费200元。

从2003年起,镇政府每年组织政府部门离退休干部体检一次;从2007年开始对全镇60岁以上老人进行体检,2007年体检5421人,2008年体检7389人,2009年未体检,2010年体检7437人,检查项目主要是肝功能、两对半、B超、血压、血脂、血糖等。2008年起组织离退休教师至瑞慈体检中心每年体检一次。

镇老龄委注重维护老人权益,组织老年人上老年大学。开展慈善活动、资助贫困学生、救灾捐款。1998年扶贫助学1.8万元。1999年扶贫助学1.2万元。2000年扶贫助学6300元。2001年至2008年每年3000元至6000元。

组织离退休干部和教师开展救灾捐款活动。2008年汶川大地震全镇离退休干部教师共捐款9800元,2010年玉树大地震捐款9750元。

组织老人听保健报告、做保健操。由老干部支部组织,以离退干部为主体开展做老年保健操活动,活动场地设在工业公司内,每日早晚活动两次。参与者30人。

组织社区老人开展健身活动,2010年参与人数达千人以上。为老年人保健操进行技术指导,并组织老干部学太极拳。

关爱社区老人,发放老人补贴2010年年末全镇80~89岁老人共1048人,每人每月补贴50元,90~99岁老人139人,每人每月补贴100元,100岁以上老人4人,分别住神农村、竹行村、大安村和星辰社区,均是女性,每人每月补贴300元。

2006—2010年竹行镇离退休干部情况表

表4-11　　单位:人

年　份	总数	其中		离退休公务员			离退休教师			其他干部		
		男	女	总数	男	女	总数	男	女	总数	男	女
2006	126	88	38	15	12	3	85	50	35	26	26	0

续表4-11

年　份	总数	其中		离退休公务员			离退休教师			其他干部		
		男	女	总数	男	女	总数	男	女	总数	男	女
2007	127	89	37	15	12	3	86	51	35	26	26	0
2008	129	90	39	15	12	3	88	52	36	26	26	0
2009	130	91	39	16	13	3	89	53	36	25	25	0
2010	131	91	40	17	14	3	91	54	37	23	23	0

老龄委负责人任职情况：

1980—1981　组长　陆宗文

1982—1985　组长　倪国珍

1986—1999.7　组长　沈振芳

1999.8—2001.7　组长　钱士成

2001.8—2010.12　倪文荣任党支部书记

表彰、奖励情况：

（1）1983年，竹行镇老干部活动室被评为南通县老干部先进活动室。

（2）2002年，沈振芳获通州市政府老促会工作荣誉证书，2004年获南通市政府老促会工作荣誉证书。

第六节　关心下一代工作

一、概　况

竹行镇关心下一代工作委员会（下称关工委）始建于1984年5月。关工委在镇党委领导下，分管党务工作的副书记具体分管，组织各职能部门有关人员（组织委员、妇联主席、团委书记、农技站长、司法所长、派出所长、中小学校长）开展工作。以人为本引导青少年树立正确的人生观和价值观，使青少年成为有理想、有道德、有文化、守纪律的新人。在日常工作中配合政府各部门开展政治思想和道德品质教育，提高全社会整体素质。

二、主要活动

1962年至2010年，每年对中小学学生进行1~2次革命传统教育，由离休老干部钱士成、退休干部沈振芳主讲。讲课内容：小海战役和老革命黄达、石超的传奇故事；聘请革命先烈的家属讲述革命先烈袁宝成、陆兆桢，自卫反击战烈士徐建兵、陆张标、少年英雄周赛的光辉事迹。激励青少年以烈士为榜样，奋发学习，将来报效祖国。

1984年以来，每年组织中小学学生1500人左右在清明节前后祭扫烈士墓，每年以烈士墓为爱国主义教育基地，激励青少年向先烈学习奋发向上。

自2006年起，关工委聘请南通经济技术开发区消防队每年在竹行中学操场进行消防实地演练，让青少年学生一起参加演练，并从中受到消防教育，增强消防知识。

同时，每年定期对网吧、游戏机厅督促检查，关工委主要领导通过明察暗访，发现少数中小学生进入网吧上网和玩游戏机。2006年竹东村有2个学生，2007年大安村竹行村有5个三年级学生，2008年竹行村有3个学生在校期间溜出学校在网吧玩游戏机。关工委主要领导多次与学生家长联系，对学生批评教育，并教育网吧业主严禁未成年人进入网吧和游戏机房。

2009年3月，镇关工委、共青团、妇联、中小学联手，选定竹行中学初二（3）班为教育班，利用周六下午举办《国学》班，聘请顾贵仁、施新桥两名退休教师上课，编写“廉耻、忠恕 、孝悌、仁爱、礼义”五个单元的“国学”教材，教育经费由镇政府负担。

2010年5月，镇关工委与中小学联手组建星辰花园社区校外辅导站和镇区所在村（竹行村）校外辅导站，各村建立分散型小型校外辅导站。每个辅导站配专职教师两名，教学内容有国学、书法、绘画、乐器、知识辅导等，定期对青少年进行革命传统教育，每次2.5小时。

关工委负责人：

1984.5—1986年年初　组长钱士成
1986—2000.6　组长沈振芳
2000.6— 2007.11　组长张天玲
2007.12—2010.2　关工委主任张红

关工委获奖情况

2009.12　顾贵仁获南通市优秀校外辅导员
2010.7　顾贵仁获江苏省城乡社区校外辅导员先进个人
2010.7　陈兴旺获南通市未成年人思想道德建设工作先进个人

第二章 竹行镇人民代表大会

1954年7月，按《中华人民共和国宪法（草案）》规定，南通县建立人民代表大会制度，至1964年县先后召开了五届人民代表大会。1965年，六届人大代表已选出。因“文化大革命”的干扰，未能依法召开大会。1981年3月，重新恢复人民大表大会制度，南通县召开了第七届人民代表大会，全县61个公社5个镇分别按届次召开人民代表大会。12月，竹行公社召开第七届人民代表大会，这也是竹行历史上第一次人民代表大会，以后正常情况每三年换届召开一届人大代表会议。

第一节 概 况

1981年12月召开的竹行公社第七届人民代表大会第一次会议，是竹行历史上第一次人民代表大会。至2010年1月第十五届三次会议，先后召开28次代表会议。

自1990年2月竹行乡第十届人民代表大会第一次会议起，选举时增设主席团主席，主席由乡党委书记担任。

历届人民代表大会议题为：听取和审议《政府工作报告》、“人大工作报告”、政府财政预决算报告、选举产生新一届主席、副主席、镇人民政府镇长、副镇长。必要时，听取和审议重要提案和专题工作报告。

在换届选举前，镇人民代表大会依照《中华人民共和国全国人民代表大会和地方各级人民代表大会选举法》《中华人民共和国全国人民代表大会和地方各级人民代表大会代表法》等有关法律、法规，领导和组织选区选民登记、选举产生人民代表。

第二节　历届人民代表大会

一、竹行公社第七届人民代表大会第一次会议于1981年12月15—16日在竹行公社会议室召开。会议代表77人，实到75人，列席代表32人。大会由钱士成作竹行公社第七届人民代表大会第一次会议关于竹行公社革命委员会的工作报告。会议审议并通过竹行公社第七届人民代表大会第一次会议关于授名、协商候选人，选举产生管理委员会组成人员的报告；竹行公社第七届人民代表大会第一次会议关于选举竹行公社管理委员会主任、副主任、委员办法的报告；竹行公社第七届人民代表大会第一次会议提案审理小组关于代表提案审理的报告。

大会选举钱士成为主任，顾汉明、张秀兰、袁进发为副主任。

竹行公社第七届人民代表大会代表名单

袁进发　田友康　黄忠义　蒋素玉　顾人和　黄中夏　刘学康　范仲兰　秦志平
朱雪兰　王石宝　范义超　倪文荣　包殿安　邵志龙　顾真美　樊天裕　金玉珍
黄步贤　顾瑞康　刘绪章　张士其　何秀英　袁锡芬　黄发祥　茅志发　吴卫芳
张建平　钱士成　黄志祥　张学和　黄素芳　李学其　季秀兰　张志仁　杨卫冲
施善清　施素芳　倪鼎高　潘廷新　黄成义　张忠芳　顾汉明　范存芳　陆连彬
杨荫亭　张学良　范小祥　张秀兰　高宝发　马裕康　张绍祥　费宝康　陆仲兰
倪凤天　宋素兰　周龙相　张亚兰　樊天元　宋兰珍　徐德才　顾卫珍　王能和
顾锦高　唐才勋　施文标　茅金和　陆飞章　顾水贤　陈竹明　倪兰美　陈建元
蒋善美　袁建亨　龚刘红　蒋文兰　施文龙

二、竹行乡第七届人民代表大会第三次会议于1983年8月2日在竹行供销社麻仓库召开。与会代表73人。大会由何允元作“团结一致，奋发工作，克服困难，开拓前进，为把竹行建设成为繁荣、富庶的社会主义新农村而努力奋斗”的工作报告。大会审议并通过关于竹行人民公社人民代表改为乡人民代表的决议。

审议通过关于竹行人民公社政社分设的决议。审议通过不选竹行乡人民代表的决议。

根据《中华人民共和国宪法》和《中华人民共和国地方各级人民代表大会和地方各级人民政府组织法》中的相关规定，本次会议讨论，认为竹行人民公社管理委员会已经完成了它的历史使命。自1983年8月8日起由竹行乡人民政府行使政权机构的职能。

大会选举何允元为乡长，茅志发、张秀兰为副乡长。

三、1984年8月召开竹行乡第八届人民代表大会

四、竹行乡第九届人民代表大会第一次会议于1987年3月11—12日在竹行乡政府会议室召开。与会代表60人。大会听取陆士祥代表竹行乡人民政府作《政府工作报告》。听取倪成新关于1986年乡财政决算和1987年财政预算（草案）的报告。

大会审议并通过上述两个报告。

大会选举陆士祥为乡长，倪成新、袁进发、黄绍新、张秀兰为副乡长。

第九届人民代表大会代表名单

樊天裕　田仲平　陆士祥　瞿永新　蒋品芳　吴志康　袁进发　刘绪章　倪　涛
郁文兰　黄绍新　蔡正元　陆锦明　张勤芳　黄志祥　葛水昌　黄素英　倪志新
张秀兰　刘学良　倪兰妹　赵志清　刘永新　李学全　倪锡芹　施冠伦　蔡文珍
顾瑞珍　倪鼎高　杜学新　陆连彬　施忠标　陶颂和　范本祥　徐亚芹　施秀英
倪成新　陈祖义　王继红　王能和　施如芹　王　勤　陈一鸣　王思徐　张朝新
朱品良　徐锡章　沈振芳　吴允法　蔡志芳　倪志明　唐才勋　倪惠彬　钱正华
朱祖康　沈黎平　倪凤天　施冠洲　龚祖发　陆丕贤

五、竹行乡第九届人民代表大会第二次会议于1988年4月19日在竹行乡政府四楼会议室召开。代表59人，实到52人（因公6人，病假1人），列席代表73人，实到58人。大会执行主席沈正芳，常务主席陆士祥。大会审议和通过陆士祥代表竹行乡人民政府作《政府工作报告》。审议和通过倪成新关于1987年竹行乡财政决算和1988年财政预决算报告。张秀兰宣读关于政府工作报告和财政预决算报告的决议。

大会收到与会代表提案48件，其中文卫8件、工业4件、农副业7件、村镇建设10件、财政4件、计划生育3件、改变作风7件、环保2件、物业2件、扶贫工作1件。

六、竹行乡第九届人民代表大会第三次会议于1989年1月21日在竹行乡政府四楼会议室召开。代表59人，实到47人（因公4人、因事8人）。执行主席沈正芳，常务主席陆士祥。大会由陆士祥作《政府工作报告》。倪成新作1988年财政决算和1989年财政预算(草案)的报告。主席团第二次会议通过议案审查小组关于议案工作审查报告。副乡长黄绍新作议案工作审查报告。沈正芳宣读关于政府工作报告决议和财政预决算的决议。

与会代表向大会提出建议批评意见提案23条，其中工、农、副等方面10条、村镇交通方面1条、机关作风方面3条、其他9条。

七、竹行乡第十届人民代表大会第一次会议于1990年2月23日下午至24日上午在竹行

乡政府四楼会议室召开。代表55人 实到54人。大会由陆士祥代表乡人民政府作《政府工作报告》。沈黎平作1989年财政决算和1990年财政预算（草案）的报告。审议通过竹行乡计划生育乡规民约。

黄成香等向大会提交24件提案，其中工交财贸方面1件、农村水利方面11件、科教文卫方面12件。

大会选举张永生为乡长，黄绍新、倪成新、施忠标为副乡长，陆士祥为人大主席。选举周学坤、张永生、王佩恒、瞿永新、徐锡章、施如芹为出席南通县第十届人大正式代表。

代表名单

朱士芳　黄忠义　刘学康　黄来康　蒋品芳　费卫平　张勤芳　陈小苏　邵志隆
王　瑾　郁文兰　黄成香　施法华　姚裕彬　沈惠兰　王惠冲　薛　宏　顾瑞珍
陆连彬　杨伯新　徐善明　顾洪兰　袁锡芬　施水平　黄志祥　黄亚香　李学全
倪凤天　孙静荣　宋巨明　顾锡芳　钱文新　王继红　陈一鸣　倪锡英　陆士祥
杨启平　张朝新　孙祖兰　吴允法　樊裕香　陈伯康　顾锡明　蔡　伟　杨炽刚
张永琪　张秀兰　施振新　杨宝林　沈振芳　施振明　张永生　陆丕贤　刘广香
龚祖发

八、竹行乡第十届人民代表大会第二次会议于1991年3月9日在竹行乡政府四楼会议室召开。与会代表54人。大会听取张永生代表竹行乡政府作《政府工作报告》。听取倪成新关于编制竹行乡“八五计划”的说明和“八五计划”草案。听取沈黎平1990年财政决算和1991年财政预算（草案）的报告。

会议批准《竹行乡1991—1995年国民经济和社会发展第八个五年计划》。大会审议并通过上述三个报告决议。

九、竹行乡第十届人民代表大会第三次会议于1992年2月28日—29日在竹行乡政府四楼会议室召开。代表52人，实到47人。大会举行竹行乡人大主席团挂牌仪式，主席团成员：宋巨明、陈一鸣、陆士祥、沈正芳、张秀兰、倪凤天、邵志龙、薛 宏、孙靖荣。大会由倪成新代表竹行乡人民政府作《政府工作报告》。沈黎平作1991年财政决算和1992年财政预决算报告。陆士祥作乡人大主席团工作报告。大会审议并通过政府工作报告和财政预决算报告的决议。

十、竹行乡第十一届人民代表大会第一次会议于1993年3月25—26日在竹行政府四楼会议室召开。代表57人，实到53人。孙靖荣、宋巨明、张秀兰、陆士祥、瞿永新、陈一鸣、黄国柱、樊天裕、薛宏为主席团成员。大会由陆士祥代表竹行乡政府向第十届人民代表大会主席团作《政府工作报告》。沈黎平作1992年财政决算和1993年财政预算（草案）的报告。

大会审议并通过上述报告决议。

根据《中华人民共和国地方各级人民代表大会和地方各级人民政府组织法》《中华人民共和国全国人民代表大会和地方各级人民代表大会选举法》和县委指示精神，本次大会主席团确定人大主席团常务候选人1名，乡长候选人1名，副乡长候选人4名（其中设科技副乡长候选人1名）。乡长实行等额选举，副乡长实行差额选举。

大会选举宋巨明为人大主席团主席，倪成新为乡长，朱士康、杨宝林、陈培新、黄绍新为副乡长。

代表名单

瞿永新	朱士芳	吴卫新	刘学康	倪成新	陈卫才	蒋品芳	樊天裕	张勤芳
黄玉祥	樊志康	刘其章	黄成香	陆蔡康	陆如平	姚志新	张秀兰	曹和周
陈永秀	葛水昌	刘永新	杨惠冲	樊祥秀	顾瑞珍	蒋　宏	陆连兵	范本祥
杨伯康	杨正康	宋巨明	张道忠	孙靖荣	倪凤天	顾雪芳	曹瑞芳	陈一鸣
倪雪英	王继红	陈祖义	刘广香	顾锡明	徐永民	杨炽刚	张永芳	陈　冲
黄　超	施文标	徐新伟	陆士祥	杨启平	孙祖兰	龚祖发	张朝新	黄志祥
朱祖康	施振明	黄国柱						

十一、竹行乡第十一届人民代表大会第二次会议于1994年1月21日在竹行政府四楼会议室召开。与会代表57人（缺席3人）。大会由倪成新作竹行乡人民政府工作报告。沈黎平作1993年财政财政决算和1994年财政预算（草案）的报告。宋巨明作人大主席团工作报告。

大会审议并通过上述三个报告。樊天裕等13名代表向大会提交有关建农民一条街、河道疏通、村镇道路修理、交通安全、关心教育下一代、企业管理等民生提案。

十二、竹行乡第十一届人民代表大会第三次会议于1995年1月20日在竹行乡政府四楼会议室召开。代表54人，实到46人 因事因病请假8人。大会由黄绍新代表乡政府作政府工作报告。沈黎平作1994年财政决算和1995年财政预算（草案）的报告。宋巨明作人大主席团工作报告。

大会审议并通过上述三个报告的决议。大会全票补选陈一鸣为竹行乡乡长，张培德为竹行乡副乡长。

十三、竹行乡第十二届人民代表大会第一次会议于1996年1月25—26日在竹行政府四楼会议室召开。与会代表59人，列席代表46人，特邀代表14名。大会由陈一鸣代表竹行乡人民政府作题为“再创新业绩，再造新辉煌，为提前达小康，奔向现代化而奋斗”的政府工作报告。沈黎平作关于1995年财政决算和1996年财政预算（草案）的报告。宋巨明作人大主席团工作报告。

大会审议并通过上述三项报告的决议和竹行乡国民经济社会发展“九五”计划与2010年

远景规划目标（草案）。

大会选举宋巨明为人大主席，陈培新为人大副主席，吴宏明为乡长，朱士康、张培法、黄绍新为副乡长。

代表名单

朱士芳　陈　惠　陈培新　沈伯明　高亚新　瞿永新　陈卫才　蒋品芳　樊天裕
朱伟达　张勤芳　黄玉祥　吴亚康　费宝生　陆蔡康　盛金生　施美兰　黄成香
陆罗平　葛德兰　张秀兰　施水平　王世玉　张天玲　黄志祥　刘永新　张水香
王惠香　王惠冲　袁士兵　樊祥秀　宋巨明　杨冠雄　顾瑞珍　陆连彬　范志芳
陈慕文　范本祥　徐永娣　徐启文　黄素兰　宋建生　杨正康　徐雪章　曹　坚
蔡　伟　倪凤天　孙靖荣　朱祖康　陈一鸣　陈　忠　袁允彬　包汉涛　张永芳
吴宏明　吴允法　张朝新　龚祖发　周龙香

十四、竹行乡第十二届人民代表大会第二次会议于1997年1月15日在竹行乡政府四楼会议室召开。代表55人。大会由吴宏明作竹行乡人民政府工作报告。沈黎平作1996年财政决算和1997年财政预算（草案）的报告。宋巨明作人大主席团工作报告。

大会审议并通过上述三个报告决议。

十五、竹行乡第十二届人民代表大会第三次会议于1998年1月17日在竹行乡政府四楼会议室召开。与会代表58人。大会由吴宏明作竹行乡人民政府工作报告。沈黎平作1997年财政决算和1998年财政预算（草案）的报告。宋巨明作人大主席团工作报告。

大会审议并通过上述三个报告的决议。

十六、竹行乡第十三届人民代表大会第一次会议于1999年1月5—6日在竹行政府四楼会议室召开。与会代表58人、列席代表50名、特邀嘉宾13名。大会由吴宏明作题为“务实拼搏，再展宏图，为把我乡早日建成初步现代化乡镇而努力”的政府工作报告。沈黎平作1998年财政决算和1999年财政预算（草案）的报告。陈培新作题为“摆正位置，加强指导，努力推进两个文明建设”的人大主席团工作报告。审议并通过上述三个报告的决议。

大会选举宋巨明为人大主席，陈培新为人大副主席，吴宏明为乡长，张培德、杨宝林、项耀生为副乡长。

代表名单

瞿永新　陈卫才　陈　惠　项叶平　袁桂英　高亚新　盛金生　王绪珍　蒋品芳
樊天裕　高锦香　黄善良　盛水萍　张天玲　黄玉祥　倪锦丰　费宝生　蔡冠祥

施水平　袁士兵　杨宝康　樊祥秀　陈培新　张忠芳　顾德逵　徐高复　朱建良
陈企明　蒋育红　杨志康　黄永林　沈仁平　施洪祥　施玉兰　施美兰　吴宏明
陈小苏　蔡正元　孙靖荣　张学良　杨振荣　徐锡章　曹　坚　倪凤天　陈一鸣
陈建乐　蔡　伟　张水芳　吴允法　陈　忠　龚祖发　高建军　陶　勇　刘永新
张　辉　杨伯新　黄素兰　倪文荣

十七、竹行乡第十三届人民代表大会第二次会议于2000年1月15日在竹行乡政府四楼会议室召开。与会代表58人。大会由吴宏明作政府工作报告。沈黎平作1999年财政决算和2000年财政预算（草案）的报告。陈培新作人大主席团工作报告。

大会审议并通过上述三个报告的决议。

十八、竹行乡第十三届人民代表大会第三次会议于2001年1月4日下午至1月5日上午在竹行乡政府四楼会议室召开。代表58人，实到50人。大会由吴宏明作题为“加快发展步伐，实现战略思想，抢抓机遇，乘势而上，打好新世纪开局仗”的政府工作报告。沈黎平作2000年财政决算和2001年财政预算（草案）的报告。陈培新作人大主席团工作报告。陈一鸣作竹行乡“十五”规划（草案）报告。

大会审议并通过上述四个报告。

大会选举徐高复为竹行乡第十三届人民代表大会第三次会议主席，瞿淑平当选为竹行乡人民政府副乡长。

十九、竹行镇第十四届人民代表大会第一次会议于2002年1月8–9日在竹行镇政府四楼会议室召开。与会代表61人，其中非党员21人占34.5%，妇女代表17人占12%，特邀嘉宾18人。大会听取徐慕庆所作题为“凝心聚力促发展，务实创新争机遇，为实现富民强镇而努力奋斗”的政府工作报告。听取沈黎平关于竹行镇2001年财政预算执行情况和2002年财政预算（草案）的报告。徐复高作人大主席团工作报告。

大会审议并通过上述报告。

大会选举徐复高为人大主席，张培德、陈培新为人大副主席，徐慕庆为竹行镇镇长，杨宝林、瞿淑平、项耀生为副镇长。

代表名单

瞿永新　刘永新　张培德　陆汉平　樊人冬　高亚新　陈卫才　倪锦初　王守成
高锦香　徐慕庆　樊志康　王绪珍　杨素勤　蔡振元　尹善忠　朱元信　朱建良
高建军　蒋育红　袁士兵　龚祖发　施美兰　张天玲　陆罗平　黄成香　杨宝康
沈　荣　杨伯新　顾雪达　沈惠兰　陈培新　杨学辉　顾德达　倪　霞　曹金发

王伯香　秦仕琪　徐　兵　倪文荣　张学良　蒋志平　曹瑞芳　沈菊兰　陈一鸣
孙靖荣　陈　冲　高伯平　项　苏　姚　金　吴允法　徐高复　顾雪芳　杨　芹
何秀凤　陈企祥　樊扬平　陈广平　陶　勇　朱　英　倪锦丰

二十、竹行镇第十四届人民代表大会第二次会议于2003年1月10日在竹行镇政府四楼会议室召开。与会正式代表61人、列席代表53人、特邀代表15人。大会由徐慕庆作题为"开拓创新,与时俱进,求真务实,奋发进取,为早日全面建成小康镇而努力奋斗"的政府工作报告。沈黎平作2002年财政决算和2003年财政预算(草案)的报告。徐高复作人大主席团工作报告。

大会审议并通过上述三个报告的决议。

二十一、竹行镇第十四届人民代表大会第三次会议于2004年1月5日在竹行镇政府四楼会议室召开。与会正式代表61人、列席代表56人。大会由徐慕庆作题为"突出招商引资,服务开发大局,再谱我镇经济繁荣、社会稳定的新篇章"的政府工作报告。沈黎平作竹行镇2003年财政预算执行情况和2004年财政预算(草案)的报告。徐高复作人大主席团工作报告。

大会审议并通过上述三个报告的决议。

二十二、竹行镇第十四届人民代表大会第四次会议于2005年1月19日在竹行政府四楼会议室召开。与会正式代表61人、列席代表60人。大会由徐慕庆作题为"抓住二次创业机遇,构建竹行和谐社会,促进三个文明建设持续、协调、健康发展"的政府工作报告。沈黎平作竹行镇2004年财政预算执行情况和2005年财政预算(草案)的报告。徐高复作人大主席团工作报告。

大会审议并通过上述三个报告的决议。

大会等额选举徐鹏为科技副镇长。

二十三、竹行乡第十四届人民代表大会第五次会议于2006年1月12日在竹行政府四楼会议室召开。与会正式代表59人、列席代表63人。大会由徐慕庆作题为"站在发展新高点,科学谋划新未来,为全面建设社会主义新农村而不懈努力"的政府工作报告。沈黎平作竹行镇2005年财政预算执行情况和2006年财政预算(草案)的报告。徐高复作人大主席团工作报告。

大会审议并通过上述报告。

大会讨论审议为民办八件实事:

①农村主干道全面实现黑色化。

②快速推进工业集中区西区拆迁建设。

③启动星辰花园二期工程建设。

④搬迁竹行中心幼儿园。

⑤加强和完善镇文化中心的设施建设。

⑥加强环境卫生管理，建立垃圾中转站。

⑦加大农村危桥改造，继续抓好农村水利建设。

⑧加大治安投入，在全镇主要道口配置电子监控装置。

讨论、分解、落实代表的提案17件。

二十四、竹行镇第十四届人民代表大会第六次会议于2006年4月8日下午在竹行镇政府四楼会议室召开。代表58人，实到52人。大会由张培德作关于竹行镇第十四届人民代表大会第六次会议筹备工作报告。张天玲作关于竹行镇第十四届人民代表大会第六次会议代表资格的审查报告。

大会审议并通过上述报告。

大会选举张天玲为人大主席，龚汉平为竹行镇镇长。大会同意徐慕庆辞去竹行镇长职务，同意徐高复辞去人大主席、陈培新辞去人大副主席职务。

二十五、竹行镇第十四届人民代表大会第七次会议于2007年1月18日在竹行镇政府四楼会议室召开。与会代表58人。大会听取和审议龚汉平作题为“科学合理规划，率先和谐发展，高起点打造桥头堡第一镇的崭新亮点”的政府工作报告。听取和审议沈黎平关于竹行镇2006年财政预算执行情况和2007年财政预算（草案）的报告。由张天玲作人大主席团工作报告。

大会审议并通过上述三个报告的决议。

二十六、竹行镇第十五届人民代表大会第一次会议于2007年12月15日下午至12月16日上午在竹行政府会议室召开。与会正式代表60人、列席代表61人、特邀代表18人。大会由张天玲作题为“凝聚全镇力量，构建魅力竹行，全力建设经济繁荣、社会和谐、美丽富饶大桥第一镇”的政府工作报告。沈黎平作关于竹行镇2007年财政预算执行情况和2008年财政预算（草案）的报告。杨宝林作人大主席团工作报告。大会讨论审议袁士兵等向大会提交19个提案。

大会审议并通过上述报告。

大会选举杨宝林为人大主席、瞿淑平为副主席，张天玲为竹行镇镇长，项耀生、孙卫峰、沈波为副镇长。

代表名单

瞿永新　樊人冬　张培德　陆汉萍　高亚新　包雪彬　王守成　高锦香　樊志康
高如玉　张　红　盛金生　张圆月　倪建强　胡彩霞　刘永新　姚　金　夏　健
张天玲　仇善冲　陆罗平　胡　敏　瞿淑平　陆　平　朱洪标　沈　荣　兰　燕
何秀凤　肖　健　陆斐忠　袁士兵　徐仲飞　杨宝林　杨学辉　顾德逵　蔡振新

盛永玉　张哲豪　丁　巍　曹金发　倪　亚　朱建良　周绥娟　孙亚兵　吴　卫
蒋志平　陈广元　龚汉平　蒋育红　刘　健　李　军　陶　荣　黄小彬　沈兴达
顾雪芳　施黎黎　顾　跃　薛善忠　陈企祥　樊扬平

二十七、竹行镇第十五届人民代表大会第二次会议于2008年7月19日下午至20日在竹行星辰花园三楼会议室召开。代表59人，实到52人。大会听取并审议张天玲作题为“抓机遇，创新争先，保和谐，科学发展，齐心协力谱写大桥第一镇新篇章”的政府工作报告。沈黎平作关于竹行镇2008年财政预算执行情况和2009年财政预算（草案）的报告。杨宝林作人大主席团工作报告。

大会审议并通过上述三个报告的决议。

大会选举瞿淑平为人大主席、李仁祥为副镇长。新当选的人大主席、副镇长作就职报告。

二十八、竹行镇第十五届人民代表大会第三次会议于2010年1月18日在竹行星辰花园三楼会议室召开。与会代表59人。大会由张天玲作题为“发挥大桥效应，拉动发展引擎，为建设宜居宜业的新竹行而努力奋斗”的政府工作报告。沈黎平关于2009年财政预算执行情况和2010年财政预算（草案）的报告。瞿淑平作人大主席团工作报告。

大会审议并通过上述三个工作报告决议。

1990—2010年竹行乡、镇人大主席、副主席名表

表4-12

届　别	年　份	主　席	副主席
第十届人民代表大会	1990	陆士祥	
第十一届人民代表大会	1993	宋巨明	
第十二届人民代表大会	1998	宋巨明	陈培新
第十三届人民代表大会	1999—2000	陈一鸣	陈培新
	2001—2002	徐高复	陈培新
第十四届人民代表大会	2002—2005	徐高复	陈培新　张培德
	2006	张天玲	张培德
第十五届人民代表大会	2007	杨宝林	瞿淑平
	2009—2010	瞿淑平	

竹行乡（镇）参加县（市）历届人代会代表名表

表4-13

届　别	年份	代表名单
南通县第八届人民代表大会	1984	项耀生　施如琴　姜　平　黄素兰　潘廷新

续表4-13

届　别	年份	代表名单
南通县第九届人民代表大会	1987	王佩恒　陈永兴　陆士祥　蔡　伟　潘廷新　黄　超
南通县第十届人民代表大会	1990	王佩恒　张永生　周永坤　施如琴　徐锡章　瞿永新
通州市第十一届人民代表大会	1993	王佩恒　吴允法　周学坤　施如琴　倪成新　徐锡章
通州市第十二届人民代表大会	1998	吴宏明　汤绥芳　朱伯超　吴允法　陈　惠　徐锡章　蒋品芳

竹行镇参加崇川区历届人代会代表名表

表4-14

届　别	年份	代表名单
崇川区第六届人民代表大会	2002	陈　惠　姚　金　徐高复　王守成　汤绥芳　陈企祥
崇川区第七届人民代表大会	2007	张　红　倪惠彬　王守成　姚　金　朱　英　袁士兵

竹行镇参加南通市历届人代会代表名表

表4-15

届　别	年　份	代表名单
南通市第十二届人民代表大会	2003	陈一鸣　陈　惠
南通市第十三届人民代表大会	2008	龚汉平

第三章　竹行镇人民政府

1949—1956年上半年，竹行区域内有竹行、长桥等几个小乡，每个小乡设5~6个村。1957年，小乡撤并成大乡，正式建立竹行乡人民委员会。1958年，实现人民公社化，竹行乡以老洪港为界，以西与新开合并组建长江人民公社，以东部分及通海、南兴的部分组建友谊人民公社。1959年，友谊人民公社并入东方红人民公社，长江人民公社改为新开人民公社。1962年，把新开的部分大队和通海的部分大队重新组合，建立竹行人民公社，全公社17个大队。1983年，公社改乡，建立竹行乡人民政府，原17个大队改为地名村。2001年2月，撤乡设镇，原竹行乡人民政府更名为竹行镇人民政府。3月，划入南通经济技术开发区，原有17个地名村合并为10个行政村。2003年10月，开始拆迁。2010年11月，成立2个社区。至2010年年底，竹行镇辖10个行政村2个社区。

竹行镇人民政府下设村镇建设、人民武装、民政、财税等部门及工会、妇联、共青团等社会团体。

第一节　历代政府

清朝乾隆初期，竹行为江边滩地，乾隆中期，移民围垦造田入住，渐成聚落，称朝阳镇。后因崔氏开办的卖青竹、竹器竹行兴旺，逐步以“竹行”替代地名，无行政机构。

清光绪27年（1901年），竹行属竞化区，竹行区域有福兴沙、汤家沙、南安沙，各设沙董一名，属通州管辖。民国元年（1912年）废州设县，通州改为南通县。民国2年（1913年），竹行属南通县竞化区。

民国23年（1934年），竞化区改为第八区，设区公所，区下设镇、乡、保、甲。竹行区域内有雁行乡（部分）、长桥乡、老洪乡、竹行乡、新垦乡、天星乡（部分）。因其范围较小，一般称为小乡。各小乡设乡长，实行保甲制，每100户为一保，10户为一甲。

民国36年（1947年），第八区调整为4个镇11个乡，其中长桥、竹行2个乡并为老洪乡。

1949年，新中国成立，废除保甲制，第八区改为紫琅区，下设乡、村机构。乡设乡长、指导员、乡财办，村设村长、村财办。

1956年下半年，小乡并大乡。竹行、长桥、海南3个小乡和雁行乡、骆化乡的部分合并为竹行乡。

1957年2月，撤区并乡。10月，建竹行乡人民委员会，驻地竹行镇。此时，紫琅区和川港区合并，成立通海区。竹行乡隶属通海区领导，设乡长、副乡长。

1958年，实现人民公社化，撤销竹行乡，竹行乡老洪港以西划入长江人民公社，老洪港以东划入友谊人民公社。

1959年，中共南通县委和县人民委员会将长江人民公社改为新开人民公社。

1962年，根据中共南通县委和县人民委员会决定，把新开人民公社的现新丰、长桥、长桥南、群力、神农、谷东、海洪圩、龙田、竹行9个村和通海人民公社的现洞子港、竹东、竹南、新安、安北、大安、老洪港、后丰8个村，共17个村建立竹行人民公社，确立长桥港以东，大安港以西，小海新镇村以南，南通农场以北为竹行的区域范围（也是竹行镇2010年的区域范围），组建竹行人民公社，建立竹行人民公社管理委员会，以1—17自然数为大队，设主任、副主任。

1967年3月，由人武部抓总，建立革命生产领导小组，领导全公社生产和工作。此时的党委和公社管委会处于瘫痪状态。

1968年4月，建立竹行人民公社革命委员会，统揽党、政、财、文工作。

1970年8月，重建竹行人民公社党委会、竹行人民公社管理委员会，公社范围和驻地未变，隶属通海区领导。

1983年10月，竹行人民公社改称竹行乡，组建竹行乡人民政府，设乡长、副乡长。大队改地名村。一大队改称新丰村，二大队改为长桥村，三大队改为长桥南村，四大队改为谷东村，五大队改为海洪圩村，六大队改为群力村，七大队改为龙田村，八大队改为洞子港村，九大队改为竹东村，中心大队改为竹行村，十一大队改为竹南村，十二大队改为安北村，十三大队改为大安村，十四大队改为老洪港村，十五大队改为新安村，十六大队改为后丰村，十七大队改为神农村。生产队改为村民小组。

1993年，撤县设市。南通县竹行乡人民政府改为通州市竹行乡人民政府。

2001年2月，竹行撤乡设镇，通州市竹行乡人民政府改称通州市竹行镇人民政府。3月19日竹行镇划入南通市，属南通经济技术开发区管辖，更名为南通市竹行镇，镇人民政府设镇长、副镇长。3月5日把原17个行政村合并成10个行政村。新丰村不变，长桥村与长桥南村合并为长桥村，谷东村与海洪圩村合并为谷东村，神农村于群力村合并为神农村，洞子港村与龙田村合并为洞子港村，竹行村与竹南村、老洪港村合并为竹行村，竹东村与后丰村合并为竹东村，大安村与安北村、新安村合并为大安村，江东村和江海村不变。

2010年10月18日，撤镇建街道办事处，南通市竹行镇人民政府更名为南通市竹行街道工作办事处，设主任、副主任。

1957—1969年竹行乡（公社）、人民委员会（管理委员会）乡长、副乡长、主任、副主任任职表

表4-16

任职时间	职　务	姓　名
1957.10—1958.10	代乡长	黄卓和
1957.10—1958.10	副乡长	丁祖祥
1962.10—1965.10	主　任	周广彩
1962.7—1964.12	副主任	黄卓和
1965.11—1968.4	主　任	杨秀民
1965.1—1969.12	副主任	范成玉

1968—1983年竹行人民公社革命委员会主任副主任任职表

表4-17

任职时间	职　务	姓　名
1968.4—1968.8	主　任	杨秀民
1968.4—1969.9	副主任	张仁美
1968.8—1969.9	主　任	陆圣文
1968.8—1969.9	副主任	张仁美
1968.4—1969.9		徐永明
1969.9—1971.7	主　任	陈学祁
1969.9—1971.10	副主任	徐永明
1972.5—1976.10	主　任	倪文荣
1971.10—1976.10	副主任	杨允亭
1974.91976.10		张秀兰（女）
1975.3—1975.8		黄飞岩
1975.3—1976.10		顾汉明
1976.10—1982.10	主　任	钱士成
1976.10—1981.12	副主任	杨允亭
1976.10—1981.12		顾汉明
1976.10—1983.8		张秀兰（女）
1977.9—1983.12		袁进发
1983.7—1983.8	主　任	何允元

1983—2000年竹行乡人民政府正副乡长任职情况表

表4-18

任职时间	职务	姓名
1983.8—1984.1	乡长	何允元
1984.2—1984.5		茅志发
1984.7—1985.6		钱士成
1985.7—1987.10		陆士祥
1983.8—1987.3	副乡长	张秀兰（女）
1983.8—1984.2		茅志发
1984.3—1987.10		黄绍新
1983.9—1987.3		袁进发
1985.12—1987.3		倪成新
1987.10—1990.2	乡长	陆士祥
1990.2—1992.1		张永生
1992.2—1994.12		倪成新
1994.12—1995.12		陈一鸣
1996.1—2001.1		吴宏明
2001—2005		徐慕庆
2005—2007.12		龚汉平
2007.12—2010		张天玲
1987.10—1997	副乡长	黄绍新
1987.10—1992.2		倪成新
1990.2—1992.11		施忠标
1993.2—1999.12		朱士康
1993.2—1994.12		陈培新
1993.2—2000.12		杨宝林
1993.2—2000.12		张培德
1999.1—2000.12		项耀生

2001—2010年竹行镇人民政府正副镇长任职表

表4-19

任职时间	职务	姓名
2001.10—2006.4	镇长	徐慕庆
2006.4—2007.12		龚汉平

续表 4-19

任职时间	职　务	姓　名
2007.12—2010		张天玲
2001—2010	副镇长	项耀生
2001.1—2003.3		张培德
2001—2007.12		杨宝林
2003—2007.12		瞿淑平
2004.12—2006.11		徐　鹏
2007—2010		沈　波
2007—2010		孙卫峰
2009—2010		李仁祥

1984—2002 年竹行乡（镇）参加县市政协会议代表

表 4-20

届　别	年　限	代表名单
南通县第六届政协会议	1984—1986	王能祥
南通县第七届政协会议	1987—1989	王能祥
南通县第八届政协会议	1990—1992	龚品贤
通州市第九届政协会议	1993—1997	张天玲
通州市第十届政协会议	1998—2002	张天玲

1962—1982 年竹行人民公社部门干部任职表

表 4-21

任职时间	组织委员	宣传委员	党委秘书	人武部		治保委员	民政委员	水利委员	会计辅导员	妇女主任	团委书记	文书
				部　长	副部长							
1961—1965	张成美	沈朝宰	袁进发	杨荫亭		顾锦元	仇振清	徐志彬	张仁良		沈朝品	
1966—1968	陈秀祥	张宝山	袁进发	陈启良	孙秀祥	张祖凡	仇振清	沈朝品	倪国珍	樊守珍		张绍祥
1969—1970	陈秀祥	张宝山	袁进发	陈启良	孙秀祥	张祖凡	仇振清	沈朝品	倪国珍			
1971—1975	陈宗文	张宝山	龚汉昌	陈启良		张祖凡	仇振清	沈朝品	倪国珍	陆信芳	黄允兰	徐助欧
1976	陆宗文	张宝山	袁进发	陈启良		曹祖林	仇振清	沈朝品	倪国珍	陆信芳		
1977—1980	陆宗文	袁进发	袁进发	陈启良		曹祖林	仇振清	沈朝品	倪国珍			
1981—1982	陆宗文	施正明	陶颂和	茅志发	郭秀良	朱祖康	倪鼎高	沈朝品	朱永明	陆士玉	樊天裕	黄正岳

1983—2000年竹行乡人民政府部门干部任职表

表4-22

任职时间	组织委员	宣传委员	党委委员	人武部		民政助理	农业办主任	工业办主任	建设办主任	事务办主任	财政所长	妇联主任	团委书记
				部长	副部长								
1983—1990	陆宗文	施正明	陶颂和	茅志发	郭秀良								
1990—1995	陶颂和	樊天裕	陶颂和	陈培新	项耀生	施正明	黄绍新	倪成新	黄绍新	施忠标	沈黎平	顾银芳	徐永平
1996—1998	樊天裕	顾银芳	项耀生	项耀生		施正明	陈培新	朱士康	黄绍新	张培德	沈黎平	顾银芳	徐永平
1999—2000	樊天裕	朱亚标	项耀生	项耀生		施永芳	黄　跃	项耀生	杨宝林	张培德	沈黎平	杨素勤	蒋育红

2001—2010年竹行镇人民政府部门干部任职表

表4-23

任职时间	组织委员	宣传委员	党委秘书	人大秘书	人武部		民政助理	农业办主任	工业办主任	建设办主任	事务办主任	财政所长	妇联主任
					部长	副部长							
2001	张天玲	蒋雄伟	项耀生	张　红	项耀生	丁　巍	施永芳	项耀生	姚金华	杨宝林	瞿淑平	沈黎平	杨素勤
2002—2005	张天玲	蒋雄伟	项耀生	张　红	项耀生	丁　巍	施永芳	项耀生	姚金华	杨宝林	瞿淑平	沈黎平	杨素勤
2006	张　红	蒋育红	张　红	刘　梅	项耀生	丁　巍	施永芳	项耀生	孙卫峰	沈　波	孙卫峰	沈黎平	蒋育红
2007—2008	张　红	蒋育红	杨　平	刘　梅	项耀生	丁　巍	施永芳	项耀生	孙卫峰	沈　波	孙卫峰	沈黎平	蒋育红
2009	张　红	张　勇	杨　平	刘　梅	项耀生	丁　巍	徐育冲	项耀生	孙卫峰	沈　波	李仁祥	沈黎平	刘　梅
2010	张　红	樊人冬	杨　平	刘　梅	项耀生	丁　巍	徐育冲	项耀生	孙卫峰	沈　波	李仁祥	沈黎平	刘　梅

1990—2010年竹行乡（镇）政府部门干部任职表

表4-24

任职时间	文卫助理	三产助理	安全助理	环保助理	计生助理	司法助理	综合办主任	农水助理	招商办助理	统计助理	文档助理	农经站长
1990	杨宝林				张维亚	倪　涛	施忠标	倪鼎高		陈兴旺	张水康	
1991—1998	顾小平				张维亚	倪　涛	施忠标	倪鼎高		陈兴旺	张水康	
1999—2001	刘　梅	施秀平			张维亚	倪　涛	张培德	倪鼎高		杨德泉	黄元法	
2002	孙卫峰	樊天裕	黄成标	黄成标	蒋雄伟	倪　涛	瞿淑平	倪鼎高	徐慕庆	刘　梅	黄元法	
2003—2005	孙卫峰	樊天裕	黄成标	黄成标	张　勇	倪　涛	瞿淑平	倪鼎高	姚金华	刘　梅	黄元法	
2006	孙卫峰	薛　平	黄成标	樊天裕	张　勇	朱红明	瞿淑平	倪鼎高	龚汉平	刘　梅	黄元法	井　红
2007-2008	蔡新伟	薛　平	黄成标	樊天裕	张　勇	朱红明 施迎春	孙卫峰	苏小刚	张天玲	刘　梅	黄元法	井　红
2009	蔡新伟	薛　平	黄成标	张水康	施迎春	朱红明	孙卫峰	苏小刚	张天玲	刘　梅	黄元法	井　红
2010	蔡新伟	薛　平	黄成标	张水康	施迎春	冯　刚	冯　刚	苏小刚	张天玲	姚　亮	黄元法	虞连明

第二节　2000—2010年施政纪要

竹行镇党委、政府对全镇中心区域进行高标准、现代化规划。以6万~8万人口规模确定东到张江公路，西至东方大道，北到336省道，南至瑞兴路以南200米，共计4.21平方千米。按照中共南通市委、市政府统一部署和要求，以“迎接新世纪，建设新竹行”为目标，坚持“两手齐抓，两手都硬”的方针，紧紧围绕建设这个中心，牢牢把握发展机遇，扎扎实实做好工作，着力调整和优化产业结构，科学调整三业并举的整体格局，努力推动经济总量增加和运行质量的提高，全镇经济步入快速、稳定、健康的发展轨道，各项经济指标稳中求进，达到预定目标。

一、综合实力

2000年，全镇实现社会总产值10亿元，国内生产总值2.84亿元，人均GDP达到1.07万元，人均年收入4280元，财政收入达1370.2万元。综合经济实力连续五年进入通州市十强乡镇之列。

2001年，竹行镇实现社会总产值10.98亿元，国内生产总值3.28亿元，工农业总产值10.08亿元，人均GDP1.74万元，人均年收入4350元。实现财政收入1760万元，综合经济实力连续多年进入通州市十强乡镇行列，在南通市151个乡镇中排列29位。

2002年，竹行镇实现社会总产值12.94亿元。国内生产总值4.05亿元，人均GDP1.32万元，工农业总产值11.74亿元，农民人均年收入4745元，财政收入2180万元。

2003年，全镇实现社会总产值16亿元，国内生产总值4.9亿元，工农业总产值13.52亿元，人均GDP1.6万元，农民人均收入5077元，财政总收入2511万元。

2004年，全镇实现社会总产值20.3亿元，国内生产总值5.74亿元，人均GDP1.87万元，工农业总产值18.2亿元，农民人均年纯收入5661元，财政收入3528万元。

2005年，竹行全镇实现社会总产值33亿元，比上年增长百分之五十六,国内生产总值9.04亿元，人均GDP3.01万元，比上年增长百分之六十一，工业总产值29.9亿元，比上年增长百分之六十四，农民人均收入达6300元，比上年增长百分之十一，财政收入5006万元，比上年增长百分之五十一点三。

2006年，竹行镇在全国小城镇发展水平千强镇中列第822位，实现社会总产值45.5亿元，比上年增长百分之三十五，地区生产总值11.96亿元，人均GDP3.81万元，比上年增长百分之三十二，农民人均收入7135元，比上年增长百分之十二点二，财政收入6000余万元，比上年增长百分之七点一。

2007年，全镇社会总产值突破61亿元，人均GDP5.3万元，财政收入突破8000万元，农民人均纯收入突破8000元。综合经济实力迈上新台阶，在全国小城镇综合发展千强镇中名列822位。

2008年，实现社会总产值88亿元，地区生产总产值19亿元，人均GDP5.9万元，农民人均收入8935元，实现财政收入超亿元。

2009年，实现社会总产值110.8亿元，地区生产总产值32.4亿元，人均GDP7.06万元，农民人均纯收入超万元，实现财政收入1.1亿元。

2010年，实现社会总产值132.7亿元，地区生产总产值38.1亿元，人均GDP8.7万元，农民人均收入11052元，实现财政收入1.28亿元。

二、工　业

竹行镇党委、政府准确把握机遇，鼓励和扶持发展个、私企业，以钢丝绳为龙头，坚持抓大扶强，正确引导和帮助企业调整生产结构，不断提高企业经济效益，工业经济提速迅猛。

2000年，完成工业总产值8亿元，实现利税3700万元，创建民营经济园，有29家企业进入园区，同时带动园区周边个、私企业发展，全镇拥有个、私企业196家。

2001年，工业总产值9.45亿元，实现营业收入6.90亿元，利税3800万元，利润1450万元，工业增加值2.08亿元。工业园区入驻企业达36家，12月工业园区通过南通市示范工业园区验收，全镇个体私营企业完成工业总产值5.3亿元，钢丝绳生产企业在全国50多个大中城市开设销售窗口260多个。积极参与国际竞争，全镇自营出口创汇达4500万美元。

2002年，完成工业总产值11.08亿元，实现主营业务收入8.26亿元，利税总额4700万元，利润1650万元，工业增加值2.45亿元，自营出口创汇额达5500万元。工业园区企业总数达40家，完成工业总产值3.4亿元，营业收入2.8亿元，利税总额1300万元。

2003年，全年完成工业总产值13.57亿元，实现营业收入11亿元，工业增加值3.1亿元，利润2100万元，利税5433万元。外贸交货额8000万元。19家定报企业完成工业总产值6.45亿元，营业收入5.3亿元，占全镇工业经济比重的百分之四十八点五。全镇个体私营企业发展到278家。瑞兴路以南民营工业园一期占地600亩，可容纳个私企业41家，已基本饱和，民营园区工业总产量占全镇经济总量的百分之三十五。二期300亩园区开始组织实施。

针对钢丝绳行业废水排污严重问题，镇工业部门配合环保局依法加大整治力度，36家排污企业，其中32家通过南通市环保局验收合格，对偷、漏排污的4家企业进行行政执法，基本治理了污染状况。

2004年，工业企业建办速度再创新高，全镇拥有民营工业企业359家，村级企业309家，工业总产值18.2亿元，全年营业收入16.13亿元，出口产品交货额再创新高，以长江钢丝绳厂和灵芝王保健食品为主的企业出口交货额达1651万美元。

全面推进工业园区建设，投入资金近200万元，在谷东村新辟工业园区二期，占地500多亩。

民营企业发展势头强劲，全镇个体工商户达756户，私营企业359家。

2005年，突出工业主体，各项指标连创新高，全年完成工业总产值29.9亿元，占区下达指标25.5亿元的百分之一百十七，比上年18.2亿元增长百分之六十四，经济运行质量创新高，全年共实现营业收入27.2亿元，实现工业增加值7.2亿元，利税1.1亿元，利润5200万元，新增自营进口权企业8家，外贸出口企业7家，出口交易额2495万美元。工业企业发展创新高，全镇拥有民营企业407家，全年新增民营企业48家，新增注册资本4092万元。

2006年，全镇工业总产值41.5亿元，实现营业收入38.3亿元。新增自营出口企业8家，间接外贸出口企业8家，出口交易额达3200万美元，工业企业发展创新高，全年新增民营企业66家，全镇拥有民营企业473家，全镇产值超亿元企业4家，五千万以上企业9家，千万元以上企业43家，有10家企业在开发区排名前27位。

2006年，全年共113家新老企业技改投入总额2.83亿元。光明钢丝绳制品公司新开发的120毫米大口径特种规格钢绳在华东地区尚属首家，年产量5000吨。

2007年，全镇实现工业总产值58.2亿元，年增幅达百分之四十以上，实现营业收入52.3亿元，增长百分之三十六，实现工业增加值13.6亿元，利税2亿元，利润0.9亿元，出口交易额4000万美元。规模企业不断壮大，新增企业19家，规模企业达51家，全镇拥有产值亿元企业4家、五千万元以上企业15家、千万元以上29家。企业技改投入6.5亿元。研发科技含量高、市场竞争力强的新产品。接触网用绳获国家专利。

2008年，全镇实现工业总产值80亿元，新增私营企业147家，新增注册资本8830万元。自主创新技改步伐不断加快，新增固定资产投资3.82亿元，其中技改投入3.2亿元。节能减排成效明显，镇区63家企业139只烟囱进行切割改造，使烟囱达到排放标准。

2009年，全镇实现工业总产值100.23亿元，实现利税11.12亿元，利润7.3亿元，新增私营企业212家，新增注册资本1.55亿元。全年完成外贸出口5.56亿元。

2010年，全镇实现工业总产值116亿元，同比增长百分之十七，完成营业收入110亿元，出口交易额6.09亿元。全镇新增个体工商户806户，新增私营企业193家，新增私营企业注册资本3.43亿元，引进市外民资资本1.37亿元。

三、农　业

竹行镇党委、政府认真贯彻党在农村各项方针政策，坚持农业基础地位不动摇，加速农业结构调整，培养农民经纪人队伍，加大农田基本建设、小型水利建设，促进农村经济稳步发展。

2000年，全镇实现农业总产值6195万元，粮食总产量7799吨，油料总产量2298吨。创办特色农业、高效农业，投入十多万元，在新丰村开辟芦荟种植示范园区，投入1600万元，利用长江边滩田822亩建设“世外桃源 休闲农庄”，投入12.3万元疏浚河道，开挖丰产沟排水沟5060米，投入16.4万元修筑防渗渠道4000余米，保证1200亩水稻灌水及抗旱排涝。

2001年，全镇实现农业总产值6003万元，其中种植业产值达2746万元，多种经营产值1721万元，其他产值1536万元，粮食总产量12260吨，油料总产量2608吨。

创办特色农业，发展多种经营。全镇共有农民经济人280余人，以通惠灵芝为龙头，带动北片农户种植菌类、芦荟等经济作物。利用城郊优势发展东南片近600亩蔬菜基地，以江海村为主建立250亩无公害绿色蔬菜基地，每亩纯利润在3000元以上。

党委政府重视水利建设，全年投入68.8万元疏浚河道。全镇基本实现沟沟相通，灌得进，排得出水系格局。

2002年，紧紧抓住农业增效、农民增收这一农村根本问题，积极扶持农村种植大户58户、养殖大户158户，全镇形成以大安村为主的600亩蔬菜种植、以谷东村为主千亩青毛豆种植基地和江海村为主的800亩螃蟹、青虾水产养殖基地。引进优良种子20吨，增产粮食近百万斤，增加经济效益10多万元，推广化学除草，节省人工2.85万工，节约农业成本57万元。

2003年，全镇实现农业总产值7779万元，其中种植业产值4017万元，多种经营产值1177万元，其他农业产值2585万元，粮食总产值1477万元，油料总产值682万元。

竹行镇党委、政府依托通惠灵芝、恒大休闲农庄两大农业龙头企业的基础上，维护、巩固三大种、养殖基地，新增江海村的绿色蔬菜种植基地。全镇拥有多类农业经纪人243人、种植大户61户、养殖大户163户。

积极推广优良品种，增加粮食、油料近百万斤。全镇优良品种覆盖率达百分之九十八。

2004年，农业结构步伐加快，继续推进四大种、养殖基地。全镇拥有农民经济人260人、种、养大户200余户。江东村通过土地租用形式，引进日本企业投资，创办福德高科技农业基地，占地250亩。

2005年，农业经济稳步发展，结构超优。全镇农业总产值6380万元，其中种植业产值4393万元，多种经济产值1987万元，农业增加值3094万元。农业结构调整颇具规格，全镇拥有百头养猪场29个、千羽家禽养殖场35个。蔬菜种植面积近2000亩，水产养殖大户近200个。

2006年，竹行镇党委、政府认真落实各项惠农政策，农村税费从减到免。农业基础设施建设，投入资金220余万元。疏浚整治河道23条，改造农村危桥28座。“禽流感”“生猪高热病”等得到有效防控。建立和完善农产品质检中心。农业实用技术培训人数达3299人次。

2007年，党委、政府充分发挥农业综合服务站、农技、农经等部门指挥作用，围绕“农业增产、农民增收、农村稳定”目标，以“农业倍增工程”“千户示范工程”为载体，认真落实各项惠农政策，涉农补贴“一折通”发放率百分之百。通过奖励机制，鼓励高效农业生产，实现农业总产值7113万元。全镇拥有种、养殖大户119户、千户示范户832户，亩均收益3000元的经济作物面积达3060亩。

2008年，竹行镇党委、政府认真落实各项惠农政策，提高农民收入。全镇实现农业总产值7716万元，农民人均收入8935元。全镇拥有千户示范户832户，种植面积2642亩。全年完成村组河道疏浚1147条。投入25万元改造农村危桥5座。投入30万元，对已疏浚好的河道绿化，绿化折合面积619亩。

各类涉农补贴发放到位，完成小麦保险2293亩、油菜保险13136亩，切实做好动物疫病预防控制和加拿大"一枝黄花"清除工作，圆满完成第一次农业污染普查工作。

2009年，党委、政府以"民富、村美、风气好"为标准，着力完善农业基础设施建设，改善农业生产条件和农民生活环境。投入41.5万元为二、三、四级河24.7公里，村组河道329公里进行长效保洁。投入27万元对全镇10个行政村进行村庄环卫保洁。改善农村水系，投入65万元对"一六滩""二号滩"的水系进行调整。拆除旧涵洞1座，新建涵闸3座。

按照《南通市都市生态型现代农业发展规划》，大安村、竹行村、竹东村三个村列为南通市生态型现代农业建设项目——竹行绿色蔬菜基地。

2010年，围绕都市生态型现代农业示范区建设的总部署，以"农业增产、农民增收、农村稳定"为目标，不断调整和优化农业产业结构，认真落实各项支农、惠农政策。2010年，实现农业总产值8125万元，完成农业增加值4303万元，农民人均收入超过1.1万元。鼓励农民改变传统种植模式，大力发展高效农业。全镇拥有千户示范户1317户，比去年净增239户。种植面积3942亩，比2009年净增826亩。共流转土地2317亩，同比增长百分之十一点五六。及时发放各类涉农补贴1228.8万元。

四、第三产业

竹行镇党委、政府在抓好一、二产同时，认真贯彻党和国家关于加快发展个体私营经济的文件精神，激活农村闲散资金，鼓励农民进城搞个体经营，使小城镇建设与三产有机结合，营造第三产业发展环境，第三产业发展较快。

2000年，竹行镇党委、政府坚持以公有制为主体，多种经济成分共同发展的方针，转变观念，提高认识，多方入手，推进第三产业发展进程。全乡个体工商户达568户，第三产业固定资产超过4000多万元。2000年第三产业增加值实现1300万元。

2001年，新建的农贸市场为三产发展拓展了强大的空间。全镇拥有个体工商户618户。第三产业固定资产超过5000万元。第三产业增加值实现9000万元。

2002年，政府先后投入5000万元，加快小城镇建设，推动了第三产业发展，为广大农民提供了良好商机。全镇个体工商户迅速达到650多户。第三产业增加值完成1.2亿元，比上年增长百分之三十二。

2003年，全镇个体工商户数达690户。仅农贸市场农副产品成交额就突破2300多万元。

2004年，全镇个体工商户超过700户。农贸市场农副产品交易额达3000万元。第三产业增加值1.2亿元。

2005年，随着经济的发展，外来人员的增多，三产发展步伐迅速加快。全镇实现第三产业增加值1.47亿元，同比增长百分之二点三。新增个体工商户348户，总数突破1000户。农贸市场交易额超过3500万元，净增500万元，增幅达百分之十六。

2006年，以农贸市场为依托的三产发展迅速，大中型超市从无到有，餐饮休闲档次从低到高，中介服务悄然兴起。星辰花园居民入住，形成竹行第二商业区。全年第三产业增加值1.93亿元。全镇个体工商户达1236户。农贸市场交易额超4000万元，年增幅达百分之十二以上。

2007年，部分企业的临街商业楼开设商铺，将企业转型、三产发展打下基础。全年实现第三产业增加值2.13亿元，个体工商户总数达1579户。农贸市场交易额达4500万元。

2008年，全镇个体工商户达1849户，注册资金7647万元，实现第三产业增加值2.36亿元。

2009年，随着星辰社区和瑞兴路两侧沿街商铺、大型超市、餐饮服务业兴起，形成东西两个商业区，三产发展晋档升级。全镇个体工商户达2436户，实现第三产业增加值4.04亿元，同比增长百分之七十一点一五。新增个体工商户961户，新增注册资金4558万元。

2010年，全镇新增个体工商户806户，总户数达3042户，实现第三产业增加值5.06亿元。

五、社会公益事业

竹行镇党委、政府关爱百姓生活，注重民生工程，坚持高起点规划、高标准建设，加大资金投入，社会公益事业得到前所未有的发展。

2000年，在政府财政并不宽裕的情况下作出决策，投入110万元，将长桥小学和竹雁小学合并，易地新建长江小学。攻坚克难，实现有线电视进村入户，有线电视入网数名列通州市第二。市、乡两级共投资1200余万元，高标准、高质量建成35000千伏变电所和完成农网整修改造。

2001年，政府投入950万元，新建农贸市场。投入88万元铺筑村级晴雨路，使全镇275个村民组通上晴雨路。投资1800多万元新建竹行变电所并进行农网改造。投入670万元易地重建竹行中学。投入60多万元扩建中心幼儿园，完善配套设施。

2002年，政府投入5000万元加快小城镇建设，推进第三产业发展，投资340万元完成竹行、洞子港等村的农网改造。新增变压器15台，投入20万元对沿江两村进行自来水扩供工程。

推进创建卫生镇，清除镇区垃圾600多吨，投入5万元新建3座公厕、4个垃圾池。投入2.8万元维修改造3个停车场，完善日常管理制度和门前三包责任制，12月经南通经济技术开发区文明办验收合格。

2003年，政府投资160万元撤并新垦小学和天星小学，易地新建大安小学。投入千万余元用于中、小学、幼儿园硬件建设。完成学校布局调整和危房改造工作，基本实现教育现代化建设硬件改造任务。依靠全民力量，在抗“非典”战役中取得全面胜利，全镇无一人感染，获南通经济技术开发区抗非典先进单位称号。

政府投入45.8万元完成101户草危房改造任务。

2004年，竹行镇党委、政府组织干群开展“五城同创”（省级文明城市、省级法治城市、省级园林城市、国家森林城市、国家卫生城市。）工作，不断推进卫生创建，投入160多万元改厕6939个。投入15万元对农贸市场软、硬件改造。投入20多万元，出动劳力6000多个，清除呆沟、呆塘泥1.6万立方米，清杂面积10多万平方米，清理多种垃圾、杂草、漂浮物4000多吨。镇区建10个灭蚊、灭鼠、灭蟑、灭蝇测报点，发放除四害药物。农村实现垃圾袋装化，每300户配一名保洁员，配置垃圾箱、保洁车，农村垃圾日产日清。

认真落实农村低保政策，投入16.5万元对全镇137户234人办理农村低保手续。关注社会弱势群体，镇财政对全镇201户困难户381人帮困。花费3万元对5名精神病患者进行救治，捐资4200元扶持4名重点优抚对象。

12万平方米星辰花园一期工程全面启动。

2005年，政府投入2680万元对新丰村等有关村级主要道路铺设柏油路，投入90多万元调整工业园区两个变电网络负荷。投入50多万元改造江边供电线路。投入35万元使洞子港、新丰、长桥、神农4个村2500多户居民喝上洪港水。投入42.5万元改造原竹南、海洪圩村自来水管道。投入30万元新建竹行小学操场，改造安全楼道。投入10万元完成学校网络校校通工程。投入40多万元维修改造竹行影剧院。

2006年，加快推进教育现代化建设。推进学校“六有工程建设”（有整洁的校园、有满足师生就餐需要的卫生食堂、有冷热饮用水、有水冲式厕所、有安全宿舍、寄宿生一人有一张床）。区、镇投入300多万元用于小学食堂、操场、中学食堂和幼儿园装潢等19个项目。政府拿出5万元对成绩优秀的师生给予奖励。投入200余万元，对7个村异地新建村委会办公场所，发放苏通大桥建设用地补偿金。政府通过财政和社会募捐发放困难户扶持资金35万元。

2007年，在南通经济技术开发区财力支持下，全镇百姓共享改革发展成果。新型农村合作医疗参保率达百分之一百。统筹标准由每人30元提高到70元。居民、学生医疗保险全面启动。农村义务教育实行“二免一补”（免除学杂费、免课本和作业本费，补家庭经济困难的寄宿学生）。全镇2571名学生免收杂费80万元。企业职工养老保险全面普及，新增职工养老保险1560万元。全镇384户644人贫困户、特困户生活得到基本保障，农村危房改造基本结束。社会救助和慈善事业广泛开展，镇成立扶贫基金理事会，发动全社会募集资金75万元，用于因病致贫、失学等困难群体补助。1907个征地拆迁户生活保障全面落实。沿江两村有线电视从无到有，全镇有线电视用户6200多户，入户率达百分之六十五，程控电话及通信覆盖率超过百分之九十。全镇9个村建立农村书屋。星辰花园、工业园区内建立文化活动中心，各村（居）开通党员干部远程教育网络。群众生活质量显著提高。

2008年，为创建国家文明城市，迎接苏通大桥通车，根据市委、市政府和南通经济技术开发区党工委、管委会要求开展烟囱整治。区、镇、企业三级合并投入300多万元，完成63家企业139只烟囱切割改造任务。引进除硫防尘一体化装置，烟囱排放和烟囱高度全部达到环保部门认可。大桥沿线开展环境整治，迎接大桥通车。

以交通与基础设施建设为重点，提升城镇通达深度和能力。区、镇合并投资1030多万元，实施村级主干道硬质化工程，新建水泥路33公里。投入150多万元实施镇区亮化工程。南通经济技术开发区投入6000万元，异地重建竹行小学。

以生态建设为基础，美化镇容镇貌，深入推进钢丝制品污染专项整治工作，以爱国卫生月活动为契机，开展"整脏治乱"行动。投入90万元用于全镇10村垃圾袋装化和长效保洁。

竹行镇党委、政府坚持百姓共享改革发展成果为根本出发点，推进各项富民惠农政策。区、镇财政投入1326万元补贴新农保人员，为拆迁时不满16周岁现已到龄的144人办理享受生活费手续，全镇176家企业职工实施养老保险。495户低保户744人享受生活保障。为9个村新建卫生医疗室700平方米以上。安排参加合作医疗的农民免费体检。投入70多万元为计生工作提供财力保障，发放独生子女父母奖励金。

2009年，以"民富、村美、风气好"为标准，着力完成农业基础设施建设，改善农民生活环境。政府投入41.5万元对村级河道进行长效保洁。投入27万元为10个村进行村庄环卫保洁。投入65万元对"一六滩""二号滩"的水系进行调整，新建涵闸3座。投入12.2万元，清除加拿大"一枝黄花"。

扎实推进农保、医保工作，参保率达百分之九十五。镇财政补贴2500多万元，为1441名独生子女办理意外伤害保险。

积极应对H1N1流感，制订防控预案，成立应急救援分队，采取果断措施，控制疫情发生。

星竹花园开工建设。

投资1200万元的竹行社区卫生服务中心异地重建。

2010年，竹行镇公共便民服务中心建设工程启动，社区卫生服务中心主体工程完工，附房和装修工作进行中。7个卫生服务网点全部建成。竹行小学投入使用，长江小学和大安小学合并到竹行小学。全镇教育事业形成一所幼儿园、一所小学、一所中学的合理格局。

党委、政府作出狠抓镇区环境面貌的改善、坚决贯彻市政府关于"三镇两行业"污染整治的重大决策，严肃查处铅、锌等重金属违法行动，完善废酸、污泥处置和酸洗磷化企业监管，镇区河水质量好转。

狠抓秸秆禁烧，建立村级、行政执法队、机关干部三级巡查制度，发现一起查处一起，提高村民环保意识和社会责任意识。

狠抓城镇管理，成立城管中队，治理镇区摊点乱设、垃圾乱扔、广告乱贴、车子乱停、废污乱排"五乱"行动。整治小区乱晒衣物、侵占绿化带、车辆乱停、杂物乱放、"小广告、小横幅"乱拉、乱贴现象。加强镇区主要道路整治力度，划出临时停车线，在星辰花园西侧建立停车场，专门设立视频监控。通过一系列整治，镇区面貌明显改观。在全市组织的市容环境卫生评比中，三次获得全市周边乡镇第一名，得到上级领导的肯定和广大群众的称赞。

注重民生保障，继续推进农村居民养老保险，征收农保基金1673万元，参保人数达6996人。继续推进城镇居民医疗保险，累计参保人数达2.25万人。继续推进企业养老保险，征收企业养老保险基金250万元。继续实施大病救治工作，对66名救助对象发放47.32万元补助金。全镇9个行政村一个社区都建立居家养老服务站。继续做好计划生育和独生子女奖励扶助工作和育龄妇女体格检查。认真落实城乡低保，统一标准、规范程序，做到应保尽保。2010年新增低保户59户。

六、党风廉政建设

2010年是基本现代化建设开启之年。竹行镇党委为全面贯彻落实中纪委十七届五中全会、南通经济技术开发区党风廉政建设和反腐败工作会议精神，深入贯彻落实科学发展观，坚持标本兼治、综合治理、惩防并举、注重预防方针，贯彻改革创新、惩防并举、统筹推进、重在建设的要求，高举“促进发展、惩治腐败、保护干部”三面旗帜。竹行镇党委高度重视并自觉承担推进倡廉建设政治责任和领导责任，推进以创建“乡镇勤廉好班子”“人民满意基层站所”“勤廉工程示范点”为内容的三创建活动。镇纪委着力开展“讲一堂廉政党课、签订一份廉政承诺书、组织一次廉政分析会、参观一次廉政廉政教育基地、参加一次预防职务犯罪教育、编印一本廉政心得汇编”反腐倡廉教育活动。同时，开展以“明勤政目标、定勤政措施、创勤政业绩、立廉政誓言、找廉政差距、做廉政表率”为主要内容的“三勤三廉”岗位勤廉主题活动，切实提高党员干部理论素养和政治素质，增强廉洁从政意识，正确行使权力。

竹行镇党委加强镇机关干部“十个不准”和村干部“十个严禁”的双十条规定的执行力和监督力，建立健全行风评议监督员队伍，加强对公职人员作风及机关效能监督，实行镇村干部工作定期报告制度，围绕新建镇便民服务中心的契机，进一步完善便民、利民、惠民的便民服务体系，借助竹行政府网站的建立，推行行政权力网上公开透明运行，开展领导干部和纪检干部下访活动，深入农村帮助解决农村发展过程中热点难点和影响群众利益的不正之风，深入企业开展“送政策进企业、帮企业解决难题”主题活动，研究影响企业发展的对策建议。建立纪检监察巡查工作制度，做到日常工作定期查，关键环节专项查、突出问题重点查、制度执行时时查，确保党干部勤政廉洁。

党风廉政建设和反腐工作的开展，严明了党的政治纪律，纠正了各类干部有令不行、有禁不止现象，促进政令畅通，惠民政策落实到位。镇、村（居）均实行政务公开、村（居）务公开，将拆迁安置、河道疏浚、绿化环保、交通照明等重点工程开支和低保补贴、干部考评等事项及时公布并征求群众意见，做到镇、村（居）开支透明、公正，群众真正感到镇、村（居）干部是自己贴心、放心的干部。随着民营经济迅猛发展，村民、居民收益落差感日益明显，镇党委通过多种途径让先富起来的民营企业家帮助群众共同富裕之路，通过兴办社会公益事业和发展高效农业来降低群众的落差感，加大对民营企业分配建设力度，推行民企与工人协商工资制度、督促民企给员工交纳五金。50多个民企建党支部，政府派出60名民企党建指导员，辅助民企法人给员工增长工资，落实福利待遇。镇政府投入600多万元，异地新建卫生服务中心，提高群众医疗条件，全面推进村（居）民养老保险，政府财政补贴1784万元，使农保基金达到8213万元，着力推进村（居）民医疗保险，22500人参保；发放村（居）民大病救助金50万元；及时发放家电、汽车、摩托车下乡补贴资金50.68万元；给2504名失地农民及时发放相关生活补助；投入220多万元对成人校、幼儿园进行现代化改造。在全镇10个村（居）建立居家养老服务站。竹行镇党委以纠风的实际成果取信于民，得到广大群众好评。

竹行镇党委、政府集体获奖情况表

表4-25

获奖时间（年）	奖项名称	授奖单位	级别
2003	南通市五星级乡镇工会 南通市文明乡镇	南通市总工会 南通市人民政府	市级
2005	南通市社会治安安全乡镇	南通市委、综治委员会	市级
	江苏省“百强示范乡镇”工会先进单位	江苏省总工会	省级
	南通市民主管理优秀组织单位	南通市总工会	市级
	江苏省创建加强示范乡镇先进单位	江苏省农村厅	省级
2006	南通市社会治安安全乡镇	南通市委、综治委员会	市级
	江苏省农村集体财务规划化管理示范乡镇	江苏省农村厅	省级
	南通市工会系统“四五”普法先进集体	南通市总工会	市级
2007	南通市社会治安安全乡镇 南通市安全生产先进单位	南通市委、市政府	市级
	中国电信社会主义新农村信息化示范镇 江苏省农家书屋典型治安模范镇 江苏省工业经济增幅十强镇	江苏省人民政府	省级
2008	南通市社会治安安全乡镇	南通市委、综治委员会	市级
	南通市农村集体财务规划化管理示范乡镇	中共南通市委农村工作委员会	市级
2009	南通市农村党风廉政建设“三创建”工作先进单位	南通市委	市级
	南通市法治乡镇	中共南通市委、南通市人民政府	市级
	南通市社会治安综合治理和平安建设先进集体	南通市政法委	市级

续表 4-25

获奖时间（年）	奖项名称	授奖单位	级　别
2009	南通市"三无"乡镇	南通市指导委政法委员会	市级
	江苏省工会工作模范乡镇	江苏省总工会	省级
	南通市市容环卫责任区管理先进集体	南通市城市管理局	市级
	南通市农村劳动力转移先进乡镇	中共南通市委、南通市人民政府	市级
	南通市文明乡镇	南通市人民政府	市级
2010	南通市优秀人民调解委员会	南通市司法局	市级
	南通市法治乡镇	中共南通市委市政府	市级
	2005—2010年度南通市信访工作先进集体	南通市信访局	市级
	南通市长安法治建设工作先进集体	中共南通市委市政府	市级
	2007—2010年南通市红旗基层党校	中共南通市委组织部	市级
	2009—2010年南通市乡镇勤政廉政好班子	中共南通纪委、市委组织部、市监察局	市级

竹行镇政府个人获奖情况表

表 4-26

年　份	姓　名	获奖名称	授奖单位	级　别
1988	陈一鸣	江苏省劳动模范	江苏省人民政府	省级
		南通市乡镇企业家	南通市人民政府	市级
1990	项耀生	南通军分区先进人武干部	南通市政府、军分区	市级
1991	张培德	抗洪救灾积极分子	南通县人民政府	县级
	张天玲	江苏省妇女系统信访工作先进个人	江苏省妇联	省级
		通州市优秀党务工作者	中共通州市委员会	县级
1992	张培德	先进工作者	南通县人民政府	县级
		武装工作先进个人	南通县人民政府	县级
		征收义务兵役费工作先进个人	南通县人民政府	县级
1993	陈一鸣	记大功	南通县人民政府	县级
	张天玲	通州市优秀党务工作者	中共通州市文员会	县级
1994	张培德	信访工作先进工作者	南通市委 市政府	市级
1995	张培德	综合治理先进个人	通州市委 市政府	县（市）
	陈兴旺	嘉奖	通州市委 市政府	县（市）

续表 4-26

年份	姓名	获奖名称	授奖单位	级别
1996	陈兴旺	第一次农业普查省级先进个人	江苏省人民政府	省级
		八五、九五统计工作先进个人	通州市人民政府	县(市)
1997	陈一鸣	通州市明星企业家	通州市人民政府	县(市)
	张天玲	嘉奖	中共通州市政府	县(市)
	张培德	综合治理先进个人	南通市委 市政府	市级
1998	张培德	信访工作先进个人	通州市委、市政府	县市
1999	姚 亮	植保工作先进个人	通州市政府办公室	县市
2000	张培德	生猪猪肉经营管理先进个人	通州市人民政府	县市
	陈一鸣	南通市优秀党务工作者	南通市委、市政府	市级
	瞿淑平	学法、用法先进个人	南通市委、市政府	市级
	张天玲	优秀党务工作者	中共南通经济技术开发区管委会	区(县)
2001	张培德	第五次人口普查先进个人	南通经济技术开发区管委会	区(县)
	项耀生	征兵工作先进个人	南通经济技术开发区管委会	区(县)
	蔡倪红	江苏省人口普查先进个人	江苏省人口普查办公室	省级
		第五次人口普查先进个人	南通经济技术开发区管委会	区(县)
	刘 梅	第五次人口普查先进个人	江苏省人口普查办公室	省级
2002	丁 巍	征兵工作先进个人	南通经济技术开发区管委会	区(县)
2003	张天玲	南通市纪检监察先进工作者	南通市纪委	市级
	项耀生	征兵工作先进个人	南通经济技术开发区管委会	市级
		生猪屠宰工作先进个人	南通市委、市政府	市级
		南通市"放心肉"工程先进个人	南通经济技术开发区管委会	区(县)
	张天玲	南通市党风廉政宣传教育先进工作者	南通市委、市政府	市级
	杨晶晶	防非典工作先进个人	南通经济技术开发区管委会	区(县)
2004	张天玲	江苏省巾帼建功先进工作者	中共江苏省委员会	省级
		江苏省优秀共产党员	江苏省人民政府	省级

续表 4–26

年　份	姓　名	获奖名称	授奖单位	级　别
2004	丁　巍	征兵工作先进个人	南通经济技术开发区管委会	区（县）
	项耀生	禽流感 动物防疫先进个人	南通市	市级
	瞿淑平	江苏省防止民间纠纷激化工作先进个人三等奖	江苏省人民政府	省级
	项耀生	拥军工作先进个人	南通经济技术开发区管委会	区（县）
		征兵工作先进个人	南通经济技术开发区管委会	区（县）
2005	张　红	江苏省新长征突击手	江苏省人民政府	省级
		南通市优秀团干部	南通市团委	市级
	项耀生	防汛抗旱先进工作者	南通经济技术开发区管委会	区（县）
		南通市“双拥”工作先进个人	南通市人民政府	市级
	倪鼎高	防汛抗旱先进工作者	南通经济技术开发区管委会	区（县）
	刘　梅	南通市乡镇统计先进工作者	南通市人民政府	市级
		1%人口抽样调查工作省级先进个人	江苏省人民政府	省级
		第一次全国经济普查省级先进个人	江苏省人民政府	省级
	丁　巍	征兵工作先进个人	南通经济技术开发区管委会	区（县）
	杨裕祥	水利工作先进个人	南通经济技术开发区管委会	区（县）
2006	范义帅	农村经济工作先进个人	南通经济技术开发区管委会	区（县）
	张　勇	江苏省计划生育志愿者零距离服务活动先进个人	江苏省计生委	省级
	朱洪明	南通市法治宣传教育先进个人	南通市司法局	市级
2007	项耀生	南通军分区专武干部集训先进个人	南通市政府、军分区	市级
	朱洪明	南通市司法行政工作先进个人	南通市司法局	市级
	瞿淑平	江苏省计划生育协会优秀会员	江苏省计生委	省级
2008	张　勇	南通市违法生育专项治理行动先进个人	南通市计生委	市级
	朱洪明	南通市防激化先进个人	南通市综合治理办公室	市级

续表4-26

年 份	姓 名	获奖名称	授奖单位	级 别
2008	张培德	开发区拆迁安置先进个人	南通经济技术开发区党工委、管委会	区(县)市
2010	张 红	南通市五一巾帼标兵	南通市人民政府	市级
	朱洪明	南通市优秀司法所创建先进个人	南通市司法局	市级
	施迎春	村庄环境整治先进个人	南通经济技术开发区管委会	区(县)
	杨 平	江苏省党员干部现代远程教育学用标兵	中共江苏省委组织部	省级

第三节 村镇建设

竹行镇村镇建设办公室原名竹行乡建房办公室,建立于1981年。1983年7月政社分设后更名为竹行乡建设办公室。2001年2月竹行撤乡设镇,办公室更名为竹行镇村镇建设办公室。

竹行隶属通州市时,村民建房按人均24平方米的标准批建,独生子女家庭户照顾一个人的面积批准标准,即与四人户相同,建筑占地不得超过96平方米,宅基地总面积不得超过155平方米。2006年起,独生子女三人户批准面积由原96平方米改为95平方米,宅基地总面积不得超过135平方米。2001年3月19日,竹行划入南通经济技术开发区后,人均批建面积不变,独生子女三人户的批建面积由原95平方米改为93平方米,宅基地总面积由135平方米改为133平方米。

建房户在开工前报告村委会,由村委会通知镇政府主管部门到现场定位。村镇两级共同定位后,村委会会同建房户填写建房施工单,对宅基地的四址范围面积、房屋占地面积、建筑面积、层高、基础(大方脚)、高度等项提出有关要求,建房户在施工单上签字并做好留存。镇政府主管部门接到开工报告后,到场进行查验。房屋竣工后,由村民委员会会同镇政府主管部门根据施工单位有关规定逐项验收,对违反建房规定的,按有关条例处理,对验收合格房退还用地保证金和建房保证金。

1987—2000年竹行镇群众建房批建情况表

表4-27

年 份	当年批建房(户)	平 房		楼 房		拆除面积(平方米)
		批建户	面积(平方米)	批建户	面积(平方米)	
1987	436	394	34460	42	8156	12831
1988	386	335	28763	51	15762	12190

续表4-27

年　份	当年批建房（户）	平　房		楼　房		拆除面积（平方米）
		批建户	面积（平方米）	批建户	面积（平方米）	
1989	508	422	36714	86	16680	14750
1990	290	258	22968	32	6144	8680
1991	298	233	20043	65	12480	8620
1992	167	99	9405	68	13056	4766
1993	186	150	14250	36	3612	5356
1994	282	237	22315	45	8640	8952
1995	279	226	20986	53	10176	8961
1996	302	210	19978	92	17664	9856
1997	671	425	40260	246	47632	22354
1998	567	270	25860	297	57264	19148
1999	166	63	5970	103	19776	6286
2000	224	32	3072	192	36864	8852

2010年5月竹行镇拆迁户情况统计表

表4-28　　　　单位：户、人

单　位	总户数	拆迁户	总拆迁人数	男	女
新　丰	922	767	1744	942	802
长　桥	1526	1526	3586	1726	1860
谷　东	1210	405	960	468	492
竹　行	1759	90	301	206	95
洞子港	1299	207	776	352	424
竹　东	1190	97	197	95	102
大　安	1852	—	—	—	—
神　农	990	18	42	22	10
江　东	761	47	144	75	69
江　海	1047	73	235	109	126
合　计					

竹行镇村镇建设办公室历任负责人名单

1983.7—1992.5　朱士康　1992.5—1995.1　黄绍新

1995.1—1996.1　张培德　1996.1—1998.7　黄绍新

1998.7—2007.12　杨宝林　2007.12—2010.12　沈　波

第四节 公共便民服务

竹行镇便民服务中心建立于2008年7月28日，原址星辰花园。服务中心由农村医保、计划生育、广电站三个常驻窗口，农经、农技、国土、司法、环保等六个定期窗口，财政所一个机动窗口整合而成。

2010年5月，便民服务中心迁至政府大院朝东屋内，开设领导接待、大调解、党建、社会事务、拆迁安置、土管环保、财政税务、农经服务、企业服务、广电站十个便民窗口。

各窗口工作流程短，热情服务群众，建好工作台账，认真做好记录，件件工作有落实。

第五节 安全生产

根据《江苏省安全生产监督管理规定》、南通市人民政府（通政发〔2002〕8号文件精神，2004年3月，竹行镇建立安全生产委员会。（以下简称安委会）

安委会建立后，强化安全生产管理，落实安全生产目标责任制，保障人民生命和国家财产安全，遏制各类事故发生，促进经济持续快速、健康发展和安全，保持信息系统的畅通，掌握安全生产情况，协调和指导全镇安全生产。竹行镇安全生产委员会每月召开安全生产会议，政府有关部门正职责任人参加，由政府主要领导或主要领导委托分管领导主持。会议内容是分析、布置、督促和检查全镇各领域的安全生产工作，研究解决安全生产委员会提交的安全生产相关事项，形成纪要，做出决定。安全生产委员会每月召开一次安全生产委员会全体成员会议，会议由安全生产委员会主任主持。听取本月镇安全生产情况报告，分析当前安全生产面临的形势和存在的问题，研究部署安全生产的对策、措施和制订下月的工作重点。

镇安委会结合每个时期的特点，开展安全月等群众性安全生产活动，有方案有计划有总结，运用事故现场分析会，安全生产图片展览以及广播、板报等形式开展安全生产科普宣传，教育广大职工，普及安全知识。

钢丝绳行业属安全生产高危行业。镇安委会建立安全生产检查制度，边检查、边督促整改。对一时不能整改的事故隐患，落实防范措施，跟踪督促检查。每季度组织1~2次拉网式安全生产大检查，督促企业整改，消除事故隐患。督促镇、村企业全面落实新、改、扩工程项目劳动安全卫生，对无安全生产防护设施和防尘防毒设备的项目不批准投产，指导企业加强安全管理。

镇安全生产委员会监督管理部门建立完整的事故档案，定期分析，从中摸索事故规律，制定防范措施，凡镇域内企业发生一次重伤或伤亡事故，镇政府有关部门立即报上级安全生产监督管理部门，并组织事故调查组进行调查，查清事故原因，落实整改措施，提出对事故责任人的处理建议，并在规定期限内报上级安全生产监督管理部门备案。

竹行镇安委会对全镇重大事故隐患挂牌督办的有：

大安村尖沙渔港为南北走向的主要干道河，河上桥梁桥面较窄且无栏杆，容易发生行人和车辆坠河事故；

海峰钢丝绳有限公司两车间之间一电杆破损倾斜，一旦断裂倒塌，会造成人员触电伤亡，引起火灾，物件砸人事故；

华星钢丝绳有限公司车间附属仓库墙体倾斜，裂缝逐渐变大，遇暴雨大风等突发性灾害会发生倒塌事故；

张江公路竹行镇境内的南兴路口，本身道路不宽（14米），每天上午7点至10点，下午2点至5点，两侧摆放大量摊位，形成典型的马路市场，容易造成交通堵塞，发生恶性交通事故；

乾坤钢丝绳有限公司车间屋面，年久失修，桁条木椽部分腐烂，多数椽子椽钉脱落，导致瓦片下滑脱落，雨天漏雨严重，有屋面坍塌的危险；

竹行镇区内瑞兴路路段，宽24米，车流量大，两边停放大量机动车，占用车行道，曾发生多起恶性交通事故；

星火钢绳有限公司车间内有一行车横梁，腐蚀严重，工字钢变形，一旦电动葫芦脱落，会造成人员伤亡事故；

扬子钢绳有限公司，车间内有锅炉，安全附件缺失，水处理系统不能正常运转，一旦使用过程中发生爆炸，后果不堪设想；

杨明布条粉碎加工车间可燃性粉末较多，电机不防爆，消防器材不到位，一旦爆炸起火，会造成人员伤亡事故；

竹行村杨三苟桥系村级干道桥梁，无栏杆，易发生交通事故，2008年曾摔死一人。

以上重大事故隐患，竹行镇安全委员会、竹行镇安监所加大督办力度，镇政府加大投入，各整改责任部门和单位落实重大隐患整改措施。按照整改时限要求，于2010年上半年整改到位。确保无重大事故发生，使安全生产形势稳定有序。

2002—2010年竹行镇各种安全培训情况统计表

表4-29　　单位：人

年份	特种工培训		特种技能培训		职工安全培训	
	一期	二期	一期	二期	一期	二期
2002	50	120	50	20	120	2500
2003	80	150	80	150	120	1500
2004	100	200	100	200	130	3000

续表4-29

年　份	特种工培训		特种技能培训		职工安全培训	
	一　期	二　期	一　期	二　期	一　期	二　期
2005	120	200	120	230	130	4000
2006	—	—	—	—	200	6000
2007	130	230	130	230	250	7500
2008	—	—	—	—	300	8000
2009	130	250	130	230	350	8500
2010	培训特种设备作业人员269人，集中培训干部职工450人					

2000—2009安全事故处理情况表

表4-30

年　份	安全事故起数	重大事故		一般事故	
		死亡（人）	赔偿（万元）	伤残（人）	赔偿（万元）
2000	10	—	—	10	5
2001	12	—	—	12	8
2002	15	—	—	15	13
2003	25	—	—	25	28
2004	18	—	—	18	20
2005	25	—	—	25	35
2006	49	4	47.5	45	81
2007	39	5	108	34	155
2008	21	2	59	19	79
2009	47	2	79.3	45	160

2004—2010年竹行镇安委会成员名表

表4-31

任职时间	任职名称	姓　名	行政职务	任职名称	姓　名	行政职务
2004.3至2005.5	主任	徐慕庆	镇党委副书记、镇长	成　员	张　红	团委书记
	常务副主任	姚金华	党委副书记	成　员	蒋育红	妇联主席
	副主任	张天玲	党委副书记、纪委书记	成　员	蒋雄伟	党委委员、宣传委员
	副主任	杨宝林	副镇长	成　员	樊天裕	协理员
	副主任	项耀生	副镇长	成　员	沈黎平	财政所所长
	副主任	瞿淑平	副镇长	成　员	薛　平	工业兼三产助理
	副主任	徐　鹏	副镇长	成　员	张水康	村镇建设办助理
	副主任	张培德	人大副主席	成　员	倪鼎高	农业助理

续表 4-31

任职时间	任职名称	姓　名	行政职务	任职名称	姓　名	行政职务
2004.3至2005.5	副主任	黄建华	派出所所长	成　员	朱伯超	工商所所长
				成　员	黄成标	安全环保助理
				成　员	徐建军	运管站站长
2005.6至2008.2	主任	龚汉平	党委副书记、镇长	成　员	姚金华	主任科员
	常务副主任	项耀生	党委委员、副镇长	成　员	蒋雄伟	党委委员、建设办副主任
	副主任	张天玲	党委副书记、纪委书记	成　员	蒋育红	纪委副书记、宣传委员、妇联主席
		杨宝林	副镇长	成　员	樊天裕	环保助理
		瞿淑平	副镇长	成　员	黄成标	安全助理
		徐　鹏	副镇长	成　员	沈黎平	财政所所长
		张培德	人大副主席	成　员	薛　平	工业兼三产助理
		黄建华	派出所所长	成　员	张水康	村镇建设办助理
				成　员	杨　平	副业助理
				成　员	朱伯超	工商所所长
				成　员	陈　冲	用电站站长
				成　员	胡振东	派出所副所长
				成　员	徐建军	运营站站长
				成　员	陈小苏	镇劳动和社会保障所所长
				成　员	陆亚祥	安全办安全员
2008.3至2009.2	主任	张天玲	党委副书记、镇长	成　员	姚金华	主任科员
	常务副主任	项耀生	党委委员、副镇长	成　员	蒋育红	镇纪委副书记、宣传委员、妇联主席
	副主任	张　红	镇党委副书记、纪委书记、工会主席	成　员	黄成标	安全助理
		杨宝林	人大主席	成　员	张水康	村镇建设助理
		瞿淑平	人大副主席	成　员	樊天裕	环保助理
		沈　波	副镇长	成　员	施迎春	司法助理
		孙卫峰	副镇长	成　员	沈黎平	财政所所长
		黄建华	派出所所长	成　员	崔建新	工业助理
				成　员	苏小刚	农副业助理
				成　员	薛　平	三产助理
				成　员	朱伯超	工商所所长
				成　员	葛年华	供电所所长

续表 4-31

任职时间	任职名称	姓　名	行政职务	任职名称	姓　名	行政职务
2008.3至2009.2				成　员	胡振东	派出所所长
				成　员	陈小苏	劳动保障所所长
				成　员	薛水明	成人校校长
				成　员	陆亚祥	安监办安监员
				成　员	许　越	安监办安监员
				成　员	张　辉	安监办安监员
2009.3至2010.12	主任	张天玲	党委副书记、镇长	成　员	姚金华	主任科员
	常务副主任	孙卫峰	副镇长	成　员	黄成标	安全助理
	副主任	张　红	党委副书记、纪委书记、工会主席	成　员	陈建生	建设助理
		瞿淑平	人大主席	成　员	朱红明	司法助理
		项耀生	党委委员、副镇长	成　员	冯　刚	综合助理
		沈　波	党委委员、副镇长	成　员	沈黎平	财政所长
		李仁祥	副镇长	成　员	崔建新	工业助理
		黄建成	派出所所长	成　员	苏小刚	农副业助理
				成　员	张　勇	宣传干事
				成　员	刘　梅	工会副主席
				成　员	朱伯超	工商所所长
				成　员	陈　冲	用电站负责人
				成　员	胡振东	派出所副所长
				成　员	薛水明	成人校校长
				成　员	陈小苏	安全办专职安检员
				成　员	陆亚祥	安全办专职安检员
				成　员	许　越	安全办专职安检员
				成　员	张　辉	安全办专职安检员

2010年，竹行镇安委会获得开发区安全生产培训先进单位。

2005—2009年竹行镇安委会集体获奖情况统计表

表 4-32

年份（年）	获项名称	授奖单位	级　别
2005	安全生产目标管理三等奖	南通经济技术开发区管委会	县（区）级
	安全生产专项整治先进集体	南通经济技术开发区管委会	县（区）级
2006	安全生产专项整治先进集体	南通经济技术开发区管委会	县（区）级

续表4-32

年份(年)	获项名称	授奖单位	级　别
2007	安全生产先进集体	南通经济技术开发区管委会	县(区)级
	安全生产宣传教育先进集体	南通经济技术开发区管委会	县(区)级
2008	竹行镇2008年安全生产宣传教育先进集体	南通经济技术开发区管委会	县(区)级
	安全生产先进集体	南通经济技术开发区管委会	县(区)级

2005—2009年竹行镇安委会个人获奖情况统计表

表4-33

年份(年)	姓　名	获项名称	授奖单位	级　别
2001	黄成标	安全生产工作先进者	南通经济技术开发区管委会	县(区)级
2005		安全生产监督管理先进个人	南通经济技术开发区管委会	县(区)级
		江苏省安全生产监督管理先进个人	江苏省安全生产监督管理局	省级
2007		职工安全生产知识电视培训先进个人	南通经济技术开发区管委会	县(区)级
		安全生产监督管理先进个人	南通经济技术开发区管委会	县(区)级
2008—2009		安全生产先进个人	南通经济技术开发区管委会	县(区)级

第六节　招商引资

竹行地处南通经济技术开发区东大门，苏通大桥纵贯全境，交通便捷。社会稳定，人居环境安全，气候宜人，民风淳朴，文化底蕴深厚，是中外投资的一方热土。

2003年2月17日，成立招商引资办公室，开设竹行网站，竹行镇人民政府出台“关于激励招商引资工作的考核办法”，对项目引荐成功的标准，各招商组招商基金、招商费用，500万美金以上重大项目的优惠政策及招商引资奖惩办法作了具体规定。激励全镇招商引资。

2005年3月2日，竹行镇人民政府组建竹行镇招商局。

2005年引进的中荣德荣项目，2010年又有280万美金的注册资金到账，剩余的200万美金年底全部到账。由香港阳光集团控股公司，注册资金1200万美元，已签约。由香港君泰投资实业有限公司和江苏泰力钢绳有限公司合资兴办的南通金泰索具有限公司项目，500万美金的注册资金全部到账。2008年，由香港中英投资发展有限公司和南通中科钢绳制品有限公司合资兴办的南通中科达吊索具有限公司1200万美金项目签约注册。

招商局局长：张天玲

招商局副局长：李仁祥、姚金华

招商局局长助理：丁巍

第四章 人民武装

竹行地处长江入海处，地理位置重要。1962—1977年间，在老洪港和长桥港曾驻有中国人民解放军的防务部队。

竹行人民武装部成立于1951年3月。1958年，大办民兵师。公社组建民兵团，十七个大队建立民兵营，各生产队建立民兵排，并建有三个武装连，民兵分武装民兵、基干民兵和普通民兵三种。

1981年以后，根据中央调整民兵组织的指示，将原有三种民兵合编为基干民兵、普通民兵两种。基干民兵为一类预备役，普通民兵为二类预备役。

各时期民兵在革命斗争、生产建设、社会治安等方面取到至关重要的作用。

第一节 驻 军

1962年中国人民解放军3737部队进驻老洪港防务，1969年和1975年分别为中国人民解放军守备军6419部队和南京军区83055部队，1976年5月移防。

1965年3月，6540部队，原北京军区工程兵某部（对外称机枪连），进驻竹行镇长桥港，垦江滩从事军民生产，1977年移防。

第二节　人民武装

竹行乡人民武装部成立于1951年3月，各乡（竹行镇管辖雁行乡部分，长桥乡部分，竹行乡和天星乡部分）民兵大队相继建立，各民兵大队组织民兵巡防、查夜，维护地方治安。1958年，毛泽东主席发出号召，大办民兵师，实行全民皆兵，公社编民兵团，工区编民兵营。1962年7月，组建竹行人民公社，公社建立人武部并组建公社民兵团，十七个大队建立民兵营，各生产队建立民兵排。同年为贯彻毛泽东主席关于民兵工作组织落实、政治落实、军事落实的"三落实" 指示，随着武装力量逐渐扩大，公社扩建为武装营，全公社有三个武装连，即五大队武装连、九大队和中心大队武装连。全公社有三种民兵形式，即武装民兵、基干民兵和普通民兵三种。武装连的武器于1986年上交南通县人武部集中存放。

随着经济体制的改革，许多基干民兵进城务工，民兵结构发生改变。1981年8月，根据中共中央11号文件关于调整民兵组织的通知精神，于12月在全县进行民兵组织整顿：一是在工厂企业建立民兵组织；二是压缩参加民兵组织的年龄，男性民兵由原来的18~45岁压缩到18~35岁，女性基干民兵为18~25岁；三是简化民兵的组织，将原来的武装、基干、普通三种民兵合编为基干、普通两种；公社编基干营，同时明确基干民兵为一类预备役，普通民兵为二类预备役。通过整顿，全乡基干民兵编制数为181人，分为重大建设型和重点储备型两大类。重点建设型中：应急维稳分队53人；应急救援分队55人，14.5毫米高机连19人。重点储备型：军兵种部队岗位预备人员22人，动员支前联合维线分队10人；卫勤保障分队7人；普通储备人员15人。退伍军人54人，经过专业训练的人员39人，专业对口人员41人。其中中大专以上文化13人，高中文化36人，初中文化132人。党员10人，团员171人。入队7人，转队16人。普通民兵1562人。

第三节　民兵革命斗争

抗日战争时期，在中共紫琅区委区公所领导下，各地秘密组织民兵大队，雁行乡民兵大队大队长杨允亭只身和下乡扫荡走散的一个日本兵搏斗并把他打死。1943年7月1日夜间，沿江各乡民兵配合新四军火烧长江北岸线的竹篱笆，同年烧毁竹行镇日军检问所。

解放战争时期，竹行属国民政府统治区，白色恐怖极为严重。紫琅区中队利用晚上时间穿过通启公路到雁行乡、长桥乡和天星乡一带秘密活动。各乡民兵大队组织民兵抗租、抗捐，为新四军传递情报。通过内线，暗中通知青壮年躲避国民政府军队抓壮丁。掩护石超等游击队员的革命行动；石超的父亲沈万隆，婶婶吴何姐，妹妹沈来金被国民党抓去坐牢，严刑拷打，始终没有透露石超的行踪；竹东村革命老妈妈陈汉玉，为掩护黄达等人被国民党抓去，关在张芝山炮楼里严刑拷打，用刺刀戳穿她的小腿，她还是咬紧牙关不吐一字，被关押五天六夜。解放后，省市有关部门驻军的部队领导来看望她，称她为通海区的沙奶奶。

竹行地区的各乡民兵（当时乡规模较小）为配合新四军打击国民党反动派，曾两次破坏三谷镇桥，阻断由三谷镇通向狼山的通道。长桥乡民兵配合紫琅区新四军锄奸队，1947年春，镇压反动乡保长三名，1949年，镇压顽保长一名，使反革命的嚣张气焰有所收敛。

1949年4月，人民解放军渡江战役中，竹行有12位船老大（附表）驾船冒着枪林弹雨运送人民解放军渡江作战，女船主叶启兰用自己的帆船装载军用物资三次往返于靖江和常熟之间。青年船工郭明洋（26岁）驾船运送第三野战军某部渡江作战，受到该部政治部的嘉奖，并颁发荣誉证书。

1949年竹行船工运送解放军渡江作战情况表

表4-34

年 份	姓 名	性 别	家庭住址	备 注
1949年4月	倪爱清	男	谷东村	有支前民工海员证
	倪川狗	男	谷东村	有支前民工海员证
	倪才狗	男	谷东村	有支前民工海员证
	王连才	男	谷东村	有支前民工海员证
	杨老二	男	谷东村	有支前民工海员证
	杨老三	男	谷东村	有支前民工海员证
	顾明发	男	谷东村	有支前民工海员证
	杨发狗	男	谷东村	有支前民工海员证
1949年4月	黄士祥	男	谷东村	有支前民工海员证
	叶启兰	女	竹行镇	有支前民工海员证
	顾宝初	男	谷东村	有支前民工海员证
	郭明祥	男	大安村	奖状、荣誉证、立功证、银元
	刘清狗	男	谷东村	有支前民工海员证
	徐祥林	男	大安村	有支前民工海员证
	徐祥狗	男	大安村	有支前民工海员证
	徐惠其	男	大安村	有支前民工海员证
	蔡财郎	男	新丰村	有支前民工海员证

20世纪60年代初，台湾国民党叫嚣反攻大陆，那时正值国内三年严重自然灾害时期，全公社基干民兵克服困难。公社人武部组织各大队基干民兵在三谷镇薛家店等交通要道路口设卡放哨，监视地主、反革命分子的活动。

1960年，新丰村民兵倪建祥，配合人武部将抢劫粮站的团伙一网打尽，受到上级的表彰并出席全国群英会。国防部奖给他半自动步枪一支，受到毛泽东主席的接见并合影留念。

1962年开始，竹行人武部利用农闲季节组织各大队民兵进行训练，每年两次，定期在张芝山通启大桥靶场进行实弹射击。各大队民兵营聘请老洪港部队、长桥港部队帮助民兵训练，利用江岸作靶场进行实弹射击，及格率达到百分之八十二，优秀率百分之六十三。

“文化大革命”中，各级党组织受到造反派的冲击，人武部担起抓革命促生产的重任，指挥生产，工农业生产没有受较大影响。

1993年7月24日，三名流氓拦截一下班女青年欲行强奸，直追至竹行镀层厂，女青年拼命呼救，惊动附近的村民并报案，乡政府接到报案后，副乡长黄绍新带领民兵及时赶到现场，当场抓获两名歹徒，一名逃脱后归案，受到严厉的惩罚。

1975—2010年间若干年份竹行民兵在抗击各种自然突发灾害斗争中的情况表

表4-35

年 份	查夜人次	防洪抢险/次	防震抗灾/次	防汛抢险/次	抗旱排涝/次	兴修水利/次
1975	500	500	500	500	500	1000
1976	500	500	500	500	500	1000
1983	300	200	200	200	200	400
1996	200	250	100	200	200	400
2001	200	200	100	200	200	200
2002	200	205	100	200	200	200
2003	220	200	100	200	200	200
2004	225	250	100	300	200	200
2005	225	200	200	200	200	200
2006	230	200	200	200	200	200
2007	240	200	200	200	200	200
2008	240	200	300	200	200	200
2009	250	200	200	200	200	200
2010	250	200	200	200	200	200
合计	3580	3405	3000	3500	3400	4800

第四节 征 兵

解放前国民政府实行征兵制。初始是三抽一，即家中有三个儿子的，其中一个必须去当兵，富人则出钱去买穷汉或者兵痞入伍。1946年全面内战开始，国民政府军队节节败退，兵员减少严重，就疯狂抓壮丁，1947—1948年两年间全乡被抓壮丁55人。农村中许多青壮年为躲避抓壮丁，到上海等地学生意避难，老百姓过着妻离子散的悲苦生活。

解放初，人民解放军扩充兵员，一是地方上的青年自愿报名参军，二是国民党军的被俘和起义人员，三是改编地方武装。解放后中国人民解放军的兵源补充采用志愿兵制和义务兵制。

1954年实现义务兵役制后，地方上的民兵为常备兵役，即类预备役，每年从基干民兵中挑选思想进步、身体健康的优秀青年入伍。这些优秀青年参军后，在部队这所大学校里，接受政治思想教育，努力学习军事知识，学雷锋做好事，有百分之八十加入中国共产党，一部分提了干，其中新丰村徐建兵、竹东村陆张标二人在对越自卫反击战中献出了年轻的生命。

第五节　拥军优属

一、拥　军

军爱民民拥军是中国人民优良传统，东方红部队、老洪港部队、长桥港部队农场建办后，竹行乡群众和驻军部队建立良好的军民关系。1965年春节初七晚11点，长桥村18组徐姓宅上失火，老洪港部队六连指战员以急行军速度带了脸盆、水桶，五华里只用了20分钟赶来扑救。部队农场田多，每年插秧季节，三大队、四大队、五大队等大队党支部派遣插秧能手帮助部队插秧，不计报酬。端午节，派会包粽子的妇女为部队包粽子。各大队文娱宣传队每逢五一、国庆、元旦、春节等到部队慰问演出。1966—1975年，三大队、四大队、五大队、九大队、十大队先后去部队，共演出100余场次。部队文艺宣传队每逢节日也到公社慰问演出，同时派人来帮助大队宣传队辅导文娱节目，派教官帮助民兵训练，提高民兵的军事素质。

二、优　属

广大适龄青年积极响应政府号召，报名参军，保卫祖国。政府按照政策对他们个人和家属进行慰问和优抚。每年春节，由政府出资购买年货和慰问金对现役军人、转业退伍军人进行慰问。对生活困难年老体弱的对象发给补助。

优抚工作：队有制时期，免除其父母的义务工，同时计入同等劳力的工分，参加生产队的分配。实行土地联产承包责任制后，1984—1995年间，对现役军人每人每年补贴250元，1996—2006年间现役军人每人每年发放优抚金2500元，入伍当年乡政府为每位新兵出资300元办理义务兵养老金保险。2007—2010年入伍的现役军人每人每年发放优抚金5000元，另外发放新兵一次性入伍奖金4000元。

竹行人武部历任部长

1962—1963年　蔡汉新

1963—1978年　陈企良

1978—1982年　茅志法

1983—1986年　施忠标

1987—1993年　陈培新

1993—2010年　项耀生

竹行镇各村（社区）民兵营长一览表

表4-36

村别		民兵营长	村合并后
新丰村		项耀祖　李忠祥　田仲平　高广新	高广新
长桥村	长桥南村	包汉清　顾洪亮　张志良　范义超　费卫平	费卫平
	长桥村	张志康　施永亨　季汉才　黄来康　沈伯明	
谷东村	谷东村	陆士彬　倪士才　陈小苏　樊发红	樊发红 高金香
	海洪圩村	高广安　樊志康　费连祥	
竹行村	竹行村	黄志祥　倪士祥　施洪超	高建军 夏　健
	竹南村	李学忠　肖建良　李学其　刘永新　陈　谦	
	老洪港村	施建成　顾亚香	
神农村	群力村	周品章　黄步才	陆跃平
	神农村	韩宝和　顾宝家　张伯冲　宋建生	
洞子港村	龙田村	施发良　黄成香　施洪祥　沈人平	仇善冲 吴兵跃
	洞子港村	张学礼　胡卫平　黄善良	
竹东村	竹东村	林永昌　施建祥　顾维才　姚裕彬　黄周达	陆　平 沈杰伟
	后丰村	袁顶冲　黄汉民　龚元康　袁伯明　朱卫明	
大安村	安北村	周伯青　陆允周　施志康　袁士兵　黄惠冲	朱振标 朱东华
	大安村	顾瑞章　顾立康　黄成奉　钱敏迁	
	新安村	范本立　黄永辉　张学良　徐永平　李学法	
江东村	积南村	杨能杰　张费冲	邱加进
	先恳村	陈雪平	
	新沙村	虞文新	
	江边村	吴家乐	
江海村	立新坝	季锦章　刘建忠	高建平
	邻江村	周永超　虞志冲　盛忠飞	
	江海村	虞　健	
	江边村部分		
星辰花园社区		倪锦丰　费晓德　黄　袁	费晓德

第五章　民　政

1962年成立竹行人民公社后，设民政科，主要负责优待抚恤、复员退伍军人安置、农村救灾、社会救济、婚姻登记等有关工作。1983年，撤公社改乡，竹行公社民政科改为竹行乡人民政府民政科。2001年2月28日，撤乡设镇。竹行乡人民政府民政科改称竹行镇人民政府民政科。随着时代的发展，农村以双扶（扶贫、扶优）为重点，对优抚对象和贫困户进行扶持、安置，对生活没有依靠的老、弱、孤、寡、残疾社员实行“五保”（吃、穿、住、医、葬）供养，对生活困难的低保户进行低保补助 。关爱老人，对社会居家养老人员提供托老服务，发放长寿金。政府推进文明办丧事，惠民殡葬，搞好社会福利慈善事业，民政工作的职能不断扩大。

第一节　优抚安置

竹行镇党委、政府十分关怀各历史时期对革命有功人员、革命烈士家属以及现役军人和复原退伍军人，经济上给予优抚补助，同时做好复员退伍军人的安置工作。

（一）双拥、优抚

1. 对解放前各革命历史时期的支前英雄补助：1984年发放0.1万元；2001年发放0.4万元；2005年发放0.6万元。

2.对1949年渡江战役中的船工补助：1984年发放0.1万元；2001年发放0.4万元；2005年发放0.6万元。

3.老复员军人35名，其中抗日战争时期1名；解放战争时期14名；新中国成立后20名；另有带病退伍回乡的14名（含病故军人项国圣）；2005年共发放优抚金22.7万元；2010年发放

23.2万元。

4.2005年竹行镇政府对烈士家属定额补助5.0869万元。抚恤金每人每年从1000元提高到1300元。2006—2010年五年共发放抚恤金8.45万元。

竹行镇享受烈属补助情况表

表4-37

烈属姓名	家庭住址	烈士姓名	牺牲时间地点	关　系
张汉英	竹行村1组	杨英杰	1946年3月通州市双豆腐店	母子
施占秀	长桥村13组	袁宝成	1946年1月 新开	夫妻
吴惠芳	竹东村11组	李学章	1950年11月 朝鲜	夫妻
徐志中	新丰村14组	徐建兵	1985年 中越边境	父子
陆扣林	竹东村20组	陆张标	1985年 中越边境	父子
周菊平	大安村14组	周　赛	2000年6月通州市 南兴	父子

5.现役军人优待补助

1983年，农村普遍实行家庭联产承包责任制，对现役军人由优待劳动日改为发放优待金。1989年贯彻《军人抚恤优待条例》，义务兵家属优待标准提高。1990年，开始征收国防义务兵役费，进一步提高义务兵家属的优待金。1991年，南通县对义务兵家属享受优待金的实施办法进行修改，农村义务兵的优待金全部实行乡镇统筹，优待金随之提高。2006年给现役军人每人每年补助4000元。2007年以后补助金有所增加。每人每年提高到5000元，2010年每人每年提高到7000元。2006年起，对全镇复员退休军人优待金每人每年发放4000元，2010年每人每年提高到8500元；2006年起，对全镇伤残军人每人每年发放6000元，2010年每人每年提高到8800元。新兵入伍欢送大会上给每位新兵一次性发放奖金4000元。

2001—2010年竹行镇现役义务兵享受优待金统计表

表4-38

年　份	现役义务兵人数	总金额(元)
2001	39	97500
2002	30	75000
2003	16	40000
2004	20	50000
2005	16	64000
2006	16	64000
2007	17	81000
2008	20	132000

续表 4-38

年 份	现役义务兵人数	总金额（元）
2009	21	172000
2010	22	152000

6.复员退伍军人安置，按军龄长短、部队表现情况，安置到本镇规模以上定报企业工作，同时做好复员退伍军人的优待金发放。

2006—2010 年全镇复员退伍军人优待金发放情况

表 4-39

年 份	人 数	发放金额（万元）
2006	35	14.9
2007	33	16.8
2008	30	18.4
2009	29	21.8
2010	27	23.1

7.伤残、转、退军人和获奖、优秀士兵家属慰问。优秀士兵按年优待金百分之五增发；三等功按年优待金的百分之十增发优待金。

2006—2010 年竹行镇伤残军人优待金发放情况

表 4-40

年 份	伤残军人人数	优待金发放金额（万元）
2006	14	6.4
2007	14	8.1
2008	14	9.6
2009	17	12.7
2010	19	16.7

第二节　救灾救济

（一）救　灾

1.自助自救

1962—1983年间，竹行地区多次发生自然灾害。小灾群众自救自助，中灾由生产队、生产大队给予救助，大灾则由公社和县发放救灾款、衣被、建筑材料及其他救灾物资。1983年实行家庭联产承包责任制后，遇到大灾主要由乡镇救助。

1984—2005年，竹行地区遭台风、暴雨、洪水、江潮等自然灾害。共22次，农田受淹及庄稼受损44万亩，经济损失8000万元。政府采取的救灾措施是：生产自救为主，镇财政补助为辅。2003—2005年，竹行镇财政给予受灾村民补助金4.3万元，其中2003年1.16万元，2004年1.6万元，2005年1.6万元。2005年同时给予受灾村抗台风补助0.85万元。

2.支援外地灾区

2000–2005年，竹行镇资助江西、湖南、湖北等洪涝受灾地区衣物1.1万件，棉被12条，捐款总数25.44万元。其中2002年1.27万元，2003年17.75万元，2004年3.28万元，2005年3.14万元。

2008年，四川汶川大地震全镇党员向灾区捐助13.03万元。社会各界向灾区捐助91.8万元，合计104.83万元。

2010年，玉树地震全镇党员共向灾区捐助36.96万元，社会各界灾区捐助37.5万元，合计74.46万元。

（二）救　济

1.定期定额补助

新中国成立前老党员6人，2004年每人每季度补助240元。2005年起每人每月补助250元。

退下来的村级定编老干部132人，每月人均210元，2005年全镇共发放13.52万元。

2.危房改造拨款

2001年竹行镇划入南通经济技术开发区后，区镇对农村危房进行改造。到2005年共改造259间，面积4985平方米，受益145户231人，共拨款66.3万元。

3.对无劳力、无赡养人的孤寡独居老人列入保吃、保住、保穿、保医、保葬五保。在五保人员中，又分集中供养和分散供养。

（1）集中供养的五保人员2007年前每人每年3400元。2008年增至4000元。2009年增至4400元。2010年增至5000元。2010年全镇29人，共发放五保供养金14.5万元。

（2）对生活尚有自理能力的五保户，分散在各自家中，由政府每年下发供养金。供给标准为2007年前3200元，2008年增至3600元，2009年增至4000元，2010年增至4600元。2010年全镇12人，共发放供养金5.52万元。

4.对家庭人均月收入（在农村）低于340元，城镇低于400元的家庭，经过调查审批为低保户。并根据低保户的家庭经济实际情况发放低保金。2006年对低保户每人每年补助1500元，2010年每人每年提高到3300元。

2006—2010年竹行镇低保情况表

表4–41

年　份	户　数	人　数	金额（万元）
2006	240	240	37

续表4-41

年 份	户 数	人 数	金额(万元)
2007	385	645	67
2008	494	742	124
2009	454	680	160
2010	557	826	280

5.临时救济

对平时出现的困难户进行临时救济补助。2006年15万元,2007年17万元,2008年20万元。2009年25万元,2010年33万元。五年累计发放临时救济补助金110万元。

6.扶助残疾人员。仅2010全年全镇无固定收入的各类残疾人员享受残疾补助的农村324人,城镇19人,共发放补助金108.7548万元。

7.大病救助

2008年对城镇、农村低保户、困难户、重点优抚对象进行大病救助计56人,发放大病医疗救助金23.68万元。2009年享受大病救助对象78人,发放大病医疗救助金46.81万元。2010年1—3月,享受大病救助对象11人,发放大病救助金3.91万元。4月份开始,大病救助对象就诊住院费用,凭社会保障卡统一在市区医保定点就治医院施行即时即报。

第三节 社会福利

(一)社会福利事业

1.慈善事业

1958年竹行建敬老院。1962年,竹行公社各大队将农村中鳏、寡、孤、独中困难者,实行“五保”(即保吃、保穿、保住、保医、保葬)。1983年5月,根据南通县政府指示精神,竹行乡对五保户进行普查、登记、建档,对符合五保条件者发“五保供给证”,其中特殊困难者,批准进敬老院。江苏省劳模王佩恒连续几年每逢过春节赠送给敬老院鲜鱼和皮蛋、慰问金,累计3.2万元。长江钢丝绳厂、机电厂、光明钢丝绳厂、农贸市场等单位关爱老人赠送给敬老院肉、鱼和慰问金。

2.敬老院

竹行镇敬老院,1958年建于七大队。有房屋10间,老人12个,工作人员2个,首任院长陈国昌。1983年,迁到镇西首新建的院内,和中心幼儿园合用一个大院。1988年敬老院又迁到洪昌路平房内。1991年再次搬迁至洞子港村高速模具厂旧址,占地面积1536平方米,建筑面积960平方米，最大供养能力为20个老人，19个房间、10套卫生设备、电视机1台、洗衣机2台、沙发1套。收养老人15名，其中孤寡老人11名，残疾人2名，其他2名，工作人员5名，其中定编人员2名。

2008年，竹行敬老院并入南通经济技术开发区敬老院。

1995—2005年竹行镇政府先后拨款敬老院63.31万元。

历任敬老院院长：

1958—1982年　陈国昌

1983—1986年　施建才

1987—1996年　黄圣民

1997年　黄云飞

1998—2008年　蔡冠和

1995—2005年竹行镇政府拨款及使用情况表

表4-42　　单位：元

年　份	所拨金额	老人费用	职工工资
1995	21487	11542	9945
1996	24687	13577	11110
1997	32191	17705	14486
1998	58440	32142	26298
1999	63340	34837	28503
2000	69001	37960	31041
2001	65870	36228	29642
2002	63500	34925	28575
2003	64300	35365	28935
2004	75870	41728	34142
2005	94425	51933	42492

（二）社会福利生产

1985年，对全乡“四残”（即盲、聋、哑、残）情况进行调查统计，创办福利工厂。1986年试办，到2005年，创建长江特种钢丝绳厂等10个企业，安置残疾人员230人。2001年国家优惠税收110万元，上交民政部门33万元；2005年国家优惠税收150万元，上交民政部门45万元。未进福利工厂的53个残疾人，2005年补贴共支3.2万元。

第四节 居家养老 托老服务

（一）居家养老

竹行镇政府除五保人员集中和分散供养外，对社会居家养老人员提供托老服务。2009年7月，政府投资25万元在星辰花园社区建立居家养老服务站。服务站建筑面积120平方米，设有20张床位。服务站内有电视机、电脑网络、沙发、桌椅、洗衣机、消毒柜、餐具等设备，另有棋牌室供娱乐。服务站为老人洗衣、扫地、陪同聊天、求医。2010年为81人提供服务，其中20人在站就餐，每人自交2元，政府补贴4元，有5人提供免费送餐上门服务。2010年星辰花园社区居家养老服务站被评为南通市居家养老服务先进集体。

（二）尊老金

竹行镇政府关爱老人。从2008年起对全镇老人发放尊老金。2008年1月1日起，百岁老人每人每月享受尊老金200元。同时加发90岁以上老人的长寿金每人每月100元。2010年百岁以上老人长寿金每人每月增至300元。从2010年7月1日起，原从85~89周岁尊老金调整为80~89周岁每人每月60元。

2008—2010年竹行镇老人长寿金发放情况表

表4-43

年份	百岁老人			90~99岁老人			80~89岁老人			全年发放小计数（元）
	月标准（元）	人数	月发放（元）	月标准（元）	人数	月发放（元）	月标准（元）	人数	月发放（元）	
2008	200	7	1400	100	104	10400				141600
2009	200	5	1000	100	119	11900				154800
2010	300	4	1200	100	142	14200	50	1075	53750	829800

附：2010年年底全镇总人口32710人，百岁老人占总人数的万分之一点三。90岁以上老人占总人数的千分之四点五。80岁以上老人占总人数的百分之三点六

第五节 殡葬改革

按照通开发人劳（2009）8号文件要求，2009年清明节，竹行镇新丰、长桥、洞子港等村共2358个祖坟搬迁至天宁园公墓。2010年，全镇又有75个村民组8938个祖坟搬迁至天宁园

公墓。搬迁时三代以外的祖坟集中深埋。

政府为推进文明办丧事，惠民殡葬，为丧户在天宁园提供免费办丧场馆，免收水电费及其他服务项目，对做到不做七（竹行民间，人死后每隔7天，要烧经祭祀，共6个7天，六七过后到周年祭祀）、不扰民，文明办丧的给予奖励1000元。

第六节　福利彩票

竹行福利彩票投注点有竹行供销社爆竹门市部（320601167号福彩投注点）、瑞兴路美捷鞋业对面的32060282号福彩投注点、星竹花园对面32065140号福彩投注点、星辰花园3号楼门面房32065112号福彩投注点、竹行镇竹东村7组福彩投注点5家。

福利彩票是南通市民政局组织发行，每个投注站除留销售总额的百分之二十作为活动经费外，其余全部上缴福利彩票管理站用于孤老、残疾人员救助。5家福彩投注点中供销社爆竹门市店创办于2000年10月，为全镇最早建办。累计销售总额达102万元，最高中奖25万元。其余4家均于2010年建办，时间较短，销售总额41万元，最高中奖2万元。至2010年全镇总计销售额为143万元，投注站的最高中奖率达百分之五十六，最低中奖率百分之三十。

2010年竹行镇中国福利彩票销售点情况表

表4-44

店　名	法人代表	地　址	面积（平方米）	从业人员（人）
中国福彩第32060167号投注站	范亚明	老竹行供销社	40	2
中国福彩第32060282号投注站	汪建华	星辰花园3幢1号	10	1
中国福彩第32065140号投注站	蔡　华	瑞兴路星竹花园对面	15	2
中国福彩第32060287号投注站	陈　飞	瑞兴路竹东村21组	15	1
中国福彩第32065112号投注站	顾祝元	张江公路竹东村7组	20	1

2010年竹行镇中国体育彩票销售点情况表

表4-45

店　名	法人代表	地　址	面积（平方米）	从业人员（人）
中国体彩第06281号	李　萍	星辰花园2幢9号	12	1
中国体彩第56272号	何苗波	星辰花园东大门	40	1
中国体彩第06187号	陶伯冲	瑞兴路竹行村22组	15	1
中国体彩第06352号	吴选文	瑞兴路竹东村21组	30	1
中国体彩第06186号	13862913813	星宇路星辰花园25幢29号东侧	35	1

第六章 财政 税务

全国解放后，地方政权建立，各乡配备会计（当时称乡财办）一名。1958年成立人民公社后，各公社配备辅导会计一名。1961年11月，公社设立财务科。1980年政府机关专门配备一名集体经费会计。1982年公社建立财政管理所。

公社财政管理所是公社财政管理机构，又是县财政局的基层单位，受公社和县财政局的双重领导。

1983年，政社分设。竹行公社财政管理所改为竹行乡财政管理所。2001年2月，撤乡设镇，竹行乡财政管理所改称竹行镇财政管理所。3月19日，竹行镇划入南通经济技术开发区，竹行镇财政管理所受南通经济技术开发区财政局和竹行镇政府双重领导。

20世纪60年代，基层税收由公社财贸科负责征收。20世纪70年代，国家税务部门下派专职税务员征取税务。1994年，竹行分设国税和地税两个部门征收税务。2001年，国税、地税部门分别并入南通经济技术开发区国税、地税分局。

第一节 财政管理所

竹行镇财政管理所负责镇内预算内和预算外的资金管理和报批、申报、指导企事业单位的财务管理，做好以下工作：

1.编制年度预算草案对预算内外收入和支出作出妥善安排。

2.编报、汇总分期的预算收入执行报表，分析预算收支执行情况，定期向镇政府和上级财政部门书面报告预算执行情况，并提出增收节支的建议；协调收入征收部门、银行和其他有关部门的业务工作。

3.清理核实全年预算收入、支出数字和往来款项。

4.镇财政所对镇机关、事业单位，社会团体和政府委托其他单位的预算外资金依据法规、收取、提取、募集和安排使用。

5.编制镇预算外资金收支计划，报镇政府批准后组织实施。

6.财政所派专人分工负责与镇企业管理服务站、税务、银行等部门密切配合，共同搞好财务管理工作，建立企业台账，健全企业统计资料，督促企业及时上缴各项税、费、基金。

7.建立企业联系点，帮助指导企业制定内部财务管理制度，参与企业经营决策。

8.组织会计人员的业务培训，帮助提高财会人员的理财水平和业务能力。

9.抓好企业财务审计工作与扭亏为盈工作。督促企业如实反映经营成果，支持会计人员依法工作，维护财会人员的合法权益。

10.对事业单位费用开支标准和开支范围严格把关，杜绝乱发奖金、补贴、实物，制止超标准、越范围及违纪支出的发生。

11.公务费以外的支出，按先请示批准后办理或购买的原则严格把关。

12.支农资金采取专户存储，专款专用，杜绝了挪作他用。

13.自2008年起，财政对农作物水稻、油菜、粮食作物及农机具发放农业补贴。

2008—2010年财政对农业补贴情况表

表4-46

年份（年）	补贴情况（元/亩）			金　额（元）
	作物名称	补贴标准	补贴面积（亩）	
2008	水　稻	15	1982.44	29736.6
	油　菜	10	12783.48	127834.8
	粮　食	20	278.62	5572.4
	农机具	69	20577.02	1419814.38
2009	水　稻	15	237.6	3564
	油　菜	10	12931.07	129310.7
	粮　食	20	1982.44	39648.8
	农机具	69	21275.6	1468016.4
2010	油　菜	10	11283.49	112834.9
	小　麦	20	2891.5	63916.5
	玉　米	10	6071.64	60716.4
	农机具			65400

随着改革开放的不断推进，竹行镇的财政收支不断增长。1987年，全镇财政总收入270.85万元，支出90.01万元。2010年，全镇财政收入超亿元，支出达3116.5万元。

1987—2010年竹行镇财政收入情况统计表

表4-47　　　　单位：万元

年份	农业税	增值税	营业税	企业所得税	个人所得税	城建维护税	房产税	印花税	土地使用税	屠宰税	耕地占用税	契税	教育附加税	各种事业收费	车船税	其他	合计
1987	19.51	121.87	33.13	26.11		1.54					1.54		1.74		2.91	692.5	270.85
1988	19.09	181.19	41.76	22.76		1.51					4.35		7.08			43.48	321.22
1989	22.88	191.14	45.22	21.19	0.58	3.48				2.54	2.95		7.34	0.17	1.37	114.3	413.16
1990	23.08	204.48	54.59	25.28		2.21				3.25	2.29		19.79		2.04	78.13	415.14
1991	23	258.3	30.07	14.73		2.49				4.53	1.36		20.63	7.8	1.39	117.55	481.85
1992	32.29	327.23	35.21	11.76	0.02	11.09				4.45			61.36	0.27	1.62	106.65	591.95
1993	27.69	467.29	36	19.97	1.19					4.01	5.95		42.92		3	161	769.02
1994	47.5	566.9	12.9	59.4	0.2					1.9	1.2		56		.	141.7	890.7
1995	48.5	843.4	15.2	32.6	14.2			202		1.6			50.5		3	133.9	1145.1
1996	69.5	707.4	33	38.1	24.8			3.3		1.3	4.4		48.4		3	338	1271.2
1997	68.5	859.3	54.2	26.2	33.2			2.4		1.5			130.1	0.2	3	389.1	1568.7
1998	69.4	1145.5	31.9	63.1	34			5		1.4		2.3	105		3	418.5	1879.1
1999	68.6	651.4	10	124.3	54.1			12.2		0.4	1		97.8			982.3	2009.9
2000	65	827.8	15	128.3	39.3			17.8		2	2.6	2.1	91.1			543.3	1734.3
2001	116	1455	18	72	19	39	9	15	4	1		4	18			442	2212
2002	119	1395	12	150	53	115	30	24	21				61			385	2365
2003	127	1706	7	242	74	131	37	34	30		110		64			531	3093
2004	67	2163	163	376	109	193	43	44	34		5		111			511	3819
2005		3616	195	633	148	221	66	58	40		9	25	125			529	5665
2006		4037	507	671	148	316	94	78	67		101	6	179			444	6648
2007		7088.15	179.34	745.48	221.4	395.9	118.46	109.48	438.61		35	30	224.84		0.07	672.1	10258.83
2008		8712.07	158.61	1363.97	206.48	597.46	137.42	108.86	439.4			95.31	335.65	6.77	0.04	439.65	12601.66
2009		8087.95	138	1030	364	530	123	100	441			20				1164	11997
2010		9788.95	167.60	1700.56	340.78	657.52	165.50	124.72	446.79			7	271.40				13670.76

1987—2010年竹行镇财政支出情况统计表

表4-48　　单位：万元

年份	一般公共服务	公共安全	教育	科学技术	文化教育传媒	社会保障就业	医疗卫生	环境保护	城乡社区事务	农林水事务	工业商业金融	专项支出	其他支出	合计
1987	4.9	0.02	21.41		2.66	3.1	3.63		4.43	1.25	1.14		47.47	90.01
1988	5.67	0.02	32.73		0.97	4.14	6.84		1.53	1.26	0.93		28.76	82.85
1989	6.24	0.03	33.44		9.43	4.74			6.48	1.53	6.11		2.68	70.68
1990	7.14	1.03	44.19		1.66	5.03	9.84		2.6	3.59	1.86	6.12	58.5	141.56
1991	7.57	0.06	55.74		2.6	7.23	10.02		2.16	5.57	1.14		92.41	184.5
1992	9.17	0.06	100.09		4.7	5.15	5.73		4.6	48.2	1.85		77.26	256.81
1993	12		94.86		7.39	6.14	6.34		47.8	14.23	1.63		117.17	307.56
1994	19.4	0.5	12.3		8.4	9	8.9		28.3	18.4	3.2		99.8	347.9
1995	20.3	0.5	208.4		1	9.4	11.2		6.8	8.9	4.4	2.9	157.7	431.5
1996	59.6	0.4	233.1		3.6	14.2	14.4		42.5	8.4	5.8		100.3	482.3
1997	44.4		248.8	3	14	29.7	35		57.2	46.9	7.4	72.6	85.5	644.5
1998	102.9	0.5	254	1.6	7.3	43.3	26.8		31.8	84.1	11.8	6.8	154.3	725.2
1999	124.3		245.5	2	8	21.3	23.6		97.3	40.5	16.9	0.5	771.5	1360.4
2000	94.9	0.8	379.6	3.9	16.7	20.8	15.1		148.4	80.8	15.1	50	82.7	908.8
2001	102		515	5	18	26	32		55	117	19	5	157	1051
2002	153		472		21	25	36		42	86	20	100	119	1074
2003	194		413	66	182	33	34		134	112	18	49	156	1391
2004	263		757		25	26	49		150	97	25	41	194	1627
2005	480	25	689		31	49	58		181	85		55	218	1871
2006	491	59			48	70	64		400	101			315	1548
2007	946.51	160.99			18.82	215.97	84.36	37.12	324.81	507.15	107.04		177.18	2579.95
2008	953.54	193.36			29.39	165.52		136.33	42.35	490.09	412.99	112.72	70.35	2606.64
2009	1040	247			53	1085	239	18	725	545	113		108	4173
2010	936.40	242.69			15	994.67	156.12		140.41	442.77			50	3116.50

竹行镇财政管理所中级职称名单：会计师

沈黎平　井　红　吴　娟　陈丽娟

竹行镇财政管理所历任所长名单：

1987.4—1988.2　沈黎平（副所长）

1988.3—2010.12　沈黎平

竹行镇财政管理所集体获奖情况表

表4-49

年　份	奖项名称	授奖单位	级　别
2003	南通经济技术开发区乡镇农税账册观摩评比一等奖 南通开发区总预算账册观摩评比一等奖	南通经济技术开发区管委会	县（区）级
2004	南通开发区乡镇农税账册观摩评比一等奖 南通开发区总预算账册观摩评比一等奖	南通经济技术开发区管委会	县（区）级
2006.12	南通市财政局2002—2005年先进集体	南通市财政局	市　级
2009	南通市财会培训中心授予2007—2008年度财会人员继续教育培训工作先进集体	南通市财政局	市　级

竹行镇财政管理所个人获奖情况表

表4-50

年　份	姓　名	奖项名称	授奖单位	级　别
1987	沈黎平	先进工作者	南通县委、县政府	县（区）级
1989	沈黎平	先进工作者	南通县委、县政府	县（区）级
1990	沈黎平	先进工作者	南通县委、县政府	县（区）级
1995	沈黎平	先进工作者	南通县委、县政府	县（区）级
1996	沈黎平	先进工作者	南通县委、县政府	县（区）级
2002	沈黎平	农村经济工作先进个人	南通经济技术开发区	县（区）级
2002	井　红	五佳票据管理员	南通市财政局	市　级
2003	吴　娟	2002年度“八五佳”先进个人	南通市财政局	市　级
2005	蔡新伟	十佳农税员	南通市财政局	市　级

第二节　税　务

一、沿　革

20世纪60年代，基层税收工作由公社财贸科负责征收（主要是农业税），市场、屠宰税等的税收，设兼职税务员或不脱产的税务员。

20世纪70年代，国家税务部门下派专职税务员。竹行公社有2人，负责人刘福生。随着乡镇工业的发展，80年代各乡镇增加了专职税务员。竹行税务人员共5人，负责人王静安。

1994年，按国家税务部门的改革，分设国税和地税两个部门。国税所主要是增值税征收，地税所主要是企业所得税和地方市场经营等项目的征收。国税所所长：王静安。地税所所长：黄豪。

2001年行政区划调整，竹行镇划入南通经济技术开发区。同年，根据上级主管部门决定，撤销竹行国税所、地税所，分别并入开发区国税分局、地税分局。社会上的个体小微企业的零星税收由国税、地税两个窗口征收，国税协税员黄聪，地税协税员高建军。

随着经济的发展，各工矿企业税务申报工作增多，2005年，竹行镇成立税务事务服务所，部分企业的税务、社会上的个体企业税收由事务所代申报。

二、税　收

税收分国税和地税两部分。

国税即增值税。1987年，全镇征收121.87万元。2000年827.8万元。2010年达9788.95万元。地税包括农业税、营业税、企业所得税、个人所得税、城建维护税、房产税、印花税、土地使用税、屠宰税、耕地占用税、契税、教育附加税、车船税、各种事业收费等。1987年，全镇地税共征收148.98万元。2000年为906.5万元。2010年全镇征收达3881.97万元。

国家为了减轻农民负担，2006年起免征农业税。为鼓励小企业和个体工商企业发展，2008年起，国家免征微小企业、个体工商户的各种税收。

第七章 社会团体

竹行镇工会、共青团、妇联等群团组织中，共青团组织最早建立。1957年5月，竹行建立团总支。1962年，建立共青团竹行乡委员会，各村建团支部，全乡17个团支部。2010年，竹行镇团委共24个团支部，493名团员。

竹行镇妇联建于1961年8月，乡设妇女主任1名，17个村均设妇女主任1名，各生产队推选妇女代表1人。2001年，17个行政村合并成10个行政村，村妇女主任为10人。

竹行镇工会于1996年建立，至2010年竹行镇工会下辖66个基层工会，会员总数达7850人。

第一节 工 会

一、概 况

1949年南通县解放后，有11个集镇相继成立工会组织。在此基础上，于1950年8月建立南通县总工会筹备委员会。11月，召开南通县工会第一次代表大会，选举产生南通县总工会第一届执委会。1951年7月起在金沙、石港、平潮、三余、二甲五大市镇建立工会。1955—1992年，先后召开南通县2—10届工会代表大会。1992年，南通县总工会下属纺织工业工会、二轻工业工会、机关工会、教育工会、建筑工会、平潮区、刘桥区、石港区、金沙区、三余区、通海区、兴仁区14个工会。竹行中小学、卫生院合并建立文卫基层工会，归属南通县教育工会。1996年成立竹行乡镇工会。

2001年12月28日，竹行镇召开首届工会会员代表大会，选举产生工会委员会委员七人：张天玲、杨素勤、杨汉周、虞连明、薛世平、朱伯超、陆俊明。张天玲任工会主席，杨素勤任工会副主席；选举产生经费审查委员会委员三人：虞连明、沈勇、薛世平。虞连明任主任；通过女职工委员会委员三人：杨素勤、蒋育红、吴美英。杨素勤任主任。

2005年1月12日，竹行镇召开第二届工会会员暨第一次职工代表大会，选举产生工会委员会委员九人：张天玲、蒋雄伟、朱伯超、蒋育红、虞连明、黄成标、陈小苏、张燕、瞿永新。张天玲任工会主席，蒋雄伟、朱伯超任工会副主席；选举产生经费审查委员会委员三人：虞连明、陆殿章、范金兵。虞连明任主任；产生女职工委员会委员三人：蒋育红、张红、范红。蒋育红任主任。

2008年3月6日，竹行镇召开第三届工会会员暨第一次职工代表大会，选举产生工会委员会委员九人：张红、刘梅、朱伯超、蒋育红、虞连明、黄成标、陈小苏、顾善明、瞿永新。张红任工会主席，刘梅、朱伯超任工会副主席；选举产生经费审查委员会委员三人：虞连明、陆殿章、范金兵，虞连明任主任；产生女职工委员会委员三人：蒋育红、井红、吴娟。蒋育红任主任。

2010年下辖66个基层工会（含8个村联合工会），会员总数达7850人。

2010年竹行镇基层工会名册、职工数、会员数

表4-51　　单位：人

序　号	基层工会名称	工会主席	职工数	会员数
1	南通光明钢丝制品有限公司	陆殿章	282	282
2	南通环球转向器制造有限公司	倪锦平	176	176
3	南通市华星钢丝制品有限公司	朱兆冲	80	80
4	南通永高钢丝制品有限公司	徐　辉	130	120
5	南通市华兴制罐有限公司	季菊平	38	38
6	南通市三诚针织制衣有限公司	施建成	73	73
7	南通市申力钢丝绳厂	顾新忠	87	87
8	南通市苏通钢丝制品有限公司	薛世平	41	41
9	南通市三菱钢绳公司	顾瑞康	45	45
10	南通市佳旺钢丝制品有限公司	薛　飞	38	38
11	南通市正扬钢绳有限公司	纪爱萍	66	66
12	南通豪杰服饰有限公司	刘丽月	50	50
13	南通开发区自来水厂	吴惠新	19	19
14	南通泰丰金属制品公司	蒋品芳	38	35
15	南通市神威钢绳有限公司	刘　辉	278	278
16	南通市三联钢绳公司	张　辉	88	84
17	南通市乾坤钢丝绳厂	薛　义	53	53
18	南通市华东特种钢丝厂	单刚平	74	74
19	南通市海勇钢丝绳厂	杨　勇	70	65
20	南通市腾龙钢丝制品厂	陶雪莲	45	45

续表 4-51

序　号	基层工会名称	工会主席	职工数	会员数
21	南通市电圣电器厂	吴允法	98	94
22	南通开发区袁峰钢绳辅料有限公司	袁士周	8	8
23	南通市通阳钢丝绳厂	胡海洪	25	25
24	南通市大华汽配有限公司	张建华	50	50
25	南通市兴元花边商标厂	蔡　英	8	8
26	南通神力钢丝有限公司	樊　盘	128	128
27	南通荣华塑胶制品厂	蒋善珍	18	18
28	南通市通江钢绳有限公司	朱一新	120	120
29	南通市迎峰家属制品厂	张洪生	49	49
30	南通市新昌钢丝制品有限公司	黄卫娟	18	18
31	江苏长江钢绳有限公司	顾善明	350	350
32	江苏芸裕金属制品有限公司	范成岳	66	66
33	南通市通翔钢绳有限公司	陈　冲	150	150
34	南通市恒大钢绳有限公司	袁振平	28	28
35	南通市华海钢绳有限公司	黄成其	86	86
36	南通市振华钢绳有限公司	张　兵	50	50
37	南通市东盛钢绳有限公司	费丽蓉	34	34
38	江苏通灵钢绳有限公司	朱秀康	120	98
39	南通市美捷鞋业有限公司	范　红	76	76
40	江苏通冠金属制品有限公司	陈　飞	158	158
41	南通开发区升阳金属制品有限公司	费建华	50	50
42	南通海峰钢绳有限公司	周亚彬	76	69
43	南通市神龙金属制品有限公司	马玲玲	90	90
44	南通市通利铁链厂	顾恒良	160	160
45	南通市华伟金属制品公司	陆锁石	71	71
46	南通市明珠钢丝制品厂	樊永兴	52	52
47	南通市红新钢丝绳厂	徐卫石	60	60
48	南通市中杰钢绳有限公司	张　彪	49	49
49	南通市中远钢丝绳有限公司	顾建国	61	61
50	南通腾达钢丝钢绳厂	黄卫忠	30	30
51	南通市先科金属制品有限公司	黄和冲	25	25
52	南通博一钢绳公司	吴靖伟	76	76
53	南通市恒通钢绳有限公司	陈聪明	111	111
54	南通市竹行镇机关工会	张　红	35	35
55	南通市竹行幼儿园	张　凯	24	24

续表4-51

序　号	基层工会名称	工会主席	职工数	会员数
56	南通市竹行小学	范本新	85	85
57	南通市竹行中学	陆春雷	60	60
58	南通市竹行社区卫生服务中心	龚红霞	32	32
59	南通市竹行镇新丰村联合工会	樊人冬	130	130
60	谷东村联合工会	顾达夫	379	379
61	长桥村联合工会	瞿永新	275	275
62	神农村联合工会	陶建忠	90	90
63	洞子港村联合工会	黄善良	330	330
64	竹行村联合工会	夏　健	256	256
65	竹东村联合工会	陆　平	181	181
66	大安村联合工会	杨学辉	116	116

二、主要活动

1.进行爱国主义教育

全镇各基层工会结合中心活动，对职工进行爱国主义教育。在四川地震大灾后组织职工捐款。

神威厂、三诚厂等工会，每年分批组织职工去外地参观考察，感受祖国大好河山的美丽和改革开放后的伟大成就，开阔了职工的视野，陶冶了职工的情操，增进了职工热爱祖国的情感。

2.开展社会主义劳动竞赛

全镇各企业工会，组织职工开展社会主义劳动竞赛。其中光明钢丝绳厂开展60天劳动竞赛，百日红劳动竞赛，分别评出竞赛的先进工作者。

3.组织职工维护合法权益

镇工会组织，充分利用劳动保障所、安全生产办公室，为职工说话办事，基层工会建立劳资协商委员会，议定职工每天劳动时间一般为8小时，最多不超过10小时，禁止使用童工，不歧视妇女，维护职工合法权益。

4.组织职工参与企业管理

各基层工会分别成立劳动争议调解委员会，安全生产管理小组，协助企业调解各方面的矛盾纠纷，维护职工各方面权益，督促企业及时发放职工工资及福利待遇。

5.加强工会自身建设，建立“职工之家”

全镇共建职工之家72家，组织职工开展棋牌和乒乓球比赛，丰富职工的业余生活。光明厂和神威厂等几家企业，还分别建立职工活动室，职工可利用业余时间在活动室打牌、下棋、打乒乓球、唱卡拉OK等活动。

三、出席历届县以上工代会代表

张天玲：南通市工会第十二届代表大会代表

张　红：南通市经济技术开发区工会第一次代表大会代表

　　　　南通市工会第十三次代表大会代表

刘　梅：南通经济技术开发区工会第一次代表工会代表

四、工会集体、个人获奖情况

2001—2009年竹行工会集体获奖情况表

表4-52

年　份	奖项名称	授奖单位	级　别
2005.1	南通市民主管理优秀组织单位	南通市总工会	市　级
2005.4	五星级乡镇工会	南通市总工会	市　级
2005.12	江苏省创建“百强示范乡镇工会”先进单位	江苏省总工会	省　级
2009	江苏省工会工作模范乡镇	江苏省总工会	省　级

竹行工会个人获奖情况

张　红　2010年获南通市“五一”巾帼标兵

第二节　妇　联

一、概　况

竹行镇妇联建于1961年8月，陆信芳为首任妇联主任，同年各村产生妇女主任，各生产队推选妇女代表一人。

1966—1972年“文化大革命”期间，妇联被迫停止活动，1973年8月恢复妇联活动。

1989年2月，竹行乡第十届妇女代表大会召开，大会号召全乡妇女坚持党的基本路线，发挥妇女“半边天”作用，培养“四自”（自尊、自信、自立、自强）“四有”（有理想、有道德、有文化、有纪律）新女性，为振兴竹行增光添彩。1986—1988年，妇联在全乡共举办各类培训班32期，参加培训的妇女达1829人，举办多类广播讲座52期，在学雷锋做好事中，全乡妇女共做好事54件。内衣厂、电子琴厂女职工自愿为生病职工捐款965元。

1992年1月17日下午，竹行乡第十一届妇女代表大会在政府会议室召开。顾银芳代表第十届妇联作题为“振奋精神，开拓前进，为建设文明、富裕新竹行而努力”的工作报告，会议选举顾银芳、孙祖芹、杨素芹、施冠芹、蒋品芳、汤绥芳、张维亚、钱美芳、黄素兰为新一届妇联执委委员。

1995年8月，竹行乡第十二届妇女代表大会召开，妇代会期间正值第四次世界妇女大会在北京召开，为中国妇女运动增添绚丽的光彩。乡妇联以宣传世界盛会和庆香港回归祖国的主题活动，以培养“四有”“四自”新女性为旋律的巾帼系列标兵争创活动，激发了广大妇女比、学、干、帮争贡献的积极性。同年，竹行乡妇联被评为南通市“双学双比”先进集体，有13人受到南通市妇联和通州市妇联表彰和奖励，并涌现出像竹行信用社这样的南通市级“三八”红旗集体和新丰村陆汉萍为典型的省“三八红旗手”，全乡共评选表彰各类妇女先进典型200多人。

1998年5月29日，在乡政府四楼会议室召开竹行乡第十三届妇女代表大会，应到代表55人，实到51人。杨素勤代表妇联作工作报告。与会代表分四组讨论妇联的工作报告，大会作出决议，通过工作报告。选举产生杨素勤、井红、孙祖芹、汤绥芳、顾雪芳、卑绮中、徐亚菊、高亚新、程雪芳9人为妇联执行委员，杨素勤任主席。

改革开放后，乡（镇）妇联围绕乡（镇）党委、政府提出的经济工作任务，围绕实现两个根本性转变，深化“双学双比”和“巾帼建功”竞赛活动，推进“三八”创业工程、“五好文明家庭”创建活动，充分利用“三八”节等重大节日，举行先进妇女表彰、事迹报告、座谈交流、演讲演唱等活动，深入开展“四有”“四自”教育，宣传先进女性，新丰村灵芝女陆汉萍和养鸡女状元陆兰萍先进典型材料被编入《巾帼风采录》。

镇妇联组织妇女代表外出参观考察、学习观摩，先后去江阴华西，通州石港、刘桥、金沙、通惠灵芝创业基地学习创业致富经验，涌现陆汉萍、孙祖琴、朱英、张静、高如玉、季裕美、徐英等女企业家。广大妇女参加各项社会政治活动，成为社会主义建设中的主力军。

竹行妇联先后有多名妇女在各项评比中获奖。2005年，陆汉萍获江苏省劳动模范、全国双学双比先进个人。1995年，陆兰萍获南通市劳动模范、南通市双学双比先进个人。顾银芳、杨素勤多次被评为南通市优秀妇女干部。孙祖芹、徐英、顾雪芳获南通市巾帼英雄。刘梅2009年被评为南通市妇联系统优秀宣传干部。徐水英、朱英、张静、陆汉萍、高如玉、季裕美、蔡红、卑绮中、顾红娟、龚定琴10人被评为竹行镇十佳巾帼创业标兵。

二、历任妇女主任名单

1961.8—1964　陆信芳

1964—1969　樊守珍

1969—1974　陆信芳

1974—1976　张秀兰

1976—1984　陆士玉

1984—1996　顾银芳

1996.10—2003.7　杨素勤

2003.8—2008.10　蒋育红

2008.10—2010.12　刘　梅

三、妇联获奖情况

竹行镇妇联2009年被评为江苏省妇联基层组织建设示范单位，并获南通市签订家庭赡养协议示范点称号。

竹行信用社获南通市巾帼岗位。

1998年10月，竹行中心幼儿园获南通市三八红旗集体。

2010年3月，竹行中心幼儿园获南通市三八红旗集体。

1958—2000年竹行镇各村妇女主任名单

（按时间先后排序号）

表4-53

村别		妇女主任
新丰村		周广珍　王思兰　袁桂英
长桥村	长桥南村	包静祖　朱ヨ兰　蒋品芳　蒋跃芳
	长桥村	范仲兰　张亚兰　张国兰　高亚新
谷东村	谷东村	袁兰芳　龚美霞　张勤芳　盛水萍
	海洪圩村	朱福贤　倪ヨ芹　陈玉芳　程ヨ芳
竹行村	竹行村	陆秀兰　王仁琴　王继红　陈永秀　陈　英　薛　义
	竹南村	俞珍娣　季秀兰　施文武
	老洪港村	范成芳　龚玉珍　范志芳
神农村	群力村	吴载芹　陆锦英　张水芹　郁文兰　王绪珍
	神农村	张学秀　何善秀
洞子港村	龙田村	盛学芳　何秀英　施美兰
	洞子港村	曹加英　万月芳　袁雪芬　施美兰
竹东村	竹东村	吴惠芳　林守芳　张亚平　周兰萍　龚菊花
	后丰村	袁允芳　宋月萍　黄素兰
大安村	安北村	沈兰英　樊祥秀
	大安村	杜汉兰　蔡理芹　顾瑞珍
	新安村	陈锦芳　陈志芬　陆小芳　施玉兰　盛永玉
江东村	积南村	范怡芳
	先垦村	陈美香
	新沙村	施菊芳
	江边村	张士英

续表 4-53

村别		妇女主任
江海村	立新坝村	黄秀英　钱卫兴　胡彩霞
	临江村	李品芳　范菊芳
	江海村	陈炳芳　虞凤秀
	江边村	

第三节　共青团

一、沿　革

1957年5月，中国新民主义青年团南通县委员会改称中国共产主义青年团南通县委员会，同年各乡镇建立团总支，配备专职团总支书记，竹行乡首任团总支书记袁建亨。

1962年，共青团竹行乡团总支改建共青团竹行乡委员会，各村建团支部，全乡共18个团支部，197个团员。

1966年，“文化大革命”开始，团组织瘫痪。

1973年2月，共青团南通县第七次代表大会后，全县恢复团组织活动。

1976年11月26日，共青团南通县委员会在竹行公社七大队召开“认真看书学习，狠揭狠批‘江青反革命集团’”现场会，各公社村以上团干部参加会议，七大队团支部在会上介绍组织团员学习中共中央1976年15、16号文件和中央领导人讲话，运用黑板报、专栏、漫画、文艺等多种形式揭批江青反革命集团罪行的具体做法以及大学大批带来的变化，受到团县委领导和到会代表的高度评价。

1980—1987年间，竹行乡团委先后召开共青团第八、第九、第十、第十一次代表大会。

1992年5月，各机关企事业建立团支部，全乡共21个团支部，团员725人。

1994年3月，召开共青团竹行乡第十二次代表大会，蒋育红接任团委书记。

1997年3月，召开共青团竹行乡第十三次代表大会。

2000年3月，召开共青团竹行乡第十四次代表大会，蒋育红代表乡团委作《面向新世纪，开拓新局面，再创我乡共青团工作新业绩》的报告，号召全乡团员、青年在乡党委和团市委领导下，振奋精神、团结奋进、开拓创新，为实现乡第十次党代会提出奋斗目标，勇敢担负起历史使命，为竹行乡新世纪的辉煌而努力奋斗。大会选举蒋育红为团委书记，孙卫峰为副书记。选举产生蒋育红、孙卫峰、于华、沈惠兰、卑绮中、高忠、高雅新、夏健、曹旭平9人为委员。

2007年3月，召开共青团竹行镇第十五届代表会，全镇50名代表出席团代委，大会听取丁巍代表共青团竹行镇十四届委员会所作的“抓住机遇，迎接挑战，开创我镇共青团工作新局面”工作报告。大会号召全镇团员、青年，积极行动起来，努力学科学、学文化、学技术，掌握真才实学，争创一流成绩，在家乡经济建设中建功立业，做有理想、有道德、有文化、有纪律的共产主义新人，为国家富强，人民富裕贡献力量。

大会选举丁巍为团委书记，朱红明为团委副书记，丁巍、朱红明、张圆圆、夏健、沈燕、高忠、刘健七人为共青团竹行镇第十五届委员会委员。

2010年全镇共24个团支部，团员493人，高丽丽接任团委副书记。

2010年竹行镇各团支部名单

表4-54

团支部名称	负责人
竹行幼儿园	陆　红
竹行小学	陈海娟
竹行中学	高　忠
新丰村	陈　静
长桥村	杨春燕
谷东村	陆　跃
神农村	王　静
洞子港村	王　敏
竹行村	武振宇
竹东村	吴　丹
大安村	黄　鹏
江东村	邱家进
江海村	周绥娟
星辰社区居委会	徐晔华
南通世外桃源休闲农庄	王文惠
江苏长江钢绳有限公司（联合团支部）	刘　健
南通市通江钢绳有限公司（联合团支部）	陈　健
江苏通冠金属制品有限公司（联合团支部）	陈　飞
南通泰力钢绳有限公司（联合团支部）	徐小刚
南通神威钢绳有限公司（联合团支部）	陶向荣
南通宇翔特种钢丝钢绳有限公司（联合团支部）	李　军
南通开发区袁峰钢绳辅料有限公司（联合团支部）	袁　峰
南通永高钢丝制品有限公司（联合团支部）	徐　辉

二、工　作

竹行镇团组织一贯注重做好团员、青年思想工作，引导他们学习政治理论和党的路线、方针、政策，学习科学文化知识、学习英雄模范人物，开展青年突击手、志愿者活动，在多方面培养建设社会主义青年积极分子。中共十一届三中全会后，团组织对团员、青年进行坚持四项基本原则和改革开放政策教育、理想前途和艰苦奋斗的教育、爱国主义和革命英雄主义教育、社会主义民主和法制教育。组织团员、青年投身改革开放和社会主义物质文明、精神文明建设，在抗洪救灾、四川汶川地震时，全镇团员、青年踊跃捐款1.6万元，支持灾区人民渡过难关。

三、历任竹行镇团委书记

1956–1959年　袁建亨

1960–1961年　陈学祁

1962–1967年　沈朝品

1968–1980年　黄允兰

1981–1983年　樊天裕

1984–1992年　徐永平

1993–2000年　蒋育红

2001–2006年　张　红

2007–2009年　丁　巍

2010年　高丽丽

竹行镇团委集体获奖情况表

表4–55

年　份	奖　项	授奖单位
2005年	南通市五四红旗团委	中共南通市委员会
2006年	江苏省五四红旗团委	共青团江苏省委员会

2005—2009年竹行镇团委个人获奖情况表

表4–56

年　份	姓　名	奖　项	授奖单位
2005	张　红	南通市优秀团干部	共青团南通市委员会
2006	张　红	江苏省新长征突击手	江苏省人民政府
2009	丁　巍	南通市青年岗位能手	共青团南通市委员会
2009	丁　巍	南通市优秀志愿者	共青团南通市委员会

第八章 历史专记

第一节 竹行解放

1949年1月29日（农历正月初一）竹行解放，行政建置沿袭国民政府时期的几个小乡（即长桥乡、神农乡、老洪乡、竹行乡、新垦乡、雁行乡、天星乡部分）。

第二节 土地改革

1946年5月4日中共中央发布《关于清算、减租及土地问题的指示》，该指示决定将减租减息的政策改为没收地主土地，分配给农民。揭开了解放区土地立法的序幕，为实现耕者有其田的土地革命指引了方向。

竹行地区从1950年3月至11月实施了土地改革。

土地改革大体分三个阶段：

第一阶段（1950年3月—6月）为宣传党的土改政策，发动群众与封建地主斗争、算账。以雁行乡为例：当时以人均3.5亩地划为富农，人均5亩地以上划为地主。结合雇佣长短工等剥削率，剥削率高的3.5亩以上即可划为地主。

第二阶段为土地分配阶段，8月下旬全面完成。以雁行乡为例，按人口统一分田，人均1.5

亩土地。(雁行乡都是老田，土地差异不大)，当时有的小乡有老田也有沙田，还要按土质的好坏，分等级按人分配。贫雇农、烈军属在分田中适当予以优惠。

第三阶段为11月份清查阶段，在土地分配后立即进入清查阶段，各清算小组内各户互报田亩、人数，再张榜公布，数字不符者由群众互相纠正。

竹行地区在土改中贯彻“力求公正、力求平均”的方针，使无土地、缺地农民及时得到实惠。分田后，一部分贫农上升为中农，新老中农占总农户的百分之八十五。

第三节　肃　反

新中国建立初期，全国各地残余反动势力或明或暗地进行反革命破坏活动。1950年10月，中共中央发出《关于镇压反革命活动的指示》。10月18日，南通县人民法院在金沙镇召开万人大会,公开处决汉奸、兵痞、惯匪季克昌，揭开了南通县镇压反革命运动的序幕。

1955年12月南通县成立肃反领导小组，全县内部开展肃清反革命分子运动。竹行根据县肃反领导小组意见先从文教部门开始，后各条战线全面展开。紫琅区委在竹行地段的雁行乡召开批斗反革命分子朱伯新，镇压残杀妻子的坏分子孙雪明的群众大会。

第四节　三反、五反

1951年12月27日中共南通县委召开机关干部大会，县委负责人作“三反”(反对贪污、反对浪费、反对官僚主义)动员报告。

1952年1月上中旬，“三反”运动由县直机关扩展到县级及县级以下企事业单位。2月，首先在县城金沙镇私营工商业者中开展“五反”(反行贿、反偷税漏税、反盗骗国家财产、反偷工减料、反盗窃国家经济情报)运动，3月“五反”运动在全县范围内展开，竹行也对私营工商业者开展“五反”、对“联营”“合营”企业进行整顿，限制和打击不法商人的“五毒”(坑、蒙、拐、骗、偷)行为。

第五节　对私改造

新中国建立初期，为彻底消灭封建经济制度，实行对个体农业、手工业和私营工商业生产资料私有制的社会主义改造,"三大改造"的结果基本上实现生产资料公有制和按劳分配的社会主义原则。

一、对个体手工业的社会主义改造

在生产资料私有制方面的社会主义改造中,列入改造对象的主要是城镇手工业者和农村纯手工业者。

1958年,竹行最先组织打铁铺、农具铺合并建立的是铁木业生产合作社。裁缝铺和绱鞋店合并组成竹行缝纫社。

二、对私营工商业的社会主义改造

1956年以前,竹行镇的商店都是私营商业。1956年国家对私营资本主义工商业实行社会主义改造,竹行镇对私营商业实行公私合营,建立合作商店,私方所有资料全部折价,分别给予定息。原个体商业者得到全面安排,部分代表人士和业务骨干分别担任商店经理及门市部负责人(或组长)。

三、对个体农业的社会主义改造

解放初按自愿互利的原则,个体农民自愿结合建立互助组。1953年秋,实行土地入股和按劳动力分红制度,一般按"土四劳六"比例进行分配,1954年—1955年是初级社大发展时期。党和政府引导农民走上合作化道路。1956年3月,全镇百分之九十五以上农户加入高级农业生产合作社。

1958年在贯彻执行总路线、"大跃进"的同时,农村开展人民公社化运动,并错误地进行三类地区改造扩大化。1958年年底富裕中农也被当作漏划的"富农"来对待。(按:中共南通地委1982年3月发出《关于改造三类社问题的平反通知》中指出:对1958年反右斗争和"三类改造中因所谓右倾受到批判、处理和株连的人员,一律宣布平反,恢复名誉。")

1958年,竹行在推行公社化过程中,曾刮起"共产风",又称"平调化",主要是平调土地、房屋、劳力、农具、粮食、资金等。生活上,搞供给制,大办食堂,实行吃饭不要钱;生产上,组织"深翻兵团",搞"大兵团"作战;层层搞"一平二调"(平均主义、无偿调拨),使农、副业生产受到严重破坏。1960年开始纠正"五风"(即共产风、浮夸风、命令风、瞎指挥生产风、特殊化风)。1959年4月,整风整社,实行统一领导、权力下放、三级所有、队为基础的领导核算制度。1962年7月从长江人民公社和友谊人民公社中划出部分大队组建竹行人民公社,实行"小队核算"的收益分配政策。1963年,加强"四大管理"(计划、生产、劳力、财务)和分配(夏秋预分和年终决算分配)工作,推行"定额计酬、验收记工"。1966年,推行大寨大队"标兵工分,自报公议"劳动管理制度。1967年又恢复"定额计酬"。

1983年,农村分田到户实行联产承包责任制,8月政社分设,撤销人民公社建立竹行乡。

第六节　整风反右

1957年4月27日，中共中央发出《关于整风运动的指示》，要求在全党进行一次普遍、深入的反对官僚主义和主观主义的整风运动，各界人士纷纷响应，向党提出大量批评和建议。5月中旬，毛泽东写出《事情正在变化》一文，认为在整风过程中出现复杂的局面，少数“资产阶级右派”“乘机向党进攻”，人民内部矛盾转向对敌斗争，由党内整风转向反击“右派”。5月中共南通县委成立整风领导小组，下设办公室。6月开始整风。6月8日，中共中央发出组织力量反击右派分子进攻的指示。同日，《人民日报》发表“这是为什么？”的社论。9月，中共南通县委反右领导小组成立，与整风领导小组合署办公。10月南通县全县开展整风反右运动。

1958年1月，南通县在县直机关和中小学开展反右斗争。2月以后，在全县各条战线开展群众性整风反右运动。竹行范围有6人被打成“右派分子”。

1978年5月—1979年8月，南通县落实政策办公室先后对全县被错划“右派分子”包括外地开除回南通的落实政策，全部摘帽，发放补助，安排工作。

第七节　“四清”“社教”

1962年9月，中共八届十中全会后，党中央决定在城乡发动一次普遍的社会主义教育运动，开展大规模的阶级斗争。在农村进行以“四清”（清政治、清经济、清思想、清组织）。

1963年7月—9月，根据中共中央《关于目前农村审干工作若干问题的决定》（草案）和《关于农村社会主义教育运动中一些具体政策的规定》（草案），中共南通地委、南通县委社会主义教育工作团在新华公社进行社会主义教育（即“四清”）试点。10月开始，南通县54个公社分期分批开展社会主义教育运动。

1965年年初，竹行公社各大队均有社会主义教育工作组进驻，开展“四清”运动。

第八节　票　证

1955年9月，以中华人民共和国粮食部名义制定的1955年版全国通用粮票，按国家户口和居民户口核定口粮标准发放。随后几年各省市各地区根据本地情况发放限本地区使用的地方粮票。1957年城乡发布票，不分年龄和个子大小，每人发一丈六尺。1958年，煤油、肥皂、食糖等生活日用品也发购货卡。1960年每人只发布票一尺六寸。1959—1961年三年困难时期物资奇缺，粮食恐慌，成人每月口粮凭证计划供应13千克，其中一部分是面粉和山芋干，农村口粮还难以保障。政府又严禁粮食等统购物资进入市场，即使有钱也无法买到粮食。

1961年及以后几年，布票每人发三尺六寸，各种物资凭卡购货，1~3人户每月供应火柴5盒、肥皂1块、煤油半斤、食糖3两，煤油时有断供。

1961年10月起，全国各省市县先后按工资比例发放日用工业品购货券、购货证，前者称工业券，后者称专用券，把50余种商品列入凭券供应范围。食品类除了各种粮油票外，还有猪牛羊肉票、鸡鸭鱼肉票、烟票、糖票、豆制品票及蔬菜票等。服装和日用品类的票证更为繁多，从汗衫、背心票、布鞋票到手帕、手纸票等。竹行农民买一个针线团也要交布票，买糖精也要填卡并限量。

1965年，中央的一系列涉农政策使濒临崩溃边缘的经济逐渐恢复起来，物资就多了，布票每人增发到一丈六尺，除粮、油、棉、布、烟等主要票证外，很多票证取消。1966—1976年的十年浩劫，国民经济再一次遭到破坏，各类生活物资严重紧缺，那些已经消失了的票证重新恢复使用。

1978年，中共十一届三中全会召开，党的政策路线作了重大调整。1980年，中共中央实行议价粮政策，这是对统购统销政策的补充。议价粮随市场供需关系变化而价格浮动。1983年，竹行农民分了田，棉花丰收和化纤品的大量供应，布票率先取消，日用品购货卡也逐渐取消，坚持使用的只有粮票和粮油证。

农业连年丰收，家家户户藏有足够粮油，粮油票证在人们心中逐渐淡薄。1993年4月1日起，按照国务院《关于加快粮食流通体制改革的通知》精神，取消了粮票和油票，实行粮油商品敞开供应。1994年，伴随中国城乡人民40年的粮票、油票等各种票证的时代从此彻底终结。

第九节 “农业学大寨”

大寨位于山西省昔阳县，解放前穷山恶水，七沟八梁一面坡，自然环境恶劣，群众生活十分艰苦。解放后，当地人民当家做了主人，在毛泽东思想的指引下，以陈永贵、郭凤莲等为带头人的大寨人决心改变落后的面貌，敢于战天斗地，艰苦奋斗，治山治水，在七沟八梁一面坡上建设了层层梯田，并通过艰巨劳动引水浇地，改变靠天吃饭的状况。1964年毛主席发出“农业学大寨”的号召，竹行人民相应毛主席号召，掀起了“农业学大寨”的高潮。 竹行十七大队在学大寨热潮中，以大寨人战天斗地精神，平田塞沟，不到一年全大队满沟30余条，增加土地面积55亩，在评工记分方面，根据工种、劳动强度不同，学习大寨人自报公议的计酬方法评定各人每天所得劳动工分。十七大队干群学大寨经验首先在竹行公社内推广，继而成为通海区“农业学大寨”样板大队。

1965年秋，通海区委组织全区各公社各大队代表在竹行十七大队召开“农业学大寨”现场会。“农业学大寨”运动很快在通海区全面推广。“农业学大寨”口号一直流传到70年代末，其中被极“左”思潮利用过。

第十节 “文化大革命”纪事

1966年5月，中共中央召开政治局扩大会议和8月召开的中共八届十一中全会先后通过“五一六”通知和《中共中央关于无产阶级文化大革命的决定》，在全国全面发动“无产阶级文化大革命”运动。

1966年6月，南通县中学校园内贴满批判“三家村”（即邓拓、吴晗、廖沫沙）大字报，“文化大革命”在全县迅速开展起来。7月全县各学校不放暑假，学生留校搞革命，竹行农中建立“红卫兵”组织，各大队“红卫兵”组织掀起破“四旧”（旧思想、旧文化、旧风俗、旧习惯）热潮，“红卫兵”上街呼口号，砸碎老字号牌匾，铲除旧门牌，查抄旧书画、旧器物。接着又到一些群众家中抄家，一大批有价值的古旧铜器、瓷器、木器、书画、衣服、金银及历代文物遭到砸破、烧毁。不少居民村民在破“四旧”大潮中吓得纷纷将自己家中“四旧”物品砸毁、烧毁，害怕因此受到牵连。一批“地、富、反、坏、右”分子也在“横扫一切牛鬼蛇神”的口号声中被挂牌揪斗。竹行政府主要领导也被打成走资本主义道路的当权派，个别领导被批斗。

1966年8月18日，毛泽东在北京接见第一批串联到北京的学生。10月，竹行农中师生和竹行中小学部分教师徒步进行“革命大串联”。1967年3月，中共中央发出“中学师生停止外出串联”的通知后，各校停止外出串联，开始“复课闹革命”。各单位、各大队、各学校纷纷建立造反组织，有的称“造反司令部”，有的称“造反兵团”。竹行政府大院红卫兵组建“井冈山战斗队”，竹行中小学教师组建毛泽东思想“闯将队”，竹行农中师生组建“红卫兵总部”，后改建“八二七”组织。各大队建立“红卫兵支队”，同年7月，在竹行小学操场的群众大会上，南京大学造反队队员在大会上与竹行农中“八二七”组织形成对立的两派，互相攻击争抢话筒激烈辩论，时有摩擦。年底，全公社各造反组织进行“大联合”谈判，成立“革命造反派大联合总部”。

1968年“文化大革命”使公社和大队的党组织、行政组织瘫痪，政府由人武部部长、大队由民兵营营长主持日常工作。6月南通县全县上下开展“活学活用毛泽东思想”“三忠于”（忠于毛主席、忠于毛泽东思想、忠于毛主席革命路线）、“四无限”（无限热爱、无限信仰、无限崇拜、无限忠诚伟大领袖毛主席）活动。人人胸前佩戴毛主席像章，人手一册红宝书《毛主席语录》，穿黄军装，唱语录歌，跳“忠”字舞成为时尚。家家设立宝书台，上放《毛泽东选集》、毛泽东石膏像或照片。同时流行“一祝三前”或叫“五领先”活动。即吃饭前、劳动前、上课前、开会前，都要站在毛泽东画像前背诵几条语录，并手举红宝书《毛主席语录》祝：“毛主席万寿无疆”，连呼三声。

1969年3月，南通县部分公社陆续建立党的核心小组，8月竹行公社建立党的核心小组。

1970年2月，根据中共中央指示，南通县开展“一打三反”运动（打击反革命破坏活动、反贪污盗窃、反投机倒把、反铺张浪费）。县革命委员会成立“一打三反”运动办公室，并抽调1225人组成宣传队，会同各区、各公社宣传队进驻大队、生产队。

1971年暑假，南通县以“两个深挖”（深挖“五一六”、深挖特务间谍）进一步推动“一打三反”运动的深入开展。竹行公社全体中小学教师集体住宿在张芝山小学参加通海区全区文教系统两个深挖的学习班。

1971年，“九一三”（林彪叛党叛国）事件发生，1972年2月，南通县全县上下传达中共中央“关于林彪叛党叛国事件”的文件，广泛开展“批林整风”运动，批判林彪反党集团炮制的《五七一》工程纪要，声讨林彪反党叛国罪行。

1974年2月，竹行公社党委召开三级干部大会，学习传达上级有关“批林批孔”运动文件，各单位、各大队举办“批林批孔”辅导讲座，组织群众广泛开展“批林批孔”运动，同时进行“党的基本路线教育”。

1976年1月8日，中共中央副主席、国务院总理、政协全国委员会主席周恩来逝世。竹行公社广大干部、群众以各种形式沉痛悼念周恩来总理，1976年年初，根据中共南通县委部署，竹行公社开展所谓“批邓反击右倾翻案风”运动，由于广大干部群众消极抵制，运动未能深入开展下去。9月9日，中共中央主席、中央军委主席毛泽东逝世，竹行公社在大会堂设立纪念堂，各单位、各大队各界人士前往纪念堂沉痛悼念毛泽东主席。10月，党中央一举粉碎江青反革命集团。10月27日，竹行公社召开群众大会，庆祝中共中央一举粉碎江青、张春桥、王洪文、姚文元反革命集团。

1978年5月，南通县成立冤假错案复查办公室，对1966年—1976年间冤假错案给予平反或改判。12月中共中央召开十一届三中全会，各项工作拨乱反正，走上正轨。至此一场历时10年之久的历史大浩劫彻底结束。竹行镇人民在党中央、上级党委领导下，开始把工作重点转移到社会主义现代化建设上来。

第十一节　经济体制改革

1978年12月，中共十一届三中全会以后，特别是1982年以来，农村逐步开展联产承包责任制为主要内容的经济体制改革，经济发展活力进一步增强。同时，加快企业改革步伐，积极贯彻“抓大放小”方针，进一步调整和完善所有制结构，各类股份制经济、联合与合作经济和个体经济发展速度明显加快，流通体制改革进一步深化，特别是粮食、棉花流通体制改革进展顺利，综合配套改革稳步推进，坚持改革、开放、开发、发展四位一体，成果显著。

一、联产承包责任制

1983年，随着党在农村经济政策的进一步落实，以家庭经营为主的各种形式联产承包责任制全面推广，竹行乡全面推行集体经营与家庭经营相结合，以家庭经营为主的双层经营体制。集体耕地按人按劳比例承包到户，土地所有权仍为集体所有，农民有经营权。在承包期限内，土地使用权可以流转，但不得买卖，不得抛荒。严禁在承包地上进行非农业生产或取土、葬坟等。农民自己收获后，向集体上缴“三粮四钱”（即国家统购粮、集体调剂粮、河工粮等公用粮食和农业税、公积金、公益金、管理费），1983年以后根据各地实践情况,按大稳定小调整的原则，进行适当调整。1987年开始，建立健全农村经济合作社集体经济组织，在坚持土地集体所有制性质不变、集体和家庭双层经营体制不变、联产承包形式不变、按劳力土地结合负担的政策不变和组与组之间不打乱平分的前提下，对承包土地进行合理调整。1997年，根据中共中央、国务院《关于进一步稳定和完善农村土地承包关系的通知》精神，土地承包进一步完善，同时向农户颁发土地承包30年不变的“农村集体土地承包经营权证书”，逐步规范土地使用权有偿流转机制。1996年，工业体制改革，民营企业大发展，大批农民进入工厂工作，一批进城做生意和部分建筑工、手艺人等离乡，他们把土地给种田能手耕种，以租金或转包，其租金价格按南通经济技术开发区规定执行。根据农业税费征收的有关政策，减轻农民负担的各项规定，2001年实行农村税费改革。2004年，农业税税率由百分之七下调至百分之四，2006年起取消农业税。

二、企业体制改革

1978年12月，中共十一届三中全会以后，拨乱反正，改革开放，从计划经济逐步走向市场经济，竹行的工业企业迅速发展。1981年，竹行有工业企业31家，1984年发展至48家。1985年试行经济责任制，使企业管理水平和生产水平有新的提高。1989年进行领导体制改革，实行厂长负责制。改革经营机制和分配机制，把计件工资制引伸为计效工资制，提高劳动生产率。在整体经济下滑的大环境下保持上升的发展势头，竹行乡全年完成总产值4913万元。

1993年是深化改革的一年，在经济承包责任制的基础上，竹行乡有27家企业实行股份合作制，以增量扩股、存老转股等形式吸纳股金479万元。次年，是继续深入改革开放的一年，企业转型升级，加大技改投入，改革见成效。竹行全乡工业企业总产值3.19亿元，实现利润1450万元。

1996年是工业产权体制改革之年。全乡30家乡办集体企业进行全面产权体制改革，其中4家500万以上骨干企业作为集体、法人代表持大股的形式改制，其余26家中小乡办企业改制一步到位，由企业法人代表一次性买断。

1998年，竹行乡工业企业达137家，其中私营企业56家，其余为村属企业。

第十二节 创建文明、卫生乡镇

竹行镇创建南通市文明乡镇的做法是：建立以党委书记为组长，镇长、党务书记为副组长及各部门负责人为成员的组织网络，然后结合实际。提出切合实际的目标，结合创建人物进行分解，同时加强目标责任考核。社区以创建文明小区、文明家庭为抓手；农村以创建文明村、户为动力；企事业单位以创建文明单位、文明岗位为目标。2000年洞子港村率先被评为江苏省文明村；2001年长桥村、2003年神农村又被评为江苏省文明村；2001—2009年间，竹行村、洞子港村、神农村、长桥村先后被评为南通市文明村。竹行中学、竹行小学、长江钢绳厂、竹行皮鞋厂、方向机厂等单位先后被评为南通市文明单位。竹行中心幼儿园、竹行信用社等34家单位先后被评为开发区、南通市巾帼文明示范岗。2009年，竹行镇被南通市人民政府评为南通市文明乡镇。

2004年，根据南通经济技术开发区管委会统一部署，竹行镇把创建文明卫生乡镇工作列入重要议事日程，建立以党、政“一把手”为组长的创建领导组。全镇10个村、1个社区居委会相应建立创建领导小组，负责日常创建工作。镇财政投入1250万元用于道路改造、投入1250万元用于改水改厕、河道整治、交通秩序、环境整治、市场整治、健康卫生等创建工作。2010年创建文明卫生乡镇工作仍在继续中。

第五篇 人物

第一章 传记

第二章 简介

第三章 名录

竹行地区人杰地灵，古往今来人才辈出。竹行人民勤劳朴实，英勇顽强，在战争年代，不怕牺牲，勇于斗争，留下了可歌可泣的英勇事迹。如今，在社会主义建设事业中艰苦奋斗，开拓进取，取得了巨大的成绩，作出了杰出的贡献，特别是1984年以来，在改革开放的浪潮中，涌现了许许多多优秀人物，他们在各条战线上，兢兢业业、默默工作，作出了优异的业绩，受到了各级政府和部门的奖励和表彰。竹行人民十分注重培养人才，文化底蕴深厚，各类人才辈出，遍布全国乃至世界各地。

第一章　传　记

竹行虽是小镇，开埠时间也短，但是古往今来却造就了不少较有知名度的人物。

清朝末期，新丰村进士黄国柱、民间画家张莘田……

解放战争中，不顾敌人疯狂扫射向敌人劝降中弹身亡的竹行籍战地记者徐德纯（著名作家茅盾的女婿），牺牲时年仅34岁。

现代著名国画家高冠华，他的传世珍品为故宫、北京人民大会堂、中国历史博物馆、毛主席纪念堂、英国皇家博物馆珍藏。

民兵英雄倪建祥为保护国家财产大义灭亲，抓获抢劫犯表兄，受各级政府表彰，受毛主席接见，与毛主席合影。

他们永远受到竹行人民的尊敬、赞扬，是后人学习的榜样。

第一节　古代人物

张莘田（生卒不详）

张莘田，新丰村十二组人，清末民间著名画家，年轻时勤奋好学，不求仕途而长于丹青。他在宅前宅后种植各种花卉树木用于写生，多年苦练，花卉画颇有功底。后又练习人物素描，动物速写，其形象十分逼真，常被乡邻请去描摹“禧容”。经过三十余年苦练，画技长进不少，在民间很有名气。清末状元张謇得悉，曾专程请张莘田为他家画“禧容”，张謇对他的作品大加赞赏，十分钦佩，日子一长，张謇与张莘田的交往密切，情谊甚深。张謇赠送匾额、对联，聘请张莘田儿子张棹仙任南通养老院院长。民间传说张謇借张氏之谱考秀才一事，只不过是张謇“冒籍案”敷衍出来的攀龙附凤的故事罢了(查阅啬翁自订年谱,他自己对如皋冒籍的记叙已十分详尽)。至于张謇赠送张莘田的匾额题于何时,因何而赠,不见于《张謇全集》,至今仍是个谜。但张家藏有张謇亲题匾额确系事实,可惜此匾额已被截成几块,做成碗橱,其中文字最多一块为碗橱后壁,现载录于下:

……端懿(此为大字,每字约50厘米见方,以下为小字,每字约8厘米见方)

莘田先生吾乡耆硕也。幼敦庸德,壮厉通材。鄙帖括为雕虫,付之一笑;抚写生与审象,勤且三十年。遂探北苑之精,浸入南亩之室。……

从张謇的匾文来看,张莘田在当时应该很有名望的,被张謇称为“吾乡之耆硕”。

注:“禧容”,古时无照片,人死整容后的画像,供春节期间在厅堂悬挂供奉之用。

附:

(1)匾额译文

莘田先生是我们家乡一位德高望重的长者。他从小就努力学习中庸之德,到了壮年便磨砺成了学识广博、多才多艺的人才。他把八股文看作雕虫小技,十分轻视,常付之一笑;而用将近三十年的时间描摹花草树木,细究其生长的现象。于是,他把北苑的鲜花,渐渐移入了农家的小屋。……

(2)张莘田的字画及张家的禧容,在“文化大革命”期间害怕红卫兵抄家,被其子孙烧毁。

黄国柱

黄国柱(字来宾),高天成的外甥,生于咸丰2年(1852年),死于民国3年(1914年),享年62岁,新丰村11组人。

黄国柱年轻时在宅西专门用一窕田设一跑马练武场。黄国柱平日常与高家的几位老表谈兵论武,一起骑马练功。高家的几个表兄弟后来弃文从武,走武科道路是受了表兄黄国柱影响。同治九年(1870年),黄国柱与高立岗表兄弟俩同时考取武秀才。其后,高立贤又考取武秀才。黄国柱平时贯用大刀,刀柄长1.8米,重120斤,舞刀时只见刀光不见人影,有人向他泼水,他身上滴水不沾,据说他停刀必须刀刃见血后才慢慢停下,其父母为了儿子不伤身体,只好每天用活鸡扔上去让刀刃见血,才让他慢慢停止舞刀。

黄国柱功力过人,每天早晨他用家门口一对石狮子练抓举之功。一次坐小车外出他对推小车的长工讲,请你当心,看看我的功夫,推小车的长工用足劲道握住小车柄,只见黄国柱屁股向下一沉,小车车轮陷入泥中直陷到车轴,长工的胸口也震伤。还有一次黄国柱在理发,因几句话被惹怒,只见他头发根根竖起,理发师的剃刀连头发桩也割不下来,可见黄国柱的功夫之深。

同治十二年(1873年),黄国柱高中举人。中举次年,他赴京赶考,初试时力冠群英,人们议论“武状元非黄国柱莫属”,但正式比武前夜黄国柱突然发了个寒热,第二天比武时,体力不足,让山东举子夺魁,黄国柱只好屈居进士。

黄国柱中进士后,先在南京任职12年,又到海门任职11年,后因假银元之事件,误伤人命，告老还乡。

附：有关假银元事件

据说黄家长工从老家（新丰村11组）到海门办事，黄给长工两个银元是真币，但长工想借黄国柱势力使用自己的两个假银元。被人识破后，长工说这银元是黄国柱给的，事情扯到主人黄国柱。黄来宾一口否认，两个公差要拉黄来宾去官府对质，动手拉扯，黄一怒之下出手打人，公差哪里是武进士的对手，结果一死一伤。黄怕事情麻烦，托人摆平，自己即告老还乡。

黄国柱死后埋葬在原七框头河北（336省道收费站旧址），"文化大革命"掘坟时，只见他头颅骨特别大，胸腔肋骨不是一根一根而是整块满板与常人不同，至于黄什么病死亡已无法考证。

据新丰村民间老人口述整理

第二节　现代人物

徐德纯

徐德纯，著名作家茅盾（沈雁冰）的女婿，笔名萧逸，乳名广景，南通市竹行镇人，民国4年（1915年）6月17日出生于农民家庭。父亲徐忠输以农为生，兼做看布生意，父母生下8个子女，他最小，可谓徐家的娇子。

徐德纯9岁进竹行小学读书，15岁于张芝山小学读完高小。他从小天真活泼，天资聪敏，吸收新鲜事物快。他不喜欢成天捧着书本死读书，而是靠理解内容和创造性的记忆，所以，学业成绩名列班级榜首。他喜爱文体活动，歌喉婉转，歌声优美动听，跳高、游泳、踩高跷、倒立行走，他都有一套绝招。家人都很喜欢他，但是父亲的家规很严，对他并不溺爱。良好的家庭环境，养成了他尊敬父老长辈，尊重姐妹兄弟，乐于帮助别人的品德。

民国18年（1929年），徐德纯高小毕业后，经友人介绍去上海乐器公司当学徒制作口琴和钢琴。他潜心好学，接受能力强，不仅口琴吹得好，修理口琴的技术超群，未等学徒期满，就已经成为一个心灵手巧的乐器工人。在上海期间，他逐渐接触社会，开拓视野，逐步懂得人间疾苦与国家兴亡的关系。"九一八"事变后，东北三省沦陷，接着又爆发淞沪抗战，半壁江山沦陷，广大百姓遭殃，人民奋起抗日救亡，激起徐德纯强烈的爱国热情。

民国26年（1937年）抗战全面爆发，他积极投身于上海救亡运动。不久上海沦陷，徐德纯在中国共产党抗日方针的指引下，满怀抗日热情，跋山涉水，历尽艰险，辗转到达向往已久的革命圣地延安参加革命，不久加入中国共产党。

民国27年（1938年4月），在中国共产党的领导下，鲁迅艺术文学院在延安成立，徐德纯是鲁迅艺术文学院第一期学员。他有广泛的兴趣和爱好，经常写诗、写小说。各门专修课程成绩优异。鲁艺学习结束，他任周扬的秘书。不久，组织上调他去专修俄语，学成后回延安文协搞创作。他在学习俄语期间，与矛盾的女儿沈霞相识，共同的志愿与爱好，使两人建立了深厚的感情。民国34年（1945年）春，经组织批准，徐德纯与沈霞结婚。

同年8月，抗战胜利在望，新闻战线需要大量人才，党组织决定派徐德纯夫妇去张家口工作。当时，沈霞已经怀孕，他们一心想着革命工作，考虑到有孩子对工作带来不便之处，也会给组织上增添麻烦、毅然决定人工流产。可是，由于当时医疗条件太差，加上医生疏忽大意，沈霞终因细菌感染，于8月20日不幸去世。徐德纯强忍悲痛，掩埋好爱妻的遗体，擦干眼泪，立即奔赴张家口边区政府，在《晋察冀日报》担任记者。

民国38年（1949年），徐德纯在新华社晋察冀总分社工作。当时，战争处在最艰难的阶段，晋察冀野战军撤离大同，后又被迫从张家口转移到平汉线北段活动。徐德纯对党的事业和解放战争胜利充满信心，坚决要求到前线去当军事记者。4月上旬，华北野战军已完成对太原城的包围，逐个清除城外围的敌阵。15日上午徐德纯随敌工干事到城东前沿阵地实地采访，了解劝降敌军情况。双方阵地相距不足100米，未料敌人玩的诈降阴谋，当他与敌工干事向敌人碉堡喊话时，敌人突然射来一串子弹，徐德纯头部中弹，年仅34岁就光荣牺牲。

在清理徐德纯遗物时，在他的红布包中，留下的是一本本日记和一份写作计划，还有他没有写完的数万字的书稿。

宋象贤

宋象贤，号石移，竹行村七组人，清光绪13年（1887年）生。其母黄氏（竹行镇东行大地主黄渠臣的姐姐），年轻时嫁给海门长乐镇宋某，结婚18天丈夫病故，后领养一个儿子取名宋象贤。孤儿寡母，生活艰难，无奈从海门夫家搬回娘家，弟弟黄渠臣念姐弟之情为姐姐砌了几间房子，送给姐姐一窕田（约几十亩）安居，母子相依为命，日子尚算宽裕。母亲过分溺爱儿子，宋象贤从小衣来伸手，饭来张口，从不干活，也不会料理生活。18年学习生涯，年年丢掉一床被子帐子，年年开学重新置办。

宋象贤十六岁时考入张謇创办的南通师范学校，人很聪明，成绩也好，尤其擅长书法、国画，十九岁毕业，是南通师范第一届毕业生，也是狼山东、海门以西唯一的南通师范毕业生。毕业后先后在顾老龙石桥小学、竹行小学当过教师。他淡泊名利，对教书不感兴趣，曾到江南乐余镇街头卖字画为生。他放不下读书人架子，留长发，不修边幅，穿一件蓝布长衫，戴一副眼镜，眼镜断了一只脚用白线套在耳朵上，满口之乎者也，颇象鲁迅先生笔下的孔乙已，在江南期间又学会相面算命。

解放前夕，宋象贤回到苏北老家，仍以相面算命，卖字画为生。他嗜酒如命，好逸恶劳，整天东游西荡，常常为二斤白酒替人写字作画，有时为一升麦酒替人家相面算命。传说，他还能猜出天气，测定气象且十分灵显，当地老百姓称他“宋先生”“宋仙人”，竹行镇一带小有名气。

民国33年（1944年）秋天，宋象贤应徐之凯之邀（徐之凯，洞子港村人，曾任陈阿四部队军需处长）到海安曲塘帮助收税、记账，身在异乡碰到老乡蔡志方，十分投缘。一个深秋夜晚，他感慨万千，饱蘸浓笔，挥笔为蔡志方写下了极为伤悲的诗句：

晚桩楼上夕阳残，不怯衣单怯影单。
满园梧桐声飒飒，知君此日也心酸。
吟墨新诗月色阑，伤心难听雁声寒。
为君肠断君去否，一幅羅绡暗泪弹。
絮果萍因人未真，香魂月冷怀残春。
依然沦落乡无主，一样凄凉坠刦薰
志芳先生之属乞指教

石　移

乙酉巧月（1945年农历7月）

宋象贤的晚年十分凄凉，常常饱一顿饿一顿，以至文房四宝都变卖换酒喝，附近人家红白喜事，他送一幅对联换一顿酒喝。没有了毛笔就用棉条蘸墨写字，虽然字迹粗草些但笔法遒劲有力，仍显示出深厚的书法功底，1960年终因贫病交加离开人世，享年73岁。

宋象贤生前留下不少字画，可惜只是人们施舍酒饭后的证据，很少有人收藏，即便有识之士收藏的字画，亦在"文化大革命"期间被红卫兵付之一炬，仅存的这首诗还是蔡志方老先生千方百计保存下来的。

高冠华

民国3年（1914年7月18日）出生于南通经济技术开发区竹行镇新丰村10组，自幼酷爱绘画，尤其迷醉花鸟画。虽然家境贫寒，但以沙为纸，以木为笔，信手描摹眼中所见，心中所想之物。16岁就读于南通中学师范科，专攻花鸟画。他心无旁骛，每天于闲暇时"违规"潜出校园，跑到城里裱画店，观摩先哲时贤墨宝，每有会意，辄欣然而归，展纸挥毫。高冠华自称此法为"背临"，在校期间，他用罄学校分发给他的宣纸18刀，足见用功之刻苦。

依仗此种"背临"之法，民国25年（1936年），22岁的高冠华以优异成绩被国立杭州艺专破格录取，成为该校高三年级插班生，国画大师潘天寿看了他的几十幅作业十分激赏，高兴地要求他将奋斗目标定得高一点，要"留千古之名于后世"。高冠华成了潘天寿入室子弟，恰巧又和吴冠中同窗，故后人惊叹潘天寿的艺术教育，一个冠中，一个冠华，绘画双冠，非常了得。1940年艺专毕业，以造诣精湛留校任教，其卓越的创作实绩，很快饮誉画坛。时获丰子恺等名家支持，举办个人画展，作品深为现代艺术大师徐悲鸿推崇。

新中国成立后，先后执教于天津大学、北京艺术学院、中央美术学院等院校，教绩显赫，桃李满天下，有的如今卓然大家。

文化大革命中，高冠华被逐回老家，后转寓南京，备尝世态炎凉，人生坎坷，但他并没有消沉、颓丧，更没有移易爱国之心，报国之情。

1979年平反昭雪，返回中央美术学院，重新执掌教鞭。其间，不少中央首长请他作画，中南海、钓鱼台是他经常"献艺"的地方，他的笔墨"入木三分""力透纸背"，饱受中央首长的赞赏。

1989年为庆贺他执教五十周年，中央美术学院、中国美术家协会、中国画研究院为其举行大型个人画展。

1990年，中国美术界再次举办高冠华八十寿展暨艺术研讨会，与会学者一致认为，高冠华一生的艺术探索与20世纪以来中国文化在西方文化冲击下变古为今的历史发展密切相关，他继承中国写意花鸟画传统精髓，以中为本，融合中西，在写意花鸟画变古为今的过程中确立了自己不同于师辈的地位，并且在长达五十年的教学中，对20世纪中国画的发展，起到承前启后的重要作用，作出不可磨灭的贡献。

90年代以来，高冠华为增进对外文化交流不遗余力，1990—1992年间，他三度应邀赴日本进行文化交流，受到日本政府和艺术界的热烈欢迎和高度评价。日本艺术大师平山郁夫更示激赏并引为知己。1992年5月，高冠华的作品《飞雪落纷纷》选送日本举行的国际画展，获唯一的最高荣誉奖。

他积极支持并促进中国书画艺术的各种普及活动。作为中国书画社社长，1992年他参与策划并组织"中国书画万里行"活动，在神州大地掀起传统文化艺术的风潮，激发国人的爱国热情和民族自豪感。他率团赴台湾举办画展并讲学，旅迹遍及宝岛各地。其间多番赋诗直憾胸臆，寄托对祖国宝岛的热情和赞美。增强了海峡两岸文化交流，加深了同胞情谊。

高冠华是一个不修边幅，极其散漫之人，但内里却是清高，把艺术看作第一生命的人。他作画时，喜欢把毛笔在袖子上蹭蹭磨磨，把袖子弄得五颜六色，脏兮兮的，有时又毫无顾忌地把笔尖放进嘴里吮吸几下，调调笔锋。开笔时不假思索，如"飞鸟出林"，重重一笔，然后提笔构思。如有误墨误笔，则随机应变，避免形成固定格式，从而超乎法外，变化无穷，终达自由王国。高冠华认为："画须有形似，终于神似，似而不似，不似而似，方为上品。"所写之花鸟，结构谨严合度，然又多所变形与夸张，夭矫雄健，丰采各异，极富生活气息。

1995年岁末，高冠华不顾年老力衰，亲赴美国的旧金山等城市举行作品巡展，获美国政府颁发的中国美术大师奖。

令人感叹的是高冠华晚年虽体弱力薄，但仍常挥椽笔绘制巨幅精品。这些精品为故宫博物院、北京人民大会堂、中国历史博物馆、毛泽东纪念堂、英国皇家博物馆等国内外著名机构，以及社会贤达、名流所珍藏，西方称他为"现代中国画巨子"并载入《英国剑桥世界名人辞典》。

高冠华的著作《高冠华画集》《写意花鸟画基本技法》《写意花鸟画》《高冠华诗词集》以及他建构的写意花鸟画艺术理论体系和艺术业绩成为中国艺术界的宝贵财富和启迪激励艺界后学的精神伟力。

1999年，因病去世。

杨允亭

杨允亭民国10年（1921年8月12日）出生于雁行乡（现竹行镇新丰村十一组），生于贫苦家庭，从小随父亲学木匠，并以此为生。

民国33年（1944年）冬，在川港镇一位地下党人杨学才启迪下参加紫琅区游击队。1945年春天，杨允亭任雁行乡第三保抗日保长，带领民兵参加抗日活动，并加入中国共产党。

民国34年（1945年8月）的一天，杨允亭到新开15大队同民兵联系工作，回家途中在新开港西七框头薛家敬店门口，看到一个日本军士兵。杨允亭高喊："大家快来捉东洋人！。"这一喊日本兵心慌了，调头向北朝黄家宅弄里逃跑。这是一条尽头路，杨允亭立即赶上去和日本兵搏斗，两人滚打在一起，滚到黄家宅沟。杨允亭一边和日本兵搏斗，一边高喊："快来人，捉东洋人"一位叫黄丕林的听见后拿起钉钯，配合杨允亭制服了日本兵，并把日本兵扭送到北区公所陈润东区长那里，由区里处置。

民国34年（1945年）底，国民党疯狂镇压新四军（游击队）和地方民兵组织。时任雁行乡民兵队长的杨允亭白天根本无法露面，家里有事只能夜里回家看望一下，古历十二月二十八日，杨允亭夫妇回家烧"过年经"，走到长桥港"三窕田"，看到长桥乡民兵队长袁宝成被孙龙根土匪抓获枪杀，杨允亭满腔仇恨，决心要讨还血债。第二天清早，他带领18个游击队员埋伏在竹行镇各个交通要道，正巧土匪孙龙根经过竹行镇"丁"字街口，冷不防备被游击队员逮住，怀着深仇大恨的杨允亭等游击队员，立即在镇背后杀了这条"恶狗"为民除了害，为烈士袁宝成报了仇。

民国35年（1946年）初，杨允亭奉命和先锋乡的张敬文两人到小海镇一带侦察敌情，不慎被敌人发现，两人连扑三条沟才逃脱了敌人的追捕。3月26日，新四军攻打小海镇，杨允亭任向导，他把新四军主力带入阵地后，便组织民兵抬担架运送伤员。战斗打了一日一夜终于攻下小海镇，3月27日下午又攻下敌人最后一个据点顾家宅。

6月2日国民党三乡联防队长袁静富带人来拆杨允亭的两间住房（用来筑小海的炮楼），房屋被拆，杨允亭夫妻俩无家可归。妻子祝秀文刚刚生产，出生一个月的女儿活活饿死，杨允亭只好去上海避难。

民国35年（1946年8月），杨允亭从上海回来，与区长陈润东碰头研究行动部署，区长陈润东不幸被捕，被敌人活活折磨至死。8月的一天，杨允亭的妻子祝秀文去斜凤桥姑妈家，不幸被袁静富发现抓住，袁静富准备把祝秀文绑到新开镇东边活埋，在民兵的压力下顽乡长袁祖昌出面去保释祝秀文。袁祖昌对袁静富说："新四军曾抓获我老婆，没伤我老婆，训话后释放。你伤了祝秀文，杨允亭可不好惹"。袁静富出于无奈只得同意袁祖昌保释祝秀文。

民国35年（1946年）下半年，杨允亭又去上海，屁股上生了一个碗口大的疮疖，经过一年时间治疗才痊愈。民国37年（1948年）年底，杨允亭从上海回乡，继续参加革命工作。1949年正月初一竹行解放，组织上安排杨允亭到工作队工作，后又派去干校培训。

民国38年1949年6月，杨允亭被任命为雁行乡民兵队长。1950年1月21日组织上派他去先锋乡任乡长。1951年8月调任紫琅区武装部干事，一年后任川港镇人武部部长，后去金沙南通县兵役局工作，1952年以后，杨允亭一直在基层政府人武部工作，“文化大革命”后年纪大了，不再担任人武部工作，在政府任主任。1991年回到竹行镇任主任直至退休。2000年12月因病去世。

倪建祥

倪建祥，民国20年（1931年）生于新丰村四组，为人忠厚耿直，敢说敢为。他有一个表兄周连明住洞子港村，在部队时表现不好受过处分。1959年春天从部队退伍回乡，好逸恶劳，东荡西游，不好好干活，在社会上纠集一伙人蓄谋抢劫竹行粮站和竹行信用社。一天表兄周连明来倪建祥家要求他一起参加，倪建祥当即拒绝并极力劝阻。表兄不但不听劝阻反而威逼倪建祥入伙参与，并约定1959年3月17日夜晚在张文汉店集中实施抢劫。倪建祥大义灭亲，立即报告十二区领导黄允周、郭永祥，工区领导配合乡民兵组织采取果断措施，赶在案犯作案前将这伙抢劫犯抓获，送交司法机关。

倪建祥报案有功，免除了国家财产的损失，当年被评为江苏省民兵英雄，受到江苏省人民政府、人民武装部的奖励。1960年又被评为全国民兵英雄，去北京参加群英会，4月23日受到毛泽东和党与国家其他领导朱德、董必武、宋庆龄、邓小平、林伯渠、彭真、林彪、罗荣桓、贺龙等的接见，并和毛主席合影，奖给他半自动步枪一支，子弹10发。会议奖给每位代表毛泽东《中国革命的战略问题》一书一本，赠送纪念章一枚、纪念册一本、刻有会议名称的582金笔一支。

2007年因病去世。

附：枪于1963年10月上交南通县人武部，子弹在民兵实弹训练时用掉。

陈长继（生卒不详）

陈长继，淮阴人，野鸡部队头子，部下有十五、六条抢。民国28年（1939年）从淮阴南下，一路抢劫富豪，后常驻新开永兴镇，开设赌场，自身吸鸦片。民国30年（1941年）陈长继带领部队向东驻扎在竹行地界樊家大圩的樊家大宅子上（现谷东村9队樊家宅），自称大老板，他的部队称老板部队。竹行附近另有几股小股土匪部队，人少枪少，势孤力单，先后都投靠他。当时长江竹行一线塌岸，江中却已涨成高出水面的一块沙洲。同年陈长继出面召集新开和竹行一带的社会名流、地主豪绅商业巨头徐一白、陈永熙、黄照明、施兆康、黄卓明、黄柏杨、崔龙祥、顾俊余等人在竹行镇河南街庙里召开保坍会议，成立南通县长兴垦植公司，陈长继任董事长。1941年冬至1942年春，陈长继发动民工围垦这块高出水面约800亩的沙滩，定名为定心圩。继后又围垦了二圩、三圩、德本圩、海洪圩。

民国32—33年（1943—1944年间），长江竹行段自大安镇至竹行镇一线坍岸加剧，潮水自东南向西北，直冲竹行镇河南街一带，再迂回向西南经定心圩与二圩之间海泓向西流冲，河南街地段（现长江钢丝绳厂向西至洪昌路一段）塌岸最为严重，江水离竹行镇仅50米、竹行镇危在旦夕。

民国33年（1944年）春，陈长继会同竹行镇地方名流再次商谈、筹集资金，准备把定心圩和二圩之间近500米的海泓打坝截流，切断海泓通道，让水从定心圩外围通过，减轻洪水对竹行镇镇区的冲击力。在定心圩至二圩之间打一条土坝，两边民工同时挑泥，南北对接，经过几天努力，口子越来越小，水流也越来越急，在堵塞口子关键时刻又正值涨潮，第一次截流打坝失败。第二天民工们很早来到工地，在口子上沉上一只报废的木船，经过一天功夫，终于赶在涨潮之前把口子堵截。海坝筑成后，堵住了江水通道，水流缓慢了，水中泥沙逐渐淤积，仅一年时间老洪港两边便成了高出水面的大沙洲。民国34年（1945年），陈长继再次围垦，先后向东围垦到大堤岸的海洪圩共600亩，向西围垦到长桥港的德本圩约800亩、大堤岸到老洪港岸间近400亩，原老洪港到大安港坍入江中的四圩、六圩、后丰圩、二圩、安丰圩、小圩、五圩相接涨出的沙洲都被围垦成田共3000余亩，这些围垦的沙洲竹行人称之谓新沙田。

为纪念围圩造田，股东们出资建立一凉亭，亭内竖石碑，碑上刻有时间、股东人名及围垦造田的史实，立于海洪北首。石碑斜向埋在土里数十年。1958年，竹行5大队将石碑截成三段给加工厂当垫脚，多次变迁，目前只找到其中一段，上刻有“张啬公”三个字，不知与张謇先生是否有关，尚待考证。据记载，张謇先生在南通筑过好几条海坝海剑。

第二章 简介

竹行人民勤劳朴实，英勇顽强。在过去战争年代不怕牺牲，勇于斗争，涌现了许多英雄人物；在如今社会主义建设事业中，竹行人民艰苦奋斗，开拓进取，各条战线产生了许多优秀人物。全镇6人被评为江苏省劳动模范；多人被评为市、县级劳动模范、先进工作者；获省、市县记功、嘉奖的人次更多。特别是安惠公司董事长陈惠一家先后有3人被评为江苏省劳动模范，实属罕见，让人们刮目相看。

在社会主义和谐社会中，人们的思想境界不断提高。南通市捐献遗体器官的第一人；17年如一日精心服侍公爹的好儿媳；连续8年独自一人照顾公公婆婆两位病痛老人的外籍儿媳；生前力主简约、崇尚俭朴，临终立遗嘱丧事从简的老人……他（她）们都是境内人们身边道德品质高尚的人，是竹行人民的骄傲，是人们学习的楷模。

第一节 劳动模范

一、江苏省劳动模范

（一）

陈廷章

竹行镇新丰村8组人，民国16年（1927年）农历四月出生于长江边一个农民家庭，自幼聪明，善动脑筋，虽上学不多但能写能看书报。民国36年（1947年）招给赵家为婿，生5男5女，家境贫困。20世纪40年代初长江决堤，搬迁于七匡头小圩（现新丰村8组）居住，靠耕作搞副业维持生计。

1953年陈廷章在家试种平菇，屡遭失败仍不气馁。1954年春试种成功增强了他种植食用菌信心，他翻看资料，求教他人，进一步探索香菇、猴头菇等其他菌类种植。鉴于当时的时代背景，陈廷章只能在家里偷偷地小面积试种。1972年在所谓割资本主义尾巴的运动中，他被罚款1500元并挂牌游斗。

1977年，陈廷章以小海利群小学校办厂为阵地，扩大食用菌种培植和研究。校办厂聘用长期工23人，临时工10人，种植猴头菌、平菇、香菇，年收入达16万元。其间他从上海农科院引进银耳菌种，到南京等地购回梧桐树干试种银耳。试种成功后，校办厂当年收益近10万元。从1978年开始竹行镇新丰村和小海镇利群小学周围群众先后都种植平菇、银耳。陈廷章经常深入种植户进行技术指导，并为群众提供销路。每个种植户一年收摘的干银耳少则几十斤、多则几百斤，增加了农民的收入。每年约有16吨银耳销往市场，群众誉称陈廷章为“银耳大王”。

1982年，新丰村干部看准食用菌的前途，聘请陈廷章回本大队种植食用菌。建立南通地区食用菌基地，基地面积4000平方米，50间房屋，15个车间，3只锅炉。生产平菇、香菇、银耳、黑木耳、灵芝等食用菌以及猴头菌菌丝体。聘请长期工、临时工共60人，产品销往上海中药三厂、南京老山制药厂、扬州邗江中药厂、南通制药厂、如皋生化制药厂等单位。

1984年—1987年，在梧桐树干来源趋少的情况下，他从福建引进袋栽银耳种，4年内生产袋栽银耳20吨，收益40万元。

1987—1990年，陈廷章扩展种植灵芝菌丝体及灵芝，产量在20吨左右，收入约10万元。

1990—1992年，他从上海农科院购进原料，自己翻培种植猴头菇，3年共生产猴头菇300吨，每吨7500元，收入225万元。

1993年7月，陈廷章因病去世，小儿子陈惠继承父业。

陈廷章生前从一个普通农民成长为带头致富的领头兵。江苏省省长、南通市市长、通州市市长都先后到他的基地参观。通州市委书记黄冰多次鼓励陈廷章带头致富。《新华日报》《南通日报》《南通大众报》多次报道陈廷章的致富事迹。70年代、80年代陈延章多次当选县、市人大代表。1983年陈廷章被评为江苏省劳动模范并出席江苏省第六次人民代表大会。

王佩恒

民国5年（1916年）出生于南通唐家闸，阎家桥。九岁进入大生纱厂当童工，一次因劳累过度睡着了被工头暴打。

民国27年（1938年），日军强行“管制”大生纱厂后，王佩恒参加了地下党领导的工会秘密组织抗日大队，几个月后无法在厂里呆下去，只好回家。

生活无着落，全家挨饿。一次他到任港码头，看到大饼生意很好，动起做大饼生意的念头。他买了礼物登门到大饼师傅家去拜师学艺被拒。他就常常去大饼店看制作的过程，回家后买了发酵粉试着做，多次失败，一直到第12次试验才成功。又经过反复试做，他做的大饼黄而不焦，撒的芝麻葱花多，个头大，价格公道，十分好卖，他姓王，人们叫他王大饼，从此王大饼出了名。

德本圩围垦后，王佩恒举家从南通迁来，租种地主二亩地，在田头搭个环筒舍安家，种上黄豆，黄豆长势很好。谁知天有不测风云，一次大潮汛冲垮江堤，黄豆全被淹没，颗粒无收，全家欲哭无泪，叫天天不应，只能又回到南通老家。

1949年，新中国成立后，王佩恒拖儿带女重新回到竹行，在谷东村二圩安家落户，过起农耕生涯。

60年代初期，南通农场围垦，王佩恒用传统手艺做大饼，早出晚归到工地上去卖大饼，他农忙在生产队种地。玉米收获后，挑着爆米炉下乡爆米花，挣些微利养家糊口。

王佩恒利用生产队空余时间搞副业，有点收入，“文化大革命”中受到冲击。1969年的一个晚上，造反派踢开他家门，说王大饼搞资本主义，破坏农业生产，没收了煎锅、蒸笼、两个爆米机。

没过几天，造反派用麻绳捆绑他挂牌游街示众。从此揪斗没完没了，罪名越加越多。说他是国民党特务，有收发报机，在农场棉花田里向台湾国民党发电报；又说他解放前当过土匪给人发过枪；还说他投机倒把，开地下工厂和写匿名信，破坏军婚……真是欲加之罪，何患无辞。

1970年春，王佩恒养鸭24只。造反派不放过他，先用长竹竿鞭死已经产蛋的鸭子5只，并勒令他把其余的鸭杀掉或卖掉，并扬言再养鸭就把鸭挂在胸前游街，他只得忍痛把鸭卖掉。

1973年，王佩恒外出学做皮蛋，先拜江阴一位行家为师，学会了做“精彩”“湖彩”皮蛋手艺。回家后，教会子女，并不断摸索，根据气候季节，改进配方，做出老嫩适中，香鲜可口、松软爽滑的皮蛋。

1979年，王佩恒重抄养鸭业，养鸭80羽。1980年养鸭300羽，一年收入2000多元，1981年他率领两个儿子去海门江心沙农场养鸭820羽，为南通农场和宝应县加工皮蛋，全家收入1万多元。1982年收入1.3万元，成了远近闻名的万元户。

1983年1月，王佩恒参加南通县“两户”代表会议，会议期间县委书记黄冰接见他，鼓励他搞养鸭专业户。《南通大众》报发表了《县委书记与皮蛋大王交朋友》为题的新闻，反响很大。3月12日，书记黄冰还亲自来到王佩恒家调研，鼓励他办万羽养鸭场，并为他解决养鸭需要的资金、饲料、场地等实际问题。乡政府为他落实水面60亩，荒滩2亩，在分户核算、自负盈亏、互助互利、完全自愿的基础上以王佩恒为首的49户养鸭联合体成立，当年养鸭1.3万羽、投放鱼苗4.1万尾、加工皮蛋23万只，形成养鸭、养鱼综合利用，养鸭、产蛋、加工皮蛋一条龙生产。

1984年，王佩恒养鸭4.1万羽，加工商品皮蛋88.6万只，代加工皮蛋140万只。他在新开闸江边的“一六”滩改造水面37亩。王佩恒皮蛋大王的名称已经家喻户晓。

1984年2月，王佩恒出席江苏省专业户代表座谈会。会上，王佩恒向省长顾秀莲提出要购买一辆汽车，解决运输困难，顾秀莲当即电话指示南京汽车制造厂，为王佩恒解决买车问题。3月份，王佩恒接到带款提车的通知，买了一辆跃进牌载重汽车，这是江苏农民购买的第一辆新车。《南京汽车报》发表题为《皮蛋大王购车记》的通讯。江苏电视台还拍了电视新闻。南京电影制片厂拍摄纪录片《致富之路》，并在竹行影剧院举行首映式。

1984年5月，省长顾秀莲专程来竹行视察“一六”滩，赞扬王佩恒的创业精神。同年，王佩恒又开发面积100亩、拥有养殖9000羽蛋鸭、60亩精养鱼塘的规模养殖场。1983—1987年平均每年向市场提供自产商品皮蛋和咸鸭蛋150万只。

1983年，王佩恒被评为南通县劳动模范，1984年被评为江苏省劳动模范。

1984年，王佩恒被推荐为南通县政协委员，1987年当选为南通县第九届人大代表。

1985年和1987年，两度被评为南通市劳动模范。

1987年，他为上海长兴岛养鸭户加工皮蛋23万只，供应上海市场。

《新华日报》《文汇报》《中国农村经营报》《南通日报》《南通大众》、江苏电视台先后多次报道他的事迹。

王佩恒富了，他的胸怀也宽了。先后给南通县图书馆、老干部活动室、敬老院、竹行中学资助，为村里修桥补路，安装变压器等共捐款4.7万元。

1997年，王佩恒年事已高，他把产业交于三子王守成继承。

2005年，王佩恒因病辞世，享年89岁。

（二）

陈一鸣

竹行镇竹行村人，1951年出生。1967年，十七岁的陈一鸣从通海中学毕业，进了当时地方上唯一的县属大集体单位——南通县钢丝绳厂当学徒工。学徒期间，他勤学苦练，表现突出，不到两年就当上了工段长，不久调入厂供销科工作。他满腔热忱，走南闯北，推销产品，采购材料，成绩斐然，很快就提升为供销科长。

1974年，竹行乡党委、政府将陈一鸣调入面临倒闭的乡办网络厂任供销科科长，几年间网络厂扭亏为盈，有所起色。

1981年年初，乡党委、政府任命他当副厂长，负责生产经营，同年年底又委任他当厂长。刚刚上任的陈一鸣，看准行情，果断地淘汰了网络业务，转行搞机制钢丝绳。凭着20万元贷款，拆工棚建车间，迎难而上，组建长江钢丝绳厂，业务不断扩大。1984年，长江钢丝绳厂与上钢二厂联营，成为该厂银星集团的成员单位。同年从该厂引进10多位技术人员，产品质量获上钢二厂银星集团金杯奖。

1985年，机制绳一哄而上，竞争十分强烈。为提高产品质量及档次、开拓新市场，陈一鸣把目光锁定国际市场，率领人马奔赴上海、北京、广东等各地考察，与上海五矿（外贸）公司建立了关系。他带领全厂职工，从厂内的设备改造到技术革新，奋战一个多月，改造好两条年产3000吨机制绳流水线，很快首批出口钢丝绳送交南通海关检验，产品各项指标完全符合出口要求，长江厂成为南通市第一批钢丝绳出口企业。外贸产品一炮打响，全厂群情振奋，巨石牌出口钢绳在国际市场崭露头角。南通长江钢丝绳厂被评为市、县出口创汇先进单位。

1988年、1989年在钢丝绳行业全面滑坡走入低谷的形势下，长江厂却创汇40多万元。1990年产值达1064万元，首次突破千万元大关，盈利45万元，名列全市同行业之首。一鸣惊人，长江厂连续三年夺得最佳质量奖—银星杯，陈一鸣个人被评为江苏省劳动模范，市、县明星企业家。

1992年，中共南通县委、县政府任命陈一鸣为竹行乡党委副书记兼乡工业公司总经理。1993年企业进行体制改革试点。1995年中共通州市委、市政府任命陈一鸣为竹行乡乡长兼党委副书记，同年11月任党委书记，工作重心由企业转移为领导和管理乡镇的全面工作。

1996年，他在全镇大规模地进行体制改革，推动了全乡各行业的工作。

1997年，陈一鸣通过募捐集资，投入700万元（其中他个人捐资70万元）将镇区7米宽的泥泞小街拓宽为四车道平坦的水泥路，并在镇区安装路灯，进行亮化、美化、绿化。接着投入800万元建造水电设施齐全的农贸市场，先后投入520万元分四期进行改水工程，让28220名竹行人喝上卫生清爽的自来水。与此同时，对竹行的广电事业、环卫工程、道路桥梁、医疗卫生等社会福利事业均进行建设或改造。

陈一鸣对竹行的文教事业十分关心，1982年至2002年间，镇政府先后投入120万元建造竹行中心幼儿园；投入800万元易地重建竹行中学；竹行中学迁入新址，陈一鸣个人捐资4万元作为搬迁经费；投入300万元建造长江小学；为推进中小学、幼儿园“六有工程”，镇政府又投入300万元，使竹行镇各类学校步入教育现代化轨道。

陈一鸣重视培养和选拔优秀人才任职12年，先后选用干部64人，提拔各类干部39人，录用公务员7人，受提拔的机关干部11人，新选拔任用事业单位干部25人（其中晋升副处级的3人，正科级5人，副科级5人）。陈一鸣十分重视党组织建设，先后培养新党员229人，新选拔11人为企事业支部书记，新选拔任用村干部12人，受提拔的村干部18人，其中担任村支部书记的6人。

陈一鸣任书记12年，全镇民营企业及个体工商户从当时的几十家发展到1286家，其中钢丝绳企业248家。这些企业大部分在技术上受长江厂的直接传授或间接指导，陈一鸣以个人名义为小企业发展提供银行贷款担保累计达5亿元之多。钢绳行业日益发展，覆盖就近四个乡镇三个农场，产量占全国的三分之一。2005年，全镇百万元以上的纳税大户达13家，工业产值从1995年的3.4亿元增加到50个亿；农业生产从过去单一的粮、油发展为多种经营、大宗种植和大棚种植；随着农业产业结构的调整，副业生产向养殖和特种养殖业转移。农民收入逐年增加，2007年，农民人均收入达8358元，全镇财政总收入达8136万元，较1995年的200多万元增加40倍，竹行镇成为南通经济技术开发区乡镇的排头兵。

2005年，12万平方米的星辰花园一期工程竣工，902户农民住进新楼房；二期工程又有297户农民住进星辰花园；三期480户即将入住。星竹花园竣工在即，规模较大的星怡花园正在紧张的施工中，新农村农民集中居住区初具规模。设施齐全、设备一流的竹行社区卫生服务中心也将完工，8万人口的南通卫星镇规划也在制定中，未来的竹行镇更加充满活力和希望。

2008年1月，陈一鸣调离竹行，晋升为南通经济技术开发区管委会副调研员。陈一鸣为人正派，讲正气，高风亮节，在群众中具有较高的威信。平时以身作则，做到自重、自省、自警、自励，自觉抵制腐朽思想的侵蚀，成为竹行党员干部勤政廉政的表率。10年来，陈一鸣书记在政府机关干部中不断完善党务、政务、财务公开、民情畅达机制，热心为群众和企业排忧解难，自觉接受群众和社会监督，让权力在透明、公开监督制约的机制运行，强化廉政建设，做人民的好公仆。

本届政府成为秉公用权、清正廉洁、为民办实事最多，群众对政府满意率最高的爱民政府。陈一鸣个人被南通市委、市政府晋升至副处级。

陈　惠

陈惠，1964年2月出生，汉族，大专学历，中共党员，江苏安惠生物科技有限公司董事长，世界蕈菌生物学蕈菌产品学会会员、中国食用菌协会副会长、中国药用真菌委员会委员、南通经济技术开发区工商联（商会）副会长、南通市第十二届人大代表、江苏省劳动模范。

陈惠，出生于南通市竹行镇新丰村八组，其父陈廷章人称“银耳大王”。陈惠继承父业，青出于蓝而胜于蓝，从事以灵芝为主的食用菌行业20年，开发以食、药用菌等天然药物及其产品，被人称为“灵芝大王”。

1978年，14岁的陈惠跟着父亲学种银耳、平菇等食用菌，1980年，靠百十元资金起家研究食用菌。20世纪80年代，南通城乡涌现出数百家菌种场（厂），食用菌种植十分红火。两三年时间，南通地区多家规模性菌种场先后停业、倒闭。陈惠却在其他人还在种植蘑菇的时候，已经悄悄开始与著名的太阳神集团合作，试验栽培灵芝与猴头菇。先人一步战略性转移避免了倒闭的厄运，短短几年时间陈惠取得了菌类生产产值百万元的业绩。

艰难困苦，玉汝于成，就在陈惠菌类生产产值迈过百万元大关之际，菌种场的一场大火，使得他数年心血几乎毁于一旦。但是，他没有倒下，而是在艰难困境中支撑并崛起。

1992年，他发动南通地区菇农栽培灵芝，向菇农提供菌种，提供技术指导，提供产品包销，并与菇农签订收购保护合同，当年生产灵芝占全国产量的二分之一。南通的灵芝之多，品种之优，规格之全，为世人瞩目。第二年灵芝尚未上市，国内外客商蜂拥而至，一时间哄抬价格、抢购灵芝。菇农在利益的诱惑下，纷纷将手中的灵芝卖给出高价的人，原有的购销合同丧失了约束力。在突如其来的灵芝大战中，陈惠向银行贷款100万元，收购高价灵芝，完成外商约定的订单。陈惠为了“信用”二字，亏损50多万元。一位收购合同仅完成百分之六十的外商，在得悉实情后，不仅没有索赔，而且还提出对他的损失给予补偿。灵芝有价，信誉无价。随着这个无形资产的价值提升，一个个客户纷纷前来签约。

市场风云变幻莫测，第二天灵芝价格一落千丈，甚至沦落到与萝卜、青菜为伍的地步。陈惠一咬牙，用资产抵押向银行贷款500万元，大量收购灵芝。仓库里、新建的厂房里全堆满了收购来的千吨灵芝，菇农们的危机得到缓解，可业内人士都在为这大胆举动捏了把汗，这是拿事业和全部身家性命在赌博！1995年，世界灵芝市场普遍缺货，全中国几乎找不到一个规模性的供应商。在不到20个月的时间内，每一集装箱单位干灵芝竟从2万元涨到5万元仍供不应求，此时陈惠手中的灵芝总量占国际市场总量的百分之五十以上。“要灵芝到南通，要灵芝找陈惠”，一时间，“灵芝大王”陈惠名号传遍海内外。

2000年，陈惠斥巨资建成10级洁净厂和食用菌乙醇综合提取车间，又购买先进的多功能实验设备和高效液相色谱仪等分析仪器，为开发新产品提供了保障。

安惠公司立足于天然生物基础研究和技术成果产业化的发展方向，秉行“科技为先导，创行业标准”的科技文化，以食、药用菌为主导产业，广纳贤良，团结世界上皮肤专家、生化专家、草本植物专家、医学专家进行产品研发，采用乙醇酶综合提取技术，提取灵芝高效活性成分，按照中医药“君臣佐使”的理论复方配伍，并以精密的仪器进行鉴定和微生物检测，确保产品安全、稳定、实效。经研发生产的几十种功能性保健品和美容护肤品受到国内外广大消费者的青睐，产品外销新加坡、马来西亚、日本、韩国等11个国家。

在陈惠的率领下，安惠公司已经发展成为以食（药）用真菌为原料，研究、开发、生产、销售食（药）用菌健康产品和美容护肤品的专业公司。2001年，公司通过ISO 14001环境管理体系认证和保健GMP认证。安惠公司拥有1万平方米符合国际制药标准的生产车间、食（药）用菌培训中心、现代化的综合提取车间、国内首家中华灵芝文化馆等设施。近几年，安惠公司先后被评为全国食（药）用先进集体AAA级资信企业、全国食（药）用真菌行业标准化示范企业、优秀龙头企业等称号。2005年1月25日，安惠公司被评为中国食用菌行业最具影响力企业。

陈惠不事张扬的性格使他做了许多好事而鲜为人知。2003年，他向竹行防“非典”办公室捐款1万元，向小汤山“非典”防治医院捐赠价值128万元物资和药品，成为南通市“非典”防治期间捐献最多的捐献者。

2001—2005年，陈惠为国家慈善事业捐助资金达500多万元。2005年1月31日，中国慈善总会表彰陈惠在维护人类健康、投身爱心事业中所作出的突出贡献，评定陈惠为“爱心中国”——首届中国最具影响力慈善人物。

2005年10月下旬，首届全国航空运动会在南通举行。在原主办方退出的情况下，陈惠急政府所急，想政府所想，克服时间短、任务重、难度高、风险大等困难，及时组建南通全景文化传媒有限公司，挑起承办首届全国航空运动会的重担，并成功地举办全国航运会安惠杯跳伞锦标赛，中国航空运动协会向安惠公司颁发荣誉奖牌。

2008年，在国际金融危机冲击的严峻形势下，江苏安惠生物科技有限公司发挥自身优势变被动为主动、变危机为机遇，继续领跑整个食药用菌健康产业，销售业绩提升了36.83%。全年实现销售收入2.44亿元，上缴税金213万元，先后获得“江苏省天然植物深加工工程技术中心”“博士后科研工作站”“国家特色农产品加工领域食用菌加工专业分中心”“全国优秀民营科技企业”“全国食用菌行业十大龙头企业”“国家高新技术企业”等荣誉和资质，同时获得中华人民共和国直销经营许可证。

陈惠个人于1997年被中国食用菌协会评为全国食用菌行业先进工作者；1998年9月被通州市人民政府评为农副产品营销先进个人；1999年11月31日，南通市第一个挂靠民营组织的南通市灵芝研究会成立，陈惠当选会长；2000年被评为通州市优秀农民经纪人、第四届江苏省十大杰出青年农民；2001年，陈惠被评为通州市优秀党员；2003年被中国食用菌协会评为全国食用菌行业十大新闻人物；2004年，陈惠被评为第五届南通市十大杰出青年；2005

年，陈惠入选全国最具影响力十大保健品企业领导人物榜、爱心中国——首届中国最具影响力慈善人物。2006年4月被评为江苏省劳动模范。2008年10月，获“全国民营科技企业家”。2009年，获江苏省第四届“优秀中国特色社会主义事业建设者”称号。2010年，陈惠又获全国食用菌行业贡献奖。

陆汉萍

陆汉萍，女，1963年8月生，1977年陈廷章在小海镇利群小学办菌种场时，15岁的陆汉萍经人介绍从启东老家来做临时工。陈廷章回到新丰村时，陆汉萍也随之来到新丰村，后与陈惠结成伉俪。2000年任苏通惠生物科技有限公司总经理，2001年4月，评为江苏省劳动模范。2005年任江苏安惠生物科技有限公司副董事长、江苏安惠生物科技有限公司研发品质部主任。

20世纪80年代初，陆汉萍就开始种菇。她到新华书店买来种菇技术的科技书籍钻研，又走南闯北拜师学艺，常带着培育中出现的问题请教上海农科院研究员陈国良教授。80年代中期又在陈教授指点下转向种植灵芝，种植规模从1个大棚到10个大棚。1992年逐渐发展为60个大棚。1996年灵芝出口量达570吨，一个月要出口12个集装箱，成了远近闻名的“灵芝姑娘”，一年获利达300万元。

1997年亚洲发生金融危机，国际市场灵芝无人问津，外贸公司停止出口灵芝。陆汉萍公司的仓库堆满灵芝，附近灵芝种植户还源源不断送来灵芝。第二年，国际市场仍无人需求灵芝，眼看库内灵芝要生虫子，几百吨灵芝如何处置困扰着陆汉萍。

有句话叫“机遇与挑战共存”。一次去南通制药厂办事，她看到车间正在提取中药的有效成份，心想：灵芝粉碎后也可以提取有效成份，既可防蛀又可以提高科技含量，于是，陆汉萍有了想把种植灵芝向灵芝深加工发展的想法。在专家的指点下，她先后跑上海、南京等地，学习深加工操作技术，并贷款50万元购买了整套提取设备，经过几个月潜心研究，反复试验，终于生产出灵芝提取物。日本客商将样品带回国化验，性价比更高。陆汉萍拿到了金融危机后日本客商的第一张订单，企业得以起死回生。经过多年的研究，依靠国内外食用菌科研团体，博采众长，厚积薄发，向市场推出了灵芝胶囊、灵芝孢子虫草菌丝体粉、猴菇菌胶囊、松茸胶囊等系列产品。

为创品牌，陆汉萍奔赴北京，经过一年多复杂而严谨的申请程序，终于在2001年拿到了国家卫生部门颁发的保健品生产批文。公司一流的原料、精湛的工艺、优质的功效，产品很快进入韩国、马来西亚、新加坡、日本等国际市场。

陆汉萍在全国灵芝生产、加工、经营中独占鳌头，成为一个集食用菌生产、经营、管理于一身，懂技术、会管理、精业务的女能手。本人也先后获得南通市双学双比先进个人、江苏省双学双比先进女标兵、全国双学双比先进能手荣誉称号、2005年度中国经济女性年度突出成就人物、江苏省劳动模范。

二、南通市劳动模范

王守成

王守成，男，1950年10月16日生，竹行镇谷东村人，南通世外桃园休闲农庄有限公司董事长。

20世纪80年代改革开放，王守成协助父亲“皮蛋大王”成立南通市首家养鸭联合体，带领39户养鸭户走共同致富之路，在长江边荒滩上白手起家，艰苦创业。1996年，在农业产业结构调整的思想指导下，创建江苏省第一个农庄——南通世外桃园休闲农庄。1997年，父亲年纪已高，王守成继承父亲业绩管理农庄。他吃在农庄，住在农庄，每天起床后的第一件事情就是围绕农庄转一圈，查看各项建设项目的进展程度和采摘园各类水果的生长情况，观察各鱼塘动态。农庄有1200亩，偌大的农庄每一个角落、一草一木他都一清二楚。

王守成是一位管理天才，农庄各部门的工作情况他了如指掌，农庄的发展蓝图也在他脑中。他不仅善于管理，还擅长具体操作，农庄内的江苏省第一家生态餐厅就是他亲手设计的，在外面的演讲稿都是他自己写的。

王守成是个工作狂，数十年如一日一心扑在工作上，为了农庄的发展，他走南闯北，跑遍各地学习先进，取长补短。他利用显著的区位优势，优美的自然环境，繁荣的经济条件，在庄园内建有珍禽园、桃花林、珍贵果园、百米钓廊、度假草庐、桃花岛、水上人家、生态园、珍鸭滩、百亩钓池、特殊水产养殖区等休闲度假景点，建成融渔业休闲、鱼文化于一体，独具魅力的集约化、多功能、高效益的现代渔业休闲度假地，把农庄建设成为江苏省休闲农业的领导企业，成为南通旅游业对外展示的窗口，成为周边城市和国内外旅游休闲度假的圣地。

王守仁本人被评为南通市旅游项目建设先进个人，崇川区优秀人大代表，南通市百项特色农业创新性农民标兵，江苏省渔业协会南通分会会长，南通市休闲农业协会会长，南通市劳动模范，被业内称为“江苏农庄第一人”。

蔡淑娟

竹行镇长桥村人，1977年生，中国银行开发区支行营业部副主任，“蔡淑娟班组”组长。她的微笑成为南通分行、江苏省分行最具代表的品牌形象，被媒体喻为中行南通支行“三朵金花”之一。她的“蔡氏服务法”在辖内闻名遐迩。她所带的“蔡淑娟班组”先后培养了一大批优秀员工。而当初为服务好顾客，展现甜美笑容，蔡淑娟从咬着筷子，站在镜子前比照开始练习，后来发现咬着吸管练习笑容会展现得更自然。从这一个小小侧面，我们可以看到“快乐服务法”背后付出了巨大心血。

“快乐服务法”也叫“蔡氏服务法”，在南通中行辖内得到推广并获评南通市职工“十佳”操作法。

蔡淑娟从一名普通柜员成长为开发区支行营业部副主任。从2005—2010年间先后获得南通市劳动模范、全国五一劳动奖章、全国金融五一劳动奖章、全国五一巾帼标兵等诸多荣誉，带领的“蔡淑娟班组”获得全国“三八”红旗集体、全国五一巾帼标兵岗。2010年，被选为中国共产党第十八次全国代表大会代表。

陆兰萍

竹行镇洞子港村人，女，1952年6月生，1991年任竹行镇多种经营服务公司会计。1995年被南通市人民政府评为南通市劳动模范。

1991年，响应政府号召，创建新丰养鸡场，专业饲养上海大江肉鸡。鸡场占地面积10亩，建鸡舍3680平方米，年饲养肉鸡14.4万羽，主要销售上海市场。陆兰萍养鸡带动了竹行镇150多户农民从事肉鸡养殖，为养殖户提供技术、良种苗鸡、大江饲料，带领乡亲共同致富，取得了良好的经济效益和社会效益，成为华东六省一市百名养鸡能手之二十六名，获得荣誉证书和经济奖励。

陆兰萍在短短两年时间发展多种经营生产方面成绩显著，在各级妇联组织的双学双比、巾帼建功等活动中屡获殊荣。1993年，江苏省妇联组织全省县级以上妇联主席前来养鸡场参观，受到江苏省妇联主席柏志英的接见。1991年、1993年、1994年先后获南通县巾帼建功先进个人，1994年获通州市多种经营致富能手称号，1995年被南通市人民政府评为南通市劳动模范，1996年获通州市十佳女能手称号。

施　聪

施聪，1964年12月16日出生于南通市竹行镇竹东村。中国人民大学硕士研究生，江苏巨力钢绳有限公司董事长兼总裁，高级经济师职称，南通市第九届、十一届政协委员，江苏省工商联金属制品商会副会长、南通市工商联副主席，南通市钢丝钢绳商会会长。

施聪，1983年2月参加工作，在南通天生港电厂从事热能运行监察、企业管理讲师；1992年3月任广东佛山陶瓷公司南通销售中心总经理；1995年5月任现职；2007年9月中国人民大学经济管理专业MBA核心课程高级研究生进修班学习。

施聪作为优秀的民营企业家，积极响应政府号召，开展高耗能高污染企业清洁生产。企业投入2000万元建成全国最大的金属制品热处理中心之一，实现工业污水经处理后循环使用"零排放"，热处理中心被市政府誉为"行业公共服务平台"。先后与中国矿业大学、北京理工大学、上海交通大学、东南大学等实行产学研联合，创办金属制品研究院，获得国家发明专利10项。企业开创"阳光操作、现款销售"营销模式，诚信经营、优质服务。3年来累计完成销售收入14亿元，实现利税5300万元，公司每年都被授予南通市"纳税大户"称号。

作为企业的领导，关心员工，增加员工收入，千方百计提高员工福利，并投入大量资金兴建现代化员工宿舍楼，让外来打工者住上舒适的宿舍楼。他组织员工工余时间开展丰富的文娱活动，提高员工幸福感。在社会责任方面，他主动了解社情民意，每年定期慰问当地孤老院，资助重症患者，为困难职工家庭发放补贴，每年资助5万元左右，树立起良好的企业社会形象。

巨力钢绳公司获江苏农垦"优秀民营企业"称号、冶金矿业卓越奖。2003—2010年连续获得南通市"百强民营企业"称号、南通经济技术开发区"综合实力十强民营企业"、南通市"十一五"优秀民营企业。力矩牌产品获江苏省著名商标、江苏省名牌产品。

施聪个人2002年获江苏省社会主义建设贡献奖章、2005年南通市劳动模范、2005年南通市优秀中国社会主义事业建设者、五一奖章、2006年江苏省优秀青年企业家、2008年南通市光彩事业先进个人、2009年南通市“名品、名企、名人”人物。

王静安

南通市国税管理三分局三科科长。1978年作为返城知青考入税务部门工作。王静安通过自学，先后取得无锡税校中专文凭、国家税务局扬州税务学院的大专文凭。

“拒请吃，拒收礼”在管理三科是不成文的规定。王静安处处以身作则当好表率，多次拒绝私人企业老板的宴请及红包。2002年管理三科共拒请达数十次，拒收礼金1.3万余元。

管理三科7人，管理分布在200多平方千米地域范围上1000多家企业、500多家个体经营户的税收征管工作。特别是2002年6月，分局将南通经济技术开发区注册、在市内设立分支机构的700多家企业的税收管理工作交给管理三科，管理三科的工作任务更为繁重。这700多家企业大多为商贸型企业，不少企业设在新村居民楼，他们经常变更办公地点，联系电话不断更改。王静安带领三科的工作人员，冒着炎热，走街串巷。白天企业没有人，晚上去找。公司搬迁，就找房东询问公司的去处，实在无线索可找，就根据法人身份证号去派出所查询法人家庭地址、电话，硬是靠着一股干劲，克服重重困难摸清700多家企业情况，并将他们纳入管理范畴。

全科7名工作人员加班加点，出色地完成各项工作任务。每到征收期最后三天，他都亲自打开征管信息，查询申报情况，对未申报户通过电话进行提醒服务。管理三科每年提供申报提醒服务近千次，准期申报率一直在百分之九十六以上，税款入库率达百分之九十九，个体达百分之百，每年组织税收近亿元。

纳税评估是新的征管模式下新的税务管理工作。王静安主动承担了分局百分之九十的纳税评估任务，加班加点补录评估数据，学习操练评估软件，查找纳税人的资料，一年中对800户评估对象进行稽核，对64户疑点评估对象进行约谈。2010年，约谈对象主动申报入库税款近百万元。在清理欠税工作中，成功追交一户欠税8年、几易法人的单位2.5万元陈欠税。

服务好纳税人是新时期税收工作的一大要求。王静安带领三科一班人走访纳税户，发放征求意见表，恳切要求纳税户提出批评意见。率真最易打动人，他们经常上门进行税务知识辅导，先后举办5次税务知识培训班，主动关心民营企业，赢得相关企业好评。

王静安所在的管理三科利用掌握较多经济信息的优势，积极为企业当好参谋。竹行一个小镇星罗棋布着400余家小型钢丝绳厂。这些小厂在热处理过程中既产生大量污染且生产成本较高。王静安主动与镇领导联系，物色一家实力较强的企业，并动员该厂办一家大型专业化热处理工厂。这家热处理厂除满足自身需要外，还为其他厂提供热处理服务。2010年，这家厂已经成为百万税源大户，其他厂降低了生产成本。而且解决了环保问题。

王静安奋战在税务战线35年，先后获得南通市劳动模范；3次评为县市级先进工作者；5次评为南通市级优秀税务工作者；4次评为优秀党员；记三等功2次，嘉奖1次。荣誉面前，他从不沾沾自喜，永远把自己看成税务战线上的普通一兵。

钱小军

钱小军，男，江苏海安人，1977年1月出生，1999年毕业于江苏理工大学。毕业后就业于南通纵横国际股份有限公司（现南通科技投资集团股份有限公司），先后在普通机床分公司、数控机床分公司、南通机械分公司任技术员。

2002年4月就职于南通环球转向制造有限公司。当时，环球公司的技术相对比较薄弱，公司从行业内聘请包括钱小军在内的几名设计、工艺及生产管理人员，开始设计研发动力转向器（2002年国内动力转向器生产厂家屈指可数，而且质量相对较差），经过一年时间，从设计图纸、购买设备、自制工装量检具等。探索NI100X型动力转向器终于研发成功，并经过主机厂装机测试成功。2004年下半年，钱小军又承担动力转向器的设计工作，并直接参与设计开发的科研含量较多的NT125共10个系列的50多个品种的动力转向器的总成。2006年，他组织开发的整体卧式转向器被国家知识产权局授予实用新型专利证书；2007年，以他为主开发的带有自动调整卸荷装置的NT11090动力转向器制成，为公司带来了新的竞争力。公司NT125系列转向器为矿物车专用转向器，要求较高，车辆工作的环境恶劣。钱小军和部分人员深入施工现场，了解车辆使用情况，对市场上出现的一些情况进行具体分析，经过不断改进，NT125系列转向器被多家公司认可，批量生产，部分取代了进口转向器。

近几年，钱小军带领的部门，取得了不少的成绩，被国家知识产权局授予实用型专利证书1项，外观简洁专利证书3项，公司凭借先进的技术被评为南通市高新技术产业。

2008年，钱小军被授予南通市劳动模范称号。

袁允彬

1959年1月出生，1976年2月参军，1978年加入中国共产党，1980年1月复员。3月进入竹行供销社工作，历任营业员、统计物价、会计、部门经理、副主任、主任、通州市供销总社副主任。

在竹行供销社工作期间，袁云彬时时处处以身作则，加强企业内部管理，积极为农服务，带领全社干部、职工团结拼搏、改革创新，取得可喜成绩。竹行供销社历年都被评为南通县、通州市先进企业，县、市文明单位。1994、1995、1996三年，连续评为江苏省基层先进供销社、流通企业纳税大户。袁允彬本人评为通州市十佳青年企业家。1994、1995、1996三年，被江苏省供销总社评为基层供销社先进工作者。1995年4月，被评为南通市劳动模范。

三、南通县劳动模范

张勤芳

竹行镇谷东村人，1982年年初，担任大队妇女主任。在张勤芳的努力下，当年全大队计划生育工作成绩显著，计划生育率、节育率、一胎率、晚婚率均达100%，在全乡起到模范作用。张勤芳在担任妇女主任同时兼任大队植保员工作。大队分工她搞粮、棉试验田种植，她配合大队抓管各村民组大面积试验种植。1982年，全大队元、小麦、水稻、棉花等农作物平均亩产比1981年均有明显提高，特别是水稻产量比1981年高出百分之二十一，得到村、乡干群一致好评。

1983年，张勤芳被评为南通县劳动模范，出席南通县农业先进单位和农业劳动模范表彰大会。

第二节　知名人士

石　超

竹行镇长桥村人，民国12年（1923年）12月1日出生。民国30年（1941年）参加革命。历任紫琅区副区长、区长、区委书记等职务。在解放前漫长的战争年代，一直坚持在通海地区斗争。面对敌强我弱，十分艰难曲折的形势，依托农村、依靠群众，长期坚持内线武装斗争，以灵活的游击战术、英勇、果断、不怕牺牲，取得了不朽的功绩，成为通海平原家喻户晓的功臣。

1949年，南通解放后，石超被调干校工作，不久又调苏北团工委。1951年至共青团中央团校学习，毕业后留校工作，担任马列主义教研室辅导员，哲学教研室主任等职。1953年至1957年，在中共中央党校哲学专修班学习，担任学院支部书记，毕业后调回中央团校工作。1961年，石超被下放到大庆油田，任铁路装卸服务公司经理。

1965年，石超回到南通家乡工作，任南通运输公司经理。1978年平反后，任南通医学院党委书记。退休后创办南通康复医院任董事长。

樊　慈

南通经济技术开发区竹行镇群力村人（现神农村）。民国16年（1927年）2月出生。

民国31年（1942年2月），十六岁的樊慈参加通海民运工作队。同年6月参加通海区军政训练班学习，同时加入中国共产党，11月转为正式党员。一生经历了抗日战争、解放战争、抗美援朝和社会主义建设阶段，为党为人民兢兢业业工作四十六年。

民国31—34年（1942—1945年），日军清乡扫荡，通海地区据点林立，情况复杂、环境恶劣、斗争残酷。樊慈先后任紫琅区文化教员，南通县警卫团统战干事兼直属单位支部书记。他白天隐蔽在芦苇、青纱帐，夜晚出击在据点碉堡下，冒着生命危险，深入群众家里宣传抗捐抗税，组织群众二·五减租，同地主说理斗争，常常遭到敌人的围剿、追捕。

民国35年（1946年），解放战争爆发。7月13日，如皋宣家堡战役是新四军七战七捷第一战，樊慈任一师三旅七团战斗连队副指导员，负责后勤宣传工作。他带领后勤战士在战场抢救伤员，带领炊事班战士送饭上前线，抽空上火线鼓励战士杀敌立功，同时向敌军喊话“交枪不杀、优待俘虏……”以瓦解敌军士气，争取敌人投降。

三年解放战争，樊慈先后参加淮海战役和渡江战役。为解放战争的胜利，新中国的诞生做出了贡献。

1952年9月樊慈随中国人民志愿军队伍入朝，任二十三军六十七师干部部助理。

1953年7月，在进攻固守在石岘洞北山的战斗中，樊慈掌握敌人炮击规律，靠机智勇敢冲击封锁线，为战斗胜利立下功劳。朝鲜政府授予樊慈朝鲜人民共和国勋章。

抗美援朝战争结束，樊慈回国到石家庄步兵学校学习，毕业后回部队任六十七师作战训练科参谋长，以后又提升为侦查科副科长。不久到南京军事学院学习二年，樊慈的军事素质和指挥能力得到了提高，并晋升为少校军官，毕业后，回部队任侦查科科长。

1967年年初，樊慈从部队转业到南通地区公安处政治处任副主任。"文化大革命"时下放到南通县国营红旗织布厂，后又调至南通县工业局、物资局、粮食局担任主要领导。工作中廉洁自律，受到干群好评。

樊慈最让人感动的话是："一生不占便宜、不摆架子，送礼不收、请客不到，永远听党话，一心跟党走。"她女儿樊盈对自己父亲的评价：爸爸是朴实的爸爸，在农村像一个泥巴巴，在军队像铁疙瘩，在单位是官不像官，在家庭是主不当家。他为家人树立了忠于革命廉洁自律的共产党员的光辉形象。

1987年樊慈离休，享受地市级待遇。

陆祖权

竹行镇人（民国16年）1927年10月出生于一个贫苦农民家庭。民国35年（1946年），在周应祥、黄达、石超等领导的地方部队任通讯员，参加地方除奸和打击海盗斗争。当年紫琅区地处南通东郊外，没有国民党驻军。区委根据上级部署，开展了群众性惩奸斗争。陆祖权先后两次参加了处决作恶多端伪乡长黄成兵、孙景高的公审宣判大会。当除奸运动准备进一步开展之际，驻南通的国民革命军49军突然派兵侵占小海、观音山、兴仁等镇，企图拱卫南通城。陆祖权在区长陈润东带领下做好小海战役的供给工作。1948年，加入中国共产党。

1949年解放后，陆祖权任紫琅区公安助理 。1954年任紫琅区副区长。1956年农历六月二十六日，老洪港港岸破堤，江水淹没竹行村东片1500亩农田，当时紫琅区代区长陆祖权闻讯后，亲自带领区政府干部赶赴险地，组织干群抢险，奋战两日两夜堵住了决口，保护了受灾群众的生命和财产。1957年调任南通县水利局任副局长。1958年被派往金南公社任工作组组长。1970年，因患肺结核，请求辞职回家休养。病愈后，在张芝山创办了通海织布厂，任厂长。1972年安排在竹行长桥港负责管理涵闸工作。1980年调任竹行渔业队队长。1986年任竹行弹簧厂厂长。1988年退休，享受国家津贴补助和公费医疗。1998年，因病去世。

孙廷荣

孙延荣，民国16年（1927年）出生于长桥乡（现竹行镇长桥村）一个贫苦农民家庭，民国33

年（1944年）学医，民国34年（1945年），在南通县警卫团任卫生员，解放后任竹行卫生院院长。

民国34年（1945年）秋，南通警卫团撤离南通到如东县掘港不久，国民党还乡团进攻掘港，警卫团被迫退至黄海船上休整，28天后上岸打游击。他被分配到通海独立营当卫生员，营部设在海门县桃园镇。

民国35年（1946年4月26日至27日）拂晓，独立营配合主力64团攻打南通县小海镇，战斗十分激烈，双方伤亡较重，他连夜为伤员手术、包扎伤口全力抢救。

民过36年（1947年2月18日），南通县警卫团攻打如东县大同镇据点，他随团参谋长龚兆林、政治处主任石超一起探察地形，被敌人发现，一颗子弹穿两人，射中龚兆林太阳穴。参谋长龚兆林当场壮烈牺牲、石超肩胛中弹，孙延荣紧急为石超包扎抢救脱险。同年中秋的一天还乡团围攻桃源镇，在突围中，飞营班班长杨志明中弹负重伤，他背着伤员到镇西泯沟苇丛中隐蔽，在苇丛中为伤员包扎，因大动脉出血，伤势过重而牺牲，牺牲后他用河草把杨的尸体盖好，次日再去收尸埋葬。

民国37年（1948年）秋，县警卫团团长沈坚好、通海独立营长周应祥，带领独立营进攻三余镇，战斗十分残酷，伤员较多，孙延荣连续两天两夜没有合眼，受到营部表彰。

1999年，因病去世。

邱兆昌

竹行村17组人，民国31年（1942年1月）参加新四军，参加抗日战争，曾任解放军某师一旅二团一营营长。

民国36年（1947年）在山东枣庄战役中，后脑被弹片擦伤，腰部及腿部被弹片穿透。

1949年7月，在山东荣管局第一荣校任会计职务。

1950年转业，任南通专署生产合作社推进社供销营业科科长、会计股股长等职。

1956年，任天星乡六社主任。

1958年5月，任南兴农中、竹行农中教师。

1962年至1979年任小海民中教师。

1979年因病休养，南通县教育局每月拨发生活费15元。

1982年病故。

袁亚康

竹行镇长桥村人，1964年7月25日出生，中山大学工商管理硕士，中央统战部中国光彩事业促进会理事、广东省江苏商会常务副会长、中国工商联合会副会长、广东省高科技产业商会副会长、香港通成投资集团有限公司董事局主席、深圳康成投资有限公司董事长、上海安益投资有限公司执行董事、南通创新资本投资管理有限公司合伙人、香港上市公司中民控股（HK00681）实际控制人之一，美国江苏经贸文化联合会副会长、南通市政协委员，江苏南通海外联谊会副会长，中山大学EMBA联合会第六届理事会执行秘书长、深圳市金融协会理事。

袁亚康出生于革命家庭，祖父是烈士，父亲是革命干部，从小受父辈熏陶和教育，具有吃苦耐劳精神。1985年从南通县中学毕业的袁亚康进入竹行工业公司担任供销员，做薄荷脑生意。全年完成84万元销售额，为工业公司立下汗马功劳。

1990年，袁亚康只身一人从中国近代民族工业发祥地南通来到改革开放的热土深圳，袁亚康审时度势，不失时机地抓住机遇，先后参与中民燃气、国人通信多家上市公司的资产重组。

2001年，袁亚康投资高科技通讯领域，参与发起成立深圳国人通信科技有限公司，并与香港东亚银行和国泰君安证券有限公司等境内外著名机构人共同发起设立第一个中国B股投资基金。参与中民燃气（2004年在香港港交所成功上市）等多家公司的资产重组；特别是中民燃气的重组在香港取得了巨大成功，三年内总市值从收购前的1亿多元港币增长了38倍多。

2007年9月由南通市人民政府牵头，袁亚康与南通投资管理公司和深圳创新投资集团有限公司联合创建南通创新资本创业投资有限公司和南通创新资本创业投资管理有限公司。一期投资达1.2亿元人民币，目标规模三年不少于10亿元人民币。

2008年4月27日，江苏省委书记梁保华、省长罗志军为首的省委四套班子领导在广州接见了广东省江苏商会的核心领导团队，对商会寄语“将广东的开放先进理念带回江苏，积极回乡创业发展”。袁亚康作为主要发起人，一人出资100万元，启动建立广东省江苏商会，旨在服务江苏，受到江苏各级领导高度评价与支持。

袁亚康多次向贫困地区教育系统捐款、助学，获教育爱心称号，被中央媒体评为新时代楷模，获世界华人大会杰出华人大奖。2009年2月，袁亚康与其他南通政协委员共同发起设立“南通政协助学基金”，在经济上救助绵阳市新市镇品学兼优、家境贫困的学生，帮助他们完成学业。南通市人民政府授予其“南通知名人士”的铜牌。

竹行“三松”

东行行主黄松庵，有两个儿子，长子黄雅松，次子黄稚松。父子三人为近代南通著名艺术家，被人们誉为“一门三松”。

黄松庵（生卒不详）

早年留学日本，归国后曾任海门中学，海门师范教师，海门修志局局长。续修《海门厅志》，续辑《师生诗存》。治学之暇，雅好书法，金石书画，诗词歌赋皆精，是誉载桑梓的诗词家、书法大师。

黄雅松（生卒不详）

幼承家学，后师从艺术大师吴昌硕，并为南通近代画坛领军人物李桢（李苦李）之婿。其诗、书、画、印皆有很高造诣，书画印具吴派神韵。著有《还读斋诗草》《松堂印存》《三松堂艺概》等。其妻李巽仪深得乃父真传，14岁入女红传习所，为沈寿高徒。后一生从事绘画和工艺美术教育，尤擅写兰，被画界誉为“沪通画兰第一人”。

她以积累家族文化的自觉和责任，为黄松庵、李苦李、黄雅松、黄稚松和本人整理《小延年宝诗集》《松庵诗画》《松庵日记》《还读斋诗草》《松堂印存》四册（松庵）《黄雅松印集》《幼松诗稿》《幼松绣稿》《南通刺绣针法》《黄氏三松艺概》《苦李艺粹》等书稿。

黄稚松（生年不详）

名贤，别号东洲词客，又名幼松。少时即爱画，从师海门龚隐轩，后毕业于上海美术专科学校，与尤无曲、顾永全、杜小甫等结社为美人室（又称思微妙室），共用一印作画。山水、人物、花鸟皆能，尤擅花鸟。

解放后曾在南通中学教语文、美术，兼南通师范美术。南通市美协创始人之一，曾代表南通参加苏北第一届文代会。1957年被错划成右派，但逆境中仍执着追求艺术，直至1978年病逝。

作品《海门竹枝》47首，乡土气息浓厚，清新自然，俗中见雅，题材广泛。

高广聪

公元25年（1936年）生，竹行新丰村11组人，中央美院毕业，现代美术家，江西景德镇陶瓷学院教授，国画大师高冠华长子。

摘自“悠悠乡土情”——《南通地方美术文化寻》一书

施兆贵

长桥村十三组人，民国14年（1925年）上海东吴大学毕业，后公费留学于美国加利福尼亚大学飞机制造专业，学制七年，毕业回国蒋介石在庐山接见他并委任他为昆明飞机制造厂厂长，云南省主席龙云起义前夕随蒋介石去台湾，曾任国民政府中央航空管理局局长。

顾贵仁

民国27年（1938年）出生于江苏南通平潮，生长于南通竹行镇。1962年毕业于南京师范学院（现为南京师范大学）中文系，中学高级教师、江苏省语言学会会员、华中教育信息研究中心特约研究员、南通市作家协会会员、南通市十佳读书明星。曾于南通县中、姜灶中学、通海中学、竹行中学等校任教。从教35载，从事高中语文教学兼班主任工作。

在职期间，高中毕业班教学工作成绩显著，荣获南通县教育局颁发的“荣誉证书。”发表数十篇教研论文于国家级、省市级语文刊物上，具有学术价值的篇目编入国家出版社出版的《中华现代教育》《全国中学语文教学论文荟萃》等巨著中。1998年受全国42所重点中学联合编写组聘请，参加编写《新编古诗文译释导训》（高初中部分），吉林出版社出版。

退休后，撰写并出版发行长篇小说《人生》，出版号：ISBN978-7-80680-684-5，获江苏省城乡社区校外教育辅导站先进个人称号。

2008年在江苏省首届农民读书活动中，撰写的《牌毒不亚于海洛因》获二等奖。

唐振福

唐振福，残疾，别名小春脚子。光绪21年（1892年）生于老洪港乡（现竹行镇竹行村），经商，1962年病死。

民国二十二年（1933年），唐振福在竹行镇南市梢老洪港边开南北货店。贩运当地特产芝麻、黄芽菜等销往江南，再从江南运回大米在本地销售。唐振福经商有方，生意兴隆，他赚了钱支持抗日，主动向地下党财税干部周平缴纳税款。连续六个月缴伪币6000元，在竹行镇商人中交税最多。

唐振福的南北货店地处老洪港边，船只进出方便，又便于隐蔽疏散，区游击队长、独立营一连连长沈世贤等中共地下党领导干部经常在货店落脚，交流情报，收粮收款。唐振福安排地下党人食宿，同时为地下党放哨。

长江涨沙后，唐振福把店搬至竹行镇。开始帮船只老板过秤小黄鱼，也帮老百姓过秤黄芽菜、大白菜，收佣金。

民国27年（1938年），土匪部队陈长继占领竹行镇，唐振福把房子租给陈长继经营大米生意，自己帮陈长继打工。

民国37年（1948年），米行关门，唐振福夫妇以种田为生。解放初，唐振福主动把2亩地给政府，是竹行镇的开明之人。1958年，唐振福被评为富农，1962年10月病死。小春脚子店，远近闻名，至于他的真实名字知晓的人很少。

张德良

张德良光绪17年（1891年）出生神农乡（现竹行镇神农村），贫苦农民家庭，民国35年（1946年9月）被国民党杀害。

民国35年（1946年年初），张德良经地下党南通县紫琅区区长陈润东培养，出任翻身队队长。他组织领导群众斗地主、分田、分粮，把该村恶霸地主虞小鼠、虞文田的田、粮分给穷苦农民，带领20多名青壮年切断新港镇公路，阻止南通国民党军队的围剿，帮助政府收交公粮。国民党和恶霸地主对张德良的行为切齿仇恨，9月24日，虞文其向张芝山敌据点密报，张德良不幸被捕。当日，敌人严刑拷打，要他交待陈润东等地下党的活动情况，他宁死不屈，敌人把他吊在小海镇新镇村一棵柏树上连戳18刀，临死时，残酷的敌人还朝他头上打了一枪，张德良光荣牺牲。

邵友才

邵友才光绪30年—民国38年（1904—1949），原海门县天星乡人（现竹行镇竹东村），解放前以顽保长身份掩护共产党地下工作人员，为党做了大量工作。

竹行镇竹东村，解放前地处南通、海门两县交界处，是游击队活动要地。邵友才从1945年8月日本投降后就任顽保长，经常出入张芝山国民党据点的茶馆刺探敌情，为地下党开展活动创造很好的条件。

民国36年（1947年），国民政府军队经常下乡抓壮丁。他得悉后，立即通知保内青壮年躲避，救助邻居陆三狗兄弟等一批青年人躲过这场灾难。有一次邵进池被捉壮丁，他亲自到张芝山镇公所，用邵进池是自己侄儿将来靠他为由，并以保长的身份保释。

民国36年（1947年8—9月），黄达、周平、包炳元等回家取粮食款。派出放哨的王兴汉突然发现天星乡乡丁季志相带领顽军百把人前来，王兴冲开枪打死两个顽兵，用枪声向黄达等地下党人报警。情况紧急，邵友才立即把黄达等人和粮款藏在柴垛深处，一切妥贴后，马上去应付前来的敌人，掩护地下党的安全。他分摊粮款，根据户上的承受能力，一般贫困百姓免交，当敌人下乡强索粮款，他通知群众不要呆在家里，免遭敲诈横祸，所以老百姓都信任他。

民国37年（1948年9—10月），邵友才得悉张芝山（顽）镇公所，镇队副张锦德有投诚的意向，就和黄达通信息，多次做张锦德的思想工作消除张的疑惧，张率10多人携带11支枪（其中手枪一支、盒子枪一支、卡宾枪一支、步枪八支）投诚新四军。

倪根宝

倪根宝民国13年—1982年（1924—1982），竹行镇竹东村一组人，原生产队队长。解放前为地下党侦察情况，传递情报，带领队伍转移，为共产党张贴宣传标语，做了大量革命工作。

民国36年（1947年）夏天的一个早晨，区联防队长黄达，区财税员陈锦康、周平、天星乡乡长倪文康等人途径薛家店时，倪根宝急向黄达汇报从大安镇得到的情报："下午或晚上国民党军队要来清剿新四军和捉壮丁"，当即黄达要求大家分工通知附近青壮年迅速转移，倪根宝带黄达等转移到长江边芦荡里隐蔽，于次日清晨他带他们到薛家店西边一个裁缝家中落脚，由于他 情报正确，打乱了国民党的围剿，让青壮年免遭捉壮丁之役。

与新四军有联系的顽保长邵友才住地与倪根宝一河之隔。为保护邵友才和地下党联系的身份不暴露，接黄达指示，由倪根宝与邵联络，再把情报传递给地下党组织。

民国37年（1948年）春的一天夜里，倪根宝等人在竹行镇贴标语，当贴到镇西市梢的时候，突然发现西边来了十多个敌人，黄达乘敌人不备，甩了五六个手榴弹，敌人乱作一团，一边开枪一边向西落荒而逃，贴标语人员安全撤离。

仇少鸣

仇少鸣民国7年—1983（1918—1983）原海门县大安乡（现竹行乡后丰村）人。

后丰村在原海门县最西南部，与南通县交界的一个偏僻村子。民国36年（1947年），紫琅区联防队队长黄达领导的区队频繁在这一带开展活动。

该村河西的老洪港港口重镇—竹行镇，船只来往、商人进出很多，是宣传共产党政策的好地方。青年民兵仇少鸣利用他住处优势，在港口、街道上张贴“打到国民党、解放全中国”“团结起来、打倒蒋匪军”“中国共产党万岁”等宣传标语，为共产党开展活动打下坚实的群众基础。民国37年（1948年）农历十二月二十六日，仇少鸣与民兵倪根宝等5人，正在竹行镇张贴宣传标语，群众告诉他们，西街口方向国民党军队来了，他们在群众的掩护下，顺利地撤离。

陈国柱

陈国柱民国11年—1983年（1922—1983），张芝山镇银洋河村人。

陈国柱兄弟8人，他排行老五。民国31年（1942年）招婿竹行后，与陈国兵、费根祥3人合买一条小船，贩运芮草，到江南售完后买石灰、毛竹等物运回竹行、在薛品富店面出售。

民国25—38年（1946—1949年），地方游击队员黄达（汇通区区联防队长）、陈德康（区财税员）、沈惠民（区财工队长）、周平（区财税员）、倪文康（天星乡乡长）等经常以陈国柱家为联络点开会或互通情报。民国36年（1947年）秋的一天，黄达、沈惠民、倪文康、周平在陈国柱家开会，陈国柱在竹行镇东市梢买粮，见二十多个国民政府官兵正往竹行镇来，陈国柱快步赶回家报告黄达。黄达等人立即转移，安全脱险。

竹行镇一带老百姓每年向地方游击队交纳的芮草三四万斤，都由陈国柱装运到江南昆山，销售给陈锡鹏（竹行人）油厂，换回货款交给汇通区财税员，作为游击队活动经费。陈国柱在装运空余时间，协助区财税员代收税款。竹行镇高桥头陆祖良代收薄荷油，一年两刀税款二三十大洋都是陈国柱代收，为地方游击队补充活动经费。

张黄氏

张黄氏光绪26年—1984年（1900—1984年），女，海门天星乡人（现竹行镇大安村）。

民国37年（1948年）5月的一天，紫琅区财税员邱季平等5人，在张黄氏宅上商量收粮工作。张黄氏抱着小女儿在横路上“望风”，突然发现西面有一队国民政府军队向张黄氏宅过来，张黄氏回家报信已来不及了，不容多思，她急中生智连忙打小孩，孩子哭，她大声骂，哭声、骂声惊动了宅上开会的邱季平等人，知道外面有情况，就立即转移，安全脱险。

何陆氏

何陆氏、女（光绪27年—1992年）（1901—1992）竹行镇神农村人。

民国35年（1946年）秋的一天，小民兵倪忠信（16岁）为地下党送信，在川港北双桥被孙龙根部队抓住，押到神农乡乡公所（在何陆氏宅上），严刑逼供。倪忠信毫不畏惧，只字不吐，何张氏得悉小忠信十分坚强，是个好青年，深夜机灵地摸到倪家告其父母。但倪家清贫如洗，欲及无力，何陆氏慷慨解囊，拿出家里所有积蓄，东拼西凑，拼够10担元麦的资金解救了倪忠信。

王兴汉

王兴汉民国16年—2003年（1927—2003），1927年出生于长桥乡（现竹行镇长桥村）一个贫苦农家，任通海独立营班长。

民国33年（1944年），17岁的王兴汉在紫琅区区长石超的帮助教育参加革命，在通海独立营当警卫员。民国35年（1946年9月）的一个晚上，紫琅区区长石超，区委委员郭明成，通海独立营营长周应祥，连长沈思贤、黄仁汇以及汇通区联防队黄大等人正在现竹行镇竹东村七组保长邵友才（共产党地下联络站）家中开会，王兴汉在外站岗放哨，由于一顽甲长告密，国民政府军队出动50余名官兵围捕石超等与会人员，负责站岗放哨的王兴汉发现黑暗中一个人匍匐向保长邵友才家靠近，后面还有人跟着向前挪动，王兴汉一看情况不妙又来不及进宅报告，情急之中，他先发制人，向黑影开枪，不巧“黑火”，立即又开第二枪。枪声惊动了与会人员，里边开会的人得知有敌情后高喊：“一排跟我来，二排向西，三排向东”，虚张声势迷惑敌人，一时间敌人不知我方到底有多少人，不敢向里冲。石超等人边开枪，边朝宅后突围，此次交锋打死3个敌人，与会人员全部安全撤离。

1947年，正当玉米抽穗期间，有一天，由内线报告说，姜灶镇30余个国民政府官兵要下乡“清剿”，担任班长的王兴汉跟独立营一起埋伏在姜灶镇西3里路的玉米田里，他带领一个班的战士埋伏在敌人必经之路路边，当敌人进入伏击圈后，王兴汉带头冲向敌群，当场击中5个敌人，其余敌官兵全部被俘。王兴汉英勇杀敌，被大家称为“小老虎”。

沈林妆

沈林妆，女，宣统二年（1911年）出生，长桥乡（现长桥村）人，解放战争中慷慨解囊支持侄儿石超（时任区长）工作。

民国35—36年（1946—1947年），中共南通县汇通区委带领群众与敌人展开针锋相对的斗争，区长石超带着区队武装转战先锋、小海、竹行、新开一带，并选择姑妈沈林妆家作为地下联络站。沈林妆家前有吊桥，后有落屋，地理条件有利于地下党隐蔽和转移。

残酷的斗争环境，艰苦的生活，区长石超曾三次病倒，严重的肺病使其气急吐血，他住在姑妈沈林妆家养病，沈林妆把家里仅有的5包洋纱换了钱，托在上海打工的丈夫买药回来为石超治病。

石超带病与地下党其他人员处置了一贯坚持与人民为敌的顽乡长顾锦康、保长樊发高、土匪孙龙根多人。敌人报复抓人，一直抓不到石超，就把石超的亲戚20余人全部抓起来，关押在南通第四监狱。为营救亲人，沈林妆典当了衣物，卖掉150斤皮棉，找人花钱疏通，释放石超的亲属。

区队每次活动到沈家（4~5人），沈林妆竭尽全力安置食宿，并巧妙做好掩护工作，他家的联络点从未被敌人发觉过。

薛根娣

薛根娣，女，民国5年（1916年）出生于塘坊桥一个贫苦农民家庭，解放后迁居老洪港村一组，解放战争期间任翻身队队长。

民国34年（1945年），已有三个孩子的薛根娣，在区游击队财税员沈倪藩的帮助教育下，投身革命，他把三个小孩托婆婆照管，担任翻身队队长。

民国35年（1946年），薛根娣参加中共地下党组织的拆桥队，拆掉塘坊桥、南横河石桥、毛家市场石桥，切断敌人的交通。当年3月她与沈倪藩等地下党员一起发动群众斗地主，宰杀地主沈万昌家的两头大肥猪，并开仓分粮给老百姓。当月带领群众到地主、顽乡长家“铲高墩头”，分他们的财产，反动派恨之入骨。当年4月的一天，张芝山据点出动数十个国民政府士兵抓捕中共地下党干部，薛根娣沉着应战，配合通海独立营战士盛宝康等与敌人周旋，使地下党干部安全转移。敌人派军队前后四次抓薛根娣，并扬言一抓到即用刀劈死以解心头之恨。民国35年（1946年）农历12月20日，一个班敌人突然闯进薛根娣住宅，薛根娣机智地钻进草窝里，幸免一死。

薛根娣经常为地下党报信，民国35年（1946年）腊月的一天，地下党盛学熙等领导人在张芝山镇北“炮台”（地名）开会，被敌人察觉，派兵向炮台包抄过来，薛根娣得到情报后，冒着生命危险为地下党报信，地下党得到情报后立即散会撤离，敌人扑了空。

王德丰

王德丰，民国5年（1916年）出生于二港乡（现竹行镇谷东村）贫苦农民家里，16岁开始帮助船主金福顺撑船，从小练就一手撑船本领，经党组织教育，积极参加渡江战役。民国38年（1949年4月23日）晚上，从靖江县六圩到对岸江阴，不顾国民政府军队疯狂袭击，冒着生命危险8次运送解放军指战员500余名。当月28日晚，又从海门青龙港至崇明往返6次运送解放军指战员500余名，顺利越过长江天险，为解放大江南做出贡献，获“渡江”纪念章一枚。

陈汉玉

陈汉玉、女、民国7年（1918年）出生，神农乡（现竹行镇神农村）人，解放战争时期，她掩护地下党活动，人们称她是通海地区“沙奶奶”。

陈汉玉家住原南通县和海门县交界线上，独户，屋东一丈便是两县界沟。民国35年（1946年），国民党对各县边界地区实行白色恐怖，游击队开展更加隐蔽的对敌斗争。那年春天一个夜里，突然有人敲门，说是要口水喝，她等了好久才去开门，5个男子进门，并让她快关上门，她吓得心直跳。进门的人说是共产党的游击队，不拿群众一针一线，不调戏妇女，她这才放心。后来知道这些人是沈惠民（汇通区财工队队长）、陈锦康（区财税员）、倪文康（天星乡乡长）。从此，地下党组织决定陈汉玉家为地下党交通站和驻地之一。她让游击队住在家里，白天门上锁，自己到田间干活望风，晚上露宿在河边芦草里，发现敌情及时扔泥块报信。

吴何姐

吴何姐，女、民国9年（1921年）出生，长桥乡人（现竹行镇长桥乡人），解放战争期间，她不怕敌人严刑拷打，保护石超干革命。

民国34年（1945年）农历十二月初，张芝山国民党区政府得到顽保长樊发高密报，派数十国民党士兵直奔吴何姐家，要吴何姐交出区长石超。吴何姐沉着应对，坚持说不知道。国民党既搜不着人，又问不出结果，便把吴何姐带至小海镇关押在枪楼里，严刑逼供一天一夜，仍无结果。国民党又把吴何姐押到区部张芝山镇，顽乡长顾金康用软骗手段，只要吴何姐说出石超在何处，或把石超找来，不但不害他而且可以给石超一个职位。吴何姐坚持说不知道，国民党在无可奈何的情况下只好把她放了，经过这次劫难，吴何姐支持革命的心更坚定，她继续给隐蔽的石超送饭菜，通风报信，帮助石超等渡过一个又一个险关。

范本祥

范本祥又名范小祥，民国11年（1922年）出生，谷东村23组人，民国28年（1939年）1月参加革命。

范本祥12岁时父母双亡。14岁祖母托人介绍到通海镇永茂祥茶食坊当学徒，受老板娘虐待。后由小铜匠蔡亦亮（地下党员）介绍到桃园镇加入新四军茅理部队。他随部队东进启东，南下崇明，参加白祠堂伏击战。同年8月，在崇明小坚河粉碎200余名日伪军的合围战，使敌60余人伤亡。同年12月，夜袭桥镇警察局，俘获敌警察一个班。范本祥身体瘦小但很机灵，被政治部主任韩念龙看中，从此便当上了韩念龙的警卫通信员。民国29年（1940年）2月，随韩念龙部队攻打堡镇轮埠日伪军。一次部队刚到龙王庙杨家埭宿营休息，遭日伪军突然袭击，冲出重围，化整为零，在群众的掩护下回到海门桃园镇茅理家乡整合。在海门三星镇、南通县姜灶一带活动。部队发展到200多人，部队番号由崇明自卫队改编为通海崇启人民抗日军。

民国29年（1940年12月）参加黄桥战役和掘港保卫战。民国30年（1941年）冬，重回掘港沙家庄，连队有一个班长名张道生，原是国民党民团政训员，混进部队的奸细。他鼓动士兵开小差逃跑，被范本祥发现扭送司令部处理，立功一次。11月，部队进行模拟打仗，队伍冲到河边不能过河只好原地踏步，只有范本祥直扑河对岸，占领河边阵地。他再次受到表扬奖励，并立功一次。民国31年（1942年）8月，参加攻打谢家渡战斗，为掩护团部转移，他奋不顾身与敌人肉搏，当胸重重地挨了日军一枪托，后和另一个战友躲在河中，日军撤退后，深夜两人摸到保长家里换了衣服，找了七天七夜才找到部队。韩念龙主任称赞他在保卫团部安全转移立了大功，并召开大会表扬、授奖。

范本祥挨了日军一枪托后，回到部队没几天。胸口憋闷并吐血，团部送他到后方医院治疗，初步治愈后，医院留范本祥任管理员，并兼任团特派保卫工作。伤痛治愈后，范本祥归队下连当班长。民国32年（1943年）任三排副排长。是年8月，部队攻打宿安、回乡岸、角斜、李堡等地，在战斗中范本祥腿中弹，加上旧伤复发吐血不止，部队用担架送至后方医院治疗。民国33年（1944年3月）出院，协助团部卫生队工作。当年10月，部队南下作战，伤病员复员回原籍休养。解放后任民兵大队长，维持地方治安。1952年参加邮电局工作，后因旧伤复发辞职回家休养。

何念山

何念山，民国16年（1927年）出生，竹行镇谷东村一组人。民国37年（1948年10月）参加革命，活动于南通县紫琅区。当时，区民兵武装队统称区队，五个月后调到军分区特务营，部队番号为苏北军区特务营第三机枪连第三排第九班，何念山任班长。1949年3月加入中国共产党。1949年4月参加渡江战役。5月参加解放崇明的战斗。1950年10月复员，担任长桥乡二村村长。后去南通农场参加组建南通农场工作。

张志仁

张志仁，民国13年（1924年）出生，海门县天星乡（现竹行镇安北村）人，1956年7月入党，曾任大队副主任、主任、党支部书记。

1944年地下党朱晓农（汇通区区委委员）在天星乡召开青年大会，发动群众参加抗日，会上张志仁受教育甚深，从此地下党每次活动，他都积极参加。1944年春天，朱晓农交待张志仁将一批公粮从天星镇运往海门叠石桥附近一条河里的船上，运粮要穿过川港敌据点附近封锁线，险情随时可能发生，必须十分小心谨慎。张志仁毫不犹豫接受任务，组织本村朱国民、朱金高、顾成信等八位青年，研究运送路线和对付可能出现险情的办法。并想方设法使小木轮车没有响声，他们每次每辆车装300斤，把三万斤公粮全部安全运到目的地。有一次，运粮车刚过双桥，听到三星镇传来枪声，群众四处躲避，为确保粮食安全，张志仁等将粮食寄放在双桥北三星镇抗日保长刘瑞芝亲戚家中，后带领七位青年隐蔽转移，第二天天亮前把寄放的粮食全部运到目的地、装上船。

叶启兰

叶启兰、女、民国13年（1924年）出生于三港乡（现竹行镇竹行村）一个普通船民家中，她家祖辈搞木船运输，叶启兰继承祖业，从事航运。

1949年春节刚过，叶启兰经第四野战军某部干部石明生（如皋人）和川港区区长黄达的教育，认识到帮助解放军渡江的重大意义，她不但自己报名参加，还做好其他船民的思想工作，动员大家参加。当船民集中在靖江训练时，国民党军舰向江北时常打炮，飞机来回侦察扫射，有部分船民产生害怕心理，有的哭了起来，少数船民甚至想开小差。25岁的叶启兰见此情况耐心细致地做好这些人思想工作，她对大家说："为了解放大江南，我是一个女青年也带头渡江，你们堂堂男子汉，怕什么！"在她的影响下，大多数船民稳定了情绪。竹行镇附近的大安港、长桥港、老洪港、新开港共20只木船，计130位船民都参加了渡江，少数开小差的人通过做工作纷纷回来。叶启兰还动员竹行镇南郊的青年船老大刘东林、海洪圩村倪爱清父子二人、竹行村的严雪山等船员参加了渡江战役。

1949年4月23日夜12点，叶启兰的船和其他4只船满载着中国人民解放军驶向江南。她先后来回6次，共载解放军官兵500余名强渡长江，为解放大江南做出了贡献。任务完成后，受到解放军领导和地方党组织表彰，并授予"渡江"纪念章一枚。

陈少祥

陈少祥，民国15年（1926年）出生，海门县大安乡（现竹行镇后丰村）人。

民国36年（1947年）春的一天，陈少祥到竹行镇卖柴，被国民党捉壮丁，关押在张芝山镇据点里，几经周折，托人用16担麦钱赎出来。回家后第三天经紫琅区联防队长黄达等人的思想工作，参加了游击队，跟随黄达等领导，转战张芝山、竹行、川港、先锋等地，打击国民党军队。

民国37年（1948年3月10日），川港天补的国民党军队一百余人会集张芝山镇巴掌桥大"清剿"。当时，陈少祥在战友郁士凡家中，国民党军队从郁士凡家东宼包剿过来，情况十分急危。陈少祥急中生智躲在郁家宅后坏坟里，观察敌人动静。他发现一个国民党军官在郁士凡家较长时间没有出来（估计翻东西），其他敌人已经往西走了，陈郁两人快速游过后宅沟赌门把这个军官抓住捆绑，缴了他的短枪，用布塞住他的嘴，待他的同伙走远了，枪杀了这个军官，陈少祥受到联防队的表彰。

沈来金

沈来金，女，民国20年（1931年）出生于长桥乡（现竹行镇长桥南村），现住星辰花园，解放战争时期，冒着生命危险，掩护哥哥石超干革命。

解放战争中，沈来金哥哥石超任南通县汇通区区长，在区内外搞地下工作，10多岁的沈来金在哥哥的影响下参加了革命活动。她白天拎着篮子装作割羊草为哥哥"望风"，探察敌情，给隐蔽在荒野芦苇里的哥哥等地下党人传递消息及送饭送水。

哥哥石超带领的游击队四处伏击国民党军队，引起国民党极大恐慌和仇恨，他们发誓要抓住石超，可多次没有抓到。民国36年（1947年）春的一天，敌人抓了年仅十六岁的沈来金及二十多个亲属，关押在南通市第四监狱，敌人见沈来金是个女孩，年纪又小，就诱骗她只要说出哥哥石超在哪里就可以释放所有的人，沈来金坚持说不知道。敌人抽她的耳朵，用脚踢她，她栽倒几次，脸被打得发肿，可沈来金从地上爬起来仍 说不知道。敌人见诱骗、毒打不起作用，又当着她的面对她父亲施用电刑，她望着父亲受刑的痛苦情景，心如刀绞，但看到父亲眼睛示意她不要说，她会意地咬咬牙，守口如瓶，始终没有说出哥哥的住处。敌人没有办法，把沈来金关押了80天，最后还是释放了她。

沈来金还帮助哥哥石超掩藏好一支步枪、一支短枪，用防潮纸包好，埋在20里路远的先锋镇一个亲戚家里，解放后才取出交给政府。

第三节　道德模范

陈士英

陈士英，竹行镇江海村一名年近七十的普通农民。

2010年，陈士英43岁的儿子盛忠耀，在瑞慈医院被诊断为肝癌晚期，高额的治疗费用很快花光了家里所有的积蓄。幸好农村医疗保险和大病救助，村里和镇政府给予的帮助，在一定程度上减轻了在治疗费用上的压力。陈士英和儿子深感国家与社会的温暖，要用感恩之心回报社会。

5月16日，儿子盛忠耀知道自己患的是不治之症，提出死后要把遗体捐献出来。对社会做出一点贡献。

家人对盛忠耀去世后捐献遗体的想法，一时都无法接受，并且极力反对，一家人泪流满面。小弟对哥哥说，真的有一天你不在了，把你安放在天宁园公墓，逢年过节我们也好有个寄托。这件事当时陷入了僵持阶段。

盛忠耀肝癌病情越趋恶化，经常整夜睡不着觉，在疼痛难忍之时靠止痛片支撑。陈士英陪儿子度过无数个不眠之夜，与儿子的不断交流中，陈士英终于同意儿子捐献遗体的想法。

8月31日，盛忠耀在南通市红十字会的工作人员指导下，亲笔填写了《人体器官捐献志愿书》，陈士英与老伴，孙女和小儿子都在上面签了字。市红十字会的人对陈士英说道：你儿子成为我们市红十字会捐献遗体器官第一人，他的遗愿是崇高和伟大的，你作为他的母亲是值得南通全社会尊敬的。

11月23日凌晨2点，南通市瑞慈医院病房里静悄悄，盛忠耀多脏器衰竭，慢慢地停止了呼吸。南通红十字眼库的医生对着盛忠耀的遗体深鞠躬90度，表示对他哀悼和敬意后，实施眼球摘除手术。他的眼角膜可为多名眼疾人士提供帮助，使他们重见光明。

3个小时之后，南京医科大学遗体接收站的医生从南京赶到南通瑞慈医院。医生在三鞠躬致哀以后，进行遗体交接，陈士英及家人为盛忠耀举行了简短的遗体送别仪式，没有丧服，没有深沉的哀乐，有的只是一束束亲人们献上的白花以及深深的不舍。“儿子，作为你的父母，我们尊重你的选择，现在你可以安心地走了……”。送别时家人泣不成声，仪式简单而肃穆。签好“遗体交接单”后，南京医生向陈士英家人颁发“遗体捐献证书”。医生将盛忠耀的遗体接进汽车，然后送往南京。医院内医护人员、病人和家属闻讯从四面八方汇聚过来，大家纷纷自发为盛忠耀送行，表达对其和家人崇敬之情。红十字会提出要电视台来做专题报道被陈士英一口回绝。她说：儿子捐献遗体就是为了让更多的人能治好病，这些平凡事，不要搞多少宣传。

2011年11月23日，是个不平凡的日子，陈士英凡人之举蕴含着一个母亲大爱之悟，让儿子成为南通市红十字会接受捐献遗体器官第一人，为全市的遗体器官捐献工作开了一个好头。生命不朽，大爱无疆。陈士英母子高尚的人道奉献精神，将永远受到竹行人民的尊敬、赞扬！

薛安芳

薛安芳，住星辰花园28幢403室。十七年前，七十二岁的公公沈凤章身患糖尿病、右眼失明、左眼视力微弱、中风等多种慢性疾病瘫痪在床。

老人儿子沈旗兵，远在安徽工作；女儿沈永芳在上海工作；大儿子是智障，还需要他人照顾。

服侍老人的重担就落在薛安芳身上，薛安芳辞去工作，回到家中专职服侍公公，没想到，这服侍竟持续了十七年。每天喂老人吃饭，给老人穿衣，按时喂服13种药品，用轮椅推老人室外呼吸新鲜空气。老人中风，大小便失禁，作为儿媳的她耐心细致地为老人洗换、擦身。冬天每周为老人洗澡一次，夏天天天为老人洗澡，实为不易。儿媳的举动感动了整个社区。

2010年，薛安芳已是一个62岁的老人了，患糖尿病6年，还得了胃炎、肠炎。一次为扶老人不慎被开水烫伤而摔倒，摔倒成无缩性脊梁骨折，去上海治病，她把老人托付给丈夫照料。

薛安芳在上海医院刚配完药，丈夫打电话告诉她老人病重，医生都回绝了，要她赶快回家准备老人后事。薛安芳回到家，看着睡在床上奄奄一息的公公，眼泪止不住的往下流。她没有因为医生的话放弃照顾老人，回家以后，她一边自己吃中药，一边照顾公公，短短的几天时间，薛安芳瘦了七八斤。在薛安芳的细心照料下，老人却奇迹般的活了过来，奇迹让医生都难以相信。

百善孝为先。薛安芳就是我们身边品德高尚的人，是竹行镇出了名的孝顺媳妇。

姜艳艳

姜艳艳，连云港人，2004年嫁到竹行大安村。婚后不久，公公因车祸头部受伤，大脑无知觉瘫痪；婆婆备受打击劳累过度，颈椎病恶化、腰椎盘突出，造成股骨头坏死至下肢瘫痪。丈夫常年在外打工，她一个人担负起照顾老人的重任，每天为公公婆婆喂饭、擦身、按摩……她不嫌脏、不怕苦。忙碌的生活让原本就瘦弱的姜艳艳疲惫不堪，但她毫无怨言。她不是老人血亲的子女，却亲似亲生儿女。

8年里，她独自一人照顾两位病痛老人，她靠务农的微薄收入支撑起家庭的日常开销，她每天五点起床，简单梳洗后，带小孩、照顾老人、种田、理家。三间简陋的平房打扫得一尘不染，家具摆设得井然有序。

婆婆自患病之后一直与轮椅为伴，为了婆婆出行方便，姜艳艳买水泥，花费半年时间，自己动手浇灌水泥场地，便于婆婆的轮椅能到水泥场地上透透风，呼吸新鲜空气。

2009年，姜艳艳送走了公公，她没有感觉到轻松，而是更加用心的去照顾婆婆。每天把婆婆洗漱干净，穿上干净整洁的衣服，吃上可口的饭菜，让老人过上幸福的晚年。

姜艳艳，一个外籍媳妇受到乡邻的赞赏。

第四节　移风易俗典范

樊发义

南通市竹行镇新丰村人，生于清光绪二十四年（1898年）。历经宣统、民国、至解放后又40余年，阅历丰富、见多识广、办事严谨、治家有道。常以勤奋好学、艰苦创业教育子女，对风俗习惯则力主简约，崇尚俭朴。当他步入耄耋之年，将走完人生之路的时候，立嘱告诫儿女简办后事。

1990年3月2日，老人无疾而终，享年93岁（虚龄）。家属遵照遗嘱，丧事从简，仅将遗嘱抄贴祭堂，并印发亲友以供凭吊。遗嘱言简意赅，情真语切，字里行间感人肺腑，使人见之起敬，读之受益。

1991年5月31日，《南通大众》报全文报道樊的遗嘱。此嘱虽属家训，然遗泽所至，影响所及，岂仅樊氏而已。兹将这份遗嘱附录于后。

余之一生　惟俭惟勤　既无嗜好　也不迷信
待人接物　简单诚恳　习俗礼节　省俭易行
老农经验　勤学勤问　种植薄荷　早年闻名
农副兼顾　致力经营　勉强维持　儿女十人
光阴流水　刻不留情　童年犹昨　转瞬八旬
晚年生活　小辈关心　但求愉快　安度此生
新陈代谢　死乃常情　不做新衣　不发讣闻
恳辞丧礼　谢绝人情　在外儿女　不必回门
送老衣衫　去年缝成　青包白衬　单衣一身
死后从简　当日火焚　勿违此嘱　以慰我灵
我死以后　化为灰烬　但有数语　留给儿孙
工作学习　务必认真　纪律制度　自觉执行
持家经验　勤俭为本　艰苦创业　自力更生
莫学纨绔　莫嫌寒贫　烟酒嗜好　不可养成

时间可贵　必须抓紧　过而不返　切勿因循
婚丧喜事　人生必经　风俗习惯　力求革新
多男多女　力难胜任　计划生育　利国利民
弟兄姊妹　和爱相亲　尔母尚在　继续关心
尊老爱幼　夫妇如宾　团结互助　舍己为人
愿我后辈　人人贤能　家门和睦　代代昌盛

樊天赋（樊发义次子）

民国8年（1919年）生，通海中学退休教师。他先后在雁行、庙桥、长桥、天星、竹雁、通海等中小学任教，担任过班主任、总务主任等工作，几十年如一日奋战在教育岗位上，工作勤恳，教学质量优秀。在任总务主任一职时，以校为家，勤俭办学，财务上公私分明，账目清楚。退休后，为人师表，恪守师德师风，继续为社会默默奉献，有时为大队做些抄写、统计、布置和宣传工作；义务为小队看管鱼塘、整修道路；帮助邻居书写春联，替商店写招牌做广告。逢年过节在自家门前升国旗挂红灯，书写横幅标语以示庆祝。古稀之年，带着相机串村访户，为村里30多位老人免费照相。一次为汤家窑村87岁高龄施秀玲老太太拍了照，装好框送上门，并替她悬挂好，老人感动得用颤抖双手又塞糖果又塞钱，而他分文不受，婉言谢绝。

他还常常结合社会现象告诫子孙："学文化、长知识、不要搞迷信、不搞赌博、做人要实事求是、大公无私"，写了"读书明理"的家训传给后代。家训曰：

人生旅程　如驹过隙　童年犹昨　瞬届古稀
光阴可贵　务必珍惜　少年时期　学习第一
勤学苦读　求知明理　孜孜不倦　充实自己
持家立业　造福社会　知识是宝　永锡尔类

近几年，他看到富起来的农村，治丧办事颇多靡费，就毅然对子女说："我死以后，不做道场，不烧纸箔，不扎库，破除迷信，提倡新风，简简单单悼念一下，想想老人可取之处就行。"他平时养花种草，培植盆景、果树，院庭宅边搞好绿化。老人爱抱不平，乡亲邻里闹矛盾、子女不孝顺老人，他总要三番四次上门晓之以理、动之以情，做好工作，化解邻里间的纠纷。

八十岁生日不办筵席，不燃烟花爆竹，只是张灯结彩，悬挂"生日快乐"大红标语，自编祝寿歌：

八十大寿过生日　张灯结彩满堂红
子孙四代来祝寿　欢声笑语齐歌颂
破除旧俗树新风　勤俭节约好传统
移风易俗作榜样　健康长寿乐无穷

一家老小欢聚一堂，唱起自编的祝寿歌，十分热闹。

第三章 名 录

竹行虽是个小镇，但文化底蕴深厚，人才济济，有省、部级高官，高等院校院长、教授，著名医院的主任、专家以及作家、编辑、驻外使节，各类人才遍布于全国乃至世界各地。

中华民族是爱国的民族，竹行人民热爱祖国、热爱家乡。在抗日战争中，为保家卫国挽救民族危亡，涌现了不少抗日英雄；在解放战争中，竹行人民积极参军，英勇杀敌，殉身沙场。解放后，老一辈那种国家利益、民族利益高于一切的优良传统正在社会主义革命和建设中发扬光大，并在新一代青年身上体现。他们中有抗美援朝和对越自卫反击战中牺牲在战场的英烈，有兢兢业业在自己岗位上因公殉职的烈士，有不顾自己生命安危抢救落水同伴的小英雄……

第一节 人才录

竹行人民注重人才培养，各类人才遍布各地。据不完全统计，分布在全国各地的竹行籍处级及以上干部54人，竹行籍研究生及以上人才53人，具高级职称的人才100余人。现将竹行籍处级及以上干部和竹行籍研究生及以上人才名录如下。

2010年竹行籍副处级及以上干部情况表

表5-1

村 别	姓 名	工作单位	职 位	备 注
新 丰	祝善忠	国家旅游局	副局长	在 职
	黄员家	山东省人民政府	副省长	退 休

续表 5-1

村 别	姓 名	工作单位	职 位	备 注
新 丰	高维善	昆明医院	院长	退 休
长桥村	石 超	南通康复医院	董事长	副部级
	陆纯康	南通市人民政府	副秘书长	退 休
	张国顺	北京地铁局	党委书记	退 休
	施祖亨	南通地委	宣传部长	退 休
	张建亮	空军某部	飞行副大队长	退 休
	王跃富	上海县委组织部	组织部长	退 休
	沈志才	南通船舶检验局	局长	退 休
	蔡志瑞	南京农业大学	教授	退 休
	高家慈	南京农业大学	教授	退 休
	龚伯超	国防科委		退 休
谷东村	包洪兴	南京市环保局	局长	在 职
	徐惠香	南通港口集团	党委书记	在 职
	陆强新	南通工贸国有资产经营有限公司	副总经理	在 职
洞子港村	施广法	市政府经委驻南京办事处主任	市经委委员 主任	退 休
	施品香	通州计生委副主任、通州绿化委员会主任	主任	退 休
神农村	陆凤珍	中国航天工业部	工程师	退 休
	黄健安	南通市纪委反贪局	办公室主任	退 休
	严士平	南通市农业局	机关党委书记	在 职
	费宝香	福州国家安全局	副局长	在 职
	樊 慈	通州粮食局	局长	离 休
	樊 冲	南京市公安局	经侦处处长	在 职
	季亚珍	省农业发展银行	工会主席 团委书记	在 职
竹行村	陈一鸣	南通市竹行镇	党委书记	在 职
	陈裕忠	青岛市发改委	副主任	在 职
	吴裕兵	扬州大学	教务处主任	在 职
	叶志学	南通市司法局	办公室主任	在 职
	陈永达	青海省工商银行	行长	退 休
	王思懿	通州市文化局	局长	退 休
	仇彦忠	南通港闸区土管局	局长	在 职
竹东村	沈学忠	驻美国旧金山总领事馆	副总领事	退 休
	龚祖国	通州市公安局	局长	退 休
	钱士成	竹行镇政府	副书记	离 休
大安村	徐永元	南通市海事局	局长	在 职

续表5-1

村别	姓名	工作单位	职位	备注
大安村	樊文娥	南通大学文学院	院长	在职
	徐永兵	南京工程学院	主任	在职
	杨卫齐	上海工防	团级干部	在职
	龚方池	甘肃	县长	在职
	王　坚	上海警备区司令部	师长	在职
	袁瑞平	南京军区后勤部	无锡干休所	退休
	徐佳宾	中国人民大学	教授	在职
	徐熊熊	北京大学	教授	在职
	张永新	重庆大学	土木工程学院院长 博士生导师	在职
	沈　忠	北京新闻出版社	教授	在职
	俞广华	北京俄语翻译局	翻译	在职
	俞卫华	广州军区		在职
	俞　杰	新疆河圩巴克区委	书记	在职
	俞广花	云南大学	教授	在职
	陆　明	解放军1994医院	副院长	退休
江东村	陈冠军	西安航空部队	师职	在职
	王永兵	原南海舰队、现开发区中兴派出所	团职	在职
星辰花园	龚国冲	原济南军区某团长、现济南某房地产公司	总经理	在职
	陆伟佳	南通大学信息学院	副院长	在职

2010年竹行籍研究生及以上人才表

表5-2

村别	姓名	毕业学校	专业	工作单位	学位或职位	备注
新丰	高广聪	中央美术学院	工艺美术	景德镇陶瓷学院	教授	退休留用
	高广如	南通医学院	放射	瑞慈医院	主任、教授	退休留用
	高　想	南京中医大学	中医学	南通中医院	主任、教授	在职
	高广玉	安徽师范大学	中文系	安徽大学	教授	退休
	高而雅	南京中医大学	中医学	太仓医院	主任、教授	退休留用
	吴亚生	出国留学	汽车研制	法国汽车制造厂	硕士	在职
长桥	龚丽辉	中国科技大学		中国科技大学	博士	留校
	樊　健	南京大学		南京大学	硕士	留校
	包洪兴	河海大学	环保系	南京市环保局	局长	在职
谷东	朱红梅	上海第二军医大学	皮肤专业	上海二军大	博士	在职

续表5-2

村别	姓名	毕业学校	专业	工作单位	学位或职位	备注
谷东	杨欣荣	复旦大学	肝胆移植	上海	博士	在读
	徐杰	清华大学	建筑系		博士	在读
	樊海燕	南京师范大学	语言系		硕士	在读
	朱静	南京农科	生物系	昆山	硕士	在职
	陆建燕	江南大学	材料系	无锡	研究生	在读
	陈娟	南京师范大学	通讯	国家信息14研究所	硕士	在职
	彭卫星	武汉华中理工大学	电子	昆山	硕士	在职
神农村	陆冬森	清华大学	热能专业	中国发改委	博士	在职
	虞胜伟	南开大学	数学系	上海电脑公司总经理	硕士	在职
	虞春臻	东南大学	化学系	上海化工研究所	硕士	在职
洞子港	范红梅	扬州大学	数学系	北京101中学	硕士	在职
	范勤学	苏州大学	新闻系	人民日报记者	博士	在职
	王月生	同济大学	计算	卡斯科公司	硕士	在职
	王芳	南京师范大学	法律		研究生	在读
	施小挺	南京大学	工商管理	广东电动公司	硕士	在职
竹行	虞欢欢	苏州大学	计算机		研究生	在读
	袁菊	美国威州大学	自动化	自动工程师	硕士	在职
	薛峰	中国科技大学	MBA工商管理	南通赛帕斯工贸公司经理	硕士	在职
	王雷	武汉华中理工大学	计算机	新加坡	博士	在职
	徐渊博	清华大学	化学系		博士	在读
	邱凤	美国迈阿密大学	生物物理		博士	在读
	邱亦慈	清华大学	法学专业	美国费城物浦大学	硕士	在读
	王亚军	中国科技大学	计算机	香港科技大学	博士	在读
竹东	黄丽娟	南京大学	社科系	南通大学	硕士	在职
	黄艳艳	苏州大学	物理系	南通大学	硕士	在职
	陈磊	武汉大学	电子信息	法国斯图加特大学	硕士	在读
	薛斐	复旦大学	纳米	上海宝钢	硕士	在职
	陈金菊	华中科技大学		上海浦东达利美信息有限公司	硕士	在职
	陈洁	清华大学	法学系	美国麻省理工学院	博士	在读
	沈花	浙江大学	凝固态	上海英科实业有限公司	硕士	在职
	王德馨		新闻	上海申报、香港日报	硕士	退休
	姚蓓	南通大学	儿科	通大附院	硕士	在职

续表5-2

村 别	姓 名	毕业学校	专 业	工作单位	学位或职位	备 注
大 安	徐佳宾	中国人民大学		北京	教授	在 职
	徐 平		制药	美国医药	博士	在 职
	黄宏亮	中国科技大学	化工	新加坡	博士	在 职
	盛永军	华东理工大学		艾普尔换热器苏州有限公司	博士	在 职
江 东	施新辉	海军指挥学校			硕士	在 读
	黄春健	江南大学			硕士	在 职
	丰丽霞	中国政法大学	民法系		硕士	在 读
	黄新尖	南京大学	新闻系	上海《现代家庭》编辑	硕士	在 职
江 海	袁伟燕	南通大学	临床医学		硕士	在 读
	包玉华	南通大学	临床医学		硕士	在 读
	龙晓茹	苏州大学	物理系		硕士	在 读
	黄 飞	内蒙古工业大学	纺化染整工程	通州华润印染有限公司	硕士	在 职
休闲农庄	王文志	上海理工大学	管理	世外桃园休闲农庄	研究生	在 职
引进人才	郁小兵		生物新材料	江苏安惠生物科技有限公司	博士	在 职
	蒋宏宇	清华大学	工商管理	南通环球转向器制造有限公司	硕士	在 职
	王宝昌	吉林大学	工商管理	南通环球转向器制造有限公司	硕士	在 职

第二节 英烈录

竹行人民爱国爱家，为拯救民族危亡，人类的解放事业前赴后继，英勇杀敌，全镇共有21位英烈，其中抗日英雄4人，解放战争中英烈10人，抗美援朝中英烈2人，对越自卫反击战中英烈2人，因公殉职2人，抢救落水同伴小英雄1人。现将抗日战争以来竹行镇所有烈士名录以下。

范仲富

男，民国7年（1918年）5月生，住南通经济技术开发区竹行镇大安村38组。民国32年（1943年）4月入伍，任新四军一师二旅六团班长。民国33年（1944年1月）在海安战斗中牺牲。

顾永达

男，民国10年（1921年11月1日）生，住南通经济技术开发区竹行镇竹行村15组。民国32年（1943年1月）参加革命，任华东野战部队东台独立三旅五十三团三营九连副班长。民国34年（1945年）12月23日，在海安江崔镇战斗中牺牲。

袁宝成

男，民国3年（1914年11月1日）生，住南通经济技术开发区竹行镇长桥村13组。民国29年（1940年）在如东县参加新四军，民国31年（1942年）负伤回乡，民国32年（1943年）参加党的地方组织，任长桥乡抗日乡长。民国35年（1946年）农历1月30日被捕，当天牺牲在紫琅区（新开）。

杨英杰

男，民国18年（1929年1月1日）生，住南通经济技术开发区竹行镇竹行村1组。民国34年（1945年1月1日）参加革命，编入南通警卫团二营四连，战士。南通县双桥豆腐店一带参加游击活动，民国35年（1946年2月）在一次战斗中牺牲。

聂炳臣

男，民国15年（1926年3月）1日生，住南通经济技术开发区竹行镇大安村3组。民国30年（1941年）1月参加革命，任华中野战军一师三旅七团三营九连指导员。民国35年（1946年）7月，在海安李堡战斗中牺牲。

曹建兴

男，民国12年（1923年）1月1日生，住南通经济技术开发区竹行镇洞子港村4组。民国30年（1941年）11月在海安县李洪区入伍，牺牲前所在部队是华中野战军某团二营四连，任排长。民国35年（1946年）7月，部队去山东后与家中断绝音信。1981年6月15日经县人民政府批准，追认为烈士。

沈忠儒

男，光绪18年（1892年）10月1日生，住南通经济技术开发区竹行镇竹东村9组。民国35年（1946年）1月1日参加革命，南通县通海区队通讯员。民国35年（1946年）11月26日，在送情报时被捕，不屈被害。

陈友发

男，民国19年（1930年）4月1日生，住南通经济技术开发区竹行镇神农村12组。民国

33年（1944年）参加革命，新四军联络员。当年5月参加团组织，9月任侦察班班长。民国35年（1946年）12月入党，民国36年（1947年）年初任侦察排排长，3月升任侦察连连长。民国37年（1948年）5月在海安李堡战斗中牺牲。

施文进

男，民国16年（1927年）11月1日生，住南通经济技术开发区竹行镇新丰村4组。民国35年（1946年）9月参加革命，同年编入中国人民解放军二十四军七十师二0九团三营九连一排一班，战士。民国36年（1947年）10月入党，民国37年（1948年）7月在河南省开封杨贵作战中牺牲。

姜万林

男，民国6年（1917年）1月1日生，住南通经济技术开发区竹行镇竹行村18组。民国36年（1947年）9月入伍，编入中国人民解放军四十五军一三五师四0五团二营六连，班长，民国37年（1948年）入党。解放锦州战斗中立一大功。1949年1月在解放天津的战斗中牺牲。

徐德纯

男，民国3年（1914年）5月生，住南通经济技术开发区竹行镇洞子港村22组。民国26年（1937年）10月1日参加革命，牺牲前为新华通讯社华北分社驻二十兵团野战记者。1949年4月15日，太原阵地牺牲，时年34岁。

顾秀石

男，民国17年（1928年）1月1日生，住南通经济技术开发区竹行镇长桥村17组。民国37年（1948年）12月1日参加革命。生前所在部队是二十三军六十七师一九九团，卫生战士。解放上海后，于1950年去舟山后失踪，1982年4月被追认为烈士。

汤学贵

男，民国6年（1917年）5月1日生，住南通经济技术开发区竹行镇新丰村7组。民国26年（1937年）抗战爆发，在江南参加游击队，民国37年（1948年）11月转入正规军，编入三四〇团七连。1950年，他所在部队改番号为中国人民志愿军三十八军一一四师三四〇团三营七连战士。1950年11月25日牺牲。

李学章

男，民国14年（1925年）2月1日生，住南通经济技术开发区竹行镇竹东村4组。民国36年（1947年）7月被国民政府抓丁，年底参加人民解放军，第三野战军三营九连战士。抗美援朝时，是志愿军〇〇九九部队一支队九连战士，1950年11月26日牺牲。

姚志芳

男，民国14年（1925年）10月1日生，住南通经济技术开发区竹行镇竹行村11组。解放战士，1949年4月受编中国人民解放军二十七军八十师二三九团六连。抗美援朝开始，部队改编为中国人民志愿军，1951年5月25日，在朝鲜高阳山战斗中牺牲。

薛宝香

男，民国15年（1926年）3月1日生，住南通经济技术开发区竹行镇神农村16组。民国34年（1945年）被国民政府抓丁，民国37年（1948年）秋起义，成为中国人民解放军战士，同年为八〇师二三八团一营一连副班长。1951年11月28日在抗美援朝第五次战役中牺牲。

蔡惠能

男，民国35年（1946年）9月1日生，住南通经济技术开发区竹行镇长桥村6组。1965年9月入伍，牺牲前是中国人民解放军安庆市116医院事务长。1967年，蔡惠能执行采购任务，10月1日汽车开往合肥，途中车祸，因公牺牲。

顾志奇

男，民国35年（1946年）12月1日生，住南通经济技术开发区竹行镇大安村19组。1968年4月1日入伍，6117部队86分队战士。9月3日在连云港新浦农场进行实弹训练，炮弹在落地后的预定时间里未爆炸，顾志奇查险排因，不料哑炮突然炸响而不幸牺牲。

陆张标

男，1961年6月生，住南通经济技术开发区竹行镇竹东村20组。1980年1月入伍，35155部队四十一师一团一连班长，先后受嘉奖6次，1984年7月加入中国共产党。1985年1月16日在对越自卫反击战中牺牲。

徐建彬

男，1961年11月生，住南通经济技术开发区竹行镇新丰村14组。1980年元月入伍，代号为35155部队。1984年12月火线入党，并提为班长。1985年2月11日，在对越自己反击战中为掩护伤员而牺牲。

周　赛

男，1990年9月1日生，住南通经济技术开发区竹行镇大安村13组。生前是天星小学三年级学生。2000年6月17日到新江海河游泳，为抢救同龄小朋友龚宇慧而英勇牺牲，时年10岁。2002年4月21日，中华人民共和国民政部批准周赛为革命烈士。

第六篇 风土人情

第一章 古迹典故 奇闻轶事

第二章 风俗

竹行开埠时间不长，没有至今仍留存的古迹。竹行历史上的文昌庙、城隍庙、神农庙、观音堂及港圩、桥梁、店铺等在民间留有较深的印象，有些典故、传说颇具传奇色彩。

地方的民风习俗是传统文化的组成部分，这些习俗在大中城市已逐渐销声匿迹，而在竹行乡间却仍在流传。

竹行的风土人情有与其他地方差异不大的共性，也有竹行独特的个性。竹行地区的启海方言，在南通地区交流的区域较小，与南通话的差异较大。

南通市首家观光农业——竹行的世外桃园休闲农庄、南通市首家工业旅游定点单位——安惠生物科技有限公司的菌种园、世界上第一座灵芝博物馆——安惠灵芝文化馆，它们成为南通市旅游胜地，每年接待数以万计的国内外游客，成为竹行的一张亮丽名片。

竹行开埠时间较短，古迹较少，且均已拆毁，但这些古迹在民间仍留有较深的印象。

竹行古迹中原有庙宇三座、观音堂一座，其中竹行镇上的文昌庙规模最大，且是三重大殿构成，在百姓中的印象尤为深刻。

竹行地处长江入海口，境内港圩较多。原有长桥港、老洪港、大安港、培民港、洞子港、尖沙渔港六条港圩，其中长桥港、老洪港仍然存在，是竹行排水、通航的重要港圩，其余港圩均已沉沙填满消失。

历史上的顾老龙石桥、刘长贵石桥、包家桥、长桥、薛家店这些桥、店均已拆除，仅留作地名。

帮、会、地、所在竹行历史上也留有较深印象，唯洪昌路依然存在，是竹行村一条交通要道。

奇闻轶事大多为史实，其中黄国柱未中状元及龙田等传说颇具传奇色彩。

第一节　庙　堂

一、文昌庙

文昌庙位于竹行镇河南街靠老洪港河旁，由大地主黄永和于清代道光年间（1836年）出资建造，是竹行镇的三所庙宇中规模最大的一所。占地面积约3500平方米，建筑面积约1500平方米。

文昌庙是三重庙宇，内设文昌宫、大雄宝殿和三官殿。庙门上建有阁楼，放置镇庙之宝——雷震珠，形似怪兽。庙门前种有两颗高达13米的银杏树，一支扯挂黄旗的旗杆，殿前有烧香的大香炉一只。

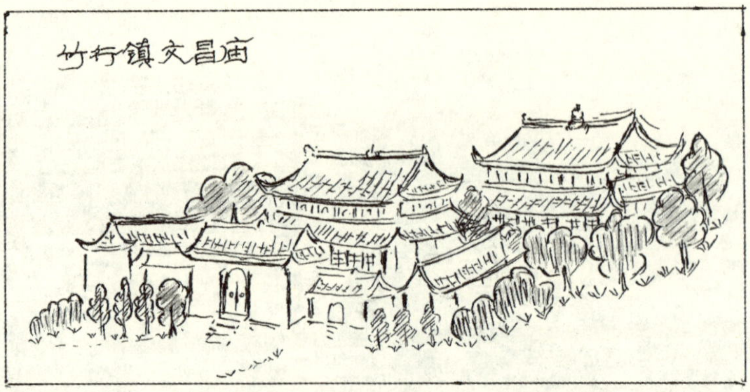

正殿文昌宫，殿高11.4米，面阔三大间，进深四间，其内柱四根，系清代木结构建造。正庙中座文昌菩萨等四大佛像，两旁有大小菩萨8个，全泥塑彩绘，形态各异，生动逼真。穿过东脚门有大雄宝殿，内设城隍菩萨，前有哼哈两大菩萨守门，两边为十殿阎王及黑白无常、催命判官等，其状凶煞怪异，背面是城隍娘娘。正殿东西各一间住背袈裟的香火和尚杨朝林和主持和尚薛仲民。

正殿东西侧厢屋各三间，朝东屋北头置观音菩萨，观音神态飘逸，光洁晶亮，南头设有土地神；中间一间设经堂，朝西屋南头供有钱人家停放棺材，北头住施淑珍、费学英两位烈女，以种植庙田为生。

穿过西脚门是三官殿，内设三官菩萨、眼光菩萨等，佛像造型生动、神态庄严，东面住看庙姜八郎。

农历初一、月半都有不少香客前来求佛，烧香磕头，十分热闹。农历二月十九（观音圣诞日）六月十九（观音成道纪念日）九月十九（出家纪念日）主持和尚请来狼山法师一起颂经，善男信女集合到庙中烧香念佛，香火特别旺盛。

竹行镇一带老百姓家死了人，都来城隍菩萨前烧香上烛，焚烧纸钱元宝，祈求菩萨关照，阎王减轻罪孽，主持和尚邀集8~10名职业道人到死者家中念经做道场。

1958年“大跃进”年代，庙宇被毁，部分房屋拆除，材料运走建通海农场。1964年10月将庙宇房屋全部拆除，原地建办竹行农业中学。

二、神农庙

神农庙始建于辛亥革命前夕，本村地主虞松高出于无子修德出资建造，规模较小，老百姓把神农庙称为“虞松高小庙”。

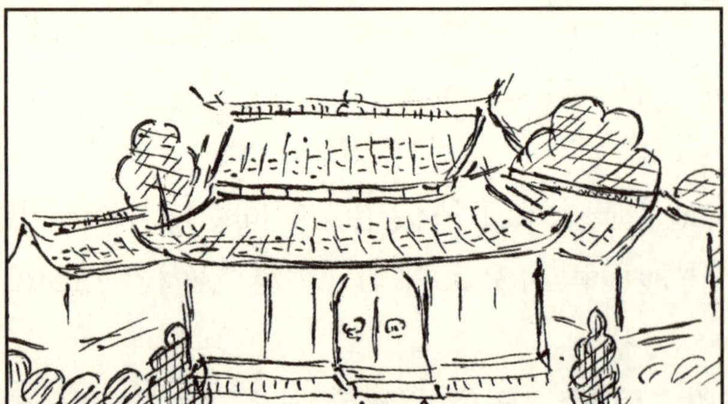

神农庙位于神农村6组南横河，与紧邻新丰村竖河交汇处，庙宇总面积约1400平方米，正殿三间朝东方向，约130平方米，正殿中间为神农菩萨，两边为雷公、电闪娘娘等菩萨。正殿边另有生活用房。约100平方米。

相传神农菩萨专管农事，有求必应，每年并三十晚，老百姓纷纷前来烧香磕头，祈求神农菩萨保佑一方平安，来年风调雨顺，五谷丰登。

抗战初始，虞松高认领的继子虞朝贵，将庙

中三间生活用房改建成教室办小学，取名神农小学，虞朝贵自己当老师。1952年政府将庙宇全部改造成教室，仍叫神农小学。1958年南通县教育局将原房推到，向北易地翻建成六个班级单轨小学，改名竹雁小学。

注：学校地处雁行乡与竹行乡之间取名竹雁小学。

三、大安镇城隍庙

大安镇城隍庙原址在南大安镇（原南通农场北），现大安镇向南3.5千米处。民国24年（1935年）初江塌，南大安镇搬迁至现址，城隍庙随之北迁，庙址于大安镇西北一个荒宨，占地面积约2000平方米，建筑面积约500平方米，庙中和尚殷传法师铁索盘胸、脚踝，向社会募捐筹资建造。庙宇回字形平面，清代砖木结构建筑风格。城隍菩萨居坐正殿，全身赤金贴塑，红中透黄，光泽灼目。城隍娘娘坐落在城隍后面，两旁有其他菩萨。东西侧殿内有手持武器的四大金刚，十分威武。

城隍庙建成后，引来各方香客，特别是初一，月半，庙内香火旺盛，香客络绎不绝。1958年“大跃进”，政府组织当地民兵拆除庙宇，材料用于做深翻用绞关犁。城隍庙从建成到拆除前后23年历史。

四、三谷镇观音堂

民国初年，谷东村2组陈才佳家里请了一尊一米高的观音菩萨坐像，右边站着善财童子，左边一只3米长的帆船模型（人称香船），上有桅杆2根，张挂一块篷布。四乡八邻的有人生了病就来烧香祈祷、求签、求仙方（菩萨面前香炉里的香灰），陈才佳收取少量的香火钱，有些人病好后去烧香还愿。

民国6年（1917年），地主施兆康的母亲生病，请中医把脉治病一时不见好，也去求仙方。并许愿病好后，重塑金身、建庙堂、竖旗杆。一个月后，施兆康母亲的病竟然好了，施兆康不违诺言。民国7年（1918年）在陈才佳宅后北河头（此河已被填没）靠西泯沟处建造了一间20平方米左右的瓦屋专供观音菩萨，无庙宇名号，人称观音堂，堂前有一个80多平方米小广场，中间放置陶土烧制的大香炉一只，从此求签烧香的人就更多了。三谷镇观音堂也就渐渐出了名。

农历二月十九、六月十九和九月十九是观音的圣诞日、成道纪念日、出家纪念日，善男信女争着发观音会。发会这一天，陈才佳请几个和尚敲法器念观音经，中午自交一定数额的钱由会主筹办素斋一顿。

民间死了人，其子女到观音堂告庙，一副香烛、三千元宝，投些香火钱，边叩头边祈祷，求观音菩萨通知差官和阎王对死者免于刑罚，入殓之日请和尚道士做道场忏悔。

每年年三十夜开始，晚上都要点天灯（纸糊的白色灯笼，里边点上蜡烛）直到正月十五，有的点至二月初二才熄灯。年初一到年初三，附近各村的龙灯都要到观音堂拜年，龙头先向菩萨三点头，然后到场上穿旗杆、叠元宝、讨个好彩头。这些习俗一直延续到解放初期。1953年以后，烧香、求签、求仙方的人越来越少。"大跃进"年代观音堂被毁。

第二节　桥　港

一、顾老龙石桥

顾老龙石桥地处竹行镇新丰村与长桥村交界河处，是竹行镇西部、三谷镇一带的老百姓去小海的必经之道。一百年前交界河上建了一座南北走向的狭小木板桥，方便了来往的群众。后来神龙村一位姓何的开明人士，独自出资从江南装运石条请人建造石桥，石桥全长约8米，宽两米左右，桥面用3块石条板连接而成，河中间两副石头桥脚、桥帽支撑石板桥，石板桥两边绑有两根木头并用铁抱箍固定，十分牢固。

北桥头村民顾老龙见来往的人多，首先在桥头搭建两间小屋，做烟酒等小买卖，生意不错。后来又在小店摆设赌场，闲时开设书场，引来了商机。很快附近施卓坊、高冠雄先后来这里自制米酒，开办酒店。倪步洲开办豆腐店，邻村的张建祥也来这里开办冠生园茶食店，生意十分红火。地主高应楼见桥头的人气很旺，便来这里开办学堂，儿子高冠东来这里开设诊所，为就近的百姓治病。河南边施世春的茶馆、书场，杨汉玉的棺材店，杨汉林的豆腐店都先后开办起来……一时间，石桥一带俨然成为小小集镇。顾老龙是第一个来这里开店的人，人们便把这条石桥叫顾老龙石桥。

民国36年（1947年）"海塌"，长江北岸塌到竹行镇南洪昌路一带，竹行镇危在旦夕，有人主张将竹行镇搬迁至顾老龙石桥，随后江岸止塌，竹行镇遂未搬迁。

1949年新丰村民兵干部杨允亭曾将石桥修过一次。1970年桥头建机灌车口，桥下抽掉了泥浆，石桥出现倾斜成为危桥。当时的一大队把石桥重新改造，河两岸用石头垒成桥头堡，中间搁置原来的石板。1975年，机灌车口改为电灌车口，河两岸的水渠加宽，石桥改成水泥涵洞坝。2005年修筑柏油路时，坝面加宽至5米左右。2007年路面改为水泥路，路名为新长路，顾老龙石桥徒有虚名，成为历史。2009年东方大道北延，新长路改为东方大道，路面加宽为80米。

二、刘长贵石桥

刘长贵石桥地处竹行镇原六大队与七大队交界河处，现神农村与洞子港村交界处。是竹行镇东部老百姓去小海镇的必经之道，原是一条不到4米长的小木桥。解放前，家住交界河处的刘长贵父母早亡，从小无人管束，靠捕鱼捞虾为生，偶尔偷鸡摸狗，老百姓管他叫夜猫子。他见该地段南来北往的人多，在桥头搭建一间小茅屋，做些糖烟酒小生意，生意不错。几年后小屋改大屋，茅草屋改成瓦屋，还讨了个老婆。小木桥因年久失修成为危桥，刘长贵出资改造成4米宽4米长的石桥，群众便叫刘长贵石桥。1973年，当地大队将石桥两旁傍上水泥楼板拓宽。2005年道路改造，镇政府将桥改为4米宽的钢筋水泥桥。

三、包家桥

包家桥位于大安村西北第8组，西依尖沙渔港，北靠横河。250年前成陆时，一姓包住户居住于此。

日伪时期包家桥头五六户姓包的人家面对面建房，中间便成为街道，有几家杂货、烟酒店。尖沙渔港桥和北边的桑树板桥紧紧围绕这条街，人们管它叫包家（街）桥。

民国34年（1945年），包家桥头开过徐家油榨坊，张卫章、顾裕善办过私塾，以后陆续办起商店、书场、茶坊。解放后私塾改名为南通县包家桥小学，1969年包家桥小学停办。

四、长桥港和长桥

竹行成陆后，自然形成几条弯曲的港漕，成为流漕。大的流漕在涨潮时可以通航船只，为排水方便，人们把最西面的大流槽去弯就直，成为进出长江的港口，港面宽达50米，无港名。民国24年（1935年）沙董牵头，按人摊钱，在港面建造一座长50米，宽约2米的木桥，两边有栏杆，在当时这么长的桥甚为少见，便取名为长桥，此桥跨港而建，长桥港也因此得名。

1965年冬，疏浚天星横河，长桥村段的港漕作为天星横河的一部分，同年从七匡头向北的小海河也进行整治，使长桥港河向北直通通启运河。

竹行地形北高南低，为解决沙田排水，长桥港在谷东村中部打坝，阻断北水南流，又在长桥港农场（驻军部队农场，即机枪连部队农场）西南角建造长桥港涵洞，来往船只只能停靠涵洞之外。1976年，八号滩的港漕涨沙，通往长江的港漕堵塞，长桥港成为死港。

五、老洪港

老洪港原来是天然港汊，港面宽阔，即使落潮时期30吨位以内的木帆船也能进出港漕。老洪港位于竹行村，港漕从严家桥头折向东北，竹行镇就是依照港漕流势而建。

解放初南通港客运轮船停靠老洪港，上海轮船公司委托杨庆依代售轮船票，后因长江北水道泥沙淤积，轮船改道而停止客运业务。老洪港河河道水深宽阔，大型木船南来北往，船只运输繁忙。本地的芮草、黄豆、生麻运往上海、苏州、常熟等地，外地的毛竹、木材和生活用品也由港河运至竹行。1940—1950年，每年春天蚕豆成熟时节，舟山、浏河的黄花鱼船（老百姓叫春鱼船）进港，船樯升起一只篮子，三五里的人都能望见，人们便知道春鱼船来了。有钱人家便去买春鱼，这里习惯上叫拔春鱼，少则一二筹，多则三五筹、七八筹（一筹为廿两秤10斤，廿两秤也叫老秤，一斤相当于1.25市斤）。老洪港港口在定心圩东南角，那里竖着一根长毛竹。白天升起一个花球，晚上升起一盏风灯为进出港的船只导航。

1958年以后老洪港逐渐涨沙，船只无法通往长江，内河段几经疏通。20世纪80年代，竹行镇老街改造，填埋流经镇区的河床，至今只保留从邮局到竹行5组的一段约100米长老洪港河南段河床，现竹行粮油站到通启运河北段河床也留有老洪港河河床。

六、大安港

大安港位于大安村最东边，港东是南兴乡。大安港是天然形成的港漕，向北一直通到张芝山镇木行头。大安镇以南港河宽50米，港口水深，解放前通往上海的江民号、江昌号客轮停靠大安港码头，轮船售票处设在大安镇。

大安镇是进出货物的集散地，本地土特产由大安港上船运到江南，江南的大米、上海的洋布、肥皂等生活用品，由船只运到大安港。

解放前大安港商贸云集，流通物资多。地方恶势力、和平军、警察、顽乡保长互相争夺地盘，都要设卡收捐收税，大安港又有强盗港之称，土匪强盗常出没江中抢劫民船。

1958年以后，大安港南边长江涨沙，南通农场围垦，大安港堵塞。

七、培民港

培民港原址竹行村境内。培民港河向南流进长江，北通金沙，河道宽阔，是竹行镇主要河道，河内有大小船只往来，运输繁忙，随着长江涨沙，培民港逐渐闭塞。解放初在竹行村6组西边神威钢绳厂和长虹钢绳厂之间，尚有1000米左右河床遗迹，像一条泯沟，20世纪50年代填满消失。

八、洞子港

洞子港是老洪港支流，原是无名小港，西南向东北走向，长约3000米，宽20~25米，水深2~3米，潮涨时水流较快。居住在小港西边的农户为行走方便，用木板钉制一个长方形的木洞子打坝，洞子港因此得名。20世纪50年代逐渐泥沙闭塞消失。

九、尖沙渔港

尖沙渔港原本天然港漕，无港名。传说有渔民曾在港口入江处捕获大量尖沙鱼，引发大批渔民前来捕鱼，尖沙渔港因此得名。

尖沙渔港源自现大安村南长江入口处，流经原竹行十五、十六大队、经包家桥90度左转经九大队至竹行镇薛家店。从薛家店至包家桥为东西流向，河面宽约14米，从包家桥至长江入江口为南北流向，入江口河面有数百米宽。尖沙渔港是通海东南、竹行东部几个大队的主要排水出口。1968年，政府发动民工从包家桥向北至天星横河开挖了一条人工河，成为通海与竹行的界河。

第三节　会地坊所路

一、湖港帮与盂兰会

长桥港口在三谷镇南约3000千米的长江边，船只进出方便，对岸为江南著名的白卯港、浒浦港及福山港，直线距离不超过15千米。在顺风顺水的情况下，帆船一小时的航行便可以抵达对岸。民国期间，湖北人来到长桥港，利用天然条件，从北方沿海一带将私盐运到这里作为私盐中转站，再用小船夜间运往江南，牟取暴利。长桥港一带兴旺时期盐贩达50余家，本地人将这些人称为湖港派。贩盐的船只吨位小，一般只有三四吨，这些盐贩子常在江面上遭到抢劫和官方缉私，盐船常常夜间行驶，非常危险。为对付官方缉私和海盗抢劫，湖北人联合起来购买武器，由徐世英任营长，罗朝王任大队长组成武装部队护卫私盐小船。

进出长桥港的船只，除盐贩小船外，还有一般的商船和捕鱼的渔船。每年7月21日—23日，湖港帮会同地方势力发起盂兰会，请数十名道士做三天三夜道场，念盂兰经，扎一个1.2米高的海龙王和纸船一只，祭求海龙王保佑平安、丰收。最后一天用几张桌子搭成高台演杂技，甩火球、踩高跷、玩杂耍……看热闹的人很多，数里外的群众都来围观。

盂兰会发会期间，船民在里屋摇单双赌钱（摇单双是湖港帮从湖北带来的赌具，托盘上放碟子，碟子里放进骰子，上面用酒杯盖住，摇晃不停，押单双的人自选，双在外边，单在里面，押的人停当后，庄家揭开酒杯，骰子是双点，庄家配钱，押单的人被庄家吃掉）。7月23日的盂兰会人把海龙王、纸船、纸币送到江边焚化，这就是长桥港每年举办一次的盂兰会。

二、“通地”与“海地”

所谓“通地”当属南通县所属地界。“海地”属海门县管辖之地。竹行中学前有一条南北走向的小河，现为开发区与通州区交界河。小河南起长江边，流经薛家店向东经薛石平宅东边竖河向北流至张芝山。解放前，小河东为海门县地界，亦称为海地，河西为南通县地界，亦称为通地。民国时期，海门县下乡抓壮丁时老百姓只要跑到通地就安全。反之，通地抓壮丁只要跑到海地就不会被抓。这也成为当时共产党游击队在该地区活动的有利条件。

三、黄卓周油坊

黄卓周神农村人，1895年生。年轻时曾购买轧花机，为老百姓轧棉花收加工费为生。后又买老牛、石磨，开粮食加工磨坊。多年积累资金于1940年开办油榨坊，为方圆十里范围的百姓加工黄豆榨油，油坊规模逐渐扩大，家业日益兴旺。黄卓周油坊远近有了名气，常常遭到土匪敲诈，黄卓周受惊得病，死于1949年，榨油坊自然倒闭。

附：黄卓周油坊与榨油方法

油坊开有地穴1个，深0.6~0.8米，敞口，四周底部用圆木板与泥土隔离，用一厚铁做成长方形的框，前后都有一块约10厘米厚的硬杂木做靠山，底部尽头埋一只储油的大缸。

榨油前先把黄豆压扁，放在蒸锅上蒸至三分熟取出，用秤称将黄豆片子（一般6斤，也有12斤）倒在用竹篾做的圆形油箍里面。油箍底部平铺关草（长江边的一种水草）做成的油封把，再将一定数量装好黄豆片的油箍竖放在铁框里，打油人将木榫切入硬杂木板之间，用大铁锤打木榫，压紧油箍里面的豆片子，豆片里的油挤出来流进储油缸里。一百千克的黄豆一般能榨出正宗的黄豆油11~13千克。

油菜籽榨油工序相同，所不同的是油菜籽要轧碎后放在锅里炒。100千克油菜籽可榨出28~30千克油。老百姓去榨油必须50千克一榨，数量少的亦可两户或者三户并成一榨。

四、竹行镇“检问所”

1940年日军占领竹行镇，在竹行镇老洪港长江入口处（现竹南村汪炳祥宅南边，老洪港桥北港口西）设立“检问所”。

“检问所”占地面积0.5亩，日军拆了（四大队）杨亦熊轮船局房子的材料在检问所内盖了一排房子和一个砖木结构的岗哨，四面围有泥墙，沿江围有7.5千米竹篱笆。

“检问所”里驻有日本兵、和平军、警察。对所有行人盘问查抄，出示良民证才可以通行，对可疑的人抓进所里关押、审查。

1944年秋天的一个夜里，新四军袭击“检问所”，一把火把“检问所”的房子和沿江7.54千米全部烧为灰烬。

“检问所”向南约30米来处横跨老洪港建有一条1.5米宽，长约30米的便民桥，老百姓称桥为检问桥。

五、洪昌路

解放前竹行镇有一条河南街，100多米长，20多户人家。有个居民叫葛良奎，开了爿银子店，店号鸿昌。他家西山头有一条小弄堂，仅200米左右长，到邱老山宅为止，再向南便是长江，人们叫这条弄堂为鸿昌弄。后来长江逐渐向南涨沙，鸿昌弄也跟着向南延伸，且越来越长，路也逐渐变宽，人们把鸿昌弄改名叫洪昌路。2007年，原十一大队与十四大队交界河上建了一条小桥，名为洪昌桥，洪昌路拓宽改造成五米宽的水泥路。

第四节　店　台

一、小春脚瘸子店

唐振福，残疾，乳名小春（1892—1962），竹行镇竹行村人。

民国二十二年（1933年），唐振福在竹行镇南市稍老洪港边开了方便小店，以返运销售芝麻、黄芽菜和大米为生。他思想开明，边做生意边支持抗日，掩护地下党干部，为地下党放哨。小店便成了地下党的落脚点。

新中国解放前夕，小店关门，唐振福以种田为生。1962年病死。

唐振福因腿部残疾，乳名小春，群众称小店为小春脚子店，远近闻名。

二、薛家店

解放前，薛石连利用自己的房子开了一间卖香烛、烟酒的杂货店，挂牌叫薛万顺杂货店。平时卖烟酒、香烛等杂货，秋收时收购一些花生、黄豆等杂粮。小店地处东、西、南、北通道，朝东到包家桥，朝西到竹行镇，朝南一直到长江边，朝北到张芝山。南来北往的人比较多，后来在杂货店的旁边有人又开了一间磨坊，为老百姓加工粮食、棉籽、磨面等，生意较红火，一时间薛家店也就出了名。

解放后，随着竹行镇经济的发展，镇区延伸至薛家店。张江公路建成后，去上海、苏州等地的客车、公交26、29路、飞鹤619、620、623、276农村公交等都设点薛家店，薛家店又成为竹行镇交通枢纽。

三、尹大狗店

尹大狗，竹行镇人，年轻时撑船，为客商载货到上海、常熟等地。60多岁的尹大狗不能再撑船，就在定心圩东南岸搭建了两间三架头小草屋开爿小店，老夫妻俩主要靠种地为生。为方便船只进入港湾，他在岸上竖一根长毛竹，白天升一个球，晚上升一盏风灯，作为船只进出老洪港的标记。他风雨无阻，十分尽责。尹大狗死后，年迈力衰的妻子一直把这工作持续下去，直到1956年年底才停止。

四、望海台

望海台位于大安村东南42组，靠近大安港，1953年中国人民解放军某部队建造，台高四层约20余米，木结构。

望海台面临长江约五百米，解放初期对航空、航海具有导航作用，在天气异常情况或者台风季节，当地派出所、地方民兵常常派人登上望海台观察江面险情及时派船救护。

随着时代的发展，航空航海不再靠望海台的导航，它已经成为历史性建筑。

第五节　奇闻轶事

一、黄国柱未中状元的传说

黄国柱未中状元，民间还有个传说。据说，当年一位住新开镇斜洪桥识相人——“陈痴子”（正式名字无法考证，一般上了年纪的人都知道新开有位疯疯癫癫识相人姓陈，别号陈痴子），一次偶然看见黄家的坟墓在冒青烟，他左看右看不肯走，一位叫黄永运长者看见了问：“陈先生你在看什么”，陈反问长者：“这座坟是哪家的？”长者说：“此坟是咱们黄家的。”陈痴子笑着说：“恭贺你们黄家要出状元了”，黄永运与黄国柱之父早有隔阂、便请教陈怎么破掉它。陈说：“你家的祖坟是狮子穴，晚上敲更敲得越响狮子舞得越有劲，只要请更夫不用锣敲更改用毛竹敲就行了，没有了锣声狮子就舞不起劲。于是黄永运请更夫袁士清依陈痴子的方法改敲毛竹筒，果然黄国柱在比武前发寒热没有劲未中状元。

二、“5·8”沉船事件

1987年5月8日，原本是个喜庆的日子，竹行十一大队村民陈静元家一行6人〔妻子、儿子、儿媳及孙子、女儿女婿（新婚才9天）〕乘船去老家常阴沙六余乡吃喜酒。渡船从南通港驶出十分钟左右，到18号航标灯处，与东西向武汉长航局一艘顶驳船相撞，渡船翻沉。船上105人遇难。其中，陈静元一家6人、竹行菁艺越剧团琴师1人同时罹难。

事故发生后，省、市、县领导十分重视。交通部副部长林祖乙，省委副书记、副省长陈焕友带领有关部门赶往现场组织救援工作。南通市副市长杨振东、市交通局局长吴宝山、南通县县长张永凯等30多位领导到陈静元家处理后事。陈静元的6位亲人获赔4000元。

7月28日，南通市人民政府决定今后每年5月8日为市安全生产日，教育全市人民永远记住“5·8”沉船事故的沉痛教训。

三、“3·26”海难

1954年4月28日（古历3月26日），竹行镇4组黄志元、哥哥黄祥元，5组黄玉宝（女）、沈仁民、李进章，长桥村徐永兵及长桥港的邱杜狗七人乘航风船到江南贩鱼，船航出老洪港口不远，突然刮起大风，小船翻沉七人全部遇难，尸体飘到上海宝山县，家属去认尸，可是只认到六具尸体，时隔十天，黄志元的哥哥黄祥元突然回家，全家惊喜。原来他沉入江中被邻船救起，幸免一死，他笑着对家人说“海不要”，从此“海不要”就出了名。

四、鲸鱼进港

民国37年（1948年）春天，长江里一条鲸鱼游进老洪港尹大狗店附近的江滩上，鲸体长7米多，高约1.5米。附近老百姓难得见到如此大的鲸鱼，有人说这是龙王三太子到狼山烧香不认识路，误进港口。一时间群众纷纷烧香、烧纸，祭求鲸鱼出港，有人在涨潮后用小船牵引它出港。谁知第二天鲸鱼随着涨潮的潮水又游进老洪港，退潮后鲸鱼搁浅在江滩上，围观的人很多。长桥乡（现谷东村）杨庆依从吴广清肉台借了肉刀把鲸鱼杀了，有些胆大的人也跟着割鱼肉。国民政府张芝山警察署得悉后，雇用车辆赶至现场，把剩下的鱼肉运至张芝山警察局。

五、龙　田

原龙田村（七大队）范围解放前叫杨家沙，是一片荒滩。地处汤家圩合观圩南边曾有一条大岸，岸南是长江，乾隆时期发大水，岸堤被洪水冲垮，岸北冲成一个圆形大水塘，很深，人称龙田。原七大队在改地名时为龙田村。

附：民间相传嘉庆初的一天风雨交加，天色昏暗，空中飞下一条乌龙降至汤家圩合观圩吸水，龙尾在地上卷成一个大塘，后人称此塘为龙田。

第六节　其　他

一、典当行

解放前，穷人遇到突发情况需要用钱，自己囊空又无法借贷的情况下，只能把家中稍值钱的东西到典当去当钱。竹行镇典当行始办于民国初年，地点为西街自西向东第三间门面房，是一个外地来竹行做生意的人开办。竹行地处江边，农民过着自给自足的小农经济生活，典当行生意不好，后来改为寄卖店。店主从中得些佣金，民国24年（1935年）或民国25年（1936年）间歇业，歇业后房子空关，后由洞子港村姓黄的开了一爿中药店，为顺顺堂药店。

1962年，竹行合作商店开设寄卖商店，地点在老街东头朝南门面二间，那时三年自然灾害时期，人民生活困苦，把家里比较值钱的东西拿出去寄卖，寄卖店开了不到一年停业。

二、雪　松

1986年，民营企业主刘学良在自己建办的特种玻璃厂区创建花园式企业，种植了不少花草，并请花木专业人士到南通草木供应地选购一棵雪松运至厂区，种植在厂区的入门口。雪松又名喜马拉雅松，长得很慢，这棵树到2010年年底树高13.5米，树枝叉开占地约100平方米，地面向上1米处，树围3.56米，该树长势茂盛，造型独特，是通州市重点保护的名木。

三、农家灶

灶和人们的生活息息相关，灶有炉灶、砚台灶、砖灶等。炉灶有两种，一种是船家船上煮饭用的，它是窑里烧出来的黄沙灶，敞口放锅，有灶门，烧木柴。另一种是贫穷人家用碎砖和泥砌起的敞口灶，烧杂柴，没有烟囱，俗称坐地八百斤。煮一顿饭，满屋烟雾，熏得人直流眼泪。砚台灶亦称一眼灶，有烟囱，烧杂柴。砖灶有两眼灶和三眼灶，两眼灶居多，人口多的人家才砌三眼灶。砌砖灶比较讲究，一要请风水先生择日，选择黄道吉日或者逢双的日子，请专门擅长砌灶的泥水匠，灶墩为青砖白灰，灶身灶台白石灰粉刷，灶身上画上鲤鱼跳龙门等灶画，灶山上砌一个龙庭，供灶君老爷，俗称灶家菩萨，两边一副对联：上天言好事，下地保平安。前面灶台上写着招财进宝或者黄金万两等吉利的话语。

“文化大革命”时期砌的灶，灶头文化改为毛泽东头像，写上毛主席语录或节约用粮细水长流，一粥一饭当思来之不易等话。“文化大革命”后人们经济条件好了，砌灶更讲究了，瓷砖贴画，灶山上贴有花瓷砖，灶面更漂亮、清洁卫生。

灶一般砌在农家堂屋后半间，占地较大，堂屋看上去不雅观，20世纪80年代后，一般都选用单独的厨房间。随着液化气的普及使用，管道煤气的推广，民间砖灶逐渐淡出人们的生活领域。

附录：老　街

1.竹行镇老街

竹行镇位于老洪港河北岸，呈西南东北向，与港平行。竹行开埠初期，港南岸有一条不足200米的小街，叫朝阳镇。

港北岸只有几间民房，有一个姓崔的移民开了一爿竹行，出售竹子和自编的竹器，竹行临江靠港，水运方便，竹子和竹器销路很好，生意十分红火，人们便以店名为名，把朝阳镇称谓竹行镇，清乾隆晚期，竹行正式为镇名。

竹行镇不大，西南向东北一条街，全长不过200米，街面狭窄，宽不过4.5米，鹅卵石铺成的街路面。面对面店面房子，朝南店面自西向东有陈记芮草行，经营芮草生意，顺顺堂中药店，张记轧花行，收购棉花轧成皮棉，卖给老百姓纺纱织土布。花行东边是一条南北向的土路。土路东边叫西行，是黄鹤鼎的庄院，三进两场心。

由此往东是西世昌酒店，专供上街农民小酌，价格低廉。往东是裕隆布店，收购农民的家织土布，出售各种洋布和蓝印花布，解放初期兼办邮政代办所，有一个专门的送信人，背着邮袋，根据收件人的地址逐家发送。延生堂中药店就在裕隆布店东隔壁。东边则是中行，中行的行主死得早，无子息传存，房子空着被人租用，开了一爿酒店，取名为东世昌酒店，1962年成为竹行供销社废旧物资收购部。再往东依次是蔡家和叶家几家小杂货店。叶家东边是约400平方米东广场，人们称之为东荒场，平时是露天农贸市场。竹行地处江边，江鲜河鱼较多，许多农民从事捕鱼作业，捕到的鱼上这里倒在门板上叫卖。这样的门板叫“达子”，有专门的估价称秤人，报重量，从中按百分之五到十不等提取佣金，这种专门称秤的人叫作称达子人。

朝北门面自西向东，依次是冠生园茶食店，刘记南货店和茅记酒店。西行门前是一个500来平方米的广场，称西荒场。广场南半部分是农民粮食交易市场，卖粮的农民把元麦、黄豆或大米倒在竹制的盘篮里，买主与卖主达成交易后，由中介人（称量地盘篮人）报价，用升、斗、斛作为计量单位倒在买主口袋子里，就算完成交易，量地盘篮的从卖主那里按比例提取佣金。

广场东边是印染作坊，代农加工蓝印花布或其他色彩的印花布，农民把自己的家织土布送到那里，根据自己选择的图案，印成花布裁制衣服，生意十分红火。

东边是道德堂药店，三开间门面，除了中药，还有少数西药。乡间小孩生疮疖较多，家长常抱了小孩到道德堂请老板为小孩开疮疖，敷以消治龙药膏。夏秋季节，生疮疖的人特别多，老板一天到晚忙得不亦乐乎。为穷人家的孩子开疖敷药方不收治疗费，只收些药费，老百姓对道德堂赞叹不已。

道德堂东边是陈记肉台，老百姓生活困难。逢年过节生意好些，平时生意清淡。肉台往南是一条30来米长的小街，小街往南过一条宽1.5米纵跨港河的木制横板桥，就到了河南街。30米长的小街上开设的朝东门面茶馆店，三开门面，四五张方桌子，每天茶客盈门。民间发生纠纷，亲戚长辈调解不开，就约定到竹行茶馆店讲情话理，由地方上有名望的人出面调解，谁输了，出茶钱。下午和晚上评弹艺人说唱民间流传的小书。听客是镇上的老板，也有少数伙计和附近乡间农民，朝西门面有一家奚家杂货店，三开间门面，出售一些日常生活用品。

正街往东是姚记豆腐店和孙家酱油店。正街广场东边有一排朝西向房子，是一个山东人开的米行，规模不大，一直经营到解放后粮食实行统购统销才停业。镇东边还有一块广场，面积为600余平方米。平时作为柴禾交易市场，每年春节年初五，四乡八邻的龙灯在这里聚会，进行舞龙竞赛。锣鼓喧天，十分热闹，龙头相对舞动，各自向前挺进，互不相让，有一方退让就算输。有时站在条凳上舞，有跳龙、滚龙，如果舞龙头的人力气不足，退让一步，对方得寸进尺。有时为了面子而互相斗殴，最后甚至掼龙头，每年都有发生。解放后，人民生活安定，上街的人多了，特别是逢年过节，街面拥挤。1964年，公社决定并实施两边店面各锯掉一架木梁，让出来作为街面，街面拓宽为5.5米。

文昌庙在河南街东头，庙宇以港的走势建造。1950年至1953年春节始至元宵节，有外地草台班子在庙门前广场演京剧，吸引四乡八邻的戏迷。1958年“大跃进”年代，庙宇被毁，原地翻建农业中学。

竹行镇老街最繁华时期为竹行解放以后，店铺林立，生意兴旺。

2.大安镇老街

大安镇位于大安村东边，由港东和港西两部分组成。

民国5年(1916年),大安镇在现大安镇南2千米地方。那时长江坍江,向北吞噬大片土地,眼看大安镇有坍塌的危险,大安镇商会和店家紧急磋商,大安镇北迁至现址。时隔2月原大安镇全部坍入江中,成了长江北航道的深泓。

新建的大安镇在原址以北2.5千米,经3年时间初具规模,街面宽阔,可三辆马车并排行驶。街道全长650米,有大小店铺100多家,其中有绸缎店、洋布店、杂货店、茶馆店、书场和轮船售票处。油饼行和农民自产自销的粮油市场(露天)、芮草行、客栈。镇上设有国民党海门县党部大安镇公务处。随同搬迁的大安镇城隍庙在新大安镇西北1000米处。大安镇的兴旺是随港而起的,随着民间货物的交易,沿江各地的商船(主要是木帆船)云集于此。每年立夏节时期,浙江舟山,江南浒浦、白茆、浏河等地的渔船,装载着黄花鱼进港出售给本地农民。

民国27年—民国37年(1938—1948年)十年间,大安镇黑恶势力十分猖獗,地方霸头为争夺地盘,互相争斗十分激烈,黑恶势力中有三五条枪,十来个人组成的部队,他们派捐派款,鱼肉百姓。民国35年(1946年),陈加凡纠集地方上的地痞流氓,私购四条枪,称王称霸。他与乡保长沆瀣一气,向商船要停靠费,向附近农民要保护费,民国37年(1948年)陈家凡被新四军游击队镇压。

1950年至1958年,南通县财政局荡草办事处设在大安镇(后搬迁至竹行镇),管理东至海门牛洪港西至营船港的江滩芦草。1958年10月成立友谊人民公社,公社所在地设立在大安镇。镇上相继建立电话总机台、邮政代办所、信用合作社、税务所、供销社、粮站等。1962年区划调整,友谊人民公社一分为三,大安港河东部分组建南兴公社,天星镇以北部分为通海公社,大安镇以西部分划归竹行公社,大安镇成为竹行与南兴镇域的边界镇。

1963年开始,粮站并入竹行。1972年修筑通兴公路,大安镇上的商店、信用社、供销社、农贸市场、邮政代办所等搬到通兴公路两旁,形成新的街面,大安镇老街逐渐冷落。

第二章 风 俗

竹行的民风习俗及风土人情有与南通地区其他地方差异不大的共性，也有竹行独特的个性。解放前，竹行地处偏僻，与外界交往较少，文化传承盲点多，民间娱乐生活空乏，产生了不少竹行独特的民风民俗和陈规旧俗。这些陈规旧俗极大部分属封建迷信。有些做法甚至有些荒诞，不少习俗在大中城市早已消失，而在竹行乡间仍在流传。

竹行的方言属吴语体系，人称沙地话或启海话，与普通话差异很大，这里人学普通话难度较大。

竹行虽是一个小镇，却有三个旅游基地。安惠公司内的灵芝馆填补了世界的空缺，成为世界上第一座灵芝文化馆。安惠公司是全国首家工业定点旅游单位。世外桃园休闲农庄被列为全国首家观光农业旅游示范点。每年接待国内外数十万游客。

第一节 历法、节气

【公历】 亦称格里历，是现在国际通用的历法，在中国习称阳历。中国从辛亥革命后开始使用，1949年正式规定公元纪年（同时使用夏历）。公历是以地球环绕太阳公转一周为一年。地球环绕太阳公转一周实际为365.24219天，按一年365天计算每年少0.24219天，每隔4年少0.96876天，每隔400年则少96.876天，因此400年中需置97个闰年，闰年在2月末加1天，全年366天。这样要经过3333年才有一天的误差。闰年的计算方法是：假使是世纪年（如1600、1200年），能被400除尽的则是闰年（如1600年、2000年），否则是平年（如1700年、1800年、1900年）；假使是非世纪年（如1993年），能被4除尽的则是闰年（如1992年、1996

年)，否则是平年(如1993年、1994年、1995年)。这样，公历平年是365天，闰年是366天。一年分十二个月，1、3、5、7、8、10、12月为大月，每月31天，4、6、9、11月为小月，每月30天，平年2月28天，闰年2月29天。

【农历】 农历是中国的一种历法，又称夏历、阴历、古历。按朔望月周期定出月份，朔所在日为初一，望所在日为十五或十六。朔望月长约29天半，所以农历大月30天，小月29天。农历平年有12个月，全年354天或355天；闰年为13个月，其中某一个月为闰月，月名以前月月名而定，如前月为三月，则是闰三月，闰年全年383天或384天。

农历历法又根据太阳的位置，把全年分成24个节气，反映寒冷暑热的天气变化，以便农事活动。所以，农历实为阴阳历。

【二十四节气】

立春　立是开始，春是春季，立春指春天开始。

雨水　降雨开始，逐渐增多。

惊蛰　蛰是藏的意思。动物钻到土里冬眠叫入蛰，至第二年回春后再钻出土来活动，古时认为被雷声震醒，故称惊蛰。惊蛰开始，动物活动增多。

春分　分就是半。春季三个月九十天的一半叫春分。这天昼夜平分。

清明　天气晴朗温暖，草木开始现青。

谷雨　雨生百谷的意思。这天起雨水加多。

立夏　夏天开始，生物渐得温暖的气侯而加快生长。

小满　小满是说麦粒即将饱满，但尚未成熟。

芒种　指有芒的作物如大麦、小麦已经成熟，可以收割。

夏至　至是极，是日影长至终极的意思。即这天是一年中白昼最长的一天。

小暑　暑是炎热，小暑是开始炎热，而还没有热到极点。

大暑　炎热到极点，即一年中最热的时候。

立秋　秋是植物快成熟的意思。这天起秋天开始。

处暑　处是结束，表示炎热的夏天将结束。

白露　夜间地面水气凝结为露，色白，天气开始转凉。

秋分　秋季三个月九十天的一半。这天昼夜平分。

寒露　与“白露”相应，但露水更多，气候逐渐寒冷。

霜降　气候已渐寒冷，有霜出现。

立冬　冬天到了，作物收割后要收藏起来。

小雪　入冬以后开始降雪。

大雪　雪由小到大，地面可能有积雪。

冬至 日影已短至终极，即这天白昼最短，最寒冷的冬天即将到来。

小寒 冷气积久而为寒，是天气寒冷而还没有到极点的意思。

大寒 冷到极点。

【二十四节气歌】二十四节气是根据太阳直射地球上的某一纬度来划分的，每月两个节气，日期基本相应。

歌曰：

春雨惊春清谷天，
夏满芒夏两暑连，
秋处露秋寒霜降，
立雪雪冬小大寒。
上半年为六、廿一，下半年为八、廿三。
每月两节不变更，最多相差一两天。

【夏至起九歌】

一九之二九 扇子不离手
三九二十七 袒胸露背脊
四九三十六 拭汗如出浴
五九四十五 日头像老虎
六九五十四 乘凉不入寺
七九六十三 床头摸被单
八九七十二 半夜盖夹被
九九八十一 开箱翻棉衣

【冬至起九歌】

一九至二九 相拢不出手
三九二十七 梧桐叶吹瘪
四九腊中心 冻断鼻梁筋
五九中心腊 河里冻死老棉鸭
六九五十四 泥里出芦齿
七九六十三 棉袄两肩摊
八九七十二 猫狗寻荫地
九九八十一 种田要下地

第二节 传统节日

1.春 节

农历正月初一，又称春节，俗称新年，民间叫过年。家家户户在节前进行掸檐尘（大扫除），里里外外打扫干净。妇女们在农历十二月二十以后开始选择有太阳的日子洗被洗蚊帐，干干净净迎新年。

大年初一为“岁之元、月之元、日之元”三元之首。人们起五更天做红枣年糕大米饭，烧青菜、白马肉（豆腐）、茨菇菜。点香烛，放爆竹，第一碗饭菜先敬灶君老爷，然后一家人穿上新衣、新鞋、戴新帽，吃汤圆、年糕、喝红枣炒米茶，叩拜祖宗容像、拜长辈，同辈之间作揖互拜。第二天出门去亲戚朋友家拜年。路上遇熟人互相作揖道贺“恭喜发财”。各行各业均不营业。集镇、庙宇特别热闹，耍把戏的、唱曲的、说书的、掷骰儿的、抽牌九的、打钱墩的、摸彩的、踢毽子的、卖风筝的、卖泥人、糖人的，转糖的、卖芦穄的，到处人声鼎沸，人头攒动，洋溢着新年景象。

过年有禁忌，初一、初三禁扫地，忌动刀具，洗脸涮锅的水不能往外倒，用一只木桶或小缸囤在那里，要过了年初三才能倒掉，意在来年粮油、钱财更富足。年初一到年初三不能开后门，开后门有漏财之说。孩子讲了不吉利的话，大人就会说，“小人策（放）屁，百无禁忌”。20世纪60年代以前，宅上死了人的，灵位要放在家里三年才脱孝。年初一舞龙灯的人到这个宅上不能敲锣，龙灯进宅要向死者灵位三点头，这叫龙拜年，家属定送红包一个。

年初一到年初三，亲戚互访联络感情。“文化大革命”期间，春节也在“破旧立新”之列。正月初一，商店工厂均不休息，中午吃“忆苦思甜饭“（米糠、豆渣、麸皮、野菜等）。各单位组织职工送肥、送货下乡支农，”革命化春节“在冷冷清清中度过。中共十一届三中全会后，人们生活不断提高，春节长假已成为团聚、休闲、喜庆、旅游的日子，到处洋溢着喜悦、祥和的气氛。

2.元宵节

又称“元夕”“上元”“灯节”。这天出嫁的女儿要接父母到家里来过节，俗称过正月半。节前，妇女用米粉或高粱粉做圆子，另外做一种两头大当中细的卷团、银洋、吉祥动物等面食，有吃汤圆、春卷之习惯。下午由男性家属带了卷团圆子到田头坟地祭祀土地公公和祖宗，入夜，天空明月高悬，地上张灯结彩，灿若星云，到处鼓乐喧天。小朋友提着花灯、拉着兔儿灯四处游玩嬉戏，大人们则站在街道路旁踮足观看，有龙灯、舞狮子、肩挑、踩高跷、秧歌舞等。农村的放哨火，又叫“烧百虫”“烧毛虫”。各家用芦苇草扎成的柴捆燃烧后到自己的田头舞动，俗称照田财，把路边沟边干草烧掉、越冬害虫烧死，祈求来年好收成。老人们从田财火中观测，火焰成暗红色的预示这年会干旱，火焰呈红白色的，这一年要发大水，照田财剩余的柴把在水沟里灭火，浸湿搁在自己家里的果树上，说会多结果子。改革开放后，人们经济富裕了，竞放烟花爆竹，夜空五彩缤纷，地面火把舞动，人们欢声雷动，极为壮观，元宵夜成了欢乐之夜。

旧时元宵节晚上，农村有请紫姑（坑三姑娘）的习俗。人们在厕所、灰堆旁边焚香，用新畚箕迎请紫姑。在室内布置一香案桌子，点上香烛，取一木盘，盘内铺平白米。用一杆秤穿在新的芦畚箕中间处，再用一只筷子插在畚箕兜上，用蓝布盖住，两人抬着，意示轿子。抬到厕所或灰堆旁，跟随轿子的一个人叫媒人，另一个人在厕所或灰堆边。媒人问："紫姑在家吗？"后边的人应答："在家。"媒人说："请她上轿，我们问问她今年花地（庄稼）如何？"后面的人应答说："来了。"观看的人不能笑，笑了紫姑会不好意思，请不动她。后一起来到香案前让她落座喝酒，酒过三巡后，媒人问：今年棉花长的好的话，请三点头，畚箕口露出的筷子会笃笃笃的三点头。今年麦稻收成好的话，请在木盘里画一把剪刀，于是筷子头在木盘米上画一把剪刀形状，其实这是抬畚箕的人画的，问完后烧些纸钱送到厕所或灰堆边。这种滑稽可笑的活动一是为元宵节增添乐趣，二是人们对农业获得好收成的祈求，这种活动现已绝迹。

元宵一过，各人又开始自己的活计。竹行有句俗语："吃了两头大（卷团），各人寻头路。"学生开学上课，工人上班，农民准备春耕。

3.二月二

又称"女儿节"，也是江海城乡"家家户户带女儿"的民间节日。民间流传"二月二，带女儿，不带女儿穷鬼儿，女儿不来烂腿儿"的歌谣。每年农历二月初二这一天，母亲总要让嫁出的女儿回家团聚。女儿回娘家不在乎吃好吃差，要的是浓浓的骨肉亲情。

二月二这一天老百姓有吃糖炒糕（俗称撑腰糕）的习俗。现仍保留吃糖炒糕的习俗。

古时，二月初二俗称青龙节，传说是龙抬头的日子，它是中国城乡的一个传统节日，庆祝"龙头节"，以示敬龙祈雨，让老天保佑丰收。龙抬头又称为"春耕节""农事节""春龙节"是中国民间传统节日。也有将二月二说成"大落灯"，认为春节的活动至此才算结束。

4.清明节

清明节出于春秋，晋公子垂耳与随臣介子推的典故，介子推有诗一首"割肉奉君尽丹心，但愿主公常清明"晋王公为纪念介子推，把曾和介子推一起烘死的老柳树（第二年复活）赐为清明柳，并晓喻天下，把"寒食节"的后一天定为清明节。来历正是感恩，然而，中国的清明节对感恩好像专注了那些死去的先人，却没有对活着的、对自己有恩的人，似乎将更多、更重要的感恩淡化了，清明节本意不仅仅是祭祀，更重要的是感恩！每年的4月5日（或4日）为清明节，时值桃红柳绿，春光烂漫，四野清明，赏心悦目。人们郊外踏青春游，把翠绿柳条编成柳圈戴在头上，以示青春不老。这一天也是祭祀祖先的日子，一家人带着饭菜、果品等到野外祖先坟前供奉。扫墓以清明前后十天为期。旧时清明祭祖十分隆重，上午由年长者带了农具修理祖坟，全族人备了菜肴佳品到田头烧经，焚化纸钱，有的还用红纸做成大袋，内放冥币、纸钱、元宝等，俗称“西风袋”，上写祖先姓名，下注祭奠者，在坟前焚烧。全族的男子都要在坟头跪拜祖宗，俗称过清明上老坟，用红袋装冥币的习俗至今仍沿用。20世纪90年代后，清明扫墓，基本上不带饭菜，代之以水果、鲜花供奉，并鸣放鞭炮。“文化大革命”以后，单位党团活动，人们成群结队，学校老师带领学生去祭扫烈士墓，缅怀先烈，接受革命传统教育。2009年开始清明假一天，全家男女老少到祖先坟地，修理坟茔，焚烧纸钱冥票，寄托哀思。

5.立夏节

立夏这个节是在战国末年（公元前239年）就已经确立了，预示着季节的转换，为一年四季之夏季开始的日子。立夏是传统节日，从这一天起夏天开始了，天气逐渐暖了，各种传染病开始流行，有些人不适应气候变化，容易生病。传说瘟神瞌睡立夏方醒，散布瘟疫，孩童受害最甚。女娲闻讯与瘟神争辩，瘟神无奈承认，凡孩童胸前挂蛋者一律不得伤害，传说虽无从稽考，但该日孩子胸前挂蛋成为习俗。

竹行的习惯是，嫁出去的女儿带了孩子必须到娘家过立夏，吃清明节腌制的咸鸭蛋。小孩子要吃别人家的蛋，大人们为小孩子用线结的蛋袋，把蛋放在蛋袋里挂在胸前。中午菜，甜菜煮豆腐必备。中饭以后，大人们用一杆秤挂在门的上坎上，逐个替人称体重。小孩到麦田里穿来穿去，俗称钻麦园。这些活动是为了夏天不疰夏，即身体健康不生病，这是劳动人民的美好祈求。

立夏节，竹行还有吃麦蚕的习惯。农民摘下未成熟的麦穗，去芒去壳，捣碎后用油盐文火炒熟，颜色青绿，香味特殊，老少皆爱吃。

6.端午节

农历五月初五端午节，俗称端阳节。传说两千多年前，楚国的爱国诗人屈原早年受楚怀王的信任，常与怀王商议国事，参与法律制定。由于屈原性格耿直，在修订法规时与上官大夫产生矛盾。公元前305年，屈原反对楚王与秦国订立黄棘之盟，被楚王逐出郢都流放。公元前223—226年，秦灭楚。屈原的政治理想破灭，对前途感到绝望。同年五月初五，屈原写下绝笔之作《怀沙》，投汨罗江身亡。沿江的百姓闻讯将芦叶包裹着糯米投入江中。更多的百姓来不及包粽子，将家中的饭食投入江中，只希望江中的鱼虾不要侵蚀英雄的躯体。这一天怀念、感伤、悲愤的泪水与无情的江水一同汇入那悠久的历史，也就成了中华民族的传统节日。以后每年端午节每家每户都要包粽子。人们在节前採好芦叶，把芦叶洗净煮熟，大米（糯米）紧缺的年代，人们就用高粱米、黄穄米、粟穄米（北方人叫小米），有的甚至包麦粞粽子。旧称，五月初五午时，为毒月毒日毒时。这一天，手巧的妇女用各种颜色的绸布给孩子做香袋，香袋的式样有心状的、菱形的、圆形的等，里边放些雄黄艾叶，这些东西有持久的香味，褂在小孩颈上或手臂上能防止毒虫叮咬。大人们还用雄黄和烧酒调和，涂在孩子脸上、手上甚至身上，能驱虫防叮咬，防止痱子产生。妇女们还用红绿等颜色绸布，绣上老虎、花草等图案给小孩做成肚兜和虎头鞋，给小孩戴用，为之去毒辟邪。

旧时端午，私塾的蒙馆先生放假一天。先生请学生吃一顿中饭，不去吃饭的，带三只粽子给学生，每个学生包一个红包给先生作答谢礼。解放以后私塾停办，公办学校没有这种礼节，端午节学校放假一天被取消。20世纪60年代以前，人们大多以种田为生，女儿出嫁后，端午节前，父母要送给女儿凉帽一只，藤扎边的草帽一只，短凳一条，小锄头一把（供女儿耙棉花）的习俗，（解放前都是种散播小棉花，妇女坐着锄草），女儿女婿要送端阳（午）礼，有四样礼品，也有六样礼品，现在父母送草帽、短凳、小锄头的习俗已没有了，女儿家要送给父母的礼品更为丰厚，不再是鱼肉之类的东西，而是脑白金、富硒康、高档的烟酒了。

2009年，国务院规定端午节作为法定假恢复放假一天，全国人民共同欢度这一节日。

7.七夕节

又称“乞巧节”（七、乞同音）、“女儿节”。其来历源于牛郎织女传说，民间认为每年只有农历七月初七，牛郎织女才能相会于鹊桥，织女聪明异常，是妇女们崇拜的偶像。这一天，妇女们乘牛郎织女相会之时，向织女学习“女红”（纺织、缝纫）技巧，将绣花针丢入太阳光下的水碗中，看水底针影，如像笔、锥、珠等形状，即为“得巧”。还有妇女们比赛用针线穿针，谁穿得快就为“得巧”。夜晚，妇女在户外“看巧云”，如现五色，谓之“得巧”。这一天，妇女们还有用凤仙花染指甲的习俗。20世纪80年代后，七夕这一天，青年男女相约到歌舞厅、娱乐城等娱乐场所，尽情跳舞歌唱，相互倾诉爱慕之情。七夕逐渐成为中国“情人节”。

8.中元节

农历七月十五日（即七月半），也叫中元节，亦称盂兰盆节，俗称鬼节。通启公路以北极为重视，家家烧经，焚化冥票纸钱。分两堆焚烧，一块给自己的祖宗，另一块施舍给那些孤魂野鬼。竹行除少数通州南迁的居民外，当地人不搞这一活动。

9.地藏菩萨生日节

农历七月三十。是夜，家家门前的地砖缝或地上插着数十支点燃的地藏香，随着香烟缭绕，各种飞蛾见光而来，随之蟾蜍纷纷前来争食飞蛾，蟾蜍来得越多，人们认为元宝进屋越多，是吉祥的好兆头。古时，庙宇做法事，河面上扎木排，载和尚、道士、尼姑放焰口，称“水陆道场”，到处灯火点点，仙乐阵阵，香烟袅袅，使人仿佛觉得置身于蓬莱仙境，天上人间。

新中国建立以后，此俗逐渐消逝。

10.中秋节

农历八月十五日是中秋节。中秋，原叫仲秋，又称团圆节。。农历七八九三个月中，八月居中，天高气爽，月圆风清。一是秋天的中间，二是十五日是每月的中间，仲和中又是谐音，所以叫中秋节。这天夜间，月到中秋分外明，所以人们很自然的形成了中秋赏月的习俗。此时，家家户户设酒宴、吃鸭子，吃着圆形的月饼，举目望月，神思遐想，全家团圆，一派欢乐景象。早在晋朝，就有“仲秋弥田”的记载。到了唐宋时期，民间有对月朝拜，用应时果蔬盛于盘中，供陈于庭院中，谓之“供月”。通宵玩乐等活动。中秋拜月赏月吃月饼的习俗流传至今。

解放以后，中秋节在国庆节前后，增加了节日的氛围。在秋高气爽，金桂飘香，瓜果丰收的日子里，一家人或亲友、同学、同事团聚在一起，喝酒赏月促膝谈心，共度中秋佳节，令人心旷神怡。2009年起，国务院规定中秋节作为法定假日放假一天，节日的氛围更加浓郁。

11.重阳节

农历九月九日，又称茱萸节。因为月日都是九，故名重九，根据古代五行学说，九是阳数，故名重阳。

重阳节是中国民间传统节日，相传起源于东汉，据《续齐谐记》所载，那时有一名士桓景，九月九日那天，举家登高，插茱萸，饮菊花酒，吃重阳糕。据说可以避邪，因此重阳登高成了一个习俗。历代文人墨客亦喜重阳登高，是取高中的好兆头。唐代诗人王维的《九月九日忆山东兄弟》是一首千古传颂的诗篇："独在异乡为异客，每逢佳节倍思亲，遥知兄弟登高处，遍插茱萸少一人。"诗中写了重阳插茱萸的习俗，"每逢佳节倍思亲"成了千古传颂的名句。重阳之日，糕点店蒸重阳糕，上面插着红黄绿色的三角小旗，沿街叫卖。1998年，重阳日被国家规定为敬老节。每年敬老节各单位都要向离退休老人馈赠礼品，镇以上政府向离退休老人慰问，召开座谈会，观看文娱演出等活动，祝贺他们健康长寿，晚年幸福。

12.十月朝

十月初一，家家户户吃赤豆饭，并将赤豆饭盛碗中置放于窗口，认为可以送苍蝇。此日也为鬼节，那天不办喜事。过去人死了就停葬在家中，这一天要祭祀死者，叫坐台生日。还有在节日前后10天扫墓之俗。十月朝虽在小寒季节，但有的年份天气还较暖和，还有蚊子出来咬人，故有十月朝，蚊子出来跛一跛之说。

13.冬至节

冬至是农历24个节气中的第22个节气，时间在农历十一月中，最早为农历十一月初一，最迟为十一月廿九，所以民间有冬至不过十一月的说法。冬至，民间的说法叫高冬，也是岁寒九天的开始。冬至前一天称"小冬"，这天为大赦日子，农家挖树搬坟埋葬（竹行地区在"大冬"这一天）等百无禁忌。户户举行祭祖、贺节等仪式。冬至这一天称为"大冬"，家家吃汤圆、夜间设宴聚餐，有"新冬大似年"之说，春节活动自此拉开序幕。通启公路以北地区的人家都烧经祭祖，竹行除少数迁入者也烧经祭祖外，其余很少有这种习惯了。

14.腊八节

相传农历十二月初八是佛祖释迦牟尼成道日，佛教寺院谓之为腊八。这天各寺庙都煮腊八粥，以示纪念，后来这一习俗流传到民间，在这一天吃腊八粥。

另一种说法是旧时农家生活清苦。所收粮食吃到十二月差不多吃完了，这一天巧媳妇无计可施，就在田里弄些萝卜青菜，从各种种子袋里抓一把，和在一起煮成粥，吃时味道极佳，后来成了习俗流传到现在。

现在人们煮腊八粥更讲究，除萝卜青菜外，有咸肉丁、火腿肠丁、糯米、核桃、桂圆、枣儿、松子、扁豆、白果、莲子、花生米、赤豆、芋艿等煮成的"腊八粥"，加入佐料，味道鲜美可口。民间认为一到冬季，妖魔鬼怪都出来，这些厉鬼专门惊吓儿童，小儿惊风就是厉鬼作祟。赤豆可以驱鬼，所以腊月初八吃用赤豆煮成的粥，以为驱鬼，后来人们又在赤豆粥里不断添加各种豆类和干果，使儿童更加爱吃。吃腊八粥已超越了上述传说的意义，已成为农家一年辛勤劳动而得到五谷丰登、六畜兴旺的享受，也是合家欢乐的庆祝会餐。

15.送灶神

旧时农家砌灶，在灶头上方用砖头石灰砌成一个亭子叫龙庭，供奉灶君。灶君俗称灶家菩萨，又称东厨司命，专门有人用木刻灶君画像印在大红蜡千纸上卖给老百姓的。农历十二月二十三日俗称小年夜，传说这一天灶君老爷要到天庭向玉皇大帝汇报农家一年中的农事收成，农家生活，健康状况等。农家风俗是这一天晚饭烧赤豆糯米饭，青菜豆腐茨菇菜。吃晚饭前先盛一碗赤豆糯米饭和青菜豆腐茨菇一碗，点上香烛供奉灶君，同时上供的还有寸金糖、云片糕。吃好晚饭后，把灶君画像从菩萨板上拿下来，用米饭、菜、豆腐、茨菇、寸金糖放在画像头部嘴上，叫他上天为农家说些好话，祈求明年收成更好，然后放在纸元宝上一起焚烧，故有上天言好事，下界保平安之说。其纸灰用掸帚掸在升落里倒在河沟里，以示恭敬。此日，大家小户都要掸檐尘搞卫生，准备清清爽爽过春节。

16.除夕

农历十二月三十日俗称年三十夜，月小的叫小年夜，月大的叫大年夜。这一天家家户户都很忙碌，检查里里外外未打扫干净的角落，下午用洋灰装入蒲包里在院子里椿稻囤，以祈求新的一年有好收成。商家在门上贴春联，内容大都是一本万利、日进斗金、招财进宝，生意兴隆通四海、财源茂盛达三江之类。不少农家也贴春联，如花好稻好大家好、人寿年丰喜洋洋，意境和商家的截然不同。也有的在大门贴一个颠倒的福字，意为福到了。商家派人到民间要债（赊欠货物的钱），竹行人叫收账头，以药店居多。还不起的人家，只好到外边躲债，收账人一直要到半夜，收不到只好空手回去交差。按商家规矩，新年里是不作兴要债的，春节里即使在路上遇见，大家问好也不提债务之事。

除夕是春节的前奏。一是准备年夜饭，青菜、茨菇、豆腐（豆腐冠之为白马肉）是必备的。即便贫苦人家也要做些鱼、肉之类的菜。菜肴十分丰盛。还要准备年初一的早饭的菜，菜心是不切碎的，叫大菜头（寓意彩头）。我地区还有上坟祭祖习俗，家中供菩萨、祖先喜容（画像）、祭祀灶神、张贴春联、年画。晚饭前，把请来的灶君画像，用豆腐、米饭粒粘贴在菩萨板上，第一碗饭和菜供奉灶君，同时上供糕点、寸金糖等后吃年夜饭，也叫守岁饭、团圆饭。饭后，焚烧纸元宝，俗称请灶君，祈求灶君下界保平安。20世纪60年代后，农家砌灶已不砌龙庭，请灶君习俗已不存在。一家人坐在一起吃茶食、糖果、花生、瓜子，忆旧话新，畅叙一年的辛劳和来年打算，等待新年到来，谓之守岁。二是大人还给小孩压岁钱，对多嘴多舌的孩子用草纸（卫生纸）揩嘴，寓意不说脏话。20世纪80年代初开始，中央电视台每年举办春节联欢晚会，大人小孩坐在电视机旁观看春节联欢晚会，合家其乐融融。当新年钟声响起，爆竹声不绝于耳，如击浪轰雷，遍乎朝野，彻夜无停，礼花焰火，把夜空点缀得五彩缤纷。爆竹声后，碎红满地、灿若云锦，民间称“满江红”，充满了祥和欢乐的喜庆景象。紧接着人们就起五更迎接大年初一了。

附录一：一年节日表

一　月

1月1日　元旦

1月第一个星期日　黑人日

1月最后一个星期日　国际麻风节（世界防治麻风病日）（1954）

二　月

2月2日　世界湿地日

2月7日　国际声援南非日（1964）

2月10日　国际气象节

2月14日　情人节

2月15日　中国12亿人口日（1995）

2月21日　反对殖民制度斗争日（1949）

2月24日　第三世界青年日

2月28日　世界居住条件调查日

三　月

3月1日　国际海豹日（1983）

3月3日　全国爱耳日（2000）

3月5日　中国青年志愿者服务日

3月8日　国际劳动妇女节（1910）

3月12日　中国植树节（1979）

3月14日　国际警察日（节）

3月15日　国际消费者权益日（1983）

3月16日　手拉手情系贫困小伙伴全国统一行动日

3月17日　国际航海日

中国国医节（1929）

3月18日　全国科技人才活动日

3月21日　世界林业节（世界森林日）（1972）

消除种族歧视国际日（1976）

世界儿歌日

世界睡眠日

3月22日　世界水日（1993）

3月23日　世界气象日（1950）

3月24日　世界防治结核病日（1996）

3月最后一个星期一　全国中小学生安全教育日（1996）

四　月

4月1日　国际愚人节

4月2日　国际儿童图书日

4月7日　世界卫生日（1950）

4月21日　全国企业家活动日（1994）

4月22日　世界地球日（1970）

世界法律日

4月23日　世界图书和版权日

4月24日　世界青年反对殖民主义日（1957）

亚非新闻工作者日

4月25日　全国预防接种宣传日（1986）

4月26日　世界知识产权日（2001）

4月27日　联谊城日

4月30日　全国交通安全反思日

4月第三个星期日　世界儿童日（1986）

4月最后一个星期三　秘书节

五　月

5月1日　国际劳动节（1889）

国际示威游行日

5月3日　世界哮喘日

5月4日　中国青年节（1939）

五四运动纪念日（1919）

科技传播日

5月5日　全国碘缺乏病防治日（1994）

5月8日　世界红十字日（1948）

世界微笑日

5月12日　国际护士节（1912）
5月15日　国际家庭（咨询）日（1994）
5月17日　世界电信日（1969）
5月18日　国际博物馆日
5月20日　全国母乳喂养宣传日（1990）
　　　　　中国学生营养日（1990）
5月26日　世界向人体条件挑战日（1993）
5月30日　"五卅"反对帝国主义运动纪念日（1925）
5月31日　世界无烟日（1988）
5月第二个星期日　母亲节（1914）
　　　　　　　　　救助贫困母亲日（1997）
5月第三个星期二　国际牛奶日（1961）
5月第三个星期日　全国助残日（1990）

六　月

6月1日　国际儿童节（1949）
6月5日　世界环境日（1974）
6月6日　全国爱眼日（1996）
6月11日　中国人口日
6月17日　世界防止荒漠化和干旱日
6月20日　世界难民日（2001）
6月22日　中国儿童慈善活动日
6月23日　国际奥林匹克日（1894）
　　　　　世界手球日
6月25日　全国土地日（1991）
6月26日　国际禁毒日（国际反毒品日）（1987）
　　　　　国际宪章日（联合国宪章日）
6月30日　世界青年联欢节
6月第三个星期日　父亲节

七　月

7月1日　中国共产党诞生日（1921）
　　　　香港回归纪念日（1997）
　　　　国际建筑日（1985）

亚洲“三十亿人口日”（1988）
7月2日　国际体育记者日
7月7日　中国人民抗日战争纪念日（1937）
7月11日　世界（50亿）人口日（1987）
7月26日　世界语（言）创立日
7月28日　第一次世界大战爆发（1914）
7月30日　非洲妇女日
7月第一个星期六　国际合作节

八　月

8月1日　中国人民解放军建军节（1927）
8月6日　国际电影节
8月8日　中国男子节（爸爸节）（1988）
8月15日　日本正式宣布无条件投降日（1945）
8月26日　全国律师咨询日（1993）

九　月

9月3日　中国抗日战争胜利纪念日（1945）
9月8日　国际新闻工作者（团结）日（1958）
世界扫盲日（1966）
9月10日　中国教师节（1985）
9月14日　世界清洁地球日
9月16日　国际臭氧层保护日（1987）
9月18日　"九·一八"事变纪念日（中国国耻日）（1931）
9月20日　全国爱牙日（1989）
9月30日　革命烈士纪念日
9月21日　国际和平日
9月26日　节日·民谣网建站日（2001）
9月27日　世界旅游日（1980）
9月第三个星期二　国际和平日
9月第三个星期六　全民国防教育日（2001）
9月第四个星期日　国际聋人节（1958）
9月最后一个星期日　世界心脏日（2000）
世界海事日

十 月

10月1日 国庆节（1949）
国际音乐日（1980）
国际老人节（1990）
10月2日 国际和平（与民主自由）斗争日（1949）
10月4日 世界动物日（1949）
10月8日 全国高血压日（1998）
世界视觉日
国际左撇子日
10月9日 世界邮政日（万国邮联日）（1969）
10月10日 辛亥革命纪念日（1911）
世界居室卫生日
世界精神卫生日（1992）
10月11日 声援南非政治犯日
10月13日 中国少年先锋队诞辰日（1949）
世界保健日
国际教师节
采用格林威治时间为国际标准时间日（1884）
10月14日 世界标准日（1969）
10月15日 国际盲人节（白手杖节）（1984）
10月16日 世界粮食日（1979）
10月17日 世界消除贫困日
10月22日 世界传统医药日（1992）
10月24日 联合国日（1945）
世界发展信息日
10月28日 世界“男性健康日”（2000）
10月31日 世界勤俭日
10月第一个星期一 国际住房日（1982）
10月第二个星期三 国际减轻自然灾害日（1990）
每年重阳节
中国老年节（义务助老活动日）（1989）

十一月

11月8日 中国记者节（2000）

11月9日　中国消防宣传日（消防节）（1992）
11月10日　世界青年节（日）（1946）
11月14日　世界糖尿病日
11月17日　国际大学生节（国际学生日）（1946）
11月21日　世界电视日（1996）
世界问候日（1973）
11月第四个星期四　感恩节

十二月

12月1日　世界艾滋病日（1988）
12月2日　废除一切形式奴役世界日（1986）
12月3日　世界残疾人日（1992）
12月4日　中国法制宣传日（2001）
12月5日　（经济和社会发展）国际志愿人员日（1985）
世界弱能人士日
12月7日　国际民航日
12月9日　“一二·九”运动纪念日（1935）
世界足球日（1995）
12月10日　世界人权日（1950）
12月11日　世界防治哮喘日（1998）
12月12日　西安事变纪念日（1936）
12月13日　南京大屠杀纪念日（1937）
12月15日　世界强化免疫日
12月20日　澳门回归纪念日（1999）
12月21日　国际篮球日
12月24日　平安夜
12月25日　圣诞节
12月29日　国际生物多样性日（1994）
12月第二个星期日　国际儿童电视广播日

附录二:历代朝代起讫及建都等情况表

表6-1

朝代			起讫年代	都城	今地	统治民族	开国皇帝
三皇五帝							
夏朝			约公元前2146-1675年	安邑	山西夏县	华夏族	禹
商朝			约公元前 1675-1029年	亳	河南商丘	华夏族	汤
周	西周		约公元前1029-771年	镐京	陕西西安	华夏族	周文王姬昌
	东周	春秋	前770-476年	洛邑	河南洛阳	华夏族	周平王姬宜臼
		战国	前475-221年			华夏族	
秦朝			前221-207年	咸阳	陕西咸阳	华夏族	始皇帝嬴政
汉	西汉		前206-公元8年	长安	陕西西安	汉族	高祖刘邦
	新朝		9-23年	常安	陕西西安	汉族	王莽
	东汉		25-220年	洛阳	河南洛阳	汉族	光武帝刘秀
三国	曹魏		220-265年	洛阳	河南洛阳	汉族	魏文帝曹丕
	蜀汉		221-263年	成都	四川成都	汉族	汉昭烈帝刘备
	孙吴		222-280年	建业	江苏南京	汉族	吴大帝孙权
晋	西晋		265-316	洛阳	河南洛阳	汉族	晋武帝司马炎
	东晋		317-420	建康	江苏南京	汉族	晋元帝司马睿
十六国 304-439	前赵(汉赵)		304-318	平阳	山西临汾	匈奴族	高祖光文皇帝刘渊
			319-329	长安	陕西西安		
	成汉		306-347	成都	四川成都	巴氐族	太宗武皇帝李雄
	前凉		314-363	姑臧	甘肃武威	汉族	高祖明王张寔
	后赵		319-351	襄国	河北邢台	羯族	高祖明皇帝石勒
	前燕		337-370	龙城	辽宁朝阳	鲜卑族	太祖文明皇帝慕容皝
	前秦		351-394	长安	陕西西安	氐族	世宗明皇帝符健
	后秦		384-417	长安	陕西西安	羌族	太祖武昭皇帝姚苌
	后燕		384-407	中山	河北定州	鲜卑族	世祖成武皇帝慕容垂
	西秦		385-431	苑川	甘肃榆中	鲜卑族	烈祖宣烈王乞伏国仁
	后凉		386-403	略阳	甘肃平凉	氐族	太祖懿武皇帝吕光
	南凉		397-414	西平	青海西宁	鲜卑族	烈祖武王拓跋乌孤
	南燕		398-410	广固	山东益都	鲜卑族	世宗献武皇帝慕容德
	西凉		407-421	酒泉	甘肃酒泉	汉族	太祖昭武王李暠
	胡夏		407-431	统万城	陕西靖边	匈奴	世祖烈武皇帝赫连勃勃

续表6-1

朝代			起讫年代	都城	今地	统治民族	开国皇帝
十六国 304–439	北燕		407–436	和龙	辽宁朝阳	高句丽	燕惠懿帝高云
	北凉		397–439	张掖	甘肃张掖	卢水胡	太祖武宣王沮渠蒙逊
	⋆冉魏		350–352	邺城	河北临漳	汉族	武悼天王冉闵
	⋆西燕		384–394	长子	山西长子	鲜卑族	济北王慕容泓
	⋆西蜀（后蜀）		405–413	益州	四川成都	汉族	谯纵
南北朝 420–589	南朝	宋	420–479	建康	江苏南京	汉族	宋武帝刘裕
		齐	479–502	建康	江苏南京	汉族	齐高帝萧道成
		梁	502–557	建康	江苏南京	汉族	梁武帝萧衍
		陈	557–589	建康	江苏南京	汉族	陈武帝陈霸先
	北朝	北魏	386–534	平城	山西大同	鲜卑族	魏道武帝拓跋珪
				洛阳	河南洛阳		
		东魏	534–550	邺	河北临漳	鲜卑族	魏孝静帝元善见
		西魏	535–556	长安	陕西西安	鲜卑族	魏文帝元宝炬
		北齐	550–577	邺	河北临漳	鲜卑族	齐文宣帝高洋
		北周	557–581	长安	陕西西安	鲜卑族	周孝闵帝宇文觉
隋朝			581–618	大兴	陕西西安	汉族	隋文帝杨坚
唐朝			618–907	长安	陕西西安	汉族	唐高祖李渊
五代十国	后梁		907–923	汴	河南开封	汉族	梁太祖朱晃
	后唐		923–936	洛阳	河南洛阳	汉族	唐庄宗李存勖
	后晋		936–947	汴	河南开封	汉族	晋高祖石敬瑭
	后汉		947–950	汴	河南开封	汉族	汉高祖刘暠
	后周		951–960	汴	河南开封	汉族	周太祖郭威
	前蜀		891–925	成都	四川成都	汉族	高祖王建
	后蜀		925–965	成都	四川成都	汉族	高祖孟知祥
	杨吴		892–937	扬州	江苏扬州	汉族	太祖杨行密
	南唐		937–975	金陵	江苏南京	汉族	烈祖李昪
	吴越		893–978	杭州	浙江杭州	汉族	武肃王钱镠
	闽国		893–945	长乐	福建福州	汉族	太祖王审知
	马楚		896–951	长沙	湖南长沙	汉族	武穆王马殷
	南汉		905–971	兴王府	广东广州	汉族	高祖刘龑
	南平		907–963	荆州	湖北荆州	汉族	武信王高季兴
	北汉		951–979	太原	山西太原	汉族	世祖刘崇
宋	北宋		960–1127	开封	河南开封	汉族	太祖赵匡胤
	南宋		1127–1279	临安	浙江临安	汉族	高宗赵构
辽国			907–1125	皇都	辽宁	契丹族	太祖耶律阿保机

续表 6-1

朝代	起讫年代	都城	今地	统治民族	开国皇帝
大理	937-1254	太和城	云南大理	白族	太祖段思平
西夏	1032-1227	兴庆府	宁夏银川	党项族	景帝李元昊
金	1115-1234	会宁	阿城(黑)	女真族	金太祖阿骨打
		中都	北京		
		开封	河南开封		
元朝	1206-1368	大都	北京	蒙古族	元世祖忽必烈
明朝	1368-1644	北京	北京	汉族	明太祖朱元璋
清朝	1616-1911	北京	北京	满族	清太宗皇太极
三皇五帝始，尧舜禹相传。夏商与西周，东周分两段。春秋和战国，一统秦两汉。 三分魏蜀吴，二晋前后延。南北朝并立，隋唐五代传。宋元明清后，皇朝自此完。					

中国朝代顺序表口诀			
三皇五帝夏商周， 春秋战国乱悠悠。 秦汉三国东西晋， 南朝北朝是对头。 隋唐五代又十国， 宋元明清帝王休。	三皇五帝始，尧舜禹相传。 夏商与西周，东周分两段。 春秋和战国，一统秦两汉。 三分魏蜀吴，二晋前后延。 南北朝并立，隋唐五代传。 宋元明清后，皇朝自此完。	三皇五帝夏商周， 春秋战国乱悠悠， 秦汉三国二晋收， 南北隋唐五代继， 宋元明清皇朝休。	五帝黄颛喾尧舜， 三代夏商西东周。 春秋战国秦一统， 西汉三国二晋收。 宋齐梁陈南朝号， 北魏二分又齐周。 隋唐五代十国宋， 辽夏金元明清民。
三皇五帝夏商周，春秋战国秦两汉，三国两晋南北朝，隋唐五代和十国，辽宋夏金元明清。			

第三节　婚丧喜庆

古时婚礼有三书六礼。

聘书：订亲之书，男女双方正式缔结婚约。纳吉（过文定）时用。

礼书：过礼之书，即礼物清单，详尽列明礼物种类及数量。纳征（过大礼）时用。

迎亲书：迎娶新娘之书。结婚当日（亲迎）接新娘过门时用。

纳采：古时婚礼之首，属意女方时，延请媒人作谋，谓之纳采，今称提亲。

问名：男方探问女方之姓名及生日时辰，以卜吉兆，谓之问名，今称合八字。

纳吉：问名若属吉兆，遣媒人致赠薄礼，谓之纳吉，今称过文定或小定。

纳征：奉送礼金、礼饼、礼物及祭品等，即正式送聘礼，谓纳征，今称过大礼。

请期：由男家请算命先生择日，谓之请期，又称乞日、今称择日。

亲迎：新郎乘礼车，赴女家迎接新娘，谓之亲迎。

一、婚事习俗

(一)结　婚

结婚是人生中的大喜事,民间都举行婚礼,俗称吃喜酒,形成婚姻关系。新中国成立以后,国家颁布婚姻法,恋爱男女青年到民政部门领取结婚证书后,形成合法夫妻,受国家法律保护,但传统的结婚礼节流传到现在。男女青年从相识、相知到确定婚姻关系有一系列的程序。

1.看人　即相亲,男女双方在媒人(即介绍人)指定的地方见面。如双方有意,由男方提出到南通或海门城里游玩,双方通过接触彼此进行沟通,男方买些衣物送给女方。

2.押日　即定亲,男方挑个好日子(一般都要在上半年),媒人将男方的彩礼送到女方。过去彩礼较简单,一副耳环、一只戒指、一对银手镯、120元钱、衣服、鞋袜、喜糕、糖块共八礼。近年来,彩礼趋于昂贵,黄铂金戒指、手链、耳环、项链、现金一万至十万甚至上百万不等,还有送轿车等大件。

3.通风节礼(彩礼)

婚姻关系确定以后,男方如决定当年结婚,就要在当年的上半年送节礼。第一次送节礼时间一般选在农历六月初二,媒人把男方的节礼钱送到女方,女方如不接受,那么六月初四再送,初四送了还不接受,初八再送,初八不接受,到六月十二再送,女方同意结婚的就接受。此后男方还要送通风(彩礼),同样要送三次女方才会接受,因此有三通风四节礼的说法。随着时代的变化,三通风四节礼已废除。

4.选日　旧时结婚前要请算命先生根据双方的生辰八字,挑个互相不冲克的日子或黄道吉日,由媒人将红包送给女方,称送日钱,以此通知结婚的日期。

5.认丈人

结婚那天,新郎官要到女方家里认丈人。去时必须备好裁衣、蓬花、铜漆匠、厨房、盘担(即买马桶的钱,也叫肚里痛钱),此钱是给丈母娘的,如果女方有祖父母的还要包泰礼钱,共六包钱,吃过中饭,由丈母娘领着新郎对女方的长辈招呼一声,长辈们都要包一红包给新郎,叫见面钱,也称见礼,然后回家。男方须留一人和媒人晚上同新娘一起回来。

6.结　婚

解放前,新娘一般都坐花轿,四个轿夫抬轿,两个送娘(伴娘)陪送。下午两三点钟开始,送娘开始为新娘梳头、沐浴、化妆打扮,到天黑,新娘由送娘簇拥着走出房门,到大门口止步换上结亲鞋,有哥哥驮到轿门口上轿,起轿动身。弟弟抱着轿扛走几步,叫抱花轿。哥哥把脸盆里的水随着轿子前行而泼出去,叫抱花水,意为嫁出去的女,泼出去的水,以后再也不收回。

新娘陪嫁的嫁妆跟在轿子后边,东西多少随双方的经济条件而定,条件好的人家两橱两箱、四橱八箱,差的人家四件家什(一只箱子、一张小橱、一张抽台即老式写字台、一只马桶箱),小件东西用独轮车,大件东西两人或四人抬,前后车栏上、扛棒上挂着灯笼,一闪一亮拉成百米距离,叫轿子尾巴。尾巴越长,陪嫁的东西越多。

花轿在半路上会遇到男方敲锣打鼓的迎亲队伍。花轿进宅,鞭炮齐鸣,锣鼓敲得更响。花轿停在事先压着斧头的芦菲上（“斧”与“富”谐音，意为新娘一进夫家就富）。轿门口平铺两只布袋，新娘从袋上走，走过的一只往前移叫传代（袋与代谐音）。马桶由媒人提着放到马桶箱里，并要坐一会，民间传说今后生孩子不会难产。此时，婆婆要回避，民间有“做亲”前，婆媳第一个见面会有口舌的说法。

新娘在两个抬花烛的小姑娘引路下，由送娘簇拥着走进新房坐在床沿上。这时婆婆端了一碗汤团进来，给新娘新郎各喂两个，叫和喜汤团。

新娘新郎进入洞房后，一班同辈亲友、伙伴前挤后拥到新房嬉闹，谓之“闹新房”。这也是对新婚夫妇表示祝贺的一种形式，男家也不阻挡。据传“闹新房”可以驱除邪魔、祈福平安，怕的“人不闹，鬼要闹”，这样大家一闹，“鬼”就无插足的余地。

喜果是在新郎新娘未进洞房前，由已生男育女的夫妇在替新房铺床之前早就放下的“埋伏”，把红枣、糖果、莲子、花生等偷放在新床的四角或鸳鸯枕底下。翌晨，新郎新娘下床后，一旦敞开洞房门，几个早守候的男孩子一哄而起，鱼贯而入，争先恐后去“摸喜果”。主家巴望摸喜果的男孩越多越喜欢，摸喜果的孩子聚众成群，意味着“子孙满堂”。

20世纪60年代后，不兴轿子，改坐自行车。“文化大革命”后，陪嫁东西由男方先用板车运至男家，结婚那天，新娘请四个或六个小姐妹作陪，骑自行车到夫家。选择陪送的小姐妹也有讲究:一是和新娘要好的未婚女子，年龄要和新娘差不多，容貌端正。二是陪送小姑娘必须父母、祖父母健在。一只装了新炭火的烘缸新娘自己随身带，叫暖盆。

新娘陪嫁东西讲究多少只“脚”。如一样家具四只脚、一张椅子四只脚……合并起来多少只脚。越富裕的人家“脚”越多。

20世纪80年代前后，在脚的基础上时兴多少“机”。脚踏机（车）、电视机、收录机、缝纫机，因为四机不好听，收录机改叫“响”，即“三机一响”。

随着经济条件不断好转，陪嫁的东西也升级换代，过去的多少脚、三机一响不时兴了，改为组合式家具，高档次的冰箱彩电，名牌炊、餐具，摩托车乃至轿车。

通海地区没有一拜天地、二拜高堂、夫妻对拜的仪式，但有先拜灶君后拜新床的习俗。

婚宴上，新郎新娘向亲戚朋友敬酒，席间充满欢乐的气氛。

7.待　招

结婚的第二天叫待招。吃过中饭以后，长辈及同辈给新娘红包，叫见面钱又叫见面礼，有的干脆称“叫钱”。新娘对男方的亲戚比较陌生，婆婆领着新娘向每个出见面钱的长辈或同辈人叫一声。

8.接满月

古时新婚满月时新娘回门，随着时代变迁，改为新婚后第三天新娘回门，至今竹行人仍叫“接满月”。夫妻双双携带礼品，新娘领头带新郎欢欢喜喜回娘家，婆婆叮嘱儿子、媳妇吃过中饭早回，说是早回来婆婆会“眼亮”的。

竹行地区还有七不去八不归的说法，如果接满月的日子逢八，那么就要推迟两天。

婚后，新婚夫妇必须同住一个月，谓之"月不空房"。

20世纪90年代后，男女结婚都改乘轿车，近年来，在结婚仪式上有铺张攀比的现象。

现在不少男女青年结婚，利用五一、国庆、元旦、春节等节假日参加集体婚礼，或男女双方一起外出旅游作为结婚的一种形式。

（二）旧俗婚事

中国男女之间的婚姻关系，在很长的历史时期内都是父母之命媒妁之言的包办婚姻，有的指腹为婚，有的近亲结婚，妇女只得嫁鸡随鸡，嫁狗随狗，各种奇怪的婚姻状况，在解放前常有发生。

1.换　亲

多子女家庭，家里穷娶不到媳妇，经媒人撮合与另一方换亲，即甲方女孩嫁给另乙方男孩，条件是乙方的女孩必须嫁给甲方的男孩，这种婚姻方式，解放前比较普遍，解放后很少发现，现已绝迹。

2.拔　亲

男女双方成婚姻关系，且已达到结婚年龄，但还未结婚。这时男方的父亲或母亲不幸去世，男方经济贫困为节省开支，征得女方及女方家长同意，就在男方父亲或母亲去世的这一天晚上突击办喜事，新郎认丈人，迎娶新娘拜堂成亲，吃过和喜团圆后马上回门。这许多程序都在一夜完成的。第二天开始办丧事，竹行地区把这种婚姻方式叫拔亲。

3.抢　亲

男女双方小时候由双方父母约定成亲，长大以后男孩因智力问题或女孩另有意中人或其他原因，女方提出解除婚姻。男方不愿，在这种情况下，男方约请了几个身强力壮的小伙子，上门强行抢人，得手后先将女子裤带抽掉，（解放前都穿大裆裤子，裤带抽掉，裤子会落下来），女方怕羞，双手揪住裤腰，失去反抗能力，抢亲人抱女孩按在预先准备的小车上，任凭你呼天抢地哭喊都无济于事，小车推到男家，把姑娘和小伙反锁在房内，说客在门外反复劝说，两三夜一过，生米煮成熟饭，姑娘只得自叹命苦。

另一种情况与前一种情况前提相同，抢亲的方法不同。男方约请几个人守候在姑娘经常走动的路段，出其不意地抢了就走，到家后把小伙子和姑娘反锁在房内，小伙子接近她，好言相劝体贴她。两三天后，待姑娘情绪平静下来，半推半就时，双方发生了关系，这段婚姻也就自然而成了。

抢亲之前，男方买通地方官方或黑恶势力，抢亲后，女方父母也请地方官员出来讲话，要回女孩。这些受了贿的地方官员装聋作哑，百般推却，甚至帮男方讲话。

抢亲事件解放前时有发生，解放初期偶尔也有，婚姻法颁布以后，这种恶劣的抢亲事件已经绝迹。

4.圆　房

圆房有两种：一种是夫妻圆房。解放前，穷人家孩子多养不活，就把女孩送给人家做童养媳，长大了到了结婚年龄，父母为他们举办简单的婚礼，小夫妻俩合床而睡，这种婚姻叫圆房。

另一种叫叔嫂圆房。哥哥因病或其他原因去世，小叔与嫂年龄接近，经长辈或父母撮合，叔嫂双方同意，父母择日为他们举行婚礼成亲。

中华人民共和国婚姻法颁布以后，禁止领养童养媳，所以前种圆房婚姻已绝迹，后一种叔嫂圆房仍少有发生。

5.招　亲

招亲也叫招女婿，上门女婿、倒插门。男方弟兄多，家境贫困，男方到女方落户。结婚时男方要陪嫁床和被子，招亲后，小伙子要改换女方姓。如果女方的父母老实本分，招的女婿要受族人的欺负，如果小伙子老实憨厚，除受族人欺负外，还要被丈人丈母和妻子看不起。俗话“四厅宅沟后头大，招老女婿老婆大”。被召的小伙子被称为雄养媳妇，只不过是一个廉价的劳动力罢了。

国家实行计划生育后，一对夫妇只生一个孩子，城乡之中招女婿比较多，现在经济条件好了，男女双方都有房子，招女婿只是结婚第一夜住在女方，以后两面住住，不存在改名换姓，生了孩子一般随母姓，也有随父姓，也有把父姓和母姓形成一个新的复姓。

6.近亲结婚

近亲结婚是指三代有血缘关系的男女青年结婚。解放前，姑表、姨表之间结婚比较普遍。这种婚姻，繁衍的后代有生理缺陷的概率较大。1950年3月，中华人民共和国婚姻法颁布以后，明令禁止近亲结婚，这种现象已被遏止。

7.童养媳

一些贫困人家娶不起媳妇，带个家境同样清寒的女孩做童养媳。待到长大成人，一般就农历腊月二十四“送灶”这夜给小两口子圆房了事，谈不上什么礼品、陪嫁。有的小媳妇从小受折磨，生活如同牛马。南通有这样的俗话:“冬不饱，年不饱，七月半小媳妇吃个饱。”其实，农历七月半正逢暑热，食物容易变质，小媳妇吃的多是发馊的东西。家境比较清寒的人家为节省婚配上的支出，嫂子死了丈夫可以和叔子(即丈夫的弟弟)成亲。这种嫂接叔的做法往往遭到非议。

8.冲喜、填房

20世纪30年代前，一些大户人家很讲究妇女的守节，寡妇不可再嫁;已定亲的姑娘死了未婚夫，要守望门寡;如果公婆或未婚夫生了重病，婆家往往将未过门的媳妇接过去“冲喜”，又称做“小过门”，认为这样一来病可以转轻。有钱的人死了妻子可以续弦，娶个填房。

中华人民共和国建立后，男婚女嫁按国家颁布的《中华人民共和国婚姻法》办事，禁止一夫多妻，取消买卖婚姻，男女婚姻自由受到保护，过去门当户对的限制已被打破，近亲不可联姻已被人们所接受，繁琐的礼节也被废除。

二、丧葬习俗

1.死　亡

旧时造屋，每个宅上建有公用房屋一间，俗称公堂屋或前头屋，平时存放公共用物，如石磨一般放在房子东北角或西北角。宅上死了人就停放在这屋子里。病人弥留之际，必须先把蚊帐卸去，俗称瘪帐子，民间有一种说法，人如果死在蚊帐内，鬼魂犹在网内钻不出来。必须把蚊帐扯一个洞，尸体从洞里移出来。病人断气之前必须移到公堂前头屋内。断气后移出来对死者不利，有死人过一条门槛加罪七条之说。

人死后由女儿出钱买衣服，穷人家买三个领头，(上身三件，下身二件)，比较富裕的人家买5个领头（上身五件，下身二件）。20世纪60年以前，死者的衣服由儿子买，女儿家买鞋袜帽子踏脚被。死者衣物筹全后，由儿子将死者穿的衣服由里到外一件件反穿，叫同衣，由儿子替死者净身（如是母亲死了，由女儿给她净身）剪手脚指甲，然后给死者穿衣。死者的衣服不扣纽扣，一层一层由里到外垫好，把死者停放在门板上，上面盖一条白布镶边的红色盖被，称踏脚被，口里含一个红纸折成的长方形小包，俗称撬口银子，同时在踏脚被上放一根白纱带。

2.停 放

停放尸体的门板用公堂（前头屋）的大门，死者是男的用左边的门，是女的用右边的大门，死者是长辈，不论男女，门板搁在屋子的正中。中间一辈的，应把门板搁在正中偏东一门椽档，是幼辈的则搁在正中偏西一门椽档，门板前用布将死者遮住，前面放一张桌子俗称座台，座台上放死者的遗像、牌位、供品。

3.报 死

人死后，一般停尸三天，家境好的或子女在外地一时无法到家的，则停尸五天。家属在这三五天之内做好一切准备工作。入殓前一天下午，先请阴阳先生念旨灵，念完后烧床柴，请扎库匠扎三顶纸轿，下垫一条草席，中间一顶为死者乘坐，两边各一顶为差官乘坐。大儿子用杨柳枝挑着死者的衣物绕尸三圈，出去后把衣物放在死者乘坐的纸轿前边。一边点纸烧轿，一边竖幡杆，俗称招吃饭，幡杆上挂有纸灯笼，晚上点上蜡烛，这是指示第二天亲戚来吊唁的大致方位而已。烧完轿子后，子女到灵堂穿孝服。儿子的白帽子外套一麻布，腰间系一条用白纸裹的草绳，手里拉一根白纸裹的杨树条子，叫哭丧棒，俗称戳脚节头棒。脚穿草鞋，另外系一条白带子的蓝围腰兜，意为家中做这么大的事总有不尽人意的地方，亲戚朋友特别是长辈原谅。如果有人指责，子女只好忍气吞声，俗话说，今天受的气，用三幅头围腰兜着。接着儿子拿一把伞，伞柄朝前夹在腋窝内由一人陪着去长辈家报丧，告诉长辈，亲戚什么时间入殓、指示路线等，报死的人必须在被报人家吃一点东西，报完后不能从原路返回，即东边出去西边回来。现在提倡丧事从简，麻布，腰绳，哭丧棒，草鞋等一套已废除。

4.吃豆腐（饭）

死者入殓那天，亲戚朋友前来吊唁送人情。主家给送人情的发两条毛巾，80岁以上老人死了还发一只寿碗。中午四邻八舍，亲戚朋友一起吃饭。20世纪70年代以前，菜比较简单，咸菜豆腐一大盆，没有荤菜，俗称吃豆腐或叫吃素饭。随着经济条件的不断好转，逐渐开始加菜，发展到如今的八菜二汤，有的人家为十菜二汤。晚餐外加酒水。

5.入 殓

死者入殓那天，请8~10个阴阳先生做道场，一般人家做“四不样”，和尚念法事，其余的人敲响法器，唢呐和音，念得有板有腔，煞是好听。20世纪60年代中期，道场作为“四旧”被破除。民间乐队应运而生，吹奏哀乐，播放革命歌曲。根据毛主席《为人民服务》中“村上的人死了开个追悼会，寄托哀思”的指示，生产队中死了人由大队出面召开追悼会。1980年以后，逐步恢复做道场。现在民间死了人，既请乐队又做道场，死者入殓后，灵桌俗称座台安放也有讲究，长辈死了，灵桌放在堂屋的东北角，中辈死了座台安放在西北角，紧靠墙壁，若是幼辈死亡，座台必须安放在西北角，离开墙10~20厘米。

6.祭　灵

人死后，阴阳先生根据死者死亡时辰，死亡的月份日子推算，死者的灵魂什么日子（农历）什么时辰回家（也叫还阳俗称展筛），安放灵桌的屋子里必须把能挂钩的东西全部除掉，并用芦苇扎成梯子靠放在屋外檐上，挂上纸钱，室内备好两份羹饭，一份在台子上煮些小鱼小虾等菜肴，一份大鱼大肉放在桌子底下供亡者享用，展筛时辰到了，差官牵着亡魂来到家中把链牵在凳子上，自己在桌上喝酒吃菜，而亡魂则在桌子底下尽情享用，这样做的目的差官吃小鱼骨梗喉，吃得慢，让亡魂在家多待会儿。整个展筛期间，家属不能哭，哭了以后，亡魂听了会心酸，这种习俗现在还流行。

7.烧六七

人死后的那天起每7天为一个七数，从头七开始第四十二天为六七。六七那天，女儿家要烧六七，做看菜，最多的做一百二十碗。厨师精工巧艺，雕刻不同的花样，观看的人啧啧赞叹。吃过中饭，六七担子回家，主家送爆仗两个，活鲫鱼一对，红包两个，一个给做菜的厨师，另一个是补贴烧六七的花费。

8.落葬、脱孝

20世纪50年代以前死了人都是厚木棺材。入殓前，棺材里要垫石灰包，有一岁一个灰包，棺材底里垫一层向七家不同姓的人家要的灶塘灰，俗称七家灰，道场圆满（结束）死者落棺定位，脚抵后横头，嘴里撬口银子拿掉。由木匠盖棺用钉子钉好俗称响钉，要是长辈，搁在堂屋的东边（朝南屋）头前放灵桌，中幼辈则搁在西边，这叫堂葬，每天早中抬饭，一直停放三年才算满孝，俗称脱孝，先请相风水人实地选择坟地穴位方向，择日开穴，抬到田里埋葬，50年代以后木材紧缺，很少再做厚棺材了，死了人弄一些杂板钉一具薄棺材或水泥棺材，入殓那天抬到田里埋掉了事，座台放在家里一周年，祭日烧掉灵位就算脱孝。20世纪70年代开始，殡葬改革，死了人必须火化，座台放到六七，把灵位花圈烧掉，子女每人扎一根红头绳，就算脱孝了。竹行划入开发区以后，死者火化回来把骨灰盒送到坟地或天宁园墓地就算脱孝。

9、殡葬改革

20世纪70年代以前死了人都是土葬，所谓入土为安。陈规陋俗较多，亲人丧葬完毕，子女累得大病一场。20世纪70年代开始，国家提出厚养薄葬，丧事从简，对死者实行火葬，群众积极响应，废除了腰绳、麻布、哭丧棒等，子女只穿孝服、戴孝帽，手臂上戴印上孝字的黑纱表示哀悼。20世纪80年代以后，扎楼房纸库，仿照人间扎各式生活用具，纸电视机、纸冰箱、纸空调、纸汽车、纸自来水龙头等等，成捆的黄草纸，冥票烧给死者当钱用，封建迷信活动仍有所存在。

2010年，南通经济技术开发区民政部门，在天宁园公墓建办了一系列殡葬服务的设施，推行惠民殡葬政策，有利于破除办丧陋俗，有利于消除丧事扰民。净化社区环境，促进社会和谐。为引导居民参与文明殡葬，提升城市文明水平，加强城市管理，提高居民生活质量，规范殡仪服务市场，减轻丧户负担，南通经济技术开发区民政部门规定自2010年7月1日起，竹行镇区内的死亡者一律到天宁园办理丧事，同时给予死者免费火化和给丧户经济补贴，这一举措得到了群众的支持。但天宁园离镇区较远，交通不便，去天宁园办丧事尚未形成习惯。

三、生日　祝寿

（一）生　日

生日寿辰是记录一个人成长的时间历程，是个人生活中的较有意义的纪念日。从婴儿出生过满月，百日纪念，周岁，10岁生日一般都要请亲朋好友，热热闹闹庆贺一番，按通俗说法，60岁之前叫过生日，过了60岁叫做寿，逢十数年纪为做大寿。

1.周　岁

小孩周岁，竹行这里叫“纪姑”，民间颇为重视，亲戚朋友前来庆贺。主家要做圆子（汤圆），俗称“纪姑圆子”。这天小孩要穿外祖父母买的新衣、鞋袜、帽子。不会走路的小孩由专人带领他，不能让小孩下地，民间传说这天小孩下了地会推迟独立走路的时间。下午3点左右，要祭祖烧纸，小孩有大人扶着向祖宗叩头，然后坐在草盖头上，让他自己拿事先放在木盘（或筛子）里东西。木盘里放有剪刀、尺子、算盘、笔及钱。以先拿的物件为准，拿剪刀的，长大后当裁缝，拿尺子的，长大后要做生意，拿算盘的长大后会当帐房（会计），拿笔的，会用心读书写字，长大后会取得功名，其实这只是小孩寄以的美好愿望。

随着经济条件的好转，小孩子逢十岁、二十岁，也要办酒吃面，宴请亲友。这个习俗20世纪90年代以前很少，现在较为普遍。

2.散生日、暗九、逢九

散生日是指平常一年一次的生日。家庭中如是儿子或媳妇的散生日，父母大清早煮两碗水煮蛋，如是父母散生日，子女们买面、菜等一起吃一顿团圆饭庆贺一下。一般不请亲戚朋友。

暗九，三九二十七岁，四九三十六岁……九九八十一岁，这比散生日隆重一些，如父母暗九生日，儿女要来吃面，为父母买衣服、鞋帽，以示暗九生日留念。全家吃面庆贺，如是儿女暗九生日，则父母也为儿女庆贺。

逢九生日，即二十九岁，三十九岁以至八十九、九十九，更为隆重，有的人家大吃面，办十桌八桌酒席，宴请亲戚朋友，燃放烟火爆竹，场面非常热闹。

（二）做　寿

逢十数年纪，特别是六十岁（花甲之年）以上的老人逢十数年纪，儿孙满堂，合家欢聚。生日前一天叫暖寿：家里挂寿星画像，两边挂大红对联，上联是：“寿比南山松不老”，下联为：

“福如东海水长流”。横批是“福寿双全”。寿星画像前供红纸条裹着阳寿面、寿糕、寿桃等，案桌上大红喜烛（描有龙凤的红蜡烛），案桌正面大红台帏。生日那天儿孙们要给老人拜寿，桌上只点蜡烛不点香，拜寿后亲戚朋友入席，让生日老人坐首位，第一碗面条要先给过生日的老人吃，以示长寿。现在摆香案，挂寿星画像的习俗已简化，但吃面办酒席较为普遍。

老人生日吃面，亲友较多，有的不请自来，故有“请吃喜酒挨吃面”之说。通过吃面，亲友之间起到联络感情的作用。也有的老人自己及儿女家经济不宽裕，或者不喜欢吃面，浪费钱财，在生日之前至亲友家一家一家谢绝。

第四节　生活消费

一、饮　食

1.主　食

20世纪60年代以前，竹行人主食为元麦、玉米、大米。元麦磨碎叫麦粞，从麦粞中筛出细粉叫麦面。麦面灰白色，用水捏成团，再用擀面杖擀成薄片，切成短的麦面条，放些青菜及水，煮沸后下锅。小麦磨粉，第一次筛出来的面粉叫头白面粉（面粉竹行人叫干面），再磨后二次筛出来的叫二白干面，第三次磨后筛出来的面粉，麦皮碎屑也筛在其内，颜色带黄，质地较次。一般人家面食作为调剂口味，一年难得吃几次面条或馄饨。竹行人夏天麦收后吃麦粞饭、麦粞粥，俗称老麦饭、老麦粥。田少人家，麦子收得少，吃到知了叫（小暑节气以后）就没有了。玉米收获后就以玉米粞为主食，即玉米粞饭，玉米粞粥，农忙吃干，农闲吃稀。山芋收后，就吃山芋饭、山芋粥。山芋放不住，冷天要冻坏，农民就利用晴天把山芋洗净切成片晒干，把山芋干储存起来，留在冬天吃。粮食少的人家，平时精打细算，以蔬菜、胡萝卜及其可吃的东西掺和着吃、填饱肚子。

解放前，春天青黄不接时期（俗称荒春三月），有的人家一天三顿改两顿，麦子还未黄，就摘麦穗做麦蚕充饥。特别是麦收季节连续阴雨，麦子潮湿不能磨粉，只能放在锅里炒后再磨，故有“麦在场上饿死在床上”之说。

解放后，稻米逐渐成为人们的主食。1983年以后，人们很少吃麦粞和玉米粞。

2.菜　肴

竹行人吃的蔬菜自古以来自己种植为主。人们按季节变换适时播种各种蔬菜。夏季种植黄瓜、茄子、豇豆、扁豆、丝瓜等，秋季种青菜、萝卜、菠菜、黄芽菜等。荤菜主要是猪、鱼。以猪肉为原料的菜肴有很多，猪精肉切成丝或片，用蛋清、生粉搅和，放入40~60℃油中或开水中汆一下，待锅里肉丝（片）发白即捞出，菜炒至半熟倒入其他辅料大火煸炒即可。把肉沫嵌入鲫鱼肚内红烧叫肉挎鲫鱼，嵌入甲鱼肚内红烧叫肉挎甲鱼。竹行的红烧羊肉颇具特色，蜚声上海及大江南北。红烧羊肉先用大火烧焯撇浮沫，以黄酒（或啤酒）、生姜、酱油、糖等佐料，同时可放萝卜、桔子皮、枣或醋等去膻的料，取锅洗净，大火烧开，小火焖1小时即熟，肥而不腻，香而无膻味。还可以把羊肉白煮放入啤酒、生姜、盐、味精等佐料，煮熟后去骨，用布包好重压制成羊膏，是一种名贵的冷菜，吃起来别有风味，汤和切下的边角料放入粉丝煮成羊肉粉丝汤，味道特别鲜美。

竹行河网密布，宅沟浜沟自古养鱼，每逢过年过节，都要在自己的河沟里张网捕鱼，鲢鱼、鳙鱼、青鱼、鳊鱼。特别是夏天，到江边港汊里捞鱼摸蟹的人很多，菜肴丰盛饭也多吃，民间有“捞鱼摸蟹败家星，老麦粞多吃掉二三升”的俗语。

竹行人有自己的传统小菜，把黄瓜、生瓜、茄子腌制成咸瓜，白菜、芥菜腌制成腌齑（咸菜），萝卜切成条或块腌制，几天后把水沥干，把炒熟的茴香拌和制成茴香萝卜条。四川籍农民工在这里打工，这里的人向他们学会了做四川泡菜。也学他们在菜肴中放入少些辣椒，增添菜肴的味道。

竹行人本色宴席，旧时子女结婚，婚宴为四盆八碗。即爆鱼块、拌芫荽、酱煨蛋、咸肉片。八碗为：扣鸡、虎皮肉、肚子汤、狮子头、韭芽茶干丝、桂花鱼汤、小肉圆汤、肉皮、黑木耳菠菜混合煮成的三鲜汤，还有一碗清汤。有些人家不用盆子，干脆十个大碗菜，俗称十碗头，最贫困的人家办不起宴，八碗头，甚至六碗头。20世纪80年代以后，人们的经济条件提高了，办宴席不再是过去的一套，而八盆八炒四大菜，全鸡、全鸭、甲鱼、蹄子，有的人家用野味、蛇和海鲜产品等，20世纪90年代后，十盆十炒四大菜外加点心、水果已视为普通菜，菜肴质量不断提高。

3.茶

竹行人很少有饮茶的习惯，即使亲友上门也是白开水一杯。只有男婚女嫁时才买些茶叶招待客人。解放前竹行镇有一家茶馆店，位于丁字街中间，朝东门面，平时吃茶的大部分是镇上的店老板，邻里之间发生纠纷约定到茶馆店去话情理，谁输，谁付茶钱，老百姓很少有人去茶馆喝茶。解放前后一段时期，茶馆店又成了说书娱乐的地方。

4.其他食品

竹行人逢年过节都要做些糕点圆子（汤圆）。正月十五元宵节家家做圆子，旧时糯米紧缺，只能以高粱粉、白玉米细粉或荞麦粉做圆子。八月十五中秋节，少数人家也做些圆子，大部分人家挖些芋艿，採些毛豆节白煨，权当过节。现在一般都团聚在一起吃月饼赏月，欢度中秋佳节。腊月中旬以后，开始准备蒸糕。旧时以高粱、白玉米粉为原料，20世纪80年代后，一般人家蒸2~3笼，多以大米为主，意为年年高。20世纪90年代以来，随着生活水平提高，食品的丰富，很少有人家蒸糕，改为蒸馒头，以汤圆、馄饨为主，意为钱财富裕。

5.做　酱

旧时买不起酱油，以酱代替酱油作佐料。做酱时间在大暑季节，人们把小麦磨成面粉，没有小麦的人家就用元麦面，用水和成面团，做成饼状，放在开水里煮，待浮起捞出沥干水扯成手指大小的块状，放在洗干净的竹匾里摊开，上面割一把芦苇盖住，放在空房内一星期左右，面块发馊长出绿毛，俗称扼酱黄。拿出后飚去绿毛，放在小缸内加水和盐，在太阳下暴晒，逐渐变成红色。每天捣一次，使块状逐渐分解成浆糊状就成了酱。农家除了当酱油使用外，冬天炒些花生米或黄豆，讲究点的人家还和些豆腐干丁、肉丁，放入辣椒，煎成辣椒酱，成了下饭的好菜，吃时别有风味。

6.豆　豉

黄豆炒熟后磨成粉，锅内水煮沸，把豆粉倒入锅内搅拌成饭状，捞出后平摊在竹匾内，上面盖芦青豆，使其发酵霉变，一星期左右拿出飚去绿毛，放在缸内放盐放水，在太阳下暴晒一段时间，藏于甏中，吃时盛一碗放入葱花清炖，既香又略有臭味，但味道鲜美，是农家家常下饭菜。现在已经没有人家做酱和豆豉了。

二、衣　着

解放以前的漫长的岁月里，竹行人一般都是自己纺纱，织成粗布，染成颜色做衣服，男装都是对襟衫，缝上纽攀条，女装都是大胸襟的。那时生活贫困，做一件新衣不容易，老大穿了，老二继续穿，接下来是老三穿，俗话有老大着新，老二着旧，老三着筋。又有新三年，旧三年，缝缝补补再三年之说。手巧的农家妇女，把纱染成色，蓝白相间，织成连条布、蚂蚁布、芦菲花布等，这种布做成的衣服比纯白或纯蓝美观。民国初年以后，有钱人家男子穿长袍马褂，一般人家的男子穿长衫，为大襟右衽，长至脚背上二寸，袖与马褂齐长，一寸圆角领子，左右两侧下摆处开有1.5尺的长衩。布料有黑色粗布、墨绿缎子或酱红缎子等，夏天长衫布料有横罗、纺绸、香云纱。贫苦农民穿对襟短袄，冬天腰里系一条老蓝布围腰。做不起围腰的只能扎一条腰带御寒。下身穿夹裤，外加有腿无裆的套裤，用带子系在裤带上。解放以后，人们穿衣的式样和质料改变很大。外套流行列宁装，大尖角领子，胸前两排纽子斜插袋，左胸前有一只表袋，学生时兴学生装，两只有盖的袋，左胸有一只表袋，直领子无尖角，中青年以上年纪的人穿中山装。"文化大革命"中，男女青年都穿草绿色军便装，腰中系一根腰带，有些老年人也穿草绿色军便装。20世纪80年代以后，衣服式样百花齐放。人们普遍穿西装、茄克衫、羊毛衫、胸针衫、羽绒服、风衣、牛仔裤、踏脚裤、健美裤、一步裙、喇叭裙，面料为真丝、毛呢、毛涤、涤纶、纯棉、皮装等，花色多、变化快，农村青年穿着日趋城市化。

三、发　型

辛亥革命以前，男子留有长辫。民国后，剪掉长辫，一部分男子剃光头，小孩子也剃光头在脑门上留一块发，叫招毛，说是保护脑门的。20世纪30年代以后，青少年剃平头，竹行人叫平顶。也有的留较长一些的头发，理西装头，头顶上三分之一处，挑一条头缝，头发根据头缝向两边梳成三七式或对半分。20世纪50年代后期，青少年学生理学生头，这种发型朴素大方，很得广大学生青睐，中老年还是平头或光头。

女子长发，已结婚的女子把头发一把向后梳成绾髻，用丝线结成小网兜起来俗称绾子，有的满把头发在脑后扎起来用软的发夹夹在脑后。未结婚的女子则梳成两条辫子左右各一条，也有的梳一条大辫子甩在脑后，那时农村妇女发型比较单调。“文化大革命”期间，女子一律短发。改革开放以后，城市的新潮发型向农村渗透，农村集镇开起了美容美发店，为广大农村妇女服务。青年妇女烫发成了时髦，每到节假日，拉发，达波浪、秀发的人络绎不绝。女青年结婚美发更是讲究，花费比较大，最讲究的甚至要千元以上。中老年妇女大部分剪短发、留长发。

四、帽　型

清朝时期，男子戴瓜皮型的黑色绸子做的小帽子，头顶上用一红布做的手指大的小球钉在上面，红黑分明，配以长袍马褂。结婚时戴呢绒礼帽。呢绒礼帽为硬质呢料，四周有三寸左右的宽边，中间耸起椭圆帽顶，上顶为凹下，为脱戴方便前面两旁略瘪成鸭蛋型，帽顶下边有不到一寸的一圈黑色绸布做的帽箍，防止帽顶涨大。八国联军侵略中国后，俄国人的罗宋帽传到中国开始流行，罗宋帽制作比较简单，质料为棕色厚绒布，顶是圆的，8寸~1尺长，前面有两个横眼洞，1.5寸宽，3寸左右长，天冷时，拉下来套到颈部，两个横眼洞留给眼睛看东西，平时向上掰起。新中国成立以后，流行新四军军帽，军帽有棉帽和夹帽之分，前面有硬纸板做成的鸭舌头遮阳。棉帽三面有高出2寸棉边，面孔部分大一些，平时掰起系在头顶，天冷掰下系在下颚上。“文化大革命”期间流行解放军戴的草绿色军帽，冬天戴草绿色面子、四周棕红色海货绒的棉军帽，俗称东北帽。这种帽子不分对象，不分年龄男女都可戴，保暖性强。

近十年中的帽子式样翻新，专门有鞋帽商店出售绒线结成的帽子，有工人帽、圆形的，头顶上有一绒线做的球绒线帽等。

夏天到田间劳动，为防太阳暴晒，都戴凉帽。竹行人男的喜戴宽边约（音）衣凉帽，用竹篾编成铜钱大小的眼状一爿，中间用干笋叶铺成，上面再用竹篾编成的眼状东西盖成扎结，不使里边干笋叶移动，这样既能遮阳，逢下雨能避雨。20世纪20—30年代以后，用江边关丝草编成礼帽状草帽，这种草帽只能遮阳不能避雨。

妇女戴的藤扎边凉帽是出嫁后第一个端午节母亲家送的，这种宽边凉帽做工极为精巧。也是竹篾编成，里层是花洋布，中间铺干笋叶，笋叶外面也是花洋布，还用锡纸剪成蝴蝶状图案贴在花布上，上面再覆盖竹篾编成的眼状物，外边用藤皮扎口。解放以后妇女到田间劳动戴麦秸的茎编成辫子由缝纫机缝成的草帽，印上适应时代潮流的标语口号，如：努力生产，抗美援朝，鼓足干劲力争上游，多快好省地建设社会主义等等，有的印上一朵大红花，还有干脆什么也不印。现在都戴旅行帽。孩子小时外婆给他做狗头帽，头顶两只耳朵，下边绣有鼻头眼睛，后边向下延伸一块，戴后把颈部全部（除前部）遮没，这种帽子戴后比较暖和。因为式样陈旧，现在已经没有了。

五、足　饰

旧时小孩不会走路时穿软底鞋，周岁时由外祖父母买鞋袜帽子。大多人家由外婆亲手缝制猫头鞋，底是红丝绒扎的九针九块，鞋面为红色蓝色或黑色的绸布，鞋前头另缝一块绣上猫眼鼻和猫嘴、胡须，民间说这种鞋小孩穿了能避邪。孩子长大能走路的时候，母亲给做布底小圆口鞋。解放以后，鞋的式样翻新，有搭攀的鞋、方口鞋、松紧口鞋，特别是松紧口鞋，穿着跟脚，走路舒服不易脱落。农民种田有穿草鞋的习惯，草鞋由稻草编织而成，穿着轻巧，价钱低廉。冬天的棉鞋式样主要碰筋暖鞋，竹行人叫蚌壳暖鞋，更能防冷的是芦花靴（用芦花编制而成）。20世纪60年开始流行新的式样癞巴暖鞋，这种暖鞋脚背上用鞋带，穿后比较暖和，这两种鞋的式样现在还流行。随着经济条件的不断提高，现在男女老少夏天穿风凉皮鞋，春秋季节穿夹皮鞋，冬天穿保暖鞋、皮鞋、棉皮鞋。

乡间道路泥泞，20世纪60年代前雨天有钱人家穿钉鞋，这种鞋鞋底桐油浸泡几次，钉九只冲头式的铁钉，鞋面为碰筋式棉鞋，先用生柿漆将鞋面漆刷，然后用上等桐油刷三四次，使之不漏水。一般人家穿木屐，用两块长方形的木板，前后钻四个眼，系上麻绳，底上前后各钉一寸左右长方木作横木，前后用绳子固定在脚上即可。解放后穿胶鞋，矮帮的叫元帮套鞋，还有一种帮高过脚腕骨以上的半高筒靴，帮至膝盖的叫高筒靴，20世纪90年代以来，农村道路从沙石晴雨路到硬质路，雨天不再泥泞难走，雨天穿胶鞋或皮鞋。

六、袜　类

解放前，裹足妇女脚部用长布条缠绕，外穿白布缝制的袜子叫袜套头。男子大部分穿白布缝制的布袜。解放后穿袜机摇织的棉纱袜，少数人穿丝袜（洋袜）。20世纪60年代后期流行尼龙袜。妇女穿的袜子品种较多：短丝袜、长筒丝袜、连裤丝袜。90年代后期，流行对对袜，这种袜子穿着舒服，价格便宜，深受群众喜爱。

第五节　民　风

一、民间娱乐

竹行地处偏僻，人员大都是崇明移民，开埠时间不长，过的是日出而作日落而息的农耕生活，与外界交往较少，文化传承盲点多，民间的娱乐生活空乏。从清乾隆中期到新中国成立二百多年间，偶有说书艺人在茶馆说书，也争相观看。解放以前苏北里下河地区遭受自然灾害后，很多妇女到这里打连相讨饭，边打连相边唱小调，为讨得钱、粮，唱的内容为传统小调如十二月花名，四季歌，孟姜女寻夫等。还有的打竹板、拉胡琴、弹吉他，大部分两人为一档，逐户挨门乞讨。解放后民间普遍开展下棋、打牌、饲养宠物、栽种花草、春节舞龙灯等娱乐活动。

1.舞龙灯

解放前竹行地区的文化娱乐活动分几个阶段，相当长的一段时间里，民间逢年（春节）置办龙灯，用家织土布一匹，染成蓝色或黄色，由竹篾匠编成龙头和龙节，再请扎库匠用各种颜色的纸糊成，龙灯有七节、九节、十一节，蓝色的叫青龙，黄色的叫黄龙，白色的叫白龙，红色的叫火龙。新年新岁白龙进人家宅，不吉利，火龙进宅要火发，民间忌讳。所以民间玩的龙灯只有两种，即青龙和黄龙。大年夜下午掮了龙头到庙里点香烛放鞭炮，给龙开眼，从年初一玩到正月半。正月半晚上到庙里上香点烛，焚烧纸元宝送龙上天。春节中还有人用红绸被面，竹篾编成狮头，用各色纸糊成，两人玩，一人玩狮头，一人玩狮尾，俗称调被单狮子，这种活动以讨钱、粮（年糕）为主，俗称讨饭狮子，所以玩的时间较长，有的甚至玩到农历二月二。民间有些人利用春节用各种方式上门要钱要粮，如：用红纸裹着青菜头叫送菜头，用竹篾扎成牛状，用黑纸糊成叫送春牛，用红纸贴在木盘上上门要钱，叫念利市，敲着木鱼乞讨叫念佛绪，还有的用木刻财神像贴在人家门上乞讨叫贴财神。

2.下　棋

主要是象棋，喜爱者利用农事空闲时间对弈，他们不分地方，摊开棋盘或一张画有棋格的纸布阵，一边抽烟慢悠悠地走棋。下棋人很有风格，红不先走，每走一步都要仔细推敲下一步如何走法，做到胸有成竹。如果考虑不周走错棋子，可以悔过重走，但也有规定棋不悔三，三局二胜为赢者。下棋往往吸引着爱好者观看，看得入神忘记时间，因此有“看着棋，烂掉扁担头”之说。下棋这种高雅的群众娱乐活动一直流传到现在。

解放以后，新流行一种军旗，两人下棋，一人当裁判。小学生游戏跳跳棋、五子棋等。竹行地区下围棋的较少。

3.打　牌

纸牌流行时间较长，长条儿，设有西、同、万三种，每种1—9样，每样四张，包括3种将牌共120张，由四人玩。玩长牌有韭菜、笃子、拉骡子、插芦松等。现在流行的是韭菜胡、笃子胡两种。

方牌过去以赌博为主。解放后发展为打红五星、四十分、八十分、一百分、争上游、斗地主、打顿、找朋友、炒地皮等，主要以娱乐为主，也有赌博。

骰子，两粒放在碟中，上有小碗盖着，上下摇动数下，请人押钱，这叫摇单双，还有三粒骰子满把抓好掷在大碗内叫三四猴，卖酒酿的人、卖炒米糖的人常用来吸引顾客来买炒米糖的一种方式。

新的赌博花样很多，什么二八杠、牛牛、嵌线等等。解放以后，人民政府一贯主张取缔赌博，打击赌博活动，但一些赌徒采取打游击方式搞地下活动，更有不法者搞抽头聚赌，为赌博放高利贷牟取暴利，这些都在政府打击之列，2010年10月江苏省规定，赌博资金在100元以内的为游戏，100元以上者视为赌博，赌资大的予以没收并处罚款和拘留等处分。

4.听唱书

解放前后一段时间，有些民间艺人带了三弦或一片铙钹到集镇茶馆店或路边小店卖艺说唱。20世纪50年代，这些说书艺人由县级文化部门统一组织，发给演出证到各处演唱。50年代中期到60年代中期的十多年中，竹行镇三谷镇、洞子港、大安镇、顾老龙石桥及路边小店经常有唱书人唱书，唱的内容有民间故事，如双珠凤、王清明合同记、天宝图、地宝图、薛仁贵征东、薛丁山征西、桃花扇、小方青唱道琴等。他们边唱边说，形似苏州评弹，模仿书中人物的口气、武功动作，说得形似神似，使听的人沉醉于故事之中。也有人说唱三国、水浒、封神榜、岳传，每晚两个小时。春节中还有日场，日夜场唱不同书目。听书的人大都是中年以上男子。

"文化大革命"时期，这些唱书的被说是宣传"封、资、修"，曾一度停止。20世纪80年代后，电视普及，不再有人唱书。

5.唱山歌

夏天天热，晚上都在院子里乘凉，有喜欢哼哼唱唱的青年放开歌喉唱山歌，唱的内容大都是民间小调，如十二月花名、孟姜女过关、哭七七等，其中也夹杂一些低俗内容。"文化大革命"时期，各生产队组织文艺青年，以唱革命歌曲、样板戏片段代替过去的那些民间小调。

6.听故事

每年冬闲季节或逢年过节，特别是夏天纳凉时，农民们常串门叙谈，有的讲一段故事吸引人们。讲故事人一般有些文化，平时喜欢看书，把书的内容再说给人家听，故事的内容大多是民间流传的历史上的故事，例如薛仁贵征东，薛丁山征西，也有些鬼故事，说得头头是道，听得津津有味。

7.放鹞子

风筝俗称鹞子，种类很多。竹行地区的鹞子有六角鹞（俗称板门鹞）、蝴蝶鹞、蜻蜓鹞（俗称小娘鹞）、蜈蚣鹞，大型的鹞子上方背面安装弓型鹞琴，正面装有风葫芦（哨口），鹞子升空后这些鹞琴哨口发出很响的嗡嗡声。放鹞子的季节一般都在元宵节至清明节之间，过了清明节，田野庄稼经不起践踏。放鹞子时往往聚了不少人，观看鹞子升空，特别是小孩子更为高兴。放鹞子是竹行人的爱好、民风，也是竹行人锻炼身体的一种方法。

8.饲养宠物

竹行人喜欢饲养狗、猫、兔等小动物。狗忠诚守家、猫捕鼠、兔可爱乖巧。少数人还有饲养八哥、百灵、画眉、鸽子、纺织娘、蟋蟀、金鱼等爱好。

9.栽种花草

旧时，竹行富裕人家住宅大凡有天井、小合院，房前屋后种植些花草。解放后，特别是改革开放后，百姓人家前屋后也种些凤仙花、鸡冠花、常春花、月季花、栀子花、桂花、菊花、向阳花、茶花等花草。拆迁入住小区的住户，一般人家都买君子兰、吊兰、文竹、滴水观音等盆景，摆放客厅、阳台，既美化家居又吸收家中的甲醛等有害物质。

二、陈规旧俗

（一）问　仙

人死后过了"六七"，家属就要到巫婆那里去问仙，问死者在阴间的情况。巫婆把死者的姓名、地址报给"仙人"，由"仙人"派当差的把死者的灵魂请来接受亲人的问话。一会儿巫婆几个呵欠，死者的灵魂就附在她身上开始接受亲属的问话，她回答的都是模棱两可的话，当问及你为什么死的时候，她总是说寿缘到了，命中注定，巫婆这样回答，实际上是给亲属一种安慰，此类迷信活动极为少数。

（二）问　堂

家里有人生了病，久治不愈，就相信迷信问问死去的亲人到底病根在哪里？去巫婆哪里问堂，巫婆点好香烛，焚烧纸元宝，问清死者姓名地址报给当差的鬼魂去通知死者到这里问话，不一会巫婆几个呵欠，死者的鬼魂就附在她身上开始借口传言了。当亲属问他今天我们为什么而来？她回答些不着边际的话，说什么人口不太平，风水碍了，要请医生看等等，一二分钟后，他说：我走了。巫婆几个呵欠一打就算完事。

（三）当阴差

人的生老病死是自然规律，在那科学不发达的年代里，人的生老病死是命中注定，由阎王判官掌握。如果一天之中要同时钩几个魂，阴曹地府索命鬼魂忙不过来，就要请阳间有所谓鬼门关的人临时帮忙去当阴差，等完成任务后再送他还阳，民间有这么一个说法：人睡着以后不能随便动他的鞋子，如果动了鞋子，魂儿回来找不到原来的地方，人就会死去，这种纯属封建迷信说法。

（四）司娘　僮子

解放以前，农村贫穷，缺医少药，卫生条件差，每年夏秋季节是各种疾病多发季节，人们生了病请不起医生，就请民间的巫婆神汉捉鬼招魂，司娘僮子就是专为人捉鬼招魂的人。

生了病发热说胡话，说是野鬼缠身，吓掉了魂，就请司娘僮子来叫魂。晚上在天井里搭好高台，司娘（女）僮子（男）穿戴好道衣道帽，点上香烛，嘴里念念有词，把檀香木上刻有张天师的灵牌往台上一拍，说吓掉的灵魂归来了，叫家属拿一把扫帚，另一只手拿一件病人的上衣，嘴里喊某某（病人的名字）归来，倒退着向病床走去，然手把扫帚放在床边，上衣给病人做枕头，这样反复几次，算是把病人的魂招回来了。此类迷信活动只能贻误病情，坑害病人，解放以后明令禁止，现已绝迹。

（五）拔箭过关

农家生了小孩，要请算命人算一下小孩今后生命、生活是否一帆风顺，算命人根据小孩的生辰，五行推算，说小孩命中什么都好，就是有几个关，如果这几个关过了，今后就什么都好了。家属急于要知道什么关，算命人为了要骗取钱财，故意吞吞吐吐说此小孩有将军箭、百日关、落水关等。家属知道，将军箭，暗示小孩一生要受明箭或暗箭中伤，落水关说不定小孩成长过程中不小心会淹死，百日关意为难过百日就会夭折，于是约定时间讲好价钱，请五六个算命人到家里为小孩拔箭过关，消灾解厄。此类迷信活动20世纪60年代以前较为盛行，“文化大革命”中作为“四旧”破除，现在大都不搞此类活动，极少数人家生了小孩还请算命人搞此类活动。

（六）镇宅、礼斗、解厄

有些人大病不生，小病不断，整天萎靡不振，投医服药无效，请盲人算命，说是冒犯凶神恶煞，有几个坏星宿缠身。要病好，先要镇宅礼斗解厄，请五六个算命人约定时间在家中摆设香案，点上香烛，挂上纸马，把大仙神将二十八星宿的名字写在红纸上，折成牌位供于香案上，天地三界，佛道结合。香案上放一只斗，斗里插一杆秤，秤钩上挂一个红包。同时把患者病况及对神灵的要求，给凶神恶煞的许愿及对孤魂野鬼的布施写在大红纸上叫文疏，折好放在斗里。一切停当，这些人开始念经，主要念消灾经，如观音经，心经等。结束时焚烧纸马，吃面放鞭炮，这类活动旧时在农村较为普遍，现已很少。

（七）看风水

造屋选择屋基地，选择好时辰上梁，死了人出殡选择坟地穴位，甚至农家砌灶，选择儿子结婚的房头等都要请风水匠看风水，目的祈求平安。

看风水，先用一罗盘，即刻有天干地支五行八卦的指南针测定方位，察看附近的地形水脉，前面有无障碍物遮拦，前面道路河沟是否正对着将要新建的房屋等，如果正对新建的房屋那就不宜建造，原因是水箭、路箭相冲，住在这里将会不太平。如新建的房子卧室前有侧厢屋，要避开侧厢屋的正梁，正梁更不能对准卧室内床的正中。风水先生看坟地，主要看前面有何遮拦物，如果有要避开，同时根据天干地支推算何日何时辰死人棺材可以登穴。

进入21世纪，竹行农村开发拆迁，建房停止，迁坟至天宁园，看风水虽时有其事，但已较少。

（八）求签、求仙方

解放以前，文化落后，科学不发达，农村缺医少药，人生了病无计可施时到庙里或观音堂里烧香拜佛祈求菩萨保佑。病员家属先交香火钱，点上香烛，双手捧着殿前的签筒，签筒里有写着上上、中、中下、下下等竹签，上下抛动，其中一支会被抖落在地上，求到上上的是好签。如果是下下签那就倒霉了，病员家属的思想负担一下子加重了。香火和尚用纸包些香灰说是仙方交给你，回去给病员泡汤吃病就会好了。

有些做生意人离家前也到庙里去求签，如果求到上上签，说明这次生意顺利，一本万利，加倍给香火钱，如果是下签或下下签，干脆不出行了。新船下水，出海远航也要求签，20世纪50年代末，庙宇被毁，求签之类活动已绝迹。

（九）攀阴亲

解放前较多未婚男女暴病身亡者，父母就要想方设法为他们攀阴亲结为夫妻。当物识到年龄相仿的女死者，男方父母就请人说媒，经双方父母同意后，男方家庭给女方死者父母送聘礼，选定日子（一般是清明节、冬至节或大寒到立春之间的任何一天）举行阴亲婚礼。这天男方请了人把女死者的棺材或骨瓮抬到男青年死者坟地埋在一起，完毕后，男方家里烧总台饔饭为女死者添一只饭碗，就是该家属中的一员了。此类攀阴亲活动现在已很少有了。

（十）送替身

解放前，人生了病无钱请医问药，而是听信巫婆，相信鬼神。这些巫婆神汉趁机捞钱，说病人是中了邪，野鬼作祟，只要人不要金。要是女的生病，说鬼要捉到阴间做妻子，如是男的生病，说女鬼要他做丈夫，于是家属请孤身的男子扎一稻草人，穿了病人的衣帽，选一个月黑风高的夜晚，将稻草替身烧于十字路口，烧后用洋灰洒一圈，表示封在那里。

还有一种是吊死的人，入殓那天也要送替身。稻草人穿了死者衣服，挂在吊死的地方，由做道场人念经，念完用大刀割断绳子，一人挟了稻草人就飞奔出去，一人提了洋灰桶，经过的路口，桥头洒一条白线，表示死鬼不能从原路返回，把稻草人送到江边荒芜地方烧掉就完了。

（十一）拔寿衣

旧时人们生活贫困，卫生条件差，劳动强度大，虽说五十是正寿，但人已十分衰老，到六十岁就显得老态龙钟，稍有经济能力的人家开始张罗善后事宜。到生日那天就要吃寿面拜寿星，拔寿衣做寿材。有钱人家从里到外五个领子或七个领子。穷人家只做三个领子。寿衣面料精心选择，女性大都选紫红色有图案的绸布缎子。男的一般选择藏青色带图案的丝绸缎子。购买布料须一次购全，不能第二次再买，连一根腰带也要买全。裁缝裁剪时十分谨慎，如有剪刀轧口认为这是不吉利的。寿衣缝制好后由裁缝打一包贴上红纸写上寿字，由老伴或子女放好，给裁缝一个红包叫喜封。

女儿给母亲做寿鞋。面料是寿衣裁下来的边角料，鞋底为九针九块，鞋面两旁绣花。给父亲做的寿鞋，鞋底白色用红丝线扎成九针九块，鞋面也是绣花的圆口鞋。

（十二）裹　足

封建社会里妇女有裹足的陋俗，直至辛亥革命后才逐渐废除。妇女裹足最佳年龄在11~13岁之间，那个年龄女孩正在生长发育期间，骨骼尚未成长定型，家长强迫女儿把中脚趾以下四个脚趾掰倒在前脚板下，然后用很长的白布条缠紧包住。经过几年裹缠，使脚长成畸形，成为粽子形状的所谓是三寸金莲。不裹足的妇女被人瞧不起，称之为大脚婆娘，民国以前几乎所有妇女都裹足，民国以后逐渐减少，直至20世纪30年代，还有少数妇女裹足。解放后这种陋习已经绝迹。

（十三）脱毛衫

新生儿皮肤嫩，不宜穿质地较硬的衣服，外婆在新生儿出生前先做好小孩衣服，左右都是大襟，竹行人叫扯襟布衫，四面边子不缝，两片大襟都缝一根质地柔软的带子，左边的腋窝处布衫上开一个洞，穿着时将右片垫在里边带子穿过布洞，与左边上的带子打一个结。脱毛衫的料是家织帐纱，质地柔软不易碰伤小孩皮肤，解放后买花洋布。20世纪70年代以后，纺织业发展了，脱毛衫用针织布。现在都是从小孩用品商店购买，除了脱毛衫还有婴儿鞋袜，小盖被，俗称三角包、单人睡袋等。

（十四）脱田、得田

解放前土地一家一户私人所有，农民终年辛勤劳动，只能过着温饱生活，如遇到天灾人祸，家人病死，无法生活下去，相借无门，只能卖地俗称脱田，买方叫得田。

脱田有两种，一种叫活契，就是你给我钱，我用地抵押，我有了钱根据契约上规定的年限把田价银子还给你，你把田退给我。活契田的田价较低，成交时请人写好凭据，双方画押，中人监证，写凭据人签名（俗称着花约）到期赎田无反悔。另一种叫绝契，田价较高，双方形成交易后，这块田永远属于买方了。过去农民以田为生命，平时省吃俭用，积攒些钱，都想买一些田作为家产传给子孙后代。新中国成立后，1950年实行土地改革，明确了土地不能自由买卖，这种交易才被终止。

（十五）做　会

农民家庭生活比较贫困，特别是多子女的人家。儿子到了谈婚论嫁的年龄要造房子娶媳妇，虽平时省吃俭用，购买建房材料钱不够，请亲戚朋友做会以聚拢资金解决困难。先要聚拢会众，头位先要办酒，菜要多要好，所谓吃煞会酒，饿煞喜酒。做会形式有多样：

1.帮头位。根据头位需要的数额，确定会员人数和投入数，把每人的投入数聚拢交给头位，续后每年两次进行标会或扔骰子来确定，谁的点子大，下次就由点子大的人得，依次类推。每次聚会时都由原来的头位办酒，一直到结束。

2.分头位。由急需用钱的人为头位，会脚十人，第一次把会钱收齐，以后每次都由发起人办会酒，第二次摇位，头位的会钱由余下的九人分，摇到会钱的就要头位一样多的钱，末位人不出会钱能拿头位开始得到的钱数。

3.摇出门。首位办酒第一次开会先用骰子扔点数，点数最大的第二次就能得会办酒，每个会脚轮流办会酒，头位的一份会钱由会众分，二位第三次开会就要出头位数额的钱，直到末位不出钱可拿到首位的钱数。

4.标会。一般为城里拿工资的人做的帮位，每月开一次，每次开会谁出分红利的钱多，谁得会。

做会是民间带有互助互帮性质，与人解决一时之急，这种互助性质的做会一直持续到20世纪80年代初。

（十六）禁　忌

1.语言禁忌

有些禁忌语言出于民间信仰的吉凶观。竹行方言中的“水”和“死”同音，因此把水叫潮头。人们忌讳“死”字，人死了，人们称之为过世了、逝世了、谢世了、亡故了或者说他走了，心脏停止了跳动等。

船家禁忌语言较多，如船舱里货卸完了，你不能说“完”了，而是说卸“满”了，盖舱板应说“满”舱板，行船时把船篷扯到顶，老大关照船工，升个“满篷”。

有些禁忌语言是出于爱面子怕羞等荣辱观，例如生殖器发生病变，说是下身有毛病，下身不舒服。男女交欢行为说是行房事，妇女月经来潮，用隐性语言代替，如需要告诉同事或家人（女性）说“好朋友”来了，有的很风趣，说是“大姨妈”来了。上厕所也有禁忌语言，说去卫生间或说去洗手间。

造屋上梁，木匠师傅不能说木头根上来或木头梢上来，“梢”同“烧”谐音，房子还未造好先（梢）上来，不吉利，木匠师傅总说大头（木根）上来。木工做家具，特别为未出嫁的女儿打嫁妆，如果木头嫌长，木匠不是嫌长锯掉一点，而是说“齐掉”一点。

逢年过节，亲友碰头见面互致问候，先打招呼的人说：你好。对方回答：你好或大家好。

你不能说你现在怎么样？这种问候是对双方的不尊重，好像是对方原来生过病或身体曾发生过意外伤害，现在恢复的如何。禁忌语言都是民间为了祈求平安吉庆避凶化吉的语言准则。

2.行为禁忌

人们为了避凶求吉祝愿美好，在日常生活中也有很多禁忌行为。如妇女怀孕后不吃黑鱼，怕吃了黑鱼，生的孩子会黑皮肤；不吃兔肉，怕生了孩子会兔唇，俗称豁嘴，竹行方言叫缺嘴，产妇不能吃粉丝，吃了粉丝会冷肠，对产妇身体不利。产妇床前放一把扫帚能避邪。

民间过年，年初一到年初三不能开后门，开了后门会漏财，这三天中，后门边设一只缸或木桶，涮锅、洗脸等脏水倒在其内囤出来。烧经时，每个祖宗一双筷子一只饭碗，不能随意放错或放多，多放会不吉利的。农业合作化以前，民间初一、月半不捣茅坑不浇粪，传说初一月半菩萨到民间察访民情，捣毛坑浇粪臭气熏人会激怒菩萨对人不利。

在木船上，人坐在舱板上，不能把脚荡在舱里，荡在舱里叫荡舱，荡理解为洗，意为沉船。吃饭时，一把筷子不能轻放，要向前用力一推，吃好饭后筷子不能放在碗上，忌讳行船时搁浅，男子不能站在船头和两旁的撬头前小便，如果要小便只能在船的后半身或船尾的简易便桶内，如果站船头或撬头前小便是对海神（俗称水太太）不敬，会对行船带来麻烦。船上吃鱼，上半面鱼肉吃完，不能把鱼翻过身来再吃，船家最忌讳“翻”，鱼翻过身来再吃，意为翻船。红蕃，竹行地区俗称蕃芋，船上人不叫蕃芋一定要叫山芋。船家开船出港要选日子，有的到庙里求签决定行船日期，逢七不开船，逢八不进港，民间有七不去八勿归说法。

3.民间禁忌

行路时，蛇对面向你游来不吉利，看两条蛇交配也不吉利，看到蛇从面前的高处跌落下来也不吉利，男女成年人晚上尿床是不好的，此事例民间的破解方法是向7家不同姓的人家讨要些米煮成饭，当事人吃了会解灾殃的。从前环境卫生搞得不好，住房条件又差，经常有蛇游进屋里，一旦发现不能打死它，想办法让它游走，说屋里的蛇是家蛇，如果打死它，说不定灾祸会降到家庭人员身上。

造房子回避一二三房子，挑担房子，着背担房子。一二三房子即建造房子时以小房子、中房而后大房子的次序排列，反之排列也不太好。农家造房时，桁条长短要错开造。建三间屋，当中一间最大或最小，两边两间相等，这叫挑担房子，民间造房时是回避的。三间房中间一间盖瓦，两边两间盖草，反之中间一间盖草两边两间盖瓦，这种农村叫着背担房子。农民建房不管瓦房草房，椽子分档都是单数的，不能双数，因为“双”和“丧”谐音，不吉利。

第六节　方　言

南通南部与上海、苏州等吴语区隔江相望，西部与北部同泰州、盐城属于官话大区的下江官话区接壤。南通地区方言属下江官话和吴语之间地区。南通境内通行如皋话、南通话、海门话（启海话）、通东话。如皋话和南通话属于官话中的下江官话，海门话、通东话属于吴语区。海门话使用地区为启东中南部、南通开发区大部、通州南部和东北部、海门南部、如东南东部。海门话有浊声，听起来高亢重浊。同样也会影响下官话的边缘区。通东话、海门话一些词汇中的“结棍”“蛮好”“落场”“口头（外面）”“吃烟”“冰瀴”等南通人也会说。

竹行在南通城市区划调整前，都属通州市的通海区，人们都说沙地话，也叫海门话，属吴语系，与普通话的差异很大。主要有以下几个方面。

1.只有平舌音，没有翘舌音。

表6-2

区　别	有关文字	竹行方言读音（举同音字）	普通话读音
声母中只有“c”没有“ch”	搀、豺	参、材	chān、chái
声母中只有“s”没有“sh”	山、深	衫、思	shān、shi
声母中只有“z”没有“zh”	招、指	遭、子	zhāo、zhǐ
声母中没有“r”把“r”读成“s”	如、锐	鲁、岁	rú、ruì

2.只有舌尖音，没有舌根音。

表6-3

区　别	有关文字	竹行方言读音（举同音字）	普通话读音
韵母中只有“an”没有“ang”	浜	班	bāng
韵母中只有“en”没有“eng”	丞	晨	chéng
韵母中只有“in”没有“ing”	精	斤	jīng

3.和声母“j、q、x”相拼时，把韵母“ü”读成“i”。

表6-4

有关文字	竹行方言读音	普通话读音
居	讥	jū
区	欺	qū
需	牺	xū

4.只有撮口呼，没有合口呼。

韵母“ou”是读不准的，如“兜”（dōu）、“陋”（lòu）、“瘦”（shòu）、“手”（shǒu）、“头”（tóu）。

5.数字“二”或“2”，特殊情况下读成“卵”（luǎn），例如：二百五（意为人不拘小节或不通事理）。还有读成“腻”（nì）的，如初二、十二。

6.拼音中间的韵母“u”读不出来。如“端”（duān）读成“单”；“军”（jūn）读成“今”；“勋”（xūn）读成“辛”。

7.竹行方言中有两组字读音不分：

（1）把“黄”、“王”都读成wáng或wán。

（2）把姓氏“王”读成“杨”（yáng或yán）。

8.竹行部分方言和对应的书面语比照。

表6-5

竹行方言	表达效果	书面语
我俚这只小骨种	亲昵、热爱	我家这个小孩子
这个人交关好	赞美、信赖	这个人非常好
过去过年，发财人蒸糕做糰子，穷人睏勒床上数椽子	穷富对比鲜明	过去过年，富人忙着备年货，可穷人两眼瞪天，一筹莫展
这小娘头子落牙落齿耙，真喜见人	小女孩天真、烂漫招人喜爱	这小姑娘掉了牙，天真可爱

9.竹行方言中的好口彩词语较多：

（1）把“水”说成“潮头”（因“水”和“死”同音）。

（2）把“煤”说成“兴旺”，把“倒煤”说成“倒兴旺”（因“煤”和“霉”同音）。

（3）把“爆竹”说成“包上”（因“爆竹”和“爆炸”读音相近，点燃导火索后又向上的）。

（4）把“猪舌头”说成“猪赚头”（因“舍”和“蚀”同音）。

（5）把“烧饭”说成“旺饭”（因“烧”和“火烧”有关联，“旺”，兴旺）。

一、谚　语

1.学　习

一年土二年洋　三年不认爷和娘

指早年有些农村的孩子上了城市的学堂后，思想和生活习惯往往洋化得很快，时间一长，竟然会不认自己土里土气的父母。

刀不磨要生锈　人不学要落后

指社会是不断发展进步的，知识也必须不断更新，否则就跟不上形势，好像锋利的刀要生锈一样。

刀钝石上磨　人钝人前磨

磨：磨炼。指与人交往，处处是学问，可学到不少知识。

人生不读书　有眼似无珠

珠：眼珠，瞳孔。指早年穷苦的人，逼于生计，失去读书的机会，就像开眼瞎子一样，难于谋生办事。

师父领进门　巧妙在各人

指师父只是指点引路，切实的技艺还靠各人主动钻研，勤学苦练。

学问学问　学学问问

指学习求知的事，既要学又要问，不能囫囵吞枣，不懂装懂。

活到老学到老　学到八十仍嫌少。

指世间有无穷的知识，一辈子也学不完。说明学习必须坚持不懈，永不满足。

2.惜　时

一寸光阴一寸金

一寸光阴：指日影移动一寸。形容时间非常可贵，勉励人们要像爱惜金子一样爱惜时间。

一生之计在于勤

指人的一生时间有限，必须充分利用，勤奋从事。

人生难得十八九

指十八、十九岁这段时间，是人生的黄金时期，十八岁又是成年人的法定年龄。青年人要抓紧有利时机打好基础，争取美好人生。

三十不发四十不富　五十六十要走死路

指创家立业主要靠年轻有为时期，年老力衰，日薄西山，力与心违，噬脐莫及。

廿年媳妇廿年婆　再过廿年做太婆

指光阴毫不留情，很快地流逝过去，今天还是年轻的媳妇，转眼就要成为婆婆和太婆。提示人们要争取有限年华为家庭、为社会多作些贡献，做出好榜样，留个好名声。

节气不让人　一刻值千金

指农忙时节，抢收抢种，时间十分可贵。

3.为　人

人小心不小　人老心不老

指人虽小却有远大的理想，年虽老尚有雄心壮志。

人争一口气　佛争一炉香

指人不能自甘落后，要力求上进，好像庙里菩萨一样，希望香火越旺盛越好。

三岁定八十

指小时候养成的性格，到老也难改。说明幼年时的气度、言行可以影响成年后的脾气和作为。

千难万难　有志不难

指有了雄心壮志和有所作为的决心，事情就好办。

不听老人言　吃苦在眼前

指老年人经验丰富，若不向他们请教，不听他们的意见和建议，往往事与愿违，不仅没有办好事，反要吃亏。

不怕年老　就怕心老

指不怕年纪大，就怕思想颓废。尽管每个人的年龄与时间同行，而生命却与奋斗同步，要在奋斗中创造不息的生命。

不信神不信鬼　全靠自己手和腿

指排除一切妄想，靠自己劳动吃饭。说明以自己的力量解决问题最为可靠。

日里不做亏心事　半夜敲门不吃惊

指为人坦荡，不为非作歹，就不怕别人怀疑；即使半夜三更有人敲门，也镇定如常，毫不害怕。告诫人们无论何时何地都要正直无私，靠自己的智慧和汗水吃饭，才能理直气壮，无忧无虑安度一生。

心正不怕影斜　脚正不怕鞋歪

指心地光明磊落，作风正派，就不怕流言蜚语。

4.处　事

一只筷子容易断　十只筷子掰不弯

指只要彼此帮助，互相团结，力量就大。

十条人命九条奸　一条为了赌铜钱

指嫖赌行为是引发伤人害命的大祸根。早年因嫖赌而谋害之事时有所闻。

儿不嫌娘丑　狗不嫌家穷

指儿女不会因母亲容貌不美而嫌弃，家狗不会因主人贫穷而离去。说明感情浓厚者不会忘本。

出门看天色　进门看面色

指要看具体情况，见机行事。

让三分为妙　退一步更佳

指与人相处礼让为佳，遇事要克制自己，谦恭忍让，心胸就会开朗而泰然。相传清代诗人、书法家、道光进士何绍基曾以一诗化干戈为玉帛，诗曰："万里家书只为墙，让人三分又何妨？长城万里今犹在，不见当年秦始皇。"使家中为了房墙地基夺地争吵之事得以平息。至今人们仍以"让三分"为人际关系的美德。

有理无理　出在众人嘴里

指群众的意见比较客观，办事宜听群众的意见。

有理天下去得　无理寸步难行

理：道理，事物的客观规律。指处处按客观规律办事，可以走遍天下；若是盲目闯荡，则到处碰壁。

老大多了撑翻船

老大：木船上主要的船夫俗称老大。指人多手杂，没有主要负责人，大家意见不一致,办不好事。

先小人　后君子

小人：旧时指地位低、品质差的人，此处比喻斤斤计较；君子：旧时指地位高、人格高尚的人，此处比喻大大方方。指与人财物往来或合作办事，应先把有关条件和要求交代清楚，或制订合约，以便双方按照规定办事，办好了事，才能讲友谊和交情。提示合作办事者，宁可事后相让，不可事前含糊。

在生不想敬爷娘　死了何必做道场

做道场：指人死后，家属请迷信职业者吹吹打打、念经拜忏搞“超度亡灵”的仪式。讽刺有些不孝敬父母的人，在父母死后反而大操大办,做给旁人看看，表示有“孝心”，有违“厚养薄葬”新风。

在家孝爷娘　何必远烧香

指在自己家里有孝敬父母的心意和具体表现，比到名山古刹去求神许愿还好。

村帮村户帮户　先富帮后富

指共同致富是人们的普遍心愿，改革开放后，逐渐成为事实。

茶七酒八汤满碗

指待客宴请时沏茶、斟酒、端汤等都有常规，即茶七分满，酒八分满，汤可满一些。比喻办任何事情，都要恰如其分。

家有老　是个宝

指老年人经验丰富，家务熟悉，既是生活顾问，又是治家能手；家中有了老年人，是福气，值得珍惜。

家和万事兴

和：和睦、和气；兴：兴旺。指家中和睦了，事事可以收到事半功倍之效，一切都会兴旺起来，呈现出欣欣向荣的气象。

5.生　活

人美不在貌　重在心意好

指一个人留给人们的美感和好印象，主要在于心意好，行为美。

三百六十行　行行吃饭着衣裳。

指从事各行各业，都可谋生，都有发展前途，都会有幸福的生活。

吃菜先要尝尝　说话先要想想

指吃菜先要尝尝再吃，是否可口?讲话先要考虑考虑再说，是否合适?讲错了话，影响不好。

吃菜要吃鲜头　听话要听音头

鲜头：味道；音头，话中微露的意思。指菜煮得好坏，主要是品尝它的味道；听人讲话，主要是听取他话中的意思。

穷做穷热坛酱　忙做忙记笔账

指即使再穷困，必要的生活资料要准备；即使再忙，也要把与人交往财物和办事计划的账记好。

拣菜不漏青　胜似念卷经

青：可吃的好菜，并非枯叶；念经：朗读或背诵佛经；卷：量词，一卷经书。劝告人们在拣菜时不任意浪费好菜，比念经行善还好。比喻要爱惜人力物力。

6.保　健

一天三大笑　人生难得老

指心情愉快，笑口常开，能消除烦恼，益寿延年。形容笑是健康长寿的妙方。

十常四勿　强筋健骨

相传是前清乾隆皇帝的养生之道。清高宗乾隆皇帝活到八十九岁，在中国历史上二百三十多个皇帝中列长寿之最。他的养生之道有十六字诀：活动筋骨，吐纳肺腑，十常四勿，适时进补。其中"十常四勿"为：

【十　常】

齿常叩　上下牙齿宜常轻轻叩击，可以固齿体，防牙疾。

津常咽　将唾液频频咽下。有助消化、中和胃酸和抑杀致病细菌作用。

耳常弹　两手掌紧按两耳，用双手食、中指弹击枕骨，可增强听力，防止老年性耳鸣耳聋，并有健脑作用。

鼻常揉　两手食指按摩鼻翼两旁迎香穴，有防病和治病作用。

目常运　双目眼球左右上下转动，可解除眼睛疲劳，保护视力。

面常搓　用双手掌轻轻揉面，可改善面部充血状况，预防感冒。

足常摩　以手指按摩两足心涌泉穴（在足底前五分之二处），可助睡眠，促进全身血液循环，有祛病健身作用。

腹常揉　用掌心按揉腹部，可有助消化，防止腹胀和便秘。

肢常伸　伸展四肢，活动肩、背、腰、骶等关节，可防止四肢气凝滞，增强体质。

肛常提　吸气时用意念提起肛门和会阴，呼气时停顿放松，可有助消化，防止痔疮。

【四　勿】

食勿言　饮食时不说话，集中注意于食物，使得咀嚼充分，唾液丰富。消化方便，吸收良好。

卧勿语　入睡前不交谈，防止大脑兴奋，以利于在宁静、幽雅的气氛中深睡。

饮勿醉　饮酒节制有度，适量饮用可通经活血，愉快解忧。

色勿迷　不沉迷于女色，节欲延年，防止纵欲伤身。

吃饭细细嚼　等于吃补药

指食物在口腔中细细咀嚼，唾液里的淀粉酶把食物中的淀粉转化为糖，可起到初步消化的作用，既减轻胃的负担，又利于吸收。

吹吹卯时风　面孔红彤彤

卯时：早晨5—7时。指早晨空气新鲜，常常起早到室外走动走动，练练身体，吸吸新鲜空气，可舒经活血，吐故纳新，促进健康。

冷水面热水脚　常年勿吃药

指经常用冷水洗脸、用热水洗脚可以防病保健。因为全年用冷水洗脸擦鼻，可增强口鼻抗冷防病功能，避免受凉感冒，防止呼吸道病变。常用热水洗脚，可使下肢血管扩张，改善血液循环，消除疲劳和局部酸痛、浮肿；睡前用热水洗脚还可使肌体产生轻松的快感，减少脑部血流，有利于入睡和安眠。

7.经　营

人无笑脸休开店

笑脸：含笑的面容。指商业人员对待顾客没有热情的态度是做不好生意的。告诫商业人员对待顾客应笑脸相迎，热情接待，主动介绍商品，买卖才易成交。

开店容易守店难

指开店时早有准备，并一鼓作气，事情好办；而守店者，往往被动维持，显得不易。比喻轰轰烈烈的事，往往容易办成，而默默无闻的事，却不易坚持。

好记心不如懒笔头

指记忆力再强，也没有笔记可靠。早年商店有“勤笔免思”的座右铭，告诫人们要勤于记账。

货真价实　童叟无欺

童：儿童；叟：老头。早年商业广告用语。指正宗的货物，实事求是的价格，对老人和小孩，同样认真接待。

8.农　事

人勤地生宝　人懒地长草

指耕田种地，勤人懒人结果不同：勤人五谷丰登，懒人杂草丛生。

不懂廿四个节气　白把种子落下地

形容农业生产中的播种、收获掌握季节的重要性。

头莳棉花二莳豆　三莳补赤豆

夏至后半个月为时（头时三天，二时五天，三时七天）。指夏至已是播种棉花的晚期，若过了头时，只能补种黄豆、赤豆等杂粮。

春三二月不做工　寒冬腊月喝北风

指春耕生产时，若不勤于耕作，则将影响全年的收成。

9.气　象

春雨贵如油

初春庄稼最需的水浇灌，但春雨并不常有，十分宝贵。

春雪烂麦根

春天下雪，会冻伤麦根。

小满三天黄

麦子在小满后，很快成熟发黄。

十月里小阳春

十月里天气晴和，气温适中，就像春天一样。

霜后暖雪后寒

冬天夜里下霜，第二天可能晴天，气温会升高。冬天如果下雪，化雪时气温会下降。

东风急雨打壁

东风急，常常会下雨。

冬至不在年外

每年冬至节不会在春节后，意指任何事物有客观规律。

月到中秋分外明

农历八月十五，秋高气爽，天朗气清，月亮格外明亮。

初一月半子午潮

指初一、月半涨潮时间在子时或午时。

清明断雪 谷雨断霜

到了清明节就不再下雪，到了谷雨就不再降霜。

清明难得明，谷雨难得雨

清明节前后雨水多，谷雨时难得下雨。

白露身不露，寒露头不露

白露天气渐凉，不再露身子，到了寒露，就要戴帽子。

今夜天上鲤鱼斑 明朝晒谷不用翻

指夜里天空密布块子云（云片象鱼鳞一样，排列整齐，俗称鲤鱼斑），则次日天会晴。

东方日出胭脂红 不是雨来就是风

指日出时东方红霞满天，天气要有变化。

烟落地 要落雨

指袅袅炊烟，滚滚下地，系空中水分多，气压低，是阴雨的预兆。

附：竹行民间天气谚语

江西人识宝，崇明人猜天。

竹行人是崇明的移民，人们在长期的生产和生活实践中积累了很多关于识别天气阴晴等变化的经验。根据四季变化，结合本地的实际，总结出了许多关于识别天气情况的谚语。

二月晒得沟底白，青草变成麦。

农历正月，时值立春季节，一般情况是雨季的开始，如正月八到二月八，俗称二月八沆，这就是春汛，接下来的雨季也叫发桃花水。有的年份很少下雨，村间河沟的底晒成龟裂。民间有“三月晒得沟底白，青草变成麦”之说。

“五月十二清光（大好天）床底下摸蚌”。

意思农历五月十二这天大好天，那么这一年会发大水，床底下能摸到原来生活河沟里的蚌了。

“廿分龙廿一雨，水车搁在弄堂里”。

农历五月二十日是分龙日子，这天是好天，传说中是为张大帝（张天师）晒龙袍的日子，五月廿一倒是下雨天，那么这一年一定会发大水，种水稻靠雨水灌溉，水车也不需要用了。麦收季节（农历小满到芒种七届），东南风很急，乌云满天，杨树翻白头要下大暴雨，提醒赶紧抢收，否则麦子遇雨后要发芽霉烂，因为麦烂只剩一张壳，一年的收获要泡汤了。

“烟扑地，雨来临”。

农家烟囱里冒出来的烟，不向上散而是所谓朝着地翻滚，说明空气中湿度较大，天要下雨了。

“南闪火门开，北闪雨要来”。

夏天的晚上，繁星满天，这时天空偶有闪电，如北天闪电，天要下雨，南天闪电，说明明天天气晴朗炎热。

“虹高日头低，明天一定雨”。

夏天雷雨过后，天空会现彩虹，如上午下雷雨，彩虹出现在西天，下午下雷雨，彩虹出现在东天，人们预测第二天的天气为东虹日头（晴），西虹雨（下雨），如果虹在太阳之上。另一种说法“虹高日头低，眼前就显雨”。

“八月南风两日半，九月南风当夜雨，十月南风跑勿及”。

一年中有几个农历节气会预测风和雨，如端阳节、处暑节、重阳节等俗称“爆”，这些节气时节前三后四天会下大雨或刮大风，主要是台风带着大雨。

“上看青山、下看日落”。

是在较短的时间里识别天气的谚语，即当天太阳落山时天气晴好，那么第二会好天，向上看青山轮廓清爽，说明天空中水汽较少，当天和第二天会是晴天。而竹行人说成是上看初三，下看十六，这是竹行镇居民看识天气的谚语，意思是根据每月的初三和十六的天气情况，识别这个月天气的阴晴。如初三下雨，那么这个月的上半月就会阴雨多，晴天少，十六日下雨，那么这个月的下半月也是阴雨多晴天少。

“头莳棉花二莳豆，三莳节里补赤豆。”

农历夏至之日为头莳，三天以后为二莳，二莳五天，三莳七天，一共十五天，正好交小暑。解放以前一段漫长时间里，夏至种棉，夏至末补种赤豆也来得及。

梅雨连小暑，有“倒转黄梅十八天”之说

农历芒种节以后第一个丙日，开始入梅，这是长江下游地区的雨季，出梅一般在小暑后第一个末日。梅雨季节20天左右，如果中间连续三天好天了，那就所谓三天不落断黄梅，即出梅了。如果连续下雨到小暑，且小暑这天也下雨，那就进入小暑黄梅了，民间有倒转黄梅十八天的说法。有些年份，季节已是梅里，但不下雨或很少下雨，这种年份叫旱梅。

“落得早，不湿草”。

夏天早晨下雷雨，且时间在7点钟以前民间叫卯前雷，卯前即卯时（早晨5点到7点之间），卯时以前，雷雨以后，必定是大晴天。

“春霜不隔晒”。

是指春末天气，晚上气温在0度以下，第二天早晨地面有霜，那么天气不会持续好下去，第二天不是阴天就是下雨。

“早糊涂愈得过”。

是春天或秋天早晨有浓雾，待雾消散，时间已近十点钟了，故农村有早糊涂愈得过的说法。

“三朝迷露发西风”。

是指霜降以后，北方冷空气来得较频繁，冷空气来临之前，冷暖气流交汇就会产生许多小水点，空气中湿度变大，产生雾，连续三天冷气团的势力大过南方的暖湿气流就产生了较大的对流风。

“九月廿七催懒妇”。

就是提醒民间毫无过冬准备的妇女，要给丈夫和小孩准备过冬的衣帽。

“干冬湿年”。

意思为冬至日晴天，那么春节会下雨。

“小满三朝麦上场”。

小满节以后三两天之内元麦收割时节到了。芒种芒种样样要种。农历季节到了芒种，应抓紧季节种植秋熟作物。

“六月三个阵（雷雨）白米吃来剩”。

意思是农历六月下雷阵雨，对水稻生长极为有利。

“天上缸爿云，明天晒煞人”。

意思天上带有红色斑的云块，云层较薄，那天一定是大好天，太阳晒得很厉害。

二、童谣　谜语　歇后语

1.童　谣

（1）天上星，地下灯，麻油瓮，挂油灯，鸡扒柴，狗烧火，猫咪上灶做新妇，乌龟挑水桥上过，猢狲端凳客人坐。

（2）东家马来，西家牛来，隔壁屋里大姐出来，吃点啥个，吃点腌荠炒虾，踏杀老丫，老丫告状，告不（给）和尚，和尚念经，念给观音，观音卖布，卖给姐夫，姐夫关门，关着一只苍蝇，苍蝇放屁，放了一地，姐夫出来扫地，扫到一只挖腻（扒耳的东西，这里也叫银针）插在头里客气。

（3）牵磨吱嘎活，牵给啥人吃，牵给郎郎吃，郎郎吃了看黄牛，黄牛跌在深潭里，一根芦头豁不起，两根芦头直豁起，一豁豁到半天地，两只黄牛直蹶起。

（4）萤火虫，夜夜红，公公挑水搏隆东，婆婆织布挂灯笼，爹爹菜上捉青虫，妈妈纺纱轰隆隆，姐姐捉来萤火虫，蚊帐里面亮红红。

（5）大小姐，初四嫁，初三夜里养娃娃，外婆笑得嘴也歪，外公笑得胡须翘的像绿豆芽。

2.谜　语

红梗子、绿叶子，开白花，结黑籽，牵白粉，做圆子。（荞麦）

红箱子、绿盖头，揭开来，咬一口。（柿子）

当田心一个红小娘，甩来甩去哭亲娘。（高粱）

上脚坍，下脚坍，脚坍里面一个小菩萨（眼睛）

白布包菜秧，丢进当海洋，听见海涛响，立刻网来张。（馄饨）

爹也长，娘也长，生的儿子火刀长。（扁豆）

红堂堂，7寸长，临死喊两声。（爆竹）

撑开来大，下拢来小，雨天用得多，好天用的少。（雨伞）

南阳诸葛亮，稳坐中军帐，布起八卦阵，拿捉飞来将。（蜘蛛捕虫）

一只黑老牛，尾巴甩在屋外头。（农家灶）

3.歇后语

老鼠钻进风箱里——两头受气

弄堂里掮木头——直来直去

擀面杖吹火——一窍不通

年初一吃酒酿——头一遭

海滩头开酒店——外行

阎罗王开酒店——鬼也不上门

黄鼠狼给鸡拜年——没安好心

竹筒子里倒豆子——索落爽当

猫哭老鼠——假慈悲

癞子撑洋伞——无法无天

竹篮打水——一场空

瞎子点灯——白费烛

小葱拌豆腐——一清二白

飞机上吊蟹——七上八下

哑子吃苦瓜——说不出的苦

数了和尚蒸面头——一个不多一个不少（也称正好）

4.竹行方言集锦

竹行方言中的短语，有二字、三字、四字、五字、六字型的，其中以四字型为主。有一部分和普通话是一样的，如以讹传讹、转弯抹角、关门闭户、疙里疙瘩等；极大部分与普通话差异很大，其发音、字义已无法过细探究，而在竹行方言中却广为流传，妇孺皆知。许多短语朗朗上口，给人以汉语成语的节奏和美感。

四字型：叽里呱啦，诈痴诈聋，神智糊智，阴触阳开，病姿拉歪，饿急吼吼，乌脱兮兮，依虚约酌，指东话西，横七竖八，瞎三话四，见毛便发，嚼舌头根，戳心戳胆，脱头落襻。麸皮拆冲，三撬四裂，对绷络嘴，乌吃吼吼，洋脱嬉嬉，嬉塌拉拉，哭作比比，乌蛮搭缠，鹅嘈鸭嘴，强指霸道，哈锣声起，踢脚绊手，撬拳勒臂，脱头爆眼，斧牙拉齿，弯里绕枝，缠七搭八，寿头寿脑，乌里乌气，搞七念三。

木里木角，眼巴皮拉，气花大烟，乌吃糟鸡，讲经说法，说情话理，七老八十，爬瘫不动，口眼不闭，灰毛落秃，泥团裹子，焦帛拉哈，一把抓拿，一塌括子，刮拉风脆，劈风带雨，钻天打洞，赤乌滴黑，暗洞摸痴，一天世界，困梦头里，噱头噱脑，半天落把，出响头里，满天塌地，哭头拉脸。

脱子胧松，哈勒蟛蜞，云里雾里，墙塌壁倒，一塌平洋，乱里八稀，影七八远，横阔竖短，尖头巴细。，得神放屁，欺上瞒下，挨一坒二，腾里腾空，作姿作够，进三出二，三三齐位，掼瘪喇叭，稀零广浪。

头勃拢宠，吓痴落急，脱气麻花，石里石角。乌头颠脑，不通丝缕，乌眉塌眼，插欺乱讲，油头花天，噱风拐骗，老三老四，活龙活现，脱皮烂骨，乌气洞松，见人学样。哭作无赖，寻死作活，呒头搭脑，野鸡扫天，滴活玲珑，话一得一，敲牢着实，笼里笼钟，半死赖活，精丝无力，吓人捣怪，见毛便发，火出火现，竖头精怪，圣人公公。

骨节骨眼，细枝细葛，牵丝爬藤，接葛连纤，碰额角头，触眼睛骨，寻吃说话，眼皮磕憧，茄五茄六，扭结裹结，方棱出角，笔描线直，漆黑乌油，绯红血滴，幽扭笃笃，版版页页，圆囵点点，滴光滴滑，薄页笃笃。

稳风浪静，浪白耀天，粗肤劣质，热吹铺烫，铜钟铁柜，小伙铜钿，头翘巴翘，铺汤泼沿，扒肢拉脚，赤脚扒天，精赤骨立，顶倒竖立，钻壁打洞，千事万端，磕头巴天。熬熬滴滴，惑疑惑得，阴投活投，仄边仄沿，大约默酌，细把念念。

皮塌懒惰，擒龙捉虎，嬉笑自然，抽肠拔肚，汗泼流浆，汗珠白蒲，踏脚拉膀，齐头恰数，前吃后空，焊吃博赌，现成笃笃，牵脚舞手，仰腰凸肚，巴台巴凳，穿枪流网。

活灵活络，磕头踻拜，转弯抹角，拣鲜捉样，脱知龙送，失乒乓郎，凉里凉僵，团帛絮吼，青皮薄壳，骨头冷棚，爬台落凳，哭作乌相，的滚爽圆，的角崭方，绯红赤拉，蜡扎金黄，墨沌漆黑，金赤银亮，刷拉子清，花里斑斓，灰色堂堂，弯里曲六，膨之膨夯，石白铁硬，焦勃拉哈，米麻纠浆。

馋沓五六，鲜甜咪浆，烟熏火燎，热气蓬爽。烟尘抖乱，离山吊远，粉骨消阳，直疙落托，私皮夹账，嫡子嫡挂，陌里陌生。

大大落落，小节伶伶。鲜眉洁眼，牵牵匀匀，淋脂挂络，老末结煞，后半三汛，勿零勿落，好好能能，横调竖蹶，眼脱愣愣，东笃西掼，长枪短棍。拼性伤命，扒心拉命，抢脚踏手。

塌里塌宠，乌子朝报，花头花脑，奸刁滑赖，哀求苦闹，挽枝挽襻，一勃嘐糟，活鲜剥剥，跌活跌跳，花绿纠纠，赤脚卜到，精光条萧，半爿污焦，堆千作海，洞穿洞落，三端六正，远里瞎邦，路远岛岛，拳七打八，轻事重报。

三字型：消地光，轧闹忙，人行头，老白相。骂相骂，打相打，吃夹档，拆烂污，厌气相。青眼块，硬碰硬，直弄光，寻缺疤，做触落，茄门相，一摊排，初光生，和乐痴，面子账，不结局，羊白犟。撞七字，拔长仗。

死促掐，乌狗戳，乌骨种，白氓魑，相笼空，相鼻头，对直龙，乌急皮，现世报，呒头面，惹闹骚。急兜兜，缓缓较，趁势之，屁泡捞，轻骨头，好好叫。

猪头三，强盗心，秋跟头，败家心，阿乌卵，地勃楞，好姿客，白相棍，搞牵头，脚牵筋，虎拉势，花头精，尖拈头，高楞墩，打楞等，横邦里，笃拈拈，热帛帛，吓脱虎，托落湿，算不归，吃活食，翘辫子，调路头。

五字型：要紧三不慢，三长六式短；跌熟老番瓜，魑触罗卜丝，哭比带闹骚，脱头烂肚皮，影七八拉远，软东刮拉西，狗面亲家公，一对搭拉苏。

喊四邻救命，借铜钿做债，钉钉着栏杆，起头末结煞，勿相勿认得，直心直肚肠，悬空八只脚，掯搜摸壁甏。

六字型：亲爷娘嫡姊妹，横不罢竖不休，齐眉毛眨眼睛，扁塌塌滑扭扭，乌里乌黑里黑，富水缸穷灶口，横不得竖不得，呒章程落卵子，冤张三赖李四，看人头戴帽子。

以上内容只选择了竹行老百姓中最为流传口语的一部分，还有好多方言未能选用，所选用的方言中，好多的字只是与发音相近，意思无法考证。敬请批评指正，让我们共同挖掘地方方言的丰富内涵，让更多人熟悉她、喜爱她。

第七节　旅游胜地

南通的旅游资源解放初有狼山、啬园等处。改革开放后，政府重视旅游业，沿濠河涌现了一批博物馆群。狼山景区以外，又开辟了剑山、军山旅游景区，新建了文峰公园、滨江公园、园博园。竹行也增添了两处旅游景点：南通市首家观光农业——世外桃园休闲农庄、南通市首家工业定点旅游单位——安惠公司。其中，安惠公司内的灵芝文化馆填补了世界空缺，成为世界上第一座灵芝文化馆。

一、南通市首家观光农业——世外桃园休闲农庄

南通世外桃园休闲农庄位于南通市南郊、南通经济技术开发区老洪港风景区长江边一六滩。地处靠江（长江）、靠园（苏通科技产业园）、靠桥（苏通长江大桥），区位优势显著，一六滩是20世纪70年代中期竹行镇一大队和六大队联合围垦的一个江边小圩，水面64.6万平方米、地面18.1万平方米。

世外桃园休闲农庄的前身是王佩恒的养殖场。1996年，王佩恒年事已高把产业交给三儿子王守成，王守成接过父业设想建一个集休闲、观光、餐饮、垂钓、娱乐、会议、度假各类功能于一体的休闲农庄，规划用地80万平方米，设滨江度假、水上游乐、田园牧歌、悠然垂钓四个区域。

1997年3月，第一期工程投资1.2亿元，占地58万平方米，对外营业陆地11.5万平方米，水面面积6万平方米，以东晋著名诗人陶渊明的《桃花源记》为创意，聘请高级设计师进行总体设计。从江滩草地、池塘养鱼实际出发，因地制宜制作各种生态景观，多层次、多角度地展示绿色田园风光和农庄生活环境，为旅游者营造亲切、自然、清新怡人的田园休闲氛围。

休闲农庄入口处有一组对置的景石，一竖一卧相映成趣，左侧题刻“世外桃源”四个大字，点明全园主题；右刻“不足为人道也”，取自《桃花源记》中武陵人离开桃花源村时的“此中人语”，表达了园主的自谦之意，也使游客对全园美景回味无穷，增添了文化氛围。

走进桃花园是一条400米长的葡萄架通道，尽头是一个广场，西边环岛湖边是一大片桃树林，西北角是一座欧式餐厅，另有5间辅房，建筑面积共670平方米，内设包厢，为旅游者休闲用房。

通道南边是珍禽养殖场，饲养着野鸡、野鸭、珍珠鸡等多种禽鸟。东边是百亩鱼塘，养殖青鱼、鲫鱼、鲤鱼、彩虹鲷、鲢鱼、鳙鱼、鳊鱼等。鱼塘中间架筑南北走向的百米长廊，长廊用木头为桩，上面铺设木板，宽2米，可同时接待800人垂钓。

北边，靠近鱼塘的地方建有陶渊明的著名诗句《归园田居》中的李、杏、梨、枇杷等常见的果树命名的围庐和居室、供游客休憩。

为充分体现世外桃源意境，园中还设有“还家餐厅”，餐厅全木结构，古朴典雅，厅名取自《桃花源记》。餐厅北边原是一块4.7万平方米的洼地，经过人工开发成一个四面环水的小岛，岛上建有亭台轩榭，岸边种植垂柳，中间点缀桃林，这就是桃花岛。面积约3000平方米，此岛有石刻景点“武陵人舍船处”，实为游船码头。岛上除有桃树林外，还有桑竹绿柳，营造出“桑竹垂余荫”的意境。岛上建有二层竹楼“桃花阁”，游客登阁远眺，一览江天水色，心旷神怡。

2005年又投资2000万元，占地5000平方米，新建休闲农庄生态园，地点设在长廊水边150米处。外面是一个钢结构的玻璃大棚屋，棚屋里边，小桥流水、山石嶙峋、鲜花盛开、亭台轩榭，绿意盎然。在模拟原生态的自然环境中散落着几处草庐，点缀其间，古朴风雅，抬头可仰望蓝天白云，侧耳可倾听流水细雨，仿佛置身于江南小乡梦境，绿色丛林的仙境，正中假山前是宴会厅，可容纳600人用餐，四周拥有风格各异的大小包厢40余间，可接待700人，生态园可同时接纳1300人用餐。是江苏省规模最大的一家集园林、园艺、绿色生态、特色餐饮、观光游览为一体大型综合性旅游休闲场地。在园内，品尝美味佳肴的同时，享受人间美景。这是人与自然和谐的生态环境，是绿的世界，花的海洋，美的回归，食的天堂。

总投入1200万元的二期工程使园区项目配套日臻完善，新建6幢水上人家和拥有17个标间房的水上四合院，园区参照北京顺义鲜花馆建筑的农业会展中心，百亩采摘园开园，建筑面积1.2万平方米的生态乡村会所动工建设，占地11.3万平方米的江海农耕文化园，占地面积3.3万平方米的农家动物园，占地4.7万平方米的鱼趣园，占地20万平方米的荷塘月色（水生花卉园），占地160亩的省级自驾游基地和沙滩休闲中心，全部工程完成，进一步提升农庄的档次和品位，完善服务功能，提高接待能力，能一次容纳1000人同时就餐，200人住宿，500人会务，500辆停车位，年营业额可达4000万元，解决就业岗位300个，年接待游客40万人次。实现建设一处景点、美化一处环境，搞活一片静寂、致富一方百姓的目标。坚持走有特色的发展之路，做到吃有特色，以江鲜野味、农家菜为特色菜肴善待顾客；住有特色，以草庐、竹楼、小木屋自然生态留住顾客；玩有特色，以自然垂钓、瓜果采摘为特色休闲吸引顾客；购有特色，有土鸡、野鸡、草鸡蛋、皮蛋、瓜果农产品吸引更多回头客，把世外桃园建设成江苏十大乡村旅游精品景点和全国五星级乡村旅游点，创建国家AAAA级旅游景区。

世外桃园休闲农庄，实行总经理负责制，景区设服务中心（餐饮、客房、垂钓、会务）、行政部、财务部、综合部、农事部。全庄工作人员95人，员工中研究生1名，高级职称2名，大专以上学历20名。

1997年至2005年，接待国内外游客250万人次，2005至2010年接待国内外游客110万人次，其中外宾0.9万人次。

2005年，被南通海洋与渔业局评为休闲观赏渔业基地建设先进单位。

2006年，被国家旅游局列为AAA级景区，农业部产品绿色标志，江苏省休闲渔业示范点，江苏省无公害养殖基地，全国农业旅游示范点。

2008年，被评为全国优秀民营科技企业，江苏省星级乡村旅游区。

2010年，被评为江苏省乡村旅游区（点）“二十强”、江苏省文明乡村旅游点、江苏省农业科技型企业、长三角“十佳”乡村旅游景区、全国休闲渔业示范基地、全国休闲农业与乡村旅游四星企业。

二、南通市首家工业旅游定点单位——安惠生物科技有限公司

江苏安惠生物科技有限公司——一个以灵芝等食药用菌为原料，研发、生产和销售健康产品的国家高新技术企业，在中国乃至世界食用菌行业享有盛誉。公司坐落于国家级南通经济技术开发区高新科技园内，占地面积8.8万平方米。是南通市首家工业旅游定点单位，环境优美，闹中取景，园内翠竹婆娑，绿树成荫，楼宇生辉。古代医药四圣、老寿星、炎黄二帝、徐福东渡、灵芝如意、八仙过海等大型雕塑错落有致、相得益彰。世界第一座灵芝文化馆——中华灵芝文化馆屹立于园内。每年吸引数以万计的游客慕名前来参观、游览。园内按四星级标准投资兴建的大型会议中心总面积达2万余平方米，共有标准客房200余间，商务套间20多套，大小餐厅20余间。客房内数字电视、网络连接、中央空调等设施一应俱全。中心大厅设有商务中心、精品屋、米兰咖啡厅等，会议中心大小各异的会议厅、多功能贵宾厅12间，国际报告厅可容纳1000人，会议厅典雅、庄重，配有先进的数字化专业视听系统，无线上网、专业音响设备，为宾客提供优质、便利的商务服务。

安惠公司的前身是坐落于竹行镇西首通惠灵芝有限公司和竹行镇新丰村的南通灵芝生产基地。

20世纪50年代末，安惠公司董事长陈惠的父亲陈廷章从事“庭院经济”时，培植过草菇、蘑菇、猴头菇、银耳等，成为南通市乃至江苏省研究培植食用菌第一人，被誉为“银耳大王”。

1989年，有着深厚家学渊源的陈惠，先后培植香菇、平菇、金针菇、云芝、灵芝等食用菌。陈惠游历神州，遍访名师、聘请专家、博采众长，90年代成为蜚声海内外的“灵芝大王”。

2000年10月，通惠食用菌贸易中心研究开发灵芝系列产品10余个，产品畅销日本及欧美等国家和地区，新西兰皇家科学院确定通惠食用菌贸易中心为中国灵芝产品生产基地。

2002年10月，江苏安惠生物科技有限公司成立，安惠公司兴建科研中心大楼，重金购买先进、多功能实验设备，公司坚持以“科技为先导”，与国内外杰出的真菌学家、药物学家、生化学家、皮肤美容专家紧密合作，组成强大的科研团队，中西合璧，博采众长、精益求精、追求卓越。

2005年10月，公司与中国科学院微生物研究所签约共同组建中国科学院安惠药用菌研究院以及联合实验室等四项合作协议，壮大了公司研究实力，推动食用菌事业发展。

公司秉承“质量最优”的生产理念，采用水、醇、酶综合提取技术，严格控制各个环节及多种条件，提取高效活性成份，并按中医药学“君臣佐使”的复方配伍理论制成安惠百菌健系列健康食品，产品畅销国内外市场。

2009年9月，安惠公司成功承办第五届国际药用菌大会。大会期间，来自五大洲包括美国、日本、意大利、加拿大、澳大利亚、印度等39个国家和地区的专家、学者及企业界代表近千人集聚一堂，共同研究探讨世界食药用菌领域最新成果，为产业发展献计献策。本届大会参会代表人数之多，国家分布范围之广均创历届大会之最。

公司内设办公室，人力资源部、市场业务部、企划部、财务管理部、生产事务部、资产管理部、研发品质部、国际事务部等部门。公司有282名员工，大专以上学历占百分之六十，中级以上职称占百分之十。

公司内建有行政办公大楼、国际食用菌培训中心大楼、会议中心大楼A座和B座、研发中心大楼、提取中心大楼等。

安惠公司特聘国内外著名真菌、药理学等科学家、学者组成强大的食药用菌研究和产品开发团队。公司研制了近30款百菌健系列健康食品，10多款安亦奈尔凝艺系列护肤品，腰易绅、劲易绅等医疗器械。产品畅销国内30多个省、市、自治区，出口到日本、美国、新加坡等10多个国家地区，并在日本、泰国、北美等地设立海外公司。

公司通过ISO 9001质量体系认证、ISO 22000食品安全管理体系认证、保健品良好生产规范GMP认证、HACCP认证及出口食品注册登记。获得中华人民共和国直销经营许可，成为建国60周年国家形象营销杰出贡献企业、全国食用菌行业十大龙头企业、国家高新技术企业。2007年3月，安惠公司被国家旅游局批准为南通市首家“全国工业旅游示范点”。

三、世界第一座灵芝博物馆——中华灵芝文化馆

中华民族在幅员辽阔的大地上繁衍生息，创造了五千年灿烂的华夏文明，也创造了源远流长、博大精深的中华灵芝文化，为弘扬传统文化，创新灵芝产业，丰富企业文化内涵，江苏安惠生物科技有限公司——一个以灵芝等食药用菌为原料，研发、生产和销售健康产品的国家高新技术企业，在多方支持下，于2005年4月建成了世界上第一座以灵芝为主题的科普型展馆——中华灵芝文化馆。面积约2000平方米。

中华灵芝文化馆位于南通经济技术开发区安惠生物科技园内，面积800多平方米，分五大部分。第一部分以大量珍贵图片和文献资料，展示了古代博大恢弘的灵芝文化，包括古医药学及养生学、美轮美奂的芝类艺术品，文人墨客赞颂灵芝的诗文图画。第二部分图文并茂地介绍了40多种国产灵芝，展示了灵芝物种资料及分布规律。第三部分以大量文字及图表介绍中国目前在灵芝研究应用方面取得的成就和新进展。第四部分从生态学的角度，展示了热带、亚热带、温带及寒温带四个不同林带生态环境的灵芝种类。第五部分展示了多种灵芝实物标本及当前开发的灵芝产品。

中华灵芝文化馆自开馆以来一直得到国家、省、市、区相关领导的关心和支持，共接待来自国内外各界参观者超过50多万人次。其中包括许多国内外政要、著名学者、企业界知名人士以及南通大中小学学生等。它所发挥的作用，不仅得到领导、业内专家、学者的肯定和社会公众的好评，也留给人们许多启示。

2007年，中华灵芝文化馆被南通市人民政府确定为南通市爱国主义教育基地。

后 记

在中华人民共和国版图上的针尖小点江边小镇——竹行，她，历经了清王朝由盛到衰直至灭亡的历史；她，经受了日本侵略军铁蹄的八年蹂躏；她，目睹了蒋家王朝从开始到灭亡的过程。1949年新中国成立，竹行的历史翻开了崭新的一页。时近三百年，每次重大的历史事件，过去都没有记载，随其时间的流逝，逐渐被人们淡忘，有的甚至湮灭。

解放后，竹行人民在中国共产党的领导下，战天斗地，艰苦创业，经过几十年的千辛万苦，把昔日荒凉的偏僻小镇建成如今道路宽阔、环境优美、工厂林立、市场繁荣的现代化城市卫星镇。2001年3月区域调整，竹行划归南通经济技术开发区，面貌更是日新月异。

为了给人们了解、研究竹行提供重要资料，为了让后世子孙了解竹行的历史，知道前辈创业的艰辛，从而对应兴应革的各种事项，在决策、施行时有所借鉴。2006年，在编写南通经济技术开发区区志竹行部分的同时，竹行镇党委、陈一鸣书记明确指示：区志竹行部分完稿后，立即着手编撰竹行镇志。

2009年11月，聘请五位有志于编志工作的退休老同志，成立了镇志编撰办公室。

镇志办公室前期工作主要是搜集资料，走访调查，借鉴南通市市志、南通市经济技术开发区区志、南通县县志，讨论拟定编写大纲。

镇党委先后多次召开各村支部书记、村长、各企业负责人会议，明确指示各单位、部门落实镇志有关材料的提供。

2009年12月，《竹行镇志》确定设“镇域概况”“经济发展”“社会事业”“党政群团”“人物”“风土人情”六篇。

2010年春节后，办公室采取大分工小协作，上午商讨写作思路，下午撰写，有时晚上还加班。即使夏季高温，冬季严寒，编写组成员从未间断过工作。

编写地方志面广量大、要求高、时间紧，又缺乏经验，编写组的同仁不辞劳苦，迎难而上，多方查询核证，不断充实、完善。在编章结构、体例规范、具体细节、遣字用词、标点符号等方面反复推敲，多次修改，力求统一。其历史事实、有关数据，又经多次考证，力求史实确凿、数据准确；名人传记通过多方调查、多次走访，做到文字简炼，事迹完整。

2012年年底，一部反映竹行沿革概况历史、经济蓬勃发展、事业兴旺发达、百姓生活富裕、社会平安和谐的地方志已成雏形。

2013年3月，镇志办公室将修改稿各卷分送相关领导、部门、单位、企业审阅校正。

2014年《竹行镇志》经过修改、增减，初步定稿。

2015年，初稿又经反复推敲修改，并深入有关部门、社区审核。搜集、摄制党政机关、农业、工业、服务业、教育卫生、文化体育、交通、金融、村居、社区风貌以及书画、古旧文物、器具等照片，从中精选成48页彩页。经过配文，镇志的全部图文通过电脑排版，终于完稿。

2016年《竹行镇志》送北京方志出版社审稿，经方志出版社初审、复审、终审通过。得到方志出版社较高评价："《竹行镇志》是中国名镇志文化工程的一部，该志内容丰富、资料翔实、叙事细腻，记述了竹行镇的历史文化、民俗风情，具有浓郁的时代特色、人文特色和乡土气息，对人们了解和研究竹行镇具有较大的史料价值，较高的出版意义。"并从内容、表述、引文、规范等方面提出了修改意见。

方志出版社的高度评价，是对我们的鼓励，增强了我们修改工作的信心。编写组人员对书稿又进行了全面修改，对语言表述的规范性，标点符号的准确运用等方面反复核校后送南京凯德公司排版、印刷。

2017年编写组工作更是繁忙，我们对封面和有关环衬图进行了航拍，彩页作了调整，对校样作了多次修改，并两次赴南京改稿，终于于11月交付印刷。

《竹行镇志》凝聚了各方人士的智慧，也浸透了编写组同仁的汗水与心血。

整个编写过程在镇党委、政府的领导下，得到了全镇各部门、各村居、各企事业单位的配合，得到了干部、党员以及社会各阶层的关注支持，特别是原南通市志办公室达少华同志多次莅临竹行，对编目设置、编纂方法作了点拨指导。初稿完成后，又统揽全稿，作了全面修改，付出了大量心血。至此，我们一并表示深切的谢意。

镇志现已成书，虽然我们尽了最大的努力，但镇志记载的内容时空跨度长、涉及的门类广，可查资料不足，加上我们编撰人员水平有限，镇志肯定尚存不完整，疏漏、讹误之处，恳请批评、指正！

《竹行镇志》编写组

2017年11月

提供资料人员名单

（以姓氏笔画为序）

丁析华 刘永新 孙祖琴 孙靖荣 许越 朱军 朱红明 朱洪标 朱建良 朱浩
朱惠忠 陈广元 陈卫才 陈小苏 陈月平 陈永全 陈冲 陈兴旺 陈企明 陈企祥
陈志忠 陈忠 陈建生 陈建华 陈培新 陈惠 何良 陆士才 陆士周 陆士新
陆平 陆红 陆亚祥 陆秀明 李仁祥 李忠伟 李学其 李祖康 李智 羌笑
邱家进 苏小刚 沈仁平 沈兴达 沈波 沈荣 沈培石 沈培新 沈黎平 沈灏
宋国良 吴卫东 吴小亮 吴娟 肖健 杨刚 杨苏 杨学辉 杨宝康 张友进
张水康 张学平 张鸣杰 张其栋 张勇 张培德 张静 茅红俭 范金兵 胡婷甜
施卫兵 施水平 施永方 施永亨 施建进 施振明 俞永高 姚金华 姚健 赵飞
赵楠 顾达夫 顾建忠 顾金香 顾森林 郭坚 高丽丽 高学康 倪惠彬 倪锦平
秦士其 陶建忠 陶荣 徐水英 徐伟 徐仲飞 徐兵 徐国江 徐勇 徐晔华
夏健 袁士兵 袁峰 曹金发 崔建新 龚祖发 龚海峰 黄元法 黄成标 黄成香
黄亚彬 黄建华 黄宝香 黄晓彬 黄善良 黄燕辉 盛东良 盛金生 程金祥 葛水昌
葛兆章 蒋志平 蒋育红 虞连明 虞建平 虞建强 蔡建明 蔡新伟 樊人冬 樊天裕
樊扬平 薛平 薛礼忠 薛建军 薛善忠 瞿永新 瞿燕飞

《竹行镇志》编写组